諸　子　集　成

（第二册）

荀子集解

中　華　書　局

荀　子　集　解

王先謙著

序

昔唐韓愈氏以荀子書為大醇小疵。逮宋。攻者益衆。推其由。以言性惡故。余謂性惡之說。非荀子本意也。其言曰。直木不待檃栝而直者、其性直也。枸木必待檃栝烝矯然後直者。以其性不直也。今人性惡。必待聖王之治。禮義之化。然後皆出於治。合於善也。夫使荀子而不知人性有善惡。則不知木性有枸直矣。然而其言如此。豈真不知性邪。余因以悲荀子遭世大亂。民胥泯棼。感激而出此也。荀子論學論治。皆以禮為宗。反復推詳。務明其指趣、為千古脩道立教所莫能外。其曰倫類不通。不足謂善學。又曰一物失稱。亂之端也。探聖門一貫之精。洞古今成敗之故。論議不越几席。而思慮浹於無垠、身未嘗一日加民。而行事可信其放推而皆準。而刻覈之徒。詆諆橫生擯之不得與於斯道。余又以悲荀子術不用於當時。而名滅裂於後世。流俗人之口為重屈也。

國朝儒學昌明。欽定四庫全書提要。首列荀子儒家。斥好惡之詞。通訓詁之誼。定論昭然。學者始知崇尚。顧其書僅有楊倞注。未為盡善。近世通行嘉善謝氏校本。去取亦時有疏舛。宿儒大師。多所匡益、家居少事。輒旁采諸家之說。為荀子集解一書。管窺所及。間亦附載。不敢謂於荀書精意。有所發明。而於析楊謝之疑辭。酌宋元之定本。庶幾不無一得。刻成。謹弁言簡端、並揭荀子箸書之微旨。與後來讀者共證明之云。光緒十七年歲次辛卯夏五月。長沙王先謙謹序。

荀子序（先謙案宋台州本序上有注字）

昔周公稽古三五之道。損益夏殷之典。制禮作樂。以仁義理天下。其德化刑政存乎詩。至于幽厲失道。始變風變雅作矣。平王東遷。諸侯力政。逮五霸之後。則王道不絕如綫。故仲尼定禮樂。作春秋。然後三代遺風。弛而復張。而無時無位。功烈不得被于天下。但門人傳述而已。陵夷至于戰國。於是申商苛虐。孫吳變詐。以族論罪。殺人盈城。談說者又以慎墨蘇張為宗。則孔氏之道。幾乎息矣。有志之士。所為痛心疾首也。故孟軻闡其前。荀卿振其後。觀其立言指事。根極理要。敷陳往古。掎挈當世。撥亂興理。易於反掌。真名世之士。王者之師。又其書亦所以羽翼六經。增光孔氏。非徒諸子之言也。蓋周公制作之。仲尼祖述之。荀孟贊成之。所以膠固王道。至深至備。雖春秋之四夷交侵。戰國之三綱弛絕。斯道竟不墜矣。倞以末宦之暇。頗窺篇籍。竊感炎黃之風。未洽於聖代。謂荀孟有功於時政。尤所耽慕。而孟子有趙氏章句。漢氏（先謙案宋台州本作代）亦嘗立博士。傳習不絕。故今之君子。多好其書。獨荀子未有注解。亦復編簡爛脫。傳寫謬誤。雖好事者時亦覽之。至於文義不通。屢掩卷焉。夫理曉則愜心。文舛則忤意。未知者謂異端不覽。覽者以脫誤不終。所以荀氏之書。千載而未光焉。輒用申抒鄙思。敷尋義理。其所徵據。則博求諸書。但以古今字殊。齊楚言異。事資參考。不得不廣。或取偏傍相近。聲類相通。或字少增加。文重刊削。或求之古字。或徵諸方言。加以孤陋寡儔。愚昧多蔽。穿鑿之責。於何可逃。曾未足粗明先賢之旨。適增其蕪穢耳。蓋以自備省覽。非敢傳之將來。以文字繁多。故分舊十二卷三十二篇為二十卷。又改孫卿新書為荀卿子。其篇第亦頗有移易。使以類相從云。時歲在戊戌。大唐睿聖文武皇帝元和十三年十二月也。〇盧文弨曰傳習不絕俗間本作傳、習皆不絕申抒宋本作申杼三十二篇四字元刻無又荀子序作荀卿子與諸書所引合

例略

嘉善謝氏校本。首謝序。見攷證 次楊序及新目錄。今照刊 次荀子雠校所據舊本。並參訂名氏。影鈔大字宋本 元刻纂圖互註本（此乃當時坊閒所梓脫誤差舛不一而足然正以未經校改之故其本眞翻未盡失書中頗多採用）明虞氏王氏合校刻本 明世德堂本 明鍾人傑本（有評點注删節）江陰趙曦明敬夫 金壇段玉裁若膺 海寧吳騫槎客 吳縣朱奐文游 江都汪中容夫 餘姚盧文弨紹弓 嘉善謝墉金圃輯校（輯諸家之說並附所見上皆增一圓圍以別於楊氏之注其引用各書不具列） 宋錢大昕跋。見攷證 校勘補遺一卷。案此書盧謝同校。故郝蘭皋稱謝。王懷祖稱盧。但謝序云。援引校讎。悉出抱經。參互攷證。遂得蒇事。是此書元出於盧。參攷刊行。迺由謝氏。則稱盧校本者爲是。盧所據大字宋本。爲北宋呂夏卿熙寧中所刊。然未見呂刻本。僅取朱文游所藏影鈔本相校。故閒有爲影鈔訛字所誤者。脩身王霸兩篇注可證也。茲刻仍以盧校爲主。依謝刻於楊注外增一圓圍。全錄校注。加盧文弨曰四字別之。據謝序錢跋校注亦有出謝手者然無可區別 其補遺一卷。散入注中。盧校不主一本。茲亦仿其例。擇善而從。

虞王合校本。明虞九章王震亨校。爲盧據舊本之一。其引見書中者。止王霸篇大有天下小有一國注文。茲覆檢元書。尚有可采。爲增入數條。此外正文及注。歧異滋繁。當由傳寫致訛。或係以意删節。多與盧氏所云俗閒本相合。既非所取證。不復稱引。宋台州本。宋唐仲友與政刊於台州。即依呂本重刻。遵義黎庶昌蒓齋於日本得影摹本。重刊爲古逸叢書之一。首楊序及新目錄。末劉向上言及王呂重校銜名。與今本同 熙甯元年國子監劄子官銜。淳熙八年唐序。經籍訪古志二跋。重刊楊跋。俱見攷證 此即困學紀聞所稱今監本乃唐與政台州所栞熙甯舊本。亦未爲善者也。然在今日。爲希見之本。茲取以相校。得若干條。列入注文。其與呂本相同。如一卷取藍干越之比。並不復出。以省繁文。至其顯然訛誤。雖與呂岐出。亦無所取。

棲霞郝氏懿行荀子補注上下卷。末附與王侍郎論孫卿。與李比部論楊倞二書。並見考證茲全採入注。

高郵王氏念孫雜志八。校荀子八卷。係據盧本加案語。用宋錢佃江西漕司本龔士卨荀子句解本明世德堂本參校。嗣得元和顧千里澗薲手錄呂錢二本異同。復為補遺一卷。敍而行之。附荀子佚文及顧氏考訂各條於末。敍佚文並見考證其中如劉台拱端臨汪中容夫陳奐碩甫諸家之說。蒐討綦詳。而盧校郝注之精者。亦附錄焉。茲取王氏各條散入注文。劉汪陳顧諸說。仍各冠姓氏於首。

德清俞氏樾諸子平議十二之十五荀子平議四卷。全採入注。近儒之說。亦附著之。

考證上除史志外非關荀子書義及板本考訂者不錄

〔漢書藝文志儒家〕　孫卿子三十三篇名況趙人爲齊稷下祭酒有列傳師古曰本曰荀卿避宣帝諱故曰孫　〔又賦家〕　孫卿賦十篇

〔隋書經籍志子部儒家〕　孫卿子十二卷。楚蘭陵令荀況撰　〔又集部別集〕　楚蘭陵令荀況集一卷。殘缺梁二卷

〔舊唐書經籍志丙部子錄儒家類〕　孫卿子十二卷。荀況撰　〔又丁部集錄別集類〕　趙荀況集二卷。

〔唐書藝文志丙部子錄儒家類〕　荀卿子十二卷荀況　〔又〕　楊倞注荀子二十卷。汝士子大理評事　〔又丁部集錄別集類〕　趙荀況集二卷。

〔宋史藝文志子類儒家類〕　荀卿子二十卷。戰國趙人荀況書　〔又〕　楊保倞誤注荀子二十卷。

〔台州本國子監劄子官銜〕　國子監准熙寧元年九月八日中書劄子節文。校定荀揚書所狀。先准中書劄子。奉聖旨校定荀子揚子。內揚子一部。先次校畢。已於治平二年十二月丙申納訖。今來再校荀子一部。計二十卷。裝寫已了。續次申納者申聞事。右奉聖旨。荀子送國子監開版。依揚子并音義例印造進呈及宣賜劄付國子監。准此。　校勘官將仕郎前守惠州歸善縣主簿充直講臣盧侗。校勘官登仕郎試秘書省校書郎前守許州司理參軍充直講臣王汝翼。校勘官將仕郎試秘書省校書郎前知婺州永康縣事充直講臣顏復。校勘官將仕郎試秘書省校書郎前知温州樂清縣事充直講臣焦千之。校勘官登仕郎試秘書省校書郎前守相州湯陰縣令充直講臣梁師孟。校勘官登仕郎守秘書省著作佐郎充直講臣董唐臣。校勘官朝奉郎守尙書都官員外郎充直講上騎都尉賜緋魚袋臣黎錞。朝奉郎光祿寺丞監書庫武騎尉臣韓端彥。朝奉郎光祿寺丞管句國子監丞公事飛騎尉臣程伯孫。管句雕造朝請郎守秘書丞充主簿騎都尉賜緋魚袋臣畢之翰。朝散大夫尙書刑部郎

中允天章閣待制同知諫院兼同判國子監輕車都尉賜紫金魚袋臣呂誨。朝散大夫行尚書兵部員外郎知制誥權判尚書禮部貢院兼知諫院兼判國子監上騎都尉賜紫金魚袋臣錢公輔。朝散大夫給事中參知政事上輕車都尉北海郡開國公食邑二千三百戶食實封肆伯戶賜紫金魚袋臣唐介。朝散大夫右諫議大夫參知政事上護軍天水郡開國侯食邑一千戶賜紫金魚袋臣趙抃。推忠協謀同德守正亮節佐理功臣開府儀同三司行尚書左僕射兼門下侍郎同中書門下平章事集賢殿大學士上柱國兗國公食邑一萬一百戶食實封叁阡肆伯戶臣曾公亮。

〔又唐仲友序〕荀子二十卷。三十二篇。唐楊倞注。初漢劉向校讎中孫卿書。凡三百二十一篇。除復重定著三十二篇。為孫卿新書十二卷。至倞分易卷第。更名荀子。皇朝熙寧初。儒官校上。詔國子監刊印頒行之。中興蒐補遺逸。監書寖具。獨荀子猶闕。學者不見舊書。傳習閩本。文字舛異。仲友於三館睹舊文。大懼湮沒。訪得善本假守餘隙。迺以公帑鋟木。悉視熙寧之故。詩曰。雖無老成人。尚有典刑。卿不可作。其書獨非典刑乎。向博極羣書。序卿事大氐本司馬遷。於遷書有三不合。春申君死。當齊王建二十八年。距宣王八十七年。向言卿以宣王時來游學。春申君死而卿廢。設以宣王末年游齊。年已百三十七矣。遷書記孟子。以惠王三十五年至梁。當齊宣王七年。惠王以叟稱孟子。計亦五十餘。後二十三年。子之亂燕。孟子在齊。若卿來以宣王時。不得如向言後孟子百餘歲、田忌薦孫臏為軍師。敗魏桂陵。當齊威王二十六年。距趙孝成王七十八年。臨武君與卿議兵於王前。向以為孫臏。倞以敗魏馬陵疑年。馬陵去桂陵又十三年矣。崇文總目言卿楚人。楚禮為客卿。與遷書向序。駮益難信。据遷傳參卿書。其大略可睹。卿名況。趙人。以齊襄王時游稷下。距孟子至齊五十年矣。於列大夫三為祭酒。去之楚。春申君以為蘭陵令。以讒去。之趙。與臨武君議兵。入秦。見應侯。昭王以聘。反乎楚。復為蘭陵令。既廢。家蘭陵以終。自戰國爭富彊。儒道絀。孟子學孔子。言王可反掌致。卒不見用。卿後孟子。亦尊孔氏。子思作中庸。孟子述之。道性善。至卿以為人性惡。故非子思孟軻。揚雄以為同門異戶。孟子與告子言性。卒絀告子。惜卿不見孟子。不免異說。方說士徼時好。卿獨守儒。議兵以仁義。富以儒術。彊以道德之威。旨意與孟子同。見應侯。病秦無儒。昭王謂儒無益人之國。極明儒效。秦并天下以力。意儒果無用。至於坑焚。滅不旋踵。漢奮布衣。終假儒以定。卿言不用而後驗。自董仲舒韓愈皆美卿書。言王道雖不及孟子。抑其流亞。廢於衰世。亦命矣夫。學者病卿以李斯韓非。卿老師。學者已衆。二子適見世。晝寢餔啜。非師之過。使卿登孔門。去異意。書當與七篇比。此君子所為太息。大宋淳熙八年。歲在辛丑。十有一月甲申。朝請郎權發遣台州軍州事唐仲友後序。

〔晁公武郡齋讀書志子類儒家類〕 楊倞注荀子二十卷。 右趙荀況撰。漢劉向校定。除其重複。著三十二篇。為十二卷。題曰新書。稱卿趙人名況。當齊宣王威王之時。聚天下賢士稷下。是時荀卿為秀才。年十五始來遊學。至齊襄王時。荀卿最為老師。後適楚。楚相春申君以為蘭陵令。已而歸趙。按威王死。其子嗣立。是為宣王。楚考烈王初。黄歇始相。年表自齊宣王元年至楚考烈王元年。凡八十一年。則荀卿去楚時近百歲矣。楊倞唐人。始為之注。且更新書為荀子。易其篇第。析爲二十卷。其書以性爲惡。以禮爲僞。非諫爭。傲災祥。尙强伯之道。論學術則以子思孟軻為飾邪說。文姦言。與墨翟惠施同詆焉。論人物則以平原信陵為輔拂。與伊尹比干同稱焉。其指往往不能醇粹。故後儒多疵之云。

〔陳振孫直齋書錄解題儒家類〕 荀子二十卷。 楚蘭陵令趙國荀況撰。漢志作孫卿子。云齊稷下祭酒。其曰孫者。避宣帝諱也。至楊倞始改為荀卿。〔又〕荀子注二十卷。唐大理評事楊倞注。案劉向序。校中書三百二十二篇。以校除復重二百九十篇。定著三十二篇。隋志為十二卷。至倞始分為二十卷而注釋之。淳熙中錢佃耕道用元豐監本參校。刊之江西漕司。其同異著之篇末。凡二百二十六條。視他本最為完善。

〔王應麟漢藝文志考證〕孫卿子三十三篇。當云三十二篇　劉向校讎書錄序云。所校讎中孫卿書凡三百三十三篇。以相校除復重二百九十篇。定著三十二篇。皆以定殺青。簡書可繕寫。勸學至賦篇　楊倞分易卷第。更名荀子。韓文公曰。荀卿之書。語聖人必曰孔子子弓。子弓之事業不傳。惟太史公書。弟子傳有馯臂子弓。子弓受易於商瞿。論語釋文引王弼注。朱張字子弓。荀卿以比孔子。後山陳氏曰。子弓者仲弓也。唐氏曰。向博極羣書。序卿事大抵本司馬遷。於遷書有三不合。春申君死。當齊王建二十八年。距宣王八十七年。向言卿以宣王時來游學。春申君死而卿廢。設以宣王末年游齊。年已百三十七矣。遷書記孟子。以惠王三十五年至梁。當齊宣王七年。惠王以叟稱孟子。計亦五十餘。後二十三年。子之亂燕。孟子在齊。若卿來以宣王時。不得如向言後孟子百餘歲。田忌薦孫臏為軍師。敗魏桂陵。當齊威王二十六年。距趙孝成王七十八年。臨武君與卿議兵於王前。向以為孫臏。倞以敗魏馬陵疑年。馬陵去桂陵又十三年矣。

〔又困學紀聞十〕荀卿非十二子。韓詩外傳四引之止云十子。而無子思孟子。愚謂荀卿非子思孟子。蓋其門人如韓非李斯之流。託其師說以毀聖賢。當以韓詩爲正。〔又〕楚詞漁父。吾聞之。新沐者必彈冠。新浴者必振衣。安能以身之察察。受物之汶汶者乎。荀子不苟篇曰。新浴者振其衣。新沐者彈其冠。人之情也。其誰能以己之僬僬。受人之掝掝者哉。荀卿適楚在屈原後。豈用楚詞語歟。抑二子皆述古語也。〔又〕勸學篇。青出之藍作青取之於藍。聖心循焉。作備焉。玉在山而木潤。作草木潤。君子如嚮矣。作知嚮矣。賦篇。請占之五泰。作五帝。監本未必是。建本未必非。餘不勝紀。（原注今監本乃唐與政台州所栞熙寧舊本亦未爲善當蛻辭考五泰注云五帝也監本改爲五帝而刪注文）

〔國朝四庫全書總目子部儒家類〕荀子二十卷。（內府藏本）周荀況撰。況趙人。嘗仕楚爲蘭陵令。亦曰荀卿。漢人或稱曰孫卿。則以宣帝諱詢。避嫌名也。漢志儒家。載荀卿三十三篇。王應麟考證。謂當作三十二篇。劉向校書序錄。稱孫卿書凡三百二十三篇。以相校除重複二百九十篇。定著三十三篇。爲十二卷。題曰新書。唐楊倞分易舊第。編爲二十卷。復爲之注。更名荀子。卽今本也。考劉向序錄。卿以齊宣王時來游稷下。後仕楚。春申君死而卿廢。然史記六國年表。載春申君之死。上距宣王之末凡八十七年。史記稱卿年五十始游齊。則春申君死之年。卿年當一百三十七歲。於理不近。晁公武讀書志。謂史記所云年五十。爲年十五之譌。意其或然。宋濂荀子書後。又以爲襄王時游稷下。亦未詳所本。總之戰國時人爾。其生卒年月。已不可確考矣。況之著書。主於明周孔之教。崇禮而勸學。其中最爲口實者。莫過於非十二子及性惡兩篇。王應麟困學紀聞。據韓詩外傳所引。卿但非十子而無子思孟子。以今本爲其徒李斯等所增。不知子思孟子。後來論定爲聖賢耳。其在當時。固亦卿之曹偶。是猶朱陸之相非。不足訝也。至其以性爲惡。以善爲僞。誠未免於理未融。然卿恐人恃性善之說。任自然而廢學。因言性不可恃。當勉力於先王之教。故其言曰。凡性者天之所就也。不可學。不可事。禮義者。聖人之所生也。人之所學而能。所事而成者也。不可學不可事而在人者謂之性。可學而能可事而成之在人者。謂之僞。是性僞之分也。其辨白僞字甚明。楊倞注亦曰。僞。爲也。凡非天性而人作爲之者。皆謂之僞。故僞字人旁加爲。亦會意字也。其說亦合卿本意。後人昧於訓詁。誤以爲眞僞之僞。遂譁然掊擊。謂卿蔑視禮義。如老莊之所言。是非惟未睹其全書。卽性惡一篇。自篇首二句以外。亦未竟讀矣。平心而論。卿之學源出孔門。在諸子之中最為近正。是其所長。主持太甚。詞義或至於過當。是其所短。韓愈大醇小疵之說要為定論。餘皆好惡之詞也。楊倞所注。亦頗詳洽。唐書藝文志以倞為楊汝士子。而宰相世系表則載楊汝士三子。一名知溫。一名知遠。一名知至。無名倞者。表志同出歐陽修手。不知何以互異。意者倞或改名。如溫庭筠之一名岐歟。

〔四庫全書簡明目錄子部儒家類〕　荀子二十卷。　周荀況撰。唐楊倞註。況亦孔氏之支流。其書大旨在勸學。而其學主於修禮。徒以恐人恃質而廢學。故激為性惡之說。受後儒之詬厲。要其宗法聖人。誦說王道。終以韓愈大醇小疵之評為定論也。倞注多明古義。亦異於無稽之言。

〔天祿琳琅書目一宋版子部〕　纂圖互注荀子。一函八冊　周荀況撰。三十二篇。唐楊倞注。分二十卷。前載楊序。序後有欹器大路龍旗九斿三圖。　宋陳振孫書錄解題曰。漢志作孫卿子者。避宣帝諱也。至楊倞始復改為荀。分二十卷而注釋之。淳熙中錢佃耕道用元豐監本參校。刊之江西漕司。其同異著之篇末。凡一百二十六條。視他本最為完善云云。據此。則宋時刊刻荀子已非一本。是書標爲纂圖互註。書中於倞注外。又加重言重意互註諸例。與經部宋本毛詩周禮春秋經傳集解三書正同。圖樣字體版式亦復相等。蓋當時帖括之書。不獨有經也。

〔又元版子部〕　纂圖分門類題註荀子。一函十冊　周荀況撰。三十二篇。唐楊倞注。分二十卷。前載楊序。并新增麗澤編集荀子事實品題一卷。不著纂人姓氏。又宋陳傅良輯荀子門類題目一卷。　此當時帖括之書也。其門類題目一卷。於標題次行。刊永嘉先生陳傅良編。所分門類。始曰天地。終曰五常。共四十門。末又附拾遺。並事要總類二條。皆擇書中之可作題目者。分類摘句。以取便於觀覽。卷後別行。刊麻沙劉通判宅刻梓於仰高堂十二字。卷一之後。亦於別行刊關中劉旦校正。所謂劉通判者。當卽是人。第書首標題爲纂圖分門類題注荀子。書前仍當有圖。蓋已失之矣。至所載荀子事實品題一卷。觀其識語。稱舊本荀揚圖說。不過具文。今得麗澤堂編次品題。凡卿雲事實顛末。歷歷可考云云。則是荀揚合刊之書。非此本中所應有。乃書賈割取荀子事實。以冠於書首耳。且書中自卷九之卷十三及卷十五。共六卷。標題祇稱荀子。卷十六卷二十兩卷。標題又稱監本音註荀子。書名既不畫一。版式亦復懸殊。係以三刻湊成一書。其標稱荀子者。橅印甚精。紙墨俱佳。實爲宋槧。餘則元時所刊。遠不相及。然宋本流傳者久少。今尙存吉光片羽於元刻之中。雖出湊合。亦可寶也。

〔錢曾讀書敏求記〕 荀子二十卷。 楊倞注。荀子凡三十二篇。爲二十卷。并劉向篇目。湻熙八年六月。吳郡錢佃得元豐國子監本。並二浙西蜀諸本參校。刊於江西計臺。其跋云。耳目所及。此特爲精好。予又藏呂夏卿重校本。從宋本摹寫者。字大悅目。與此可稱雙璧矣。

〔張金吾愛日精廬藏書志二十一子部儒家類〕荀子二十卷。影寫宋呂夏卿大字本 唐登仕郎守大理評事楊倞注。後有將仕郎守祕書省著作佐郎充御史臺主簿臣王子韶同校。朝奉郎尙書兵部員外郎知制誥上騎都尉賜紫金魚袋臣呂夏卿重校兩行。案呂夏卿本。宋槧尙存。惟是本從宋槧初印本影寫。見存之宋槧。則紙質破損。字迹模糊。且爲庸妄子據俗本描補。殊失廬山真面。故宋槧轉不若影宋本之可貴也。金吾聞之黃蕘圃先生云。楊倞序。元和十三年 顧氏手跋曰。荀子向唯明世德堂本最行於世。乃其本卽從元纂圖互注本出。故重意之刪而未盡者。猶存兩條于楊注中。一修身篇丘山崇成句下 一王制篇何獨後我也句下 又何怪乎本之不精也。餘姚盧抱經學士。彙諸本參以己意。校定重梓。首列影鈔宋大字本。卽今此本。從朱文游家見之也。考困學紀聞所引。如青取之於藍 請占之五帝諸條 殆監本是已。採用頗多。咸足正世德堂之誤。然如君道篇。狂生者不胥時而樂。正與爾雅釋詁暴樂桑柔。毛傳及鄭箋爆爍所用字同。則樂不得如世德堂本之改為落明甚。而盧學士略不及此本之有樂字。然則此書不幾亡此字乎。他亦每有漏略抵牾。皆當據依以正之。今歸鄉巖周君收藏。蕘圃借得。命校一過。兼訪知宋槧印本在東城藏書家。持來擬售。略一寓目。樂宋槧本與鈔同 他日儻竟為蕘圃所有。當仍假此本一一覆審之云。嘉慶元年八月。書于黃氏之士禮居。澗蘋顧廣圻。

〔孫星衍孫氏祠堂書目內編二諸子三〕 荀子二十卷。唐楊倞注一纂圖互注宋巾箱本一宋巾箱別本一明世德堂刊本一明重刊小字本一盧文弨校刊本一嚴杰依惠校本

〔謝墉荀子箋釋序〕 荀子生孟子之後。最為戰國老師。太史公作傳。論次諸子。獨以孟子荀卿。相提竝論。餘若談天雕龍炙轂。及慎子公孫子尸子墨子之屬。僅附見於孟荀之下。蓋自周末歷秦漢以來。孟荀竝稱久矣。小戴所傳三年問。全出禮論篇。樂記鄉飲酒義所引。俱出樂論篇。聘義子貢問貴玉賤珉。亦與德行篇大同。大戴所傳禮三本篇。亦出禮論篇。勸學篇即荀子首篇。而以宥坐篇末見大水一則附之哀公問。五義出哀公篇之首。則知荀子所著。載在二戴記者尚多。而本書或反缺佚。愚竊嘗讀其全書。而知荀子之學之醇正。文之博達。自四子而下。洵足冠冕羣儒。非一切名法諸家。所可同類共觀也。觀於議兵篇對李斯之問。其言仁義與孔孟同符。而責李斯以不探其本而索其末。切中暴秦之弊。乃蘇氏譏之。至以為其父殺人。其子必且行劫。然則陳相之從許行。亦陳良之咎歟。此所謂欲加之罪也。荀子在戰國時。不為游說之習。鄙蘇張之縱橫。故國策僅載諫春申事。大旨勸其擇賢而立長。若早見及於李園棘門之禍。而為厲人憐王之詞。則先幾之哲。固異於朱英策士之所為。故不

見用於春申。而以蘭陵令終。則其人品之高。豈在孟子下。顧以嫉濁世之政。而有性惡一篇。且詰孟子性善之說而反之於是。宋儒乃交口攻之矣。嘗即言性者論之。孟子言性善。蓋勉人以為善而為此言。荀子言性惡。蓋疾人之為惡而為此言。要之繩以孔子相近之說。則皆為偏至之論。謂性惡則無上智也。謂性善則無下愚也。韓子亦疑於其義。而為三品之說。上品下品。蓋即不移之旨。而中品則視習為轉移。固勝於二子之言性者矣。然孟子偏於善。則據其上游。荀子偏於惡。則趨乎下風。由憤時疾俗之過甚。不覺其言之也偏。然尙論古人。當以孔子為權衡。過與不及。師商均不失為大賢也。此書自來無解詁善本。唐大理評事楊倞所註。已為最古。而亦頗有舛誤。向知同年盧抱經學士。勘核極為精博。因從借觀。校士之暇。輒用披尋。不揆檮昧。閒附管窺。皆正楊氏之誤。抱經不我非也。其援引校讎。悉出抱經。參互考證。往復一終。遂得蕆事。以墉譾陋。誠不足發揮儒術。且不欲攘人之美。而抱經頻致書屬序。因舉其大要略。綴數語於簡端。並附著書中所未及者二條於左云。乾隆五十一年。歲在丙午。六月既望。嘉善謝墉東墅甫題於江陰學使官署。時年六十有八。　荀卿又稱孫卿。自司馬貞顏師古以來。相承以為避漢宣帝諱。故改荀為孫。考漢宣名詢。漢時尙不諱嫌名。且如後漢李恂。與荀淑荀爽荀悅荀彧。俱書本字。詎反於周時人名見諸載籍者而改稱之。若然則左傳自荀息至荀瑤多矣。何不改耶。且即前漢書任敖公孫敖俱不避元帝之名驁也。蓋荀音同孫。語遂移易。如荊軻在衞。衞人謂之慶卿。而之燕。燕人謂之荊卿。又如張良為韓信都。潛夫論云。信都者司徒也。俗音不正。曰信都。或曰申徒。或勝屠。然其本一司徒耳。然則荀之為孫。正如此比。以為避宣帝諱。當不其然。　漢志孫卿子三十二篇。隋志則稱十二卷。漢志又載孫卿賦十篇。今所存者。僅禮知雲蠶箴。其末二篇無題。相其文勢。其小歌曰以下。皆當為致春申君書中之語。而國策於曷惟其同下。尙有詩曰上帝甚神。無自瘵也。韓詩外傳亦然。此尤見卓識。今本文脫去。而其謝春申君書亦不載。楊氏注亦未之及。此等似尚未精審也。

〔又錢大昕跋〕荀卿子書。世所傳唯楊倞注本。明人所刊。字句踳譌。讀者病之。少宗伯嘉善謝公。視學江蘇。得餘姚盧學士抱經手校本。歎其精審。復與往復討論。正楊注之誤者若干條。付諸剞劂氏。而此書始有善本矣。蓋自仲尼旣歿。儒家以孟荀為最醇。太史公敍列諸子。獨以孟荀標目。韓退之於荀氏。雖有大醇小疵之譏。然其云吐辭為經。優入聖域。則與孟氏並稱。無異詞也。宋儒所訾議者。惟性惡一篇。愚謂孟言性善。欲人之盡性而樂於善。荀言性惡。欲人之化性而勉於善。立言雖殊。其教人以善則一也。宋儒言性。雖主孟氏。然必分義理與氣質而二之。則已兼取孟荀二義。至其教人以變化氣質為先。實暗用荀子化性之說。然則荀之書詎可以小疵訾之哉。古書僞與為通。荀子所云人之性惡其善者僞也。此僞字卽作為之為。非詐僞之僞。故又申其義云。不可學不可事而在人者。謂之性。可學而能可事而成之在人者。謂之僞。堯典平秩南訛。史記作南為。漢書王莽傳作南僞。此僞卽為之證也。因讀公序。輒為引伸其說。以告將來之讀是書者。丙午閏七月。嘉定錢大昕跋。

〔郝懿行荀子補注與王引之伯申侍郎論孫卿書〕近讀孫卿書而樂之。其學醇乎醇。其文如孟子。明白宣暢。微為繁富。益令人入而不能出。頗怪韓退之謂為大醇小疵。蒙意未喻。願示其詳。推尋韓意。豈以孟道性善。荀道性惡。孟子尊王賤霸。荀每王霸並衡。以是為疵。非知言也。何以明之。孟遵孔氏之訓。不道桓文之事。荀矯孟氏之論。欲救時世之急。王霸一篇。剴切錞于。沁人肌骨。假使六國能用其言。可無暴秦幷吞之禍。因時無王。降而思霸。孟荀之意。其歸一耳。至於性惡性善。非有異趣。性雖善。不能廢教。性卽惡。必假人為。為與僞古字通。其云人之性惡。其善者僞也。僞即為耳。孟荀之指。本無不合。惟其持論。各執一偏。準以聖言性相近。即兼善惡而言。習相遠乃從學染而分。後儒不知此義。妄相毀詆。閣下深於理解。必早見及。願得一言以祛所蔽。孫卿與孟。時勢不同。而願得所藉手。救弊扶衰。其道一也。本圖依託春申。行其所學。迨春申亡而蘭陵歸。知道不行。發憤箸書。其指歸意趣。盡在成相一篇。而託之瞽矇之詞。以避患也。楊倞注大體不誤。而中多未盡。往往啻加或曰云云。知其持擇未精。亦由不知古書假借之義。故動多疐礙。蒙意未安。欲復稍加訂正。以存本來。久疏摳謁。茅塞蓬心。聊述近所省存。用代奉面。道光四年甲申二月。

（又與李璋煜月汀比部論楊倞書）來示唐書藝文志。以倞為楊汝士子。而宰相世系表。則載汝士三子。無名倞者。意倞或改名。余謂志表互異。當由史氏未詳。故闕然弗備。若依馬班史法。於表志中書本名及改名。如漢劉更生為劉向之例。斯無不合矣。唐書倞不立傳。當由仕宦未達。無事實可詳。故志表闕略。而僅存其名。然千載下遂不知倞為何人。要亦史筆之疏耳。汪氏容甫。據古刻叢鈔載唐故銀青光祿大夫使持節蔚州諸軍事行蔚州刺史兼御史中丞馬公墓志銘。其文則楊倞所作。題云朝請大夫使持節汾州諸軍事守汾州刺史楊倞撰結銜。較荀子加詳。汪氏又據志載會昌四年。定為武宗時人。然則此恐别一楊倞。若藝文志注荀子之人。止題大理評事而無朝請大夫以下銜者。蓋非一人可知矣。汪孟慈深以此說為不然。因言藝文志但云汝士子。安知不有兩汝士也。余無以應之。請質諸月汀。閏七月二十四日。

（王念孫讀書雜志校荀子後敍）余昔校荀子。據盧學士校本而加案語。盧學士校本。則據宋呂夏卿本而加案語。去年陳碩甫文學。以手錄宋錢佃校本異同。郵寄來都。余據以與盧本相校。已載入荀子雜志中矣。今年顧澗薲文學又以手錄呂錢二本異同見示。余乃知呂本有刻本影鈔本之不同。錢本亦有二本。不但錢與呂字句多有不同。即同是呂本同是錢本而亦不能盡同。擇善而從。誠不可以已也。時荀子雜志已付梓。不及追改。乃因顧文學所錄而前此未見者。為補遺一編。並以顧文學所考訂及余近日所校諸條。載於其中。以質於好古之士云。道光十年五月二十九日。高郵王念孫敍。時年八十有七。

〔又荀子佚文〕 桃李蒨粲於一時。時至而後殺。至於松柏。經隆冬而不凋。蒙霜雪而不變。可謂得其真矣。右三十四字見文選左思招隱詩注又分見於蜀都賦注上林賦注歐陽堅石臨終詩注藝文類聚果部上木部上太平御覽木部三 有人道我善者。是吾賊也。道我惡者。是吾師也。右十八字見文選曹植與楊德祖書注 天下無二道。聖人無兩心。神人無功。聖人無名。聖人者。天下利器也。右二十六字見太平御覽人事部四十二又分見於藝文類聚人部四初學記人事部上　案天下無二道二句見今本解蔽篇御覽此下有神人無功四句類聚亦有神人無功二句初學記亦有聖人者二句而今本皆無之且細繹下文文義亦不當有此四句則御覽諸書所引當別是一篇非解蔽篇文也 何世之無才。何才之無施。良匠提斤斧。造山林。梁棟阿衡之才。櫨柱楣椽之朴。森然陳於目前。大夏之器具矣。右四十二字見太平御覽器物部九又分見於文選左思詠史詩注

〔黎庶昌古逸叢書敍目〕 影宋台州本荀子二十卷。　朱子按唐仲友。為一重大公案。其第四狀云。仲友以官錢開荀揚文中子韓文四書貼黃云。仲友所印四子。曾送一本與臣。臣不合收受。已行估計價值。還納本州軍資庫訖。此即四種之一。卷末有劉向敍目。題荀卿新書十二卷三十二篇。又有王子韶同校。呂夏卿重校銜名。熙寧元年國子監劄子。及校勘官十五人銜名。又有仲友後序。蓋淳熙八年繙雕熙寧官本。板心所題姓名。即第六狀云蔣輝供王定等一十八人。在局開雕者是仲友。雖為朱子所劾。而此書校刻實精。錢遵王稱為字大悅目。信然。

〔台州本宋經籍訪古志二跋〕　荀子二十卷。宋槧大字本　求古樓藏　唐楊倞注。首有荀子注序。次新目錄接序後。每卷首題荀子卷第幾。登仕郎守大理評事楊倞注。卷末有劉向校正目錄上言。又有王子韶同校。呂夏卿重校銜名。及熙寧元年國子監劄子官銜十五名。又有淳熙八年唐仲友後序。每半板八行。每行數不整。注雙行。界長七寸六分。幅五寸七分半。左右雙邊。每卷有金澤文庫印。印文肥寬。異所經見。殆文庫火前物。與惺窩先生題籤。亦希覯之珍云。　狩谷望之手跋云。右宋槧荀子。為淳熙八年唐仲友所刻。字大如錢。書法全橅歐陽。朱熹按唐仲友狀云。據蔣輝供。元是明州百姓。淳熙四年六月內。因同已斷配人方百二等僞造官會。事發。蒙臨安府府院將輝斷配台州牢城。差在都酒務著役月糧。雇本州住人周立代役。每日開書籍供養。去年三月。唐仲友叫上輝就公使庫開雕揚子荀子等印板。輝共王定等一十八人在局開雕者是本也。板心下方所題。皆是剞劂氏之姓名。蔣輝以下都十九名。與朱熹按狀所言輝共王定以下十八人之語合。余始讀朱熹集。得詳唐仲友刻荀子事。喜甚。獨怪是不良人為是好事。謂不可以其罪廢其人也。後讀齊東野語。知其詆排之非至論。今又得四庫全書總目二則。足為仲友吐氣。今幷錄以備考。近來舶來盧文弨校本荀子。云以影宋本校。今以是本比讎之。失校之字。不為不多。則彼所校猶未精歟。將所謂影宋本有落葉歟。然則是本豈不貴而重乎。且世間北宋刊本。傳世無幾。如余所見。不過小字御注孝經文中子通典聖惠方諸書。而是本翻雕熙寧官板者。則其實與北宋本無異。真希世之寶典也。余齋所載南宋本中。當以是為第一也。吾家子孫。宜保護之。文政五年十一月。按文政五年壬午當道光二年

〔又重刊台州本楊守敬跋〕　今世中土所傳荀子宋本有二。一為北宋呂夏卿熙寧本。一為南宋錢佃江西漕司本。而唐與政所刊于台州。當時為一重公案者。顧無傳焉。嘉慶間。盧抱經學士據朱文游所藏影鈔呂夏卿

本。合元明本校刊行世。王懷祖顧澗蘋皆有異識。然呂錢兩本。至今無重刊者。余初來日本時。從書肆購得此書雙鉤本數卷。訪之。迺知爲狩谷望之舊藏台州本。此其所擬重刊未成者。厥後從島田篁村見影摹全部。因告知星使黎公。求得之以付梓人。一仍其舊。踰年乃成。按此本後亦有呂夏卿等銜名。又別有熙寧元年中書劄子。曾公亮等銜名。據與政自序。悉視熙寧之故。則知其略無校改。案王伯厚所舉四條。惟君子知響矣。此本仍作如響。不相應。因知伯厚所舉者。嚮響之異。非知如之異。此自校刊紀聞者之失。何校本仍作如若盧抱經所勘。以此本照之。其遺漏不下數百字。又不第顧澗蘋所舉君道篇狂生者不胥時而樂之不作落也。此閒別有朝鮮古刊本。亦略與此本同。余又合元纂圖本明世德堂本及王懷祖劉端臨郝蘭皋諸先生之說。更參以日本物茂卿有讀荀子四卷家田虎有荀子斷四卷久保愛有荀子增注二十卷豬飼彥博有荀子補遺一卷所訂。別爲札記。以未見呂錢兩原本。將以有待。故未附刊焉。光緒甲申三月。宜都楊守敬。

考證下

〔汪中荀卿子通論〕荀卿之學出於孔氏。而尤有功於諸經。經典敍錄毛詩。徐整云。子夏授高行子。高行子授薛倉子。薛倉子授帛妙子。帛妙子授河閒人大毛公。毛公爲詩故訓傳于家。以授趙人小毛公。一云子夏傳曾申。申傳魏人李克。克傳魯人孟仲子。孟仲子傳根牟子。根牟子傳趙人孫卿子。孫卿子傳魯人大毛公。由是言之。毛詩荀卿子之傳也。漢書楚元王交傳。少時嘗與魯穆生白生申公。同受詩於浮邱伯。伯者孫卿門人也。鹽鐵論云。包邱子與李斯俱事荀卿。包邱子即浮邱伯 劉向敍云。浮邱伯受業爲名儒。漢書儒林傳。申公魯人也。少與楚元王交。俱事齊人浮邱伯受詩。又云。申公卒。以詩春秋授。而瑕邱江公盡能傳之。由是言之。魯詩荀卿子之傳也。韓詩之存者。外傳而已。其引荀卿子以說詩者四十有四。由是言之。韓詩荀卿子之别子也。經典敍錄云。左邱明作傳。以授曾申。申傳衞人吳起。起傳其子期。期傳楚人鐸椒。椒傳趙人虞卿。卿傳同郡荀卿名況。況傳武威張蒼（武威據史記張丞相傳當作陽武）張蒼。蒼傳洛陽賈誼。由是言之。左氏春秋。荀卿之傳也。儒林傳云。瑕邱江公受穀梁春秋及詩于魯申公。傳子至孫為博士。由是言之。穀梁春秋。荀卿子之傳也。荀卿所學。本長于禮。儒林傳云。東海蘭陵孟卿。善為禮春秋。授后蒼疏廣。劉向敍云。蘭陵多善為學。蓋以荀卿也。長老至今稱之曰蘭陵人喜字為卿。蓋以法荀卿。又二戴禮並傳自孟卿。大戴禮曾子立事篇。載修身大略二篇文。小戴樂記三年問鄉飲酒義篇。載禮論樂論篇文。由是言之。曲臺之禮。荀卿之支與餘裔也。蓋自七十子之徒既殁。漢諸儒未興。中更戰國暴秦之亂。六藝之傳賴以不絕者。荀卿也。周公作之。孔子述之。荀卿子傳之。其揆一也。故其說霜降逆女。與毛同義。禮論大略二篇。穀梁義具在。又解蔽篇說卷耳。儒效篇說風雅頌。大略篇說魚麗國風好色。並先師之逸典。又大略篇春秋賢穆公善胥命。則為公羊春秋之學。楚元王交本學於浮邱伯。故劉向傳魯詩穀梁春秋。劉歆治毛詩左氏春秋。董仲舒治公羊春秋。故作書美荀卿。其學皆有所本。劉向又稱荀卿善為易。其義亦見非相大略二篇。蓋荀卿於諸經無不通。而古籍闕亡。其授受不可盡知矣。史記載孟子受業於子思之門人。於荀卿則未詳焉。今考其書始於勸學。終於堯問。（劉向所編堯問第三十其下仍有君子賦二篇然堯問末附荀卿弟子之詞則爲末篇無疑當以楊倞改訂爲是）篇次實倣論語。六藝論云。論語子夏仲弓合撰。風俗通云。穀梁爲子夏門人。而非相非十二子儒效三篇。每以仲尼子弓並稱。子弓之為仲弓。猶子路之為季路。知荀卿之學。實出於子夏仲弓也。宥坐子道法行哀公堯問五篇。雜記孔子及諸弟子言行。蓋據其平日之聞於師友者。亦由淵源所漸。傳習有素而然也。故曰荀卿之學出於孔氏。而尤有功於諸經。

韓詩外傳。客有說春申君者。曰。

湯以七十里。文王以百里。皆兼天下。今孫子天下之賢人也。君藉之百里之勢。臣竊以為不便于君。若何。春申君曰。善。于是使人謝孫子。孫子去而之趙。趙以為上卿。客又說春申君曰。昔伊尹去夏之殷。殷王而夏亡。管仲去魯入齊。齊强而魯弱。由是觀之。賢者之所在。其君未嘗不善。其國未嘗不安也。今孫子。天下之賢人。何為辭而去。春申君又云善。于是使請孫子。孫子僞喜。戰國策作爲書謝之曰。鄙語曰。厲憐王。此不恭之語也。雖然。不可不審也。此為劫殺死亡之主言也。夫人主年少而放。無術法以知姦。卽大臣以專斷圖私。以禁誅於己也。故舍賢長而立幼弱。廢正適而立不善。故春秋之志曰。楚王之子圍。聘於鄭。未出竟。聞王疾。反問疾。遂以冠纓絞王而殺之。因自立。齊崔杼之妻美。莊公通之。崔杼率其羣黨而攻莊公。莊公請與分國。崔杼不許。欲自刃於廟。崔杼又不許。莊公出走。踰于外牆。射中其股。遂殺而立其弟景公。近代所見。李兌用趙。餓主父于沙邱。百日而殺之。淖齒用齊。擢湣王之筋而懸之於廟梁。宿昔而殺之。夫厲雖癰腫疕疕。上比遠世。未至絞頸射股也。下比近世。未至擢筋餓死也。由是觀之。厲雖憐王可也。因為賦曰。璇玉瑤珠不知佩。雜布與錦不知異。閭姝子都莫之媒。嫫母力父是之喜。以盲為明。以聾為聰。以是為非。以吉為凶。嗚呼上天。曷維其同。詩曰。上帝甚慆。無自瘵焉。按春申君請孫子。孫子答書。或去或就。曾不一言。而泛引前世劫殺死亡之事。未知其意何屬。且靈王雖無道。固楚之先君也。豈宜向其臣子斥言其罪。不知何人鑿空為此。韓嬰誤以說詩。劉向不察。采入國策。其敍荀子新書又載之。斯失之矣。此書自厲憐王以下。乃韓非子姦刼弒臣篇文。其言刻覈舞知以禦人。固非之本志。其賦詞乃荀子佹詩之小歌。見於賦篇。由二書雜采成篇。故文義前後不屬。幸本書具在。其妄不難破爾。孫卿自為蘭陵令。逮春申之死。凡十八年。其閒實未嘗適趙。亦無以荀卿為上卿之事。本傳稱齊人或讒荀卿。荀卿乃適楚。詩外傳國策所載或說春申君之詞。卽因此以為緣飾。周秦間記載若是者多矣。至引事說詩。韓嬰書之成例。國策載其文而不去其詩。此故奏之葛龔也。

今本荀子二十卷。元時槧本題云唐大理評事楊倞注。一本題云唐登仕郎守大理評事。楊倞事實無可考。新唐書藝文志以倞為楊汝士子。而宰相世系表。則載汝士三子。一名知溫。一名知遠。一名知至。無名倞者。表志同出一手。何以互異若此。古刻叢鈔載唐故銀青光祿大夫使持節蔚州諸軍事行蔚州刺史兼御史中丞馬公墓志銘。其文則楊倞所作。題云朝請大夫使持節汾州諸軍事守汾州刺史楊倞撰結銜。校荀子加詳。其書馬公卒葬年月云。以會昌四年三月十日卒。以其年七月十日葬。據此。則楊倞為唐武宗時人。

荀卿子年表

趙	齊	秦	楚	本書列傳
惠文王元年　以公子勝為相封平原君	湣王廿六年	昭王九年	頃襄王元年	
二年	二十七年	十年	二年	
三年	二十八年	十一年	三年　懷王卒於秦秦歸其喪	
四年	二十九年	十二年	四年	
五年	三十年	十三年	五年	
六年	三十一年	十四年	六年	

七年	三十二年	十五年	七年 迎婦於秦秦楚復平	
八年	三十三年	十六年	八年	
九年	三十四年	十七年	九年	
十年	三十五年	十八年	十年	
十一年	三十六年	十九年	十一年	
十二年	三十七年	二十年	十二年	
十三年	三十八年 滅宋	二十一年	十三年	王伯篇齊湣彊齊中足以舉宋
十四年	三十九年	二十二年	十四年 與秦昭王好會於宛結和親	
十五年	四十年 燕秦趙魏韓兵破我濟上王走莒	二十三年	十五年	仲尼篇湣王毀於五國 王伯篇燕趙起而攻之若振槁然身死國亡爲天下大戮
十六年	襄王元年	二十四年	十六年 與秦昭王好會於鄢秋復會於穰	列傳齊襄王時荀卿最爲老師齊尚修列大夫之缺而荀卿三爲祭酒焉

十七年	二年	二十五年	十七年	
十八年	三年	二十六年	十八年	
十九年	四年	二十七年	十九年　秦伐我割上庸漢北地予秦	
二十年	五年　田單殺燕騎劫	二十八年	二十年	議兵篇齊之田單世俗所謂善用兵者燕能并齊而不能凝也故田單奪之
二十一年	六年	二十九年	二十一年　秦拔我郢燒夷陵王東保於陳	議兵篇秦師至而鄢郢舉若振槁然
二十二年	七年	三十年	二十二年	
二十三年	八年	三十一年	二十三年	
二十四年	九年	三十二年	二十四年	
二十五年	十年	三十三年	二十五年	
二十六年	十一年	三十四年	二十六年	
二十七年	十二年	三十五年	二十七年　復與秦平入太子爲質於秦	彊國篇今楚父死焉至是乃使讎人役也

二十八年	十三年	三十六年	二十八年	仲尼篇楚六千里而爲讎人役
二十九年	十四年	三十七年	二十九年	
三十年	十五年	三十八年	三十年	
三十一年	十六年	三十九年	三十一年	
三十二年	十七年	四十年	三十二年	
三十三年	十八年	四十一年　拜范睢爲相封以應號爲應侯	三十三年	儒效篇載秦昭王與荀卿答問之語　強國篇載應侯與荀卿答問之語
孝成王元年　秦拔趙三城平原君相	十九年	四十二年	三十四年	議兵篇臨武君與孫卿子議兵于趙孝成王前又秦四世有勝又李斯問孫卿子曰秦四世有勝皆謂孝公至昭王
二年	王建元年	四十三年	三十五年	
三年	二年	四十四年	三十六年	
四年	三年	四十五年	考烈王元年	

五年	六年	七年	八年	九年 秦圍邯鄲魏信陵君奪晉鄙兵平原君求救於楚楚使春申君與魏救趙卻秦存邯鄲	十年 秦兵罷	十一年
四年	五年	六年	七年	八年	九年	十年
四十六年	四十七年	四十八年	四十九年	五十年	五十一年	五十二年
二年	三年	四年	五年	六年 楚世家六年秦圍邯鄲趙告急于楚楚遣將軍景陽救趙七年至新中秦兵去春申君傳四年秦破趙之長平軍四十餘萬五年圍邯鄲邯鄲告急於楚楚使春申君將兵往救之秦兵亦去案六年圍邯鄲傳作五年誤 議兵篇韓之上地方數百里完全富足而趨趙趙不能凝也故秦奪之 臣道篇平原君之於趙也可謂輔矣信陵君之於魏也可謂拂矣又爭然後善戾然後功出死無私致忠而公者是之謂通忠之順信陵君似之矣	七年	八年 以荀卿爲蘭陵令 列傳齊人或讒荀卿荀卿乃適楚而春申

十二年	十三年	十四年	十五年 平原君卒		十六年	十七年	十八年
十一年	十二年	十三年	十四年		十五年	十六年	十七年
五十三年	五十四年	五十五年	五十六年	孝文王元年 莊襄王元年 秦本紀五十六年秋昭襄王卒子孝文王立十月己亥即位三日辛丑卒子莊襄王立	二年	三年	始皇元年
九年 徙於鉅陽	十年	十一年	十二年		十三年	十四年	十五年 春申君徙封于吳
君以爲蘭陵令							

十九年	十八年	二年	十六年	李斯列傳斯辭荀卿西入秦會莊襄王卒乃求爲秦相呂不韋舍人
二十年	十九年	三年	十七年	
二十一年	二十年	四年	十八年	
悼襄王元年	二十一年	五年	十九年	
二年	二十二年	六年	二十年	
三年	二十三年	七年	二十一年	
四年	二十四年	八年	二十二年	
			王東徙壽春	
五年	二十五年	九年	二十三年	
六年	二十六年	十年	二十四年	
七年	二十七年	十一年	二十五年	
			李園殺春申君	列傳春申君死而荀卿廢因家蘭陵列著數萬言卒葬蘭陵

謹據本書及史記劉向敍考定。其文曰。荀子。趙人。名况。年五十始游學來齊。則當湣王之季。故傳云田駢之屬

皆已死也。又云。及襄王時而荀卿最爲老師。蓋復國之後。康莊舊人。惟卿在也。襄王之十八年。當秦昭王四十一年。秦封范雎爲應侯。儒效彊國篇。有昭王應侯荅問。則自齊襄王十八年以後。荀卿去齊游秦也。其明年趙孝成王元年。本書荀卿與臨武君議兵趙孝成王前。則荀子入秦不遇。復歸趙也。後十一年。當齊王建十年。爲楚考烈王八年。楚相黃歇以荀卿爲蘭陵令。本書云齊人或讒荀卿。荀卿乃適楚。而春申君以爲蘭陵令。則當王建初年。荀卿復自趙來齊。故曰三爲祭酒。是時春申君封于淮北。蘭陵乃其屬邑。故以卿爲令。後八年。春申君徙封于吳。而荀卿爲令如故。又十二年。考烈王卒。李園殺春申君。盡滅其族。本傳云春申君死而荀卿廢。因家蘭陵。列著數萬言而卒。因葬蘭陵。荀卿之卒。不知何年。堯問篇云。孫卿迫于亂世。鰌于嚴刑。上無賢主。下遇暴秦。鹽鐵論毀學篇。方李斯之相秦也。始皇任之人臣無二。然而荀卿爲之不食。覩其罹不測之禍也。據李斯傳。斯之相在秦并天下之後。距春申君之死十八年。距齊湣王之死六十四年。是時荀卿蓋百餘歲矣。荀卿生于趙。游于齊。嘗一入秦而仕于楚。卒葬于楚。故以四國爲經。託始于趙惠文王楚頃襄王之元。終于春申君之死。凡六十年。庶論世之君子。得其梗概云爾。　劉向敍錄。卿以齊宣王時來游稷下。後仕楚。春申君死而卿廢。史記六國年表。載春申君之死。上距宣王之末。凡八十七年。史記稱卿年五十始游齊。則春申君死之年。卿年當一百三十七矣。晁公武郡齋讀書志。謂史記所云年五十爲年十五之譌。然顏之推家訓勉學篇。荀卿五十始來游學。之推所見史記古本已如此。未可遽以爲譌字也。且漢之張蒼。唐之曹憲。皆百有餘歲。何獨於卿而疑之。　荀子歸趙。疑當孝成王九年十年時。故君道篇亟稱平原信陵之功。是時信陵故在趙也。以信陵君之好士。得之於毛公薛公。而失之于荀卿。惜夫。　韓非子難四篇。燕王噲賢子之而非荀卿。故身死爲僇。荀子游燕。在游齊前。事僅見此。本書彊國篇荀子說齊相國曰今巨楚縣吾前。大燕鰌吾後。勁魏鉤吾右。西壤之不絕若繩。楚人則乃有襄賁開陽。以臨吾左。是一國作謀。三國必起而乘我。如是。則齊必斷而爲四。三國若假城耳。其言正當湣王之世。湣王再攻破燕魏。留楚太子横以割下東國。故荀卿爲是言。其後五國伐齊。燕入臨菑。楚魏共取淮北。卒如荀卿言。荀子之爲齊與樂毅之爲燕謀伐齊。所見正同。豈可謂儒者無益於人國乎。此齊相爲薛公田文。故曰相國上則得專主。下則得專國。王伯篇云。權謀日行而國不免危削。綦之而亡。齊湣薛公是也。荀卿之爲是言者。疾田文之不能用士也。

〔胡元儀郇卿別傳〕郇卿名况。趙人也。蓋周郇伯之遺苗。郇伯公孫之後。或以孫爲氏。故又稱孫卿焉。昔孟子爲卿于齊。郇卿亦爲卿于齊。虞卿爲趙上卿。時人尊之。號曰虞卿。郇卿亦爲趙上卿。故人亦卿之而不名也。卿年十五。有秀才。當齊湣王之末年。游學于齊。初齊威王之世。淳于髠鄒衍之屬。相次至齊。威王卒。宣王立。喜文學游說之士。來者益衆。居稷下。宣王十八年。尊寵之。如孟子鄒衍鄒奭淳于髠田駢接子愼到環淵之徒七十六人。皆命曰列大夫。言爵比大夫也。開第康莊之衢。高門大屋。不治政事而議論焉。稷下之盛。聞于諸侯。十九年。宣王卒。湣王立。學士更盛。且數萬人。湣王奮二世之餘烈。南舉楚淮。北幷巨宋。苞十二國。西摧三晉。却彊秦。五國賓從。鄒魯之君。泗上諸侯皆入臣。晚年矜功不休。百姓不堪。諸儒皆諫。湣王不聽。各分散。愼到接子亡去。田駢如薛。郇卿亦說齊相曰。處勝人之埶。行勝人之道。天下莫忿。湯武是也。處勝人之埶。不以勝人之道。厚于有天下之埶。索爲匹夫不可得也。桀紂是也。然則得勝人之埶者。其不如勝人之道遠矣。夫主相者。勝人以埶也。是爲是。非爲非。能爲能。不能爲不能。併己之私欲。必以道夫公道通義之可相兼容者。是勝人之道也。今相國上則得專主。下則得專國。相國之于勝人之埶。亶有之矣。然則胡不敺此勝人之埶。赴勝人之道。求仁厚明通之君子而託王焉。與之參國政。正是非。如是。則國孰敢不爲義矣。君臣上下貴賤長少至於庶人。莫不爲義。則天下孰不欲合義矣。賢士願相國之朝。能士願相國之官。好利利當作義之民。莫不願以齊爲歸。是一天下也。相國舍是而不爲。案直爲世俗之所爲。則女主亂之宮。詐臣亂之朝。貪吏亂之官。衆庶百姓皆以貪利爭奪爲俗。曷若是而可以持國乎。今巨楚縣吾前。大燕鰌吾後。勁魏鉤吾右。西壤之不絕若繩。楚人則乃有襄賁開陽以臨吾左。是一國作謀。則三國必起而乘我。如是。則齊必斷而爲四。三國若假城然耳。必爲天下大笑。曷若兩者孰足爲也。夫桀紂。聖王之後子孫也。有天下者之世也。埶籍之所存。天下之宗室也。土地之大。封內千里。人之衆數以億萬。俄而天下倜然舉去桀紂而犇湯武。反然舉惡桀紂而貴湯武。是何也。夫桀紂何失。而湯武何得也。曰。是無他故焉。桀紂者。善爲人之所惡。而湯武者。善爲人之所好也。人之所惡。何也。曰。汙漫爭奪貪利是也。人之所好何也。曰禮義辭讓忠信是也。今君人者。辟稱比方。則欲自竝乎湯武。若其所以統之。則無以異桀紂。而求有湯武之功名。可乎。故凡得勝者。必與人也。凡得人者。必與道也。道者。何也。曰。禮讓忠信是也。故自四五萬而往者彊勝。非衆之力也。隆在信矣。自數百里而往者安固。非人之力也。隆在脩政矣。今已有數萬之衆者也。陶誕比周以爭與。已有數百里之國者也。汙漫突盜以爭地。然則是弃己之所安彊。而爭己之所危弱也。損己之所不足。以重己之所有餘。若是其悖繆也。而求有湯武之功名。可乎。辟之猶伏而咶天。救經而引其足也。說必不行矣。愈務而愈遠。爲人臣者。不恤己行之不行。苟得利而已矣。是渠衝入穴而求利也。是仁人之所羞而不爲也。故人莫貴乎生。莫樂乎安。所以養生安樂者。莫大乎禮義。人知貴生樂安而弃禮義。辟之是猶欲壽而歾頸也。愚莫大焉。故君人者。愛民而安。好士而榮。兩者無一焉而亡。詩曰。价人維藩。大師維垣。此之謂也。齊相不能用其言。郇卿乃適楚。于是諸侯合謀。五國伐齊。湣王奔莒。

楚使淖齒救齊、因為齊相、淖齒欲與燕分齊地。乃執湣王殺之于鼓里。田單起即墨。卒復齊所失七十餘城。迎湣王子法章于莒而立之。是為襄王。襄王復國。尙脩列大夫之缺。諸儒反稷下。其時田駢之屬已死。惟郇卿最為老師。于是郇卿三為祭酒焉。後齊人或讒郇卿。郇卿乃適楚。楚相春申君相楚之八年。以郇卿為蘭陵令。客說春申君曰。湯以亳。武王以鄗、皆不過百里以有天下。今郇子。天下賢人也。君藉以百里之埶。臣竊以為不便於君。何如。春申君曰。善。于是使人謝郇卿。郇卿去之趙。趙以為上卿。與臨武君孫臏議兵於趙孝成王之前。臨武君為變詐之兵。郇卿以王兵難之。不能對也。語詳郇卿子議兵篇。卒不用於趙。遂應聘于秦。初見應侯范睢。應侯問以入秦何見。郇卿曰。其固塞險。形埶便。山林川谷美。天材之利多。是形勝也。入境。觀其風俗。其百姓樸。其聲樂不流汙。其服不挑。甚畏有司而順。古之民也。及都邑官府。其百吏肅然。莫不恭儉敦敬。忠信而不楛。古之吏也。入其國。觀其士大夫。出于其門。入于公門。出于公門。入于其家。無有私事也。不比周。不朋黨。倜然莫不明通而公也。古之士大夫也。觀其朝廷。其閒聽決百事不留。恬然如無治者。古之朝也。故四世有勝。非幸也。數也。是所見也。故曰。佚而治。約而詳。不煩而功。治之至也。秦類之矣。雖然。則有其諰矣。兼是數具者而盡有之。然而縣之以王者之功名。則倜倜然其不及遠矣。是何也。則其殆無儒邪。故曰。粹而王。駮而霸。無一焉而亡。此秦之所短也。秦昭王聞其重儒也。因問曰。儒無益於人國。郇卿曰。儒者法先王。隆禮義。謹乎臣子而致貴乎上者也。人主用之。則埶在本朝而宜。不用則退編百姓而慤。必為順下矣。雖窮困凍餧。必不以邪道為貪。無置錐之地。而明于持社稷之大義。嗚呼而莫之能應。然而通乎財萬物。養百姓之經紀。埶在人上。則王公之材也。在人下。則社稷之臣。國君之寶也。雖隱于窮閻漏屋。人莫不貴之。道誠存也。仲尼將為司寇。沈猶氏不敢朝飲其羊。公慎氏出其妻。慎潰氏踰境而徙。魯之粥牛馬者。

不豫賈。必蚤正以待之也。居于闕里。闕里之子弟。罔不分有親者。取多孝弟以化之也。儒者在本朝則美政。在下位則美俗。儒之為人下如是矣。王曰。然則其為人上如何。郇卿曰。其為人上也廣大矣志意定乎內。禮節脩乎朝。法則度量出乎官。忠信愛利形乎下。行一不義。殺一無罪。而得天下。不為也。此君義信乎人矣。通于四海。則天下應之如讙。是何也則貴名白而天下治也。故近者歌謳而樂之。遠者竭蹶而趨之。四海之內若一家。通達之屬莫不服。夫是之謂人師。詩曰。自西自東。自南自北。此之謂也。夫其為人下也如彼。其為人上也如此。何謂其無益于人之國也。昭王曰。善。然終不能用郇卿也。郇卿在秦。知不見用。無何。由秦反趙。後春申君之客。又說春申君曰。昔伊尹去夏入殷。殷王而夏亡。管仲去魯入齊。魯弱而齊彊。夫賢者所在。君未嘗不尊國未嘗不榮也。今郇卿。天下賢人也。君何辭之。春申君又曰善。于是使人請郇卿于趙。郇卿遺書謝之曰。諺云。癘人憐王。此不恭之語也。雖然。不可不審察也。此為劫弒死亡之主言也。夫人主年少而矜材。無法術以知奸。則大臣主斷國私。以禁誅于己也。故弒賢長而立幼弱。廢正嫡而立不義。春秋記之曰。楚王子圍。聘于鄭。未出境。聞王病。反問疾。遂以冠纓絞王殺之因自立也。齊崔杼之妻美。莊公通之。崔杼帥其君黨而攻莊公。莊公請與分國。崔杼不許。欲自刃于廟。崔杼不許。莊公走出。踰于外牆。射中股。遂殺之而立其弟景公。近代所見李兌用趙餓主父于沙丘。百日而殺之。淖齒用齊。擢湣王之筋。縣于廟梁。宿昔而死。夫癘雖癰腫痂疵。上比前世。未至繆絞射股。下比近代。未至擢筋餓死也。夫劫弒死亡之主也。心之憂勞。形之困苦。必甚于癘矣。由此觀之。癘雖憐王可也。蓋李園之包藏禍心。李園女弟之陰謀。郇卿早知其必發。故以書刺之也。又為歌賦以遺春申君曰。天下不治。請陳佹詩。天地易位。四時易鄉。列星殞墜。旦暮晦盲。幽晦登昭。日月下藏。公正無私。反見縱橫。志愛公利。重樓疏堂。無私罪人。憼革貳兵。道德純備。讒口將將。仁人絀約。敖暴擅彊。天下幽險。恐失世英。螭龍為蝘蜓。鴟梟為鳳凰。比干見刳。孔子拘匡。昭昭乎其知之明也。郁郁乎其遇時之不祥也。拂乎其欲禮義之大行也。闇乎天下之晦盲也。皓天不復。憂無疆也。千歲必反。古之常也。弟子勉學。天不忘也。聖人共手。時幾將矣。與愚以疑。願聞反辭。其小歌曰。念彼遠方。何其塞矣。仁人絀約暴人衍矣。忠臣危殆。讒人服矣。璇玉瑤珠。不知佩也。雜布與錦。不知異也。閭娵子奢。莫之媒也。嫫母力父。是之嘉也。以盲為明。以聾為聰。以危為安。以吉為凶。嗚呼上天。曷維其同。春申君得書與歌賦。恨之復固謝郇卿。郇卿不得已。乃行至楚。復為蘭陵令。春申相楚之二十五年。楚考烈王卒。春申君果被李園所殺。而郇卿遂廢蘭陵令。因家蘭陵。二十餘年。秦始皇三十四年。李斯為秦相。郇卿聞之。為之不食。知其必敗也。後卒。年蓋八十餘矣。因葬于蘭陵。方郇卿至稷下也。諸子咸作書刺世。諸子之事。皆以為非先王之法也。蘇秦張儀。以邪道說諸侯以大貴顯。郇卿退而笑曰。夫不以其道進者。必不以其道亡。孟子言人之性善。郇卿後孟子百餘年。以為人之性惡。作性惡一篇。疾濁世之政。亡國亂君相屬。不遂大道而營乎巫祝。信禨祥。鄙儒小拘。莊周等又滑稽亂俗。于是推本儒術。聞道德。崇禮勸學。著數萬言。凡三十二篇。又作春秋公子血脈譜。郇卿善為詩禮易春秋。從根牟子受詩。以傳毛亨。號毛詩。又傳浮丘伯。伯傳申公。號魯詩。從馯臂子弓受易。並傳其學。稱子弓比于孔子。從虞卿受左氏春秋。以傳張蒼。蒼傳賈誼。穀梁俶亦為經作傳。傳郇卿。卿傳浮丘伯。伯傳申公。申公傳瑕丘江公。世為博士。郇卿尤精于禮。書闕有閒。受授莫詳。由是漢之治易詩春秋者。皆源出于郇卿。郇卿弟子。今知名者。韓非李斯陳囂毛亨浮丘伯張蒼而已。當時甚盛也。至漢時。蘭陵人多善為學。皆卿之門人也。漢人稱之曰蘭陵人。喜字為卿。法郇卿也。教澤所及。蓋亦遠矣。後十一世孫遂。遂生淑。淑生子八人。時號八龍。卿之後甚著于東漢。迄魏晉六朝。知名之士不絕云論曰。劉向言漢興董仲舒亦大儒。作書美郇卿。孟子董先生皆小五伯。以為仲尼之門。五尺童子。皆羞稱五伯。如人君能用郇卿。庶幾于王。然世莫能用。而六國之君殘滅。秦國大亂。卒以亡。觀郇卿之書。其陳王道甚易行。疾世莫能用。其言悽愴。甚可痛也。嗚呼。使斯人卒終于閭巷。而功業不得見於世。哀哉。可為霣涕。其書可比于傳記。可以為法。諒哉斯言。向故元王交之孫。交。郇卿再傳弟子也。其知之深矣。其哀痛有由矣。然而汙不至阿其所好也。向校讎中秘書。定著郇卿子三十二篇。傳之至今。向亦卿之功臣哉。唐儒楊倞。復為之注。表彰之功。亦向之亞矣。

〔又郇卿別傳攷異二十二事〕　林寶元和姓纂。郇周文王十七子郇侯之後。以國為氏。詩郇伯勞之毛傳云郇伯郇侯也郇本侯爵郇侯會爲二伯詩舉重者言故毛傳云然　後去邑為荀。晉有荀林父。生庚。裔孫況。況十一代孫遂。遂生淑。生儉緄靖燾汪爽肅。時人謂之八龍。案水經注。涑水逕猗氏故城北。又西逕郇城。郇伯國也。其地即今山西蒲州府猗氏縣之境。郇國。晉武公所滅。見竹書紀年。故郇伯之後。仕于晉獻公之世有荀息。魯僖二十七年。荀林父御戎林父于息屬之親疎未詳。林父子庚。成三年聘魯。庚子偃。成十六年佐上軍。偃子吳。襄二十六年聘魯。吳子寅。昭二十九年與趙鞅城汝濱。定十三年入于朝歌。叛魯哀五年奔齊。由寅至郇卿幾二百年。由哀五年至周赧王十六年得一百九十四年也　其閒幾世。不可詳矣。林寶所云。皆据郇氏家傳。信而有徵者也。但後漢書荀淑傳。稱淑為荀卿十一世孫。則遂當是十世孫。不知今本元和姓纂誤衍一字歟。抑今本後漢書十一世乃十二世之誤歟。無明據以證之也。云後去邑為荀。此乃想當然之辭。殊非確論。何也。荀姓乃黃帝之後。國語司空季子言黃帝之子二十五宗。得姓者十二。姬酉祈己滕葴任荀僖姞儇依是也。郇國之郇。詩郇伯勞之。竹書紀年晉武公滅郇。此據漢書地理志臣瓚注所引紀年之文今本紀年皆作荀不作郇矣　國語訾祏言范文子受以郇櫟。字皆作郇。并不作荀也。而左傳諸荀之在晉者。字皆作荀。不復作郇。此蓋傳寫相承。久而不改正。如許國許姓之許字作鄦。凡經典之中。竟無鄦字。人遂相沿不改。是其證也。并非有故去邑為荀明矣。今別傳中皆用郇字。以著受姓之源。　史記稱荀卿。國策劉向漢書藝文志應劭風俗通皆稱孫卿。司馬貞顏師古皆以為避宣帝諱詢。故改稱孫。謝東墅云。漢不避嫌名。時人荀淑荀爽。俱用本字。左傳荀息至荀瑤。亦不改字。何獨于荀卿反改之邪。蓋荀孫二字同音。語遂移易。如荆軻謂之荆卿。又謂之慶卿。又如張良為韓信都。信都。司徒也。俗音不正。曰信都。案謝東墅駁郇卿之稱孫卿不因避諱。足破千古之惑。以為俗音不正若司徒信都。則仍非也。郇卿之為郇伯之後。以國為氏。無可疑矣。且郇卿趙人。古郇國在今山西猗氏縣境。其地于戰國正屬趙。故為趙人。又稱孫者。蓋郇伯公孫之後。以孫為氏也。王符潛夫論志姓氏篇云。王孫氏公孫氏國自有之孫氏者。或王孫之班。或公孫之班也。是各國公孫之後。皆有孫氏矣。由是言之。郇也孫也。皆氏也。戰國之末。宗法廢絕。姓氏混一。故人有兩姓并稱者。實皆古之氏也。如陳完奔齊。史記稱田完。陳恆見論語。史記作田常。陳仲子見孟子。郇卿書陳仲田仲互見田駢見郇卿書。呂覽作陳駢。陳田皆氏。故兩稱之。推之荆卿之稱慶卿。亦是類耳。若以俗語不正。二字同音。遂致移易為言。尚未達其所以然之故也。今別傳不稱孫者。以別族在當時宜稱孫。舉近者言也。孫氏各國皆有。不明所出。後人宜稱郇。以著所出。故郇卿書稱孫子。仍之不改。郇卿自稱之辭也。自史公稱荀卿。其後裔荀淑等皆曰荀。相沿至今。皆曰郇子。故不復稱孫也。　齊宣王尊寵稷下諸子。號曰列大夫。言爵比大夫也。孟子宣王時在齊。居列大夫之中。而孟子書言孟子為卿于齊。孟子自言我無官守。我無言責。與史記田完世家云列大夫不治而議論者合。然不稱列大夫而曰為卿。蓋卿即列大夫之長。所謂郇卿三為祭酒是也。然則郇卿亦為卿于齊矣。史記虞卿傳虞卿說趙孝成王。再見為趙上卿。故號虞卿。郇卿亦為趙上卿。又從虞卿受左氏春秋。郇卿之稱卿。蓋法虞卿矣。劉向云。蘭陵人喜字為卿。以法孫卿也。然則在齊人趙人稱郇卿。尊之之辭也。蘭陵弟子稱郇卿。美之之辭也。　史記。荀卿年五十。始來遊學于齊。劉向云。孫卿有秀才。年五十。始來遊學。應劭風俗通窮通篇云。孫卿有秀才。年十五始來遊學。作年十五者是也。史記與劉向序。皆傳寫誤倒耳。郇卿來齊在何時。史公劉向應劭皆未明言。桓寬鹽鐵論論儒篇云。湣王奮二世之餘烈。南舉楚淮。北幷巨宋。苞十二國。西摧三晉。卻强秦。五國賓從。鄒魯之君。泗上諸侯皆入臣。矜功不休。百姓不堪。諸儒諫不從。各分散。慎到接子亡去。田駢如薛。而孫卿適楚。內無良臣。故諸侯伐之。是郇卿湣王末年至齊矣。今郇卿書彊國篇有說齊相一章。正諫湣王矜功五國謀伐齊之事。蓋說之不從。遂之楚。五國旋果伐齊。湣王奔莒被殺。襄王復國。稷下諸子分散者復反稷下。郇卿適楚不久。即反齊。是以史記劉向應劭皆云襄王時尙修列大夫之缺。言湣王末列大夫已散。襄王復聚之。尙能脩列大夫之缺也。　劉向云。威王宣王之時。聚天下賢士於稷下。號曰列大夫。是時孫卿有秀才。年五十。始來遊學。應劭亦如此云。惟作齊威王時。無宣王。年五十作十五。年十五是也。無宣王蓋脫去耳。應劭之文。全本劉向故也。說者遂疑郇卿齊威王時至齊。非也。稷下之士。實威王初年始聚之。湻于髡傳。齊威王八年。楚伐齊。髡使趙請兵。是其證也。威王在位三十六年。宣王立。據田完世家。宣十八年乃尊崇稷下之七十六人。賜列第為上大夫。不治而議論。是以稷下之士復盛。且數萬人。宣王在位十九年。十八年始尊崇稷下之士。號曰列大夫。威王時並無列大夫之號也。即史記所云。是以稷下之士復盛。且數萬人。皆終言其事。非宣王之世。在湣王之世也。劉向應劭所云。皆溯稷下聚士之由。故統威王宣王言之。云是時孫卿有秀才。非謂威王宣王之時。指稷下之盛時。即湣王之世也。讀者不察。以辭害意。故繆為之説耳。　史記春申君傳。考烈王元年。以黄歇為相。封春申君。春申君相楚之八年。以荀卿為蘭陵令。然則郇卿被讒去齊入楚。在楚考烈王之八年。齊王建之十年也。客説春申君以湯武百里有天下。孫子賢人。藉以百里之勢。不便于君。審其詞意。必郇卿為蘭陵令不久之事。春申信客言。即謝郇卿。卿乃去而之趙。當在考烈王八九年。趙孝成王之十二三年。議兵于趙孝成之前。即此時矣。　劉向云。孫卿應聘于諸侯。見秦昭王及秦相應侯。今郇卿書儒效篇有秦昭王問孫子儒無益于人國一章。彊國篇有應侯問孫子入秦何見一章。是其事也。據范雎傳。雎為相封侯。在秦昭王四十一年。五十二年。因王稽坐法誅。應侯懼。蔡澤説之。遂罷相。應侯罷相之年。即楚考烈王八年。郇卿為蘭陵令時。應侯既罷相矣。劉向稱秦相應侯。約言之。郇卿書直稱應侯。不曰秦相。得其實矣。秦昭王在位。盡五十六年。郇卿入趙。當昭王五十二三年。由趙入秦。不出秦昭王五十四至五十六三年中也。即由秦反趙。亦不出此三年中。　客再説春申君。春申君請郇卿于趙。國策不言在何時。考春申君傳。春申君相楚二十二年。諸侯合從西伐秦。楚為從長。春申君用事。至函谷關。諸侯兵皆敗走。楚考烈王以咎春申君。春申君以此益疏客言。春申君以合從伐秦不利。歸咎諸客。疏而遠之。前讒郇卿之客。必在所疏之中。于是春申君所聽信者。惟觀津人朱英。春申君徙楚都壽春。一切所為。皆朱英之謀。然則説春申君反郇卿于趙之客。蓋即朱英歟。由是言之。郇卿復為蘭陵令。在楚考烈王二十二年之後矣。二十五年。春申被李園所殺。郇卿廢蘭陵令。計前後兩為蘭陵令。不過三四年耳。　桓寬鹽鐵論毀學篇云。李斯之相秦也。始皇任之。人臣無二。然而郇卿為之不食。覩其罹不測之禍也。李斯相秦。據始皇本紀在三十四年。是年郇卿尚存。猶及見之。其卒也必在是年之後矣。郇卿以湣王末年年十五來齊。據田完世家。湣王三十八年伐宋。滅之。而郇卿説齊相之辭。但曰巨楚縣吾前。大燕鰌吾後。勁魏鉤吾右。不及宋國。時宋已滅明矣。說齊相不從、郇卿乃適楚。必湣王三十九年之事。蓋郇卿之來齊。亦即在是年歟。雖無明證。試以是年郇卿年十五推之。當生于周赧王十六年。計至始皇三十四年。得八十七年。故別傳云卒年蓋八十餘矣。　李斯傳。斯長男由為三川守。告歸咸陽、斯置酒于家。百官長皆前為壽。李斯喟然而歎曰。嗟乎。吾聞之郇卿曰。物禁太盛。斯乃上蔡布衣。今人臣無居臣上者。物極則衰。吾未知所稅駕也。所謂郇卿為之不食。必有戒斯之詞。物禁太盛。其戒斯之詞歟。當由告歸百官長上壽之時。追念師言。不覺而歎耳。史公紀由告歸。在始皇三十五年之後。敘此事畢。接書三十七年事。則由告歸李斯之歎。在三十六年矣。是年郇卿之存與卒。不得而考。然可為郇卿為之不食之明證也。　劉向讎校中孫卿書。凡三百二十二篇。以相校除復重二百九十篇。定著三十二篇。言中秘所藏孫卿之書。共有三百二十二篇。實三十二篇。餘皆重復之篇也。而漢書藝文志云孫卿子三十三篇。乃傳刊之誤。當作三十二篇。王伯厚漢藝文志考證已言之矣。然漢志旣列孫卿子三十二篇于諸子儒家。又列孫卿賦十篇于詩賦。今郇卿書賦篇僅有賦六篇。讀者莫明其故。蓋即郇卿書中之賦篇成相篇也。漢志雜賦十二家。有成相雜辭十一篇。藝文類聚八十九卷引成相篇曰。莊子貴支離。悲木槿。注云成相出淮南子、（據此則淮南子亦有成相之篇今已久佚漢志亦從本書別出）然則成相雜辭十一篇者。淮南王之所作也。賦者古詩之流。成相亦賦之流也。今案賦篇。禮知雲蠶箴五賦之外。有佹詩一篇。凡六篇。成相篇自請成相世之殃、至不由者亂何疑為。是第一篇。自凡成相辨法方。至宗其賢良辨孽殃，是第二篇。自請成相道聖王。至道古聖賢基必張。是第三篇。自願陳辭。（願陳辭上脫請成相三字）至託于成相以喻意。是第四篇。自請成相言治方。至後世法之成律貫。是第五篇。合之賦六篇。實十有一篇。今漢志云孫卿賦十篇者。亦脫一字、當作十一篇也。隋書經籍志。

有楚蘭陵令郇況集一卷。注云殘闕。梁二卷。隋志本之梁阮孝緒七錄。蓋七錄題二卷者。正謂賦一卷成相一卷也。脩隋志者不知成相亦賦也。徒見郇卿賦篇僅六賦。不可分為二卷。疑有殘闕。故注其下曰殘闕梁二卷。亦殊疏矣。至舊唐書經籍志。有郇況集二卷。新唐書藝文志。亦有郇況集二卷。皆據隋志梁二卷之文載之而已。非別有全本也。　王伯厚玉海引宋李淑書目云。春秋公子血脈譜傳本曰郇卿撰。秦譜下及項滅子嬰之際。非郇卿作明矣。然枝分派別。如指諸掌。非殫見洽聞不能為。其間不無訛繆。案郇卿從虞卿受左氏春秋。故作春秋公子血脈譜。蓋據左氏傳文及左丘明世本之姓氏篇以成書也。世本左丘明作見顏氏家訓書證篇云出皇甫謐帝王世紀世本有姓氏篇見左傳正義引　李淑疑非郇卿作。不過因秦公子譜。下及秦亡而已。不知郇卿卒于始皇三十四年之後。去秦亡項滅子嬰。才數年耳。下及子嬰之世。又何疑邪。據云非殫見洽聞不能為。其書之善可知。又云其閒不無訛繆。其中必有與史記諸書不合者。如皇甫謐帝王世紀。亦據左丘明世本。其中有足考訂史記者。即其比也。不得因其不合。遂指為訛繆矣。其書不見引于羣籍。七略七錄皆不著其目。宋時猶存。竟至亡佚。惜哉。虞荔鼎錄云荀況在嵩溪作一鼎大如五石甕表裏皆紀兵法大篆書四足　劉向云。孟子以為人性善。孫卿後孟子百餘年。以為人性惡。向必言後孟子百餘年者。以史記言孟子所如不合。退而與萬章之徒。述仲尼之意。作孟子七篇。又言郇卿著數萬言而卒。是孟郇著書。皆在晚年。故據孟郇之卒年相去百餘年為言也。向偏讀中秘書。博覽參稽。其言信而有徵者也。故別傳從之。郇卿卒于始皇三十四年之後。逆推孟子之卒。當在周赧王初年。方合百餘年之數。今世所傳孟子譜。禮樂錄。闕里志等書。皆出宋明人之手。記孟子生卒。言人人殊。均無據之游辭。不足信者也。而說經者好稱之。誠末學所不解矣。　陸德明經典釋文敍錄。毛詩。子夏授高行子。高行子授薛倉子。薛倉子授帛妙子。帛妙子授河閒大毛公。毛公為詩詁訓傳于家。以授趙人小毛公。一云子夏授曾申，申傳魏人李克，克傳魯人孟仲子，孟仲子授根牟子，根牟子授趙人孫卿子，孫卿子傳魯人大毛公。陸璣毛詩草木蟲魚疏云：孔子删詩，授卜商，商為之序，以授魯人曾申，申授魏人李克，克授魯人孟仲子，孟仲子授根牟子，根牟子授趙人孫卿，卿授魯國毛亨，亨作詁訓傳，以授趙國毛萇，時人謂亨為大毛公，萇為小毛公。此毛詩得郇卿之傳也。　漢書楚元王傳：楚元王交，嘗與魯穆生、白公、申公俱受詩于浮丘伯。（浮丘一作包丘，見鹽鐵論毀學篇。浮丘蓋齊地名，因以為氏。浮包同聲字。如春秋浮來之地，左傳浮來，公穀皆作包來，是其例也。）伯，孫卿之門人也。浮丘伯在長安，元王遣子郢客與申公卒業。文帝時，申公為詩最精，以為博士。申公始為詩，號魯詩。此魯詩得郇卿之傳也。　劉向別錄：（左傳正義引）左丘明授曾申，申授吳起，起授其子期，期授楚鐸椒，椒作鈔撮八卷，授虞卿，卿作鈔撮九卷，授孫卿，卿授張蒼。經典釋文云：左丘明作傳以授曾申，申傳衛人吳起，起傳其子期，期傳楚人鐸椒，椒傳趙人虞卿，虞卿傳同郡郇卿，名況，況傳武威（張蒼陽武人，此云武威傳寫之誤）張蒼，蒼傳洛陽賈誼。此左氏春秋郇卿之傳也。　楊士勛穀梁疏：穀梁子名俶，字元始，一名赤，魯人，受經于子夏，為經作傳，授孫卿，卿傳魯人申公，申公傳瑕丘江翁。此疏有脫文，當云卿傳浮丘伯，伯傳申公，申公傳瑕丘江翁。漢書儒林傳：申公少與楚元王交俱事齊人浮丘伯，卒以詩春秋授，而瑕丘江公盡能傳之，是其證也。顏師古亦云：穀梁授經于子夏，傳郇卿。此穀梁春秋郇卿之傳也。　史記仲尼弟子列傳：商瞿字子木。孔子傳易于瞿，瞿傳楚人馯臂子弓。（今本史記作子弘，張守節正義已正其誤。然韓昌黎云太史公書弟子傳有姓名馯臂子弓，則昌黎所見之史記未誤也。張守節所據本誤致令今本皆誤。）今子弓傳江東矯子庸疪。（漢書儒林傳商瞿受易仲尼，傳魯橋庇子庸，子庸傳江東馯臂子弓，亦誤。當以史記為正。今漢書子庸子弓二名互易，幸留江東二字在中間不誤。然子弓史記云楚人，漢書云魯人，未詳孰是也。）郇卿善為易，得子弓之傳也。郇卿傳易于何人，不可考。　郇卿尤善于禮，今授受源流不可考。然漢書儒林傳：東海蘭陵孟卿事蕭奮，以禮授后蒼，蒼說禮數萬言，號曰曲臺記，授戴德延君、戴聖次君。德號大戴。聖號小戴。據劉向云。蘭陵人善為學。蓋以孫卿也。長老至今稱之曰蘭陵人喜字為卿。蓋以法孫卿也。孟卿蘭陵人。善為禮。又字卿。必得郇卿之傳也。惜今未能知其詳耳。孟卿傳士禮十七篇于后蒼。蒼傳二戴。今大小戴所傳儀禮。篇次各殊。見賈公彥儀禮疏由是言之。儀禮蓋亦郇卿之傳也。　郇卿之師子弓。韓昌黎以為馯臂子弓。此說不起自昌黎。張守節作史記正義。所據本作子弘。辯之曰。荀子作子弓。楊倞注非相篇云。馯臂子弓。受易者也。傳易之外別無聞。非馯臂也。楊注力辯非馯臂子弓。則唐以前之說。皆以郇子之子弓卽馯臂矣。古說相傳。信而有徵者也。應劭云。子弓。子夏之門人。蓋子弓學無常師。學業必有異人者。故郇卿比之孔子。不得以典籍無傳而疑之也。楊倞以子弓為仲弓。云子者著其爲師。元人吳萊。以為子弓之爲仲弓。猶季路之為子路。考其時世。郇卿不得受業于仲弓。不過因孔子稱仲弓可使南面。以為必仲弓方可比孔子耳。殊乖事之實也。王弼注論語云。見經典釋文朱張字子弓。郇卿以比孔子者。朱張字子弓。或有所據。以為卽郇卿所稱子弓。誣亦甚矣。朱張在孔子之前。郇卿不能受業。卽以為郇所受業。亦孔子前之聖人。何以郇卿動曰孔子子弓。先孔子而後子弓邪。　劉向云。董仲舒作書美郇卿。案漢書藝文志董仲舒百二十篇。今惟存春秋繁露八十二篇。復多殘闕。不見美郇卿之文。其逸久矣。汪氏述學。極詆國策記郇卿之事。其言曰。孫子謝春申書。去就曾不一言。泛引劫弒死亡之事。未知何屬。且靈王。楚之先君。豈宜斥言其罪。韓嬰誤以說詩。劉向不察。采入國策。失之矣。自厲憐王以下。乃韓非子姦劫弒臣篇文。其言刻覈無知以禦人。其詞賦乃郇子佹詩之小歌。由二書雜采為篇。文義不屬。孫卿自為蘭陵令。逮春申君死十八年。其閒未嘗適趙。本傳稱齊人或讒郇卿。卿乃適楚。詩外傳國策所載。卽因此緣飾。末所引詩。乃詩外傳之文。國策亦並載之。案汪氏此說殊武斷。因不達郇卿謝書之旨。遂妄言之耳。書之旨。言春申將有劫殺之禍。指李園女弟之謀。與親信李園也。故其詞隱。其意微。言外有去而不就之心。何得以去就不言爲疑邪。其說靈王也。直據春秋所記之事言。非斥其罪。國策載之。韓詩外傳載之。劉向校孫卿書。雖未載其謝書。然云謝春申書以刺楚國事必不誣也。韓非非郇卿弟子。其書援引師說。又何足怪。因韓非引之。即斥爲刻覈舞知禦人。今讀其書。心情悱惻。諷刺深遠。並無舞知禦人之事。何其誣也。且以爲郇卿此書。乃劉向采自韓非。以入國策。韓非之書。雖全用其文。然未明言是郇卿謝春申書。而向遂割取以妄爲之。向之博學篤實。乃至荒唐若此乎。何其自信而輕蔑古人邪。郇卿遺春申書。與歌賦本屬二事。何得云文義不屬邪。但國策所載歌賦不全。今賦篇末佹詩一篇皆是也。乃云詞賦乃郇子佹詩之小歌。何其知二五而不知有十也。不信劉向。不信國策。徒拘守史記。漫不加考。窒莫甚焉。妄云孫卿自爲蘭陵令。逮春申君死十八年。未嘗適趙。但據春申君傳。相楚八年。以郇卿爲蘭陵令之文。計至春申君死。郇卿廢。其閒十八年。十八年不誤。未嘗適趙。則繆之繆者也。此十八年中。果在蘭陵。未之他國。而何時議兵于趙孝成王之前。何時入秦與秦昭王應侯相問答邪。凡此皆見于郇卿書者。豈抑可誣爲劉向所爲乎。至以國策韓詩外傳皆因史記齊人或讒郇卿之文緣飾而成。更屬駕誣之詞。直以莫須有斷獄矣。惟國策篇末所引詩。實韓詩外傳之文。所見良是。然以爲劉向采自韓詩外傳則仍非。後人據韓詩外傳以竄入國策耳。今世所行國策。皆非劉向著定之舊。夫豈不知邪。汪氏以考據自命。雄視一時。不料其亦留此武斷之說于世也。

荀子集解目錄

荀子集解卷一

唐登仕郎守大理評事　楊倞　注
王先謙集解

勸學篇第一

君子曰。學不可以已。青。取之於藍。而青於藍。冰。水爲之。而寒於水。以喻學則才過其本性也。盧文弨曰青取之於藍從宋本困學紀聞所引同元刻作青出之藍無於字王念孫曰困學紀聞云青出之藍作青取之於藍監本未必是建本未必非（自注云今監本乃唐與政台州所刊熙甯舊本亦未爲善又云請占之五泰注云五泰五帝也監本改爲五帝而删注文）是王以作出者爲是也元刻作出之藍即本於建本監本作取之於藍者用大戴記改之也荀子本文自作出於藍藝文類聚草部上太平御覽百卉部三及意林埤雅引此竝作出於藍新論崇學篇同史記褚少孫續三王世家引傳曰青采出於藍而質青於藍者敎使然也即是此篇之文則本作出於藍明矣（宋錢佃本從監本作取之於藍而所引蜀本亦作出於藍宋龔士卨荀子句解同）今從王說先謙案羣書治要作青取之藍是唐人所見荀子本已有作取者且大戴記即用荀子文亦作青取之於藍不得謂荀子本作出於藍而作取者爲非也宋建監本岐出亦緣所承各異故王氏應麟無以定之謝本從盧校今仍之

木直中繩。輮以爲輪。其曲中規。雖有槁暴。不復挺者。輮使之然也。輮屈槁枯暴乾挺直也晏子春秋作不復嬴矣。盧文弨曰暴舊本作㬥非說文一作㬥晞也一作暴疾有所趣也顏氏家訓分之亦極明今此字注雖訓乾然因乾而暴起則下當从本案考工記輪人槁作藃鄭注云藃藃暴陰柔後必橈減幬革暴起釋文步角反劉步莫反一音蒲報反又注嬴舊本譌作羸案嬴緩也今據晏子雜上篇改正亦作嬴

故木受繩則直。金就礪則利。

君子博學而日參省乎己。則知明而行無過矣。參三也曾子曰日三省吾身知讀爲智行下孟反。俞樾曰省乎二字後人所加也荀子原文蓋作君子博學而日參己參者驗也史記禮書曰參是豈無堅革利兵哉索隱曰參者驗也管子君臣篇曰若望參表尹注曰參表謂立表所以參驗曲直是參有參驗之義君子博學而日參驗之於己故知明而行無過也後人不得參字之義妄據論語三省吾身之文增省乎二字陋矣大戴記勸學篇作君子博學如日參己焉如而古通用無省乎二字可據以訂正先謙案大戴記一本作君子博學如日參己焉與俞說同孔氏廣森云參己者學乎兩端以己參之一本作而日參省乎己焉與荀子文同此後人用荀子改大戴記也荀書自作而日參省乎己參三義同羣書治要作而日三省乎己易參爲三是本文有省乎二字之明證與楊注義合俞說非

故不登高山。不知天之高也。不臨深谿。不知地之厚也。不聞先王之遺

言不知學問之大也。大謂有益於人 干越夷貉之子。生而同聲。長而異俗。教使之然也。干越猶言吳越呂氏春秋荊有次非得寶劍於干越高誘曰吳邑也貉東北夷同聲謂啼聲同貉莫革反○謝刻從盧校干作于注文作于越猶言於越盧文弨曰于越宋本作干越今從元刻與大戴禮同注於越舊作吳越說所引呂氏春秋見知分篇次非俗本作佽飛唯宋本與呂氏同呂氏于越作干遂淮南同注干音寒國策作干隧然楊氏自作于越故以於越為釋劉台拱曰淮南原道訓干越生葛絺高注干吳也楊氏此注以干越為吳越蓋用高義觀下文引呂氏春秋注可見盧改非也今原道訓作于越亦妄庸人所改王念孫曰劉說是也宋刻呂夏卿本錢佃本竝作干越干越夷貉四者皆國名不得改干越為于越古書言干越者多矣凡改干越為于越者皆所謂知其一說不知又有一說者也大戴記之于越亦後人所改辯見漢書貨殖傳淮南道藏本及朱東光本皆作干它本皆改為于俞樾曰案盧刻誠非而楊注原文謂猶言吳越亦恐不然干與越竝言則干亦國名管子內業篇昔者吳干戰未齔不得入軍門國子擿其齒遂入為干國多則干與吳且為敵國非即吳明矣尹知章注管子以干為江邊地非是辨見管子字本作邗說文邑部邗國也今屬臨淮從邑干聲一曰邗本屬吳蓋邗古國名後為吳邑哀九年左傳吳城邗是也古書言干越者則當從國名之本訓不得因其後為吳邑而即訓為吳也先謙案王氏雜志引文選江賦注所引墨子以利荊楚干越吳都賦包括干越莊子刻意篇干越之劍及淮南原道訓以證漢書貨殖傳之于越當為干越其義允矣今案鹽鐵論殊路篇干越之鋌不厲匹夫賤之亦一證也吳干先為敵國後干併於吳管子吳干戰及左傳吳城邗即其明證干為吳滅而與吳一稱干猶鄭為韓滅而韓亦稱鄭（竹書紀年書韓哀侯作鄭哀侯）俞氏所駁亦非也今依劉王說改從宋本

詩曰。嗟爾君子。無恆安息。靖共爾位。好是正直。神之聽之。介爾景福。詩小雅小明之篇靖謀介助景大也無恆安息戒之不使懷安也言能謀恭其位好正直之道則神聽而助之福引此詩以喻勤學也

神莫大於化道。福莫長於無禍。為學則自化道故神莫大焉修身則自無禍故福莫長焉○俞樾曰上引詩云神之聽之介爾景福此文神字福字即本詩文也今本此二句提行屬下節非是先謙案舊本以荀子它篇引詩為例遂斷上引詩為一節以此二句提行因屬非是但下文物類之起至君子慎其所立乎一段言榮辱禍福之理正與引詩及此二句相應若斷屬上節亦未安各篇引詩亦多在篇中不盡屬一節之末此處不當分段今正

吾嘗終日而思矣。不如須臾之所學也。●先謙案大戴記吾上有孔子曰三字

吾嘗跂而望矣。不如登高之博見也。跂舉足也

登高而招。臂非加長也。而見者遠。順風而呼。聲非加疾也。而聞者彰。假輿馬者。非利足也。而致千里。假舟檝者。非能水也。而絕江河。能善絕過○王念孫曰江河本作江海海與里為韻下文不積小流無以成江海亦與里為韻今本海作河即失其韻矣文選海賦注引此正

作絕江海大戴記勸學篇說苑說叢篇竝同文子上仁篇作濟江海文雖小異作江海則同俞樾曰能當讀爲耐漢書食貨志能風與旱鼂錯傳其性能寒趙充國傳漢馬不能冬師古注竝曰能讀曰耐此文能字正與彼同

君子生非異也。善假於物也。皆以喻修身在假於學生非異言與衆人同也。王念孫曰生讀爲性大戴記作性

南方有鳥焉。名曰蒙鳩。以羽爲巢。而編之以髮。繫之葦苕。風至苕折。卵破子死。巢非不完也。所繫者然也。蒙鳩鷦鷯也苕葦之秀也今巧婦鳥之巢至精密多繫於葦竹之上是也蒙當爲蔑方言云鷦鷯自關而西謂之桑飛或謂之蔑雀或曰一名蒙鳩亦以其愚也言人不知學問其所置身亦猶繫葦之危也說苑客謂孟嘗君曰鷦鷯巢於葦苕箸之以髮可謂完堅矣大風至則苕折卵破者何也所託者然也。盧文弨曰蒙鳩大戴禮作蝱鳩方言作蔑雀蝱讀如芒蒙蝱蔑一聲之轉皆謂細也蠓與蠛蠓音義近楊云當爲蔑似非箸張略切俗間本多作著今從宋本與說文合又曰說文有箸無著箸但訓飯攲無形著及繫著義或本有著字而譌脫亦未可知然古書如周語大夫士日恪位箸卽位著也列子仲尼篇形物其箸以箸爲著明也趙策智伯曰兵箸晉陽三年矣以箸爲傅著也世說新語一書皆以箸爲著以故六書正譌謂箸字多有假借用者別作著非今校此書凡宋本作箸者仍之其他卷作著字者卽不改非必古之盡是而今之皆非以待夫通人自擇焉耳所引說苑見善說篇作著之髮毛建之女工不能爲也末句作其所託者使然也餘與此同

西方有木焉。名曰射干。莖長四寸。生於高山之上。而臨百仞之淵。木莖非能長也。所立者然也。本草藥名有射干一名烏扇陶弘景云花白莖長如射人之執竿又引阮公詩云射干臨層城是生於高處也據本草在草部中又生南陽川谷此云西方有木未詳或曰長四寸卽是草云木誤也蓋生南陽亦生西方也射音夜。盧文弨曰注烏扇宋本與本草同元刻作烏翣廣雅烏蓮射干也蓮翣同所夾反是二字皆可通

蓬生麻中。不扶而直。。王念孫曰此下有白沙在涅與之俱黑二句而今本脫之大戴記亦脫此二句今本荀子無此二句疑後人依大戴刪之也楊不釋此二句則所見本已同今本此言善惡無常唯人所習故白沙在涅與蓬生麻中義正相反且黑與直爲韻若無此二句則旣失其義而又失其韻矣洪範正義云荀卿書云蓬生麻中不扶自直白沙在涅與之俱黑褚少孫續三王世家云傳曰蓬生麻中不扶自直白沙在泥（今本泥下有中字涉上文而衍）與之皆黑者土地教化使之然也索隱曰蓬生麻中以下竝見荀卿子案上文引傳曰青采出於藍云云下文引傳曰蘭根與白芷云云皆見荀子則此所引傳亦荀子也然則漢唐人所見荀子皆有此二句不得以大戴無此二句而刪之也又案羣書治要曾子制言篇云故蓬生麻中不扶乃直（燕禮注乃猶而也）白沙在泥與之皆黑（大戴同）考荀子書多與曾子同者此四句亦本於曾子斷無截去二句之理

蘭槐之根是爲芷。其漸之滫。君子不近。庶人不服。其質非不美也。所漸者然也。蘭槐香草其根是爲芷也本草白芷一名白茝陶弘景云卽離騷所謂蘭茝也蓋苗名蘭茝根

名芷也蘭槐當是蘭茝別名故云蘭槐之根是爲芷也漸漬也染也滫溺也言雖香草浸漬於溺中則可惡也漸子廉反滫思酒反。盧文弨曰蘭槐之根大戴禮作蘭氏之根懷氏之苞晏子作今夫蘭本三年而成說苑雜言篇同又案滫久泔也說文廣韻訓皆同又晏子雜上篇作湛之苦酒苦讀如良苦之苦義皆相近楊氏乃訓滫爲溺未見所出又曰高誘注淮南人間訓云滫臭汁也意亦相近郝懿行曰大略篇云蘭茝稾本漸於蜜醴一佩易之與此義近晏子春秋雜上篇云蘭本三年而成湛之苦酒則君子不近庶人不佩湛之縻醢而賈匹馬矣縻說苑雜言篇作鹿滫久泔也芷卽茝也茝芷古字同聲通用此言香草之根爲芷漸以滫及酒皆不美惟漸之鹿醢乃能益其香而賈易匹馬故曰其質非不美所漸者然也故君子居必擇鄉。遊必就士。所以防邪僻而近中正也。

物類之起。必有所始。榮辱之來。必象其德。肉腐出蟲。魚枯生蠹。怠慢忘身。禍災乃作。強自取柱。柔自取束。凡物強則以爲柱而任勞柔則見束而約急皆其自取也。王引之曰楊說強自取柱之義甚迂柱與束相對爲文則柱非謂屋柱之柱也柱當讀爲祝哀十四年公羊傳天祝予十三年穀梁傳祝髮文身何范注竝曰祝斷也此言物強則自取斷折所謂太剛則折也大戴記作強自取折是其明證矣南山經招搖之山有草焉其名曰祝餘祝餘或作桂茶是祝與柱通也（祝之通作柱猶注之通作祝周官瘍醫祝藥鄭注曰祝當爲注聲之誤也）邪穢在身。怨之所構。構結也言亦所自取施薪若一。火就燥也。布薪於地均若一火就燥而焚之矣平地若一。水就溼也。草木疇生。禽獸羣焉。物各從其類也。疇與儔同類也。劉台拱曰羣焉當從大戴禮作羣居王念孫曰羣居與疇生對文今本居作焉者涉下文四焉字而誤是故質的張而弓矢至焉。林木茂而斧斤至焉。所謂召禍也質射侯的正鵠也樹成蔭而衆鳥息焉。醯酸而蜹聚焉。喻有德則慕之者衆故言有召禍也。行有招辱也。君子愼其所立乎。禍福如此不可不愼所立所立卽謂學也。盧文弨曰愼其元刻作其愼大戴作愼其所立焉

積土成山。風雨興焉。積水成淵。蛟龍生焉。積善成德。而神明自得。聖心備焉。神明自得謂自通於神明。謝本從盧校作聖心循焉盧文弨曰宋本循作備與大戴同劉台拱曰當作備古音與德得爲韻王念孫曰呂錢本作備此言積善成德而通於神明則聖心於是乎備也成德與聖心備上下正相應元刻備作循則與上文不相應矣儒效篇云積善而全盡謂之聖人彼言全盡猶此言聖心備也一也備字古音鼻墨反（見吳棫韻補）正與德得爲韻二也大戴記及羣書治要竝作備文選謝瞻從宋公

戲馬臺集送孔令詩注張子房詩注引此亦作備（張華勵志詩注引作偹與二注不合乃後人以誤本荀子改之）三也備字俗書作偹循字隸書或作循二形相似而誤先謙案孔廣森大戴記補注以積土成山至末爲一段今從之言學必積小高大一志者成也榮辱篇云堯禹者非生而具者也起於變故成乎修爲待盡而後備者也與此言積善成德聖心乃備義合劉王說是今改從宋本

故不積蹞步，無以至千里。半步曰蹞蹞與跬同 不積小流，無以成江海。〇盧文弨曰江海宋本與大戴同元刻作江河先謙案羣書治要作河海 騏驥一躍，不能十步。駑馬十駕，言駑馬十度引車則亦及騏驥之一躍據下云駑馬十駕則亦及之此亦當同疑脫一句。盧文弨曰不能十步十當作千玉篇引大戴禮騏驥一躒不能千步今大戴禮步作里此千作十皆是譌字里海爲韻步舍爲韻古音如是晉書虞溥傳云鍥而舍之朽木不知鍥而不舍金石可虧亦是韻語劉台拱曰案不能十步義最長大戴禮作千里於義疏矣若玉篇作千步直是譌字盧反引以爲據非也十駕十日之程也旦而受駕至暮脫之故以一日所行爲一駕若十度引車則非駕義也王念孫曰呂氏春秋貴卒篇曰所爲貴驥者爲其一日千里也旬日取之則與駑駘同淮南齊俗篇曰夫騏驥千里一日而通駑馬十舍旬亦至之此皆駑馬十日行千里之證大戴記騏驥一躒不能千里里與舍不合韻乃涉上文無以致千里而誤（玉篇引作千步千字雖譌而步字不譌）辯見大戴記述聞 功在不舍。〇盧文弨曰此句當連上文 鍥而舍之，朽木不折；鍥而不舍，金石可鏤。言立功在於不舍舍與捨同鍥刻也苦結反春秋傳曰陽虎借邑人之車鍥其軸也 螾無爪牙之利，筋骨之強，上食埃土，下飲黃泉，用心一也。螾與蚓同蚯蚓也〇盧文弨曰正文螾字上宋本有蚯字無注末蚯蚓也三字今從元刻 蟹六跪而二螯，非虵蟺之穴無可寄託者，用心躁也。跪足也韓子以刖足爲刖跪螯蟹首上如鉞者許叔重說文云蟹六足二螯也〇盧文弨曰案說文蟹有二敖八足大戴禮亦同此正文及注六字疑皆八字之訛先謙案蟺同鱓 是故無冥冥之志者，無昭昭之明；無惛惛之事者，無赫赫之功。冥冥惛惛皆專默精誠之謂也。先謙案大戴記冥冥作憤憤惛惛作緜緜 行衢道者不至，事兩君者不容。爾雅云四達謂之衢孫炎云衢交道四出也或曰衢道兩道也不至不能有所至下篇有楊朱哭衢涂今秦俗猶以兩爲衢古之遺言歟。郝懿行曰案楊朱哭衢涂見王霸篇注云衢涂歧路也秦俗以兩爲衢或曰四達謂之衢大意與此注同俱兼二義訓釋實則楊朱見歧路而悲即莊子云大道以多歧亡羊之意不必泥爾雅四達謂之衢也王念孫曰爾雅四達謂之衢又云二達謂之歧旁歧衢一聲之轉則二達亦可謂之衢故大戴記作行歧塗者不至勸學篇下文言兩君兩視兩聽王霸篇下文言榮辱安危存亡之衢皆謂兩爲衢也大略篇又云二者治亂之衢也（今本脫治字辯見大略）則荀子書皆謂兩爲衢先謙案王說是 目不能兩視而明，耳不能兩聽而聰。〇盧文弨曰兩不字下宋本俱有能字與大戴同元刻無王念孫曰呂錢本俱有能字元刻無兩能字者以上下句皆六字此二句獨七字故删兩能字以歸畫一不知古人之文不若是之拘也若無兩能字則文不足意矣先謙案謝本從盧校無兩能字今依王說改從宋本

螣蛇無足而飛。爾雅云螣螣蛇郭璞云龍類能興雲霧而遊其中也 梧鼠五技而窮。梧鼠當爲鼫鼠蓋本誤爲鼫字傳寫又誤爲梧耳技才能也言技能雖多而不能如螣蛇專一故窮五技謂能飛不能上屋能緣不能窮木能游不能渡谷能穴不能掩身能走不能先人。盧文弨曰本草云螻蛄一名鼫鼠易釋文及正義皆引之崔豹古今注亦同蛄與梧音近楊說似未參此王念孫曰本草言螻蛄一名鼫鼠不言一名梧鼠也今以螻蛄之蛄鼫鼠之鼠合爲一名而謂之蛄鼠又以蛄梧音相近而謂之梧鼠可乎且大戴記正作鼫鼠五技而窮鼫與梧音不相近則梧爲誤字明矣當以楊說爲是

詩曰。尸鳩在桑。其子七兮。淑人君子。其儀一兮。其儀一兮。心如結兮。故君子結於一也。詩曹風尸鳩之篇毛云尸鳩鴶鞠也尸鳩之養七子旦從上而下暮從下而上平均如一善人君子其執義亦當如尸鳩之一執義一則用心堅固故曰心如結也。盧文弨曰注鴶鞠元刻作秸鞠毛傳作秸鞠

昔者瓠巴鼓瑟而流魚出聽。瓠巴古之善鼓瑟者不知何代人流魚中流之魚也列子云瓠巴鼓琴鳥舞魚躍。盧文弨曰流魚大戴禮作沈魚論衡作鱏魚亦與沈魚音近恐流字誤韓詩外傳作潛魚或說流魚即游魚古流游通用先謙案流魚大戴禮作沈魚是也沈伏因鼓瑟而出故云沈魚出聽外傳作潛魚潛亦沈也作流者借字耳書沈湎非十二子大略篇作流湎君子篇士大夫無流淫之行羣書治要引作沈淫此沈流通借之證淮南子說山訓作淫魚高注以爲長頭口在頷下之魚與後漢馬融傳注鱏魚口在頷下合故論衡作鱏魚此二書別爲一義盧引或說流魚即游魚既是游魚何云出聽望文生義斯爲謬矣 伯牙鼓琴而六馬仰秣。伯牙古之善鼓琴者亦不知何代人六馬天子路車之馬也漢書曰乾六車坤六馬白虎通曰天子之馬六者示有事於天地四方也張衡西京賦曰天子駕彫軫六駿駮又曰六玄虯之奕奕齊騰驤而沛艾仰首而秣聽其聲也。盧文弨曰駕彫軫元刻與今文選同宋本駕作御又案下所引二句出東京賦 故聲無小而不聞。行無隱而不形。形謂有形可見 玉在山而草木潤。王念孫曰玉在山而草木潤淵生珠而崖不枯元刻無草字案元刻是也木與崖對文故上句少一字宋本木上有草字者依淮南說山篇加之也文選吳都賦林木爲之潤黷李善注引此作玉在山而木潤（困學紀聞十引建本荀子同）江賦文賦注竝同藝文類聚木部太平御覽木部一所引亦同而草部不引則本無草字明矣大戴記作玉居山而木潤史記龜策傳作玉處於山而木潤文雖小異而亦無草字 淵生珠而崖不枯。崖岸枯燥。 爲善不積邪。安有不聞者乎。王念孫曰不積之不涉上下文而衍當依羣書治要删說見大戴記述聞勸學篇先謙案大戴記作爲善而不積乎豈有不至哉盧辨注至一作聞孔廣森注云言爲善或

不積耳積則未有不致於成者此文亦言爲善或不積邪積則安有不聞者乎語意曲而有味治要作爲善積也徑刪不字意味索然王氏反從之欲併刪大戴記何也 學惡乎始。惡乎終。假設問也 曰。其數則始乎誦經。終乎讀禮。數術也經謂詩書禮謂典禮之屬也。盧文弨曰典禮疑當是曲禮之誤 其義則始乎爲士。終乎爲聖人。義謂學之意言在乎修身也。先謙案荀書以士君子聖人爲三等修身非相儒效哀公篇可證故云始士終聖人 眞積力久則入。眞誠也力力行也誠積力久則能入於學也 學至乎沒而後止也。生則不可怠惰 故學數有終。若其義則不可須臾舍也。爲之人也。舍之禽獸也。故書者政事之紀也。書所以紀政事此說六經之意 詩者中聲之所止也。詩謂樂章所以節聲音至乎中而止不使流淫也春秋傳曰中聲以降五降之後不容彈矣。郝懿行曰按下文方云樂之中和詩書之博詩樂分言則此中聲疑非即謂樂章且詩三百未必皆合中聲夫子但謂關雎不淫不傷可知它詩未必盡然先謙案下文詩樂分言此不言樂以詩樂相兼也樂論篇云樂則不能無形形而不爲道則不能無亂先王惡其亂故制雅頌之聲以道之使其聲足以樂而不流與此言詩爲中聲所止可互證郝說非也 禮者法之大分。類之綱紀也。禮所以爲典法之大分統類之綱紀類謂禮法所無觸類而長者猶律條之比附方言云齊謂法爲類也。謝本從盧校類上有羣字王念孫曰元刻無羣字（宋龔本同）元刻是也宋本作羣類者蓋不曉類字之義而以意加羣字也不知類者謂與法相類者也此文云法之大分類之綱紀非十二子及大略篇竝云多言而類聖人也少言而法君子也王制大略二篇又云有法者以法行無法者以類舉皆以類與法對文揚注云類謂禮法所無觸類而長者猶律條之比附則本無羣字明矣先謙案王說是今改從元刻 故學至乎禮而止矣。夫是之謂道德之極。禮之敬文也。禮有周旋揖讓之敬車服等級之文也 樂之中和也。中和謂使人得中和悅也 詩書之博也。博謂廣記土風鳥獸草木及政事也 春秋之微也。微謂襃貶沮勸微而顯志而晦之類也 在天地之閒者畢矣。君子之學也。入乎耳。箸乎心。布乎四體。形乎動靜。所謂古之學者爲己入乎耳箸乎心謂聞則志而不忘也布乎四體謂有威儀潤身也形乎動靜謂知所措履也 端而言。蝡而動。一可以爲法則。端讀爲喘喘微言也蝡微動也一皆也或喘息微言或蝡蠢蝡動皆可以爲法則蝡人允反或曰端而言謂端莊而言也。先謙案臣道篇云喘而言臑而動而一皆可爲法則與此文同則讀端爲喘是也說文喘疾息也蝡動也 小人之學也。入乎耳。出乎口。所謂今之學者爲人道聽塗說也 口耳之閒。則四寸耳。曷足以美七尺之軀哉。韓侍郎云則當爲財與纔同。盧文弨曰宋本四寸下耳字無劉台拱曰則字自可通不必如韓說 古之學者爲已今之學者爲人。君子之學也以美其身。小人之學也以爲禽犢。禽犢餽獻之物也〇郝懿行曰小曰禽大曰獸禽犢謂犢之小小者人喜撫弄而愛玩之非必已有非可獻人直以爲玩弄之物耳小人之學入乎耳出乎口無裨於身心但爲玩好而已故以禽犢譬況之注據致士篇貨財禽犢之請君子不許故云禽犢饋獻之物不知貨財謂賄賂禽犢謂玩好耳先謙案楊注固非郝說尤誤上言君子之學入耳箸心而布於身故曰學所以美其身也小人入耳出口心無所得故不足美其身亦終於爲禽犢而已文義甚明荀子言學以禮爲先人無禮則禽犢矣上文云學至乎禮而止矣是其言學之宗旨又云爲之人也舍之禽獸也正與此文相應禽獸禽犢特小變其文耳小人學與不學無異不得因此文言小人之學而疑其有異解也 故不問而告謂之傲。傲喧噪也言與戲傲無異或曰讀爲嗷口嗷嗷然也嗷與敖通。盧文弨曰口嗷嗷舊本作聲曰嗷嗷今改正郝懿行曰傲與警同說文云警不省人言也與此義合俞樾曰論語季氏篇言未及之而言謂之躁釋文曰魯讀躁爲傲荀子此文蓋本魯論下文曰故未可與言而言謂之傲可與言而不言謂之隱不觀氣色而言謂之瞽皆與論語同惟變躁爲傲可證也傲即躁之叚字不問而告未可與言而言皆失之躁非失之傲也魯論之說今不可得而詳以意度之殆亦叚傲爲躁自古文論語出得其本字遂謂魯論讀躁爲傲實不然也躁字義長傲字義短魯之經師豈不知此而改爲躁傲乎先謙案俞說是 問一而告二謂之囋。囋即讚字也謂以言強讚助之今讚禮謂之讚囋古字口與言多通。盧文弨曰李善注文賦引埤蒼云嘈啐聲皃啐與囋及囋同才曷反荀子上句謂其躁此句謂其多言下文云如嚮則不問不告問一不告二楊注非也啐今文選注譌爲啐郝懿行曰囋者嘈囋謂語聲繁碎也陸機文賦務嘈囋而妖冶義與此近楊注非 傲非也。囋非也。君子如嚮矣。嚮與響同如響應聲 學莫便乎近其人。謂賢師也 禮樂法而不說。有大法而不曲說也 詩書故而不切。詩書但論先王故事而不委曲切近於人故曰學詩三百使於四方不能專對也 春秋約而不速。文義隱約褒貶難明不能使人速曉其意也 方其人之習君子之說。則尊以徧矣。周於世矣。當其人習說之時則尊高而徧周於世事矣六經則不能然矣。〇郝懿行曰案方古讀如旁亦讀如傍此方當讀爲依傍之傍言親近其人而習聞其說則稟仰師承周徧於世務矣故日學莫便乎近其人先謙案郝讀方爲傍則習上之字不可通習有積貫之義非近其人則不能常習其說呂覽任數篇習者曰高注習近習是習與近義亦相通言習其說即知是近其人不必讀方爲傍轉致文義支離也

故日。學莫便乎近其人。學之經。莫速乎好其人。隆禮次之。學之大經無速於好近賢人若無其人則隆禮爲次之。〇王念孫曰經讀爲徑即下文所謂蹊徑言入學之蹊徑莫速乎好賢而隆禮次之脩身篇云治氣養心之術莫徑山禮（此徑字訓爲疾莫徑即本篇所謂莫速也漢書張騫傳從蜀宜徑如淳曰徑疾也見史記大宛

傳集解）莫要得師莫神一好語意略與此同學之經卽學之徑古讀徑如經故與經通（賈子立後義篇其道莫經於此莫經卽荀子之莫徑）楊以爲學之大經失之郭嵩燾曰近其人謂得其人而師之好其人則是中心悅而誠服親炙之傑者也隆禮謂自以禮檢束其身先謙案王讀經爲徑引脩身篇之莫徑謂卽本篇所謂莫速是學之速莫速乎好其人於詞爲複上文學莫便乎近其人亦無此複語其說非也呂覽當染有始知分驕恣諸篇高注竝云經道也學之經猶言學之道耳成相篇云治之經禮與刑又云聽之經明其請治之經聽之經猶言治之道聽之道與此學之經一例是荀書自有此文法

上不能好其人。下不能隆禮。安特將學雜識志順詩書而已耳。則末世窮年。不免爲陋儒而已。安語助猶言抑也或作安或作案荀子多用此字禮記三年問作焉戰國策謂趙王曰秦與韓爲上交秦禍案移於梁矣秦與梁爲上交秦禍案攘於趙矣呂氏春秋吳起謂商文曰今置質爲臣其主安重釋璽辭官其主安輕蓋當時人通以安爲語助或方言耳特猶言直也雜識志謂雜志記之書百家之說也言旣不能好其人又不能隆禮直學雜說順詩書而已豈免爲陋儒乎言不知通變也。郝懿行曰安猶肰也焉也特直也猶言但也學雜識者識記也所謂記醜而博也志順詩書者志與幟同謂幖題也如今學僮課讀用紙爲號記也順者順其文也謂陋儒但能幖志順讀詩書末世窮年不知理解也王引之曰此文本作安特將學雜志順詩書而已耳志卽古識字也今本竝出識志二字者校書者旁記識字而寫者因誤入正文耳學雜志順詩書皆三字爲句多一識字則重複而累於詞矣楊注本作雜志謂雜記之書百家之說今作雜識志謂雜志記之書百家之說皆後人據已誤之正文加之下注云直學雜說順詩書而已文義甚明足正後人竄改之謬先謙案學雜識志王說是安猶案也特猶直也此云安特將學雜志順詩書猶解蔽篇云案直將治怪說玩奇辭也安案竝猶則也荀書用安案字或爲語詞或作則字用其用則字亦然彊國篇云秦使左案左使右案右（使楚也）謂使左則左使右則右也臣道篇云是案曰是非案曰非謂是則曰是非則曰非也正論篇云暴國獨侈安能誅之（能字衍）謂暴國獨侈則誅之也又云今子宋子案不然謂子宋子則不然也解蔽篇云學者以聖王爲師案以聖王之制爲法謂以聖王爲師則以聖制爲法也此竝以安案代則字餘皆語詞富國篇則案以爲利也仲尼篇云至於成王則安以無誅已大略篇云至成康則案無誅已臣道篇云凡人非賢則案不肖也以則案則安連用安案亦語詞彊國篇云是何也則小事之至也數又云是何也則其殆無儒邪天論篇生於今而志乎古則是其在我者也數則字語詞則亦猶安案也

將原先王。本仁義。則禮正其經緯蹊徑也。所成所出皆在於禮也 若挈裘領。詘五指而頓之。順者不可勝數也。言禮亦爲人之綱領挈舉也詘與屈同頓挈也順者不可勝數言禮皆順矣。盧文弨曰頓猶頓挫提舉高下之狀若頓首然注挈也疑誤順者不可勝數言全裘之毛皆順矣王念孫曰楊訓頓爲挈於古無據且上文已有挈字此不得復訓爲挈盧以頓爲頓挫於義尤迂頓者引也言挈裘領者詘五指而引之則全裘之毛皆順也廣雅曰扽引也曹憲音頓古無扽字借頓爲之鹽鐵論詔聖篇曰今之治民者若拙御馬行則頓之止則擊之頓之引之也釋名曰掣制也制頓之使順已也掣亦引也鹽鐵論散不足篇曰吏捕索掣頓不以道理褚少孫續史記滑稽傳曰當道

擧頓人車馬不道禮憲。以詩書爲之。道言說也憲標表也。王念孫曰道者由也（見禮器中庸注）言作事不由禮法而以詩書爲之則不可以得之也故脩身篇曰由禮則治通不由禮則勃亂提僈楊云道言說也失之又富國篇不足以持國安身明君不道也道亦由也楊云明君不言亦失之譬之猶以指測河也。以戈舂黍也。以錐飡壺也。。謝本從盧校飡作飧盧文弨曰飧同餐王念孫曰呂錢本作飡元刻作飱案說文飧餔也從夕食思魂切餐吞也從食奴聲或從水作湌七安切玉篇廣韻飧作飱而飧餐二字皆異音異義古音餐屬寒部飧屬魂部故魏風伐檀首章之餐與檀干漣廛貆爲韻三章之飧與輪漘淪囷鶉爲韻兩字判然不同自爾雅釋文始誤以餐爲飧而集韻遂合餐飧爲一字矣今俗書飧字作飱而錢本作飡自是飡之俗字非飧字也盧從元刻作飱云飱同餐非是先謙案王說是今依呂錢本正作飡以錐飡壺言以錐代箸也古人貯食以壺中山策君下壺飡臣父韓非子晉文公出亡箕鄭挈壺飡以從皆其證不可以得之矣。故隆禮雖未明法士也。。先謙案法士卽好禮之士修身篇云學也者禮法也非禮是無法也又云好法而行士也皆可互證下文散儒楊注云散謂不自檢束是以散儒爲無禮法之儒正與法士對文不隆禮雖察辯散儒也。散謂不自檢束莊子以不材木爲散木也問楛者勿告也。楛與苦同惡也問楛謂所問非禮義也凡器物堅好者謂之功濫惡者謂之楛國語曰辨其功苦韋昭曰堅曰功脆曰苦故西京賦曰鬻良雜苦史記曰器不苦窳或曰楛讀爲沽儀禮有沽功鄭玄曰沽麤也告楛者勿問也。說楛者勿聽也。有爭氣者勿與辯也。故必由其道至。然後接之。非其道則避之。道不至則不接故禮恭而後可與言道之方。辭順而後可與言道之理。色從而後可與言道之致。致極也此謂道至而後接之也故未可與言而言謂之傲。傲亦戲傲也論語曰言未及而言謂之躁可與言而不言謂之隱。不觀氣色而言謂之瞽。故君子不傲不隱不瞽。謹順其身。瞽者不識人之顏色。盧文弨曰順宋本作愼今從元刻與呂東萊讀詩記所引同郝懿行曰傲與敖同敖者謂放散也謹順其身身猶人也此謂君子言與不言皆順其人之可與不可所謂時然後言人不厭其言也詩曰。匪交匪舒。天子所予。此之謂也。詩小雅采菽之篇匪交當爲彼交言彼與人交接不敢舒緩故受天子之賜予也。盧文弨曰匪亦有彼義左傳襄二十七年引詩桑扈匪交匪敖成十四年引仍作彼交匪敖襄八年引小旻如匪行邁謀杜注匪彼也匪舒宋本與詩攷合元刻及讀詩記所引皆作匪紓此段自昔者瓠巴鼓瑟起至此皆論爲學之效與爲學之要末亦引詩以證之應爲一節宋本分段頗不明今更正王引之曰此引詩匪交匪舒正申明上文之不傲不隱不瞽則作匪者正字作彼者借字也交讀爲姣廣雅曰姣（音絞）侮也言不侮嫚

不怠緩也說見經義述聞小雅桑扈篇

百發失一。不足謂善射。千里蹞步不至。不足謂善御。未能全盡倫類不通。仁義不一。不足謂善學。通倫類謂雖禮法所未該以其等倫比類而通之謂一以貫之觸類而長也一仁義謂造次不離他術不能亂也學也者。固學一之也。一出焉。一入焉。涂巷之人也。或善或否其善者少。不善者多。桀紂盜跖也。盜跖柳下季之弟聚徒九千人於太山之傍侵諸侯孔子說之而不入者也。盧文弨曰案柳下季在魯僖公時與孔子年數懸遠莊子所載亦寓言耳全之盡之。然後學者也。學然後全盡君子知夫不全不粹之不足以爲美也。故誦數以貫之。使習禮樂詩書之數以貫穿之。俞樾曰詩數猶誦說也詩擊鼓篇與子成說毛傳曰說數也說爲數故數亦爲說禮記儒行篇遽數之不能終其物正義曰數說也荀子王霸篇曰不足數於大君子之前仲尼篇曰固曷足稱乎大君子之門哉稱與數文異而義同凡稱說必一一數之故即謂之數誦數以貫之猶云誦說以貫之與下句思索以通之一律誦數思索皆兩字平列楊注非隱十一年穀梁傳猶言同時也累數皆至也范注曰累數總言之也言即說也先謙案俞說是正名篇亦云誦數之儒思索以通之。思求其意也爲其人以處之。爲擇賢人與之處也。劉台拱曰雖誦數思索而不體之於身則無以居之故必自爲其人以居其道也郭嵩燾曰爲其人以處之猶言設身處地取古人所已行者爲之程式而得其所處之方也先謙案劉郭說是除其害者以持養之。使目非是無欲見也。使耳非是無欲聞也。使口非是無欲言也。使心非是無欲慮也。是猶此也謂學也或曰是謂正道也及至其致好之也。目好之五色。耳好之五聲。口好之五味。心利之有天下。致極也謂不學極恣其性欲不可禁也心利之有天下之富也或曰學成之後必受榮貴故能盡其欲也。劉台拱曰言耳目口之好之與五色五聲五味同心利之與有天下同俞樾曰上文皆言君子爲學之道及至其三字直接上文安得云謂不學者乎若云學成榮貴義更粗矣古之字於字通用大戴禮事父母篇曰養之內不養於外則是越之也養之外不養於內則是疏之也之內之外即於內於外也廣雅釋言曰諸之也又曰諸於也則之與於義固得通矣此文四之字竝猶於也目好於五色耳好於五聲口好於五味心利於有天下言所得於學者深他物不足以尚之也下文曰是故權利不能傾也羣衆不能移也天下不能蕩也生乎由是死乎由是正申明此數句之誼先謙案俞說是是故權利不能傾也。羣衆不能移也。天下不能蕩也。蕩動也覆說爲學學則物不能傾移矣。生乎由是，死乎由是，夫是之謂德操。死生必由於學，是乃德之操行。○郝懿行曰：德操謂有德而能操持也。生死由乎是，所謂國有道不變塞，國無道至死不變者，庶幾近之，故云德操。德操然後能定，能定然後能應。我能定，故能應物也。能定能應，夫是之謂成人。內自定而外應物，乃為成就之人也。天見其明，地見其光，君子貴其全也。見，顯也。明謂日月，光謂水火金玉。天顯其日月之明，而地顯其水火金玉之光，君子則貴其德之全也。○劉台拱曰：光、廣古通用。王念孫曰：劉讀光為廣是也。明者，大也。小雅車舝正義曰：明亦大也。中庸曰：高明所以覆物也。成十六年左傳夏書曰：怨豈在明，不見是圖，將慎其細也，今而明之，其可乎？是明與大同義。大者天之全體，廣者地之全體。（繫辭傳：廣大配天地。承上文大生廣生而言，謂大配天，廣配地也。中庸言博厚配地，高明配天，博亦廣也，明亦大也。）故君子之德貴其全也。儒效篇曰：至高謂之天，至下謂之地，宇中六指謂之極，塗之人百姓積善而全盡謂之聖人。語意略與此同。楊注皆失之。俞樾曰：按兩見字竝當作貴，蓋貴字漫漶，止存其下半之貝，因誤為見耳。光與廣通，言天貴其明，地貴其廣，君子貴其全。貴誤作見，則與君子句不一律，失荀子語意矣。

修身篇第二

見善，修然必以自存也；修然，整飭貌。言見善必自整飭，使存於身也。○王念孫曰：爾雅：在、存、省，察也。（周官司尊彝大喪存奠彝注：存，省也。大傳五日存愛注：存，察也，察有仁愛者。大戴記曾子立事篇：存往者，在來者。存、在皆察也。）見善必以自存者，察己之有善與否也；見不善必以自省者，察己之有不善與否也。楊解自存失之。見不善，愀然必以自省也。愀然，憂懼貌。自省其過也。善在身，介然必以自好也；介然，堅固貌。易曰：介如石焉。自好，自樂其善也。不善在身，菑然必以自惡也。菑讀為災。災然，災害在身之貌。○謝本從盧校，身下增也字。盧文弨曰：上句也字宋本無。王念孫曰：元刻也字乃涉上下文而衍。上文見善、見不善及善在身下皆無也字，呂、錢本竝無。郝懿行曰：輪人注鄭司農云：泰山平原所樹立物為菑，聲如胾。博立梟棊亦為菑。詩皇矣毛傳云：木立死曰菑。然則菑者植立之意。楊注非相篇是，此讀菑然為災然，非。先謙案：王說是，今依宋本刪上句也字。故非我而當者，吾師也；是我而當者，吾友也；諂諛我者，吾賊也。故君子隆師而親友，以致惡其賊。致猶極也，下同。好善無厭，受諫而能誡，雖欲無進，得乎哉！小人反是，致亂而惡人之非己也，致不肖而欲人之賢己也，心如虎狼，行如禽獸。而又惡人之賊已也。諂諛者親。諫爭者疏。修正爲笑。至忠爲賊。雖欲無滅亡。得乎哉。至忠反以爲賊 詩曰。噏噏呰呰。亦孔之哀。謀之其臧。則具是違。謀之不臧。則具是依。此之謂也。詩小雅小旻之篇毛云噏噏然患其上呰呰然不思稱乎上鄭云臣不事君亂之階也故甚可哀噏許急反呰音紫。○盧文弨曰噏噏呰呰元刻與詩攷合宋本作潝潝訿訿注同

扁善之度。以治氣養生。則後彭祖。以修身自名。則配堯禹。扁讀爲辨韓詩外傳曰君子有辨善之度言君子有辨別善之法卽謂禮也言若用禮治氣養生壽則不及於彭祖若以修身自爲名號則壽配堯禹不朽矣言禮雖不能治氣養生而長於修身自名以此辨之則善可知也彭祖堯臣名鏗封於彭城經虞夏至商壽七百歲也。○盧文弨曰案扁外傳作辯則扁當訓平尙書平章平秩古作辯章辯秩此謂隆禮之人有平善之度不當作辨別解後彭祖則得年亦永矣然壽身之益尙小壽世之益更大也郝懿行曰扁當爲辯韓詩外傳一作辯是也辯訓平也治也楊讀爲辨而訓別非荀書多以辨爲辯王念孫曰扁讀爲徧韓詩外傳作辯亦古徧字也（說見日知錄）徧善者無所往而不善也君子依於禮則無往而不善故曰徧善之度下文以治氣養生六句正所謂徧善之度也楊讀扁爲辨而訓爲辨別則與之度二字不貫盧讀扁善爲平善亦非下六句意王引之曰以修身自名文義未安當有脫誤楊云以修身自爲名號而所見本已同今本韓詩外傳作以治氣養生（與生同）則身後彭祖以修身自強（今本脫以字）則名配堯禹於義爲長王霸篇云名配堯禹又云名配禹舜

宜於時通。利以處窮。禮信是也。信誠也言所用修身及時通處窮禮誠是也孟子曰君子窮則獨善其身達則兼善天下。○盧文弨曰案韓詩外傳作宜於時則達厄於窮則處王引之曰時亦處也言既宜於處通而又利以處窮也莊子逍遙遊篇猶時女也司馬彪曰時女猶處女也是時與處同義大雅緜篇曰止曰時猶言爰居爰處耳（說見經義述聞）韓詩外傳作宜於時則達厄於窮則處未達時字之義而增改其文蓋失之矣

凡用血氣志意知慮。由禮則治通。○王引之曰下文以節疾爲韻雅野爲韻生成甯爲韻唯此二句韻不相協通疑當依外傳作達（此涉上宜於時通而誤）達與僈爲合韻凡願月二部之字古聲或相通若勞心怛怛之怛（齊甫田）字從旦聲而與桀爲韻故事可勸也之勸（禮運）與列藝爲韻（藝古讀爲臬）不賞而民勸（中庸）與鉞爲韻以按徂旅之按（大雅皇矣）孟子引作遏（梁惠王）皆其例也外傳作不由禮則悖亂悖亂與達亦合韻 不由禮則勃亂提僈。提舒緩也爾雅媞媞安也詩曰好人提提皆舒緩之義。○郝懿行曰勃與悖僈與嫚竝同嫚謂相侮易也荀書多以僈爲嫚或以爲慢慢謂惰也提者詩小弁傳提提羣貌箋云提提然樂然則提者羣居相樂僈者狎侮相輕皆不由禮使然先謙案下文難進曰偍注云偍與提媞皆同謂弛緩也是提僈二字義同故與勃亂對文言不由禮則血氣強者

多悖亂弱者多弛慢也郝說非食飲衣服居處動靜。由禮則和節。先謙案和節猶和適不由禮則觸陷生疾。容貌態度進退趨行。由禮則雅。不由禮則夷固僻違庸衆而野。夷倨也論語曰原壤夷俟固陋也庸凡庸衆衆人野郊野之人。郝懿行曰雅對野言則兼正也嫺也二義野者反是王引之曰楊分夷固爲二義非也夷固猶夷倨也夷固辟違猶言倨傲僻違不苟篇云倨傲僻違以驕溢人是也修身篇又云體倨固而心執詐（今本執譌作執辯見後執詐一條）是固與倨同義（楊注固鄙固也亦非）祭義曰孝子之祭也立而不詘固也詘卑詘也固倨也（立而不詘是倨傲也鄭注詘充詘形容喜貌也固猶質陋也皆失之）大戴禮曾子立事篇曰弗知而不問焉固也固亦倨也（不肯下人是倨傲也曾子制言篇曰今之弟子病下人不能事賢恥不知而又不問）故人無禮則不生。事無禮則不成。國家無禮則不寧。詩曰。禮儀卒度。笑語卒獲。此之謂也。詩小雅楚茨之篇卒盡也獲得也

以善先人者謂之教。以善和人者謂之順。先謂首唱也和胡臥反下同以不善先人者謂之諂。以不善和人者謂之諛。諂之言陷也謂以佞言陷之諛與俞義同故爲不善和人也。王念孫曰楊說諂字之義未確諂之言導也導人以不善也故曰以不善先人者謂之諂而莊子漁父篇亦曰希意道言謂之諂（道與導同）不苟篇非諂諛也賈子先醒篇君好諂諛而惡至言韓詩外傳並作道諛是諂諛即導諛也導與諂聲之轉諂諛之爲導諛猶禫服之爲導服皆聲轉而字異也（說見史記越世家）是是非非謂之知。能辨是爲是非爲非謂之智也非是是非謂之愚。以非爲是以是爲非則謂之愚傷良曰讒。害良曰賊。是謂是非謂非曰直。竊貨曰盜。匿行曰詐。易言曰誕。趣舍無定謂之無常。不恒之人保利弃義謂之至賊。保安。○謝本從盧校作保利非義盧文弨曰非義元刻作弃義王念孫曰盧本作非者爲影鈔宋本所誤也刻本正作弃弃與保義正相反作非者字之誤耳呂錢本元刻及世德堂本皆作弃先謙案王說是今正多聞曰博。少聞曰淺。多見曰閑。閑習也能習其事則不迫遽也少見曰陋。難進曰偍。偍與提提媞媞皆同謂弛緩也易忘曰漏。少而理曰治。多而亂曰秏。少謂舉其要而有條理謂之治秏虛竭也凡物多而易盡曰秏。○郝懿行曰漏與屚同屚之爲言猶漉也屋下水穿俄頃滲漉故易忘者似之秏猶鬆也（本王制注）傷敗之名詩雲漢釋文引韓詩云秏惡也然則多而雜亂斯之謂惡矣王念孫曰楊讀秏爲虛秏之秏則與多而亂之義不合故又爲之說曰凡物多而易盡曰秏其失也盭矣今案秏讀爲眊眊亂也漢書董仲舒傳曰天下眊亂是也眊與秏古同聲而通用

續史記日者傳曰官秏亂不能治漢書景帝紀不事官職秏亂者師古曰秏不明也讀與眊同食貨志官職秏廢酷吏傳贊寖以秏廢師古並曰秏亂也音莫報反董仲舒傳秏矣哀哉師古曰秏虛也言誅殺甚衆天下空虛也音呼到反或曰秏不明也言刑罰闇亂音莫報反淮南原道篇精神日秏而彌遠精神篇志氣日秏高注並曰秏亂也少而理曰治多而亂曰耗耗與治正相反則秏爲眊亂之眊明矣呂刑耄荒釋文耄作秏（賈昌朝羣經音辨曰秏老也書王秏荒鄭康成讀眊音本於釋文是釋文耄字本作秏也今作耄者陳鍔依衞包所定今文改之耳秏荒亦昏亂之義故昭元年左傳老將知而耄及之杜注曰八十曰耄耄亂也字亦作眊漢書刑法志曰穆王眊荒）秏耄眊古並同聲耄荒之耄亦作秏猶眊亂之眊亦作秏矣

治氣養心之術。言以禮修身是亦治氣養心之術不必如彭祖也。先謙案此與上言扁善之度各自爲義上言治氣養生故以後彭祖爲說然其道不外由禮故下文曰禮信是也此自論治氣養心之術與上不相蒙楊迺云以禮修身不必如彭祖謬矣

血氣剛強，則柔之以調和。知慮漸深，則一之以易良。漸進也或曰漸浸也子廉反詩曰漸車帷裳言智慮深則近險詐故一之以易良也。郝懿行曰漸與潛古字通韓詩外傳二作潛是良作諒亦古字通用樂記云易直子諒之心生易諒即易良也王念孫曰漸讀爲潛洪範沈潛剛克文五年左傳及史記宋世家潛竝作漸漢書谷永傳忘湛漸之義漢山陽太守祝睦後碑漸心於道太尉劉寬碑演策沈漸漸竝與潛同楊訓漸爲進又訓爲浸而音子廉反皆失之

勇膽猛戾，則輔之以道順。膽有膽氣戾忿惡也此性多不順故以道順輔之也。郝懿行曰膽字疑誤韓詩外傳二作勇毅強果俞樾曰順當讀爲訓古順訓字通用周語能導訓諸侯者史記魯世家訓作順此文道順正與彼同道順即導訓也楊注非

齊給便利，則節之以動止。爾雅云齊疾也齊給便利皆捷速也懼其太陵遽故節之使安徐也。先謙案注給各本作急據宋台州本改正

狹隘褊小，則廓之以廣大。卑溼重遲貪利，則抗之以高志。卑謂謙下溼亦謂自卑下如地之下溼然也方言溼憂也自關而西凡志而不得欲而不獲高而有墜行而中止皆謂之溼卑溼謂過謙恭而無禮者重遲寬緩也夫過恭則無威儀寬緩常不及機事貪利則苟得故皆抗之高志也或曰卑溼亦謂遲緩也言遲緩之人如有卑溼之疾不能運動也。盧文弨曰溼元刻作濕注憂也作優也又卑溼謂過謙恭舊本作亦謂之過謙恭訛今改正郝懿行曰卑溼猶卑下也韓詩外傳二作卑攝貪利王念孫曰卑溼謂志意卑下也說文⿰土㬎（讀若蟄）下入也論衡氣壽篇曰兒生號啼之聲鴻朗高暢者壽嘶喝溼下者夭是溼爲下也⿰土㬎溼古字通抗舉也（見小雅賓之初筵傳考工記梓人注士喪禮下篇注文王世子注）志意卑下故舉之以高志也楊注皆失之

庸衆駑散，則刦之以師友。庸衆已解上駑謂材下如駑馬者也散不拘檢者也刦奪去也言以師友去其舊性也

怠慢僄弃，則炤之以禍災。僄輕也謂自輕其身也音匹妙反方言楚謂相輕薄爲僄炤之以禍災謂以禍災照燭之使知懼也炤與照同

愚款端愨，則合之以

禮樂。通之以思索。款誠款也說文云款意有所欲也愚款端愨多無潤色故合之以禮樂此皆言修身之術在攻其所短也。俞樾曰自血氣剛强則柔之以調和以下八句文法皆同此獨多通之以思索五字與上文不一律據韓詩外傳無此五字當爲衍文楊注不及思索之說是其所見本未衍也凡治氣養心之術。莫徑由禮。莫要得師。莫神一好。徑捷速也神神明也一好謂好善不惡惡也。盧文弨曰案俗本不惡惡作不好惡今從宋本作惡元李治古今黈所引正同王念孫曰一好謂所好不二也儒效篇曰并一而不二則通於神明成相篇曰好而壹之神以成皆其證非好善不惡惡之謂夫是之謂治氣養心之術也。

志意修則驕富貴。道義重則輕王公。內省而外物輕矣。傳曰。君子役物。小人役於物。此之謂矣。君子能役物小人爲物所役凡言傳曰皆舊所傳聞之言也。謝本從盧校首次句末並有矣字省下則作而盧文弨曰正文前兩矣字宋本無又下一則字作而今皆從元刻王念孫曰元刻於富貴王公下各加一矣字以對下文又改下文之而字爲則字以對上文而盧本從之案元刻非也內省而外物輕乃申明上文之詞非與上文作對句也今皆改爲對句則失其旨矣先謙案王說是今正身勞而心安。爲之。利少而義多。爲之。事亂君而通。不如事窮君而順焉。窮君小國迫脅之君也言事大國暴亂之君違道而通不如事小國之君順行其道也。顧千里曰窮順二字疑當互錯順君亂君對文也而通而窮亦對文也荀子每以通與窮爲對文如本篇上文及不苟篇榮辱篇儒效篇皆有之可以相證楊注已互錯望文說之非也俞樾曰荀子之意以爲事亂君則不順矣事窮君則不通矣然與其事亂君而通不如事窮君而順正上文身勞而心安爲之利少而義多爲之之意若從顧校則全失其旨矣王氏采其說入雜志補誤也郭嵩燾曰通則言聽計從恣其所欲爲順則委身以從之而已文義在亂君窮君之分亂君爲暴而窮君不能爲暴者也先謙案仕能得君曰通仲尼篇云以事君則必通故良農不爲水旱不耕。良賈不爲折閱不市。折損也閱賣也謂損所賣之物價也賈音古。盧文弨曰案說文云閱具數於門中也史記積日曰閱此當謂計數歲月之所得有折損耳折常列切士君子不爲貧窮怠乎道。

體恭敬而心忠信。術禮義而情愛人。術法也。王引之曰人讀爲仁言其體則恭敬其心則忠信其術則禮義其情則愛仁也愛仁猶言仁愛（廣雅惠愛恕利人仁也）恭敬忠信禮義愛仁皆兩字平列下文之倨固埶詐順墨雜汙亦兩字平列古字仁與人通此人字卽仁愛之仁非節用而愛人之人橫行天下。雖困四夷。人莫不貴。橫行不順理而行也困窮也言所至皆貴也。盧文弨曰橫行天下猶書所云方行天下言周流之廣注謬甚王引之曰橫讀爲廣（堯典光被四表今文尚書作橫被漢成陽靈臺碑成陽令唐扶頌並作廣被）勞苦之事則爭先，饒樂之事則能讓，端慤誠信，拘守而詳。拘守謂守而勿失，詳謂審於事也。橫行天下，雖困四夷，人莫不任。體倨固而心執詐，術順墨而精雜汙。倨傲也。固，鄙固。順墨當爲慎墨。慎謂齊宣王時處士慎到也，其術本黃老，歸刑名，先申韓，其意相似，多明不尙賢不使能之道，著書四十一篇。墨翟，宋人，號墨子，墨子著書三十五篇，其術多務儉嗇。精當爲情。雜汙，謂非禮義之言也。○盧文弨曰：墨子書本七十一篇，今在者尙有五十四篇，此云三十五篇，反少於今所傳者，疑三十五當是五十五之譌，蓋有分幷之故也。王引之曰：執詐當爲埶詐，字之誤也。議兵篇曰「兵之所貴者埶利也，所行者變詐也」，又曰「隆埶詐，尙功利」，又曰「焉慮率用賞慶刑罰埶詐險阸其下，獲其功用而已矣」。埶與詐義相近，後漢書崔駰傳「范蠡錯埶於會稽」，李賢曰「埶謂謀略也」。橫行天下，雖達四方，人莫不賤。勞苦之事則偷儒轉脫，偷謂苟避於事，儒亦謂懦弱畏事，皆懶惰之義。或曰：偷當爲輸，揚子雲方言云「儒輸，愚也」，郭璞注謂愞撰也。又云轉脫者，謂偷儒之人苟求免於事之義。○盧文弨曰：此注多訛脫，今案文義改正。郝懿行曰：注引或說失之。儒者，柔也，弱也，選懦畏事之意，故下又云「偷儒憚事」，注義甚明，不必改此爲輸而援方言爲訓。饒樂之事則佞兌而不曲，兌，悅也，言佞悅於人以求饒樂之事。不曲，謂直取之也。○俞樾曰：不字涉下不慤不錄而衍。曲者，委曲也，言遇饒樂之事必委曲以取之，楊注誤。先謙案：俞說非也。兌與銳同字（史記天官言兌，漢書天文志作銳，議兵篇云「兌則若莫邪之利鋒」，亦以兌爲銳），佞兌卽佞銳也。佞是口才捷利之名（左成十三年傳疏），銳亦利也（廣雅釋詁二）。文選五等論云「夫進取之情銳」，李善注：「銳猶疾也。」疾與捷義亦同。此言遇勞苦之事則偷脫以避之，遇饒樂之事則身口捷利以取之，不畏人言，無所委曲，故曰不曲。楊訓不曲爲直取之，是也，而言佞悅於人以求饒樂之事，則非其義矣。不苟篇「見由則兌而倨」，兌亦當讀爲銳。注佞各本譌接，據日本影宋台州本改正。辟違而不慤，乖僻違背，不能端慤誠信。辟讀爲僻。○王念孫曰：楊分僻違爲二義，非也。僻違皆邪也。周語「動匱百姓以逞其違」，晉語「若有違質，教將不入」，韋注並曰：「違，邪也。」堯典「靜言庸違」，史記五帝紀作「共工善言篇用僻」，是僻卽違也。上文曰「不由禮則夷固僻違，庸衆而野」，不苟篇曰「倨傲僻違以驕溢人」，非十二子篇曰「甚僻違而無類」，昭二十年左傳曰「動作辟違，從欲厭私」，義並與此同。成相篇曰「邪枉辟回失道途」，辟回卽僻違（小雅鼓鐘篇「其德不回」，毛傳曰：「回，邪也。」大雅大明篇「厥德不回」，毛傳曰：「回，違也。」堯典「靜言庸違」，文十八年左傳作「靖譖庸回」，杜注曰：「回，邪也。」昭二十六年左傳「君無違德」，論衡變虛篇作「回德」）。程役而不錄，程，功程。役，勞役。錄，檢束也。於功程及勞役之事，怠惰而不檢束，言不能拘守而詳也。橫行天下，雖達四方，人莫不棄。

行而供冀，非漬淖也。供，恭也。冀當爲翼。凡行自當恭敬，非謂懼於泥淖也。人在泥淖中則兢兢然。或曰：李巡注爾雅冀州曰：冀，近也。恭近，謂不敢放誕也。○盧文弨曰：供冀是張拱之義郝懿行曰供與拱冀與覬俱音同字通其義則冀覬俱訓望也此言行而張拱顧望乃是恭敬審諦非恐漸漬於泥淖也先謙案楊前說是釋名恭拱也自拱持也是供訓爲恭而拱義卽在其中釋詁冀敬也論語鄉黨篇趨進翼如也孔注言端好賈子容經趨以微磬之容飄然翼然肩狀若流足如射箭以此文推供冀之義正狀其趨走疾速是爲禮之容非因有泥淖漬之也若張拱顧望非所以爲禮矣　行而俯項。非擊戾也。擊戾謂項曲戾不能仰者也擊戾猶言了戾也。盧文弨曰案方言三軫戾也郭注云相了戾也與此正同此書宋本世德堂本皆作了戾元刻訛作子戾形尙相近至俗間本竟改作乖戾謬之甚矣了戾乃屈曲之意豈可云乖戾乎王念孫曰淮南主術篇曰木擊折轉水戾破舟又曰文武備具動靜中儀擧動廢置曲得其宜無所擊戾無不畢宜然則擊戾者謂有所抵觸也行而俯項非擊戾也者謂非懼其有所抵觸而俯項以避之也與上下文同一例楊說失之俞樾曰擊戾者拂戾也考工記弓人和弓轂摩鄭注曰轂拂也擊與轂通郭仲奇碑鷙待電轂轂卽擊字也先謙案王說是　偶視而先俯。非恐懼也。偶視對視也　然夫士欲獨修其身，不以得罪於比俗之人也。

夫驥一日而千里，駑馬十駕，則亦及之矣。郝懿行曰駑馬日可百里十日則亦可及千里遲速先後不同其歸一也　將以窮無窮逐無極與？其折骨絕筋終身不可以相及也。將有所止之，則千里雖遠，亦或遲或速，或先或後，胡爲乎其不可以相及也？不識步道者，將以窮無窮逐無極與？意亦有所止之與？步行　夫堅白同異有厚無厚之察，非不察也。此言公孫龍惠施之曲說異理不可爲法也堅白謂離堅白也公孫堅白論曰堅白石三可乎曰不可二可乎曰可謂目視石但見白不知其堅則謂之白石手觸石則知其堅而不知其白則謂之堅石是堅白終不可合爲一也司馬彪曰堅白謂堅石非石白馬非馬也同異謂使異者同同者異或曰卽莊子所謂大同而與小同異此之謂小同異言同在天地之間故謂之大同物各有種類所同故謂之小同是大同與小同異也此略擧同異故曰此之謂小同異莊子又曰萬物畢同畢異此之謂大同異言萬物總謂之物莫不皆同是萬物畢同若分而別之則人耳目鼻口百體草木枝葉花實無不皆異是物畢異也此具擧同異故曰此之謂大同異莊子又曰無厚不可積也其大千里無厚謂厚之極不可爲厚薄也不可積言其委積至多不可使復積也凡無厚不可積因於有厚可積故得其大千里千里者擧大之極也　然而君子不辯，止之也。止而不爲。先謙案楊注非也止與大學止於至善之止同意言君子之辯之行皆不止乎此解蔽篇云故學也者固學止之也惡乎止之曰止諸至足與此止之義合　倚魁之行，非不難也，然而君子不行，止之也。倚奇也奇讀爲奇偶之奇方言云秦晉之間凡物體全而不具謂之倚魁大也倚魁皆謂偏僻狂怪之行莊子日南方有倚人曰黃繚也。盧文弨曰今方言作凡全物而體不具謂之倚郝懿行曰倚與奇觭與傀俱聲近假借字奇傀言其事譎觚不常也先謙案不苟篇申徒狄行之難為者也惠施鄧析說之難持者也然而君子不貴亦即此義文可互證故學曰遲。彼止而待我。我行而就之。學曰謂為學者傳此言也遲待也直吏反。郝懿行曰古人名遲字須須者待也故遲之訓為待音直吏切學曰者蓋古學侶虛設此言以相警厲必曰遲者猶云寡君須矣彼前行之人方止而待我我當遲行而就之學如不及之意也王念孫曰學曰疑當作學者謂學者或遲或速或先或後皆可同至也（見下文）今本者作曰寫者脫其半耳楊云學曰謂為學者傳此言也此不得其解而為之詞則亦或遲或速。或先或後。胡為乎其不可以同至也。故蹞步而不休。跛鼈千里。累土而不輟。丘山崇成。。盧文弨曰兩而字宋本有元刻無此下俗間本有重意一段引老子九層之臺起於累土四句係後人妄屬入書內又有所謂互注者特少異其名耳皆取它書語近似者注其下並非楊氏本文今一概削去之厭其源。開其瀆。江河可竭。厭塞也音一涉反瀆水竇也一進一退。一左一右。六驥不致。言不齊故不能致道路也彼人之才性之相縣也。豈若跛鼈之與六驥足哉。然而跛鼈致之。六驥不致。是無他故焉。或為之。或不為爾。。謝本從盧校作或不為之耳盧文弨曰宋本作或不為爾王念孫曰呂錢本並作或不為爾盧從元刻於不為下增之字爾改耳案下句無之字者蒙上而省也羣書治要亦無之字耳爾古字通當從宋本先謙案王說是今改正

道雖邇。不行不至。事雖小。不為不成。其為人也多暇日者。其出入不遠矣。多暇日謂怠惰出入謂道路所至也。郝懿行曰為善惟日不足多暇日者遊閑不事事也出入疑當作出人言不能出人前也王念孫曰出入當為出人言為學而多暇日則或作或輟其出人必不遠也（下文云好法而行士也篤志而體君子也齊明而不竭聖人也正謂聖人之出人遠也）若云出入不遠則義不可通文選登樓賦注引此已誤韓詩外傳曰道雖近不行不至事雖小不為不成日日多者（此句有誤）出人不遠矣義本荀子今據以訂正先謙案道雖邇道下宋台州本提行分段謝本原刻同浙局本誤連上今正

好法而行。士也。好法而能行則謂之士士事也謂能治其事也。先謙案法即禮也好法以下文義不連上宋台州本提行今從之別為一段篤志而體。君子也。厚其志而知大體者也。王念孫曰爾雅篤固也（說見經義述聞）體讀為履篤志而體謂固其志以履道非謂厚其志而知大體也衞風氓篇體無咎言韓詩體作履坊記引詩亦作履管子內業篇戴大圜而履大方心術篇履作體是履體古字通齊明而不竭。聖人也。齊謂無偏無頗也不

竭不窮也書曰成湯克齊聖廣淵。王引之曰齊者智慮之敏也故以齊明連文楊說失之說見毛詩述聞小雅人之齊聖下人無法則倀倀然。倀倀無所適貌言不知所措履禮記曰倀倀乎其何之有法而無志其義則渠渠然。渠讀爲遽古字渠遽通渠渠不寬泰之貌志識也不識其義謂但拘守文字而已。陳奐曰案渠渠猶瞿瞿齊風傳云瞿瞿無守之貌楊注失之依乎法而又深其類然後溫溫然。深其類謂深知統類溫溫有潤澤之貌舉類君子所難故屢言之也。先謙案凡荀書法類並言者解依勸學篇

禮者所以正身也師者所以正禮也。無禮何以正身。無師吾安知禮之爲是也。禮然而然。則是情安禮也。師云而云。則是知若師也。情安禮。知若師。則是聖人也。情安禮謂若天性所安不以學也行不違禮言不違師則與聖人無異言師法之效如此也故非禮。是無法也。非師。是無師也。無師謂不以師爲師不是師法而好自用。譬之是猶以盲辨色。以聾辨聲也。舍亂妄無爲也。舍除也除亂妄之人孰肯爲此也。王念孫曰舍亂妄無爲言所爲皆亂妄耳楊說非故學也者。禮法也。夫師。以身爲正儀而貴自安者也。效師之禮法以爲正儀如性之所安斯爲貴也禮或爲體詩云。不識不知。順帝之則。此之謂也。詩大雅皇矣之篇引此以喻師法暗合天道知文王雖未知已順天之法則也

端愨順弟。則可謂善少者矣。弟與悌同加好學遜敏焉。則有鈞無上。可以爲君子者矣。既好學遜敏又有鈞平之心而無上人之意則可以爲君子矣或曰有鈞無上四字衍耳。俞樾曰有鈞無上謂但有與之齊等無更在其上者也故謂之君子楊注非偷儒憚事。無廉恥而嗜乎飲食。則可謂惡少者矣。偷儒憚事皆謂懦弱怠惰畏勞苦之人也加惕悍而不順。險賊而不弟焉。韓侍郎云惕與蕩同字作心邊易謂放蕩兇悍也則可謂不詳少者矣。雖陷刑戮可也。詳當爲祥。盧文弨曰案二字古通用先謙案不詳少承上惡少言之謂少年而不祥者猶言不祥人矣知其將陷刑戮也老老而壯者歸焉。老老謂以老爲老而尊敬之也孟子曰伯夷太公二者天下之大老

是天下之父也其父歸之其子焉往矣。盧文弨曰大老宋本作達老不窮窮而通者積焉。窮者則寬而容之不迫蹙以苛政謂惠恤鰥寡窮匱也積塡委也既然則通者歸亦多矣覆巢毀卵則鳳凰不至竭澤涸魚則蛟龍不游義與此同。俞樾曰楊注非也窮通以賢不肖言孔晁注周書常訓篇曰窮謂不肖之人是也不窮窮者不强人以所不知不能中庸所謂矜不能也若以窮爲鰥寡則通者豈不鰥寡之謂乎非十二子篇曰聰明聖知不以窮人即可說此文不窮窮之義行乎冥冥而施乎無報。而賢不肖一焉。行乎冥冥謂行事不務求人之知施乎無報謂施不務報如此賢不肖同慕而歸之人有此三行。雖有大過。天其不遂乎。若不幸而有過天亦祐之矣此固不宜有大災也。俞樾曰人有此三行則君子矣小過或有之安有大過乎過當爲禍漢書公孫宏傳雖陽與善後竟報其過史記過作禍是過與禍通遂成也言雖有大禍天必不成之也楊注大災二字正可以釋正文之大過特不知過爲禍之叚字故不得其解耳

君子之求利也略。其遠害也早。。謝本從盧校作遠思盧文弨曰遠思疑當是遠患王念孫曰呂錢本作遠害先謙案宋台州本亦作害又君子下台州本提行分段謝本原刻同浙局本誤連上今竝正之其避辱也懼。其行道理也勇。。王引之曰懼者怯也故與勇對文呂氏春秋知度篇工拙愚智勇懼亦以懼對勇

君子貧窮而志廣。富貴而體恭。安燕而血氣不惰。勞勸而容貌不枯。。王念孫曰枯讀爲楛（天論篇楛耕傷稼韓詩外傳作枯鄉射禮注肅愼氏貢楛矢釋文作枯）言君子雖安燕而血氣不懈惰雖勞勸而容貌不楛僈楛猶苟且也（榮辱篇云其定取舍楛僈富國篇云其於禮義節奏也芒軔僈楛淮南時則篇云工事苦僈苦僈與楛僈同）彊國篇云恭儉敦敬忠信而不楛非十二子篇云君子佚而不惰勞而不僈（此謂君子之容也故曰動容貌斯遠暴僈矣）大略篇云君子勞倦而不苟或言苟或言楛或言慢或言楛僈其義一而已矣怒不過奪。喜不過予。。予賜也周禮八柄三曰予以馭其幸君子貧窮而志廣。隆仁也。仁愛之心厚故所思者廣言務於遠大濟物也富貴而體恭。殺埶也。減損埶之威故形體恭謹殺所介反安燕而血氣不惰。柬理也。柬與簡同言柬擇其事理所宜而不務驕逸故雖安燕而不至怠惰勞勸而容貌不枯。好交也。以和好交接於物志意常泰也。郝懿行曰榮辱篇云參之而愈瘠者交也注云所交接非其道則必有患難雖食芻豢而更瘠也故此云然以榮辱篇注互相參訂原注殆不可易王念孫曰好交二字與容貌不枯無涉楊說非也交當爲文隸書交字或作文（見漢尹宙碑）與文相似而誤上言柬理下言好文（好呼報反）理與文皆謂禮也禮論篇云孰知夫禮義文理之所以養情也又云貴本之謂文親用之謂理性僞篇云出於辭讓合於文理（辭讓之心禮之端也）賦篇禮賦云非絲非帛文理成章凡荀子書言文理者皆

謂禮也故曰安燕而血氣不惰柬理也（爾雅柬擇也）勞勸而容貌不枯好文也先謙案王說是怒不過奪。喜不過予。是法勝私也。以公滅私故賞罰得中也書曰。無有作好。遵王之道。無有作惡。遵王之路。此言君子之能以公義勝私欲也。書洪範之辭也

荀子集解卷二

不苟篇第三

君子行不貴苟難，說不貴苟察，行如字。察，聽察。名不貴苟傳，唯其當之爲貴。當謂合禮義也。當丁浪反。故懷負石而赴河，是行之難爲者也，而申徒狄能之。申徒狄恨道不行，發憤而負石自沈於河。莊子音義曰：殷時人。韓詩外傳曰申徒狄將自投於河，崔嘉聞而止之，不從。○盧文弨曰：宋本正文負石上有故懷二字，案文不當有。或負字本有作故懷二字者，校者注異同於旁，因誤入正文耳。王念孫曰：案呂錢本並有故懷二字，是也。故字乃總冒下文之詞。懷負石而赴河者，負抱也（見內則注、淮南說林篇注），謂抱石於懷中而赴河也。韓詩外傳曰申徒狄抱石而沈於河，是其證。鄒陽獄中上梁王書徐衍負石入海，亦謂抱石也。盧未曉負字之義而誤以爲負擔之負，故以懷字爲不當有而並刪故字。劉台拱曰：案服虔漢書注亦曰殷之末世介士也，高誘說山訓注亦曰殷末人。然外傳及新序並載申徒狄事，其答崔嘉有吳殺子胥、陳殺泄冶語，據此言之，則非殷時人。先謙案：謝本從盧校刪故懷二字，今案王說是，仍從宋本增入。然而君子不貴者，非禮義之中也。禮義之中，時止則止，時行則行，不必枯槁赴淵也。揚子雲非屈原曰：君子遭時則大行，不遇則龍蛇，何必沈身。○盧文弨曰：案注不遇下一本有時字。子雲語見本傳，此約取之。山淵平，天地比。比謂齊等也。莊子曰：天與地卑，山與澤平。音義曰：以平地比天，則地卑於天；若以宇宙之高，則似天地皆卑，天地皆卑，則山與澤平矣。或曰：天無實形，地之上空虛者盡皆天也，是天地長親比相隨，無天高地下之殊也。在高山則天亦高，在深泉則天亦下，故曰天地比。地去天遠近皆相似，是山澤平也。○盧文弨曰：張湛注列子云：地之上皆天也。意亦與此同。齊秦襲。襲，合也。齊在東，秦在西，相去甚遠，若以天地之大包之，則曾無隔異，亦可合爲一國也。入乎耳，出乎口。未詳所明之意。或曰：即山出口也，言山有耳目也。凡呼於一山，衆山皆應，是山聞人聲而應之，故曰入乎耳，出乎口。或曰：山能吐納雲霧，是有口也。○盧文弨曰：注末句宋本作是以有口，訛。鉤有須。未詳。自齊秦襲、入乎耳出乎口、鉤有須，皆淺學所未見。或曰：鉤有須即丁子有尾也。丁之曲者爲鉤，須與尾皆毛類，是同也。莊子音義云：夫萬物無定形，形無定稱，在上爲首，在下爲尾。世人謂右行曲波爲尾，今丁子二字雖左行曲波，亦是尾也。○俞樾曰：鉤疑㚢之叚字。說文女部：㚢，嫗也。嫗無須而謂之有須，故曰說之難持者也。惠氏棟校本引大元經婦人啶鉤爲說，謂鉤音拘，與須音相近，啶鉤者，須出乎口也。案大元迎次四「裳有衣襦，男子目珠，婦人啶鉤」，范望及溫公集注並無婦人須出乎口之說，且謂鉤與須音近，則啶鉤即啶須也，以說此文，是爲須有須矣，豈可通乎？今讀鉤爲㚢，亦即惠氏之意而說似較安。卵有毛。司馬彪曰胎卵之生必有毛羽雖伏鷇卵卵不爲雞則生類於鷇也毛氣成毛羽氣成羽雖胎卵未生而毛羽之性已箸矣故曰卵有毛也是說之難持者也。而惠施鄧析能之。皆異端曲說故曰難持惠施梁相與莊子同時其書五車其道舛駁鄧析鄭大夫劉向云鄧析好刑名操兩可之說設無窮之辭數難子產爲政子產執而戮之案左氏傳鄭駟歂殺鄧析而用其竹刑而云子產戮之恐誤也。盧文弨曰正文能之俗本作能精之然而君子不貴者。非禮義之中也。盜跖吟口。名聲若日月。與舜禹俱傳而不息。然而君子不貴者。非禮義之中也。吟口吟咏長在人口也說苑作盜跖凶貪。盧文弨曰見說苑說叢篇案韓詩外傳三亦作吟口與此同郝懿行曰案吟口說苑作凶貪此本必作貪凶轉寫形譌遂爲吟口楊氏據譌本作注不知其不可通耳韓詩外傳譌與此同可知此本相傳已久楊氏所以深信不疑俞樾曰吟蓋黔之叚字黔口卽黔喙周易說卦傳爲黔喙之屬釋文引鄭注曰謂虎豹之屬貪冒之類然則盜跖黔口乃以虎豹擬之正論篇所謂禽獸行虎狼貪也先謙案後漢梁冀傳口吟舌言章懷注謂語吃不能明了吟口當與口吟同義盜跖吟口三句與揚雄解嘲孟軻雖連蹇（連蹇謂口吃）猶爲萬乘師文意近似諸說皆非故曰君子行不貴苟難。說不貴苟察。名不貴苟傳。。盧文弨曰苟傳與上文同俗間本作苟得非案外傳亦作苟傳唯其當之爲貴。詩曰。物其有矣。唯其時矣。此之謂也。詩小雅魚麗之篇言雖有物亦須得其時以喻當之爲貴也

君子易知而難狎。坦蕩蕩故易知不比黨故難狎。郝懿行曰韓詩外傳二知作和於義較長此形譌王念孫曰案外傳是也和與狎義相近懼與脅義相近故曰易和而難狎易懼而難脅今本和作知則於義遠矣俞樾曰案外傳作和字之誤也知者接也墨子經篇曰知接也古謂相交接曰知故後漢書宋宏傳貧賤之交不可忘羣書治要作貧賤之知是知有交接之義易知而難狎謂易接而難狎也詩芄蘭篇首章曰能不我知次章曰能不我甲毛傳訓甲爲狎蓋首章言不與我交接次章言不與我狎習也說詳羣經平議荀子以知狎對文正本乎詩韓嬰改知爲和失之王氏謂當從外傳非也易懼而難脅。小心而志不可奪也畏患而不避義死。欲利而不爲所非。心以爲非則捨之交親而不比。親謂仁恩比謂暱狎言辯而不辭。辯足以明事不至於騁辭。郝懿行曰韓詩外傳二辭作亂其義較長此形譌王念孫曰不辭當作不亂揚加騁字以釋之其失也迂矣蕩蕩乎其有以殊於世也。與俗人有異

君子能亦好。不能亦好。小人能亦醜。不能亦醜。君子能則寬容易直以

開道人。道與導同不能則恭敬縛絀以畏事人。縛與撙同絀與黜同謂自撙節貶損小人能則倨傲僻違以驕溢人。溢滿不能則妬嫉怨誹以傾覆人。故曰君子能則人榮學焉。不能則人樂告之。小人能則人賤學焉。不能則人羞告之。是君子小人之分也。分異也如字

君子寬而不僈。僈與慢同怠惰也廉而不劌。廉棱也說文云劌利傷也但有廉隅不至於刃傷也。盧文弨曰注刃傷疑是亦傷本或作兩傷者訛辯而不爭。察而不激。但明察而不激切也寡立而不勝。堅彊而不暴。雖寡立而不能勝雖堅彊而不凶暴。王念孫曰楊說非也寡立當爲直立字之誤也（俗書直字作直寡字作寡二形略相似故直誤爲寡文選顏延之和謝監靈運詩注引此已誤）勝讀若升漸六四終莫之勝虞翻曰勝陵也（小雅正月篇靡人弗勝毛傳曰勝乘也乘亦陵也）管子侈靡篇得近者高而不崩得人者卑而不可勝謂卑而不可陵也此言君子雖特立獨行而不以陵人非謂人不能勝君子也此文云君子廉而不劌辯而不爭直立而不勝榮辱篇云辯而不說者爭也直立而不見知者勝也廉而不見貴者劌也此小人之所務而君子之所不爲也足與此文互相證明矣柔從而不流。恭敬謹慎而容。不至於孤介也。王念孫曰案楊說未確容之言裕也言君子敬慎而不局促綽綽有裕也非十二子篇脩告導寬容之義韓詩外傳作寬裕是容裕古字通（古者東侯二部共入而互轉故說文容裕二字皆以谷爲聲史記平準書盜摩錢裏取鋊漢書食貨志鋊作鋊音裕亦其例也）夫是之謂至文。言德備詩曰。溫溫恭人。惟德之基。此之謂矣。詩大雅抑之篇溫溫寬柔貌

君子崇人之德。揚人之美。非諂諛也。正義直指。舉人之過。非毀疵也。疵病也或曰讀爲訾。盧文弨曰正文美字元刻作善又舉人之過下宋本有惡字元刻無王引之曰案義讀爲議韓詩外傳作正言直行指人之過言亦議也韓策曰嚴遂政議直指舉韓傀之過是其證（趙策臣愚不達於王之議史記趙世家議作義史記鄒陽傳畢議願知漢書作義又韓子揚搉篇上不與義之東周策秦王不聽羣臣父兄之義淮南泰族篇刺幾辯義義並與議同）言己之光美。擬於舜禹。。盧文弨曰宋本各舊本俱作禹舜今從元刻參於天地。非夸誕也。與時屈伸。柔從若蒲葦。非懾怯也。蒲葦所以爲席可卷者也。郝懿行曰屈伸當作詘信荀書皆然俗妄改之此言君子屈伸隨時之宜當其屈也柔從若蒲葦當其伸也剛強猛毅靡所不信（信即伸字）其屈與伸以義知當曲直曲直即屈伸又引詩言君

子左宜右有然後總結之云此言君子能以義屈信變應故也（屈亦當爲詘）荀子之文往往反復申明欲令辭必達意不避重緐爲使人易曉也　剛強猛毅，靡所不信，非驕暴也。信讀爲伸下同古字通用　以義變應，知當曲直故也。以義隨變而應其所知當於曲直也。俞樾曰變讀爲辯周易文言曰由辯之不早辯也釋文曰辯荀作變禮記禮運篇大夫死宗廟謂之變鄭注曰變當爲辯是變與辯古通辯之言徧也儀禮鄉飲酒禮衆賓辯有脯醢燕禮大夫辯受酬鄭注竝云今文辯作徧是其證也變與辯通則亦可借爲徧以義變應者以義徧應也下文引詩曰左之左之君子宜之右之右之君子有之此言君子之能以義屈伸變應也左宜右有正以義徧應之謂楊注曰以義隨變而應增字以成其說失其旨矣君道篇曰竝遇變應而不窮變與竝對文可知變之爲徧也致士篇臨事接民而以義變應義與此同先謙案此文變應與非相儒效王制君道諸篇言應變者不同卽儒效富國二篇事變得應事變失應君道篇應待萬變與此義亦異以義變應者以義徧應事也義本無定隨所應爲通變故曰變應孔子言無適無莫義之與比孟子言言不必信行不必果惟義所在正以義變應之謂易繫辭精義入神以致用也入神變也致用應也下言以義屈伸變應增屈伸二字而變應之義愈顯不必如俞說改讀至君道篇之變應宋本作變態此元刻誤文又不足取以爲證矣　詩曰：「左之左之，君子宜之；右之右之，君子有之。」此言君子能以義屈信變應故也。詩小雅裳裳者華之篇以能應變故左右無不得宜也。盧文弨曰此言君子下一本有之字

君子小人之反也。與小人相反。盧文弨曰此段舊不提行今案當別爲一節　君子大心則天而道，小心則畏義而節。天而道謂合於天而順道。盧文弨曰正文則天而道韓詩外傳四作卽敬天而道王念孫曰天而道三字文義不明當依韓詩外傳作敬天而道與畏義而節對文楊注失之　知則明通而類，類謂知統類　愚則端慤而法。愚謂無機智也法謂守法度也　見由則恭而止，由用也止謂不放縱也或曰止禮也言恭而有禮也　見閉則敬而齊。謂閉塞道不行也敬而齊謂自齊整而不怨也　喜則和而理，憂則靜而理。皆當其理。謝本從盧校作憂則靜而違盧文弨曰外傳四作喜卽和而治憂卽靜而違此作和而理避時諱下句舊本俱作靜而理當由誤會注文耳今從外傳改正劉台拱曰案注云皆當其理則楊氏所據本兩句竝是理字盧據外傳改下理字作違易曰樂則行之憂則違之此違字所本然易言出處此言性情義各有當外傳引荀頗多改竄恐不得徑據彼以易此也又仲尼篇云福事至則和而理禍事至則靜而理與此文義略同彼注云理謂不失其道和而理謂不充屈靜而理謂不隕穫也亦竝是理字則不當依外傳作違明矣竊疑荀子本文上句作治下句作理唐初避諱凡治字悉改作理中葉以後又復同改作治惟此兩處文義相混校書者不能定其孰爲本文故仍而不革楊氏作注時未能審正而從爲之辭耳今上句依外傳作和而治下句作靜而理庶幾得之仲尼篇放此王念孫曰宋呂錢本竝作兩理字劉說甚允先謙案劉王說是今改從宋本　通則文而明，有文而彰明也

窮則約而詳。隱約而詳明其道也小人則不然。大心則慢而暴。小心則淫而傾。以邪諂事人也。盧文弨曰宋本淫上有流字今案元刻及外傳俱無知則攫盜而漸。漸進也謂貪利不知止也。郝懿行曰漸與潛同此言小人知則攫盜而潛深不敢發也愚則毒賊而爲亂不知懼也語意甚明荀書多以漸爲潛楊氏不知例以漸進爲訓而不顧其安如此注亦以漸爲進則難通矣王引之曰漸詐欺也小人之智則攫盜而已矣詐欺而已矣議兵篇曰招近募選隆埶詐尙功利是漸之也正論篇曰上幽險則下漸詐矣（楊訓漸爲進又訓爲浸潰皆失之）義竝與此同呂刑曰民興胥漸言小民方興相爲詐欺也（傳以漸爲漸化失之說見經義述聞）莊子胠篋篇曰知詐漸毒（李頤以漸爲漸潰失之）此皆古人謂詐爲漸之證說者都不尋省望文生義失其傳久矣先謙案王說是愚則毒賊而亂。毒害也愚而無畏忌也見由則兌而倨。兌說也言喜於徼幸而倨傲也。先謙案兌與銳同謂捷利也楊注非說見脩身篇見閉則怨而險。怨上而險賊也喜則輕而翾。輕謂輕佻失據翾小飛也言小人之喜輕佻如小鳥之翾然音許緣反或曰與懁同說文云懁急也憂則挫而懾。通則驕而偏。偏頗也窮則弃而儑。弃自弃也儑當爲濕方言云濕憂也字書無儑字韓詩外傳作弃而累也。郝懿行曰玉篇儑五甘切不慧也廣韻五紺切云傝儑龍龕手鑑一云儑五盍反傝儑不著事也儑他盍反傝賒齒劣也又音儑不謹貌也然則諸義皆與此近此言小人窮則卑弃失志不能自振往往如此楊氏未見玉篇廣韻故云字書無儑字又云儑當爲濕竝非韓詩外傳四儑作累恐亦字形之譌累與濕皆俗字濕當作溼累當作纍與此字形音義遠傳曰。君子兩進。小人兩廢。此之謂也。

君子治治。非治亂也。曷謂邪。曰禮義之謂治。非禮義之謂亂也。故君子者。治禮義者也。非治非禮義者也。然則國亂將弗治與。曰國亂而治之者。非案亂而治之之謂也。去亂而被之以治。案據也據舊亂而治之也荀子安案多爲語助與此不同也人汙而修之者。人有汙穢之行將修爲善。俞樾曰修當讀爲滌周官司尊彝職曰凡酒修酌鄭注曰修讀如滌濯之滌是其證也滌從條聲條從攸聲修亦從攸聲聲同之字故得通用楊注失之荀子書每以修與汙對文竝當讀爲滌非案汙而修之之謂也。去汙而易之以修。故去亂而非治亂也。去汙而非修汙也。治之爲名。猶曰君子爲治而不爲亂。爲修而不爲汙也。治之名號如此君子絜其辯而同焉者合矣。絜修整也謂不煩雜。盧文弨曰案韓詩外傳一亦有此文彼辯作身先謙案外傳作身是也絜其身善其言對文若作辯則與言複絜辯二字亦不詞荀子原文自作絜其身傳寫誤辯下文故新浴云云正申言絜身之義楊注謂不煩雜似所見本已誤為辯矣善其言而類焉者應矣。出其言善千里之外應之故馬鳴而馬應之。盧文弨曰外傳此下尚有牛鳴而牛應之六字非知也其埶然也。知音智故新浴者振其衣。新沐者彈其冠。人之情也。言潔其身者懼外物之汙也猶賢者必不受不善人之汙者也其誰能以己之潐潐。受人之掝掝者哉。潐潐明察之貌潐盡謂窮盡明於事易曰窮理盡性掝當為惑掝掝惛也楚詞曰安能以身之察察受物之惛惛者乎潐子誚反。盧文弨曰案潐盡也本說文此脫也字郝懿行曰韓詩外傳一作莫能以己之皭皭容人之混污然皭與潐古音同混污與掝掝音又相轉此皆假借字耳楚詞作察察汶汶當是也又案上云故新浴者振其衣新沐者彈其冠亦與楚詞同先謙案焦爵雙聲故從焦從爵之字相通假而義皆訓盡知噍之與嚼（禮記少儀釋文噍本作嚼說文噍或从爵）醮之與釂（說文醮冠娶禮祭釂飲酒盡也釋水水醮曰厬釋文及本書禮論利爵之不醮也注皆訓為盡則借醮為釂矣）並是故皭皭亦為潐潐也掝當為惑楊說是也字書無掝字蓋惑亦作惐遂轉寫為掝耳儒效篇云無所儗㤯楊注㤯與怍同惑之為惐猶怍之為㤯矣

君子養心莫善於誠。無姦詐則心常安也。劉台拱曰誠者君子所以成始而成終也以成始則大學之誠其意是也以成終則中庸之至誠無息是也此言養心莫善於誠即誠意之事故下文亦言慎獨致誠則無它事矣。致極也極其誠則外物不能害。王念孫曰君子非仁不守非義不行故曰無它事下文唯仁之為守唯義之為行是其明證楊說非先謙案王說是羣書治要引作致誠無他唯仁之守唯義之行刪數字而語意倍顯是唐人解此文與楊注義異唯仁之為守。唯義之為行。致其誠在仁義誠心守仁則形。形則神。神則能化矣。誠心守於仁愛則必形見於外則下尊之如神能化育之矣化謂遷善也誠心行義則理。理則明。明則能變矣。義行則事有條理明而易人不敢欺故能變改其惡也變化代興。謂之天德。既能變化則德同於天馴致於善謂之化改其惡質謂之變言始於化終於變也猶天道陰陽運行則為化春生冬落則為變也天不言而人推高焉。地不言而人推厚焉。四時不言而百姓期焉。期謂知其時候夫此有常以至其誠者也。至極也天地四時所以有常如此者由極其誠所致君子至德。嘿然而喻。未施而親。不怒而威。君子有至德所以嘿然不言而人自喻其意也夫此順命以慎其

獨者也。人所以順命如此者由愼其獨所致也愼其獨謂戒愼乎其所不睹恐懼乎其所不聞至誠不欺故人亦不違之也。郝懿行曰此語甚精楊氏不得其解而以謹愼其獨爲訓今正之云獨者人之所不見也愼者誠也誠者實也心不篤實則所謂獨者不可見勸學篇云無冥冥之志者無昭昭之明無惛惛之事者無赫赫之功此惟精專沈默心如槁木死灰而後髣髴遇焉口不能言人亦不能傳故曰獨也又曰不獨則不形者形非形於外也（楊注誤）形卽形此獨也又曰不形則雖作於心見於色出於言三句皆由獨中推出此方是見於外之事而其上說天地四時云夫此有常以至其誠者也說君子至德云夫此順命以愼其獨者也順命謂順天地四時之命（楊注尤誤）言化工默運自然而極其誠君子感人嘿然而人自喻惟此順命以愼其獨而已推尋上下文義愼當訓誠據釋詁云愼誠也非愼訓謹之謂中庸愼獨與此義別楊注不援爾雅而據中庸謬矣愼字古義訓誠詩凡四見毛鄭俱依爾雅爲釋大學兩言愼獨皆在誠意篇中其義亦與詩同惟中庸以戒愼愼獨爲言此別義乃今義也荀書多古義古音楊注未了往往釋以今義讀以今音每致舛誤此其一也餘不悉舉王念孫曰中庸之愼獨愼字亦當訓爲誠非上文戒愼之謂（莫見乎隱莫顯乎微卽大學之十目所視十手所指則愼獨不當有二義陳碩甫云中庸言愼獨卽是誠身）故禮器說禮之以少爲貴者曰是故君子愼其獨也鄭注云少其牲物致誠慤是愼其獨卽誠其獨也愼獨之爲誠獨鄭於禮器巳釋訖故中庸大學注皆不復釋孔沖遠未達此旨故訓爲謹愼耳凡經典中愼字與謹同義者多與誠同義者少訓謹訓誠原無古今之異（愼之爲謹不煩訓釋故傳注無文非誠爲古義而謹爲今義也）唯愼獨之愼則當訓爲誠故曰君子必誠其意禮器中庸大學荀子之愼獨其義一而已矣 善之爲道者、不誠則不獨。無至誠則不能愼其獨也 不獨則不形。不能愼其獨故其德亦不能形見於外。兪樾曰上文云致誠則無他事矣唯仁之爲守唯義之爲行所謂獨者卽無它事之謂唯仁唯義故無他事無他事是謂獨故曰不誠則不獨不獨則不形言不能誠實則不能專一於內不能專一則不能形見於外楊氏未達獨字之旨故所解均未得也 不形則雖作於心。見於色。出於言。民猶若未從也。雖從必疑。若如也無至誠故雖出令民猶如未從者雖彊使之從亦必疑之也。王念孫曰若猶然也言雖出令民猶然未從非謂猶如未從也古謂猶然爲猶若說見釋詞若字下 天地爲大矣。不誠則不能化萬物。聖人爲知矣。不誠則不能化萬民。父子爲親矣。不誠則疏。君上爲尊矣。不誠則卑。卑謂不爲在下所尊 夫誠者。君子之所守也。而政事之本也。唯所居以其類至。所居所止也唯其所止至誠則以類自至謂天地誠則能化萬物聖人誠則能化萬民父子誠則親君上誠則尊也 操之則得之。舍之則失之。操持 操而得之則輕。持至誠也而得之則易舉也詩曰德輶如毛 輕則獨行。舉至誠而不難則愼獨之事自行矣 獨行而不舍。則濟矣。至誠在乎不已 濟而材盡。長遷而不反其初。則化矣。既濟則材性自盡長遷不反其初謂中道不廢也 君子位尊而志恭。心小而道大。所聽視者近。而所聞見者遠。是何邪。則操術然也。謂以近知遠以今知古所持之術如此也。○盧文弨曰正文則字從元刻宋本作是 故千人萬人之情。一人之情是也。人情不相遠 天地始者。今日是也。百王之道。後王是也。後王當今之王言後王之道與百王不殊行堯舜則是亦堯舜也 君子審後王之道。而論於百王之前。若端拜而議。端玄端朝服也端拜猶言端拱言君子審後王所宜施行之道而以百王之前比之若服玄端拜揖而議言其從容不勞也時人多言後世澆醨難以為治故荀明之。○郝懿行曰端疑振書端書之端端者正也謂正容拜議非必衣元端也注言端拱又言元端二義似歧王念孫曰古無拜而議事之禮且端拜二字義不相屬拜當為拜拜今拱字也（說文收竦手也从𠂇又拜揚雄說收从兩手拱斂手也从手共聲今經傳皆作拱）形與拜相似因訛為拜端拜而議即楊注所云從容不勞也楊云端拜猶言端拱近之乃又云拜揖而議則未知拜為拜之譌耳先謙案王說是 推禮義之統。分是非之分。上分如字下扶問反分之使當其分 總天下之要。治海內之衆。若使一人。故操彌約而事彌大。約少也得其宗主也 五寸之矩。盡天下之方也。矩正方之器也。○郝懿行曰荀意當以句股法開方而言故以五寸盡之言操彌約也 故君子不下室堂。而海內之情舉積此者。則操術然也。舉皆也。○盧文弨曰正文堂字上宋本有室字今從元刻刪王念孫曰室非衍字也內則曰灑埽室堂書傳中言室堂者多矣君子不下室堂而海內之情舉積此猶老子言不出戶知天下也元本無室字者後人以意刪之耳羣書治要引此有室字錢本世德堂本同先謙案謝本從盧校今依王說改從宋本

有通士者。有公士者。有直士者。有愨士者。有小人者。上則能尊君。下則能愛民。物至而應。事起而辨。若是則可謂通士矣。物有至則能應之事有疑則能辨之通者不滯之謂也。○王念孫曰辨者治也謂事起而能治之非謂事有疑而能辨之也說文辯治也昭元年左傳主齊盟者誰能辯焉杜注與說文同王霸篇儒者為之必將曲辯楊注曰辯治也字或作辨議兵篇城郭不辨注曰辨治也合言之則曰治辯儒效篇曰分不亂於上能不窮於下治辯之極也王霸篇曰有加治辯彊固之道焉（有讀為又舊本有加二字倒轉今據楊注乙正楊以辯為分別失之）又曰天下莫不平均莫不治辯議兵篇曰禮者治辯之極也或作治辨榮辱

篇曰君子修正治辨正論篇曰上宣明則下治辨矣禮論篇曰君者治辨之主也以上凡言治辨者皆兩字同義倒言之則曰辨治小雅采菽傳曰平平辨治也荀子君道篇君者善班治人者也班亦與辨同韓詩外傳作辯治治上下成相篇辯不下比以闇上。不上同以疾下。闇上掩上之明也疾與嫉同。先謙案上同苟合於上成相篇云愚而上同國必禍分爭於中。不以私害之。若是則可謂公士矣。謂於事之中有分爭者不以私害之則可謂公正之士也身之所長上雖不知。不以悖君。不怨君而違悖也。郝懿行曰悖者倍之假借字倍訓反與背同王引之曰悖讀若勃（玉篇勃蒲突切又蒲輩切廣韻同）悖怨懟也謂君雖不知而不怨君也仲尼篇曰君雖不知無怨疾之心是也方言悖懟也廣雅曰勃懟也悖怨懟恨也悖悖勃字異而義同（莊十一年左傳其興也悖焉一作勃莊子庚桑楚篇徹志之勃勃本又作悖秦策秦王悖然而怒悖然即勃然）楊注非身之所短上雖不知。不以取賞。受祿不誣長短不飾。以情自竭。若是則可謂直士矣。不矜其長不掩其短但任直道而竭盡其情也。郝懿行曰情實也竭舉也言短長皆以實錯說不加文飾所以為直士王念孫曰郝說是也說文竭負舉也揭高舉也廣雅揭舉也禮運釋文竭本亦作揭是揭竭古字通庸言必信之。庸行必慎之。庸常也謂言常信行常慎畏法流俗。而不敢以其所獨甚。法效也畏效流移之俗又不敢以其所獨善而甚過人謂不敢獨為君子也。王念孫曰甚當為是言不從流俗而亦不敢用其所獨是也隸書甚字作甚是字作昰二形相似故是譌為甚荀子賦篇暴毋力父是之喜楚策是之喜譌作甚喜之韓詩外傳詩曰瞻彼日月悠悠我思道之云遠曷云能來急時辭也是故稱之日月也說苑辨物篇作甚焉故稱日月也漢書司馬相如傳閑雅甚都史記甚作是說文尟是少也從是少今俗作尠皆其證也楊注非若是則可謂愨士矣。端愨不貳言無常信。行無常貞。唯利所在。無所不傾。利之所在皆傾意求之。郝懿行曰文選孫子荊詩傾城遠追送李善注傾盡也無所不傾即無所不盡楊注非若是則可謂小人矣。

公生明。偏生闇。端愨生通。詐偽生塞。多窮塞也誠信生神。誠信至則通於神明中庸曰至誠如神夸誕生惑。矜夸妄誕則貪惑於物也此六生者。君子慎之。而禹桀所以分也。所以分賢愚也

欲惡取舍之權。舉下事也見其可欲也。則必前後慮其可惡也者。見其可利也。則必前後慮其可害也者。而兼權之。孰計之。權所以平輕重者孰甚也猶成孰也然後定其欲惡

取舍。顧千里曰案欲惡取舍之權疑當作欲惡利害句取舍之權句脫利害二字然後定其欲惡取舍疑當作然後定其取舍衍欲惡二字榮辱篇其定取舍楛僈上下文皆卽此義明甚楊注已脫衍非也如是則常不失陷矣。凡人之患，偏傷之也。偏謂見其一隅見其可欲也，則不慮其可惡也者；見其可利也，則不顧其可害也者。是以動則必陷，爲則必辱，是偏傷之患也。

人之所惡者，吾亦惡之。賢人欲惡之不必異於衆人也。盧文弨曰正文首疑當有人之所欲者吾亦欲之人字注賢人欲惡之下疑脫一字王念孫曰案盧以注云賢人欲惡不必異於衆人故疑正文當有人之所欲者云云也不知注言欲惡不異者加一欲字以通其義非正文所有也下文皆言惡不言欲是其證夫富貴者則類傲之。富貴之類不論是非皆傲之也。先謙案荀書用夫字俱訓彼他篇竝同夫貧賤者則求柔之。見貧賤者皆柔屈就之也。俞樾曰注不釋求字禮記曲禮篇曰君子行禮不求變俗鄭注曰求猶務也求柔之猶言務柔之矣是非仁人之情也。俞樾曰仁字衍上文蓋言遇富貴者率傲慢之遇貧賤者務柔屈之此非人情也正與上文人之所惡者吾亦惡之相應上文泛言人則此文亦不當言仁人後人因下云是姦人將以盜名於晻世者也故於上句加仁字以對下姦字而不知其義之非耳是姦人將以盜名於晻世者也。險莫大焉。姦人盜富貴貧賤之名於昏闇之世晻與暗同故曰：盜名不如盜貨。田仲、史鰌不如盜也。田仲齊人處於陵不食兄祿辭富貴爲人灌園號曰於陵仲子史鰌衞大夫字子魚賣直也。盧文弨曰田與陳古多通用郝懿行曰陳仲之廉史鰌之直雖未必合於中行衡之末俗固可以激濁流揚清波荀之此論將無苛歟夫名生於不足盜生於有欲盜不可有名不可無程子有言古之學者爲己今之學者爲人古之仕者爲人今之仕者爲己推此而論夫苟行以賓心錢穀兵刑何非爲己假令心本近名割股廬墓豈非爲人然則荀卿此論蓋欲鍼砭於流俗而非持論於衡平矣

榮辱篇第四

憍泄者，人之殃也。泄與媟同嫚也殃或爲秧。謝本從盧校作橋泄盧文弨曰橋元刻作憍劉台拱曰橋當從元刻作憍王念孫曰呂錢本亦作憍憍泄卽驕泰之異文荀子他篇或作汏或作忲或作泰皆同古字世大通用大室亦爲世室大子亦爲世子大叔亦爲世叔漏泄之泄古多與外大害敗等字爲韻聲與泰亦相近也賈子曰簡泄不可以得士亦以泄爲汏先謙案劉王說是今改從呂錢

本元刻恭儉者偋五兵也。偋當爲屛卻也說文有偋字偋寋也與此義不同偋防正反。○盧文弨曰五兵元刻與俗間本俱作五六今從宋本先謙案偋當爲併彊國篇併己之私欲君道篇併耳目之樂併皆讀屛是荀書例以併爲屛也此言屛卻五兵其文亦必作併妄人誤加尸爲偋耳五兵說見儒效篇雖有戈矛之刺。不如恭儉之利也。言入人深故與人善言。煖於布帛。傷人之言。深於矛戟。○王念孫曰傷人之言之本作以謂以言傷人較之以矛戟傷人者爲更深也今本以作之則與下句不甚貫注矣非相篇故贈人以言重於金石珠玉勸人以言美於黼黻文章聽人以言（今本以字亦誤作之辯見非相篇）樂於鐘鼓琴瑟三以字與此文同一例藝文類聚人部三太平御覽兵部八十四引此竝作傷人以言故薄薄之地。不得履之。非地不安也。危足無所履者。凡在言也。薄薄謂旁薄廣大之貌危足側足也凡皆也所以廣大之地側足無所容者皆由以言害身也。○盧文弨曰正文危足無所履者下宋本有也字今據元刻去之與注合巨涂則讓。小涂則殆。雖欲不謹。若云不使。殆近也凡行前遠而後近故近者亦後之義謂行於道涂大道竝行則讓之小道可單行則後之若能用意如此雖欲爲不謹敬若有物制而不使之者儒行曰道涂不爭險易之利。○王念孫曰楊說迂回而不可通余謂殆讀爲待言共行於道涂大道可竝行則讓之小道只可單行則待其人過乃行也作殆者叚借字耳俞樾曰讓當讀爲攘攘之攘說文女部孃煩擾也經典無孃字多以攘爲之禮記曲禮篇鄭注曰攘古讓字故此又以讓爲之也文選舞賦攘攘就駕李善引埤蒼曰攘疾行貌巨涂人所共行故擾攘而不止小涂人所罕由故危殆而不安是涂無巨小皆不可不謹故曰雖欲不謹若云不使也先謙案俞說是

快快而亡者怒也。肆其快意而亡由於忿怒也。○先謙案快快即肆意之義大略篇云賤師而輕傅則人有快人有快則法度壞楊注云人有肆意是快猶肆也快快與有快同義肆意而亡其身者由怒害之下文所謂行其少頃之怒而喪終身之軀矣察察而殘者忮也。至明察而見傷殘者由於有忮害之心也博而窮者訾也。言詞辯博而見窮蹙者由於好毀訾也清之而俞濁者口也。欲求其清而愈濁者在口說之過謂言過其實也或曰絜其身則自清也但能口說斯愈濁也俞讀爲愈。○先謙案或說是豢之而俞瘠者交也。所交接非其道則必有患難雖食芻豢而更瘠也故上篇云勞勌而容貌不枯好交也。○先謙案以利交者利盡則絕故曰豢養之而愈瘠也此言小人之交故下文以小人總結之好交乃好文之誤說見上篇楊引以證本文非辯而不說者爭也。不說不爲人所稱說或讀爲悅。○王念孫曰後說是俞樾曰楊注二義皆非淮南子俶真篇辯者不能說也高誘注曰說釋也斯得之矣辯而不說謂辯而人不解說由其好與人爭而不能委曲以曉人也直立而不見知者勝也。直立謂己直人曲勝謂好勝人

也。廉而不見貴者劌也。劌傷也劌己太過不得中道故不見貴也。王念孫曰廉而劌謂有廉隅而傷人也如此則人不貴之矣不苟篇注云廉稜也劌利傷也較此注爲勝勇而不見憚者貪也。貪利則委曲求人故雖勇而不見憚信而不見敬者好剸行也。剸與專同專行謂不度是非好復言如白公者也此小人之所務而君子之所不爲也。

鬭者忘其身者也。忘其親者也。忘其君者也。行其少頃之怒。而喪終身之軀。然且爲之。是忘其身也。室家立殘。親戚不免乎刑戮。然且爲之。是忘其親也。蓋當時禁鬭殺人之法戮及親戚尸子曰非人君之用兵也以爲民傷鬭則以親戚徇一言而不顧之也君上之所惡也。刑法之所大禁也。然且爲之。是忘其君也。憂忘其身。遭憂患刑戮而不能保其身是憂忘其身也或曰當爲下忘其身誤爲夏又夏轉誤爲憂字耳。王念孫曰案後說爲長內忘其親。上忘其君。是刑法之所不舍也。盧文弨曰俗本舍作赦今從宋本聖王之所不畜也。乳彘觸虎。先謙案觸虎者蓋衞其子當時有此語耳乳狗不遠遊。不忘其親也。人也。盧文弨曰人也各本作小人今從宋本。先謙案人也二字下屬爲句憂忘其身。內忘其親。上忘其君。則是人也而曾狗彘之不若也。凡鬭者必自以爲是而以人爲非也。已誠是也。人誠非也。則是己君子而人小人也。以君子與小人相賊害也。憂以忘其身。內以忘其親。上以忘其君。豈不過甚矣哉。是人也。所謂以狐父之戈钃牛矢也。時人舊有此諺喻以貴而用於賤也狐父地名史記伍被曰吳王兵敗於狐父徐廣曰梁碭之閒也蓋其地出名戈其說未聞管子曰蚩尤爲雍狐之戟狐父之戈豈近此邪钃刺也之欲反故良劍謂之屬鏤亦取其利也或讀斸爲斫。郝懿行曰斸斫音讀不同斸雖訓斫而不讀爲斫也玉篇斸或作钃與斫音異不知楊氏何故同之正文又無斸字此注當有脫誤钃訓刺亦未聞將以爲智邪。則愚莫大焉。將以爲利邪。則害莫大焉。將以爲榮邪。則辱莫大焉。將以爲安邪。則危莫大焉。人之有鬬何哉。我欲屬之狂惑疾病邪。則不可。聖王又誅之。屬託也之欲反我欲屬之鳥鼠禽獸邪。則不可。其形體又人。而好惡多同。視其形體則又人也其好惡多與賢人同但好鬬爲異耳人之有鬬何哉。我甚醜之。其禍如此何爲鬬也

有狗彘之勇者。有賈盜之勇者。狗彘勇於求食賈盜勇於求財賈音古有小人之勇者。有士君子之勇者。小人勇於暴士君子勇於義言人有此數勇也爭飲食。無廉恥。不知是非。不辟死傷。不畏衆彊。恈恈然唯利飲食之見。是狗彘之勇也。辟讀爲避恈恈愛欲之貌方言云恈愛也宋魯之間曰恈。王引之曰飲食上本無利字唯飲食之見言狗彘唯見有飲食也下文恈恈然唯利之見與此文同一例今本作利飲食之見利字卽涉下文利字而衍爲事利。爲事及利也爲于僞反爭貨財。無辭讓。果敢而振。猛貪而戾。恈恈然唯利之見。是賈盜之勇也。振動也戾乖背也春秋公羊傳曰葵邱之會桓公振而矜之何休云亢陽之貌也。王引之曰振當爲很字之誤也果敢而很猛貪而戾二句一意相承故廣雅曰戾很也若振則非其類矣楊注非輕死而暴。是小人之勇也。義之所在。不傾於權。不顧其利。舉國而與之不爲改視。重死持義而不橈。是士君子之勇也。雖重愛其死而執節持義不橈曲以苟生也儒行曰愛其死以有待也。俞樾曰此本作重死而持義不橈故楊注曰雖重愛其死而執節持義不橈曲以苟生也是楊氏所據本而字在持義之上

鯈䱂者。浮陽之魚也。鯈䱂魚名浮陽謂此魚好浮於水上就陽也今字書無䱂字蓋當爲鮁說文云卽鱣鮪鮁鮁字蓋鯈魚一名鯈鮁莊子與惠子遊於濠梁之上鯈魚出遊是亦浮陽之義或曰浮陽勃海縣名也鯈音稠鮁布末反。郝懿行曰䱂不成字鮁非魚名疑當爲鱧俗書鱧或作体鮁則鯈䱂卽鯈鱧矣王念孫曰衛風碩人篇鱣鮪發發說文作鮁鮁則鮁非魚名且鯈魚亦無鯈鮁之名楊說非也竊疑䱂爲魾字之誤爾雅云魴魾魾卽魴之異名則鯈魾爲二魚也隸書丕字或作𠀪（見漢趙相劉衡碑）本字或作夲（見白石神君碑）二形相似故魾譌爲䱂與胠於沙而思水。則無逮矣。胠與祛同揚子雲方言云祛去也齊趙之總語去於沙謂失水去在沙上也莊子有胠篋篇亦取去之義也。盧文弨曰案方言祛作抾王引之曰魚去沙上不得謂之去於沙楊說非

也案胠當爲𠊱（字從人𧮫聲𧮫其虐反與風俗之俗從谷者不同）玉篇𠊱渠戟切倦也集韻𠊱方言傍也（傍與倦同）或作谻漢司馬相如子虛賦徼谻受詘郭璞曰谻疲極也上林賦與其窮極倦谻郭曰窮極倦谻疲憊者也說文谻徼谻受屈也谻谻谻並與𠊱同窮極倦谻其義一也廣雅曰困疲羸券（鄭注考工記輈人曰券今倦字也）谻窮惝（與憊同遯象傳有疾憊也鄭注憊困也）極也（趙注孟子離婁篇曰極困也呂刑曰人極于病）困疲羸倦谻窮憊極其義一也然則𠊱者窮困之謂言魚困於沙而思水則無及也隸書亻旁或從彖作刀（見隸辨）與月相似𧮫或作去（漢冀州刺史王純碑谻埸閑門谻作却今俗書谻腳二字亦作却腳）與去相似故𠊱字譌而爲胠俞樾曰胠當作陸文選吳都賦曰陸以九疑注曰陸闌也因山谷以遮獸也陸於沙義亦同此言遮闌於沙而思水則無及矣下云挂於患而欲謹則無益矣陸於沙挂於患文義一律先謙案俞說是

挂於患而欲謹。則無益矣。人亦猶魚也　自知者不怨人。知命者不怨天。怨人者窮。徒怨懟於人不自修者則窮迫無所出　怨天者無志。有志之士但自修身遇與不遇皆歸於命故不怨天。○王念孫曰志讀爲知識之識（古知識字通作志說見經義述聞左傳昭二十六年）不知命而怨天故曰無識法行篇正作怨天者無識楊彼注云無識不知天命是也此注以志爲志氣之志失之　失之己。反之人。豈不迂乎哉。迂失也反責人也。○王念孫曰失與迂義不相近古無此訓也廣雅曰迂遠也韓詩外傳曰身不善而怨他人不亦遠乎語意正與此同先謙案三句與法行篇同反之人與君道篇反之民反之政同意言反求也

榮辱之大分。○盧文弨曰舊本不提行今案當分段　安危利害之常體。先義而後利者榮。先利而後義者辱。榮者常通。辱者常窮。通者常制人。窮者常制於人。受制於人　是榮辱之大分也。其中雖未必皆然然其大分如此矣　材慤者常安利。蕩悍者常危害。材慤謂材性原慤也蕩悍已解於修身篇。○汪中曰材疑當作朴字之誤也朴慤與蕩悍安利與危害樂易與幽險壽長與夭折皆對文王念孫曰大戴記王言篇士信民敦工璞商慤女憧婦空空家語作士信民敦而俗樸（樸朴璞竝通）男慤而女貞王肅云樸慤愿貌　安利者常樂易。危害者常憂險。樂易歡樂平易也詩所謂愷悌者也。○王念孫曰險以心言非以境言憂險猶憂危謂中心憂危之也故與樂易對文下文樂易者常壽長憂險者常夭折亦以心言之也周語云君子將險哀之不暇而何樂易之有焉亦以險哀對樂易說見經義述聞周語　樂易者常壽長。憂險者常夭折。是安危利害之常體也。亦大率如此　夫天生蒸民。有所以取之。言天生衆民其君臣上下職業皆有取之道非其道所以敗之也。○盧文弨曰案注取之道當重一之字之也之字衍　志意致修。德行致厚。智慮致明。是天子之所以取天下

也。致極也言如此是乃天子之所以取天下之道也　政令法。舉措時。聽斷公。舉措時謂興力役不奪農時也。盧文弨曰元刻首句作政法令注首云當作政令法或曰政當爲正多十一字今從宋本　上則能順天子之命。下則能保百姓。是諸侯之所以取國家也。志行修。臨官治。上則能順上。下則能保其職。是士大夫之所以取田邑也。循法則度量。刑辟圖籍。度尺丈量斗斛刑法之書左氏傳曰先王議事以制不爲刑辟圖謂模寫土地之形籍謂書其戶口之數也。盧文弨曰正文循元刻作修各本同今從宋本先謙案注刑法之書上當有刑辟二字　不知其義。謹守其數。愼不敢損益也。若制所然　父子相傳以持王公。世傳法則所以保持王公言王公賴之以爲治者也。王念孫曰持猶奉也言官人百吏謹守其法則度量刑辟圖籍（見上文）父子相傳以奉王公也廣雅奉持也是持與奉同義楊以持爲保持未確　是故三代雖亡。治法猶存。是官人百吏之所以取祿秩也。先謙案君道篇云官人守數正論篇云官人以爲守注官人守職事之官也王霸篇注官人列官之人荀書每以官人百吏竝言猶周官所云府史胥徒之屬耳　孝弟原愨。軥錄疾力。以敦比其事業。而不敢怠傲。是庶人之所以取煖衣飽食。長生久視。以免於刑戮也。軥與拘同拘錄謂自檢束也疾力謂速力而作也敦厚也比親也言不敢怠惰也。盧文弨曰淮南子主術訓人之性莫貴於仁莫急於智兩者爲本而加之以勇力辯慧捷疾劬錄正與此軥錄疾力語相似軥錄蓋勞身苦體之意孝弟原愨以行言軥錄疾力以事言楊訓爲拘錄非也郝懿行曰原與愿同原愨皆訓謹也軥與局同錄與逯同逯者行謹逯逯也軥錄猶局促竝疊韻字也君道篇作拘錄王引之曰敦比皆治也魯頌閟宮箋云敦治也孟子公孫丑篇使虞敦匠事謂治匠事也比讀爲庀襄二十五年左傳子木使庀賦魯語子將庀季氏之政焉韋杜注竝云庀治也周官遂師庀其委積故書庀爲比鄭司農讀爲庀大司馬比軍衆比或作庀是庀與比通敦比其事業猶云其治事業耳彊國篇敦比於小事義與此同楊注以爲精審躬親亦失之　飾邪說。文姦言。爲倚事。倚已解上倚事怪異之事　陶誕突盜。陶當爲檮杌之檮頑嚚之貌突陵突不順也或曰陶當爲逃隱匿其情也。郝懿行曰陶古讀如謠謠者毀也離騷云謠諑謂予以善淫陶誕即謠誕謂好毀謗謠誕也突盜謂好侵突攘盜也每二字爲一義注似失之王念孫曰楊釋陶字之義未安余謂陶讀爲謟（音滔）謟誕雙聲字謟亦誕也性惡篇曰其言也謟其行也悖謂其言誕也即上所謂飾邪說文姦言也作陶者借字耳（凡從舀從匋之字多相通小爾雅縮索也縮即宵爾索綯之綯小雅菀柳篇上帝甚蹈一切經音義五引韓詩蹈作陶楚辭九章滔滔孟夏史記屈原傳作陶陶說文搯搯捾也一切經音義引通俗文曰捾出曰掏皆其證也）彊國篇曰陶誕比周以爭與污漫突盜以爭地陶誕突盜四字義竝與此同惕悍憍暴。惕與蕩同。郝懿行曰憍卽驕字經典俱借驕爲憍耳此皆姦人邪說詖行之事以偷生反側於亂世之間。是姦人之所以取危辱死刑也。其慮之不深。其擇之不謹。其定取舍楛僈。是其所以危也。小人所以危亡由於計慮之失也楛惡也謂不堅固也材性知能。君子小人一也。好榮惡辱。好利惡害。是君子小人之所同也。若其所以求之之道則異矣。小人也者。疾爲誕而欲人之信己也。疾爲詐而欲人之親己也。○王念孫曰疾猶力也言力爲誕力爲詐也上文云軥錄疾力以敦比其事業仲尼篇云疾力以申重之是疾與力同義臣道篇云事人而不順者不疾者也言事上不力也呂氏春秋尊師篇疾諷誦高注云疾力也禽獸之行而欲人之善己也。慮之難知也。行之難安也。持之難立也。慮之難知謂人難測其姦詐行之難安言易顛覆也持之難立謂難扶持之也。王念孫曰此言小人慮事不能知也蓋公生明私生暗小人之思慮不足以知事故曰慮之難知下文行之難安持之難立與此文同一例楊注難測其姦詐則與下二句不合成則必不得其所好。必遇其所惡焉。雖使姦詐得成亦必有禍無福。俞樾曰楊說非也尚書皋陶謨篇簫韶九成鄭注曰成猶終也古謂終爲成言終則必不得其所好必遇其所惡焉下文於君子曰成則必得其所好必不遇其所惡焉竝以其終竟言之臣道篇曰成於尊君安國彊國篇曰道德之威成乎安彊暴察之威成乎危弱狂妄之威成乎滅亡諸成字竝當訓終故君子者。信矣。而亦欲人之信己也。忠矣。而亦欲人之親己也。修正治辨矣。而亦欲人之善己也。慮之易知也。行之易安也。持之易立也。成則必得其所好。必不遇其所惡焉。是故窮則不隱。通則大明。不隱謂人不能隱蔽身死而名彌白。白彰明也小人莫不延頸舉踵而願曰。知慮材性固有以賢人矣。願猶慕也賢人謂賢過於人也夫不知其與己無以異也。則君子注錯之當。而小人注錯之過也。注錯謂所注意錯履也亦與措置義同也。王念孫曰楊後說得之注錯二字同義廣雅措鮭置也措鮭卽注錯是注錯同訓爲置非注意錯履之謂也下文曰是注錯習俗之節異也又曰在注錯習俗之所積耳（舊本注錯上有執字涉下得執而衍今據上文刪）儒效篇曰注錯習俗所以化性也又曰謹注錯愼習俗注錯二字皆上下平列故孰察小人之知能。足以知其有餘。可以爲君子之所爲也。譬之越人安越。楚人安楚。君子安雅。雅正也正而有美德者謂之雅詩曰弁彼鸒斯歸飛提提鸒斯雅鳥也。盧文弨曰楊引詩之意當以提提爲安舒之貌與魏風好人提提之義同鄭注禮記檀弓吉事欲其折折爾云折折安舒貌詩云好人提提蓋折折與提提音義竝同鳥之飛以安舒而得雅名故舉以爲況然亦太迂曲矣王引之曰雅讀爲夏夏謂中國也故與楚越對文儒效篇居楚而楚居越而越居夏而夏是其證古者夏雅二字互通故左傳齊大夫子雅韓子外儲說右篇作子夏楊云正而有美德謂之雅（下詩曰十五字乃後人妄加非楊注原文）則與上二句不對矣是非知能材性然也。是注錯習俗之節異也。習俗謂所習風俗節限制之也。盧文弨曰注制下之字宋本有元刻無王念孫曰習俗雙聲字俗即是習非謂所習風俗也說文俗習也（廣雅同）周官大司徒注曰俗謂土地所生習也性惡篇曰上不循於亂世之君下不俗於亂世之民不俗不習也（楊注俗謂從其俗亦誤）又儒效篇習俗移志安久移質（餘見前注錯下）大略篇曰政教習俗相順而後行史記秦始皇紀宣省習俗漢書食貨志同巧拙而合習俗習俗二字皆上下平列先謙案節異猶言適異也非謂節限制之節與適同義說見彊國篇仁義德行。常安之術也。然而未必不危也。汙僈突盜。常危之術也。然而未必不安也。僈當爲漫漫亦汙也水冒物謂之漫莊子云北人無擇曰舜以其辱行汙漫我漫莫半反莊子又曰澶漫爲樂崔云淫衍也李云縱逸也一曰漫散亂之也故君子道其常。而小人道其怪。道語也怪謂非常之事取以自比也。盧文弨曰元刻故下有曰字宋本無又曰道語下當有也怪二字文脫耳先謙案宋台州本有也怪二字謝本無今增入注

凡人有所一同。飢而欲食。寒而欲煖。勞而欲息。好利而惡害。是人之所生而有也。是無待而然者也。是禹桀之所同也。目辨白黑美惡。耳辨音聲清濁。口辨酸鹹甘苦。鼻辨芬芳腥臊。骨體膚理辨寒暑疾養。膚理肌膚之文理養與癢同是又人之所常生而有也。是無待而然者也。是禹桀之所同也。先謙案常字以文義求之不當有上下文所生而有句竝無常字此常字緣上下文而衍可以爲堯禹。可以爲桀跖。可以爲工匠。可以爲農賈。在埶注錯習俗之所積耳。在所積習。先謙案埶字無義以上文言注錯習俗證之則埶字爲衍文是又人之所生而有也。是

無待而然者也。是禹桀之所同也。王念孫曰案此二十三字涉上文而衍下文爲堯禹則常安榮爲桀紂則常危辱云云與上文在注錯習俗之所積句緊相承接若加此二十三字則隔斷上下語脈故知爲衍文 爲堯禹則常安榮。爲桀跖則常危辱。爲堯禹則常愉佚。爲工匠農賈則常煩勞。然而人力爲此而寡爲彼。何也。俞樾曰力乃多字之誤與寡對文成義下同 曰陋也。言人不爲彼堯禹而爲此桀跖由於性之固陋也 堯禹者。非生而具者也。夫起於變故。成乎修。修之爲待盡而後備者也。變故患難事故也言堯禹起於憂患成於修飾由於待盡物理然後乃能備之孟子曰天將降大任於是人也必先苦其心志勞其筋骨餓其體膚空乏其身行拂亂其所爲所以動心忍性增益其所不能也智生於憂患死於安樂爲于僞反。俞樾曰修之爲二字衍起於變故成乎修爲二語相對成文下文曰非孰修爲之君子莫之能知也正以修爲二字連文可證

人之生固小人。先謙案生性字通用此即性惡意 無師無法則唯利之見耳。人之生固小人。又以遇亂世得亂俗。是以小重小也。以亂得亂也。君子非得埶以臨之。則無由得開內焉。開小人之心而內善道也 今是人之口腹。安知禮義。安知辭讓。安知廉恥隅積。言口腹無所知隅一隅謂其分也積積習。王念孫曰今是猶言今夫也說見釋詞是字下先謙案楊釋隅積之義未晰隅積與禮義辭讓廉恥相配爲文皆人所不可不知者隅道之分見者也積道之貫通者也解蔽篇云道者體常而盡變一隅不足以舉之曲知之人觀於道之一隅以爲足而飾之惟孔子不蔽於成積此即隅積之義天論篇云萬物爲道一偏一物爲萬物一偏愚者爲一物一偏而自以爲知道無知也荀子因時人蔽於一偏肆爲曲說故作解蔽以明之此以隅積與禮義辭讓廉恥並舉亦其義也 亦呥呥而噍。鄉鄉而飽已矣。呥呥噍貌如鹽反噍嚼也才笑反鄉鄉趨飲食貌許亮反。先謙案楊讀鄉爲向故訓爲趨飲食貌但呥呥是噍貌則鄉鄉當是飽貌若解爲趨飲食貌文義不一律且趨飲食反在噍嚼之後未免倒置楊說非也鄉當爲薌之渻薌亦香字也重言之則曰薌薌猶美之爲美美（漢鐃歌上陵曲）苾芬之爲苾苾芬芬（詩信南山）正飽食甘美意 人無師無法。則其心正其口腹也。人不學則心正如口腹之欲也 今使人生而未嘗睹芻豢稻粱也。惟菽藿糟糠之爲睹。則以至足爲在此也。俄而粲然有秉芻豢稻粱而至者。則瞲然視之曰。此何怪也。粲然精絜貌牛羊曰芻犬豕曰豢豢圈也以穀食於圈中

瞲然䠋視貌與矞同禮記曰故鳥不獝許聿反。盧文弨曰宋本注作與瞲狘同禮記曰故鳥不狘許聿反瞲或爲狘與元刻微異 彼臭之而無嗛於鼻。臭許又反嗛當爲慊厭也苦簟反或下忝反。盧文弨曰案下忝元刻作胡簟郝懿行曰臭今作嗅嗛不足也與歉同言嗅之而無歉於鼻與嘗之而甘於口句相儷王念孫曰臭之而無嗛於鼻無衍字也嗛苦簟反快也（莊子盜跖篇曰口嗛於芻豢醪醴之味趙策曰衣服之便於體膳啗之嗛於口魏策曰齊桓公夜半不嗛易牙乃煎熬燔炙和調五味而進之高注嗛快也）臭之而嗛於鼻嘗之而甘於口食之而安於體三句文同一例若嗛上有無字則與下文不合矣楊讀嗛爲慊而訓爲厭失之汪說同先謙案王說較長 嘗之而甘於口。食之而安於體。則莫不弃此而取彼矣。

今以夫先王之道。仁義之統。以相羣居。以相持養。以相藩飾。以相安固邪。持養保養也藩飾藩蔽文飾也 以夫桀跖之道。。先謙案鄉射禮鄭注以猶與也 是其爲相縣也。幾直夫芻豢稻粱之縣糟糠爾哉。言以先王之道與桀跖相縣豈止糟糠比芻豢哉幾讀爲豈下同 然而人力爲此而寡爲彼何也。曰陋也。陋也者。天下之公患也。公共有此患也 人之大殃大害也。故曰仁者好告示人。。王念孫曰人者人與仁同說見脩身篇愛人下先謙案各本皆作仁者與王所見本異 告之示之。靡之儇之。鈆之重之。靡順從也儇疾也火綠反靡之儇之猶言緩之急之也鈆與沿同循也撫循之申重之也。王引之曰楊說非也靡之儇之即賈子所云服習積貫也儒效篇曰居楚而楚居越而越居夏而夏是非天性也積靡使然也（楊注靡順也順其積習故能然非是）故人知謹注錯愼習俗大積靡則爲君子矣性惡篇曰身日進於仁義而不自知者靡使然也方言曰還積也還與儇聲近而義同是靡之儇之皆積貫之意也 則夫塞者俄且通也。陋者俄且僩也。愚者俄且知也。僩與撊同猛也方言云晉魏之間謂猛爲撊陋者俄且僩言鄙陋之人俄且矜莊有威儀也詩曰瑟兮僩兮鄭云僩寬大也下板反。盧文弨曰注撊字宋本作憪今從元刻與方言合案此注說頗歧出竊疑僩當爲嫻雅之義賈誼書傳職篇云明僩雅以道之文又道術篇云容志審道謂之僩反僩爲野此以僩與陋相對義亦合又曰注陋者俄且僩之上當本有或曰二字郝懿行曰注前說謬後說引詩瑟兮僩兮鄭云僩寬大也此說是矣盧疑僩當爲嫻雅之義引賈誼書傳職篇文義亦相近而非本義今詳賈子之僩爲假借荀子之僩爲本義何以明之陋爲陝隘僩爲寬大故以僩陋相儷證以修身篇云多聞曰博少聞曰淺多見曰閑少見曰陋又以閑陋相儷閑亦僩之段借閑謂寬閑即僩訓寬大之義楊注訓爲閑習亦非王念孫曰盧說是也修身篇多見曰閑少見曰陋閑與陋對文是其證僩閑古字同耳楊後說以僩爲寬大近之（陳說略同） 是若不行。則湯武在上曷益。桀紂在上曷損。若不行告示之道則湯武何益於天下桀紂何損於百姓所以貴湯武賤桀紂以行與不行耳。王念孫曰是若不行是字承上文告之示之四句而言民從告示故湯武在上則治桀紂在上則亂若民不從告示則湯武在上何益桀紂在上亦何損乎楊注失之湯武存則天下從而治。桀紂存則天下從而亂。如是者。豈非人之情固可與如此。可與如彼也哉。。王念孫曰豈本作幾古豈字也今作豈者後人不識古字而改之耳案上文幾直夫芻豢稻粱之縣糟糠爾哉注云幾讀爲豈下同下文幾不甚善矣哉注云幾亦讀爲豈後注既言幾亦讀爲豈則前注不須更言下同所謂下同者正指此幾字而言今改幾爲豈則前注所謂下同者竟不知何指矣

人之情。食欲有芻豢。衣欲有文繡。行欲有輿馬。又欲夫餘財蓄積之富也。皆人之所貴也然而窮年累世。不知不足。是人之情也。不知不足當爲不知足剩不字或曰不足猶不得也今人之生也。方知蓄雞狗猪彘。。盧文弨曰正文方知元刻作方多郝懿行曰說文豕三毛叢居謂之豬後蹏廢謂之彘是豬彘異故此分別言之又蓄牛羊。然而衣然而食不敢有酒肉。餘刀布。有囷窌。刀布皆錢也刀取其利布取其廣囷廩也圓曰囷方曰廩窌窖也地藏曰窖窌匹貌反然而衣不敢有絲帛。約者有筐篋之藏。然而行不敢有輿馬。約儉嗇也筐篋藏布帛者也言又富於餘刀布也。俞樾曰楊注曰約儉嗇也既云儉嗇則不敢有輿馬固無足怪不必更用然而字作轉矣楊注非也淮南子主術篇所守甚約高注曰約要也漢書禮樂志治本約師古曰約讀曰要是約與要一聲之轉古亦通用約者猶云要者孝經先王有至德要道疏引殷仲文曰以一管衆爲要蓋物之藏於筐篋者必是貴重之物視上文所云餘刀布有囷窌爲尤要矣故特以要者言之非儉嗇之謂也是何也。非不欲也。幾不長慮顧後而恐無以繼之故也。。王念孫曰案非不欲也二句文意緊相承接中不當有幾不二字蓋涉下文幾不甚善而衍（下文幾字有音而此無音則爲衍文明矣）於是又節用御欲。御制也或作禦禦止也收斂蓄藏以繼之也。是於己長慮顧後幾不甚善矣哉。幾亦讀爲豈今夫偷生淺知之屬。曾此而不知也。偷者苟且也糧食大侈。不顧其後。俄則屈安窮矣。大讀爲太屈竭也安語助也猶言屈然窮矣安已解上也。盧文弨曰正文大宋本作太無大讀爲太四字注今從元刻是其所以不免於凍餓。操瓢囊爲溝壑中瘠者也。乞食羸瘦於溝壑者言不知久遠生業故至於此也。王念孫曰瘠讀爲掩骼埋胔之胔露骨

曰骼有肉曰胔（出蔡氏月令章句）言凍餓而轉死於溝壑故曰爲溝壑中胔作瘠者借字耳（說見管子八觀篇）楊以瘠爲羸瘦失之　況夫先王之道，仁義之統，詩書禮樂之分乎。爲生業尙不能知況能知其遠大者分制也扶問反　彼固天下之大慮也，將爲天下生民之屬，長慮顧後而保萬世也。其㳅長矣，其溫厚矣，其功盛姚遠矣。㳅古流字溫猶足也言先王之道於生人其爲溫足也亦厚矣姚與遙同言功業之盛甚長遠也。郝懿行曰溫與蘊同蘊者積也左傳蘊利生孳經典通作蘊此作溫皆叚借耳如禮器云溫之至也溫讀爲蘊亦其例楊注非王引之曰楊讀盛爲茂之盛非也盛讀爲成成亦功也（爾雅曰功成也大戴禮盛德篇曰能成德法者爲有功周官典婦功曰秋獻功槀人曰秋獻成是成與功同義）姚亦遠也言其功甚遠也成與盛古同聲而通用說卦傳終萬物始萬物者莫盛乎艮言莫成乎艮也（莫成乎艮即成言乎艮說見經義述聞）呂氏春秋悔過篇我行數千里以襲人未至而人已先知之矣此其備必已盛矣言其備已成也（高注盛彊也失之）繫辭傳成象之謂乾蜀才本成作盛左氏春秋莊八年師及齊師圍郕公羊郕作成隱五年十年文十二年並作盛秦策今王使成橋守事於韓史記春申君傳成作盛封禪書七日日主祠成山漢書郊祀志成作盛皆其證也王霸篇曰論一相陳一法明一指以兼覆之兼炤之以觀其盛言觀其成也（楊注盛讀爲成）臣道篇曰明主尙賢使能而饗其盛闇主妬賢畏能而滅其功盛讀爲成成亦功也（楊注盛謂大業失之）故說苑臣術篇作上賢使能而享其功正名篇曰心憂恐則口銜芻豢而不知其味耳聽鐘鼓而不知其聲目視黼黻而不知其狀輕煖平簟而體不知其安故嚮萬物之美而盛憂兼萬物之利而盛害言美反成憂利反成害也　非孰修爲之君子，莫之能知也。孰甚也甚修飾作爲之君子也。王念孫曰禮論篇曰非順孰修爲之君子莫之能知也楊彼注云順從也孰精也修治也爲作也此文脫順字楊望文生義當從禮論篇補順字　故曰短綆不可以汲深井之泉。知不幾者不可與及聖人之言。綆索也幾近也謂不近於習也　夫詩書禮樂之分，固非庸人之所知也。故曰一之而可再也。既知一則務知二　有之而可久也。不可中道而廢　廣之而可通也。知禮樂廣博則於事可通　慮之而可安也。思慮禮樂則無危懼　反鈆察之而俞可好也。鈆與沿同循也既知禮樂之後卻循察之兪可好而不厭兪音愈。先謙案楊反字無注而以卻字代釋之非也反者反復也反鈆察之者反復沿循而察之禮論篇則必反鈆過故鄉反鈆二字義與此同非十二子篇反（今本譌及）紃察之注云紃與循同又云反覆紃察其義當矣　以治情則利。利益也禮記曰聖人之所以治人七情修十義捨禮何以治之　以爲名則榮，以羣則和，以獨則足。知詩書禮樂羣居則和同獨處則自足也　樂意者其是邪。樂意莫過於此。王念孫曰此當讀以獨則足樂爲句言獨居而說禮樂敦詩書則致足樂也以羣則和以獨則足樂樂與和義正相承則樂字上屬爲句明矣意者其是邪自爲一句意者語詞也其是邪指詩書禮樂而言呂氏春秋重言篇曰日之役者有執蹠䠞而上視者意者其是邪句法正與此同先謙案呂覽文義與此不同此文若作意者其是邪爲懸擬之詞則上下文理不相貫注雖有呂覽句例不得取以爲比且上文以羣則和以獨則足句法一律語意亦完足若於足下加樂字反爲贅設仍當從楊注斷讀

夫貴爲天子。富有天下。是人情之所同欲也。然則從人之欲。則埶不能容。物不能贍也。王念孫曰案然則猶言然而也說見釋詞則字下先謙案從讀爲縱 故先王案爲之制禮義以分之。以禮義分別上下也 使有貴賤之等。長幼之差。知愚能不能之分。謝本從盧校知下有賢字王念孫曰元刻無賢字是也知讀爲智智對愚能對不能則不得有賢字明矣下文以仁厚知能盡官職知能二字正與此相應是其證宋本有賢字者蓋誤讀知爲知識之知故於愚上加賢字而以爲知賢愚能不能之分也不知使有二字直貫至智愚能不能之分而止若讀知爲知識之知則與使有二字不相聯屬矣先謙案王說是今改從元刻 皆使人載其事而各得其宜。載行也任之也 然後使慤祿多少厚薄之稱。慤實也謂實其祿使當其才稱尺證反。郝懿行曰載如大車以載之載載猶任也慤者謹也謹謂謹其多少厚薄之數使祿各稱其事不失均平楊注載行慤實古無此訓載其事二語又見君道篇俞樾曰慤當作穀孟子滕文公篇穀祿不平趙注曰穀所以爲祿也此文言穀祿正與彼同作慤者聲之誤也楊以本字讀之失其旨矣王霸篇曰心好利而穀祿莫厚焉此穀祿二字見於本書者先謙案俞說是 是夫羣居和一之道也。故仁人在上。則農以力盡田。賈以察盡財。百工以巧盡械器。盡謂精於事察謂明其盈虛說文云有盛爲械無盛爲器 士大夫以上至於公侯。莫不以仁厚知能盡官職。夫是之謂至平。各當其分雖貴賤不同然謂之至平也 故或祿天下而不自以爲多。謂爲天子以天下爲祿也 或監門御旅。抱關擊柝。而不自以爲寡。監門主門也御讀爲迓迓旅逆旅也抱關門卒也擊柝擊木所以警夜者皆知其分故雖賤而不以爲寡也 故曰斬而齊。枉而順。不同而一。夫是之謂人倫。蓋有此語引以喻貴賤雖不同不以齊一然而要歸於治也斬而齊謂強斬之使齊若漢書之一切者枉而順雖枉曲不直然而歸於順也不同而一謂殊塗同歸也夫如此是人之倫理也。劉台拱曰斬讀如儳說文儳儳互不齊也周語冒沒輕儳韋注云儳進退上下無列也言多儳互不齊乃其所以爲齊也王念孫曰僖二十三年左傳鼓儳可也杜注儳巖未整陳義與此同儳而齊即正名篇所謂差差然而齊先謙案劉王說是 詩曰。受小共大共。爲下國駿蒙。此之謂也。詩殷頌長發之篇共執也駿大也蒙讀爲厖厚也今詩作駿厖言湯執小玉大玉大厚於下國言下皆賴其德也。先謙案厖作蒙魯詩也方言秦晉之間凡大貌謂之朦或謂之厖明厖蒙聲近通用

荀子集解卷三

非相篇第五

相視也視其骨狀以知吉凶貴賤也妄誕者多以此惑世時人或矜其狀貌而忽於務實故荀卿則作此篇非之漢書形法家有相人二十四卷。盧文弨曰形法宋本作刑法又二十四卷作二十四篇雖皆可通今從元刻以與漢志合故也

相人。古之人無有也。學者不道也。道說。王念孫曰元刻相下無人字宋龔本同案無人字者是此謂古無相術非謂古無相人也謂學者不道相術非謂不道相人也下文云長短小大善惡形相古之人無有也學者不道也是其證宋本作相人者涉下相人之形狀而誤先謙案有相人即有相術王說似泥下云古者有姑布子卿是古明有相術相人矣荀子以爲無有者世俗所稱學者不道故雖有直以爲無有耳因當時崇尚儒者惑焉故極論之 古者有姑布子卿。姑布姓子卿名相趙襄子者或本無姑字 今之世。梁有唐舉。相李兌蔡澤者 相人之形狀顏色。而知其吉凶妖祥。世俗稱之。古之人無有也。學者不道也。再三言者深非之也 故相形不如論心。論心不如擇術。術道術也 形不勝心。心不勝術。術正而心順之。則形相雖惡而心術善。無害爲君子也。形相雖善而心術惡。無害爲小人也。君子之謂吉。小人之謂凶。故長短小大。善惡形相。非吉凶也。古之人無有也。學者不道也。蓋帝堯長。帝舜短。文王長。周公短。仲尼長。子弓短。子弓蓋仲弓也言子者著其爲師也漢書儒林傳馯臂字子弓江東人受易者也然馯臂傳易之外更無所聞荀卿論說常與仲尼相配必非馯臂也馯音寒。俞樾曰楊注子弓蓋仲弓是也又曰言子者著其爲師也則恐不然仲弓稱子弓猶季路稱子路耳子路也子弓也其字也曰季曰仲至五十而加以伯仲也 昔者衛靈公有臣曰公孫呂。身長七尺。面長三尺。句 焉廣三寸。鼻目耳具。而名動天下。面長三尺廣三寸言其狹而長甚也鼻目耳雖皆具而相去疏遠所以爲異名動天下言天下皆知其賢或曰狹長如此不近人情恐文句譌脫也。盧文弨曰案焉字古多以爲發聲如周禮焉使則介之淮南子天子焉始乘舟是也荀書或用焉或用案或用安

字異語同皆以爲發聲 楚之孫叔敖期思之鄙人也。杜元凱云期思楚邑名今弋陽期思縣鄙人郊野之人也 突秃長左。軒較之下。而以楚霸。突謂短髮可淩突人者故莊子說趙劍士蓬頭突鬢長左左脚長也軒較之下而以楚霸言修文德不勞甲兵遠征伐也說文云軒曲輈也鄭注考工記云較兩輢上出式者詩曰倚重較兮。盧文弨曰今毛詩本倚譌作猗正義明云倚此重較之車則本作倚字宋本足利本皆不譌 葉公子高微小短瘠。行若將不勝其衣。葉公楚大夫沈尹戌之子食邑於葉名諸梁字子高楚僭稱王其大夫稱公白公亦是也微細也葉音攝。郝懿行曰白公之亂子高入國門不介胄蓋由微小短瘠行不勝衣故耳 然白公之亂也。令尹子西司馬子期皆死焉。白公楚太子建之子平王之孫子西楚平王長庶子公子申子期亦平王子公子結 葉公子高入據楚。誅白公。定楚國。如反手爾。仁義功名善於後世。。王引之曰善字文義不明疑著字之譌隸書著字或作著形與善相似（史記五帝紀帝嚳立不善索隱古本作不著）俞樾曰善乃蓋字之誤隸書蓋字或作盖見北海相景君銘善字或作善見張遷碑兩形相似而誤 故事不揣長。不揳大。不權輕重。亦將志乎爾。揳與絜同約也謂約計其大小也絜戶結反莊子匠石見櫟社樹絜之百圍權稱也輕重體之輕重也言不論形狀長短大小肥瘠唯在志意修飭耳。盧文弨曰案注以志意二字訓志字增一字成文耳宋本作亦將志乎心爾心字衍先謙案廣雅釋言將且也此承上文言古之聞人不以相論故事不揣絜長大輕重亦且有志於彼數聖賢也楊注非 長短小大美惡形相。豈論也哉。且徐偃王之狀。目可瞻馬。徐國名僭稱王其狀偃仰而不能俯故謂之偃王周穆王使楚誅之瞻馬言不能俯視細物遠望纔見馬尸子曰徐偃王有筋而無骨也。盧文弨曰馬元刻作焉注同今按楊注正謂不能見小物而但見馬耳可者僅可之詞瞻說文云臨視也莊子云不辨牛馬今從宋本 仲尼之狀。面如蒙倛。倛方相也其首蒙茸然故曰蒙倛子虛賦曰蒙公先驅韓侍郎云四目爲方相兩目爲倛倛音欺愼子曰毛嬙西施天下之至姣也衣之以皮倛則見之者皆走也 周公之狀。身如斷菑。爾雅云木立死曰椔椔與菑同。郝懿行曰皇矣詩傳木立死曰菑菑者植立之貌周公背傴或曰韈僂其形曲折不能直立故身如斷菑矣 皋陶之狀。色如削瓜。如削皮之瓜青綠色 閎夭之狀。面無見膚。閎夭文王臣在十亂之中言多鬢髯蔽其膚也。盧文弨曰注鬢一作鬚 傅說之狀。身如植鰭。植立也如魚之立也。郝懿行曰鰭在魚之背立而上見駝背人似之然則傅說亦背僂歟 伊尹之狀。面無須麋。麋與眉同 禹跳湯偏。尸子曰禹之勞十年不窺其家手不爪脛不生毛偏枯之病步不相過人曰禹步鄭注尚書大傳湯半體枯呂氏春秋曰禹過水濬川顏色黎黑步不相過 堯舜參牟子。

牟與眸同參眸子謂有二瞳之相參也史記曰舜目重瞳重瞳蓋堯亦然尸子曰舜兩眸子是謂重明作事成法出言成章當時傳聞今書傳亦難盡詳究所出也 從者將論志意比類文學邪。直將差長短辨美惡而相欺傲邪。從者荀卿門人問將論志意文學邪但以好醜相欺傲也。盧文弨曰從者猶言學者注非 古者桀紂長巨姣美。天下之傑也。筋力越勁。百人之敵也。姣好也倍萬人曰傑越踰人也勁勇也。王念孫曰案如楊說則越勁二字義不相屬今案越者輕也言筋力輕勁也說文云赳輕勁有材力是也越字本作娍說文曰娍輕也（廣雅同）玉篇音于厥切娍與越古字通呂氏春秋本味篇注曰越越輕易之貌緇衣引大甲曰毋越厥命以自覆言毋輕發厥令以自傾覆也（鄭注以越爲顚蹶非是說見經義述聞）說文䟆輕足也義亦與越同 然而身死國亡。爲天下大僇。後世言惡則必稽焉。僇與戮同稽考也後世言惡必考桀紂爲證也。盧文弨曰稽止也此卽天下之惡皆歸焉之意稽猶歸也注非是郝懿行曰稽者同也後世凡言惡者比之桀紂是與之同楊訓稽考疏矣正論篇句義同先謙案王霸篇正論篇文與此同楊並訓稽爲考儒效篇是大儒之徵也又云是大儒之稽也楊注徵驗也稽攷也稽徵對文義當訓考卽尙書稽古之義荀書它篇用稽字亦無二義當從楊說 是非容貌之患也。聞見之不衆。論議之卑爾。亦非以容貌害身言美惡皆非所患但以聞見不廣論議不高故致禍耳 今世俗之亂君。鄉曲之儇子。方言云儇疾也慧也與喜而翾義同輕薄巧慧之子也儇火玄反。俞樾曰按下文云中君羞以爲臣則此不應言君且與婦人莫不願得以爲夫處女莫不願得以爲士及束乎有司戮乎大市諸語皆不合疑本作世俗之亂民傳寫譌耳 莫不美麗姚冶。奇衣婦飾。血氣態度。擬於女子。說文曰姚美好貌冶妖奇衣珍異之衣婦飾謂如婦人之飾言輕細也擬於女子言柔弱便辟也 婦人莫不願得以爲夫。處女莫不願得以爲士。士者未娶妻之稱易曰老婦得其士夫。郝懿行曰女士對言如詩之氓易之大過皆是古以士女爲未嫁娶之稱 棄其親家而欲奔之者。比肩竝起。然而中君羞以爲臣。中父羞以爲子。中兄羞以爲弟。中人羞以爲友。不必上智皆知惡也 俄則束乎有司而戮乎大市。犯刑罰爲有司所束縛也 莫不呼天啼哭。苦傷其今而後悔其始。苦傷今之刑戮悔其始之所爲 是非容貌之患也。聞見之不衆。論議之卑爾。然則從者將孰可也。問從者形相與志意孰爲益乎。盧文弨曰非相篇當止於此下文所論歟大竝與相人無與疑是榮辱篇錯簡於此先謙案謝本衆下有而字案文不

當有今從宋台州本刪

人有三不祥。幼而不肯事長。賤而不肯事貴。不肖而不肯事賢。是人之三不祥也。

言必有禍災也

人有三必窮。爲上則不能愛下。爲下則好非其上。是人之一必窮也。鄉則不若。偝則謾之。是人之二必窮也。

鄉讀爲向若如也謾欺毀也莫千反。先謙案若順也向則不順背又謾之故必窮下文方言與人相縣則此若字不得訓爲如楊注非

知行淺薄。曲直有以相縣矣。然而仁人不能推。知士不能明。是人之三必窮也。

曲直猶能不也言智慮德行至淺薄其能不與人又相縣遠不能推讓明白之言不知己之不及也知音智行下孟反縣讀爲懸。王念孫曰曲直有（與又同）以相縣矣（呂錢本竝如是元刻脫相字盧依元刻刪相字非）楊以明爲明白非也明者尊也言不能尊智士也仁人不能推智士不能明明與推皆尊崇之謂也古者多謂尊爲明禮運故君者所明也非明人者也大傳庶子不祭明其宗也鄭注竝曰明猶尊也祭義明命鬼神鄭注曰明命猶尊名也晉語曰晉公子可謂賢矣而君蔑之是不明賢也管子牧民篇曰明鬼神祗山川墨子明鬼篇曰鬼神不可不尊明也皆其證矣先謙案王說有相字是今從宋本補正

人有此三數行者。

。王引之曰三數行文不成義當作有此數行數行謂上文之三不祥與三必窮也其三字卽涉上文而衍

以爲上則必危。爲下則必滅。詩曰。雨雪瀌瀌。宴然聿消。莫肯下隧。式居屢驕。此之謂也。

詩小雅角弓之篇今詩作見晛曰消作宴然蓋聲之誤耳晛日氣也隧讀爲隨屢讀爲婁婁斂也言雨雪瀌瀌然見日氣而自消喻欲爲善則惡自消矣幽王曾莫肯下隨於人用此居處斂其驕慢之過也。郝懿行曰毛詩本出荀卿荀所引詩多與毛合毛詩見晛曰消韓詩曣晛聿消毛云晛日氣也韓云曣晛日出也二說義相成廣雅釋詁曣嘫煥也段氏玉裁說文注云荀卿引詩作宴然卽曣嘫也宴晏曣古通用玉篇曰曣同晛如段氏說然則毛詩見晛之見應讀爲現現宴雙聲晛曣疊韻亦兼雙聲俱音近假借字耳聿曰二字古亦假借通用荀引詩與韓毛本無不合也下隧毛作下遺古讀遺隧音同如遂字或作䢟見於說文可證矣隧與隊同隊墜古今字也下隧者以言小人莫肯降下引退如雪宴然消滅方用居位而數以驕人也屢當作婁婁者亟也數也毛詩傳自荀卿今推荀義以補毛傳義或當然鄭箋遺讀曰隨婁斂也與毛異不當援以注荀楊注失檢先謙案此詩毛作見晛韓作曣晛魯作宴然宴然嘫曣之渻文宴燕古文通用字廣雅曣嘫煥也正用魯訓漢書劉向傳引詩雨雪麃麃見晛聿消顏注見無雲也晛日氣也案見不得訓爲無雲據說文暜姓無雲也晛日見也依顏注是劉向引詩見正作暜顏所見本不誤後人妄改作見耳向用魯詩尤可證合玉篇廣韻皆云晛曣二形同韓之曣晛卽魯之曣嘫耳麃瀌渻文屢婁古今文之異荀子傳詩浮邱伯伯傳申公爲魯詩之祖荀書引

詩異毛者皆三家義而郝氏強爲毛傳合失之遠矣餘詳余所撰三家詩義疏不復出 人之所以爲人者何已也。曰。已與以同問何以謂之人而貴於禽獸也 以其有辨也。辨別也 飢而欲食。寒而欲煖。勞而欲息。好利而惡害。是人之所生而有也。是無待而然者也。不待學而知也 是禹桀之所同也。然則人之所以爲人者。非特以二足而無毛也。以其有辨也。今夫狌狌形笑。亦二足而毛也。狌狌獸似人而能言出交阯形笑者能言笑也。郝懿行曰狌狌人形言笑如人亦二足惟有毛爲異耳俞樾曰形笑二字甚爲不詞注云形笑者能言笑也望文生義未足爲據笑疑當作狀傳寫者失丬旁但存犬字而俗書笑字亦或從犬後人以形犬二字難通因猩猩能笑遂改作笑字耳毛上當有無字上文云然則人之所以爲人者非特二足無毛也下文云故人之所以爲人者非特以其二足而無毛也則此文亦當作無毛明矣先謙案狌狌卽猩猩宋羅願爾雅翼說猩猩云其狀皆如人與狒狒不甚相遠荀卿曰今夫猩猩形相二足無毛也既言二足而又言無毛則去人不遠矣據此宋人所見荀子本形笑作形相而毛作無毛李時珍本草綱目言猩猩黃毛如猨白耳如豕人面人足長髮頭顏端正是猩猩身非無毛其面如人無毛耳李又引荀子言猩猩能言笑（參用注文）二足無毛是李所見荀子已作笑字而云無毛則同此文當作無毛俞說是也自來說狌狌者謂其能言能嘯無謂其能笑者能笑迺狒狒食人之物也疑注形笑者七字後人據誤本荀子加之非楊氏元文荀子固不當云狌狌笑也 然而君子啜其羹。食其胾。胾臠也禽獸無辨故職而食之胾側吏反 故人之所以爲人者。非特以其二足而無毛也。以其有辨也。夫禽獸有父子而無父子之親。有牝牡而無男女之別。故人道莫不有辨。辨莫大於分。有上下親疏之分也 分莫大於禮。分生於有禮也 禮莫大於聖王。聖王制禮者言其人存其政舉 聖王有百。吾孰法焉。問聖王至多誰可爲法也 故曰文久而息。節族久而絕。文禮文節制度也言禮文久則制度滅息節奏久則廢也。盧文弨曰注節奏宋本作宗族案楊以節奏訓族字與以制度訓節字無涉今從元刻郝懿行曰族者聚也湊也湊與奏古今字漢律志族奏也是其義也奏湊蔟族竝聲義同然則節族卽節奏矣楊注是也王念孫曰故衍字自曰文久而息以下皆與上文聖王有百吾孰法焉二句自相問答則曰上不當有故字明矣蓋涉下文三故曰而衍下文曰是以文久而滅節族久而絕滅與絕爲韻則此亦當然今本滅作息則失其韻矣息字蓋涉注文滅息而誤 守法數之有司。極禮而褫。褫解也有司世世相承守禮之法數至於極久亦下脫也易曰或錫之鞶帶終朝三褫之言此者以喻久遠難詳不如隨時興治褫直吏反。劉台拱曰極疲極也。王念孫曰褫之言弛也言疲於禮而廢弛也。俞樾曰極禮而褫文不可通疑禮字衍文也極而褫三字爲句上云文久而息節族久而絕此云極而褫正與久而息久而絕一律楊注曰褫解也有司世世相承守禮之法數至於極久亦下脫也是楊氏所見本尚未衍禮字故云至於極久亦下脫是極下無禮字也所云守禮之法數者此禮字乃楊氏增出以解法數之誼非正文有禮字也今作極禮而褫即因注文而衍先謙案俞說是也法即禮也法數即禮數也守法數之有司即榮辱篇所謂不知其義謹守其數之官人百吏也極下自不當有禮字

故曰。欲觀聖王之跡。則於其粲然者矣。後王是也。後王近時之王也粲然明白之貌言近世明王之法則是聖王之跡也夫禮法所興以救當世之急故隨時設教不必拘於舊聞而時人以爲君必用堯舜之道臣必行禹稷之術然後可斯惑也孔子曰殷因於夏禮所損益可知也故荀卿深陳以後王爲法審其所貴君子焉司馬遷曰法後王者以其近己而俗相類議卑而易行也。劉台拱曰後王謂文武也楊注非注中日史記引法後王蓋如賦詩之斷章耳此注承其誤名爲解荀子而實汨之王念孫曰後王二字本篇一見不苟篇一見儒效篇二見王制篇一見正名篇三見成相篇一見皆指文武而言楊注皆誤俞樾曰劉注王三君之說皆有意爲荀子補弊扶偏而實非其雅意也據下文云彼後王者天下之君也舍後王而道上古譬之是猶舍己之君而事人之君也然則荀子生於周末以文武爲後王可也若漢人則必以漢高祖爲後王唐人則必以唐太祖太宗爲後王設於漢唐之世而言三代之制是所謂舍己之君而事人之君矣豈其必以文武爲後王乎蓋孟子言法先王而荀子言法後王亦猶孟子言性善而荀子言性惡各成其是初不相謀比而同之斯惑矣呂氏春秋察今篇曰上胡不法先王之治非不賢也爲其不可得而法又曰世易時移變法宜矣譬之若良醫病萬變藥亦萬變病變而藥不變嚮之壽民今爲殤子矣蓋當時之論固多如此其後李斯相秦廢先王之法一用秦制後人遂以爲荀卿罪不知此固時爲之也後人不達此義於數千年後欲胥先王之道而復之而卒不可復吾恐其適爲秦人笑矣

彼後王者。天下之君也。舍後王而道上古。譬之是猶舍己之君而事人之君也。故曰。欲觀千歲。則數今日。。盧文弨曰數字從宋本俗本亦作審 欲知億萬。則審一二。欲知上世。則審周道。欲知周道。則審其人所貴君子。。謂己之君也審謂詳觀其道也。劉台拱曰案其人荀卿自謂也所貴君子其人之所宗仰若仲尼子弓也 故曰。以近知遠。以一知萬。以微知明。此之謂也。

夫妄人曰。古今異情。其以治亂者異道。而衆人惑焉。。謝本從盧校作以其治亂者異道王念孫曰此文本作其所以治亂者異道謂古今之所以治亂者其道不同也呂錢本以其作其以而脫去所字盧本又誤作以其則義不可通韓詩外傳正作其所以治亂異道先謙案王說是今改從呂錢本作其以 彼衆人

者愚而無說陋而無度者也。言其愚陋而不能辨說測度度大各反下同 其所見焉猶可欺也而況於千世之傳也。傳傳聞也 妄人者門庭之閒猶可誣欺也而況於千世之上乎。○俞樾曰可字衍文涉上文猶可欺也而衍誣乃挾字之誤挾字右旁之夾與巫相似故誤也上言衆人乃受欺者此言妄人乃欺人者若云猶可誣欺則與衆人之可欺者同矣且誣欺二字連文亦爲不倫韓詩外傳作彼詐人者門庭之閒猶挾欺而況乎千歲之上乎可據以訂正 聖人何以不欺。曰聖人者以己度者也。以己意度古人之意故人不能欺亦不欺人也○王念孫曰不欺當作不可欺聖人不可欺正對上文衆人可欺而言下文鄉乎邪曲而不迷云云正所謂聖人不可欺也今本脫可字則失其義矣楊注云人不能欺亦不欺人則因所見本已脫可字故曲爲之說而不知與上下文不合也外傳正作不可欺 故以人度人。以情度情。以今之人情度古之人情既云欲惡皆同豈其治亂有異 以類度類。類種類謂若牛馬也 以說度功。以言說度其功業也 以道觀盡。以道觀盡物之理儒效篇曰涂之百姓積善而全盡謂之聖人也 古今一度也。古今不殊盡可以此度彼安在其古今異情乎○王念孫曰古今一度也當作古今一也言自以人度人以下皆無古今之異故曰古今一也彊國篇治必由之古今一也正論篇有擅國無擅天下古今一也君子篇故尊聖者王貴賢者霸敬賢者存慢賢者亡古今一也文意竝與此同則一下不當更有度字蓋涉上數度字而衍楊注云古今不殊盡可以此度彼則所見本已有度字外傳無 類不悖雖久同理。言種類不乖悖雖久而理同今之牛馬與古不殊何至人而獨異哉 故鄉乎邪曲而不迷。觀乎雜物而不惑。以此度之。以測度之道明之故向於邪曲不正之道而不迷雜物炫燿而不惑鄉讀爲向 五帝之外無傳人。外謂已前也無傳人謂其人事跡後世無傳者 非無賢人也。久故也。五帝之中無傳政。中閒也五帝少昊顓頊高辛唐虞也 非無善政也。久故也。禹湯有傳政而不若周之察也。非無善政也。久故也。傳者久則論略。近則論詳。略則舉大。詳則舉小。略謂舉其大綱詳周備也○俞樾曰兩論字皆俞字之誤俞讀爲愈榮辱篇淸之而俞濁者口也豢之而俞瘠者交也楊注曰俞讀爲愈是也俞誤作侖因誤作論矣韓詩外傳正作久則愈略近則愈詳可據訂 愚者聞其略而不知其詳。聞其詳而不知其大也。惟聖賢乃能以略知詳以小知大也○王念孫曰聞其詳本作聞其小略與詳對小與大對據楊注云惟聖賢乃能以略知詳以小知大則本作聞其小而不知其大明矣今本小作詳涉上句詳字而誤外傳作聞其細不知其大細亦小也 是以文久而滅。節族久而絕。

凡言不合先王，不順禮義，謂之姦言。雖辯，君子不聽。（公孫龍、惠施、鄧析之屬。）法先王，順禮義，黨學者。（黨，親比也。○郝懿行曰：注云黨親比，非也。方言：黨，知也。郭注：黨朗也，解悟貌。此則黨則曉了之意。法先王，順禮義，出言可以曉悟學者，非朋黨親比之義也。俞樾曰：方言曰：黨、曉、哲，知也。楚謂之黨，或曰曉，齊宋之間謂之哲。郭注曰：黨朗也，解寤貌。然則黨學者猶言曉學者，蓋法先王順禮義以曉學者也。荀卿居楚久，故楚言耳。）然而不好言，不樂言，則必非誠士也。（言，講說也。誠士，謂王誠好善之士。）故君子之於言也，志好之，行安之，樂言之，故君子必辯。（辯，謂能談說也。○王引之曰：故君子之於言也，言當為善。善字本作譱，脫其半而為言，又涉上下文言字而誤也。志好之、行安之、樂言之，三之字皆指善而言。下文云「凡人莫不好言其所善，而君子為甚」（此句凡兩見），是其明證矣。下文又云「故君子之行仁也無厭，志好之，行安之，樂言之，故君子必辯」（今本故下衍言字，辯見前），仁即所謂善也。今本善作言，則下文三之字皆義不可通。）凡人莫不好言其所善，而君子為甚。（所善，謂己所好尚也。）故贈人以言，重於金石珠玉；觀人以言，美於黼黻文章；（觀人以言，謂使人觀其言。黼黻文章，皆色之美者。白與黑謂之黼，黑與青謂之黻，青與赤謂之文，赤與白謂之章。○王念孫曰：案觀本作勸。勸人以言，謂以善言勸人也，故曰美於黼黻文章。若觀人以言，則何美之有？楊注云「謂使人觀其言」，則所見本已譌作觀。太平御覽人事部三十一所引亦然。藝文類聚人部十五正引作勸人以言。）聽人以言，樂於鍾鼓琴瑟。（使人聽其言。○謝本從盧校作聽人之言。王念孫曰：呂、錢本並作聽人以言，元刻以作之，而盧本從之。案此與上二句文同一例。聽人以言者，我言之而人聽之也。我言而人聽，則是我之以善及人也，故曰樂於鍾鼓琴瑟。若聽人之言，則何樂之有？此後人不曉文義而妄改之耳。據楊注云「使人聽其言」，則本作聽人以言明矣。藝文類聚、太平御覽並引作聽人以言。先謙案：王說是，今改從宋本。）故君子之於言無厭。（無厭倦也。）鄙夫反是，好其實，不恤其文，（但好其實而不知文飾，若墨子之屬也。）是以終身不免埤汙傭俗。（埤、汙皆下也，謂鄙陋也。埤與庳同。豬水處謂之汙，亦地之下者也。庳音婢。汙，一孤反。）故易曰：「括囊，無咎無譽。」腐儒之謂也。（腐儒，如朽腐之物無所用也。引易以喻不談說者。）

凡說之難，以至高遇至卑，以至治接至亂。（以先王之至高至治之道，說末世至卑至亂之君，所以為難也。說音稅。）未可直至也。遠舉則病繆。近世則病傭。未可直至言必在援引古今也遠舉上世之事則患繆妄下舉近世之事則患傭鄙也。俞樾曰世字當作舉下同遠舉近舉相對爲文楊注曰遠舉上世之事則患繆妄下舉近世之事則患傭鄙蓋因正文有兩舉字故注亦云然也不曰近舉下世而曰下舉近世者避不詞耳今作近世者卽涉注文而誤 善者於是閒也。亦必遠舉而不繆。近世而不傭。與時遷徙。與世偃仰。緩急嬴絀。嬴餘也嬴絀猶言伸屈也府然若渠匽檃栝之於己也。府與俯同就物之貌或讀爲附渠匽所以制水檃栝所以制木君子制人亦猶此也。王引之曰正文注文渠字疑皆梁字之誤爾雅隄謂之梁鄭仲師注周官獻人云梁水偃也偃與匽同義故以梁匽連文梁渠形相似遂誤爲渠耳（史記建元以來侯表煇渠忠侯僕多廣韻引風俗通渠作梁漢書地理志彊梁原水經渭水注作荊渠原後漢書安帝紀高渠谷注引東觀記作高梁谷） 曲得所謂焉。然而不折傷。言談說委曲皆得其意之所謂然而不折傷其道也 故君子之度己則以繩。接人則用抴。抴牽引也度己猶正己也君子正己則以繩墨接人則牽引而致之言正己而勗致人也或曰抴當爲枻枻檝也言如以檝櫂進舟船也度大各反枻以世反韓侍郎云枻者檠枻也正弓弩之器也。盧文弨曰舊本抴枻多訛今悉改正韓說本攷工記郝懿行曰抴余制切與曳音義俱同抴卽枻字枻俗作也言君子裁度己身則以準繩接引人倫則用舟檝謂律己嚴而容物寬也楚辭九歌桂櫂兮蘭抴王逸注櫂檝也抴船旁板也段氏玉裁說文注云擑毛詩傳檝所以擢舟也故因謂檝爲擢擢者引也船旁板曳於水中故因謂之抴俗字作櫂作枻皆非是也劉台拱曰韓說是也淮南說山訓曰檠不正而可以正弓此卽用枻之義（擏同檠）王念孫曰案攷工記弓人恒角而達譬如終紲鄭注曰紲弓鞦也秦風小戎篇竹閉緄縢毛傳曰閉紲也小雅角弓傳曰不善紲檠巧用則翩然而反士喪禮記弓有柲注曰柲弓檠弛則縛之於弓裏備損傷也以竹爲之紲與枻同閉與柲鞦同卽淮南所謂可以正弓者也枻與繩對文若訓爲牽引則與繩不對若訓爲檝則於義愈遠矣 度己以繩。故足以爲天下法則矣。接人用抴故能寬容因求。以成天下之大事矣。成事在衆。王念孫曰因求二字義不可通求當爲衆字之誤也唯寬容故能因衆以成事上文與時遷徙與世偃仰正所謂因衆也楊注云成事在衆言衆而不言求則求爲衆之誤甚明 故君子賢而能容罷。罷弱不任事者音疲知而能容愚。博而能容淺。粹而能容雜。夫是之謂兼術。粹專一也兼術兼容之法詩曰。徐方既同。天子之功。此之謂也。詩大雅常武之篇言君子容物亦猶天子之同徐方也

談說之術。矜莊以莅之。端誠以處之。堅彊以持之。分別以喻之。譬稱以

明之。○王念孫曰分別當在下句譬稱當在上句譬稱所以曉人故曰譬稱以喻之分別所以明理故曰分別以明之今本譬稱與分別互易韓詩外傳及說苑善說篇引此竝作譬稱以喻之分別以明之 欣驩芬薌以送之。寶之珍之貴之神之。如是則說常無不受。言談說之法如此人乃信之芬薌言至芳絜也神之謂自神異其說不敢慢也說竝音稅稱尺證反薌與香同。○王念孫曰芬薌和也方言芬和也郭璞曰芬香和調（廣雅與方言同周官鬯人注曰鬯釀秬爲酒芬香條暢於上下也大雅鳧鷖篇曰旨酒欣欣燔炙芬芬皆芬香和調之意）欣驩芬薌皆謂和氣以將之也議兵篇曰其民之親我歡若父母其好我芬若椒蘭義與此同 雖不說人。人莫不貴。不說猶貴況其說之 夫是之謂爲能貴其所貴。不使人賤之也。○王引之曰上爲字涉下文爲字而衍韓詩外傳說苑皆作夫是之謂能貴其所貴無爲字 傳曰。唯君子爲能貴其所貴。此之謂也。

君子必辯。凡人莫不好言其所善。所善謂所好也 而君子爲甚焉。是以小人辯言險而君子辯言仁也。仁謂忠愛之道 言而非仁之中也。則其言不若其默也。其辯不若其吶也。吶與訥同或引禮記其言吶吶然非 言而仁之中也。則好言者上矣。不好言者下也。故仁言大矣。起於上所以道於下。正令是也。道與導同正或爲政 起於下所以忠於上。謀救是也。謀救謂嘉謀匡救此言談說之益不可以已也如是。○王念孫曰謀救二字於義無取楊注以爲嘉謀匡救於謀上加嘉字以曲通其義其失也迂矣余謂謀救當爲諫救字之誤也（管子立政九敗解篇諫臣死而諂臣尊今本諫誤作謀淮南主術篇執正進諫高注諫或作謀）周官有司諫司救說文救止也論語八佾篇女弗能救與馬注與說文同然則諫止其君之過謂之諫救故曰起於下所以忠於上諫救是也 故君子之行仁也無厭。無厭倦時 志好之。行安之。樂言之。故言 所以好言說由此三者也行如字。○王念孫曰楊讀故言爲一句而釋之曰所以好言說以此三者非也故君子必辯爲一句故下本無言字此言君子志好之行安之樂言之是以必辯也上文云故君子之於言也志好之行安之樂言之故君子必辯是其證今本作故言君子必辯言字乃涉上文而衍楊斷故言爲一句以結上文則君子必辯四字竟成贅語矣 君子必辯。小辯不如見端。端首 見端不如見本分。分上下貴賤之分小辯謂辯說小事則不如見端首見端首則不如見本分言辯說止於知本分而已。○王引之曰本分上本無見字此涉上兩見端而衍本分者本其一定之分也楊注見端首不如見本分則所見本已衍見字下文小辯而察見端而明本分而理皆承此文言之而本分上無見字故知見爲衍文小辯而察。見端而明。本分而理。聖人士君子之分具矣。此言能辯說然後聖賢之分具有小人之辯者。有士君子之辯者。有聖人之辯者。不先慮。不早謀。發之而當。成文而類。言暗與理會成文理而不失其類謂不乖悖也居錯遷徙。應變不窮。錯置也居錯安居也錯千故反。王念孫曰居讀爲舉言或舉或錯或遷徙皆隨變應之而不窮也王制篇曰舉錯應變而不窮君道篇曰與之舉錯遷移而觀其能應變也禮論篇曰將舉錯之遷徙之皆其證矣舉與居古字通史記越世家曰陶朱公約要父子耕畜廢居候時轉業仲尼弟子傳曰子貢好廢舉與時轉貨資廢舉卽廢居司馬相如傳族舉遞奏漢書舉作居書大傳民能敬長憐孤取舍好讓舉事力者韓詩外傳舉作居是聖人之辯者也。先慮之。早謀之。斯須之言而足聽。斯須發言已可聽也文而致實。博而黨正。是士君子之辯者也。文謂辯說之詞也致至也黨與讜同謂直言也凡辯則失於虛詐博則失於流蕩故致實黨正爲重也。郝懿行曰致緻黨讜竝古今字讜言卽昌言謂善言也此明士君子之辯文而緻密堅實博而昌明雅正斯辯之善者也王念孫曰致讀爲質（襄三十年左傳用兩珪質于河釋文質如字又音致昭十六年與蠻子之無質也釋文質之實反或音致淮南要略約重致剖信符重致卽重質質致古同聲故字亦相通說見唐韻正）質信也（見昭十六年二十年左傳注魯語晉語注）謂信實也致實與黨正對文（楊注黨與讜同謂直言也）楊注失之聽其言則辭辯而無統。無根本也用其身則多詐而無功。上不足以順明王。下不足以和齊百姓。然而口舌之均。噡唯則節。蓋謂騁其口舌之辯也噡唯則節四字未詳或剩少錯誤耳。盧文弨曰正文均宋本作於郝懿行曰均當依宋本作於噡唯猶唯諾也節謂節制之也凡與人言然諾不欺此蓋游俠之流盜名於世故曰姦人之雄聖王起所以先誅也兪樾曰之猶則也僖九年左傳曰東略之不知西則否矣晉語曰華則榮矣實之不知之亦則也互文耳說本王氏釋詞口舌之均噡唯則節相對成文詩皇皇者華篇毛傳曰均調也言雖上不足以順明主下不足以和齊百姓然而口舌則調均噡唯則中節故下文云足以爲奇偉偃卻之屬也噡字疑諾字之誤凡從言之字亦得從口如詠之爲咏讀之爲嗊是也俗書諾字或作喏因誤爲噡矣先謙案說文詹多言也莊子齊物論小言詹詹釋文引李頤注詹詹小辯之貌俗加言作譫衆經音義十二引埤蒼云譫多言也從言之字或從口故譫又爲噡矣噡唯則節者或辯或唯皆中其節也義自分明不煩改字郝說尤非足以爲奇偉偃卻之屬。奇偉誇大也偃卻猶偃仰卽偃蹇也言姦雄口辯適足以自誇大偃蹇而已夫是之謂姦人之雄。聖王起所以先誅也。然後盜賊次之。盜賊得變。此不

得變也。變謂教之使自新也

非十二子篇第六。

盧文弨曰韓詩外傳止十子無子思孟子此乃幷非之疑出韓非李斯所附益

假今之世。假如今之世也或曰假借也今之世謂戰國昏亂之世治世則姦言無所容故十二子借亂世以惑衆也。王念孫曰彊國篇云假今之世益地不如益信之務也則前說爲是飾邪說，文姦言，以梟亂天下。梟與澆同。盧文弨曰梟宋本作澆注澆與僥同案澆字無攷僥亦僥之訛元刻作鴞亦未是莊子繕性篇澆醨散樸釋文云澆本亦作僥當從之矞宇嵬瑣。矞與譎同詭詐也又余待反宇未詳或曰宇大也放蕩恢大也嵬謂爲狂險之行者也瑣者謂爲姦細之行者也說文云嵬高不平也今此言嵬者其行狂險亦猶山之高不平也周禮大司樂云大傀烖則去樂鄭云傀猶怪也晏子春秋曰不以上爲本不以民爲憂內不恤其家外不顧其游夸言傀行自勤於飢寒命之曰狂辟之民明王之所禁也嵬當與傀義同音五每反又牛彼反。郝懿行曰矞滿溢也宇張大也嵬者崔嵬高不平也瑣者細碎聲也此謂飾邪說文姦言以欺惑人者矞宇所謂大言炎炎也嵬瑣所謂小言詹詹也此皆謂言矣注以行說失之嵬瑣又見儒效正論篇王念孫曰元刻無欺惑愚衆四字（宋龔本同）元刻是也宋本有此四字者依韓詩外傳加之也楊注但釋矞宇嵬瑣而不釋欺惑愚衆至下文足以欺惑愚衆始釋之云足以欺惑愚人衆人則此處本無欺惑愚衆四字明矣外傳有此四字者欺惑愚衆下文凡五見而外傳皆無之故得移置於此處若據外傳增入則旣與下文重複又與楊注不合矣俞樾曰楊讀矞爲譎是矣訓宇爲大則與譎誼不倫宇當讀爲訏說文言部訏詭譌也然則矞宇猶言譎詭矣先謙案矞宇俞說是嵬瑣猶委瑣也嵬委聲近故相通借史記司馬相如傳摧崣崛崎摧崣卽崔嵬異文嵬之爲崣猶嵬之爲委矣相如傳委瑣握齪索隱引孔文祥云委曲也委訓曲則嵬亦訓曲正論篇云夫是之謂嵬說嵬說猶曲說也下文云吾語女學者之嵬容又云是學者之嵬也謂其容如彼卽是學者之嵬猶史記言曲儒也（見趙世家）正論篇又云堯舜者天下之英也朱象者天下之嵬一時之瑣也英與嵬瑣對文英爲俊選之尤則嵬瑣爲委曲瑣細之尤言小人極不足道者也謝本從盧校此句上有欺惑愚衆四字今案王說是從元刻刪使天下混然不知是非治亂之所存者。有人矣。混然無分別之貌存在也縱情性，安恣睢，禽獸行。恣睢矜放之貌言任情性所爲而不知禮義則與禽獸無異故曰禽獸行睢許季反。謝本從盧校作禽獸之行盧文弨曰元刻作香萃反王念孫曰呂錢本皆無之字是也據楊注云與禽獸無異故曰禽獸行則無之字明矣性惡篇云禽獸行虎狼貪司馬法云外內禽獸行句法幷與此同先謙案王說是今從呂錢本刪之字不足以合文通治。不足合於古之文義通於治道然而其持之有故，其言之成理，足以欺惑愚衆。妄稱古之人亦有如此者故曰持之有故又其言論能成文理故曰言之成理足以欺惑愚人衆人矣。郝懿行曰故者咨於故實之故謂其持論之有本也成理謂其言能成條理也故皆足以欺惑愚衆是它𨚍魏牟也。它𨚍未詳何代人世本楚平王孫有田公它成豈同族乎韓詩外傳作范魏牟牟魏公子封於中山漢書藝文志道家有公子牟四篇班固曰先莊子莊子稱之今莊子有公子牟稱莊子之言以折公孫龍據卽與莊子同時也又列子稱公子牟解公孫龍之言公孫龍平原君之客而張湛以爲文侯子據年代非也說苑曰公子牟東行穰侯送之未知何者爲定也忍情性。綦谿利跂。忍謂違矯其性也綦谿未詳蓋與跂義同也利與離同離跂違俗自絜之貌謂離於物而跂足也莊子曰楊墨乃始離跂自以爲得離力智反跂丘氏反。郝懿行曰此謂矯異於人以爲高者綦谿者過於深隋利跂者便於走趨谿讀爲雞跂音爲企四字雙聲疊韻先謙案荀子多以綦爲極谿之爲言溪也老子爲天下谿河上公注云人能謙下如深谿是谿有深義綦谿猶言極深耳利與離同楊說是也離世獨立故曰離跂跂企同字廣雅釋詁企立也曹憲注企卽古文企字苟以分異人爲高。苟求分異不同於人以爲高行也不足以合大衆明大分。既求分異則不足合大衆苟立小節故不足明大分大分謂忠孝之大義也然而其持之有故。其言之成理。足以欺惑愚衆。是陳仲史鰌也。已解上。盧文弨曰解見不苟篇彼作田仲田與陳通不知壹天下建國家之權稱。不知齊一天下建立國家之權稱言不知輕重稱尺證反上功用。大儉約。而僈差等。功用功力也大讀曰太言以功力爲上而過儉約也僈輕也輕僈差等謂欲使君臣上下同勞苦也。王念孫曰上與尙同大亦尙也謂尊尙儉約也表記君子不自大其事不自尙其功亦以大與尙竝言之性惡篇大齊信而輕貨財隱三年公羊傳故君子大居正竝與此大字同義楊讀大爲太而以爲過儉約失之僈讀爲曼廣雅曰曼無也法言寡見篇曼是爲也五百篇行有之也病曼之也皆謂無爲曼文選四子講德論空柯無刃公輸不能以斵但懸曼矰蒲苴不能以射曼亦無也（李善注謂曼爲長失之）曼差等卽無差等作僈者借字耳富國篇曰墨子將上勞苦與百姓均事業齊功勞正所謂無差等也故下文云會不足以容辨異縣君臣楊以僈爲輕僈亦失之會不足以容辨異。縣君臣。上下同等則其中不容分別而縣隔君臣也。先謙案富國篇云羣衆未縣則君臣未立也無君以制臣無上以制下卽縣君臣之義然而其持之有故。其言之成理。足以欺惑愚衆。是墨翟宋鈃也。宋鈃宋人與孟子尹文子彭蒙愼到同時孟子作宋牼牼與鈃同音口莖反尙法而無法。下脩而好作。尙上也言所著書雖以法爲上而自無法以脩立爲下而好作爲言自相矛盾也。王念孫曰下脩而好作義不可通下脩當爲不循謂不循舊法也墨子非儒篇遵儒者之言曰君子循而不作此則反乎君子之所爲故曰不循而好作也不與下循與脩字相似而誤（隸書循脩二字相亂說見管子形勢篇）楊注云以脩立爲下而好作爲失之上則取聽於上。下則取從於俗。言苟順上下意也。王念孫曰取聽取從言能使上下皆聽從之耳楊云言苟順上下意失之終日言成文典。反紃察之。則倜然無所歸宿。紃與循同侗然疏遠貌宿止也雖言成文典若反覆紃察則疏遠無所指歸也。謝本從盧校作及紃察之盧文弨曰注反覆二字宋本無王引之曰元刻及作反是也反復也謂復紃察之也楊注云雖言成文典若反復紃察則疏遠無所歸則及爲反之誤明矣榮辱篇反鉛察之其字正作反紃鉛古聲相近故字亦相通禮論篇則必反鉛三年問鉛作巡祭義終始相巡注巡讀如沿漢之沿皆其例矣先謙案王說是今依元刻作反不可以經國定分。取聽於上取從於俗故法度不立也然而其持之有故其言之成理足以欺惑愚衆。是愼到田駢也。田駢齊人遊稷下著書十五篇其學本黃老大歸名法愼到已解上不法先王。不是禮義。不以禮義爲是而好治怪說。玩琦辭。玩與翫同琦讀爲奇異之奇甚察而不惠。惠順。○王念孫曰惠當爲急字之誤也甚察而不急謂其言雖甚察而不急於用故下句云辯而無用也下文無用而辯不急而察急字亦誤作惠天論篇云無用之辯不急之察性惡篇云雜能旁魄而無用析速粹孰而不急皆其明證也楊訓惠爲順失之辯而無用。多事而寡功。不可以爲治綱紀。然而其持之有故。其言之成理。足以欺惑愚衆。是惠施鄧析也。略法先王而不知其統。言其大略雖法先王而不知體統統謂紀綱也猶然而材劇志大。聞見雜博。猶然舒遲貌禮記曰君子蓋猶猶爾劇繁多也。○盧文弨曰宋本正文作然而猶材劇志大無注郝懿行曰猶然而當依宋本作然而猶此誤本也案往舊造說。謂之五行。案前古之事而自造其說謂之五行五行五常仁義禮智信是也甚僻違而無類。幽隱而無說。閉約而無解。約結也解說也僻違無類謂乖僻違戾而不知善類也幽隱無說閉約無解謂其言幽隱閉結而不能自解說謂但言堯舜之道而不知其與作方略也荀卿常言法後王治當世而孟軻子思以爲必行堯舜文武之道然後爲治不知隨時設敎救當世之弊故言僻違無類孟子曰管仲曾西之所不爲解佳買反。○王念孫曰楊說非也僻違皆邪也（說見修身篇）類者法也言邪僻而無法也方言類法也（廣雅同）齊曰類楚辭九章吾將以爲類兮王注與方言同大元毅次七觥羊之毅鳴不類測曰觥羊之毅言不法也是古謂法爲類儒效篇其言有類其行有禮謂言有法也（楊注類善也謂比類於善失之）王制篇飾動以禮義聽斷以類謂聽斷以法也（楊注所聽斷之事皆得其善類失之）富國篇誅賞而不類謂誅賞不法也（楊注不以其類失之）類之言律也律亦法也故樂記律小大之稱史記樂書律作類王制篇曰其有法者以法行無法者以類舉蓋法與類對文則異散文則通矣案飾其辭而祗敬之曰。此眞先君子之言也。言自敬其辭說先君子孔子也子思唱之。孟軻和之。子思孔子之孫名伋字子思孟軻鄒人字子輿皆著書七篇世俗之溝猶瞀儒。溝讀爲怐嚾嚾然不知其所非也。

恂愚也猶猶豫也不定之貌瞀闇也漢書五行志作區瞀與此義同嚾嚾喧譁之貌謂爭辯也恂音寇猶音柚。盧文弨曰注恂舊訛作拘案恂愗愚貌楚辭九辯直恂愗以自苦五行志又作傋瞀與此書儒效篇同許愼作瞉瞀又作蕢務皆一物也今改正溝猶瞀儒合四字爲疊韻郝懿行曰儒效篇云愚陋溝瞀注云溝音寇是也溝猶瞀儒四字疊韻其義則皆謂愚蒙也漢五行志作傋霿（楊注引作區瞀）楚辭九辯作恂愗說文作瞉瞀廣韻既作怐愗又作嫛瞀又作婺瞀竝上音寇下音茂此等皆以聲爲義不以字爲義也嚾者呼與喚同集韻或作讙音歡則其義當爲讙譁矣先謙案溝猶瞀儒者溝瞀儒也溝瞀訓愚闇中不當有猶字溝猶疊韻語助耳儒效篇愚陋溝瞀無猶字是其明證揚釋猶爲猶豫非也

遂受而傳之以爲仲尼子游爲茲厚於後世。仲尼子游爲此言垂德厚於後世也。郝懿行曰茲者益也多也與滋義同兪樾曰楊注仲尼子游爲此言垂德厚於後世則爲茲厚三字於文未足殆非也厚猶重也戰國策秦策曰其於敝邑之王甚厚注曰厚重也爲茲厚於後世者茲卽指子思孟子而言蓋荀子之意謂仲尼子游之道不待子思孟子而重而世俗不知以爲仲尼子游因此而後得重於後世故曰是則子思孟軻之罪也郭嵩燾曰荀子屢言仲尼子弓不及子游本篇後云子游氏之賤儒與子張子夏同譏則此子游必子弓之誤

是則子思孟軻之罪也。若夫總方略。齊言行。壹統類。而羣天下之英傑。而告之以大古。教之以至順。總領也統謂綱紀類謂比類大謂之統分別謂之類羣會合也大讀曰太奧窔之閒。簟席之上。歛然聖王之文章具焉。佛然平世之俗起焉。西南隅謂之奧東南隅謂之窔言不出室堂之內也歛然聚集之貌佛讀爲勃勃然興起貌窔一弔反。王引之曰古無以歛然二字連文者歛當爲歙字之誤也歙然者聚集之貌言聖王之文章歙然皆聚於此也漢書韓延壽傳曰郡中歙然莫不傳相敕厲匡衡傳曰學士歙然歸仁字亦作翕史記自序曰天下翕然大安殷富義竝同也楊注亦當作歙然聚集之貌今據正文而誤六說者不能入也十二子者不能親也。謝本從盧校六上有則字王念孫曰元刻無則字（宋龔本同）是也上文若夫二字總領下文十九句而結之曰是聖人之不得埶者也此二十句皆一氣貫注若第十一句上加一則字則隔斷上下語脈矣韓詩外傳無則字（下文六說者立息十二子者遷化六說上亦無則字）先謙案王說是今從元刻刪則字

無置錐之地。而王公不能與之爭名。在一大夫之位。則一君不能獨畜。一國不能獨容。言王者之佐雖在下位非諸侯所能畜一國所能容或曰時君不知其賢無一君一國能畜者故仲尼所至輕去也成名況乎諸侯。莫不願以爲臣。況比也言其所成之名比況於人莫與爲偶故諸侯莫不願得以爲臣或曰旣成名之後則王者之輔佐也況諸侯莫不願得以爲臣乎未知其賢則無國能容也或曰況猶益也國語驪姬曰衆況厚之。盧文弨曰成名句卽上文王公不能與之爭名注究而未當郝懿行曰況古作兄其訓滋也益也長（讀上聲

）也此言聖人之名有所埤益增長於諸侯故莫不願得以爲臣也儒效篇亦有此言楊注不得其解王引之曰成名況乎下有脫文不可考楊注非儒效篇願下有得字彼文因此而衍則此文當有得字也（宋龔本有）非相篇婦人莫不願得以爲夫處女莫不願得以爲士文義正與此同據楊注亦當有得字俞樾曰楊注讀諸侯莫不願以爲臣作一句則成名況乎四字文不成義又載或說以況乎屬下句則成名二字更不成義皆非也此當以成名況乎諸侯爲句成與盛通周易繫辭傳成象之謂乾蜀才本成作盛史記封禪書曰主祠成山漢書郊祀志成作盛然則成名猶盛名也況者賜也言以盛名爲諸侯賜也大賢所至莫不以爲榮幸若受其賜然漢書灌夫傳將軍迺肯幸臨況魏其侯即此況字之義 是聖人之不得埶者也。仲尼子弓是也。一天下。財萬物。財與裁同 ○王念孫曰財如泰象傳財成天地之道之財財亦成也（說見經義述聞）財萬物與長養人民兼利天下連文是財萬物即成萬物繫辭傳曰曲成萬物而不遺是也儒效篇曰通乎財萬物養百姓之經紀王制篇曰等賦政事財萬物所以養萬民也（楊云裁制萬物失之）又曰序四時裁萬物（裁與財同）兼利天下富國篇曰財萬物養萬民義並與此同 長養人民。兼利天下。通達之屬。莫不從服。通達之屬謂舟車所至人力所通者也 六說者立息。十二子者遷化。遷而從化 則聖人之得埶者。舜禹是也。今夫仁人也。將何務哉。上則法舜禹之制。下則法仲尼子弓之義。以務息十二子之說。如是則天下之害除。仁人之事畢。聖王之跡著矣。○盧文弨曰著宋本從竹作箸下並同

信信。信也。疑疑。亦信也。信可信者疑可疑者意雖不同皆歸於信也 貴賢。仁也。賤不肖。亦仁也。言而當。知也。默而當。亦知也。故知默猶知言也。論語曰知之爲知之不知爲不知是知也當丁浪反 故多言而類。聖人也。少言而法。君子也。言雖多而不流湎皆類於禮義是聖人制作者也少言而法謂不敢自造言說所言皆守典法也 多少無法。而流湎然。雖辯。小人也。湎沈也流者不復返沈者不復出也○盧文弨曰此數語又見大略篇彼作多言無法此少字似誤王念孫曰而與如同先謙案流湎猶沈湎說見勸學篇 故勞力而不當民務。謂之姦事。民務四民之務 勞知而不律先王。謂之姦心。律法 辯說譬諭。齊給便利。而不順禮義。謂之姦說。齊疾也給急也便利亦謂言辭敏捷也 此三姦者。聖王之所

禁也。知而險。賊而神。用智於險又賊害不測如神也。郝懿行曰小人雖有才智而其心險如山川賊害於物而其機變若鬼神如曹孟德司馬仲達之類楊注未了王念孫曰知而險與賊而神對文則知非美稱知者巧也（淮南覽冥篇注智故巧詐也莊子胠篋篇知詐滑毒淮南原道篇偶嗟智故曲巧僞詐並與此知字同義）故下句卽云爲詐而巧言既智巧而又險巇也爲詐而巧。巧於爲詐。俞樾曰爲與僞通爲詐卽僞詐也管子兵法篇不可數則僞詐不敢鄉幼官篇作爲詐不敢鄉正與此同楊注非是言無用而辯。言辯而無用也辯不惠而察。惠順也辭辯不順道理不聰察也。王念孫曰此本作無用而辯不急而察辯者智也慧也（廣雅辯慧也慧通作惠晉語曰巧文辯惠則賢遶周書寶典篇曰辯惠千智商子說民篇曰辯慧亂之贊也辯通作辨大戴記文王官人篇曰不學而性辯荀子性惡篇曰性質美而心辯知東周策曰兩周辯知之士是辯與智慧同義）非辯論之辯下文言辯而逆乃及言論耳無用而辯卽辯而無用非謂言無用而辯也（今本言字涉下文言辯而衍）不急而察卽察而不急非謂辯不惠而察也（今本辯字涉上句而衍）上文云甚察而不急（今本急字亦誤作惠辯見前甚察而不惠下）辯而無用是其明證矣楊說皆失之治之大殃也。行辟而堅。辟讀爲僻飾非而好。好飾非也。王念孫曰飾非而好言其飾之工也好字當讀上聲不當讀去聲楊說非玩姦而澤。玩與翫同習姦而使有潤澤也言辯而逆。古之大禁也。逆者乖於常理知而無法。騁其異見也知如字勇而無憚。輕死察辯而操僻淫。爲察察之辯而操持僻淫之事操七刀反。王念孫曰察辯二字平列（辯字義見上）言能察能辯而所操皆僻淫之術也勸學篇曰不隆禮雖察辯散儒也不苟篇曰君子辯而不爭察而不激荀子書皆以察辯對文不可枚舉大而用之。以前數事爲大而用之也。俞樾曰楊注讀察辯而操僻淫爲句誤也當以察辯而操辯五字爲句大略篇亦云察辯而操辯是其證大讀爲汰淫汰連文仲尼篇曰若是其險汙淫汰也是其證之者乏之壞字襄十四年左傳曰匱神乏祀釋文曰本或作之祀蓋之乏形似故易誤耳淫汰而用乏與察辯而操僻相對成文此文自知而無法勇而無憚至利足而迷負石而墜凡七句語皆一律而總之曰是天下之所棄也楊以大而用之四字爲句而釋之曰以前數事爲大而用之則上下文氣隔矣好姦而與衆。好姦而與衆人共之謂使人同之也利足而迷。苟求利足而迷惑不顧禍患也負石而墜。謂申徒狄負石投河言好名以此至也亦利足而迷者之類也。郝懿行曰利足而迷所謂捷徑以窘步也負石而墜所謂力小而任重高位實疾顛也二句皆譬況之詞先謙案郝說是是天下之所棄也。

兼服天下之心。先謙案宋台州本分段謝本它刻同術局本誤連上今正高上尊貴。不以驕人。在貴位不驕人聰明聖知。不以窮人。盧文弨曰元刻知作智齊給速通。不爭先人。王念孫曰不爭先人當依上下文作不以先人今本以作爭涉下文與人爭而誤也韓詩外傳作不以敬誣人說苑敬愼篇作無以先人文雖不同而以字則同先謙案羣書治要作爭與本書合 剛毅勇敢。不以傷人。不知則問。不能則學。雖能必讓。然後爲德。然後爲聖賢之德也 遇君則修臣下之義。遇鄉則修長幼之義。在鄉黨之中也 遇長則修子弟之義。遇友則修禮節辭讓之義。遇賤而少者。則修告導寬容之義。無不愛也。無不敬也。無與人爭也。恢然如天地之苞萬物。如是則賢者貴之。不肖者親之。如是而不服者。則可謂訞怪狡猾之人矣。訞與妖同 雖則子弟之中。刑及之而宜。妖怪狡猾之人雖在家人子弟之中亦宜刑戮及之況公法乎 詩云。匪上帝不時。殷不用舊。雖無老成人。尚有典刑。曾是莫聽。大命以傾。此之謂也。詩大雅蕩之篇鄭云老成人伊尹伊陟臣扈之屬也典刑常事故法也

古之所謂士仕者。厚敦者也。合羣者也。士仕謂士之入仕合謂和合羣衆也。王念孫曰士仕當爲仕士與下處士對文今本仕士二字倒轉（下文同）楊曲爲之說非 樂富貴者也。樂其道也。俞樾曰樂富貴豈得爲樂其道正文樂字疑涉注文而誤下云羞獨富者也以獨富爲羞必不以富貴爲樂今雖不知爲何字之誤大要是不慕富貴之意故注以樂道說之也先謙案富字當是可字之誤正文言樂可貴者也故注以樂其道釋之惟道爲可貴也下文君子能爲可貴注云可貴謂道德也可互證 樂分施者也。施或所宜反。先謙案君道篇云以禮分施均徧而不偏均徧不偏即分施之義 遠罪過者也。遠于願反 務事理者也。務使事有條理 羞獨富者也。使家給人足也 今之所謂士仕者。汙漫者也。賊亂者也。汙漫已解在榮辱篇 恣睢者也。恣睢已解於上 貪利者也。觸抵者也。特權埶而忤人。王念孫曰觸抵謂觸罪過也此對上文遠罪過而言楊云特權埶而忤人失之 無禮義而唯權埶之嗜者也。古之所謂處士者。德盛者也。能靜者也。處士不仕者也易曰或出或處能靜謂安時處順也 修正者也。知命者也。箸是者也。明箸其時是之事不使人疑其姦詐也。劉台拱曰箸是疑當作著定與上文盛靜等字爲韻言有定守不流移也 今之所謂

處士者，無能而云能者也。云能自言其能也愼子曰勁而害能則亂也云能而害無能則亂也蓋毀國時以言能爲云能當時之語也無知而云知者也，利心無足，而佯無欲者也。好利不知足而詐爲無欲者也行僞險穢，而彊高言謹慤者也，以不俗爲俗。以不合俗人自爲其俗也離縱而跂訾者也。訾讀爲恣離縱謂離於俗而放縱跂恣謂跂足違俗而恣其志意皆違俗自高之貌或曰縱當爲蹤傳寫誤耳蹤與縱同步也離縱謂離於俗而步去跂訾亦謂跂足自高而訾毀於人離力智反跂丘氏反縱所綺反。郝懿行曰縱與蹤同本作蹤謂車迹也俗作蹤假借作縱耳離縱者謂離其尋常蹤迹而令人散異也舉足望曰跂訾訓思也量也跂訾者謂跂望有所思量而示人意遠也此皆絕俗離羣矯爲名高之事故曰士君子所不能爲也王念孫曰楊有前後二說前說讀訾爲恣以離縱爲離於俗而放縱跂訾爲跂足違俗而恣其志意皆非也後說謂縱爲蹤之誤是也莊子在宥篇儒墨乃始離跂攘背乎桎梏之間離跂疊韻字荀子云離縱而跂訾離縱跂訾亦疊韻字大抵皆自異於衆之意也楊訓縱爲步而以離縱爲離於俗而步去跂訾爲跂足自高而訾毀於人亦非凡疊韻之字其意卽存乎聲求諸其聲則得求諸其文則惑矣

士君子之所能不能爲。○謝本從盧校作士君子之所不能爲劃屬上段盧文弨曰宋本之所下衍一能字今從元刻刪或疑此句因下文首句而誤衍王念孫曰呂錢本竝作士君子之所能不能爲世德堂本同案此文本作士君子之所能爲不能爲乃總冒下文之詞下文君子能爲可貴不能使人必貴已六句皆承此文而言宋本脫上爲字元刻又脫上能字盧既依元刻刪能字又不知此句爲冒下之詞而以爲承上之詞遂劃出此句爲上段之末句誤矣又疑此句因下文而衍則誤之又誤也先謙案宋台州本此句連上台州本卽祖呂本是分段之誤不自盧始也然王說自是今分屬下段君子能爲可貴，不能使人必貴己。可貴謂道德也能爲可信，不能使人必信己。能爲可用，不能使人必用己。可用謂才能也故君子恥不修，不恥見汙。見汙爲人所汙穢也恥不信，不恥不見信。恥不能，不恥不見用。是以不誘於譽，不恐於誹。虛譽不能誘毀謗不能動率道而行。端然正己，不爲物傾側。夫是之謂誠君子。誠實也謂無虛僞也詩云：「溫溫恭人，維德之基。」此之謂也。已解在不苟篇

士君子之容，其冠進，其衣逢，其容良。進謂冠在前也逢大也謂逢掖也良謂樂易也。俞樾曰楊生以冠在前爲進不詞甚矣進讀爲峻峻高

也言其冠高也下云其衣逢注曰逢大也於冠言高於衣言大義正相類進峻音近故得通用禮記祭統篇百官進徹之鄭注曰進當爲餕餕則峻之爲進猶餕之爲進矣

儼然。壯然。祺然。蕼然。恢恢然。廣廣然。昭昭然。蕩蕩然。是父兄之容也。儼然矜莊之貌壯然不可犯之貌或當爲莊祺然蕼然未詳或曰祺辞也吉也謂安泰不憂懼之貌蕼當爲肆謂寬舒之貌恢恢廣廣皆容衆之貌昭昭明顯之貌蕩蕩恢夷之貌

其冠進。其衣逢。其容愨。謹愨儉然。恀然。輔然。端然。訾然。洞然。綴綴然。瞀瞀然。是子弟之容也。儉然自卑謙之貌恀然特尊長之貌爾雅曰恀特也郭云江東呼母爲恀音紙輔然相親附之貌端然不傾倚之貌訾然未詳或曰與孳同柔弱之貌洞然恭敬之貌禮記曰洞洞乎其敬也綴綴然不乖離之貌謂相連綴也瞀瞀然不敢正視之貌。俞樾曰漢書敍傳姼姼公主師古曰姼姼好貌恀即姼之段字嚴威儼恪成人之道非所以事親故子弟之容必姼姼然好也楊注失之迂曲

吾語汝學者之嵬容。說學者爲嵬行之形狀嵬已解於上。盧文弨曰元刻正文無容字今從宋本增郝懿行曰上嵬瑣注嵬與傀義同引大司樂鄭注傀猶怪也然則嵬容者怪異之容故其下遂以重文疊句寫貌之先謙案學者之嵬容猶言學者之嵬之容耳嵬容二字不連下文言是學者之嵬也即其明證楊注說學者爲嵬行之形狀亦不以嵬容連文郝說誤

其冠絻。其纓禁緩。其容簡連。絻當爲俛謂太向前而低俯也纓冠之繫也禁緩未詳或曰讀爲紟紟帶也言其纓大如帶而緩也簡連傲慢不前之貌紟其禁反連讀如往蹇來連之連

填填然。狄狄然。莫莫然。瞡瞡然。瞿瞿然。盡盡然。盱盱然。填填然滿足之貌狄狄讀爲趯趯跳躍之貌莫讀爲貊貊靜也不言之貌或動而跳躍或靜而不言皆謂舉止無恒也瞡瞡未詳或曰瞡與規同規規小見之貌瞿瞿瞪視之貌盡盡極視盡物之貌盱盱張目之貌皆謂視瞻不平或大察也盱許于反。郝懿行曰狄與逖同遠也填填者盈滿之容狄狄者疏散之容也莫者大也瞡疑與嫢同嫢（羌箠切）者細也方言細而有容謂之嫢然則莫莫者矜大之容瞡瞡者鄙細之容瞿瞿者左右顧望之容盡盡者閉藏消沮之容盱盱者張目直視之容也凡此皆以相反相儷爲義俞樾曰盡盡猶律律也莊子庚桑楚篇曰律律乎猶有忍也此作盡盡者聲近故叚用耳周官大司徒職曰其民黑而津釋文云津本作濜然則律律之爲盡盡猶津之爲濜矣

酒食聲色之中。則瞞瞞然。瞑瞑然。瞞瞞閉目之貌瞑瞑視不審之貌謂好悅之甚佯若不視也瞞莫干反瞑母丁反

禮節之中。則疾疾然。訾訾然。謂憎疾毀訾也

勞苦事業之中。則儢儢然。離離然。偷儒而罔。無廉恥而忍謑詢。是學者之嵬也。事業謂作業也儢儢不勉彊之貌離離不親事之貌陸法言云儢心不力也音呂偷儒謂苟避事之勞苦也罔謂罔冒不畏人之言也謑詢詈辱也此一章皆明視其狀貌而辨善惡也今之所解或取聲韻假借或推傳寫錯誤因隨所見而通之也。盧文弨曰正文謑詢元刻作謨詢案說文謑胡禮切重

文謑實一字也洪與祖楚辭補注九思篇謑詬下引荀子作謑詬正與宋本合其引注罵辱也又與元刻同案漢書賈誼傳有謑詬亡節語同此彼謑音奚元刻罵辱也下有謑音奚三字宋本無郝懿行曰此言學者之嵬容也瞞瞞瞑瞑（與瞋同）謂耽於酒食聲色瞶瞀迷亂之容也疾疾訾訾謂苦於禮節拘迫畏憚惰窳之容也儢儢離離謂不耐煩苦勞頓嬾散疏脫之容也皆以四字合爲雙聲狀其醜態爲學者戒偸儒已見修身篇謑詬楊注以爲詈辱是也本或作謑詬賈誼書所謂謑詬亡節亦其義也

弟佗其冠。衶禫其辭。弟佗其冠未詳衶禫當爲沖澹謂其言淡薄也。盧文弨曰弟本或作弟集韻音徒回反莊子應帝王篇有弟靡此弟佗義當近之與上所云其冠絻亦頗相似俗間本俱作第作第先謙案虞王本作第作與盧說合浙局本妄改作爲非 禹行而舜趨。是子張氏之賤儒也。但宗聖人之威儀而已矣 正其衣冠。齊其顏色。嗛然而終日不言。是子夏氏之賤儒也。嗛與慊同快也謂自得之貌終日不言謂務於沈默史記樂毅與燕惠王書曰先王以爲嗛於志也。郝懿行曰嗛猶謙也抑退之貌楊注非仲尼篇云滿則慮嗛注云嗛不足也與此嗛同 偸儒憚事。無廉恥而耆飲食。必曰君子固不用力。是子游氏之賤儒也。偸儒已解上耆與嗜同此皆言先儒性有所偏愚者效而慕之故有此傲也。郝懿行曰此三儒者徒似子游子夏子張之貌而不似其眞正前篇所謂陋儒腐儒者故統謂之賤儒言在三子之門爲可賤非賤三子也 彼君子則不然。佚而不惰。勞而不侵。雖逸而不懈惰雖勞而不弛慢 宗原應變。曲得其宜。如是然後聖人也。宗原根本也言根本及應變皆曲得其宜也。先謙案王制篇云舉措應變而不窮夫是之謂有原注云原本也宗原者以本原爲宗也應萬變而不離其宗各得其宜是謂聖人注以宗原爲根本又云根本應變皆得其宜失之

仲尼篇第七

仲尼之門人。五尺之豎子。言羞稱乎五伯。。王念孫曰仲尼之門人人字後人所加也（下文同）下文兩言曷足稱乎大君子之門皆與此門字相應則無人字明矣春秋繁露對膠西王篇仲尼之門五尺之童子言羞稱五伯爲其詐以成功苟爲而已也故不足稱於大君子之門（漢書董仲舒傳同）風俗通義窮通篇孫卿小五伯以爲仲尼之門羞稱其功語皆本於荀子而亦無人字文選陳情事表注解嘲注兩引荀子皆無人字 是何也。曰然。彼誠可羞稱也。齊桓。五伯之盛者也。言盛者猶如此況其下乎伯讀爲霸或曰伯長也爲諸侯之長春秋傳曰王命內史叔興父策命晉侯爲侯伯也 前事則殺兄而爭國。兄子糾也 內行

則姑姊妹之不嫁者七人。閨門之內。般樂奢汏。般亦樂也汏侈也音太下同 以齊之分。奉之而不足。分半也用賦稅之半也公羊傳曰師喪分焉 外事則詐邾襲莒。幷國三十五。詐邾未聞襲莒謂桓公與管仲謀伐莒未發爲東郭牙先知之是也幷國三十五謂滅譚滅遂滅項之類其餘所未盡聞也 其事行也若是其險汙淫汏也。事險而行汙也行下孟反 ○王念孫曰呂錢本險汙淫汏也下有如彼二字元刻無如字以彼字屬下讀元刻是也下文云彼固曷足稱乎大君子之門哉正與此句相應則彼字屬下讀明矣呂錢本彼上衍如字則以如彼與若是對文與楊注不合矣（錢本及元刻事行作行事亦與楊注不合）先謙案宋台州本亦有如彼二字盧氏删之謝本從盧校今依王說從元刻增彼字 彼固曷足稱乎大君子之門哉。若是而不亡。乃霸。何也。曰。於乎。夫齊桓公有天下之大節焉。夫孰能亡之。於乎讀爲嗚呼歎美之聲大節謂大節義也 倓然見管仲之能足以託國也。是天下之大知也。倓安也安然不疑也大知謂知人之大也倓徒坎反 ○俞樾曰說文覢暫見也睒暫視貌二字音義俱近倓卽其叚字也倓然暫見之謂暫見而卽知其足以託國是以謂之大知楊注失之 安忘其怒。出忘其讎。遂立以爲仲父。是天下之大決也。安猶內也出猶外也言內忘忿恚之怒外忘射鉤之讎仲者夷吾之字父者事之如父故號爲仲父大決謂斷決之大也○王念孫曰安語詞（荀子書每以安案二字爲語詞說見釋詞安字下）忘其怒忘其讎遂立以爲仲父三句文義甚明則忘其讎上不當有出字蓋衍文也楊注不得其解而爲之詞 立以爲仲父。而貴戚莫之敢妬也。不敢妬其親密 與之高國之位。而本朝之臣莫之敢惡也。高子國子世爲齊上卿今以其位與之本朝之臣謂舊臣也春秋傳管仲曰有天子之二守國高在 與之書社三百。而富人莫之敢距也。書社謂以社之戶口書於版圖周禮二十五家爲社距與拒同敵也言齊之富人莫有敢敵管仲者也○盧文弨曰案注所引周禮出說文乃古周禮說也距古字拒俗字論語石經殘字其不可者距之郝懿行曰論語奪伯氏駢邑三百飯疏食沒齒無怨言朱子集注援此說之 貴賤長少。秩秩焉莫不從桓公而貴敬之。是天下之大節也。秩秩順序之貌 諸侯有一節如是。則莫之能亡也。桓公兼此數節者而盡有之。夫又何可亡也。其霸也宜哉。非幸也。數也。其術數可霸非爲幸遇也 然而仲尼之門人。五尺之豎子。言羞稱乎五伯。是何也。曰然。彼非本政教也。。王引之曰五伯亦有政教不得言五伯非本政教本當爲平字之誤也（隸書本字與平相似故平誤爲本）致士篇曰刑政平而百姓歸之孟子離婁篇曰君子平其政昭二十年左傳曰是以政平而不干周南芣苢序箋曰天下和政教平五伯猶未能平其政教故曰非平政教也平政教三字本篇一見王制篇兩見王霸篇兩見其誤爲本政教者四（楊注王霸篇曰雖有政教未盡修其本也此不得其解而爲之說）唯王制篇之一未誤今據以訂正非致隆高也。致至極也非綦文理也。非極有文章條理也非服人之心也。非以義服之也鄉方略。審勞佚。鄉讀爲向趨也審勞佚謂審知使人之勞佚也畜積修鬬。而能顚倒其敵者也。畜積倉廩修戰鬬之術而能傾覆其敵也。王引之曰修鬬二字殊爲不詞楊注加戰字以解之其失也迂矣王霸篇作鄉方略審勞佚謹畜積修戰備疑此亦本作謹畜積修鬬備而傳寫有脫文也此篇及王霸篇自鄉方略以下皆以三字爲句以是明之詐心以勝矣。彼以讓飾爭。依乎仁而蹈利者也。爲讓所以飾爭非眞讓也行仁所以蹈利非眞仁也小人之傑也。彼固曷足稱乎大君子之門哉。前章言五霸救時故褒美之此章明王者之政故言其失孟子曰五霸者三王之罪人也彼王者則不然。致賢而能以救不肖。致彊而能以寬弱。戰必能殆之。而羞與之鬬。必以義服不力服也委然成文。以示之天下。委然俯就之貌言俯就人使成文理以示天下。王引之曰楊說迂回而不可通竊謂委然文貌也委讀如冠緌之緌儒效篇緌緌兮其有文章也楊彼注云緌或爲葳蕤之蕤蕤與緌同音此云委然成文即所謂緌緌（音蕤）有文章也禮記多以緌爲緌而說文餧字經典多作餧是從委從委之字古多相通而暴國安自化矣。有災繆者。然後誅之。有災怪繆戾者然後誅之非顚倒其敵也故聖王之誅也綦省矣。省少也所景反。先謙案羣書治要綦作甚文王誅四。四謂密也阮也共也崇也詩曰密人不恭敢距大邦侵阮徂共春秋傳曰文王聞崇德亂而伐之因壘而降史記亦說文王征伐與此小異誅者討伐殺戮之通名武王誅一。史記云武王斬紂與妲己尸子曰武王親射惡來之口親斫殷紂之頸手汙於血不溫而食當此之時猶猛獸者也。盧文弨曰案溫字有誤或是盥字俞樾曰楊注所引皆不足以爲二所謂誅二者殆即孟子所稱誅紂伐奄與周公卒業。周公終王業亦時有小征伐謂三監淮夷商奄也至於成王。則安以無誅矣。言其化行刑措也。王念孫曰安下本無以字此後人不知安爲語詞而誤以爲安定之安故安加以字耳大略篇至成康則案無誅已（案亦語詞）案下無以字是其明證故道豈不行矣哉。以此言之道豈不行人自不行耳故又以下事明之文王載百里地而天下一。所載之地不過百里而天下一以有道也。顧千里曰：載下當有之字，載之舍之對文，二之字皆指道也。富國篇以國載之是其證。楊注載下已脫之字 桀紂舍之，厚於有天下之埶，而不得以匹夫老。桀紂舍道，雖有天下厚重之埶，而不得如庶人壽終 故善用之，則百里之國足以獨立矣。不善用之，則楚六千里而爲讎人役。善用謂善用道也。讎人，秦也。楚懷王死於秦，其子襄王又爲秦所制而役使之也 故人主不務得道而廣有其埶，是其所以危也。

持寵處位，終身不厭之術：論人臣處位可終身行之之術 主尊貴之，則恭敬而僔；僔與撙同，卑退也 主信愛之，則謹慎而嗛；嗛與歉同，不足也，言不敢自滿也。春秋穀梁傳曰：一穀不升謂之嗛。○王引之曰：嗛與謙同，周易釋文曰：謙，子夏作嗛，故與謹慎連文 主專任之，則拘守而詳；謹守職事，詳明法度 主安近之，則慎比而不邪；謹慎親比於上而不回邪諂佞。○王引之曰：慎比即順比（王制篇曰：天下莫不順比從服，順慎古多通用，不煩引證）言雖順比於君而不諂諛也。楊分慎比爲二義，失之 主疏遠之，則全一而不倍；不以疏遠而懷離貳之心 主損絀之，則恐懼而不怨；貴而不爲夸；夸，奢侈也 信而不處謙；謙讀爲嫌。得信於主，不處嫌疑間，使人疑其作威福也。○謝本依盧校，不下有忘字。盧文弨曰：各本無忘字，惟宋本有作不忘處謙，下解未嘗不可通，但注讀謙爲嫌，云不處嫌疑間，則忘字衍，當去之。王念孫曰：宋呂本如是，錢及各本俱無忘字。先謙案：忘字依注不當有，從各本刪 任重而不敢專；財利至，則善而不及也，善而不及，而如也，言己之善寡如不合當此財利也。○謝本從盧校，善上有言字。王念孫曰：元刻無言字，是也。據楊注云善而不及而如也，則善上無言字明矣。注又云言己之善寡如不合當此財利也，此言字乃申明正文之詞，非正文所有也。宋本有言字，即涉注文而衍。先謙案：王說是，今依元刻刪 必將盡辭讓之義，然後受。福事至則和而理，禍事至則靜而理。理謂不失其道。和而理謂不充詘，靜而理謂不隕穫也 富則施廣，貧則用節，可貴可賤也，可富可貧也，可殺而不可使爲姦也。君雖寵榮屈辱之，終不可使爲姦也 是持寵處位終身不厭之術也。雖在貧窮徒處之埶，亦取象於是矣，夫是之謂吉人。徒處，徒行，或曰獨處也。雖貧賤，其所立志亦取法於此也 詩曰：「媚茲一人，應侯順德，永言孝思。」

昭哉嗣服。此之謂也。詩大雅下武之篇一人謂君也應當侯維服事也鄭云媚愛茲此也可愛乎武王能當此順德謂能成其祖考之功也服事也明哉武王之嗣行祖考之事謂伐紂定天下也引此者明臣事君亦猶武王之繼祖考也

求善處大重。理任大事。大重謂大位也。○俞樾曰理字衍文處大重任大事相對皆蒙善字爲義楊注曰大重謂大位也不釋理字之義知楊氏作注時尚無理字也理字蓋卽重字之誤而衍者擅寵於萬乘之國。必無後患之術。○先謙案求善處之術二十二字爲句與下必無後患之術也相應與前後持寵處位終身不厭之術天下之行術一律楊失其讀莫若好同之。好賢人與之同者也援賢博施。除怨而無妨害人。○除怨不念舊惡○盧文弨曰正文人字元刻作之能耐任之。則愼行此道也。耐忍也愼讀爲順言人有賢能者雖不欲用必忍而用之則順己所行之道耐乃代反。○王念孫曰能耐任之能而不耐任兩能字皆衍文耐卽能字也（禮運故聖人耐以天下爲一家以中國爲一人者鄭注曰耐古能字傳書世異古字時有存者則亦有今誤矣樂記故人不耐無樂鄭注曰耐古書能字也後世變之此獨有爲成七年穀梁傳非人之所能也釋文能亦作耐管子入國篇聾盲喑啞跛躄偏枯握遞不耐自生者耐卽能字）耐任之則愼行此道者言能任國家之大事（此承上理任大事而言）則愼行此道也今作能耐任之者後人記能字於耐字之旁而傳寫者因誤合之也而不耐任云云者而讀爲如言如不能任其事則莫若推賢讓能也今作能而不耐任者傳寫者旣能耐竝錄而能字又誤在而不二字之上也楊氏不得其解故曲爲之詞能而不耐任。有能者不忍急用之且恐失寵。則莫若早同之。推賢讓能而安隨其後。如是有寵則必榮。失寵則必無罪。是事君者之寶。而必無後患之術也。或曰荀子非王道之書其言駁雜今此又言以術事君曰不然夫荀卿生於衰世意在濟時故或論王道或論霸道或論彊國在時君所擇同歸於治者也若高言堯舜則道必不合何以拯斯民於塗炭乎故反經合義曲成其道若得行其志治平之後則亦堯舜之道也又荀卿門人多仕於大國故戒以保身推賢之術與大雅旣明且哲豈云異哉。○盧文弨曰正文也字元刻在寶字下案推賢讓能人臣之正道也以此爲固寵之術亦不善於持說矣注曲爲之解非是故知者之舉事也。滿則慮嗛。嗛不足也當其盈滿則思其後不足之時而先防之平則慮險。安則慮危。曲重其豫。猶恐及其旤。是以百舉而不陷也。委曲重多而備豫之猶恐其及旤旤與禍同孔子曰。巧而好度必節。勇而好同必勝。知而好謙必賢。此之謂也。巧者多作淫靡故好法度者必得其節勇者多陵物故好與人同者必勝之也。○郭嵩燾

曰勝當讀爲識蒸切說文勝任也言勇而好同能盡人之力則可以任天下之大事

愚者反是。處重擅權，則好專事而妬賢能，抑有功而擠有罪，志驕盈而輕舊怨。擠推也言重傷之也輕舊怨謂輕報舊怨。王念孫曰輕謂輕怨也以其處重擅權（見上文）故志驕盈而輕怨舊怨以爲莫如子何也楊云輕報舊怨於輕下加報字失之 以吝嗇而不行施道乎上，爲重招權於下以妨害人，雖欲無危，得乎哉！施道施惠之道欲重其威福故招權使歸於已 是以位尊則必危，任重則必廢，擅寵則必辱，可立而待也，可炊而僨也。炊與吹同僨當爲僵言可以氣吹之而僵仆僨音竟。盧文弨曰元刻作音僵郝懿行曰洪氏頤煊以僨爲趬引說文趬術而行郭慶藩曰字書無僨字僨當讀爲竟說文樂曲盡爲竟引申之凡終盡之義皆謂之竟炊而竟猶言終食之間謂時不久也 是何也？則墮之者衆而持之者寡矣。墮許規反。先謙案墮毀也持扶助也解蔽篇云鮑叔甯戚隰朋能持管仲召公呂望能持周公也

天下之行術：可以行於天下之術 以事君則必通，以爲仁則必聖，立隆而勿貳也。仁謂仁人聖亦通也以事君則必通達以爲仁則必有聖知之名者在於所立敦厚而專一也此謂可行天下之術也。俞樾曰仁當作人言以事君則必通達以爲人則必聖知也楊注仁仁人失之矣先謙案以事君二句上屬爲義言行天下之術如此也立隆句下屬爲義隆猶中也立中道而無貳心然後從而行之是乃行術也楊注似未晰仁人古通俞說是 然後恭敬以先之，忠信以統之，愼謹以行之，端慤以守之，頓窮則從之疾力以申重之。以敦厚不貳爲本然後輔之以恭敬之屬頓謂困躓也疾力勤力也困戹之時則尤加勤力而不敢怠惰申重猶再三也 君雖不知，無怨疾之心；功雖甚大，無伐德之色；省求多功，愛敬不勌，如是則常無不順矣。省少也少所求即多立功勞省所景反 以事君則必通，以爲仁則必聖，夫是之謂天下之行術。少事長，賤事貴，不肖事賢，是天下之通義也。有人也，埶不在人上而羞爲人下，是姦人之心也。志不免乎姦心，行不免乎姦道，而求有君子聖人之名，辟之是猶伏而咶天，救經而引其足

也。辟讀爲譬咶與舐同經縊也伏而舐天愈益遠也救經而引其足愈益急也經音徑○俞樾曰舐天二字甚爲無誼人豈有能舐天者乎以此爲喻近於戲矣疑荀子原文作眂天眂卽古視字也伏而視天則不可見故曰說必不行也眂誤爲舐傳寫者又改爲咶耳先謙案漢書云陽夢咶天而王後漢和熹鄧后紀夢及天而咶之咶天古有是語故荀子引以爲譬俞說非彊國篇亦有此二語說必不行矣。俞務而俞遠。俞讀爲愈故君子時詘則詘，時伸則伸也。埶在上則爲上在下則爲下必當其分安有埶不在上而羞爲下之心哉

荀子集解卷四

儒效篇第八 效功也

大儒之效。武王崩。成王幼。周公屛成王而及武王以屬天下。惡天下之倍周也。屛蔽及繼屬續也屬之欲反。王念孫曰屬繫也天子者天下之所繫言周公屛成王而及武王以繫屬天下故下句云惡天下之倍周也楊訓屬爲續續天下之語不詞　履天子之籍。籍謂天下之圖籍也。謝本從盧校作天下之籍王念孫曰宋本作天子是也（世德堂本同）文選江淹雜體詩注引此正作履天子之籍淮南氾論篇周公履天子之籍聽天下之政語即本於荀子籍者位也謂履天子之位也下文言周公反籍於成王是籍與位同義彊國篇曰夫桀紂執籍之所存天下之宗室也執籍即執位故韓詩外傳作履天子之位聽天下之政楊以籍爲天下之圖籍非也圖籍不可以言履（高注淮南以籍爲圖籍誤與楊同）先謙案王說是今改從宋本　聽天下之斷。偃然如固有之。而天下不稱貪焉。偃然猶安然固有之謂如固合有此位也殺管叔。虛殷國。而天下不稱戾焉。虛讀爲墟戾暴也墟殷國謂殺武庚遷殷頑民于洛邑朝歌爲墟也兼制天下。立七十一國。姬姓獨居五十三人。而天下不稱偏焉。左氏傳成鱄對魏獻子曰昔武王克商光有天下其兄弟之國者十有五人姬姓之國者四十人皆舉親也與此數略同言四十人蓋舉成數又曰昔周公弔二叔之不咸故封建親戚以蕃周室管蔡郕霍魯衞毛聃郜雍曹滕畢原酆郇文之昭也邘晉應韓武之穆也凡蔣邢茅胙祭周公之胤也餘國名淺學難盡詳究。郝懿行曰此總言之左傳（昭廿八年）渻言之曰其兄弟之國者十有五人姬姓之國者四十人以校此數三當爲五或三五字形易於混淆故轉寫致譌耳教誨開導成王。使諭於道。而能揜迹於文武。開導謂開通導達揜襲也周公歸周。周公所封畿內之國亦名周春秋周公黑肩蓋其後也言周公自歸其國也。先謙案歸周者以周之天下歸之成王與反籍於成王文義一貫故下文又以歸周反籍連言非謂自歸其國周公歸政身在王朝即使偶至其采邑固非事理所重不得以歸周爲詞也　反籍於成王。而天下不輟事周。然而周公北面而朝之。待其固安之後北面爲臣明攝政非爲己也　天子也者。不可以少當也。不可少頃當此位也不可以假攝爲也。周公所以少頃假攝天子之位蓋權宜以安周室也能則天下歸之不能則天下去之。是以周公屏成王而及武王以屬天下。惡天下之離周也。成王冠成人。周公歸周反籍焉。明不滅主之義也。周公無天下矣。鄉有天下。今無天下。非擅也。鄉讀爲向下同擅與禪同言非禪讓與成王也成王鄉無天下。今有天下。非奪也。變埶次序節然也。節期也權變次序之期如此也。王引之曰節上有之字而今本脫之則文義不明此言周公鄉有天下而今無成王鄉無天下而今有皆變埶次序之節如此也據楊注云節期也權變次序之期如此則正文原有之字明矣榮辱篇曰是非知能材性然也是注錯習俗之節異也文義與此相似先謙案王說非也天論篇云君子啜菽飲水非愚也是節然也與此文一例節然猶適然說詳彊國篇楊注亦非故以枝代主而非越也。枝枝子周公武王之弟故曰枝主成王也以弟誅兄而非暴也。謂殺管叔管叔周公之兄也君臣易位而非不順也。時不得不然故易位非爲不順因天下之和。遂文武之業。明枝主之義。抑亦變化矣。天下厭然猶一也。厭然順從之貌一涉反。謝本從盧校抑亦變化矣作仰易變化注多仰易反易也五字盧文弨曰正文抑易變化宋本作抑亦變化矣無仰易反易也五字注今從元刻郝懿行曰厭者合也倉頡篇云伏合人心曰厭周語克厭天心韋昭注厭合也此厭字本義其音一琰切楊注厭然順從之貌義猶近之其音一涉反則非厭字古有二音二義說文厭笮也笮者迫也此厭音於輒切一曰合也此厭音一琰切荀書此厭訓合此篇下云猒猒兮其能長久也猒即厭之叚借楊氏訓爲猒足失其義也王霸篇云厭焉有千歲之固亦與此厭音義俱同楊注引禮記曰見君子而後厭然鄭注厭讀爲黶黶閉藏貌楊蓋不知假借之義鄭欲借厭爲黶故訓閉藏荀書之厭自用本義無取閉藏何必依鄭讀厭爲黶邪王念孫曰抑亦變化矣宋呂錢本竝如是世德堂本同承上文而言言周公以枝代主君臣易位然後反籍於成王以明枝主之義其事抑亦變化矣然而天下晏然如一也抑亦變化矣五字不須注釋故楊氏無注元刻抑亦變化矣作仰易變化而妄爲之注曰仰易反易也案諸書無謂反易爲仰易者盧從元刻非又曰厭然安貌字本作懕或作猒又作愔方言曰猒安也說文曰懕安也玉篇音於廉切爾雅曰懕懕安也秦風小戎篇厭厭良人毛傳曰厭厭安靜也小雅湛露篇厭厭夜飲韓詩作愔愔昭十二年左傳祈招之愔愔杜注曰愔愔安和貌皆其證也下文曰猒猒兮其能長久也王霸篇曰厭焉有千歲之固正論篇曰天下厭然與鄉無以異也義竝與此同乃楊注於天下厭然猶一則云厭然順從之貌一涉反（正論篇注又云順服之貌古皆無此訓）於猒猒兮其能長久則云猒足也於厭焉有千歲之固則云厭讀爲黶黶然深藏千歲不變改皆由不知厭之訓爲安故望文生義而卒無一當矣先謙案宋本作抑亦變化矣是也今依王說改正厭然王說是

非聖人莫之能爲。夫是之謂大儒之效。

秦昭王問孫卿子曰。儒無益於人之國。漢宣帝名詢劉向編錄故以荀卿爲孫卿也 孫卿子曰。儒者法先王。隆禮義。謹乎臣子而致貴其上者也。謹乎臣子謂使不敢爲非致極也 人主用之則埶在本朝而宜。言儒者得權埶在本朝則事皆合宜也。王念孫曰埶者位也言位在本朝也禮運在埶者去鄭注曰埶埶位也下文曰埶在人上仲尼篇曰埶不在人上而羞爲人下正論篇曰埶位至尊是埶與位同義楊以埶爲權埶失之 不用則退編百姓而慤。必爲順下矣。必不爲勃亂也 雖窮困凍餧。必不以邪道爲貪。無置錐之地。而明於持社稷之大義。嗚呼而莫之能應。然而通乎財萬物養百姓之經紀。嗚呼歎辭也財與裁同雖歎其莫已知無應之者而亦不怠惰困弃常通於裁萬物養百姓之綱紀也。郝懿行曰嗚俗字古止作烏烏呼而莫之應言儒雖困窮凍餧若不以禮聘致欲呼召之而必不能應也此對秦昭王輕儒而言必云烏呼者李斯諫逐客書擊甕叩缶歌呼烏烏眞秦之聲故以此言反之注以歎辭爲解不成文義王念孫曰嗚當爲嘷字之誤也嘷與叫同爾雅祈叫也周官大祝注叫作嘷小雅北山傳曰叫呼也周官銜枚氏曰禁嘂呼歎嗚於國中者淮南原道篇曰叫呼仿佛漢書息夫躬傳曰狂夫嘷謼於東崖竝字異而義同上言嘷呼故下言莫之能應若作嗚呼則與下文義不相屬矣新序雜事篇作叫呼而莫之能應是其明證也先謙案楊郝二說皆非也嗚呼而莫之能應言儒者窮困之時人不聽其呼召也與無置錐之地句相儷然而句與而明句相儷文義甚明財成也說見非十二子篇 埶在人上。則王公之材也。在人之上謂爲人君也 在人下。則社稷之臣。國君之寶也。雖隱於窮閻漏屋。人莫不貴之。道誠存也。窮閻窮僻之處閻里門也漏屋弊屋漏雨者也。王念孫曰廣雅曰閻謂之衖（與巷同）窮閻即論語所云陋巷非謂里門也新序雜事篇作窮閭閭亦巷也故祭義弟達乎州巷鄭注曰巷猶閭也（巷謂之閭亦謂之閻猶里門謂之閭亦謂之閻）漏讀爲陋巷之陋說文曰陋阸陝也陋屋與窮閻同意非謂弊屋漏雨也爾雅曰陋隱也大雅抑篇尙不愧于屋漏鄭箋曰漏隱也是陋與漏通羣書治要引作窮閻陋屋韓詩外傳作窮巷陋室皆其明證矣先謙案羣書治要作人莫不貴貴道誠存也言人所以莫不貴此人者其可貴之道在也文義爲長修身篇云雖困四夷人莫不貴非相篇云雖不說人人莫不貴句法一律俱無之字此作貴之不重貴字者下貴字或作、、轉寫者因誤爲之字耳君道篇云夫文王欲立貴道又云於是乎貴道果立正與此貴道同義 仲尼將爲司寇。魯司寇也 沈猶氏不敢朝飲其羊。公愼氏出其妻。愼潰氏踰境而徙。皆魯人家語曰沈猶氏常朝飲其羊以詐市人公愼氏妻淫不制愼潰氏奢侈踰法魯之鬻六畜者飾之以儲賈 魯之粥牛馬者不豫賈。必蚤正以待之也。豫賈定爲高價也粥牛馬者不敢高價言仲尼必先正其身以待物故得從化如此賈讀爲價。盧文弨曰正文以待之下俗本有者字郝懿行曰豫與序同古字通用早正市價以待之故囂者不復論序也劉台拱曰孔子將爲司寇而魯之人蚤自修正以待之所謂不動而變無爲而成也王念孫曰蚤正以待之與下文孝弟以先之皆指孔子而言若謂魯人蚤自修正以待則與下文不類矣王引之曰豫猶誑也周官司市注曰使定物賈防誑豫是也（豫與誑同義賈疏云恐有豫爲誑欺故云防誑豫失之）晏子問篇曰公市不豫宮室不飾鹽鐵論力耕篇曰古者商通物而不豫工致牢而不僞不豫謂不誑也又禁耕篇曰敎之以禮則工商不相豫謂不相誑也豫猶一聲之轉方言曰猶詐也詐亦誑也或謂之猶亦謂之豫（老子與兮若冬涉川猶兮若畏四鄰與與豫同）詐說惑人謂之猶亦謂之豫此轉語之相因者也豫又作儲家語相魯篇孔子爲政三月則粥牛馬者不儲賈儲與奢古聲相近說文曰奢張也爾雅曰侜張誑也亦古訓之相因者也然則市不豫賈者市賈皆實不相誑豫也淮南覽冥篇曰黃帝治天下市不豫賈史記循吏傳曰子產爲相市不豫賈（索隱云謂臨時評其貴賤不豫定賈失之）說苑反質篇曰徒師沼治魏而市無豫賈義並與此同說者皆讀豫爲凡事豫則立之豫望文生義失其傳久矣俞樾曰必字衍文也下文孝弟以化之也與此句相對下無必字則此亦當無必字矣蚤字無義疑脩字之誤脩字闕壞止存右旁之脅故誤爲蚤耳榮辱篇曰脩正治辨矣非十二子篇曰脩正者也富國篇曰必先脩正其在我者王霸篇曰內不脩正其所以有皆以脩正二字連文可以爲證新序引此作布正布緐書或作希亦與脩字左旁相似先謙案豫賈王說是必蚤正王俞說是

居於闕黨。闕黨之子弟罔不分。有親者取多。居謂孔子閒居闕黨之子弟罔不分均有無於分均之中有父母者取其多也。謝本從盧校作罔不必分盧文弨曰宋本無必字元刻有案必與畢古通用新序五作罔罟分有親者取多其卷一作畋漁分有親者得多與此不同郝懿行曰必字誤衍應依新序五作罔罟分說苑七云羅門之羅有親者取多無親者取少正與新序同爲一事劉台拱曰罔不分當作罔罘分罘免罟也一曰麋鹿罟也新序卷一作畋漁分有親者取多其卷五作罔罟分有親者取多與此文大同元刻作罔不必分妄增必字不可從王念孫曰罔不分宋呂錢本並如是不即罘字（晏子春秋內篇曰結罘罔）先謙案宋本是今依諸說刪必字 孝弟以化之也。由孔子以孝弟化之 儒者在本朝則美政。在下位則美俗。。盧文弨曰下位元刻作其位 儒之爲人下如是矣。王曰。然則其爲人上何如。孫卿曰。其爲人上也廣大矣。志意定乎內。禮節脩乎朝。法則度量正乎官。忠信愛利形乎下。官百官形見也。王念孫曰官與朝對文曲禮在官言官在朝言朝鄭注曰官謂板圖文書之處是也富國篇亦曰節奏齊於朝百事齊於官楊云官百官失之 行一不義。殺一無罪。而得天下。不爲也。此君義信乎人矣。通於四海。則天下應之如讙。以君義通於四海故應之如讙讙喧也言聲齊應之也。王念孫曰楊說非也

君當爲若字之誤也此若義猶云此義若亦此也（論語公冶長篇曰君子哉若人）連言此若者古人自有複語耳此若義三字承上文而言言此義信乎人徧乎四海則天下莫不應之也新序雜事篇作若義信乎人矣是其明證也禮記曾子問篇曰子游之徒有庶子祭者以此若義也（鄭讀以此爲一句若義也爲一句非是說見經義述聞）管子山國軌篇曰此若言何謂也墨子尚賢篇曰此若言之謂也史記蘇秦傳曰王何不使辯士以此若言說秦（今本若譌作苦燕策作若此言）皆竝用此若二字

是何也。則貴名白而天下治也。

貴名謂儒名可貴白明顯。盧文弨曰俗本注末有之貌二字顧千里曰治疑當作願榮辱篇身死而名彌白小人莫不延頸舉踵而願楊注願猶慕也王制篇若是名聲白（舊本誤日下衍聞見雜志第三）天下願楊注願謂人人皆願致士篇而貴名白天下願楊注天下皆願從之也此願同榮辱篇之願此天下願同王制篇致士篇之天下願明甚楊此篇無注蓋已誤爲治其實非也

故近者歌謳而樂之。遠者竭蹷而趨之。

竭蹷顛倒也遠者顛倒趨之如不及然

四海之内若一家。通達之屬莫不從服。夫是之謂人師。

通達之屬謂舟車所至人力所通之處也師長也言儒者之功如此故可以爲人之師長也。盧文弨曰注人之師長宋本無之字今從元刻郝懿行曰師者衆也言合四海若一家成爲大衆謂衆所歸往也王制篇及議兵篇義亦同爾雅師人也此言人師其義則一注云師長非也先謙案如郝說夫是之謂人衆不詞甚矣師長之義甚古長亦君也周語古之長民者韋注長猶君也廣雅釋詁長君也人師猶言人君矣王制篇議兵篇語意大同楊注竝訓師長又王制篇云上無君師正論篇云海内之民莫不願得以爲君師又云然則是誅民之父母而師民之怨賊也禮論篇云尊先祖而隆君師皆作君長解若如郝說豈可通乎

詩曰。自西自東。自南自北。無思不服。此之謂也。

詩大雅文王有聲之篇引此以明天下皆歸之也

夫其爲人下也如彼。其爲人上也如此。何謂其無益於人之國也。昭王曰善。

先王之道。仁之隆也。比中而行之。

先王之道謂儒學仁人之所崇高也以其比類中道而行之不爲詭異之說不高不下使賢不肖皆可及也。謝本從盧校作仁人隆也王念孫曰呂本作仁之隆也是也此言先王之道乃仁道之至隆者也所以然者以其比中而行之也楊云仁人之所崇高也失之錢本作仁人隆也即涉注仁人而誤比順也從也（說見經義述聞比象傳）言從乎中道而行之也楊以比爲比類未確先謙案下文以禮義釋中則比中即論語義之與比之意王說是也仁之隆也義長依呂本改正

曷謂中。曰禮義是也。道者非天之道。非地之道。人之所以道也。君子之所道也。

重說先王之道非陰陽山川怪異之事是人所行之道也。謝本從盧校作人之所道也無君子之所道也句盧文弨曰宋本作人之所以道也下又有君子之所道也句今從元刻王念孫曰盧說非也人之所以道者道行也謂人之所以行也君子之所道者道爲人之所以行

而人皆莫能行之唯君子爲能行之也二句本不同義後人以爲重複而刪之謬矣下文君子之所謂賢者八句正承此君子而言則此句之非衍文甚明呂錢本世德堂本皆作人之所以道也君子之所道也今據以補正先謙案王說是今改從宋本

君子之所謂賢者。非能偏能人之所能之謂也。君子之所謂知者。非能偏知人之所知之謂也。君子之所謂辯者。非能偏辯人之所辯之謂也。君子之所謂察者。非能偏察人之所察之謂也。有所正矣。苟得其正不必偏能或曰正當爲止言止於禮義也。王念孫曰案後說是也解蔽篇曰夫學也者固學止之也惡乎止之曰止諸至足曷謂至足曰聖王也是其證羣書治要正作有所止矣

相高下。視墝肥。序五種。君子不如農人。相視也高下原隰也墝薄田也五種黍稷豆麥麻序謂不失次序各當土宜也

通財貨。相美惡。辯貴賤。君子不如賈人。視貨物之美惡辨其貴賤也賈與估同

設規矩。陳繩墨。便備用。君子不如工人。便備用謂精巧便於備用。先謙案備用猶言械用說見王制篇

不卹是非然不然之情。。王引之曰然不然本作然不即然否也哀公篇情性者所以理然不取舍也是其證取舍與然不對文是非與然不亦對文後人不知不爲否之借字故又加然字耳性惡篇不恤是非然不然之情謬與此同先謙案卹恤通用秦策不恤楚交韋注恤顧也

以相薦撙。以相恥怍。君子不若惠施鄧析。薦藉也謂相蹈藉撙抑皆謂相陵駕也怍慚也。盧文弨曰正文末有也字今從元刻刪

若夫譎德而定次。譎與商同古字商度其德而定位次本或亦多作譎譎與決同謂斷決其德故下亦有論德而序位之語。盧文弨曰注末四字宋本作定次也訛今從元刻洪頤煊曰字書無譎字君道篇論德而定次量能而授官文與此同譎疑卽論字之譌正論篇圖德而定次圖謀亦論也譎字又譌作譎王念孫曰作譎者是也作譎者譎之譌耳譎決古字通（睽上九王注恢詭譎怪釋文譎本亦作決）謂決其德之大小而定位次也下文譎德而序位是其明證又君道篇譎德而定次今本作論德論字乃後人以意改之（正論篇論德而定次同）韓詩外傳作決德則荀子之本作譎甚明或據君道篇改此篇之譎德爲論德非也又正論篇圖德而定次舊校云一本作決德亦當以作決者爲是作圖者蓋亦後人所改

量能而授官。使賢不肖皆得其位。能不能皆得其官。任使各當其才

萬物得其宜。事變得其應。愼墨不得進其談。惠施鄧析不敢竄其察。竄隱匿也言二子之察無所逃匿君子皆識也。先謙案楊說非也不得進其談不敢竄其察文義一律竄與進意亦相配不得解竄爲逃匿也大略篇云貧窶者有所竄其手矣注竄容也此竄亦當訓爲容言二子無所容其察辨也呂覽審分篇無所竄其姦矣竄字意正與此同

言必當理，事必當務，是然後君子之所長也。凡事行，有益於理者，立之；行，下孟反。無益於理者，廢之。夫是之謂中事。凡知說，有益於理者，爲之；無益於理者，舍之。夫是之謂中說。事行失中，謂之姦事。○王念孫曰：事行，呂本作行事，錢本及各本行事皆作事行，盧從呂本。上文云事行無益於理者廢之，知說無益於理者舍之，此云事行失中謂之姦事，知說失中謂之姦道，皆承上文而言，則作事行者是也。仲尼篇云其事行也若是其險汙淫汏也（楊注：事險而行汙也，行下孟反。案楊於仲尼篇已釋事行二字，故此不復釋），王制篇云立身則從傭俗，事行則遵傭故，皆其證。先謙案：謝本從盧校作行事，今從王說改正。知說失中，謂之姦道。姦事姦道，治世之所棄，而亂世之所從服也。若夫充虛之相施易也，充，實也。施讀曰移。移易，謂使實者虛，虛者實也。堅白同異之分隔也，以堅白同異之言相分別隔易，同異已解上也。是聰耳之所不能聽也，明目之所不能見也，辯士之所不能言也，雖有聖人之知，未能僂指也。僂，疾也。言雖聖人亦不可疾速指陳。僂，力主反。公羊傳曰：夫人不僂，何休曰：僂，疾也，齊人言也。不知無害爲君子，知之無損爲小人。工匠不知，無害爲巧；君子不知，無害爲治。君子，卿大夫也。王公好之則亂法，百姓好之則亂事。事謂作業。而狂惑戇陋之人，乃始率其羣徒，辯其談說，明其辟稱，老身長子，不知惡也。戇，愚也。辟音譬。稱，尺證反。身老子長，言終身不知惡之也。夫是之謂上愚，有偏辟之見，非昧然無知然，亦不免於愚，故曰上愚。○劉台拱曰：上愚猶言極愚，楊注非。曾不如相雞狗之可以爲名也。有惠施鄧析之名，尚不如相雞狗之名也。○盧文弨曰：正文曾不如下，宋本有好字，元刻無。郝懿行曰：古人重畜，閻富數爲門材，與焉不獨相牛馬之有經也，後世蔑如矣。詩曰：爲鬼爲蜮，則不可得；有靦面目，視人罔極。作此好歌，以極反側。此之謂也。詩小雅何人斯之篇。毛云：蜮，短狐也。靦，姡也。鄭云：使汝爲鬼爲蜮也，則汝誠不可得見也；姡然有面目，汝乃人也。人相視無有極時，終必與汝相見也。引此以喻狂惑之人也。

我欲賤而貴，愚而智，貧而富，可乎？曰：其唯學乎。彼學者，行之，曰士也；彼爲儒學者能行則爲士也士者修立之稱。先謙案據以彼爲儒學者釋彼學者三字非也下言行之曰士上言爲儒學之人於義爲複矣彼學者三字讀斷與上其唯學乎正相呼應曰士也猶言謂之士也敦慕焉。君子也。敦厚慕之。王引之曰楊說非也敦慕皆勉也爾雅曰敦勉也大戴記五帝德篇曰幼而彗齊長而敦敏內則曰惇行孝弟（敦惇古字通）是敦爲勉也說文慔（莫故切）勉也爾雅曰慔慔勉也釋文慔音慕亦作慕是慕爲勉也（方言侔莫強也北燕之外郊凡勞而相勉若言努力者謂之侔莫淮南繆稱篇猶未之莫與高注莫勉之也莫與慕亦聲近而義同）此承上文而言言能行之則爲士行而加勉則爲君子故曲禮云敦善行而不怠謂之君子非徒厚慕之而已也知之。聖人也。知之謂通於學也於事皆通則與聖人無異也上爲聖人。下爲士君子。孰禁我哉。爲學之後則誰能禁我使不爲聖人士君子也鄉也混然涂之人也。俄而竝乎堯禹。豈不賤而貴矣哉。混然無所知之貌竝比也鄉音向涂與塗同鄉也效門室之辨。混然曾不能決也。效白辨別也向者明白門室之別異猶不能決言所知淺也。王引之曰楊以效爲明白既明白門室之別矣何又不能決乎乃又云言所知淺也此則曲爲之解而終不可通今案效者考也驗也（竝見廣雅）考驗門室之別會混然不能決言其愚也古謂考爲效說見經義述聞梓材及曲禮先謙案王說是議兵篇隆禮效功楊注亦云效驗也俄而原仁義。分是非。圖回天下於掌上而辯白黑。豈不愚而知矣哉。原本也謂知仁義之本圖謀也回轉也言圖謀運轉天下之事如在掌上也。盧文弨曰而辯之而與如同俞樾曰楊注圖謀運轉兩義不倫恐非其旨圖者圓之誤字廣雅釋詁圓圓也圓回猶圓轉也淮南原道篇曰圓者常轉是其義也圓回天下於掌上言天下之大可圓轉於掌上也隸書圖字或作圖或作圖皆與圓字相似學者多見圖少見圓因誤爲圖耳鄉也胥靡之人。俄而治天下之大器舉在此。豈不貧而富矣哉。胥靡刑徒人也胥相靡繫也謂鎖相聯相繫漢書所謂銀鐺者也舉皆也顏師古曰聯繫使相隨而服役之猶今囚徒以鎖連枷也。王引之曰此胥靡非謂刑徒人也胥靡者空無所有之謂故荀子以況貧胥之言疏也（司馬彪注莊子應帝王篇曰胥疏也宣十四年左傳車及於蒲胥之市呂氏春秋行論篇作蒲疏史記蘇秦傳東有淮潁煮棗無胥魏策作無疏）疏空也靡無也胥靡猶言胥無春秋齊有賓胥無蓋取此義也漢書揚雄傳客難曰胥靡爲宰寂寞爲尸胥靡與寂寞相對爲文是胥靡爲空無所有之意（張晏曰胥相也靡無也言相師以無爲作宰者也案張訓靡爲無是也其訓胥爲相則失之今有人於此。屑然藏千溢之寶。雖行貣而食。人謂之富矣。屑然雜碎衆多之貌行貣行乞也貣土得反。郝懿行曰屑瑣細之貌至寶不必盈握故以瑣細言之屑今作屑溢作鎰彼寶也者。衣之不可衣也。下衣於既反言已爲衣則不可衣著。盧文弨曰案已以通食之不可食也。賣之不可僂售也。僂疾。郝懿行曰上云雖有聖人之知未能僂指也注引公羊傳曰夫人不僂何休注僂疾也按僂皆屢之假借字釋詁云屢疾也售者讎之俗字詩曰賈用不讎然而人謂之富何也。豈不大富之器誠在此也。喻學者雖未得衣食亦猶藏千金之寶也。先謙案楊說非也此言藏寶者不可衣食不可僂售然而人謂之富者以其有大富之器也不指學者言下文是杅杅亦富人始就學者之富言之是杅杅亦富人已。豈不貧而富矣哉。杅杅卽于于也自足之貌莊子曰聽居居視于于也。王引之曰聽居居視于于與富意無涉案方言于大也文王世子于其身以善其君鄭注曰于讀爲迂迂猶廣也大也檀弓易則易于則于正義亦曰于謂廣大重言之則曰于于上文曰治天下之大器在此又曰大富之器在此是言學之富如財之富也故曰是杅杅亦富人巳故君子無爵而貴。無祿而富。不言而信。不怒而威。窮處而榮。獨居而樂。豈不至尊至富至重至嚴之情舉積此哉。舉皆也此此儒學也其情皆在此故人尊貴敬之故曰。貴名不可以比周爭也。不可以夸誕有也。不可以埶重脅也。必將誠此然後就也。貴名人所貴儒學之名此身也爭之則失。讓之則至。遵道則積。夸誕則虛。遵道則自委積夸誕則尤益空虛也。王念孫曰道當爲遁字之誤也遵遁卽逡巡文選上林賦注引廣雅曰逡巡卻退也管子戒篇作逡遁小問篇作遵遁（與荀子同）晏子問篇作逡遁又作逡循莊子至樂篇作蹲循漢書平當傳贊作逡遁萬章傳作逡循三禮注作逡遁竝字異而義同遵遁與夸誕對文遵遁則積承上文讓之則至而言夸誕則虛承上文爭之則失而言故下文云君子務積德於身而處之以遵遁（今本亦誤作遵道）言以退讓自處也若作遵道則與夸誕不對且與上文不相應矣楊依遵道爲解故失之故君子務脩其內而讓之於外。務積德於身而處之以遵道。如是則貴名起如日月。天下應之如雷霆。衆應之聲如雷。謝本從盧校起下有之字盧文弨曰正文起之宋本無之字王念孫曰宋本是也貴名起如日月言貴名之顯箸也（王霸篇如是則夫名聲之部發於天地之閒也豈不如日月雷霆云乎哉）起下不當有之字元刻及世德堂本有之字乃涉下句天下應之而衍呂錢本皆無之字先謙案王說是今改從宋本故曰。君子隱而顯。微而明。辭讓而勝。詩曰。鶴鳴于九皐。聲聞于天。此之謂也。詩小雅鶴鳴之篇毛云皐澤也言身隱而名箸也鄭云皐澤中水溢出所爲坎自外數至九喻聲遠也鄙夫反是。比周而譽俞少。鄙爭而名俞辱。煩勞以求安利。其身俞危。俞讀爲愈。王念孫曰譽非名譽卽與字也（與譽古字通射義則燕則譽鄭注譽或爲與堯典伯與漢書古今人表作柏譽韓子有度篇忘主外交以進其與管子明法篇與作譽）言雖比周以求黨與而黨與愈少也（彊國篇曰比周以爭與）下句鄙爭而名愈辱乃言名譽耳元刻譽作與本字也宋本作譽借字也小雅角弓傳比周而黨愈少鄙爭而名愈賢求安而身愈危語皆本於荀子黨亦與也又臣道篇推類接譽以待無方（楊注無方無常也）譽亦讀爲與與亦類也周語少曲與爲韋注曰與類也言推類接與以待事之無常者而應之也楊以譽爲聲譽失之

詩曰。民之無良。相怨一方。受爵不讓。至于已斯亡。此之謂也。詩小雅角弓之篇引此以明不責己而怨人

故能小而事大。辟之是猶力之少而任重也。舍粹折無適也。舍除也粹讀爲碎除碎折之外無所之適言必碎折。先謙案正論篇云頤跌碎折不待頃矣與此粹折義同彼用本字

身不肖而誣賢。。先謙案不肖而自以爲賢是誣也下文云內不自以誣可證誣賢二字之義君道篇云臣不能而誣能則是臣詐也與此誣賢意同

是猶傴伸而好升高也。指其頂者愈衆。傴僂也伸讀爲身字之誤也傴身之人而彊升高則頭頂尤低屈故指而笑之者愈衆。劉台拱曰伸蓋卽僂字之譌

故明主譎德而序位。。先謙案譎決也說見上所以爲不亂也。忠臣誠能。然後敢受職。所以爲不窮也。分不亂於上。能不窮於下。治辯之極也。不亂謂皆當其序不窮謂通於其職列也言儒爲治辯之極也。先謙案辯亦治也說見不苟篇

詩曰。平平左右。亦是率從。是言上下之交不相亂也。詩小雅采菽之篇毛云平平辯治也交謂上下相交接也。王念孫曰交如上下交征利之交此承上文而言分不亂於上能不窮於下是上下交不相亂也交不相亂四字連讀富國篇云上下俱富交無所藏之文義正與此同楊云交謂上下相交接則誤以上下之交連讀矣

以從俗爲善。以貨財爲寶。以養生爲已至道。是民德也。養生爲已至道謂莊生之徒民德言不知禮義也。盧文弨曰此條舊不提行今案當分段從俗元刻作容俗今從宋本劉台拱曰養生猶言治生故曰民德未及乎莊生之徒王念孫曰民字對下士君子聖人而言

行法至堅。不以私欲亂所聞。如是則可謂勁士矣。行法至堅。好脩正其所聞。以橋飾其情性。行法謂行有法度行下孟反橋與矯同。盧文弨曰案宋本橋从木臣道篇亦同正韻引荀子亦从木元刻从手亦可通劉台拱曰韓詩外傳引此作行法而志堅（下同）據楊注行有法度明行法與志堅對擧不當作至王念孫曰法者正也言其行正其志堅（楊云行有法度加有字以釋之則於義稍迂）故下句云不以私欲亂所聞也古謂正爲法說見漢書賈鄒枚路傳先謙案荀書至志通借正論篇其至意至闇也楊注至當爲志是其證

臣道篇云相與彊君撟君盧校云撟宋本作撟羣書治要作矯明荀書以撟代矯也

其言多當矣。而未諭也。其行多當矣。而未安也。其知慮多當矣。而未周密也。

未諭謂未盡曉其義未安謂未得如天性安行之也周密謂盡善也 上則能大其所隆。。先謙案所隆謂其所尊奉者言能推崇其道而大之 下則能開道不已若者。如是則可謂篤厚君子矣。脩百王之法。若辨白黑。應當時之變。若數一二。如數一二之易 行禮要節而安之。若生四枝。要徼也節節文也言安於禮節若身之生四枝不以造作爲也要一遙反下要時同 要時立功之巧。若詔四時。徼時立功之巧謂不失機權若天告四時使成萬物也 平正和民之善。億萬之衆而博若一人。如是則可謂聖人矣。雖博雜衆多如理一人之少也。謝本從盧校聖人作賢人盧文弨曰賢人舊作聖人誤劉台拱云博若一人博當爲傳譌兵篇和傳而一亦當作和傳皆字之誤也而一如一也億萬之衆親附若一人卽所謂和傳如一也王念孫曰博與傳皆摶字之誤也摶卽專一之專億萬之衆而專若一人卽所謂和專如一也管子幼官篇曰摶一純固（今本摶誤作博）則獨行而無敵呂氏春秋決勝篇曰積則勝散矣摶則勝離矣淮南兵略篇曰武王之卒三千人皆專而一古書多以摶爲專詳見管子又曰自脩百王之法以下十句非聖人不足以當之故曰如是則可謂聖人矣下文如是則可謂聖人矣乃涉此文而衍（自井井兮其有理以下十句楊注皆以爲論大儒之德則非論聖人明矣此下安得又有如是則可謂聖人矣八字乎）盧不知下文之衍又以哀公篇孔子對哀公語有如此則可謂賢人矣一句在君子大聖之閒遂改此文之聖人爲賢人以別於下文之聖人不知本書之例皆以士君子聖人分爲三等與孔子對哀公者不同上文云行之曰士也敦慕焉君子也知之聖人也脩身篇云好法而行士也篤志而體君子也齊明而不竭聖人也解蔽篇曰嚮是而務士也類是而幾君子也知之聖人也皆以士君子聖人分爲三等與此文同一例不得於君子之上添出賢人名目各本及韓詩外傳皆作聖人無作賢人者（上文之篤厚君子卽賢人也故外傳曰篤厚君子未及聖人也是篤厚君子之上卽是聖人不得又添一賢人名目）先謙案平正猶平政也孟子萬章篇君子平其政王制篇云故君人者欲安則莫若平政愛民矣富國篇云平政以齊民與此平正和民文義一律正政古字通王霸篇云立隆政本朝而當彊國篇云隆在脩政矣二政字皆當作正彼借政爲正猶此借正爲政也博當爲摶王說是盧改聖人爲賢人誤今正 井井兮其有理也。井井良易之貌理有條理也。盧文弨曰正文有理各本作有條理案注則正文條字衍今刪 嚴嚴兮其能敬己也。嚴嚴有威重之貌能敬己不可干以非禮也嚴或作儼。盧文弨曰注干以各本皆誤倒今從明虞王合訂本移正 分分兮其有終始也。事各當其分卽無雜亂故能有終始分扶問反。王念孫曰楊說迂曲而不可通余謂分分當爲介介字之誤也（隸書介分相似故傳寫多譌說見淮南繆稱篇）脩身篇善在身介然必以自好也楊彼注云

介然堅固貌引繫辭傳介如石焉此介介亦堅固貌也固守不變始終如一故曰介介兮其有終始若作分分則
義不可通又君子篇刑罰不怒罪爵賞不踰德分然各以其誠通分亦當為介介然堅固貌言誠心介然上下相
通也若作分然則義不可通楊彼注云善惡分然亦失之俞樾曰分當讀為份說文人部份文質備也從人分聲
論語曰文質份份分分即份份也省偏旁耳君子篇分然各以其誠通義亦同此先謙案王俞二說並通據下文
又言緌緌兮其有文章則王義為允猒猒兮其能長久也。猒足也亂生於不足故知足然後能長久也。先謙案猒猒兮猶安安然說見上樂樂兮其執
道不殆也。殆危也。俞樾曰楊氏不釋樂樂之誼蓋即以本字讀之然樂樂字經傳罕見王霸篇曰櫟然扶持心國楊注曰櫟讀為落落石貌也此云樂樂兮彼云櫟然文異義同老子曰落落如石樂樂猶落
落也以其執道不殆故以石形容之炤炤兮其用知之明也。炤炤明見之貌炤與照同。郝懿行曰炤蓋照之或體字也經典罕用爾雅釋蟲熒火即炤用炤字顏氏家訓風操篇云
劉韜兄弟一生不為照字唯依爾雅火傍作召今讀荀書可知炤字由來已久蓋起於周秦閒矣王霸篇亦有炤字脩脩兮其用統類之行也。脩脩整齊之貌統類綱紀
也言事不乖悖也。王念孫曰脩讀為條春秋繁露如天之為篇曰行而無留若四時之條條然是條條為行貌
故曰條條兮其統類之行也作脩者借字耳（韓子難篇百官脩通管子明法解篇脩作條集韻脩他彫切縣名
周亞夫所封即史記絳侯世家之條侯是條脩古字通）楊以脩脩為整
齊貌與行字義不相屬王引之曰統類上不當有用字蓋涉上句而衍緌緌兮其有文章也。緌緌安泰
之貌緌或為葳蕤之蕤熙熙兮其樂人之臧也。熙熙和樂之貌隱隱兮其恐人之不當也。隱隱憂戚貌恐人之行事不當
理此已上皆論大儒之德也如是則可謂聖人矣。。先謙案此句衍文說見上此其道出乎一。曷謂一。曰執神
而固。執持精神堅固曷謂神。曰盡善挾治之謂神。萬物莫足以傾之之謂固。挾讀為浹浹周洽也。王
念孫曰正文挾洽二字元刻及世德堂本竝作挾洽洽字乃涉注文周洽而誤盧從元刻非也呂錢本洽竝作治
挾與浹同全體皆善故曰盡善全體皆治故曰浹治挾治與盡善對文若作挾洽則與盡善不對矣王引之曰萬
物上當有曷謂固曰四字萬物莫足以傾之之謂固與上文之曷謂一曷謂神
皆文同一例曷謂神曷謂固承上執神而固言之下文神固之謂聖人又承上曷謂神曷謂固言之今本脫去曷
謂固曰四字則與上下文不相應矣先
謙案謝本從盧校王說是改從宋本神固之謂聖人。聖人也者。道之管也。天下之道
管是矣。百王之道一是矣。管樞要也是是儒學故詩書禮樂之歸是矣。。劉台拱曰之下當有道字與上兩之道對文
詩言是其志也。是儒之志書言是其事也。禮言是其行也。樂言是其和也。春秋言

是其微也。微謂儒之微旨一字爲襃貶微其文隱其義之類是也 故風之所以爲不逐者。取是以節之也。風國風逐流蕩也國風所以不隨荒暴之君而流蕩者取聖人之儒道以節之也詩序曰變風發乎情止乎禮義發乎情人之性也止乎禮義先王之澤也 小雅之所以爲小雅者。取是而文之也。雅正也文飾也 大雅之所以爲大雅者。取是而光之也。郝懿行曰光猶廣也光廣古通用詩序所謂政有小大故有小雅大雅是也 頌之所以爲至者。取是而通之也。至謂盛德之極 天下之道畢是矣。鄉是者臧。倍是者亡。鄉是如不臧。倍是如不亡者。自古及今未嘗有也。是皆謂儒也鄉讀曰向盧文弨曰正文兩如字俱讀爲而

客有道曰。孔子曰。周公其盛乎。言其德盛 身貴而愈恭。家富而愈儉。勝敵而愈戒。戒備也言勝敵而益戒備荀卿之時有客說孔子之言如此 應之曰。是殆非周公之行。非孔子之言也。武王崩。成王幼。周公屏成王而及武王。履天子之籍。負扆而坐。戶牖之閒謂之扆也。謝本從盧校作履天下之籍盧文弨曰宋本作履天子之籍今從元刻案坐當作立王念孫曰正論篇居則設張容負依而坐諸侯趨走乎堂下汪氏中亦云作當爲立古無坐見諸侯之禮鈔者淺陋以意改之先謙案天子之籍是也說見上今改從宋本 諸侯趨走堂下。當是時也。夫又誰爲恭矣哉。兼制天下。立七十一國。姬姓獨居五十三人焉。周之子孫。苟不狂惑者。莫不爲天下之顯諸侯。孰謂周公儉哉。武王之誅紂也。行之日以兵忌。武王兵發以兵家所忌之日 東面而迎太歲。迎謂逆太歲尸子曰武王伐紂魚辛諫曰歲在北方不北征武王不從 至氾而汎。至懷而壞。氾水名懷地名書曰覃懷底績孔安國曰覃懷近河地名謂至氾而適遇水汎漲至懷又河水汎溢也呂氏春秋曰武王伐紂天雨日夜不休氾音祀。盧文弨曰正文至氾當作至氾左傳鄙在鄭地氾釋文音凡字從㔾不從巳其地在成皐之閒又漢高即位於氾水之陽在定陶漢書注音敷劍反非周師所經也氾汎懷壞以音成義楊氏不知氾當爲氾而即音爲祀謬矣又注河水汎溢下疑當有壞道二字王念孫曰汪氏中曰氾當作氾音汎字从㔾不从巳其說是也然荀子所謂至氾者究不知爲今何縣地盧用汪說而引左傳鄙在鄭地氾爲證（僖

二十四年）案杜注云鄭南氾也在襄城縣南則非周師所至不得引爲至氾之證矣至共頭而山隧。共河內縣名共頭蓋共縣之山名隧謂山石崩摧也隧讀爲墜共音恭。盧文弨曰案共頭卽共首見莊子王念孫曰此八字亦汪氏中校語也共首見讓王篇共頭又見呂氏春秋誠廉篇霍叔懼曰。出三日而五災至。無乃不可乎。霍叔武王弟也出行也周居豐鎬軍出三日未當至共蓋文王三分天下有其二境土已近於洛矣或曰至氾之後三日也周公曰。刳比干而囚箕子。飛廉惡來知政。夫又惡有不可焉。比干紂賢臣箕子紂諸父箕國名子爵也飛廉惡來皆紂之嬖臣飛廉善走惡來有力也遂選馬而進。選簡擇也。俞樾曰荀子之意方言周公之不戒甚馬必簡擇則非其義矣詩猗嗟篇曰舞則選令毛傳曰選齊也此選字亦當訓齊車攻篇曰我馬既同傳曰同齊也然則選馬而進蓋戎事齊力之義非簡擇之謂下文曰輿固馬選矣誼亦同此猶言我車既攻我馬既同也若以選爲簡擇則選馬可通馬選不可通矣朝食於戚。暮宿於百泉。杜元凱云戚衞邑在頓丘衞縣西百泉蓋近朝歌地名左氏傳曰晉人敗范氏於百泉厭旦於牧之野。厭掩也夜掩於旦謂未明已前也厭於甲反。俞樾曰楊注未明已前謂之厭旦於古無徵且以文義論之上云朝食於戚暮宿於百泉則此文旦下亦當有一字今止云厭旦於牧之野文義殊未足也厭旦當作旦厭厭讀爲壓彊國篇如牆厭之注曰厭讀爲壓此文厭字正與彼同旦壓於牧之野與上文朝食暮宿文義一律成十六年左傳楚晨壓晉軍而陳此云旦厭猶彼云晨壓矣鼓之而紂卒易鄉。倒戈而攻後也鄉讀曰向。郝懿行曰倒戈之語非荀所解易鄉者蓋謂紂卒辟易奔北耳未必倒戈相殺也孟子不信漂杵荀子不解倒戈其意正同楊注援以釋荀恐非遂乘殷人而誅紂。乘乘其倒戈之勢。盧文弨曰正文誅紂上元刻有進字郝懿行曰乘者覆也謂駕其上也注非書序云周人乘黎僞孔傳乘勝也亦非先謙案注乘字各本不重今從宋台州本增一乘字文義較足蓋殺者非周人。因殷人也。非周人殺之因殷倒戈之勢自殺之故無首虜之獲。無蹈難之賞。周人無立功受賞者反而定三革。偃五兵。定息偃仆也皆不用之義三革犀也兕也牛也考工記曰函人爲甲犀甲七屬兕甲六屬合甲五屬穀梁傳曰天子救日置五麾陳五兵范寗云五兵矛戟鉞楯弓矢國語說齊桓定三革偃五刃韋昭云三革甲冑盾也五刃刀劍矛戟矢也合天下。立聲樂。合天下謂合會天下諸侯歸一統也於是武象起而韶護廢矣。武象周武王克殷之後樂名武亦周頌篇名詩序曰武奏大武也禮記曰下管象朱干玉戚冕而舞大武韶護殷樂名左氏傳曰吳季札見舞韶護者蓋殷時兼用舜樂武王廢之也。盧文弨曰護與濩同宋本元刻並同四海之內。莫不變心易慮以化順之。故外闔不閉。闔門扇也。盧文弨曰宋本閉作閇係俗體跨天下而無蘄。跨越也蘄求也越天下而無求言自足也亦人皆與之不待求也。劉台拱曰蘄蓋與圻同言四海一家無封

疆之限也淮南俶眞訓四達無境通於無圻高注圻垠字也　當是時也。夫又誰爲戒矣哉。太平如此復誰備戒

造父者。天下之善御者也。無輿馬。則無所見其能。造父周穆王之御者　羿者。天下之善射者也。無弓矢。則無所見其巧。羿有窮之君逐夏太康而遂簒位者。先謙案弓宋台州本作弧　大儒者。善調一天下者也。無百里之地。則無所見其功。輿固馬選矣。而不能以至遠一日而千里。則非造父也。弓調矢直矣。而不能以射遠中微。則非羿也。善射者既能及遠又中微細之物也。兪樾曰此本作及遠中微故楊注曰善射者既能及遠又中微細之物也及遠二字卽本正文又王霸篇曰故人主欲得善射射遠中微則莫若羿蠭門矣楊注曰射及遠中微細之物是其所據本亦作及遠中微注文射字包及遠中微二意讀者不察謂注文作射及遠則正文必是射遠於是盡改爲射遠中微非荀子之舊矣君道篇曰人主欲得善射射遠中微者縣貴爵重賞以招致之韓詩外傳四引作及遠中微可據以訂正而外傳五引儒效篇文亦作射遠中微疑後人依誤本荀子改之　用百里之地。而不能以調一天下。制彊暴。則非大儒也。彼大儒者。雖隱於窮閻漏屋。無置錐之地。而王公不能與之爭名。在一大夫之位。則一君不能獨畜。一國不能獨容。成名況乎諸侯。莫不願得以爲臣。已解非十二子篇。盧文弨曰案此段在一大夫之位云云當爲衍文韓詩外傳卷五無此徑接下文語勢方脗合王念孫曰此三十二字涉非十二子篇而衍　用百里之地。而千里之國莫能與之爭勝。笞棰暴國。齊一天下。而莫能傾也。是大儒之徵也。傾危也徵驗也　其言有類。其行有禮。類善也謂比類於善不爲狂妄之言。先謙案類法也說見非十二子篇　其舉事無悔。其持險應變曲當。險危也其持危應變皆曲得其宜當丁浪反　與時遷徙。與世偃仰。隨時設教　千舉萬變。其道一也。是大儒之稽也。其道一謂皆歸於治也故禹湯文武事跡不同其於爲治一也稽攷也攷成也　其窮也俗儒笑之。其通也英傑化之。嵬瑣逃之。倍千人曰英倍萬人曰傑言英傑之士則慕而化之狂怪之人則畏而逃之也　邪說畏之。衆人媿之。衆人初皆非其所爲成功

之後故自媿也媿或爲貴通則一天下。窮則獨立貴名。儒名天不能死。地不能埋。桀跖之世不能汙。非大儒莫之能立。仲尼子弓是也。故有俗人者。有俗儒者。有雅儒者。有大儒者。辨儒者之異也不學問。無正義。以富利爲隆。是俗人者也。逢衣淺帶。解果其冠。逢大也淺帶博帶也韓詩外傳作逢衣博帶言帶博則約束衣服者淺故曰淺帶解果未詳或曰解果陿隘也左思魏都賦曰風俗以韰倮爲嫿韰音下界反倮音果嫿音獲靜好也或曰說苑淳于髡謂齊王曰臣笑鄰圃之祠田以一壺酒三鮒魚祝曰蟹螺者宜禾汙邪者百車蟹螺蓋高地也今冠蓋亦比之謂彊爲儒服而無其實也。盧文弨曰韰當作韰所引說苑見復恩篇又見尊賢篇此所引尊賢篇之文也蟹螺彼作蟹堁鄰圃作臣鄰皆當從彼爲是略法先王而足亂世術。略粗也粗法先王之遺言不知大體故足以亂世法韓詩外傳作略法先王而不足於亂世繆學雜舉。不知法後王而一制度。不知隆禮義而殺詩書。後王後世之王夫隨當時之政而立制度是一也若妄引上古不合於時制度亂矣故仲尼修春秋盡用周法韓詩外傳作不知法先王也。郝懿行曰殺蓋敦字之譌下同楊氏無注知唐本猶未譌其衣冠行僞已同於世俗矣。然而不知惡者。衣冠卽上所云逢衣淺帶之比行僞謂行僞而墜行下孟反。郝懿行曰僞與爲同行動作爲也注非劉台拱曰荀子書言僞者義皆作爲此行僞韓詩外傳作行爲王念孫曰行僞二字（行讀如字）本篇者見非十二子篇一見正論篇一見賦篇一見其見於正論及賦篇者後人皆已改作爲唯此篇及非十二子篇未改而此篇注遂讀爲詐僞之僞矣然而不知惡（烏路反）與下然而明不能別對文則惡下不當有者字其言議談說已無以異於墨子矣。然而明不能別。。盧文弨曰別上宋本有分字今從元刻刪呼先王以欺愚者而求衣食焉。呼謂稱舉得委積足以揜其口則揚揚如也。揚揚得意之貌隨其長子。事其便辟。舉其上客。億然若終身之虜而不敢有他志。是俗儒者也。長子謂君之世子也便辟謂左右小臣親信者也便婢延反辟讀爲嬖舉讀爲譽謂褒美其上客冀得其助也億字書無所見蓋環繞四拘之貌莊子曰睆然在纆繳之中矣。王念孫曰舉讀爲相與之與（與古通作舉說見經義述聞左傳昭三年）謂交其上客以求助也楊以舉爲褒美於義疏矣又曰億蓋億字之誤說文億安也從人意聲（意於力切）左傳國語通作億億行而億廢矣億然安然也言俗儒居人國中苟圖衣食（見上文）安然若將終身而不敢有他志也俞樾曰長子猶鉅子也莊子天下篇釋文引向秀曰墨家號其道理成者爲鉅子若儒家之碩儒長與鉅義同鉅子長子蓋當時有此稱隨其長子謂奉一先生以爲師從而附和之也楊注非其義王氏讀舉爲與是也解爲交其上客則非是此蒙事字爲文猶言事其便辟及其上客耳法後王。一制度。隆禮義而殺詩書。其言行已有大法矣。然而明不能齊。雖有大體其所見之明猶未能齊言行使無纖介之差法教之所不及。聞見之所未至。則知不能類也。有所不知則不能取比類而通之也禮記雖先王未之有可以義起是能類者矣。俞樾曰楊注斷明不能齊爲句此失其讀也齊讀爲濟然而以下十八字作一句讀言法教所及聞見所至則明足以及之而不能濟其法教所未及聞見所未至也所以然者由其知不能類也學者誤謂明不能齊知不能類相對成文遂以齊字斷句失之矣韓詩外傳正作明不能濟法教之所不及聞見之所未至無知不能類句知之曰知之。不知曰不知。內不自以誣。外不自以欺。不自欺人。盧文弨曰宋本作內不自以誣外外不自以欺內但與注不合王念孫曰唐風綢繆傳曰自用也（大雅緜傳棫樸箋及大傳注竝同）言內不用之以誣已外不用之以欺人楊釋下句云不自欺人失之以是尊賢畏法而不敢怠傲。是雅儒者也。有雅德之儒也法先王。統禮義。一制度。以淺持博。以古持今。以一持萬。以淺持博謂見其淺則可以執持博也先王當爲後王以古持今當爲以今持古皆傳寫誤也。盧文弨曰案元刻作以一行萬外傳同本書王制篇亦同劉台拱曰後王謂周也以古持今亦謂以文武周公之德持今世楊謂當爲以今持古非苟仁義之類也。雖在鳥獸之中。若別白黑。善類在鳥獸之中猶別況在人矣倚物怪變。所未嘗聞也。所未嘗見也。卒然起一方。則舉統類而應之。無所儗怎。倚奇也韓詩外傳作奇物怪變卒于忽反儗讀爲疑怎與怍同奇物怪變卒然而起人所難處者大儒知其統類故舉以應之無所疑滯慚怍也張法而度之。則晻然若合符節。是大儒者也。旣無所疑怍故開張其法以測度之則晻然如合符節言不差錯也度大各反晻與暗同符節相合之物也周禮門關用符節蓋以全竹爲之剖之爲兩各執其一合之以爲驗也。王引之曰張法而度之韓詩外傳張作援晻然同貌也韓詩外傳作奄然爾雅弇同也郭引詩奄有龜蒙（魯頌閟宮）弇奄晻竝通楊云晻與暗同失之故人主用俗人。則萬乘之國亡。不義而好利故亡也用俗儒。則萬乘之國存。僅存用雅儒。則千乘之國安。用大儒。則百里之地久。小國多患難用大儒然後可以長久也而後三年。天下爲一。諸侯爲臣。長久之業旣成又三年修德化則可以一天下臣諸侯蓋殷湯周文皆化行之後三年而王也。俞樾曰楊注斷久字爲句則而後三年句不成文義此當以久而後三年五字爲句言姑舉其久者言之則以三年爲期若速則或一年或二年卽可以一天下而臣諸侯矣韓詩外傳作久而三年無後字先謙案俞說是久而後三年者猶言久至三年也推極言之宥坐篇云綦三年而百姓往矣與此同意用萬乘之國。則舉錯而定。一朝而伯。錯讀爲措伯讀爲霸言一朝而霸也。王念孫曰楊讀伯爲霸非也信如楊說則是大儒用百里之地而可以王用萬乘之國而僅止於霸也斯不然矣今案伯讀爲白（王制正義引元命包曰伯之爲言白也明白於德也是伯與白義相通古鍾鼎文伯仲字多作白是伯與白字亦相通）白顯著也言一朝而名顯於天下也（上文曰儒者爲人上則貴名白而天下治致士篇曰貴名白天下願令行禁止王者之事畢矣樂論篇曰名聲於是白光輝於是大）王霸篇曰如是則夫名聲之部發於天地之閒也豈不如日月雷霆然矣哉故曰以國濟義一日而白湯武是也一日而白猶一朝而白耳韓詩外傳曰用萬乘之國則舉錯而定一朝而白詩曰周雖舊邦其命維新可謂白矣此尤其明證也

不聞不若聞之。聞之不若見之。見之不若知之。知之不若行之。學至於行之而止矣。行之明也。行之則通明於事也。盧文弨曰此節舊不提行今案當分段明之爲聖人。通明於事則爲聖人聖人也者。本仁義。當是非。齊言行。不失豪釐。無它道焉。已乎行之矣。當丁浪反已止也言聖人無他在止於行其所學也故聞之而不見。雖博必謬。雖博聞必有謬誤也見之而不知。雖識必妄。見而不知雖能記識必昧於指意謂若制氏然也。盧文弨曰案漢書禮樂志云漢興樂家有制氏但能紀其鏗鏘鼓舞而不能言其義此注蓋本此俗本誤作制力今從宋本訂正知之而不行。雖敦必困。苟不能行雖所知多厚必至困躓也不聞不見。則雖當非仁也。雖偶有所當非仁人君子之通明者也其道百舉而百陷也。言偶中之道百舉而百陷無一可免也故人無師無法。而知則必爲盜。勇則必爲賊。云能則必爲亂。

云能自言其能。盧文弨曰楊氏注非十二子篇無能而云能下卽作此語固當在此處似未安此云能當如易繫辭傳之云爲亦不必分口之所言身之所爲蓋云有旋轉運動之義云能二字必當時有此成語蓋卽營幹之意若依此注則於下文云能則速成更難强通王念孫曰下文云人有師有法而知則速通勇則速威云能則速成則云能非自言其能之謂也知勇云能皆出於天生而非出於人爲則云能非營幹之意也今案云者有也言無師無法而有能則必爲亂有師有法而有能則其成必速也楊注非十二子篇引愼子曰云能而害無能則亂也云能有能也法行篇曾子曰詩曰轂已破碎乃大其輻事以敗矣乃重大息其云益乎云益有益也古者多謂有爲云大雅桑柔篇民有肅心荓云不逮言使有不逮也爲民不利如云不克言如有不克也云字或作員秦誓曰雖則員然言雖則有然也（今本員作云乃衛包所改今據正義及漢書韋賢傳注改正以上三條說者多失

其義辯見釋詞）故廣雅曰員云有也文選陸機荅賈長淵詩注引應劭漢書注曰云有也晉語其誰云不從韋注曰誰有不從 察則必爲怪。惠施鄧析之比 辯則必爲誕。人有師有法而知則速通。勇則速威。云能則速成。察則速盡。辯則速論。察則速盡謂有聰察之性則能速盡物理速論謂能速論是非也。○王念孫曰論決也言辯事則速決也後漢書陳寵傳季秋論囚注云論決也楊說論字未了先謙案注聽各本譌聽據宋台州本改正 故有師法者。人之大寶也。無師法者。人之大殃也。人無師法。則隆性矣。有師法。則隆積矣。隆厚也積習也厚性謂恣其本性之欲厚於積習謂化爲善也。○盧文弨曰案宋本正文隆性作隆情隆積作隆性注積習也已下全不同作厚於情謂恣其情之所欲厚於性謂本於善也俗閒本亦同當出後人所改與荀子言性惡本旨不合與下文及注皆矛盾今悉据元刻改正 而師法者。所得乎情。非所受乎性。不足以獨立而治。情謂喜怒愛惡外物所感者也言師法之於人得於外情非天性所受故性不足獨立而治必在因外情而化之或曰情當爲積所得乎積習非受於天性既非天性則不可獨立而治必在化之也。○盧文弨曰此注方釋情字益可見上文不作隆情王念孫曰此及下文楊注所稱或說改情爲積者皆是也下文皆言積不言情是其證前說皆非又案不足以獨立而治上當更有一性字言性不足以獨立而治必待積習以化之也故下文曰性也者吾所不能爲也然而可化也 性也者。吾所不能爲也。然而可化也。言天性非吾自能爲也必在化而爲之也 情也者。非吾所有也。然而可爲也。言情非吾天性所有然可以外物誘而爲之或曰情亦當爲積積習與天然有殊故曰非吾所有雖非所有然而可爲之也 注錯習俗。所以化性也。注錯猶措置也錯千故反 并一而不二。所以成積也。并讀爲併一謂師法二謂異端 習俗移志。安久移質。習以爲俗則移其志安之既久則移本質 并一而不二。則通於神明。參於天地矣。故積土而爲山。積水而爲海。○盧文弨曰元刻作積土謂之山積水謂之海 旦暮積謂之歲。至高謂之天。至下謂之地。宇中六指謂之極。六指上下四方也盡六指之遠則爲六極言積近以成遠 涂之人百姓。○先謙案人百姓猶言衆百姓 積善而全盡謂之聖人。彼求之而後得。爲之而後成。積之而後高。盡之而後聖。故聖人也者。人之所積也。言其德行委積 人積耨耕而爲農夫。積斲削而爲工匠。

積反貨而爲商賈。反讀爲販積禮義而爲君子。工匠之子莫不繼事。而都國之民安習其服。安習其士風之衣服居楚而楚。居越而越。居夏而夏。夏中夏是非天性也。積靡使然也。靡順也順其積習故能然故人知謹注錯。愼習俗。大積靡。則爲君子矣。大積靡謂以順積習爲也縱性情而不足問學。則爲小人矣。爲君子則常安榮矣。爲小人則常危辱矣。凡人莫不欲安榮而惡危辱。故唯君子爲能得其所好。小人則日徼其所惡。徼與邀同招也一堯反詩曰。維此良人。弗求弗迪。維彼忍心。是顧是復。民之貪亂。寧爲荼毒。此之謂也。詩大雅桑柔之篇迪進也言厲王有此善人不求而進用之忍害爲惡之人反顧念而重復之故天下之民貪亂安然爲荼毒之行由王使之然也

人論。論人之善惡論盧困反。王念孫曰人論二字乃目下之詞論讀爲倫倫類也等也謂人之等類卽下文所謂衆人小儒大儒也下文又云人倫盡矣榮辱篇云斬而齊枉而順不同而一夫是之謂人倫作論者借字耳（屯象傳君子以經論荀爽曰倫者理也大雅靈臺篇於論鼓鐘鄭箋論之言倫也公食大夫禮倫膚七今文倫或作論王制必卽天論論或爲倫逸周書官人篇規小物而不知大倫大戴記倫作論）楊說失之又臣道篇人臣之論有態臣者有篡臣者有功臣者有聖臣者論亦讀爲倫謂人臣中有此四等也楊云論人臣之善惡亦失之　志不免於曲私而冀人之以已爲公也。行不免於汙漫而冀人之以已爲脩也。汙穢也漫欺誣也漫莫叛反。王念孫曰漫亦汙也方言浼洿也東齊海岱之閒或曰浼洿與汙同浼與漫同呂氏春秋離俗篇不漫於利高注曰漫汙也楊讀漫爲謾欺之謾分汙漫爲二義失之凡荀子書言汙漫者竝同　其愚陋溝瞀而冀人之以已爲知也。是衆人也。溝音寇愚也溝瞀無知也衆人謂衆庶也。王念孫曰其字文義不順當是甚字之誤言甚愚而冀人以已爲智也又曰呂本其作甚先謙案宋台州本亦作甚　志忍私。然後能公。行忍情性。然後能脩。忍謂矯其性行下孟反　知而好問。然後能才。其智慮不及常好問然後能有才藝。先謙案知而好問不自以爲知也楊注非　公脩而才。可謂小儒矣。皆矯其不及故爲小儒也　志安公。行安脩。知通統類。如是則可謂大儒矣。大儒者。天子三公也。其才堪王者之佐也　小儒者。諸

侯大夫士也。衆人者。工農商賈也。禮者。人主之所以爲羣臣寸尺尋丈檢式也。人倫盡矣。檢束也式法也度也寸尺尋丈所以知長短也檢束所以制放佚大儒可爲天子三公小儒可爲諸侯大夫禮可以揔統羣臣人主之柄也倫當爲論或曰倫等也言人道全盡於禮也。王念孫曰檢式皆法也文選演連珠注引蒼頡篇云檢法度也是檢與式同義言治人以禮如寸尺尋丈之有法度也楊分檢式爲二義失之

君子言有壇宇。行有防表。道有一隆。累土爲壇宇屋邊也防隄防表標也言有壇宇謂有所尊高也行有防表謂有標准也一隆謂厚於一不以異端亂之也。王念孫曰壇堂基也（獨斷曰壇謂築土起堂）宇屋邊也言有壇宇猶曰言有界域即下文所謂道不過三代法不二後王非有所尊高之謂也先謙案道有一隆謂有所專重如下文問政則專重安存問學專重爲士問治法專重後王是也非厚於一之謂楊說失之 言道德之求不下於安存。此道德或當爲政治以下有道德之求故誤重寫耳故下云諸侯問政不及安存則不告也謂人以政治來求則以安存國家已上之事語之也。先謙案安存以百姓言 言志意之求不下於士。以脩其志意來求則語爲士已上之事 言道德之求不二後王。道德教化也人以教化來求則言當時之切所宜施行之事不二後王師古而不以遠古也舍後王而言遠古是二也 道過三代謂之蕩。道過三代已前事已久遠則爲浩蕩難信也 法二後王謂之不雅。雅正也其治法不論當時之事而廣說遠古則爲不正也 高之下之。小之臣之。不外是矣。臣當爲巨雖高下小大不出此壇宇防表也 是君子之所以騁志意於壇宇宮庭也。宮謂之室庭門屏之內也君子雖騁志意論說不出此壇宇宮庭之內也是時百家異說多妄引前古以亂當世故荀卿屢有此言也 故諸侯問政不及安存。則不告也。先謙案如衛靈公問陳孔子對以軍旅未學 匹夫問學不及爲士。則不教也。先謙案如樊遲問學稼學圃孔子答以不如老農老圃 百家之說不及後王。則不聽也。百家雜說不及後王之道安起異端則君子不聽之也 夫是之謂君子言有壇宇。行有防表也。

荀子集解卷五

王制篇第九

請問爲政。曰。賢能不待次而舉。不以官之次序若傳說起版築爲相也罷不能不待須而廢。須須臾也。盧文弨曰須俗本誤作頃宋本元刻竝作須先謙案罷謂弱不任事者荀書多以賢罷對舉王霸篇無國而不有賢士無國而不有罷士非相篇君子賢而能容罷正論篇故至賢疇四海湯武是也至罷不容妻子桀紂是也成相篇基必施辨賢罷與此同元惡不待教而誅。不教而殺謂之虐唯元惡不教誅之也中庸民不待政而化。中庸民易與爲善故教則化之不待政成之後也。郝懿行曰中庸民言中等平常之人賈誼過秦論所謂材能不及中庸義與此同史記改作材能不及中人亦得其意王念孫曰元惡中庸對文中庸下不當獨有民字此涉注文中庸民而衍韓詩外傳無民字分未定也則有昭繆。繆讀爲穆父昭子穆言爲政當分未定之時則爲之分別使賢者居上不肖居下如昭穆之分別然不問其世族。郝懿行曰二語難曉楊氏說亦不了韓詩外傳四同先謙案楊說是也此卽下文所謂以類行雜雖王公士大夫之子孫。。先謙案宋台州本句末有也字與下文一律此也字似當有不能屬於禮義。則歸之庶人。雖庶人之子孫也。積文學。正身行。能屬於禮義。則歸之卿相士大夫。屬繫也之欲反故姦言姦說姦事姦能。。先謙案姦事姦說荀自解在非十二子及儒效篇言亦說也能亦事也遁逃反側之民。職而教之。須而待之。反側不安之民也職而教之謂使各當教其本事也須而待之謂須暇之而待其遷善也勉之以慶賞。懲之以刑罰。安職則畜。不安職則棄。畜養也棄謂投四裔之比也五疾。上收而養之。材而事之。五疾瘖聾跛躄斷者侏儒各當其材使之謂若矇瞽修聲聾聵司火之屬官施而衣食之。兼覆無遺。官爲之施設所職而與之衣食。先謙案收而養之以下三句一律皆上之事卽官之事也不應此處又增入官字今案官者任也（義具解蔽篇）施者用也（義具臣道篇）官施而衣食之猶言任用而衣食之王霸篇云論德使能而官施之尤其明證楊注誤才行反時者死無赦。夫是之謂天德。王者之政也。天德天覆之德。王念孫曰王者上當有是字是王者之政也乃總承上文之詞下文是王者之人也是王者之制也是王者之論也皆與此文同一例今本脫是字則語意不完韓詩外傳有是字聽政之大分。盧文弨曰舊本不提行今案當分段先謙案台州本提行以善至者。待之以禮。以不善至者。待之以刑。兩者分別。則賢不肖不雜。是非不亂。賢不肖不雜。則英傑至。是非不亂。則國家治。若是名聲日聞。王念孫曰名聲日聞本無聞字日本作白名聲白者白明也顯也名聲顯著於天下也致士篇曰貴名白天下願令行禁止王者之事畢矣文正與此同貴名白即名聲白也樂論篇曰名聲於是白光輝於是大堯問篇曰名聲不白徒與不衆光輝不大皆其證也名聲白天下願二句相對爲文若於上句內加一字則句法參差矣此因白字譌作日後人不得其解故於日下加聞字耳天下願。令行禁止。王者之事畢矣。願謂人人皆願凡聽。論聽政也威嚴猛厲。而不好假道人。厲剛烈也假道謂以寬和假借道引人也則下畏恐而不親。周閉而不竭。隱閉其情不竭盡也。郝懿行曰竭者舉也謂隱匿其情不肯舉發也注訓竭盡亦通若是則大事殆乎弛。小事殆乎遂。弛廢也遂因循也春秋傳曰遂繼事也下旣隱情不敢論說則大事近於弛廢小事近於因循言不肯革弊也。劉台拱曰遂如大夫無遂事之遂威嚴猛厲則小事不復關白故曰遂王念孫曰遂讀爲墜墜與弛義相近下畏恐而箝口則百事墮壞而上不得聞故大事近乎廢弛小事近乎失墜也下文曰法而不議則法之所不至者必廢職而不通則職之所不及者必隊（隊與墜同）義與此相承也正論篇曰國雖不安不至於廢易遂亡遂亦讀爲墜（史記倉公傳陽脈下遂徐廣曰一作隊正義曰遂音直類反遂隊並與墜同墜之通作遂猶墜之通作隧儒效篇至共頭而山隧漢石經論語殘碑未墜於地漢書王莽傳不隧如髮並以隧爲墜）謂不至於廢弛墜失也（廢易卽廢弛爾雅曰弛易也君道篇曰境內之事有弛易齵差者矣）俞樾曰說文遂亡也小事殆乎遂謂近乎亡失也正論篇國雖不安不至於廢易遂亡以遂亡連文此古義之幸存者楊不得其義而曲爲之說先謙案王俞並引正論篇爲說彼以廢易遂亡四字連文廢易二義則遂亡亦二義不得訓遂爲亡王讀遂爲墜說較長注肯字各本譌有據宋台州本改正和解調通。好假道人。而無所凝止之。和解調通謂寬和不拒下也凝定也凝止謂定止其不可也。謝本從盧校作凝止也盧文弨曰正文也字宋本作之郝懿行曰按此今官人中之和事者也偏好假借辭色開通道路以誘進人令皆歡悅故下遂云姦言並至嘗試之說鋒起而無所底止也凝當作疑止定之貌見詩桑柔傳及儀禮士昏等注荀書凝字古本必皆作疑今改作凝經典亦多改疑人皆知凝不知疑矣莊子用志不紛乃疑於神今亦改凝其音則疑魚乙切凝魚陵切古音必陵切說文以凝爲俗冰字唯詩膚如凝脂正宜作凝爾雅作冰脂可證矣王念孫曰宋呂錢本作凝止之世德堂本同作之者是也解蔽篇云以可以知人之性求可以知物之理而無所疑止之文義正與此同先謙案王說是今改從宋本則姦言并至。嘗試之說鋒起。嘗試之說謂假借他事試爲之也莊子曰嘗試論之鋒起謂如鋒刃齊起言銳而難拒也若是則聽大事煩。是又傷之也。聽大謂所聽之事多也傷傷政也。先謙案詩閟宮箋大東極東疏大者廣遠之言此大字義同故法而不議。則法之所不至者必廢。議謂講論也雖有法度而不能講論則不周洽故法所不至者必廢也職而不通。則職之所不及者必隊。雖舉當其職而不能通明其類則職所不及者必隊隊與墜同故法而議。職而通。無隱謀。無遺善。而百事無過。非君子莫能。故公平者。職之衡也。中和者。聽之繩也。聽聽政也衡所以知輕重繩所以辨曲直言君子用公平中和之道故能百事無過中和謂寬猛得中也。劉台拱曰注先解聽後解衡職之衡當作聽之衡此涉上文職字致誤其有法者以法行。無法者以類舉。聽之盡也。類謂比類。先謙案無法者上羣書治要有其字偏黨而無經。聽之辟也。無經謂無常法也辟讀爲僻故有良法而亂者有之矣。有君子而亂者。自古及今。未嘗聞也。傳曰。治生乎君子。亂生乎小人。此之謂也。其人存則其政舉其人亡則其政息。盧文弨曰注兩則字宋本無先謙案亂生上羣書治要有而字

分均則不偏分均謂貴賤敵也分扶問反。王念孫曰偏讀爲徧言分既均則所求於民者亦均而物不足以給之故不徧也下文曰埶位齊而欲惡同物不能澹（古贍字）正所謂不徧也偏徧古字通說見墨子非攻篇埶齊則不壹。衆齊則不使。此皆名無差等則不可相制也有天有地。而上下有差。明王始立。而處國有制。制亦謂差等也夫兩貴之不能相事。兩賤之不能相使。是天數也。天之數也埶位齊而欲惡同。物不能澹。則必爭。澹讀爲贍既無等級則皆不知紀極故物不能足也爭則必亂。亂則窮矣。物窮竭也先王惡其亂也。故制禮義以分之。使有貧富貴賤之等。足以相兼臨者。是養天下之本也。使物有餘而不窮竭書曰。維齊非齊。此之謂也。書呂刑言維齊一者乃在不齊以論有差等然後可以爲治也

馬駭輿，則君子不安輿；［馬駭於車中也。］庶人駭政，則君子不安位。［駭政，不安上之政也。］馬駭輿，則莫若靜之；庶人駭政，則莫若惠之。［惠，恩惠也。○郝懿行曰：惠者，順也。注訓恩惠，失之。夫馬駭而賑儥靜以鎮之則馴矣，人駭而圖反順以循之自安矣。故轡筴不加於奔駟，而謗木不絕於堯年。昔蘧伯玉治衞，子貢問何以治，對曰：以不治治之。夫不治之治，則靜之惠之之說也。］選賢良，舉篤敬，興孝弟，收孤寡，補貧窮，如是則庶人安政矣。庶人安政，然後君子安位。傳曰：「君者，舟也；庶人者，水也。水則載舟，水則覆舟。」此之謂也。故君人者，欲安，則莫若平政愛民矣；欲榮，則莫若隆禮敬士矣；欲立功名，則莫若尚賢使能矣。是君人者之大節也。三節者當，則其餘莫不當矣；三節者不當，則其餘雖曲當，猶將無益也。［曲當，謂委曲皆當。當，丁浪反。○盧文弨曰：猶，元刻作由，與猶同。先謙案：羣書治要作由。］孔子曰：「大節是也，小節是也，上君也。大節是也，小節一出焉，一入焉，中君也。［謂一得一失也。○盧文弨曰：宋本小節下有非也二字。］大節非也，小節雖是也，吾無觀其餘矣。」成侯、嗣公，聚斂計數之君也，［成侯、嗣公，皆衞君也。史記衞聲公卒，子成侯立；成侯卒，子平侯立；平侯卒，子嗣君立。韓子曰：衞嗣公重如耳，愛泄姬，而恐其皆因其愛重以壅己也，乃貴薄疑以敵如耳，尊魏妃以耦泄姬，曰：以是相參也。又使客過關市，賂之以金，後召關市，問其有客過與汝金，汝回遣之。關市大恐，以嗣公為明察。此皆計數之類也。○盧文弨曰：所引韓子見內儲說上篇，魏妃作魏姬，汝回遣之作汝因遣之。］未及取民也。［未及，謂其才未及也。取民，謂得民心也。］子產，取民者也，未及為政也。［禮記曰：子產猶衆人之母，能食之，不能教之也。○俞樾曰：楊注以取民為得民心，於義甚晦，殆非也。老子曰：故取天下者，常以無事。河上公注曰：取，治也。此取字亦當訓治。取民，言治民也。］管仲，為政者也，未及修禮也。［言未及教化也。○謝本從盧校，為政、修禮下俱有者字。王念孫曰：元刻未及為政、未及修禮下皆無者字，宋龔本同，是也。此兩者字皆涉上下文而衍。韓詩外傳、羣書治要及文選永明十一年策秀才文注引此皆無兩者字。上文未及取民也亦無者字。先謙案：王說是，今從元刻刪者字。］故修禮者王，為政者彊，取民者安，聚斂者亡。故王者富民，霸者富士，［士，卒伍也。］僅存之國富大夫，亡國富筐篋。實府庫。筐篋已富。府庫已實。而百姓貧。夫是之謂上溢而下漏。（如器之上溢下漏空虛可立而待也。○王引之曰溢滿也漏之言漉也字或作盝盝爾雅曰盝涸竭也方言曰盝涸也漉極也郭璞曰滲漉極盡也月令曰毋竭川澤毋漉陂池淮南本經篇竭澤而漁高注曰竭澤漏池也漏池卽所謂漉陂池也漉漏古同聲故滲漉或謂之滲漏本經篇又曰禹疏三江五湖流注東海鴻水漏九州乾亦謂鴻水涸也上溢而下漏卽是上富而下貧楊說溢漏二字皆未了）入不可以守。出不可以戰。則傾覆滅亡可立而待也。故我聚之以亡。敵得之以彊。聚斂者。召寇肥敵。亡國危身之道也。故明君不蹈也。

王奪之人。霸奪之與。彊奪之地。（人謂賢人與謂與國也彊國之術則奪人地也）奪之人者臣諸侯。奪之與者友諸侯。奪之地者敵諸侯。臣諸侯者王。友諸侯者霸。敵諸侯者危。用彊者。（用彊力勝人非知彊道者）人之城守。人之出戰。而我以力勝之也。（○俞樾曰出當爲士字之譌也古書士出二字每相混史記五帝紀稱以出集解引徐廣曰出一作士淮南子繆稱篇其出之誠也新序雜事篇出作士並其證也守必以城戰必以士人之城守人之士戰正相對成文士譌爲出義不可通矣）則傷人之民必甚矣。傷人之民甚。則人之民惡我必甚矣。人之民惡我甚。則日欲與我鬬。人之城守。人之出戰。而我以力勝之。則傷吾民必甚矣。傷吾民甚。則吾民之惡我必甚矣。吾民之惡我甚。則日不欲爲我鬬。人之民日欲與我鬬。吾民日不欲爲我鬬。是彊者之所以反弱也。地來而民去。累多而功少。（累憂累也）雖守者益。所以守者損。是以大者之所以反削也。（守者謂地也守國以地爲本故曰守者所以守者謂所以守地之人也。○俞樾曰上以字衍文是大者之所以反削也與上文是彊者之所以反弱也正相對）諸侯莫不懷交接怨而不忘其敵。（交接連結也旣以力勝而不義故諸侯皆欲相連結怨國而不忘與之爲敵本多作壞交接言壞其與己交接之道也。○郝懿行曰接者續也懷交謂私相締交接怨謂連續修怨注非是王念孫曰諸侯莫不懷交接爲句壞懷古字通（禮論篇諸侯不敢壞史記欒書作懷襄十四年左傳王室之不壞釋文壞服本作褱）楊後說以壞交接連讀是也前說以懷交接怨連讀失之俞樾曰楊注二說皆未安王氏謂當從後說非也疑怨字當在交接二字之上本作諸侯莫不懷怨交接而不忘其敵懷怨交接猶云匿怨而友其人也故不忘其敵傳寫奪怨字而誤補之接字之下耳先謙案郝說是也 伺彊大之閒。承彊大之敝。此彊大之殆時也。殆危也。盧文弨曰元刻敝作弊宋本敝下有也字又有知彊大之敝五字各本多同係衍文今從元刻去之 知彊大者不務彊也。知彊大之術者不務以力勝也。王引之曰彊大當爲彊道彊道謂所以致彊之道卽下文所謂以王命全其力凝其德也不知此道而務以力勝則務彊而反弱卽下文所謂非其道而慮之以王也故曰知彊道者不務彊也下文云是知彊道者也正與此句相應又云是知霸道者也是知王道者也皆與此句相應此篇大旨皆言王道霸道彊道之不同故此文云知彊道者不務彊也兩彊字亦上下相應則彊下之字作道不作大明矣今本作彊大大字蓋涉上文三彊大而誤楊云知彊大之術者不務以力勝也則所見本已誤作彊大 慮以王命。全其力。凝其德。慮計也以用也其計慮常用王命謂不敢擅侵暴也凝定也定其德謂不輕舉也。王念孫曰慮猶大氐也言知彊道者不務以力勝人大氐以王命全其力凝其德也議兵篇曰諸侯慮敵之者削反之者亡（楊注以慮爲謀慮亦非）又曰焉慮率用賞慶刑罰埶詐而已矣（楊注以慮爲大凡是）漢書賈誼傳慮亡不帝制而天子自爲者師古曰慮大計也言諸侯皆欲同帝制而爲天子之事是其證矣 力全則諸侯不能弱也。德凝則諸侯不能削也。天下無王霸主。則常勝矣。是知彊道者也。無王霸之主則彊國常勝主或衍字 彼霸者不然。辟田野。實倉廩。便備用。備用足用也左傳曰無重器備。王念孫曰楊訓備用爲足用便足用之語不詞且與田野倉廩不對余謂備用二字平列備說文本作葡字從用從苟省（苟音棘）淮南修務篇注云備猶用也故或謂之器用或謂之器備便備用猶言便器用耳便備用三字本篇凡三見與田野倉廩對文者二與功苦完利對文者一其見於儒效篇者則與規矩準繩對文見於富國篇者亦與田野倉廩對文皆以二字平列先謙案王說是矣荀書多言械用器用便備用猶言便械用耳議兵篇云械用兵革攻完便利者強械用兵革窳楛不便利者弱械用便利正與便備用同意以下文辨功苦（功與攻同苦與楛同）尙完利便備用互證之而義益明 案謹募選閱材伎之士。案發聲謹嚴也募招也謹募猶重募也選閱揀擇也材伎武藝過人者猶漢之材官也。俞樾曰募乃纂字之譌毛詩猗嗟篇舞則選兮韓詩作舞則纂兮是纂與選聲近義同故此以連文纂選皆具也說文人部僎具也食部籑具食也選與僎並從巽聲纂與籑並從算聲於義得通閱亦具也說文門部閱具數於門中也小爾雅廣詁閱具也是纂選閱三字同義古書往往有之襄三十一年左傳繕完葺牆繕完葺一義也楚語蓄聚積實蓄聚積一義也竝其例也案謹纂選閱材技之士質言之止是具材技之士耳纂誤爲募楊注曰募招也非古義矣管子心術篇纂選者所以等事也今本皆作慕選誤與此同說詳管子 然後漸慶賞以先之。漸進也言進勉以慶賞也。郝懿行曰漸子廉切讀若漸民以仁之漸其訓漬也浸也深染入也楊注凡漸皆訓進故多失之嚴刑罰以糾之。先謙案下文賞慶刑罰對文則此亦當作刑罰各本罰誤賞據宋台州本改正存亡繼絕。衞弱禁暴。而無兼幷之心。則諸侯親之矣。幷讀爲併下同修友敵之道。以敬接諸侯。則諸侯說之矣。說讀爲悅下同所以親之者。以不幷也。幷之見。則諸侯疏矣。見賢徧反。謝本從盧校疏下有之字王念孫曰元刻疏下無之字是也下文則諸侯離矣離下無之字是其證宋本作諸侯疏之涉上文諸侯親之諸侯說之而誤先謙案王說是今從元刻刪之字所以說之者。以友敵也。臣之見。則諸侯離矣。故明其不幷之行。信其友敵之道。行下孟反信謂使人不疑天下無王霸主。則常勝矣。是知霸道者也。無王者則霸主常勝也。王念孫曰天下無王霸主本作天下無王主上文說彊者之事云天下無王霸主句則常勝矣言天下無王霸主則彊者常勝也此文說霸者之事云天下無王主句則常勝矣言天下無王主則霸者常勝也王主二字之閒不當更有霸字蓋涉上文王霸主而衍楊不知霸字之衍而讀天下無王爲句霸主則常勝矣爲句（具見楊注）則句法與前不合閔王毀於五國。史記齊湣王四十年樂毅以燕趙楚魏秦破齊湣王出奔莒也桓公劫於魯莊。公羊傳柯之盟齊桓公爲魯莊公之臣曹沬所劫也無它故焉。非其道而慮之以王也。不行其道而以討慮爲王所以危亡也彼王者不然。仁眇天下。義眇天下。威眇天下。眇盡也盡天下皆懷其仁感其義畏其威也。郝懿行曰眇古妙字古書皆以眇爲妙荀書亦然注皆失之周易眇萬物而爲言今亦改爲妙矣古無妙字王念孫曰諸書無訓眇爲盡者且正文但言眇天下而注言盡天下皆懷其仁感其義畏其威加數語以釋之其失也迂矣余謂妙者高遠之稱（漢書王褒傳眇然絕俗離世顏師古曰眇然高遠之意文選文賦志眇眇而臨雲李善曰眇眇高遠貌）言仁高天下義高天下威高天下耳若懷其仁感其義畏其威自見下文非此三句意先謙案郝王二說並通仁眇天下。故天下莫不親也。義眇天下。故天下莫不貴也。威眇天下。故天下莫敢敵也。以不敵之威。輔服人之道。其道可以服人。先謙案服人之道謂上文仁義故不戰而勝。不攻而得。甲兵不勞而天下服。是知王道者也。知此三具者。欲王而王。欲霸而霸。欲彊而彊矣。

王者之人。王者之佐 飾動以禮義。所修飾及舉動篇以禮義。王念孫曰飾讀爲飭（古字通以飾爲飭）言動作必以禮義自飭也楊分飾動爲二義失之 聽斷以類。所聽斷之事皆得其善類謂輕重得中也。先謙案類法也說見非十二子篇 明振毫末。振舉也言細微必見 舉措應變而不窮。夫是之謂有原。是王者之人也。原本也知爲政之本

王者之制。說王者制度也 道不過三代，法不貳後王。論王道不過夏殷周之事過則久遠難信法不貳後王言以當世之王爲法不離貳而遠取之 道過三代謂之蕩，法貳後王謂之不雅。並已解上。先謙案見儒效篇 衣服有制，宮室有度，人徒有數。人徒謂士卒胥徒也 喪祭械用皆有等宜。械器也皆有等級各當其宜也。王念孫曰楊注失之廷宜讀爲儀（大雅文王篇宜鑒于殷大學引此宜作儀楚語采服之儀春官注引此儀作宜）儀與等義相近周官大司徒曰以儀辨等則民不越典命曰掌諸侯之五儀諸臣之五等之位大行人曰以九儀辨諸侯之命等諸臣之爵皆是也衣服有制宮室有度人徒有數制度數與等儀義亦相近哀公篇曰人有五儀有庸人有士有君子有賢人有大聖謂人有此五等也楊以儀爲儀法亦失之 聲，則凡非雅聲者舉廢。舉皆 色，則凡非舊文者舉息。謂染縷畫繢之事也 械用，則凡非舊器者舉毀。舊謂三代故事 夫是之謂復古。是王者之制也。復三代故事則是復古不必遠舉也

王者之論。論謂論說賞罰也盧困反。先謙案楊說非論亦當讀爲倫倫者等也言爲君者能行此政則是王者之等也下文云此五等者王霸安存危殆滅亡之具也以王者之政爲一等與此可互證儒效篇人論臣道篇人臣之論王氏念孫皆讀爲倫而於此失之 無德不貴，無能不官，無功不賞，無罪不罰。朝無幸位，民無幸生。幸僥幸也 尚賢使能，而等位不遺。不遺言各當其材等位等級之位也 析愿禁悍，而刑罰不過。析分異也分其愿慤之民使與凶悍者異也悍凶暴也刑罰不過但禁之而已不刻深也。王念孫曰析愿二字義不可通當從韓詩外傳作折暴字之誤也折暴與禁悍對文下文曰如是而可以誅暴禁悍矣富國篇曰不足以禁暴勝悍皆以暴悍對文則此亦當作折暴禁悍明矣楊不得其解而爲之詞又下文抃急禁悍防淫除邪抃急二字語意不倫當亦是折暴之誤下文暴悍以變姦邪不作正承此文而言則當作折暴禁悍又明矣楊云抃當爲析急當爲愿亦失之又曰析當爲折折之言制也（呂刑制以刑墨子尚同篇引作折則刑論語顏淵篇片言可以折獄者鄭注魯讀折爲制）愿讀爲傆說文傆（音與愿同）黠也言制禁黠之民使畏刑也

作愿者借字耳余前說改愿爲暴未確（韓詩外傳作折暴恐是以意改未可援以爲據下文之誅暴禁悍富國篇之禁暴勝悍文各不同皆未可據彼以改此）又下文抃急禁悍防淫除邪抃亦當爲折急卽愿之譌前改急爲暴亦未確（急與暴形聲皆不相似若本是暴字無緣譌而爲急）百姓曉然皆知夫爲善於家而取賞於朝也。爲不善於幽而蒙刑於顯也。夫是之謂定論。是王者之論也。定論不易之論論不易則人知沮勸也

王者之等賦政事。財萬物。所以養萬民也。等賦賦稅有等所以爲等賦及政事裁制萬物皆爲養人非貪利也財與裁同。劉台拱曰所以字當在財萬物上王念孫曰之下當有法字王者之法乃總目下文之詞下文是王者之法也正與此句相應上文王者之人王者之制王者之論皆上下相應此文脫法字則上下不相應矣等賦二字連讀（楊云賦稅有等所以爲等賦富國篇云等賦府庫者貨之流也）政讀爲正言等地賦正民事以成萬物而養萬民也（財者成也說見非十二子篇）楊讀王者之等賦爲句政事財萬物爲句皆失之田野什一。什稅一也關市幾而不征。幾呵察也但呵察姦人而不征稅也禮記幾作譏山林澤梁。以時禁發而不稅。石絕水爲梁所以取魚也非時則禁及時則發禮記曰獺祭魚然後漁人入澤梁草木零落然後入山林也相地而衰政。相視也衰差也政爲之輕重政或讀爲征衰初危反。盧文弨曰齊語正作相地而衰征韋昭注云視土地之美惡及所生出以差征賦之輕重也理道之遠近而致貢。理條理也貢任土所貢也謂若百里賦納總二百里納銍之類也。王念孫曰小雅信南山傳曰理分地里也謂貢以遠近分也上句相地而衰政衰與分義相近楊說未確通流財物粟米。無有滯留。貿遷有無化居不使有滯積也使相歸移也。四海之內若一家。歸讀爲饋移轉也言通商及轉輸相救無不豐足雖四海之廣若一家也故近者不隱其能。遠者不疾其勞。不隱其能謂竭其才力也不疾苦其勞謂奔走來王也無幽閒隱僻之國。莫不趨使而安樂之。幽深也閒隔也言無有深隔之國不爲王者趨使而安樂政教也。先謙案富國篇彊暴之國莫不趨使荀書多用趨使字或疑使當爲便非夫是之謂人師。是王者之法也。師長也言爲政如此乃可以長人也師者亦使人法效之者也

北海則有走馬吠犬焉。然而中國得而畜使之。海謂荒晦絕遠之地不必至海水也走馬吠犬今北地之大犬也。盧文弨曰冀之北土馬之所生注走馬下當有脫文先謙案謝本不提行今案當分段注地字各本脫據宋台州本增南海則有羽翮齒革曾青丹干焉。

然而中國得而財之。翮，大鳥羽。齒，象齒。革，犀兕之革。曾青，銅之精，可鑽畫及化黃金者，出蜀山越嶲。丹干，丹砂也。蓋一名丹干。干讀爲矸，胡旦反。或曰：丹，丹砂也。干當爲玕。尙書禹貢雍州「球琳琅玕」。孔云：「石而似玉者。」爾雅亦云：「西北方之美者，有球琳琅玕焉。」皆出西方，此云南方者，蓋南方亦有也。○王念孫曰：楊前說以丹干爲丹砂，未知是否。後說以干爲琅玕，非也。琅玕不得但謂之玕。正論篇云：「加之以丹矸，重之以曾青，犀象以爲樹，琅玕龍茲華覲以爲實。」丹矸即丹干也。既言丹矸，又言琅玕，則丹干之干非琅玕明矣。東海則有紫紶魚鹽焉。然而中國得而衣食之。紫，紫貝也。紶，未詳。字書亦無紶字，當爲蛣。郭璞江賦曰：「石蛣應節而揚葩。」注云：「石蛣，龜形，春則生花。」蓋亦蚌蛤之屬。今案本草謂之石決明，陶云：「俗傳是紫貝，定小異，附石生，大者如手，明耀五色，內亦含珠。」古以龜貝爲貨，故曰衣食之。蛣，居怯反。○盧文弨曰：注蛣，元刻作蚴，同。今從宋本。王引之曰：下文云「中國得而衣食之」，則紫紶爲可衣之物，魚鹽爲可食之物，較然甚明。紫與茈通。管子輕重丁篇：「昔萊人善染，練茈之於萊純緇，緺綬之於萊亦純緇也，其周中十金。」是東海有紫之證。紶當爲綌，右傍谷字與去相似。（綌之譌紶，猶郤之譌却也，說見榮辱篇。）葛精曰絺，麤曰綌。（周南葛覃傳。）禹貢青州「厥貢鹽絺，海物惟錯」。有絺則有綌矣。管子輕重丁篇：「東方之萌，帶山負海，漁獵之萌也，治葛縷而爲食。」言以葛爲絺綌也。是東海有綌之證。紫與綌皆可以爲衣，故曰「中國得而衣之」。楊注大誤。西海則有皮革文旄焉。然而中國得而用之。禹貢梁州貢熊羆狐狸織皮。孔云：「貢四獸之皮。織皮，今之罽也。」旄，旄牛尾。文旄，謂染之爲文綵也。故澤人足乎木。山人足乎魚。農夫不斲削不陶冶而足械用。工賈不耕田而足菽粟。故虎豹爲猛矣。然君子剝而用之。故天之所覆。地之所載。莫不盡其美。致其用。物皆盡其美而來爲人用也。上以飾賢良。下以養百姓而安樂之。飾謂身服。養謂衣食。夫是之謂大神。能變通裁制萬物，故曰大神也。○郝懿行曰：釋詁：「神者，治也。」然則大神謂大治，猶禮運云「大當」也。楊注以變通裁制萬物爲言，亦卽大治之意。詩曰。天作高山。大王荒之。彼作矣。文王康之。此之謂也。詩周頌天作之篇。荒，大也。康，安也。言天作此高山，使興雲雨，大王自豳遷焉，則能尊大之。彼大王作此都，文王又能安之也。

以類行雜。得其統類，則不患於雜也。以一行萬。行於一人，則萬人可治也。皆謂得其樞要也。始則終。終則始。若環之無端也。舍是而天下以衰矣。始謂類與一也，終謂雜與萬也。言以此道爲治，終始不窮，無休息，則天下得其次序；舍此則亂也。衰，初危反。○王念孫曰：始終二字泛指治道而言。下文曰「君臣、父子、兄弟、夫婦，始則終，終則始」，義亦同也。始非謂類與一，終亦非謂雜與萬。天地者。生之始也。禮義者。治之始也。君子者。禮義之始也。始猶本也言禮義本於君子也 爲之貫之。積重之。致好之者。君子之始也。言禮義以君子爲本君子以習學爲本貫習也積重之謂學使委積重多也致極也好之言不倦也。王引之曰君子之始也之始二字蓋涉上三之始而衍此言禮義爲治之始而爲之貫之積重之致好之者則君子也故君子又爲禮義之始下文無君子則天地不理禮義無統仍是此意此承上文君子爲禮義之始而申言之則君子下不當更有之始二字楊云君子以積學爲本則所見本已衍此二字 故天地生君子。君子理天地。君子者。天地之參也。萬物之揔也。民之父母也。參謂與之相參共成化育也揔領也。盧文弨曰俗本又有要也二字宋本元刻皆無 無君子。則天地不理。禮義無統。上無君師。下無父子夫婦。是之謂至亂。君臣父子兄弟夫婦。始則終。終則始。與天地同理。與萬世同久。夫是之謂大本。始則終終則始謂一世始言上下尊卑人之大本有君子然後可以長久也。盧文弨曰注謂一世始句有誤疑當作謂治世也 故喪祭朝聘師旅。一也。此已下明君子禮義之治爲之制喪祭朝聘之禮所以齊一民各當其道不使淫放也下一之義皆同。盧文弨曰注之治舊作之始譌王引之曰師旅二字後人以意加之也此言祭祀賓客喪紀之事而師旅不與焉故楊注但言喪祭朝聘而不言師旅則本無師旅二字明矣 貴賤殺生與奪。一也。使民一於沮勸 君君臣臣父父子子兄兄弟弟。一也。使人一於恩義 農農士士工工商商。一也。使人一於職業

水火有氣而無生。草木有生而無知。生謂滋長知謂性識 禽獸有知而無義。。郝懿行曰釋詁知者匹也詩曰樂子之無知此草木有生無知之說也曲禮曰禽獸無禮故父子聚麀此禽獸有知無義之說也楊注知謂性識是已蓋因有性識然後有匹偶故此二義兼之乃備 人有氣有生有知。亦且有義。故最爲天下貴也。亦且者言其中亦有無義者也。盧文弨曰亦且二字乃謂異於禽獸注誤 力不若牛。走不若馬。而牛馬爲用。何也。曰。人能羣。彼不能羣也。人何以能羣。曰。分。無分則爭爭則不能羣也 分何以能行。曰。義。故義以分則和。言分義相須也義謂裁斷也。謝本從盧校作曰以義盧文弨曰正文曰以義元刻無以字王念孫曰元刻無以字（宋龔本同）是也曰義與曰分對文（繫辭傳何以守位曰仁何以聚人曰財理財正辭禁民爲非曰義亦以曰義對曰仁曰財）則不當有以字宋本有以字者涉上兩以字而衍先謙案元刻是今依王說改 和則

一。一則多力。多力則彊。彊則勝物。故宮室可得而居也。物不能害所以安居 故序四時。裁萬物。○先謙案裁亦成也說見非十二子篇 兼利天下。無它故焉。得之分義也。以有分義故能治天下也 故人生不能無羣。羣而無分則爭。爭則亂。亂則離。離則弱。弱則不能勝物。故宮室不可得而居也。不可少頃舍禮義之謂也。能以事親謂之孝。能以事兄謂之弟。能以事上謂之順。能以使下謂之君。能以皆謂能以禮義也 君者。善羣也。善能使人爲羣也 羣道當。則萬物皆得其宜。六畜皆得其長。羣生皆得其命。安其性命 故養長時則六畜育。殺生時則草木殖。殺生斬伐 政令時則百姓一。賢良服。聖王之制也。時謂有常服謂爲之

草木榮華滋碩之時。則斧斤不入山林。不夭其生。不絕其長也。黿鼉魚鱉鰌鱣孕別之時。別謂生育與母分別也國語里革諫魯宣公曰魚方別孕韋昭曰自別於雄而懷子也 罔罟毒藥不入澤。不夭其生。不絕其長也。毒藥毒魚之藥周禮雍氏禁擇之沈者也 春耕夏耘。秋收冬藏。四者不失時。故五穀不絕而百姓有餘食也。汙池淵沼川澤。謹其時禁。汙停水之處謹嚴也 故魚鱉優多而百姓有餘用也。用謂食足之外可用貿易 斬伐養長不失其時。故山林不童而百姓有餘材也。山無草木曰童 聖王之用也。用財用也 上察於天。下錯於地。順天時以養地財也錯千故反 塞備天地之閒。加施萬物之上。言聖王之用使天地萬物皆得其所。○王引之曰塞備二字義不相屬備當爲滿字之誤也（備字俗書作備滿字俗書作㒼二形相似故傳寫多譌管子霸言篇文武具備今本備譌作滿）塞滿天地之閒即承上上察於天下錯於地而言 微而明。短而長。狹而廣。言用禮義故所守者近所及者遠也 神明博大以至約。言用禮義治化雖神明博大原其本至簡約也。○先謙案詳文義以當爲而與上三而字相配反復言之 故曰。一與一是爲人者。謂之聖人。一與一動皆一也是

此也以此爲人者則謂之聖人也。先謙案與讀爲舉（見下王注）上言以一行萬是上之一也喪祭朝聘師旅諸事皆所以一民是下之一也以上之一舉下之一故曰一舉一富國篇云故曰上一則下一矣義可互證楊注未晰

序官。謂王者序官之法也。先謙案樂論篇云其在序官也曰修憲命審誅賞禁淫聲以時順修使夷俗邪音不敢亂雅太師之事也則序官是篇名上文王者之人王者之制等語及各篇分段首句類此者疑皆篇名應與下文離析經傳寫雜亂不可考矣

宰爵知賓客祭祀饗食犧牲之牢數。宰膳宰爵主掌也饗食饗宴也周禮膳夫之屬有庖人獸人皆掌犧牲一曰爵官爵也言膳宰之官爵掌犧牲之事者也。俞樾曰楊注二說皆未安以爵爲主掌則既言主掌不必更言知矣以爵爲官爵則下文司徒司馬何獨不言爵乎今以下文例之曰司徒知百宗城郭立器之數司馬知師旅甲兵乘白之數上二字皆官名則宰爵二字亦官名也周官天官序官鄭注曰宰主也然則宰爵者主爵也漢書百官公卿表主爵中尉秦官掌列侯秦官之有主爵殆本於古之宰爵乎其所掌爲列侯故賓客祭祀饗食犧牲之牢數無不與知考主爵中尉所屬有掌畜令丞正合古制矣學者徒以周官之膳宰說此文遂失其解

司徒知百宗城郭立器之數。百宗百族也城郭謂其小大也立器所立之器用也周禮大司徒之職掌建邦土地之圖與其人民之數立器言五方器械異制皆知其數不使作奇伎奇器也。先謙案注奇器各本奇作之據宋台州本改正

司馬知師旅甲兵乘白之數。周禮二千五百人爲師五百人爲旅四井爲邑四邑爲丘四丘爲甸亦謂之乘以其治田則謂之甸出長轂一乘則謂之乘每乘又有甲士三人步卒七十二人白謂甸徒猶今之白丁也或曰白當爲百百人也。郝懿行曰乘白似不成文白蓋甸字形近之譌周禮四丘爲甸注云甸之言乘詩曰維禹甸之甸卽乘也故此言乘甸矣劉台拱曰管子乘馬篇白徒三十人奉車兩又七法篇以毆卒練士擊毆衆白徒尹注云白徒謂不練之卒無武藝呂氏春秋決勝篇廝輿白徒高注云白衣之徒王引之曰白丁白徒皆不得但謂之白竊謂白與伯同逸周書武順篇五五二十五曰元卒（此以二十五人爲卒與周官百人爲卒不同）四卒成衞曰伯是百人爲伯也（淮南氾論篇曰隊伯之卒兵略篇曰正行五連什伯史記秦始皇紀曰躡足行伍之閒而俛起什伯之中）昭二十一年左傳不死伍乘軍之大刑也彼言伍乘猶此言乘伯也隱元年傳繕甲兵具卒乘彼言甲兵卒乘猶此言甲兵乘伯也作白者借字耳（史記伍子胥傳伯嚭吳越春秋作白喜古鐘鼎文多以白爲伯）乘乃車乘之乘非四丘爲甸之甸或謂白爲甸之譌尤非（乘可言數甸不可言數乘甸之數則尤不成話）

脩憲命。脩憲法之命所以表示人也謂若以樂德教國子中和祗庸孝友之類也

審詩商。詩商當爲誅賞字體及聲之誤故樂論篇曰其在序官也修憲命審誅賞謂誅賞其所屬之功過者或曰詩謂四方之歌謠商謂商聲哀思之音如甯戚之悲歌也。盧文弨曰注中謂誅賞三字各本皆脫今案文義補王引之曰商讀爲章章商古字通（粊誓我商賚女商徐邈音章呂氏春秋勿躬篇臣不如弦章韓子外儲說左篇作弦商）太師掌教六詩故曰審詩章賈子輔佐篇曰觀民風俗審詩商命禁邪音息淫聲語意略與此同則詩商非誅賞之誤明矣且誅賞非太師之職而商章聲相近樂論篇之

誅字恐轉是後人所改楊謂誅賞其所屬之功過者曲爲之說耳（陳說同又云詩章雅也淫聲夷俗邪音也審之禁之使不亂也）禁淫聲。周禮大司樂禁其淫聲慢聲鄭云淫聲鄭衞之音也 以時順脩。謂不失其時而順之脩之 使夷俗邪音不敢亂雅。大師之事也。夷俗謂蠻夷之樂雅正聲也大師樂官之長大讀曰太

脩隄梁。隄所以防水梁橋也 通溝澮。溝澮皆所以通水周禮十夫之田有溝溝上有畛千夫有澮澮上有道鄭云溝廣深各四尺澮廣二尋深二仞也 行水潦。行巡行也下孟反 安水臧。使水歸其壑安謂不使漏溢臧才浪反 以時決塞。旱則決之水則塞之不使失時也 歲雖凶敗水旱。使民有所耘艾。司空之事也。艾讀爲刈 相高下。視肥墝。序五種。高下原隰也五種黍稷豆麻麥觀其地所宜而種之墝苦交反 省農功。省觀也觀其勤惰而勸之 謹蓄藏。謹嚴 以時順脩。使農夫樸力而寡能。治田之事也。使農夫敦朴於力穡禁其它能也治田田畯也。郝懿行曰樸與朴異樸木素也樸力寡能謂力作樸素技能寡少故專治於田事 脩火憲。不使非時焚山澤月令二月無焚山林鄭注周禮憲表也主表其刑禁也 養山林藪澤草木魚鼈百索。百索上所索百物也。郝懿行曰索者求也百物供民求索皆是注以索爲上索非是王引之曰百索二字義不可通索當爲素字之誤也百素即百蔬富國篇曰葷菜百蔬魯語曰能殖百穀百蔬作素者借字耳月令曰取蔬食管子禁藏篇曰果蓏素食是蔬素古字通楊望文生義而非其本旨 以時禁發。禁謂爲之厲禁發謂許民采取 使國家足用。而財物不屈。虞師之事也。屈竭也虞師周禮山虞澤虞也 順州里。使之和順 定廛宅。廛謂市內百姓之居宅謂邑內居也定其分界不使相侵奪也。郝懿行曰廛宅皆謂邑里之居在市曰舍在田曰廬此以廛宅並言則廛在市宅在邑 養六畜。勸人養之也 閒樹藝。樹藝種樹及桑柘也閒之使疏密得宜也。郝懿行曰閒更代也樹藝者五穀也閒代謂田分上中下三等歲一易之三歲而徧更代休息美惡同之詳見周禮地官及漢食貨志王念孫曰閒與閑同爾雅閑習也謂習樹藝之事也先謙案王說是 勸教化。趨孝弟。勸之使從教化趨之使敦孝弟趨讀爲促 以時順修。使百姓順命。安樂處鄉。鄉師之事也。鄉師公卿也周禮鄉老二鄉公一人鄉大夫每鄉卿一人 論百工。論其巧拙月令曰物勒工名以考其誠功有不當必行其罪也 審時事。考工記曰天有時地有氣材有美工有巧合此四者然後可以爲良月令曰監工日號毋悖於時皆審其時之事也 辨功苦。功謂器之精好者苦謂濫惡者韋昭曰功堅苦脆也 尙完利。完堅也利謂便於用若車之利轉之類也 便備用。使雕琢文采不敢專造於家。工師之事也。專造私造也 相陰陽。相視也陰陽謂數也 占祲

兆。占占候也祲陰陽相侵之氣赤黑之祲是其類也兆謂龜兆或曰兆萌兆謂望其雲物知歲之吉凶也鑽龜陳卦。鑽龜謂以火爇荆菙灼之也陳卦謂揲蓍布卦也主攘擇五卜。攘擇攘除不祥擇取吉事也五卜洪範所謂曰雨曰霽曰蒙曰驛曰剋言兆之形也知其吉凶妖祥。傴巫跛擊之事也。擊讀爲覡男巫也古者以廢疾之人主卜筮巫祝之事故曰傴巫跛覡覡胡狄反脩採清。脩其採清之事採謂採去其穢清謂使之清潔皆謂除道路穢惡也周禮蜡氏掌除骴凡國之大祭祀令州里除不蠲也。俞樾曰採乃埰字之誤方言曰埰秦晉之閒謂之埰是也清者說文广部廁清也急就篇屏廁清溷糞土壤字亦作圊玉篇口部圊圂也蓋墟墓之閒清溷之處皆穢惡所積聚故必以時修治之也楊注非易道路。脩而平之謹盜賊。謹嚴禁也周禮野廬氏職曰有相翔者誅之平室律。平均布也室逆旅之室平其室之法皆不使容姦人若今五家爲保也。郝懿行曰室律二字不成文理疑律當爲肆字之譌室謂廬舍如市樓候館之屬是也肆謂廛肆如粟帛牛馬各有行列是也故下途云以時順脩使賓旅安而貨財通治市之事也事見周禮地官以時順修。使賓旅安而貨財通。。王引之曰賓客之事非治市者所掌且與通貨財無涉賓當爲𧶠字之誤也說文𧶠行賈也從貝商省聲今通用商字考工記通四方之珍異以資之謂之商旅鄭注曰商旅販賣之客也月令曰易關市來商旅納貨賄故曰使𧶠旅安而貨財通治市之事也王霸篇商旅安貨財通是其明證矣（今本貨財通誤作貨通財）今經傳以商代𧶠商行而𧶠廢此𧶠字若不誤爲賓則後人亦必改爲商矣治市之事也。此皆周禮野廬氏之職今云治市蓋七國時設官不同治市之官兼掌道路不必全依周禮制據當時職事言之也抃急禁悍。抃當爲析急當爲慝已解上也。先謙案抃當爲折說見上防淫除邪。戮之以五刑。使暴悍以變。姦邪不作。司寇之事也。本政教正法則。兼聽而時稽之。稽計也考也周禮太宰歲終則令百官府各正其治受其會而詔王廢置三歲則大計也度其功勞。論其慶賞。以時愼脩。使百吏免盡。而衆庶不偸。冢宰之事也。。盧文弨曰自度其功勞下至末各本皆無注文脫耳免盡之免與勉同漢書薛宣傳宣因移書勞免之谷永傳閔免遯樂皆以免爲勉王念孫曰免盡當爲盡免免與勉同盡勉皆勉也勉與偸對文君道篇曰賞免罰偸（今本免譌作克辯見君道）論禮樂。正身行。廣教化。美風俗。兼覆而調一之。辟公之事也。全道德。致隆高。綦文理。一天下。振毫末。。先謙案言雖毫末之微必振而起之正論篇云一物失稱亂之端也此荀子論治之要使天下莫不順比從服。天王之事也。故政事亂。則冢宰之罪也。國家失俗。則辟公之過也。天下不一。諸侯俗反。則天王非其人也。

具具而王。具具而霸。具具而存。具具而亡。○先謙案與上文知此三具者相應具具者王霸存亡之具畢具也王霸篇云然後養五綦之具具也句義與此同用萬乘之國者。威彊之所以立也。名聲之所以美也。敵人之所以屈也。國之所以安危臧否也。制與在此。亡乎人。○王念孫曰與讀為舉（說見經義述聞禮運）舉皆也亡不在也（說見經義述聞穀梁傳僖三十一年）言其制皆在此而不在乎人也下文制與在我亡乎人同　王霸安存。危殆滅亡。制與在我。亡乎人。夫威彊未足以殆鄰敵也。名聲未足以縣天下也。○先謙案縣天下言能縣衡天下為四海持平也說詳彊國篇　則是國未能獨立也。豈渠得免夫累乎。○盧文弨曰案渠與遽同　天下脅於暴國。而黨為吾所不欲於是者。日與桀同事同行。無害為堯。○先謙案方言黨知也楚謂之黨吾所不欲即謂脅於暴國也於是時而後知為吾所不欲與桀同事而無害為堯為時晚矣功名安危所繫當在國家閑暇之日也舉堯桀者聖君暴君之極也議兵篇以桀詐堯天論篇不為堯存不為桀亡正論篇有埶辱無害為堯有埶榮無害為桀並堯桀對舉　是非功名之所就也。非存亡安危之所墮也。○俞樾曰墮字義不可通當作隨字之誤也隨從也言非存亡安危之所從也　功名之所就。存亡安危之所墮。必將於愉殷赤心之所。○郝懿行曰殷者盛也言全盛之日孟子所謂國家閑暇及是時明政刑之日也下殷之日同先謙案釋詁愉樂也愉殷者當殷盛之時而愉樂素問風論注赤者心色也赤心者本心不雜貳禮記檀弓疏所謂處所下同　誠以其國為王者之所亦王。以其國為危殆滅亡之所亦危殆滅亡。殷之日。案以中立。無有所偏而為縱橫之事。偃然案兵無動。○郝懿行曰此云案以下云安以安案字亦同荀書多用安案為語助辭如它書焉字於字之例唯案兵之案與按同按者抑也止也縱橫當作從衡古書皆然荀書亦必作從衡俗妄改之先謙案殷之日與王霸篇濟之日句法一律　以觀夫暴國之相卒也。○俞樾曰卒當作捽國語晉語戎夏交捽韋注曰捽交對也彼云交捽此云相捽義正同　案平政教。審節奏。砥礪百姓。為是之日。而兵剸天下勁矣。○先謙案此句與下名聲剸天下之美矣相配爲文勁上當有之字剸讀與專同　案然修仁義。伉隆高。正法則。選賢良。養百姓。○俞樾曰然衍字案乃語詞上文云案平政教審節奏砥礪百姓與此文一律可證　爲是之日。而名聲剸天下之美矣。權者重之。○先謙案下兵勁名聲美皆承上言之此云權者重之上無所承疑有奪文　兵者勁之。名聲者美之。夫堯舜者一天下也。不能加毫末於是矣。○先謙案夫猶彼也言如此則彼堯舜所以一天下無以加之　權謀傾覆之人退。則賢良知聖之士案自進矣。刑政平。百姓和。國俗節。則兵勁城固。敵國案自詘矣。務本事。積財物。而勿忘棲遲薛越也。○盧文弨曰薛越卽屑越後同　是使羣臣百姓皆以制度行。則財物積。國家案自富矣。三者體此而天下服。暴國之君案自不能用其兵矣。何則。彼無與至也。彼其所與至者。必其民也。其民之親我也。歡若父母。好我芳若芝蘭。反顧其上。則若灼黥若仇讎。彼人之情性也。雖桀跖。豈有肯爲其所惡賊其所好者哉。彼以奪矣。○郭嵩燾曰承上文王奪之人言彼所有之人已爲我奪也　故古之人有以一國取天下者。非往行之也。脩政其所。莫不願。如是而可以誅暴禁悍矣。故周公南征而北國怨。曰。何獨不來也。東征而西國怨。曰。何獨後我也。孰能有與是鬬者與。○謝本從盧校作就能王引之曰就字義不可通當是孰字之誤孰就字相似又補校云呂本就正作孰先謙案王說是今從呂本　安以其國爲是者王。殷之日。安以靜兵息民。慈愛百姓。辟田野。實倉廩。便備用。安謹募選閱材伎之士。然後漸賞慶以先之。嚴刑罰以防之。擇士之知事者。使相率貫也。是以厭然畜積修飾。而物用之足也。○先謙案厭然猶安然說見儒效篇之字衍　兵革器械者。彼將日日暴露毀折之中原。（盧文弨曰：日日，元刻作日月，下竝同。）我今將脩飾之，拊循之，掩蓋之於府庫。貨財粟米者，彼將日日棲遲薛越之中野，我今將畜積并聚之於倉廩。材技股肱健勇爪牙之士，彼將日日挫頓竭之於仇敵，我今將來致之，并閱之，砥礪之於朝廷。如是則彼日積敝，我日積完；彼日積貧，我日積富；彼日積勞，我日積佚。君臣上下之閒者，彼將厲厲焉日日相離疾也，我今將頓頓焉日日相親愛也。（先謙案：莊子人閒世釋文：「厲，疾也。」重言之曰厲厲。頓讀曰敦，詩頓丘，爾雅釋丘作敦丘，是其證。禮樂記「敦樂而無憂」，注：「敦，厚也。」重言之曰敦敦，頓頓猶敦敦，相親厚之意也。）以是待其敝。安以其國為是者霸。立身則從傭俗，事行則遵傭故，進退貴賤則舉傭士，（盧文弨曰：句。郝懿行曰：傭與庸同，庸者常也。詩云「昊天不傭」，韓詩作庸，是庸傭通。下云「則庸寬惠」，此庸訓用。）之所以接下之人百姓者，則庸寬惠。（先謙案：荀書多以之為其，富國篇「以奪之財，以奪之食，以難其事」，二之字與其連文，亦訓為其。王霸篇「之所與為之者之人」，以下二之字同。）如是者則安存。（盧文弨曰：僅免於危亡而已。）立身則輕楛，事行則蠲疑，進退貴賤則舉佞侻，（郝懿行曰：楛與苦同，謂脆惡也。蠲者明也，謂喜明察而好狐疑也。侻與脫同，亦與悅同，謂喜近小人也。脩身篇有佞兌字，則侻與兌同，當訓為悅，謂諞佞容悅也。先謙案：侻蓋兌字，後人加人旁耳，說見脩身篇。）之所以接下之人百姓者，則好取侵奪。（王念孫曰：呂本作「好取侵奪」，錢本無取字，盧從呂本。案：取與侵奪意複，且不詞，作「好侵奪」者是也。上文云「之所以接下之人百姓者，則庸寬惠」，句法正與此同。先謙案：富國篇云「雖好取侵奪，猶將寡獲也」，可見荀書自有此語。錢本無取字者，亦疑為不詞而刪之耳。古書不當輒改，謝本從盧校有取字，今仍之。）如是者危殆。立身則憍暴，事行則傾覆，進退貴賤則舉幽險詐故，（盧文弨曰：宋本有一人字，衍，元刻無。先謙案：故亦詐也，說見王霸篇。）之所以接下之人百姓者，則好用其死力矣，而慢其功勞，好用其籍斂矣，而忘其本務。如是者滅亡。此五等者，不可不善擇也，王霸安存危殆滅亡之具也。善擇者制人。不善擇者人制之。善擇之者王。不善擇之者亡。夫王者之與亡者。制人之與人制之也。是其爲相縣也亦遠矣。○盧文弨曰篇末自具具而王至此文義淺雜當是殘脫之餘故不注耳

荀子集解卷六

富國篇第十

萬物同宇而異體。同生宇內形體有異無宜而有用。雖於人無常定之宜皆有可用人之理必在理得其道使之不爭然後可以富國也。先謙案虞王本注用下無人字是各本衍為人數也。。王念孫曰無宜而有用為人為一句數也為一句為讀曰于（為于二字古同聲而通用說見釋詞為字下）言萬物於人雖無一定之宜而皆有用於人數也數也云者猶言道固然也（呂氏春秋壅塞篇寡不勝衆數也高注數道數也）數也與下文生也對文楊以為人數也四字連讀而下屬為義故失之人倫並處。同求而異道。同欲而異知。倫類也並處羣居也其在人之法數則以類羣居也同求異道謂或求為善或求為惡此人之性也生也。。王念孫曰生讀為性故楊注云此人之性也生也二字本在楊注倫類也之上今本誤在楊注下與下文相違皆有可也知愚同。所可異也知愚分。可者遂其意之謂也埶同而知異。行私而無禍。縱欲而不窮。則民心奮而不可說也。禍患也窮極也奮謂起而爭競也說讀為悅若縱其性情而無分則民心奮起爭競而不可悅服也如是。則知者未得治也。知者未得治。則功名未成也。功名之立由於任智功名未成。則羣衆未縣也。有功名者居上無功名者居下然後羣衆縣隔若未有功名則羣衆齊等也羣衆未縣。則君臣未立也。既無縣隔則未有君臣之位也無君以制臣。無上以制下。天下害生縱欲。無上下相制則天下之害生於各縱其欲也。先謙案承上縱欲不窮申言之欲惡同物。欲多而物寡。寡則必爭矣。同物謂飲食男女人之大欲存焉死亡貧苦人之大惡存焉是賢愚同有此情也無君上之制各恣其欲則物不能贍故必爭之也故百技所成。所以養一人也。技工也一人君上也言百工所成之衆物以養一人是物多而所奉者寡故能治也。汪中曰此言一人之身而百工之所為備耳注非而能不能兼技。雖能者亦不兼其技功使有分也謂梓匠輪輿各安其業則治雜之則亂也人不能兼官。皆使專一於分不二事也謂若夔典樂稷播種之類也離居不相待則窮。羣而無分則爭。不相待遺棄也窮謂為物所困也此言不羣則不可羣而無分亦不可也窮者患也。爭者禍也。救患除禍，則莫若明分使羣矣。此已上皆明有分則能羣然後可以富國也彊脅弱也。知懼愚也。民下違上。少陵長。不以德爲政。德謂教化使知分義也如是。則老弱有失養之憂。而壯者有分爭之禍矣。老弱不能自存故憂失養壯者以力相勝故有分爭也事業所惡也。功利所好也。職業無分。事業謂勞役之事人之所惡職業謂官職及四人之業也必使各供其職各從所務若無分則莫不惡勞而好逸也如是。則人有樹事之患。而有爭功之禍矣。樹立也若無分則人人患於樹立已事而爭人之功以此爲禍也男女之合。夫婦之分。合配也分謂人各有偶也婚姻娉內送逆無禮。婿之父爲婚壻之父爲姻言婚姻者明皆以二人之命也聘問名也內讀曰納納幣也送致女逆親迎也。盧文弨曰娉說文問也匹正切廣韻云娶也後人入詩作平聲娉婷譌甚注作娉今字如是。則人有失合之憂。而有爭色之禍矣。失合謂喪其配偶也故知者爲之分也。知如字知者謂知治道者又讀爲智皆通

足國之道。明富國之術也節用裕民。而善臧其餘。裕謂優饒也善臧其餘謂雖有餘不耗損而善藏之。盧文弨曰臧古藏字正文從古注以今文解之楊氏往往如此先謙案羣書治要句末有也字節用以禮。裕民以政。以禮謂用不過度以政謂取之有道也彼裕民故多餘。人得優饒務於力作故多餘也裕民則民富。民富則田肥以易。易謂耕墾平易田肥以易則出實百倍。所出穀實多也上以法取焉。而下以禮節用之。法取謂什一也以禮節用謂不妄耗費也餘若丘山。不時焚燒。無所臧之。以言多之極也夫君子奚患乎無餘。以墨子憂不足。先謙案羣書治要句末有也字故知節用裕民。則必有仁義聖良之名。而且有富厚丘山之積矣。名實皆美此無它故焉。生於節用裕民也。不知節用裕民。則民貧。民貧則田瘠以穢。貧則力不足耕耨失時也田瘠以穢。則出實不半。不得其半上雖好取侵奪。猶將寡獲也。而或以無禮節用之。。謝本從盧校節作而盧文弨曰元刻作無禮節用之王念孫

曰元刻是也上文云上以法取焉而下以禮節用之（楊注以禮節用謂不妄耗費也）與此三句正相反是其證羣書治要正作以無禮節用之（呂錢本世德堂本同）先謙案王說是今從元刻則必有貪利糾譑之名，而且有空虛窮乏之實矣。糾察也譑發人罪也譑音矯。王念孫曰糾收也譑讀爲撟（音矯）取也言貪利而收取之也僖二十四年左傳注云糾收也方言云撟捎選也自關而西秦晉之間凡取物之上謂之撟捎淮南要略覽取撟掇高注云撟取也即上文之好取侵奪也楊注於貪利外別生支節矣此無它故焉。不知節用裕民也。康誥曰：弘覆乎天，若德裕乃身。此之謂也。弘覆如天又順於德是乃所以寬裕汝身言百姓與足君孰不足也。盧文弨曰宋本正文幷引不廢在王庭句注無解今依元刻去之注百姓與足二句又見第二十卷注中不必定依今論語改此文

禮者，貴賤有等，長幼有差，貧富輕重皆有稱者也。稱尺證反。盧文弨曰舊本不提行今案當分段先謙案上言裕民以政下結云夫是之謂以政裕民應爲一段舊本是盧說非也今正故天子袾裷衣冕，袾古朱字裷與衮同畫龍於衣謂之衮朱衮以朱爲質也衣冕猶服冕也諸侯玄裷衣冕，謂上公也周禮公之服自衮冕而下如王之服也大夫裨冕，衣裨衣而服冕謂祭服也天子六服大裘爲上其餘爲裨裨之言卑也以事尊卑服之諸侯以下亦服焉鷩冕絺冕皆是也士皮弁服。皮弁謂以白鹿皮爲冠象上古也素積爲裳用十五升布爲之積猶辟也辟蹙其腰中故謂之素積也德必稱位，位必稱祿，祿必稱用。由士以上，則必以禮樂節之；衆庶百姓，則必以法數制之。君子用德小人用刑量地而立國，謂若王制天子之縣內九十三國也計利而畜民，謂若周制計一鄉地利所出畜萬二千五百家度人力而授事，謂若一夫受田百畝使民必勝事，事必出利，利足以生民，皆使衣食百用出入相揜，百用雜用養生送死之類出出財也入入利也揜覆蓋也出入相揜謂量入爲出使覆蓋不乏絕也。王念孫曰爾雅曰弇同也方言曰掩同也周頌執競傳曰奄同也弇奄掩揜竝通出入相同謂不使出數多於入數也楊訓揜爲覆蓋失之必時臧餘，謂之稱數。足用有餘則以時臧之此之謂有稱之術數也故自天子通於庶人，事無大小多少，由是推之。故曰：朝無幸位，民無幸生。此之謂也。上下所爲之事皆以稱數推之故無徼幸之徒無德而祿謂之幸位惰游而食謂之幸生也輕田野之稅，平關市之征，平猶除也謂幾而不征也省商賈之數，省減也謂使農夫衆也罕興力役，無奪農時，如是則

國富矣。夫是之謂以政裕民。此以政優饒民之術也。先謙案羣書治要句末有也字

人之生不能無羣。羣而無分則爭。爭則亂。亂則窮矣。窮困 故無分者。人之大害也。有分者。天下之本利也。本當爲大 而人君者。所以管分之樞要也。樞戶樞也 故美之者。是美天下之本也。美謂美其有分。盧文弨曰美之安之貴之三之字皆謂人君 安之者。是安天下之本也。貴之者。是貴天下之本也。古者先王分割而等異之也。以分割制之以等差異之 故使或美或惡。或厚或薄。或佚或樂。或劬或勞。美謂褒寵惡謂刑戮厚薄貴賤也在位則佚樂百姓則劬勞也。王念孫曰下二句本作或佚樂或劬勞美與惡對厚與薄對佚樂與劬勞對今本樂上勞上又有兩或字卽涉上文而衍據楊注云在位則佚樂百姓則劬勞則正文本作或佚樂或劬勞明矣羣書治要同 非特以爲淫泰夸麗之聲。將以明仁之文。通仁之順也。仁謂仁人也言爲此上事不唯使人瞻望自爲夸大之聲將以明仁人乃得此文飾言至貴也通仁人乃得此順從言不違其志也。兪樾曰聲字衍文荀子原文蓋作非特以爲淫泰也句法與此同是其證先謙案此言先王將欲施仁於天下必先有分割等異乃可以明其文而通其順若無分割等異則無文不順卽仁無所施矣楊注非 故爲之雕琢刻鏤黼黻文章。玉謂之雕亦謂之琢木謂之刻金謂之鏤白與黑謂之黼黑與青謂之黻青與赤謂之文赤與白謂之章 使足以辨貴賤而已。不求其觀。不求使人觀望也古亂反。盧文弨曰不求其觀言非以此爲觀美也 爲之鐘鼓管磬琴瑟竽笙。使足以辨吉凶合歡定和而已。不求其餘。和謂和氣餘謂過度而作鄭衛者也 爲之宮室臺榭。使足以避燥溼養德辨輕重而已。不求其外。德謂君上之德輕重尊卑也外謂峻宇雕牆之類也 詩曰。雕琢其章。金玉其相。亹亹我王。綱紀四方。此之謂也。詩大雅棫樸之篇相質也亹亹勉勉之貌言雕琢爲文章又以金玉爲質勉力爲善所以綱紀四方也與詩義小異也 若夫重色而衣之。重味而食之。重財物而制之。合天下而君之。重多也直用反 非特以爲淫泰也。固以爲王天下。先謙案王天下王字無義此自屬人君

言不得更言王天下王當爲一字之誤也儒效王制王霸君道彊國諸篇屢言一天下非十二子篇云一天下財萬物長養人民兼利天下語意正與此同亦作一天下尤其明證治萬變。材萬物。材與裁同。○先謙案非十二子儒效王制富國諸篇並作財萬物材疑當爲財羣書治要作裁王制篇一作裁養萬民。兼制天下者。○先謙案非十二子篇作兼利天下以文義推之兼利是也利制形近而譌王霸篇云國者天下之制利用也楊注制衍字耳制利因相似誤衍即其證爲莫若仁人之善也。夫故其知慮足以治之。其仁厚足以安之。其德音足以化之。得之則治。失之則亂。百姓誠賴其知也。故相率而爲之勞苦以務佚之。以養其知也。知讀爲智。○先謙案羣書治要兩知字並作智誠美其厚也。故爲之出死斷亡以覆救之。以養其厚也。厚恩厚也出死謂出身致死斷猶判也言判其死亡也覆蓋救也斷丁亂反。○盧文弨曰正文末一也字各本俱缺今依上下例增先謙案宋台州本不缺也字羣書治要同誠美其德也。故爲之雕琢刻鏤黼黻文章以藩飾之。以養其德也。有德者宜備藩衛文飾也故仁人在上。百姓貴之如帝。天帝也親之如父母。爲之出死斷亡而愉者。愉歡。○王念孫曰愉讀爲偷偷上當有不字出死斷亡而不偷者民皆死其君事而不偷生也楊所見本已脫不字故誤以愉爲歡愉之愉下文爲之出死斷亡而愉愉上亦脫不字王霸篇曰爲之出死斷亡而不愉羣書治要引作不偷足正此篇之誤楊不知愉爲古偷字反以不爲衍文謬矣說文偷薄字本作愉從心俞聲爾雅佻偷也小雅鹿鳴傳作恌愉也周官大司徒則民不愉桓七年公羊傳注則民不愉坊記注不愉於死亡釋文並音偷漢繁陽令楊君碑不愉祿求趨亦與偷同（唐風山有樞篇他人是愉鄭箋愉讀爲偷大戴禮文王官人篇欲色嘔然以偷逸周書偷作愉）經傳中愉字或作偷者皆後人所改也此篇之出死斷亡而不愉若非脫去不字則後人亦必改爲偷矣無它故焉。其所是焉誠美。其所得焉誠大。其所利焉誠多。是謂可其意也言百姓所得者多故親愛之也。○先謙案羣書治要有也字詩曰。我任我輦。我車我牛。我行既集。蓋云歸哉。此之謂也。詩小雅黍苗之篇引此以明百姓不憚勤勞以奉上也鄭云集猶成也蓋猶皆也轉餫之役有負任者有輓輦者有將車者有牽傍牛者事既成召伯則皆告之云可以歸矣。○盧文弨曰注末宋本作云可歸哉故曰。君子以德。小人以力。君子以德撫下故百姓以力事上也力者德之役也。力爲德所使役百姓之力。待之而後功。百姓雖有力待君上所使然後有功也。○王念孫曰如楊說則功上須加有字而其義始明今案力者功也（論語曰管仲之力也）待之而後功功者成也言百姓之功待君而後成也下文曰百姓之羣待之而後和百姓之財待之而後聚百姓之勢待之而後安百姓之壽待之而後長和聚安長與功相對爲文是功爲成也爾雅曰功成也大戴禮盛德篇曰能成德法者爲有功周官稾人乃入功于司弓矢及繕人鄭注曰功成也管子五輔篇曰大夫任官辯事官長任事守職士修身功材言修身成材也莊子天道篇曰帝王無爲而天下功言無爲而天下成也先謙案王說辨矣然此功字不訓成王訓功爲成則百姓之力訓爲百姓之功上文小人以力力者德之役也二力字又豈能訓爲功乎今案待之而後功者待之而後有功也有功爲功荀書自有此語王霸篇事至佚而功彊國篇不煩而功君道篇君子篇不動而功臣道篇戾然後功下文使而功及愛而後用之不如愛而不用者之功也義並與此同　百姓之羣。待之而後和。百姓之財。待之而後聚。百姓之埶。待之而後安。百姓之壽。待之而後長。皆明待君上之德化然後無爭奪相殺也　父子不得不親。兄弟不得不順。男女不得不歡。少者以長。老者以養。故曰。天地生之。聖人成之。此之謂也。古者有此語引以明之也　今之世而不然。○先謙案而猶則也見釋詞　厚刀布之斂以奪之財。重田野之稅以奪之食。苛關市之征以難其事。苛擾也征亦稅也苛關市之征出入賣買皆有稅也使貨不得通流故曰難其事　不然而已矣。不唯如此而已　有掎挈伺詐。權謀傾覆。以相顚倒。以靡敝之。有讀爲又掎摭其事挈舉其過伺候其罪詐僞其辭顚倒反覆也靡盡也敝敗也或曰靡讀爲糜糜散也敝盡也。盧文弨曰案禮記少儀國家靡敝釋文亡皮切正義亦不靡散一訓　百姓曉然皆知其汙漫暴亂而將大危亡也。汙漫皆穢行也漫莫半反　是以臣或弒其君。下或殺其上。粥其城。倍其節。而不死其事者。無它故焉。人主自取之。粥其城謂以城降人以爲已利節忠節也此皆由上無恩德故下亦傾覆之。先謙案羣書治要句末有也字　詩曰。無言不讎。無德不報。此之謂也。詩大雅抑之篇

兼足天下之道在明分。○先謙案此明分與上明分使羣同義　掩地表畝。掩地謂耕田使土相掩表明也謂明其經界使有畔也。王引之曰掩地二字義不可通掩疑撩之譌說文撩理也（廣雅同）一切經音義十四撩力條反通俗文云理亂謂之撩理今多作料量之料字也（以上一切經音義）撩地表畝謂理其地表其畝也撩字俗書作擽與掩相似而誤

楊云掩地謂耕田使土相掩迂回而難偪矣

刺屮殖穀。刺絕也屮古草字多糞肥田。是農夫衆庶之事也。守時力民。守時敬授人時力民使之疾力進事長功。進其事業長其功利和齊百姓。使人不偸。是將率之事也。將率猶主領也若今宰守。俞樾曰此言足天下之道前後皆言農事而此云是將率之事楊注曲爲之說未爲得也蓋古之爲將率者其平時卽州長黨正之官周官州長職若國作民而師田行役之事則帥而致之掌其戒令與其賞罰鄭注曰掌其戒令賞罰則是於軍因爲師帥賈疏曰云因爲師帥者若衆屬軍吏別有軍吏掌之何得還自掌之故知因爲師帥也但在鄉爲州長已管其民在軍還領己民爲師帥卽是因內政寄軍令也又黨正職注曰亦於軍因爲旅帥族師職注曰亦以軍因爲卒長以是推之閭胥卽爲兩司馬比長卽爲伍長夏官序官疏曰閭胥以下雖不言因爲義可知是也此云將率卽指州長黨正之屬從其在軍之名而稱之曰將率正見內政軍令之可通楊注未達斯旨

高者不旱。下者不水。寒暑和節。而五穀以時孰。是天下之事也。是天下豐穰之事非由人力也。王念孫曰天下之事當作天之事不旱不水寒暑和節此皆出於天而非人之所能爲故曰是天之事正對下文是聖君賢相之事而言今本天下之下乃涉上文下者而衍楊曲爲之說非

若夫兼而覆之。兼而愛之。兼而制之。歲雖凶敗水旱。使百姓無凍餧之患。則是聖君賢相之事也。○盧文弨曰此下宋本提行今案當連爲一條

墨子之言。昭昭然爲天下憂不足。○王念孫曰昭昭小也（中庸今夫天斯昭昭之多鄭注昭昭猶耿耿小明也淮南繆稱篇昭昭乎小哉）言墨子之所見者小也故下文曰夫不足非天下之公患也特墨子之私憂過計也

夫不足。非天下之公患也。非公共之患也特墨子之私憂過計也。今是土之生五穀也。人善治之。則畝數盆。一歲而再獲之。蓋當時以盆爲量考工記曰盆實二鬴墨子曰子墨子弟子仕於衞而反子曰何故反曰與我言而不當曰待汝以千盆授我五百盆故去之獲讀爲穫然後瓜桃棗李一本數以盆鼓。一本一株也鼓量也禮記曰獻米者操量鼓數以盆鼓謂數度以盆量之也言然後者謂除五穀之外更有此果實○盧文弨曰注以盆下亦當有鼓字各本皆脫然後葷菜百疏以澤量。葷辛菜也疏與蔬同以澤量言滿澤也猶谷量牛馬然後義與上同。郝懿行曰葷菜亦蔬耳必別言之者士相見禮夜侍坐問夜膳葷請退可也鄭注葷辛物蔥薤之屬食之以止臥玉藻膳於君有葷桃茢注云葷薑及辛菜也然則葷菜先於百蔬固有說矣

然後六畜禽獸一而剸車。剸與專同言一獸滿一車黿鼉魚鱉鰌鱣以時別。一而成羣。別謂生育與母分別也以時別謂不夭其生使得成遂也一而成羣言每一類

皆得成羣 然後飛鳥鳧雁若烟海。遠望如烟之覆海皆言多 然後昆蟲萬物生其閒。昆蟲蚯蟮蜩范之屬也除大物之外其閒又有昆蟲萬物鄭云昆明也得陽而出得陰而藏之蟲也。盧文弨曰注蟮字誤疑本是蝝字 可以相食養者不可勝數也。夫天地之生萬物也固有餘足以食人矣。麻葛繭絲鳥獸之羽毛齒革也固有餘足以衣人矣。。先謙案宋台州本有衣去聲三字各本無 夫有餘不足。非天下之公患也。特墨子之私憂過計也。。先謙案此二句與上文同荀反復申重以明墨之非以文義求之不足上不當有有餘二字此緣上文兩有餘而誤衍 天下之公患。亂傷之也。胡不嘗試相與求亂之者誰也。我以墨子之非樂也。則使天下亂。墨子之節用也。則使天下貧。非將墮之也。說不免焉。非將墮毀墨子論說不免如此。先謙案不免者言其實如此也正論篇云然則以湯武爲弒則天下未嘗有說也直墮之耳正與此文反對 墨子大有天下。小有一國。天子諸侯 將蹙然衣麤食惡。憂戚而非樂。墨子言樂無益於人故作非樂篇無樂則人情憂戚故曰憂戚而非樂也 若是則瘠。瘠則不足欲。不足欲則賞不行。瘠奉養薄也奉養既薄則不能足其欲欲既不足則賞何能行乎言皆由不顧賞也夫賞以富厚故人勸勉有功勞者而與之麤衣惡食是賞道廢也莊子說墨子曰其生也勤其死也薄其道也大觳郭云觳無潤也義與瘠同觳苦角反 墨子大有天下。小有一國。將少人徒。省官職。省所景反 上功勞苦。與百姓均事業。齊功勞。謂若臣竝耕而食饔飧而治 若是則不威。不威則罰不行。上下縣隔故得以法臨馭若君臣齊等則威不立矣。盧文弨曰舊本正文俱作則賞罰不行賞字衍今刪 賞不行。則賢者不可得而進也。罰不行。則不肖者不可得而退也。賞罰所以進賢而退不肖 賢者不可得而進也。不肖者不可得而退也。則能不能不可得而官也。不可置於列位而廢置也。先謙案上言賢不肖則此能不能就一人所短長言之解蔽篇云材官萬物注官謂不失其任又云則萬物官矣注謂各當其任無差錯也此官字義亦同注似未晰 若是。則萬物失宜。事變失應。上失天時。下失地利。中失人和。賞罰不行賢愚一貫故有斯敝也 天下敖然若燒若焦。敖讀爲嗷若燒若焦言萬物寡少如被焚燒然 墨子雖爲之衣褐帶索。嚽菽飲水。惡能足之乎。嚽與啜同惡音烏 既以伐其本。竭其原。而焦天下矣。先謙案此句文義自在若燒若焦下倒裝文法 故先王聖人爲之不然。知夫爲人主上者。不美不飾之不足以一民也。不富不厚之不足以管下也。管猶包也 不威不強之不足以禁暴勝悍也。故必將撞大鐘。擊鳴鼓。吹笙竽。彈琴瑟。以塞其耳。必將錭琢刻鏤。黼黻文章。以塞其目。錭與彫同 必將芻豢稻粱。五味芬芳。以塞其口。塞猶充也 然後衆人徒。備官職。漸慶賞。漸進 嚴刑罰。以戒其心。使天下生民之屬。皆知己之所願欲之舉在是于也。故其賞行。舉皆也是于猶言于是言生民所願欲皆在于是也說苑亦作是于也。盧文弨曰正文是于舊本俱作于是反將注語互易誤甚今改正下同 皆知己之所畏恐之舉在是于也。故其罰威。其罰可畏 賞行罰威。則賢者可得而進也。不肖者可得而退也。能不能可得而官也。若是。則萬物得宜。事變得應。上得天時。下得地利。中得人和。則財貨渾渾如泉源。渾渾水流貌如泉源言不絕也渾戶本反 汸汸如河海。汸讀爲滂水多貌也 暴暴如丘山。暴暴卒起之貌言物多委積高大如丘山也 不時焚燒。無所臧之。夫天下何患乎不足也。故儒術誠行。則天下大而富。使而功。大讀爲泰優泰也使謂爲上之使也可使則有功也。謝本從盧校作使有功劉台拱曰使有功當作佚而功形近而譌也王念孫曰宋呂錢龔本竝作使而功元刻作使有功盧從元刻非劉說是也王霸篇守至約而詳事至佚而功是其證彊國篇亦云佚而治約而詳下文勞苦頓萃而愈無功正與佚而功相反元刻作使有功者涉注有功而誤先謙案劉王謂有當爲而是也改使爲佚非也大而富承上萬物得宜言使而功承上賞行罰威言文義甚明不煩改字正論篇易使則功難使則不功尤爲此使而功明證下文勞苦頓萃言墨道如此非佚字對文也今從宋本改正 撞鐘擊鼓而和。詩曰。鐘鼓喤喤。管磬瑲瑲。降福穰穰。降福簡簡。威儀反反。既醉既飽。福祿來反。此之謂也。詩周頌執競之篇毛云喤喤瑲瑲皆聲和貌穰穰衆也簡簡大也鄭云反反順習之貌反復也。盧文弨曰管磬瑲瑲元刻作磬筦將將案說文作管磬牄牄今從宋本又注反復也宋本與毛傳合元刻作反復之也非又此處宋本與下分段今不從

故墨術誠行。則天下尚儉而彌貧。非鬪而日爭。墨子有非攻篇非攻卽非鬪也既上失天時下失地利則物出必寡雖尙儉而民彌貧物不能贍雖以鬪爲非而日日爭競也 勞苦頓萃而愈無功。愀然憂戚非樂而日不和。說文云頓下首也萃與顇同上下不能相制雖勞苦頓顇猶將無益也鄭注禮記云愀然變動貌也。王念孫曰頓如困頓之頓管子版法篇頓卒怠倦以辱之尹注曰頓卒猶困苦王褒洞簫賦桀跖鬻博偏以頓顇頓卒頓萃竝與頓顇同 詩曰。天方薦瘥。喪亂弘多。民言無嘉。憯莫懲嗟。此之謂也。詩小雅節南山之篇薦重也瘥病也憯會也懲止也嗟奈何薦或爲荐

垂事養民。垂下也以上所操持之事下就於民而養之謂施小惠也。盧文弨曰宋本連上條今案當分段俞樾曰垂猶委也說文女部娷諉也垂之爲委猶娷之爲諉也爾雅釋言誣諉累也孫炎曰楚人曰誣秦人曰諉是誣諉疊韻二字義同垂之與委猶誣之與諉也垂事養民者委事養民也言委置其事以養民也下文曰進事長功輕非譽而恬失民正與此垂事養民相反又曰垂事養譽不可句以遂功而忘民亦不可垂事者卽所謂垂事養民也遂功者卽所謂進事長功輕非譽而恬失民也然則垂事之義可見矣楊注非 拊循之。唲嘔之。拊與撫同拊循慰悅之也唲嘔嬰兒語聲也唲於佳反嘔與謳同。郝懿行曰循與揗同拊揗者謂撫摩矜憐之也唲嘔者玉篇廣韻竝云小兒語也上於佳切下烏侯切二字雙聲蓋爲小兒語聲慈愛之也史記韓信傳說項王言語嘔嘔其意正同嘔嘔卽唲嘔也 冬日則爲之饘粥。夏日則與之瓜麮。麮煑麥飯也丘舉反。郝懿行曰說文麮麥甘鬻也急就篇甘麮殊美奏諸君是則夏日進麮古人珍之今登萊人煑大麥粥云食之止渴又袪暑必大麥者小麥性熱大麥味甘又性涼也 以偷取少頃之譽焉。是偷道也。可以少頃得姦民之譽。然而非長久之道也。事必不就。功必不立。是姦治者也。姦人爲治偷取其譽 傮然要時務民。傮然盡人力貌說文云傮終也要時趨時也務勉強也謂以勞役強民也傮子勞反要一饒反。郝懿行曰傮與會音近義同其訓皆爲終也此言勞役不恤民力經始卽欲要終趨時亟也先謙案二說皆非也文選魏都賦傮響起李注嘈與傮古字通據此傮然卽嘈然也廣雅釋詁嘈聲也文選魯靈光殿賦注引埤蒼云嘈嘈衆聲也傮然猶嘈嘈紛雜之意 進事長功。益上之功利也 輕非譽而恬失民。恬安也言不顧下之毀譽而安然忘於失民也 事進矣。而百姓疾之。事雖長進而百姓怨 是又不可偷

偏者也。言亦不可苟且偏爲此勞民之事也。先謙案不可二字衍文上言是姦治者也此言是又偸偏者也二語相應偸偏上不得有不可字明矣此緣下文兩不可字而誤重據楊注所見本已衍不可二字

徙壞隳落，必反無功。雖苟求功利旋即毀壞墮落必反無成功也。謝本從盧校作徙壞盧文弨曰徙壞元刻作徙壞先謙案元刻是徙壞墮落相配爲文作徙者徙之譌耳今從元刻

故垂事養譽不可，以遂功而忘民亦不可，皆姦道也。以用。先謙案言二者皆不可也

故古人爲之不然，使民夏不宛暍，使民謂役使民也宛讀爲蘊暑氣也詩曰蘊隆蟲蟲暍傷暑也或曰宛當爲奧篆文宛字與奧字略相似遂誤耳奧於六反熱也冬不凍寒，急不傷力，緩不後時，皆謂量民之力不使有所傷害事成功立，上下俱富。郝懿行曰富與福同古字通用詩云何神不富富卽福也此文不爲富言故知爲福上云夏不宛暍冬不凍寒急不傷力緩不後時此正上下俱受其福之意

而百姓皆愛其上，人歸之如流水，親之歡如父母，爲之出死斷亡而愉者，無它故焉，忠信調和均辨之至也。均平均辨明察也。郝懿行曰辨與徧同古字通用荀書辨多同辯辯宜訓治楊氏不明假借之義每以辨別爲訓往往失之此辨又爲徧之假借當訓周徧而云明察其失甚矣王霸篇治辨之辨又與辦同王念孫曰辨讀爲平平辨古字通若堯典平章之爲辨章平秩之爲辨秩是也（說見段氏古文尚書撰異）忠與信調與和均與辨皆同義楊以辨爲明察則與均異義矣先謙案王說是

故君國長民者，欲趨時遂功，則和調累解，速乎急疾；忠信均辨，說乎賞慶矣；必先脩正其在我者，然後徐責其在人者，威乎刑罰。自故君國長民已下其義未詳亦恐脫誤或曰累解嬰累解釋也言君國長人欲趨時遂功者若和調而使嬰累解釋則民速乎急疾言效上之急不後時也若忠信均辨則民悅乎慶賞若先責已而後責人則民畏乎刑罰累音類解佳買反說讀爲悅。王念孫曰速乎急疾威乎刑罰下皆當有矣字與說乎賞慶矣對文俞樾曰累解與和調皆二字平列訓爲嬰累解釋非其義矣儒效篇曰解果其冠楊注引說苑蟹螺者宜禾爲證竊謂累解與蟹螺一也彼從虫而此否者書有繁簡耳蟹螺到爲累解猶和調亦可云調和也說苑以蟹螺汚邪對文則蟹螺之義殆猶平正矣

三德者誠乎上，則下應之如景響。三德謂調和累解忠信均辨正已而後責人也誠乎上謂上誠意行之也響讀爲嚮或曰三德卽忠信調和均辨也雖欲無明達，得乎哉！書曰：「乃大明服，惟民其力懋和而有疾。」書康誥懋勉也言君大明以服下則民勉力爲和調而疾速以明效上之急也。盧文弨曰元刻作惟民其勑懋和若有疾與今書同案注則宋本爲是今從之。此之謂也。

故不教

而誅，則刑繁而邪不勝；教而不誅，則姦民不懲；誅而不賞，則勤屬之民不勸。屬也者，謂箸於事業也。屬，之欲反。屬或爲厲。○王念孫曰：作厲者是也。厲，勉也。羣書治要作勤勵，勵卽厲之俗書，則本作厲明矣。厲與屬字相似而誤（韓子有度篇「厲官威民」，詭使篇「上之所以立廉恥者，所以厲下也」，今本厲字竝誤作屬）。楊曲爲之說，非。誅賞而不類，則下疑俗儉而百姓不一。不類，不以其類，謂賞不當功，罰不當罪。儉當爲險。險，謂徼幸免罪，苟且求賞也。○先謙案：類，法也，說見非十二子篇。羣書治要儉作險，與楊注合。一作壹，與下同。故先王明禮義以壹之，致忠信以愛之，尚賢使能以次之，○先謙案：晉語韋注：「次，行列也。」次之，謂使之就列。爵服慶賞以申重之，申亦重也，再令曰申。時其事，輕其任，以調齊之，時其事，謂使人趨時，不奪之也。輕其任，謂量力而使也。潢然兼覆之，養長之，如保赤子。潢與滉同。潢然，水大至之貌也。○先謙案：說文：「潢，積水池。」詩「武夫洸洸」，鹽鐵論繇役篇引作「武夫潢潢」，是潢卽洸借字。說文：「洸，水涌光也。」水大則涌而有光，故以爲比。若是，故姦邪不作，盜賊不起，而化善者勸勉矣。化善，化而爲善者也。是何邪？則其道易，平易可行。其塞固，其政令一，其所充塞民心者固。其防表明。隄防標表明白易識。故曰：上一則下一矣，上二則下二矣。○先謙案：羣書治要一二作壹貳。辟之若屮木，枝葉必類本。此之謂也。辟讀爲譬。屮，古草字。

不利而利之，不如利而後利之之利也。不愛而用之，不如愛而後用之之功也。利而後利之，不如利而不利者之利也。愛而後用之，不如愛而不用者之功也。利而不利也，愛而不用也者，取天下矣。利而後利之，愛而後用之者，保社稷也。不利而利之，不愛而用之者，危國家也。○王念孫曰：「取天下矣」、「保社稷也」、「危國家也」，本作「取天下者也」、「保社稷者也」、「危國家者也」。今本或作矣，或作也，文義參差不協，當依文選五等諸侯論注所引改正。

觀國之治亂臧否，至於疆易而端已見矣。易與埸同。端，首也。見，賢遍反。其候徼支繚，候，斥候。徼，巡也。

支繚支分繚繞言委曲也謷也其竟關之政盡察。竟與境同盡察極察言無不察也是亂國已。亂國多盜賊姦人故用苛察之政也。郭嵩燾曰候繳支繚多疑而煩苛竟關之政宗析利而苛細知此之爲亂可與言治矣先謙案郭說是楊注淺陋入其境。其田疇穢。都邑露。是貪主已。露謂無城郭牆垣王貪財民貧力不足故露也。盧文弨曰露元刻作路古通用今從宋本王念孫曰楊未解露字之義露者敗也謂都邑敗壞也方言曰露敗也莊子漁父篇曰田荒室露齊策曰百姓罷而城郭露與此都邑露同義露字或作路又作潞說見管子振罷露下觀其朝廷。則其貴者不賢。觀其官職。則其治者不能。觀其便嬖。則其信者不慤。是闇主已。便嬖左右小臣寵幸者也信者不慤所親信者不愿慤也主闇故姦人多容也凡主相臣下百吏之俗。其於貨財取與計數也。須孰盡察。俗謂風俗取謂賦斂與謂賜與計數計算也須待也孰精孰也盡察極察也其於計數貨財必待精孰極察然後行言不簡易急於貪利者也。俞樾曰俗當爲屬聲近而譌也下文又曰凡主相臣下百吏之屬可證俗字之譌楊氏不據以訂正而曰俗謂風俗失之須字無義乃順字之誤禮論篇曰非順孰脩爲之君子莫之能知也亦以順孰連文是其證順與須形近而誤楊注非其禮義節奏也。芒軔僈楛。是辱國已。禮義節奏謂行禮義之節文芒昧也或讀爲荒言不習孰也軔柔也亦怠惰之義僈與慢同楛不堅固也辱國言必見陵辱也其耕者樂田。其戰士安難。其百吏好法。其朝廷隆禮。其卿相調議。是治國已。安難不逃難也觀其朝廷。則其貴者賢。觀其官職。則其治者能。觀其便嬖。則其信者慤。是明主已。凡主相臣下百吏之屬。其於貨財取與計數也。寬饒簡易。不汲汲於貨財也其於禮義節奏也。陵謹盡察。是榮國已。陵侵陵言傑於禮義也謹嚴也言不敢慢易也。盧文弨曰案爾雅釋言㥄慄也郭云㥄懍戰慄釋文云案郭意當作陵然則陵謹義相近郝懿行曰陵懍雙聲懍懍猶懼之貌與謹義近文選甘泉賦注引服虔曰陵兢恐懼貌也然則陵兢陵謹亦雙聲字義皆可通釋言㥄慄也釋文引字書云㥄慄也然㥄蓋陵之或體字㥄陵又皆假借字耳經典此類古無正文大抵義存乎聲讀者要必明爲假借斯不惑矣楊注望文生訓以陵爲侵陵則謬矣先謙案王氏念孫云陵嚴密也說見致士篇節奏下注解爲禮之節文是也樂論篇云比物以飾節令奏以成文郝氏懿行云節以分析言之奏以合聚言之樂記節奏合以成文禮義節奏亦同此義賢齊則其親者先貴。能齊則其故者先官雖舉在至公而必先親故所謂故舊不遺則民不偷其臣下百吏。汙者皆化而脩。

悍者皆化而愿。躁者皆化而慤。是明主之功已。躁暴急之人也。○王引之曰躁讀爲剽剽謂狡猾也方言曰剽獪也秦晉之閒曰獪楚謂之剽剽與躁古字通商子懇令篇曰姦僞躁心私交疑農之民韓子有度篇曰聰智不得用其詐險躁不得關其佞說疑篇曰躁詐之人不敢北面立談又曰躁佻反覆謂之智皆其證也汙與脩相反悍與愿相反躁與慤相反是躁爲狡猾之義非暴急之義也

觀國之強弱貧富有徵。徵驗言其驗先見也上不隆禮則兵弱。上不愛民則兵弱。已諾不信則兵弱。慶賞不漸則兵弱。漸進將率不能則兵弱。率與帥同

上好功則國貧。民不得安業也。○謝本從盧校作上好攻取功盧文弨曰元刻無功取二字王念孫曰案錢佃校本亦云上好攻取功諸本作上好功案諸本是也上文以不隆禮不愛民對文以已諾不信慶賞不漸將率不能對文此以好功好利對文則不當有功取二字宋本攻卽功字之誤又衍一取字先謙案王說是今從諸本改正上好利則國貧。賦斂重也士大夫衆則國貧。所謂三百赤芾。○盧文弨曰元刻作赤茀古通用工商衆則國貧。農桑者少無制數度量則國貧。不爲限量則物耗費

下貧則上貧。下富則上富。百姓與足君孰不足故田野縣鄙者。財之本也。垣窌倉廩者。財之末也。垣築牆四周以藏穀也窌窖也掘地藏穀也穀藏曰倉米藏曰廩窌匹教反百姓時和。事業得敘者。貨之源也。等賦府庫者。貨之流也。時和得天之和氣謂歲豐也事業得敘耕稼得其次序上不奪農時也等賦以差等制賦貨財皆錢穀通名別而言之則粟米布帛曰財錢布龜貝曰貨也故明主必謹養其和。節其流。開其源。而時斟酌焉。節謂薄斂開謂勸課時斟酌謂賦斂賑卹豐荒有制也潢然使天下必有餘。而上不憂不足。○先謙案此文上下對舉下上下俱富亦以上下對文則下字上不應有天字天當爲夫字之誤也荀書夫俱訓彼此篇迭見夫下者彼下也自上文故明主貫下言之故云彼下後人習見天下以夫下爲誤而改之而於文義未詳審也如是則上下俱富。交無所藏之。是知國計之極也。交無所藏言上下不相隱。○郝懿行曰此富字用本義藏當作臧古藏字也先謙案上文兩言無所臧之楊注以言多之極也得荀子文意此文兼言上不憂不足故云交無所臧之意與上同注云上下不相隱非也故禹十年水。湯七年旱。而天下無菜色者。十年之後。年穀復孰。而陳積有餘。無食菜之色也。○郝懿行曰有餘謂有九年之蓄禹治水八年於外至十年而後平顧千里曰後下疑脫七年之後四字承上故禹十年水湯七年旱言之楊無注宋本與今本同蓋皆

誤

是無它故焉。知本末源流之謂也。故田野荒而倉廩實。百姓虛而府庫滿。夫是之謂國蹶。（蹶傾倒也）伐其本。竭其源。而幷之其末。（○顧千里曰末下疑脫缺之其流四字承上知本末源流之謂也言之楊無注宋本與今本同蓋皆誤）然而主相不知惡也。則其傾覆滅亡可立而待也。以國持之。而不足以容其身。夫是之謂至貧。是愚主之極也。（以一國扶持之至堅固也而無所容其身者貪也。○王念孫曰持載也中庸曰辟如地之無不持載是也楊說持字未確說載字尤非見下先謙案夫是之謂至貪與上句意不貫且如上文所云其爲至貧甚明無煩贅文貪疑爲貧此言觀國之貧富有徵伐本竭源覆亡立見故雖倉廩實府庫滿而謂之至貧也貧貪形近而誤）將以求富而喪其國。將以求利而危其身。古有萬國。今有十數焉。是無它故焉。其所以失之一也。（皆以貪失之也）君人者亦可以覺矣。（以此自覺悟也）百里之國。足以獨立矣。（此言無道則雖大必至滅亡有道則雖小足以獨立也）

凡攻人者。非以爲名。則案以爲利也。不然則忿之也。（凡攻伐者不求討亂征暴之名則求貨財土地之利不然則以忿怒不出此三事也爲于僞反。○盧文弨曰舊本不提行今案當分段）仁人之用國。將脩志意。正身行。（用爲也行下孟反）伉隆高。（伉舉也舉崇高遠大之事。○王念孫曰案楊說伉字之義非是伉者極也廣雅曰亢極也乾文言曰亢龍有悔與時偕極（子夏傳曰亢極也王肅曰窮高曰亢窮亦極也）宣三年左傳可以亢寵杜注曰亢極也漢書五行志曰兵革抗極亢抗伉字異而義同（桓九年穀梁傳伉諸侯之禮十八年傳以夫人之伉釋文竝云伉本又作亢論語陳亢文作陳伉史記貨殖傳國君無不分庭與之抗禮漢書抗作亢）伉隆高致忠信期文理伉致期皆極也伉隆高猶言致隆高仲尼篇曰非致隆高也非綦文理也（王霸篇同）王制篇曰致隆高綦文理皆其證矣）致忠信。期文理。（期當爲綦極文理謂其有條貫也）布衣紃屨之士誠是。則雖在窮閻漏屋。而王公不能與之爭名。（紃條也謂編麻爲之麤屨也或讀爲穿王公不能與之爭名言名過王公也）以國載之。則天下莫之能隱匿也。（載猶任也以國委任賢士則天下莫能隱匿言其國聲光大也）若是。則爲名者不攻也。（伐有道祇成惡名故不攻）將辟田野。實倉廩。便備用。（○先謙案備用猶械用說見王制篇）上下一心。三軍同力。與之遠舉極戰。則不可。遠舉縣軍於遠也極戰甚戰也彼暴國欲與我如此則不可也境內之聚也保固。視可其境內屯聚則保其險固視其可進謂觀釁而動也。王念孫曰楊讀保固視可爲一句非也此當讀境內之聚也保固爲句保安也言境內之聚既安且固也視可午其軍可字因上文不可而衍視午其軍取其將若撥𧄍者午觸也言境內之聚安固則視觸人之軍取人之將若撥𧄍也俞樾曰王氏謂可字衍文視字當屬下讀然彊國篇亦有視可司閒之文舊說恐未可改先謙案見可而進文義自明俞說是也午其軍。取其將。若撥𧄍。午讀爲迕遇也周禮籩人職云朝事之籩其實𧄍蕡鄭云𧄍熬麥今河閒以此蕡種麥賣之名曰𧄍據鄭之說𧄍麥之牙蘖也至脆弱故以喻之若撥𧄍如以手撥𧄍也種音豐。盧文弨曰此本鄭康成周禮籩人注彼種字作穜此注宋本元刻俱作種種穜二字古今互易此種麥依古義正穜麥耳郝懿行曰午者逆也彼來而此逆之取其將若撥𧄍者熬麥曰𧄍見籩人注熬乾煎也今謂之𤑔蓋麥乾煎則質輕脆故撥去之甚易荀義當然籩人注又云今河閒以北煮穜（直龍反）麥賣之名曰逢逢當音蓬今江南人蒸稬米曝乾𤑔之呼米蓬與鄭義合知逄古音如蓬也蓬謂蓬蓬然張起此後鄭義與先鄭異楊注既引先鄭於義已足而幷戞引後鄭又改其日逢者爲𧄍且云據鄭之說𧄍麥之牙蘖也二鄭皆無此義楊氏不知而妄溷之皆郢書燕說耳俞樾曰古義每存乎聲𧄍既音豐即可讀爲豐尙書顧命篇敷坐豐席枚氏傳曰豐莞正義曰釋草云莞苻蘺郭璞曰今之西方人呼蒲爲莞用之爲席也王肅亦云豐席莞然則豐者蒲也蒲之爲物至脆弱故以手撥之至易也字本宜作豐從麥旁作𧄍乃古文叚借字楊泥本字爲說故失之 彼得之。不足以藥傷補敗。藥猶醫也彼縱有所得不足以藥其所傷補其所敗言所獲不如所亡也。俞樾曰藥當讀爲𤻲說文疒部𤻲治也或作𤻲古書每以藥爲之大雅板篇不可救藥韓詩外傳作不可救𤻲毛用叚字韓用正字耳藥傷即𤻲傷也楊注曰藥猶醫也雖得其義未得其字 彼愛其爪牙。畏其仇敵。若是則爲利者不攻也。愛己之爪牙畏與我爲仇敵爲于僞反 將脩小大強弱之義以持愼之。愼讀曰順脩小事大弱事彊之義守持此道以順大國也。郝懿行曰愼卽謹也謂謹持此義注每讀愼爲順今亦不能悉正讀者以類求之可也 禮節將甚文。珪璧將甚碩。貨賂將甚厚。文謂敬事之威儀也珪璧所用聘好之物碩大也 所以說之者。必將雅文辯慧之君子也。所使行人往說之者則用文雅禮讓之士說音稅。郝懿行曰雅者正也後人雅俗相儷則謂嫻雅史記司馬相如雍容嫺雅是也荀書雅字多對鄙野而言此云雅文卽文雅耳 彼苟有人意焉。夫誰能忿之。若是。則忿之者不攻也。。王引之曰忿之當作爲忿（爲于僞反）上文云則爲名者不攻也則爲利者不攻也下文云爲名者否爲利者否爲忿者否皆其證今本爲忿作忿之者涉上文誰能忿之而誤（既言誰能忿之則不得又言忿之既言忿之則不得又言不攻） 爲名者否。爲利者否。爲忿者否。否不攻也爲于僞反 則國安於盤石。壽於旗翼。盤石盤薄大石也旗讀爲箕箕翼二十八宿名言壽比於星也莊子曰傳說得之乘東維騎箕尾而比於列宿亦其類也或曰禮記百年曰期頤鄭云期要也頤養也。盧文弨曰盤石卽磐石旗翼以其行度之多天官書亦有旗星 人皆亂。我獨治。人皆危。我獨安。人皆失喪之。我按起而治之。或曰按然後也 故仁人之用國。非特將持其有而已也。又將兼人。不唯持其所有而已 詩曰。淑人君子。其儀不忒。其儀不忒。正是四國。此之謂也。曹風尸鳩之篇

持國之難易。論守國難易之法也。盧文弨曰舊本不提行今案當分段 事強暴之國難。使強暴之國事我易。事之以貨寶。則貨寶單而交不結。約信盟誓。則約定而畔無日。約已定隨卽畔之無日言不過一日文子作約定而反無日也 割國之錙銖以賂之。則割定而欲無猒。十黍之重爲銖八兩爲錙此謂以地路強國割地必不多與故以錙銖言之猒一占反韓詩外傳作割國之疆垂以賂之也。盧文弨曰案今本說文云銖權十分黍之重也以禾部云十二粟爲一分十二分爲一銖訂之則當爲權十二分黍之重也楊云十黍之重爲銖蓋用許說而轉寫脫誤八兩爲錙又用禮記儒行鄭注與說文六銖異王引之曰八兩爲錙用鄭氏儒行注也案二十四銖爲兩八兩爲錙錙與銖輕重相遠不得並稱古人言錙者其數或多或少淮南詮言篇割國之錙錘以事人高注曰六兩曰錙倍錙曰錘與鄭注八兩曰錙相近此數之多者也說山篇有千金之璧而無錙錘之礛諸注曰六銖曰錙八銖曰錘（此與詮言篇注異而與說文同蓋許愼注也）說文亦曰錙六銖也錘八銖也一切經音義二十引風俗通曰銖六則錘二錘則錙又以十二銖爲錙此數之少者也此文及儒行皆以錙銖並稱輕重必不相遠則當以六銖曰錙爲正訓鄭楊皆以八兩爲錙失之 事之彌煩。其侵人愈甚。。王念孫曰韓詩外傳煩作順於義爲長 必至於資單國舉然後已。單盡也國舉謂盡舉其國與人也。先謙案注單盡也三字當在上文則貨寶單而交不結下 雖左堯而右舜。未有能以此道得免焉者也。辟之是猶使處女嬰寶珠。佩寶玉。嬰繫於頸也寶謂珠玉中可寶者 負戴黃金。而遇中山之盜也。雖爲之逢蒙視。詘要橈膕。君盧屋妾。由將不足以免也。逢蒙古之善射者詘與屈同要讀爲腰橈曲也膕曲脚中古獲反盧當爲盧由與猶同言處女如善射者之覩物謂微眇不敢正視也既微視又屈腰橈膕言俯伏畏懼之甚也君盧屋妾謂處女自稱是君盧屋之妾猶言箕帚妾卑下之辭也雖畏懼卑辭如此猶不免劫奪也。盧文弨曰逢蒙視言不敢正視也不必引善射人淮南子有龍蒙目視語君盧句疑有訛

字洪頤煊曰逢疑作蓬下當脫髮字郝懿行曰逢蒙疊韻字也此等語言古來或無正字往往但取其聲王念孫曰逢蒙視微視也淮南本作籠蒙目目卽視也今本衍視字辨見修務篇又賈子勸學篇有風蛮視（今本譌作蛮蚩視）風逢聲相近蛮蒙聲相近淮南謂之籠蒙皆微視之貌劉台拱曰君盧屋妾君疑作若言詘要橈膕若盧屋之妾也漢書鮑宣蕭望之傳皆有蒼頭盧兒注謂官府之給賤役者所居爲盧因呼爲盧兒先謙案逢蒙視王說是詘要橈膕楊說是君盧屋妾劉說是　故非有一人之道也。謂不能齊一其人同力以拒大國也　直將巧繁拜請而畏事之。但巧爲繁多拜請以畏事之也。王引之曰楊說非也繁讀爲敏（說文繁字本作緐從糸每聲而敏字亦從每聲敏與繁聲相近故字亦相通楚辭天問繁鳥萃棘廣雅作鷩鳥曹憲音敏是其例也）巧敏謂便佞也臣道篇云巧敏佞說善取寵乎上是也上文云逢蒙視詘要橈膕若盧屋妾卽此所謂巧敏拜請而畏事之也韓詩外傳作特以巧敏拜請畏事之是其明證　則不足以持國安身。故明君不道也。恥辱如此雖得免禍亦不足以爲持國安身之術故明君不言也。王念孫曰呂本以下有爲字乃涉注文而衍盧本亦沿其誤錢本無爲字是也道由也言此事人之術不足以持國安身故明君不由也楊注失之先謙案謝本從盧校今依王說改從錢本　必將脩禮以齊朝。正法以齊官。平政以齊民。然後節奏齊於朝。齊整也節奏禮之節文也謂上下皆有禮也　百事齊於官。百事皆有法度　衆庶齊於下。上政均平故民齊一　如是則近者競親。遠方致願。致極也極願來附也。王念孫曰外傳作遠者願至亦於義爲長　上下一心。三軍同力。名聲足以暴炙之。名聲如日暴火炙炎赫也　威強足以捶笞之。拱揖指揮。。先謙案宋台州本作麾　而強暴之國莫不趨使。譬之是猶烏獲與焦僥搏也。烏獲秦之力人舉千鈞者焦僥短人長三尺者搏鬬也　故曰。事強暴之國難。使強暴之國事我易。此之謂也。

荀子集解卷七

王霸篇第十一

國者。天下之制利用也。天下用之利者無過於國制衍字耳人主者。天下之利埶也。埶之最利者也得道以持之。則大安也。大榮也。積美之源也。不得道以持之。則大危也。大累也。。先謙案兩也字羣書治要竝作矣有之不如無之。有國不如無國及其綦也。索爲匹夫不可得也。綦謂窮極之時。盧文弨曰正文及其綦也上元刻有有也二字宋本無齊湣宋獻是也。湣與閔同齊湣王爲淖齒所殺宋獻宋君偃也爲齊湣王所滅呂氏春秋云宋康王此云獻國滅之後其臣子各私爲謚故與此不同故人主。天下之利埶也。然而不能自安也。安之者。必將道也。必將以道守之。先謙案廣雅釋詁將行也言安天下必行道也楊注增文以釋之義轉迂曲故用國者。義立而王。信立而霸。權謀立而亡。三者明主之所謹擇也。所宜謹慎擇之仁人之所務白也。白明白也挈國以呼禮義。而無以害之。挈提舉也言挈提一國之人皆使呼召禮義言所務皆禮義也無以害之謂不以它事害禮義也。盧文弨曰正文挈國上元刻有故字行一不義。殺一無罪。而得天下。仁者不爲也。擽然扶持心國。且若是其固也。擽讀爲落石貌也其所持心持國不行不義不殺無罪落然如石之固也。盧文弨曰正文擽元刻從木注作櫟然落石貌今從宋本案老子德經不欲碌碌如玉落落如石此注改擽從落而訓爲石貌其義正合若如元刻作落石貌其於扶持之義相去甚遠觀注又云落然如石之固則非以落石訓擽明矣郝懿行曰擽本作櫟此蓋爲借礫字礫者小石也楊注櫟讀爲落石貌也蓋謂小石堅确之貌故云落然如石之固此說得之老子云不欲碌碌如玉落落如石落落亦礫礫耳之所與爲之者之人。則舉義士也。舉皆也所與爲政之人則皆用義士謂若伊呂之比者也。盧文弨曰正文首之字宋本無元刻有次下同之所以爲布陳於國家刑法者。則舉義法也。謂若周穆王訓夏贖刑之類也主之所極然帥羣臣而首鄉之者。

則舉義志也。志意也主所極信率羣臣歸向之者則皆義之志謂不懷不義之意也一曰志記也舊典之有義者謂若六經也。郝懿行曰極與亟極竝同悈亟皆敏疾之意經典多通賦篇云出入甚極反覆甚極皆以極爲亟也此極然猶云亟亟然耳王引之曰之所上本無主字此後人不曉文義而妄加之也（後人以下有羣臣二字故加主字）之猶其也（見下及釋詞）言其所極然帥羣臣而首嚮之者則皆義志也上文之所與之所以之上皆無主字王制篇三言之所以接下之人百姓者之上亦無主字議兵篇作其所以接下之人百姓者是之與其同義據楊注主所極信云云則所見本已有主字　如是則下仰上以義矣。是綦定也。綦當爲基基本也言以義爲本仰魚亮反。劉台拱曰此綦亦訓極義如皇極之極不必破爲基又下文國一綦明楊注綦亦當爲基案綦亦訓極極猶言標準王念孫曰前極謂義後極謂信也俱見上文　綦定而國定。國定而天下定。仲尼無置錐之地。誠義乎志意。加義乎身行。仲尼誠能義乎志意又加之以義乎身行言志意及立身立行皆以義行下孟反　箸之言語。以義箸於言語謂所論說皆明義也　濟之日。不隱乎天下。名垂乎後世。以義得濟之日成功之後也言仲尼行義既成之後不隱乎天下謂極昭明天下莫能隱匿之。先謙案注以義謝本作以善據宋台州本正　今亦以天下之顯諸侯。誠義乎志意。加義乎法則度量。箸之以政事。案申重之以貴賤殺生。使襲然終始猶一也。申亦重也既爲政皆以義又申重以賞罰使相掩襲無閒隙終始如一也。王念孫曰襲然合一之貌周語及淮南天文篇注竝云襲合也故曰襲然終始猶一楊以襲爲相掩襲未確　如是則夫名聲之部發於天地之閒也。豈不如日月雷霆然矣哉。部當爲剖謂開發也仲尼匹夫但箸空言猶得不隱乎天下今若以顯諸侯行義必如日月雷霆也。先謙案部是蔀之消字易豐其蔀虞注蔀蔽也易略例大闇謂之蔀先蔀而後發其光愈大其聲愈遠故曰部發　故曰。以國齊義。一日而白。湯武是也。齊當爲濟以一國皆取濟於義一朝而名聲明白湯武是也　湯以亳。武王以鄗。皆百里之地也。亳湯國都鄗與鎬同武王所都京也詩曰考卜維王宅是鎬京維龜正之武王成之　天下爲一。諸侯爲臣。通達之屬。莫不從服。無它故焉。以濟義矣。是所謂義立而王也。非有它故但取濟於義也　德雖未至也。義雖未濟也。霸者亦有德義但未能至極盡濟也　然而天下之理略奏矣。天下之謂條理者略有節奏也。郝懿行曰奏訓進也此奏疑與湊同湊會聚也楊注失之王念孫曰奏讀爲湊廣雅湊聚也謂天下之理略聚於此也湊奏古字通（周官合方氏及爾雅釋獸釋文竝云奏本或作湊商子算地篇名利之所奏亦與湊同） 刑賞已諾信乎天下矣。諾許也已不許也禮記曰與其有諾責寧有已怨信乎天下謂若齊桓不背柯盟之比也 臣下曉然皆知其可要也。要約也皆知其可與要約不欺也要一堯反 政令已陳雖覩利敗不欺其民。謂若伐原命三日之糧不降而退之比也 約結已定雖覩利敗不欺其與。與相親與之國謂若齊桓許赦魯衛不遂滅之爲已利之比也 如是則兵勁城固敵國畏之。國一綦明與國信之。綦亦當爲基也。郭嵩燾曰綦當爲期之借字所期約明白無欺 雖在僻陋之國威動天下。五伯是也。伯讀曰霸又如字爲諸侯之長曰伯春秋左氏傳曰策命晉侯爲伯也 非本政教也。雖有政教未盡脩其本也 非致隆高也。致極也不如堯舜禹湯之極崇高也 非綦文理也。言其駮雜未極條貫 非服人之心也。未得天下歸心如文王此皆言雖未能備行王道以略信之故猶能致霸也 鄉方略。所向唯在方略不在用仁義也 審勞佚。審以佚待勞之術也 謹畜積。謹嚴畜積不妄耗費 脩戰備。齺然上下相信。而天下莫之敢當。齺齒相迎也齺然上下相向之貌齺士角反 故齊桓晉文楚莊吳闔閭越句踐。是皆僻陋之國也。威動天下。彊殆中國。其彊能危中國 無它故焉。略信也。是所謂信立而霸也。雖未能濟義略取信而行之故能致霸也 挈國以呼功利。此論權謀者也提挈一國之人以呼召功利言所務唯功利也功役使利貪求之也 不務張其義。齊其信。唯利之求。張開。先謙案羣書治要齊作濟 內則不憚詐其民而求小利焉。謂若梁伯好土功詐其民曰寇將至之比 外則不憚詐其與而求大利焉。謂若楚靈王以義討陳蔡因遂滅之之比也 內不脩正其所以有。然常欲人之有。有土地貨財也。王念孫曰下文言啖啖然常欲人之有則此文然上亦當有啖啖二字而今本脫之顧千里曰內字疑不當有涉上內則不憚詐其民而衍也下文不好脩（舊本譌循見雜志第四）正其所以有無內字是其證矣又案不下疑亦同下文當有好字蓋上衍下脫 如是則臣下百姓莫不以詐心待其上矣。上詐其下。下詐其上。則是上下析也。離析 如是則敵國輕之。不得人心故輕之也 與國疑之。權謀日行。而國不免危削。綦之而亡。其極者則滅亡 齊閔薛公是也。辥公孟嘗君田文齊閔王之相也齊閔王爲五國所伐皆辥公使然故同言之也 故用彊齊。非以修禮義也。非以本政教也。非以一天下也。緜緜常以結引馳外爲務。緜緜不絕貌引讀爲靷靷引軸之物結引謂繫於軸所以引車也齊閔辥公不修德政但使說客引軸馳鶩於它國以權詐爲務也 故彊南足以破楚。史記齊閔王二十三年與秦敗楚於重丘南劉楚之淮北也 西足以詘秦。史記閔王二十六年與韓魏共攻秦至函谷軍焉 北足以敗燕。○盧文弨曰此句楊氏無注脫耳案史記六國表及田敬仲完世家皆不載唯燕世家載之當在齊閔王十年 中足以舉宋。閔王三十八年伐宋宋王死於溫舉謂舉其國而滅之 及以燕趙起而攻之。若振槁然。閔王四十年燕秦楚三晉敗我於濟西振擊也槁枯葉也言當權謀彊盛之時雖破敵滅國及樂毅以諸國攻之若擊枯葉之易也 而身死國亡。爲天下大戮。爲天下大戮辱也春秋傳曰古者明王伐不敬取其鯨鯢而封之以爲大戮也 後世言惡則必稽焉。後世稽考閔王爲龜鏡也 是無它故焉。唯其不由禮義而由權謀也。三者明主之所以謹擇也。而仁人之所以務白也。○盧文弨曰各本無兩以字及而字唯宋本有之下文亦同案篇首已有此二語宋本亦無兩以字及而字至此及下文乃竝有之以致其申重丁寧之意似宋本爲長 善擇者制人。不善擇者人制之。善擇者用霸王不善擇者用權謀也 國者天下之大器也。重任也。不可不善爲擇所而後錯之。錯險則危。所處也錯讀爲措。謝本從盧校作錯之險王念孫曰錢本作錯險則危無之字元刻世德堂本同盧從呂本案錯險則危與塗薉則塞對文則無之字者是也呂本有之字者涉上句錯之而衍先謙案王說是今從錢本刪之字虞王本亦無 不可不善爲擇道然後道之。涂薉則塞。不可不善爲擇道路而導達之薉與穢同塞謂行不通也。○王念孫曰道之行之也故下文云塗薉則塞下文何法之道及道王者之法云云竝與此道字同義楊皆訓爲導達失之 危塞則亡。所以爲之善擇。○盧文弨曰之字元刻作王案此注有脫誤似當云所以不可不善爲擇 彼國錯者非封焉之謂也。非受之茀土然後爲安一曰脩封彊立城郭之謂也。○郭嵩燾曰周禮壝封畿封鄭注皆訓爲界言非徒畫分彊界君其國而子其民遂可以立國也 何法之道。誰子之與也。設問之辭既非封焉之謂問以何法導達之求誰人付與之誰子猶誰人也愼子曰棄道術舍度量以求一人之識識天下誰子之識能足焉也 故道王者之法。與王者之人爲之。則亦王。道霸者之法。與霸者之人爲之。則亦霸。道亡國之法。與亡國之人爲之。則亦亡。荅辭也。道皆與導同。○王引之曰故當爲曰上文何法之道云云是問詞此文曰道王者之法云云是荅辭下文兩設問荅之辭皆有曰字則此亦當然今本曰作故則義不可通此涉下文諸故字而誤先謙案則亦王則亦霸則亦亡下羣書治要竝有矣字三者明主之所以謹擇也。而仁人之所以務白也。荀子多重敘前語者丁寧之也故國者重任也。不以積持之則不立。不以積久之法持之則傾覆也故國者世所以新者也。是憚憚非變也。憚與坦同言國者但繼世之主自新耳此積久之法坦坦然無變也隨巢子曰有陰而遠者有憚明而功者杜伯射宣王於畝田是憚明而功者據古憚與坦通。○盧文弨曰案畝田墨子作圃田注引隨巢子憚明以爲即坦明之證則本作憚字無疑而俗閒本兩憚明字俱作坦明非也今竝改正郝懿行曰憚與坦雖可通此憚疑嬋字之形譌毛詩檀車嬋嬋傳云嬋嬋敝貌與此義合敝正對新而言此言國與世俱新雖或嬋嬋敝壞而非變也但改玉改行則仍復新耳是以日也人也皆不能無變更而國有厭焉完固至於千歲者荀義當然王古玉字也厭焉合一之貌先謙案郝說是改王改行也。自是改一王則改其所以之事非法變也或曰國語襄王謂晉文公曰先民有言曰改玉改行玉佩玉行步也。○盧文弨曰或說是古玉字本作王與王字形近易訛王念孫曰羣書治要正作改玉改行故一朝之日也。一日之人也。然而厭焉有千歲之固。何也。設問之辭一朝之日謂今日之事明朝不同言易變也一日之人謂今日之生未保明日言壽促也厭讀爲黶禮記曰見君子而後厭然揜其不善鄭注云閉藏貌言事之易變人之壽促如此何故有黶然深藏千歲不變改之法乎。○王念孫曰故字亦涉上下文而衍一朝之日云云是問詞則不當有故字明矣羣書治要無故字先謙案厭焉猶安然也說見儒效篇羣書治要固作國是也一朝之日一日之人而安然有千歲之國語意緊對曰。援夫千歲之信法以持之也。安與夫千歲之信士爲之也。謂使百世不易可信之士爲政人無百歲之壽。而有千歲之信士。何也。又問之曰。以夫千歲之法自持者。是乃千歲之信士矣。以禮義自持者則是千歲之士不以壽千歲也能自持則能持國也故與積禮義之君子爲之。則王。與端誠信全之士爲之。則霸。與權謀傾覆之人爲之。則亡。三者明主之所以謹擇也。而仁人之所以務白也。善擇之者制人。不善擇之者人制之。彼持國者。必不可以獨也。君不可獨治也然則彊固榮辱。在於取相矣。身能相能。如是者王。謂若湯伊尹文王太公也身不能。知恐懼而求能者。如是者彊。若燕昭樂毅也身不能。不知恐懼而求能者。安唯便僻左右親比己者之用。如是者危削。謂若楚襄王左州侯右夏侯之比也綦之而亡。宋獻之比國者。巨用之則大。小用之則小。巨者大之極也綦大而王。綦小而亡。小巨分流者存。小巨各半如水之分流也巨用之者。先義而後利。安不卹親疏。不卹貴賤。唯誠能之求。夫是之謂巨用之。小用之者。先利而後義。安不卹是非。不治曲直。唯便僻親比己者之用。夫是之謂小用之。巨用之者若彼。小用之者若此。小巨分流者。亦一若彼一若此也。或誠能之求或親比己者之用。先謙案虞王本作亦一若彼也亦一若此也故曰。粹而王。駮而霸。無一焉而亡。此之謂也。粹全也若舜舉皋陶不仁者遠卽巨用之綦大而王者也駮雜也若齊桓外任管仲內任豎貂則小巨分流者無一焉而亡無一賢人若厲王專任皇甫尹氏卽綦小而亡者也

國無禮則不正。禮之所以正國也。譬之猶衡之於輕重也。猶繩墨之於曲直也。猶規矩之於方圓也。禮能正國譬衡所以辨輕重繩墨所以辨曲直規矩所以定方圓也既錯之而人莫之能誣也。錯置也禮記曰衡誠縣不可欺以輕重繩墨誠陳不可欺以曲直規矩誠設不可欺以方圓也。謝本從盧校作正錯之盧文弨曰正錯之正各本作故今從宋本王念孫曰正錯之呂錢本皆作既錯之是也衡既縣則不可誣以輕重繩墨既陳則不可誣以曲直規矩既設則不可誣以方圓故曰既錯之而人莫之能誣也盧謂宋本作正者爲影鈔本所誤（影鈔本作正者涉上文兩正字而誤）先謙案王說是今改從呂錢本作既詩云。如霜雪之將將。如日月之光明。逸詩。郝懿行曰將將大也四句皆逸詩其義今不可知玩荀子之意方說禮所以正國而卽引詩又申之云此之謂也然則此蓋言禮廣大體備如霜雪之無不周徧如日月之無不照臨爲禮則禮存而國存不爲禮則禮亡而國亦亡荀引詩之意蓋如此楊注斷上二句爲逸詩則語意不融貫先謙案成相篇讒口將將王氏念孫引周頌執競傳將將集也此義當同謂如霜雪交集也爲之則存。不爲則亡。此之謂也。爲爲禮也。盧文弨曰正文不爲下各本有之字宋本無但詩攷所引有

之字是宋本亦各異也案無之字者勝下二句楊注不以爲逸詩詩攷連引之爲是

國危則無樂君，國安則無憂民。○顧千里曰民疑當作君此文憂與樂皆言君不言民也楊無注宋本與今本同蓋皆誤先謙案顧說是言人君國危始憂安時惟逐樂深歎之亂則國危，治則國安。今君人者急逐樂而緩治國，豈不過甚矣哉。譬之是由好聲色而恬無耳目也，豈不哀哉。恬安也安然無耳目雖好聲色將何用哉○盧文弨曰正文由字從宋本與猶同俞樾曰恬當作姡字之誤也爾雅釋言䩄姡也釋文引李巡孫炎注竝曰人面姡然也是姡然爲人面之貌故詩何人斯篇有䩄面目毛傳曰䩄姡也鄭箋曰姡然有面目是其義也姡無耳目猶言姡然無耳目學者多見恬少見姡因誤姡爲恬楊注即訓爲安然失之矣

夫人之情，目欲綦色，耳欲綦聲，口欲綦味，鼻欲綦臭，心欲綦佚。臭氣也凡氣香亦謂之臭禮記曰佩容臭綦極也綦或爲甚傳寫誤耳佚安樂也○先謙案虞王本注甚作其此五綦者，人情之所必不免也。養五綦者有具。具謂廣大富厚治辨彊固之道也無其具，則五綦者不可得而致也。萬乘之國可謂廣大富厚矣，加有治辨彊固之道焉。有讀爲又辨分別事○郝懿行曰辨古辦字辦謂備具也下云莫不分均莫不治辨其義亦同古書皆以辨爲辦楊云辨分別事有讀爲又竝非荀義先謙案辨亦治也說見不苟篇若是則恬愉無患難矣。○盧文弨曰宋本恬作怡然後養五綦之具具也。故百樂者，生於治國者也；憂患者，生於亂國者也。急逐樂而緩治國者。○先謙案羣書治要緩作忘無者字非知樂者也。故明君者必將先治其國，然後百樂得其中。得於治國之中樂竝音洛闇君必將急逐樂而緩治國。○王念孫曰呂本作急逐樂錢本及元刻世德堂本急竝作荒盧從呂本案逸周書謚法篇曰好樂怠政曰荒管子戒篇曰從樂而不反謂之荒故曰荒逐樂宋監本作急逐樂者據上文改之也呂本多從監本錢本及元刻則兼從建本其作荒逐樂蓋亦從建本也羣書治要正引作荒作樂先謙案闇君下羣書治要有者字以上文明君者例之此亦當有故憂患不可勝校也。校計必至於身死國亡然後止也，豈不哀哉。將以爲樂，乃得憂焉；將以爲安，乃得危焉；將以爲福，乃得死亡焉。豈不哀

哉。於乎。君人者亦可以察若言矣。於乎讀爲嗚呼若言如此之言謂已上之說故治國有道。人主有職。在知其道守其職也若夫貫日而治詳。一日而曲列之。貫日積日也積日而使條理詳備一日而委曲列之無差錯也。劉台拱曰一日當作一目立一條目而委曲具列之若簿書之類王念孫曰一日與貫日相對爲文則日非目之譌也君道篇作一日而曲辨之（今本日譌作內）辨與別古字通（周官小宰聽稱責以傅別故書別作辨鄭大夫讀爲別朝士有判書故書判爲辨鄭司農讀爲別諸子辨其等燕義辨作別大行人辨諸侯之命小行人每國辨異之大戴禮朝事篇辨並作別樂記別宜居鬼而從地史記樂書別作辨又男女無辨磬以立辨樂書辨並作別又樂統同禮辨異荀子樂論篇辯作別）則列爲別之譌也王逸注離騷云貫累也言以累日之治而辨之於一日也先謙案注一日下各本而作如據宋台州本改正是所使夫百吏官人爲也。不足以是傷游玩安燕之樂。煩碎之事既使百吏官人爲之則不足以此害人君游燕之樂也若夫論一相以兼率之。使臣下百吏莫不宿道鄉方而務。論謂討論選擇之也率領也宿道止於道也向方不迷亂也臣下皆以宿道向方爲務不敢姦詐也是夫人主之職也。論相乃是人主之職不在躬親小事也若是則一天下名配堯禹。。王引之曰一天下上有功字而今本脫之則與下句不對下文功壹天下名配舜禹是其證之主者守至約而詳。事至佚而功。事任。謝本從盧校作人主者王念孫曰錢本人作之元刻世德堂本同盧從呂本案錢本是也之主者是主也是主者指上文功一天下名配堯禹之主而言非泛論人主也呂本作人主者涉下文人主者而誤先謙案王說是今從錢本改作之垂衣裳不下簟席之上。而海內之人莫不願得以爲帝王。夫是之謂至約。樂莫大焉。人主者。以官人爲能者也。匹夫者。以自能爲能者也。人主得使人爲之。匹夫則無所移之。百畝一守。事業窮無所移之也。百畝一夫之守事業耕稼也耕稼窮於此無所移於人若人主必躬治小事則與匹夫何異也今以一人兼聽天下。日有餘而治不足者。使人爲之也。今以一人兼聽天下之大自稱日有餘言兼聽之日有餘也而治不足謂所治之事少而不足言不足治也使人爲之故得如此尸子曰堯南撫交阯北懷幽都東西至日之所出入有餘日而不足於治者恕也韓子曰夫爲人主而身察百官則日不足力不給也故先王舍己能而因法數審賞罰故治不足而日有餘上之任勢使然也日而實反大有天下。小有一國。天子諸侯。盧文弨曰虞王合校本作天下謂天子一國謂諸侯也必自爲之然後可。則勞苦耗顇莫甚焉。耗謂精神竭耗顇顦顇也如是。則雖臧獲不肯與天子易埶業。臧獲奴婢也方言曰荆淮海岱之閒罵奴曰臧罵婢曰獲燕齊亡奴謂之臧亡婢謂之獲或曰取貨謂之臧擒得謂之獲皆謂有罪爲奴婢者故周禮其奴婢男子入於罪隸女子入於舂藁埶業權埶事業也。盧文弨曰案方言燕齊作燕之北郊又周禮其奴無婢字王念孫曰勢者位也（說見儒效篇勢在本朝下）所居曰勢所執曰業楊以勢爲權勢失之（臧獲無權勢不得言與天子易權勢） 以是縣天下。一四海。何故必自爲之。以是一人之寡縣天下之重一四海之大何故必自爲之言力不任之也。先謙案楊解縣天下非也說見王制彊國篇 爲之者。役夫之道也。墨子之說也。墨子之說必自勞苦矣 論德使能而官施之者。聖王之道也。儒之所謹守也。官施謂建百官施布職事。先謙案施用也官施之者官之用之也臣道篇爪牙之士施與此義同楊訓施爲布而增職事二字以成其義非也官義具富國解蔽二篇楊以官爲建百官亦誤

傳曰。農分田而耕。賈分貨而販。百工分事而勸。郝懿行曰自此至禮法之大分也共十二句本篇下文亦同唯無傳曰二字或係省文或此不皆傳語未可知也 士大夫分職而聽。聽其政治 建國諸侯之君分土而守。三公摠方而議。摠領也議其所摠之政自陜以東周公主之自陜以西召公主之一相處於內是摠方而議之也 則天子共己而已。共讀爲恭或讀爲拱垂拱而已也。先謙案羣書治要而已作止矣以下文則天子共已而止矣證之此亦當作共已而止矣注而已也正釋而止矣之義正文已字後人所改治要又删一而字宋台州本作而矣明奪止字虞王本作而已矣無注或讀以下九字蓋以意删改 出若入若。天下莫不平均。莫不治辨。若如此也出若入若謂內外皆如此也謂如論德使能官施之事或曰若順也 是百王之所同也。而禮法之大分也。禮法大分在任人各使當其職分也

百里之地可以取天下。是不虛。其難者在人主之知之也。所患人主不知小國可以取天下之道也 取天下者。非負其土地而從之之謂也。非謂它國負荷其土地來而從我之謂也 道足以壹人而已矣。其道足以齊壹人故天下歸之也 彼其人苟壹。則其土地且奚去我而適它。彼國之人苟一於我則其土地奚往哉。郝懿行曰此言有人斯有土也壹當爲一謂齊一也此文上作壹人下作一人參差錯出由寫書者誤分之 故百里之地。其等位爵服。足以容天下之賢士矣。此論百里國取天下之道賢士有道德者也 其官職事業。

足以容天下之能士矣。能士者才藝也 循其舊法。擇其善者而明用之。足以順服好利之人矣。擇舊法之善者而明用之謂擇務本厚生之法而用之則民衣食足而好利之人順服也 賢士一焉。能士官焉。好利之人服焉。三者具而天下盡。無有是其外矣。具謂俱爲用也 故百里之地。足以竭埶矣。竭盡也有等位爵服官職事業是天下之人埶盡於此矣。○先謙案虞王本注無人字是 致忠信。箸仁義。足以竭人矣。致極也箸明也言極忠信明仁義足以盡天下之人謂皆來歸也 兩者合而天下取。諸侯後同者先危。兩者合謂能盡埶盡人也 詩曰。自西自東。自南自北。無思不服。一人之謂也。其道足以齊一人故四方皆歸之

羿蠭門者。善服射者也。蠭門卽逄蒙學射於羿羿逄蒙善射故射者服之蠭音逄。○盧文弨曰案史龜策傳亦作蠭門音逢迎之逢亦讀爲鼉鼓逢逢之逢門與蒙一聲之轉耳漢書藝文志有逢門射法二篇在兵家諸書多作逄字唯孟子揚子宋以後作逄音薄江反郝懿行曰蠭門它書或作逢蒙蒙門音轉實一人耳此及史龜策傳作蠭門漢藝文志作逢門逢卽蠭字之省古讀蠭蓬同音故逢蒙之逢亦讀如蓬廣韻蓬紐有蜂云又音峯一字二音是其證矣服者屈服也服之本義事也用也屈服是其引伸之義 王良造父者。善服馭者也。王良趙簡子之御韓子曰字伯樂造父周穆王之御皆善御者也馭與御同也 聰明君子者。善服人者也。人服而埶從之。人不服而埶去之。故王者已於服人矣。王者之功盡此也 故人主欲得善射。射遠中微。則莫若羿蠭門矣。射及遠中細微之物 欲得善馭。及速致遠。則莫若王良造父矣。欲得調壹天下。制秦楚。則莫若聰明君子矣。荀卿在齊楚秦天下彊國故制之者也。○盧文弨曰者疑是首字蓋以秦楚天下彊國故首欲制之如孟子撻秦楚朝秦楚亦每以秦楚爲言王念孫曰呂錢本欲下皆有得字是也上文兩言欲得則此亦當然元刻以下脫得字先謙案謝本從盧校作欲調壹天下無得字今依王說從呂錢本增 其用知甚簡。用智慮至少也 其爲事不勞而功名致大。甚易處而綦可樂也。故明君以爲寶。而愚者以爲難。明君以任賢爲寶愚者以任賢爲難也 夫貴爲天子。富有天下。名爲聖王。兼制人。人莫得而

制也。是人情之所同欲也。而王者兼而有是者也。重色而衣之，重味而食之，重財物而制之。重多也直用反。盧文弨曰案正文物字元刻無 合天下而君之。飲食甚厚。聲樂甚大。臺謝甚高。謝與榭同。盧文弨曰案說文無榭字公羊宣十六年成周宣謝災書秦誓釋文云臺榭本又作謝郝懿行曰謝榭古今字也春秋宣十六年成周宣謝左公羊俱作謝穀梁作榭釋文云本或作謝今經傳皆改謝爲榭矣唯釋文及此書猶存謝字 園囿甚廣。臣使諸侯。一天下。是又人情之所同欲也。而天子之禮制如是者也。禮之與制如此其盛言盡人情之所欲也 制度以陳。政令以挾。挾讀爲浹洽也 官人失要則死。公侯失禮則幽。要政令之要約也禮記曰各揚其職百官廢職服大刑幽囚也春秋傳曰晉侯執衞侯歸之于京師寘諸深室也 四方之國。有侈離之德則必滅。侈奢侈離乖離皆謂不遵法度。王念孫曰楊分侈離爲二義非也侈亦離也爾雅曰誃離也說文曰誃離別也作侈者借字耳陳說同又云穀梁僖四年傳於是哆然外齊侯也邵氏晉涵云哆然離散之貌侈誃哆同 名聲若日月。功績如天地。天下之人應之如景響。盧文弨曰景俗作影嚮宋本作響古通用 是又人情之所同欲也。而王者兼而有是者也。故人之情。口好味而臭味莫美焉。耳好聲而聲樂莫大焉。目好色而文章致繁。婦女莫衆焉。形體好佚而安重閒靜莫愉焉。閒隙也或讀爲閑愉樂也 心好利而穀祿莫厚焉。合天下之所同願。兼而有之。睪牢天下而制之。若制子孫。睪牢未詳睪或作皋言盡牢籠天下也新序作宰牢戰國策燕太子丹謂荆軻曰秦有貪功之心非盡天下之地牢海內之王其意不厭或曰睪讀如以薅荼蓼之薅牢與漢書丘嫂轑釜之轑義同皆料理斡運之意也。盧文弨曰案後漢書馬融傳皋牢陵山章懷注云皋牢猶牢籠也引此作皋牢皋俗作臯亦轉爲睪郝懿行曰案干祿字書睪俗皋字蓋皋俗作臯譌轉爲睪又復加頭作睪以別於睪此正如漢成皋印文作白下人人下夲又作皿丁夲展轉增譌即此類也皋韜爲覆冒之意故皋牢亦爲牢籠皆雙聲疊韻字也馬融傳云皋牢陵山章懷注引此即作皋字是已然攷睪字由來已久曹大家言睪予佐禹顏氏家訓皋分澤片蓋此俗字起於六朝以前正朱育所觧近鄙別字者也皋與宰音義異而古書亦通用故此睪牢楊注引新序（今本無）作宰牢又列子望其壙宰如此書大略篇作皋如皆其證矣王念孫曰此字困學紀聞已辯之 人苟不狂惑戇陋者。其誰能睹是而不樂也哉。欲是之主竝肩而存。能建是之士不世絕。。先謙案不世絕者不絕於世也君道篇彼或蓄積而得之者不世絕與此句法同千歲而不合何也。曰。人主不公。人臣不忠也。人主則外賢而偏舉。人臣則爭職而妬賢。是其所以不合之故也。外賢疏賢也偏舉偏黨而舉所愛也人主胡不廣焉無卹親疏。無偏貴賤。唯誠能之求。廣焉開泰貌或曰讀爲曠誠能實能也。王念孫曰偏當爲倫字之誤也倫與論同（大雅靈臺箋曰論之言倫也是論與倫義相通王制必卽天論論或爲倫是論與倫字亦相通）言不卹親疏不論貴賤也臣道性惡二篇竝云不卹是非不論曲直是其證若是則人臣輕職業讓賢。而安隨其後。。王念孫曰輕職下本無業字輕職讓賢與上文爭職妬賢正相反多一業字則累於詞矣輕職謂重賢而輕職也可言輕職不可言輕職業業字蓋涉下文王業而衍先謙案羣書治要後下有矣字如是。則舜禹還至。王業還起。還復。王念孫曰還至卽至也還起卽起也漢書董仲舒傳還至而立有效是也楊訓還爲復失之功壹天下。名配舜禹。物由有可樂如是其美焉者乎。。盧文弨曰元刻無焉字嗚呼。君人者亦可以察若言矣。可以察如此之言也楊朱哭衢涂曰。此夫過舉蹞步而覺跌千里者夫。哀哭之。楊朱戰國時人後於墨子與墨子相反衢涂岐路也秦俗以兩爲衢或曰四達謂之衢覺知也半步曰蹞跌差也言此岐路第過舉半步則知差而哭況跌千里者乎故甚哀而哭之易曰差以毫釐謬以千里也。郝懿行曰下一夫字疑當作未形缺而譌未者無也言無有覺知而哀哭之者劉台拱曰覺跌千里言至千里而後覺其差注似非顧千里曰覺疑當讀爲較音校孟子音義離婁下告子上盡心下覺音校凡三見盧學士鍾山札記云云在本書覺有校義一條文選西京賦注引鄧析子賢愚之相覺若九地之下與重天之顛亦覺義之一證則言此衢涂過舉第半步而其較之乃差千里明甚楊讀覺如字以覺知爲義非也又下文覺亦讀爲較不覺言不較榮安存三者與辱危亡三者之衢也楊注以不知爲義亦非俞樾曰覺當爲譽玉篇引聲類曰譽誤也廣雅釋詁同譽訓誤正與楊注跌訓差其義相近言此岐路第過舉蹞步而其譽跌乃至千里故可悲也自譽誤爲覺而義不可明矣先謙案衢涂過舉蹞步卽覺其跌至千里喻人一念得失可知畢生不必果至千里而後覺其差也下文覺字與此相應不當改字下夫字上屬爲句諸說皆未當此亦榮辱安危存亡之衢已。此其爲可哀甚於衢涂。此謂求誠能之士也不求則滅亡故可哀甚於衢涂也嗚呼哀哉。君人者千歲而不覺也。嘆君人者千歲而不知求誠能之士無國而不有治法。無國而不有亂法。無國而不有賢士。無國而不有罷士。國語曰罷士無伍罷女無家韋昭曰病也無行曰罷周禮以嘉石平罷民謂平之使善者也 無國而不有愿民。無國而不有悍民。無國而不有美俗。無國而不有惡俗。兩者竝行。而國在上偏而國安。在下偏而國危。上偏偏行上事也謂治法多亂法少賢士多罷士少愿民多悍民少之類下偏反是。○王念孫曰尋繹文義竝行下不當有而國二字蓋涉下文兩而國而衍又云國在謂國存也在字不屬下讀下偏與上偏相對下偏上不當有在字據楊注云上偏偏行上事也謂治法多亂法少賢士多罷士少之類下偏反是則所見本作下偏而國危明甚後人誤以在上二字連讀又於下偏上增在字而不知與正文注文皆不合也余前謂兩者竝行下衍而國二字失之 上一而王。下一而亡。一謂令行也。○先謙案上一下一與上上偏下偏相對爲文下云四者齊是謂上一荀又自釋之矣楊以一爲令行誤

故其法治。其佐賢。其民愿。其俗美。○謝本從盧校作其治法王念孫曰呂錢本其治法作其法治案上文治法與亂法對賢士與罷士對愿民與悍民對美俗與惡俗對此云其法治其佐賢其民愿其俗美皆承上文而言則作其法治者是也先謙案王說是今改從呂錢本 而四者齊。夫是之謂上一。如是。則不戰而勝。不攻而得。甲兵不勞而天下服。○盧文弨曰甲兵宋本作用兵今從元刻先謙案宋台州本作甲兵 故湯以亳。武王以鄗。鄗與鎬同 皆百里之地也。天下爲一。諸侯爲臣。通達之屬。莫不從服。無它故焉。四者齊也。齊謂無所闕也 桀紂卽序於有天下之埶。索爲匹夫而不可得也。卽序於有天下之埶謂就王者之次序爲天子也。○王念孫曰序字義不可通序當爲厚字之誤也（隸書厚序相似傳寫易誤說見墨子非攻篇）言桀紂有天下之勢雖厚會不得以匹夫終其身也仲尼篇曰桀紂厚於有天下之勢而不得以匹夫老彊國篇曰厚於有天下之勢索爲匹夫不可得也桀紂是也皆其證楊望文生義而曲爲之說 是無它故焉。四者竝亡也。故百王之法。不同若是。所歸者一也。

上莫不致愛其下。而制之以禮。上之於下。如保赤子。政令制度。所以接下之人。百姓有不理者如豪末。則雖孤獨鰥寡。必不加焉。不以豪本不理加於孤獨鰥寡也四者人所輕

賤故聖王尤愛之孝經曰不敢侮於鰥寡而況於士民乎故下之親上歡如父母。可殺而不可使不順。君臣上下。貴賤長幼。至于庶人。莫不以是爲隆正。是謂親上也皆以親上爲隆正也。先謙案隆正猶中正說見致士篇。然後皆內自省。以謹於分。愛敬其上故不敢踰越也是百王之所以同也。而禮法之樞要也。是百王之同用愛民之道而得民也。盧文弨曰正文以同疑當作同以觀注以同用爲言可見王念孫曰盧說非也是百王之所以同以衍文也上下文皆云是百王之所同而禮法之大分也禮論篇云是百王之所同古今之所一也皆言所同不言所以同則以爲衍文明矣據楊注言同用愛民之道則所見本似已衍以字　然後農分田而耕。賈分貨而販。百工分事而勸。士大夫分職而聽。建國諸侯之君。分土而守。三公摠方而議。則天子共已而止矣。。先謙案以上文證之當爲共已各本作其已形近致誤今從宋台州本改正　出若入若。天下莫不平均。莫不治辨。是百王之所同。而禮法之大分也。亦謂致愛其下故皆勸勉餘竝已解上也若夫貫日而治平。權物而稱用。貫日積日也使條理平正權制物使稱於用稱尺證反。郝懿行曰荀書多言貫日貫者穿也日以爲事如聯絡貫穿此日也俞樾曰上文云若夫貫日而治詳君道篇云併耳目之樂而親自貫日而治詳兩文相同此文平字疑亦當作詳蓋叚羊爲詳又誤羊爲平耳楊注非　使衣服有制。宮室有度。人徒有數。喪祭械用皆有等宜。以是用挾於萬物。人徒謂胥徒給繇役者也械用器用也皆有等宜言等差皆得其宜也挾讀爲浹。王念孫曰案用挾二字文義不明用當爲周字之誤也周挾即周浹君道篇曰先王審禮以方皇周浹於天下禮論篇曰方皇周挾曲得其次序楊彼注曰挾讀爲浹帀也言於是禮之中徘徊周帀委曲皆得其次序而不亂此注亦曰挾讀爲浹則楊本正作周挾明矣　尺寸尋丈。莫得不循乎制度數量然後行。。盧文弨曰各本作制數度量今從宋本王念孫曰作制數度量者是也富國篇曰無制數度量則國貧是其證宋本數度二字互誤耳禮記王制度量數制鄭注曰度丈尺也量斗斛也數百十也制布帛幅廣狹也數制即制數　則是官人使吏之事也。不足數於大君子之前。官人列官之人使吏所使役之吏數閱數也大君子謂人君也。先謙案大君子君子之尤著者猶聖人崇稱之曰大聖人也不指人君言仲尼篇兩云彼固曷足稱乎大君子之門哉大君子即指仲尼尤其明證稱數義同楊注誤故君人者。立隆政本朝而當。隆政所隆之政也當丁浪反。郝懿行曰隆政下作隆正是也此隆政爲假借楊注失檢彊國篇以隆正脩政竝言益知此注之非蓋由望文生訓恆坐此失所使要百事者。誠仁人也。主百事之要約綱紀者謂相也則身佚而國治。功大而名美。上可以王。下可以霸。立隆正本朝而不當。所使要百事者。非仁人也。則身勞而國亂。功廢而名辱。社稷必危。是人君者之樞機也。樞機在得賢相人君當爲君人也。謝本依盧校也上有者字王念孫曰下者字涉上者字而衍呂錢本也上皆無者字先謙案王說是今依呂錢本删 故能當一人而天下取。失當一人而社稷危。不能當一人而能當千人百人者。說無之有也。論說之中無此事能當謂能用人之當也當皆丁浪反 既能當一人。則身有何勞而爲。而爲皆助語也 垂衣裳而天下定。故湯用伊尹。文王用呂尚。武王用召公。成王用周公旦。卑者五伯。卑言功業卑於王者伯讀爲霸 齊桓公閨門之內。縣樂奢泰游抗之脩。縣簨簴也泰與汰同抗與玩同言齊桓唯此是脩也 於天下不見謂脩。天下不謂之脩飾也 然九合諸侯。一匡天下。爲五伯長。是亦無它故焉。知一政於管仲也。是君人者之要守也。要守在任賢也 知者易爲之興力而功名綦大。智者知任賢之君也 舍是而孰足爲也。舍是任賢之事何足爲之言其餘皆不足爲也 故古之人有大功名者。必道是者也。道行也必行此任賢之事 喪其國危其身者。必反是者也。故孔子曰。知者之知。固以多矣。有以守少。能無察乎。上知音智下如字有讀爲又下同守少謂任賢恭已而已也 愚者之知。固以少矣。有以守多。能無狂乎。此之謂也。守多謂自任主百事者也事煩則狂亂也

治國者。分已定。則主相臣下百吏。各謹其所聞。不務聽其所不聞。謹謂守行無越思 各謹其所見。不務視其所不見。所聞所見。誠以齊矣。齊謂各當其事不侵越也 則雖幽閒

隱辟。百姓莫敢不敬分安制以化其上。是治國之徵也。閑讀爲閑辟讀爲僻安制謂安於國之制度不敢踰分徵驗也治國之徵驗在分定。謝本從盧校作以禮化其上王念孫曰元刻無禮字是也主相臣下百吏各謹其所見聞（見上文）而民自化之故曰莫敢不敬分安制以化其上化上不當有禮字俗書禮字或作礼形與化相似化誤爲礼後人因改爲禮（淮南道應篇孔子亦可謂知化矣今本化誤爲禮）宋本作禮化者一本作禮一本作化而寫者因誤合之也羣書治要正作以化其上無禮字先謙案王說是今從元刻刪禮字

主道治近不治遠。人主之道如此 治明不治幽。治一不治二。主能治近則遠者理。主能治明則幽者化。主能當一則百事正。夫兼聽天下。日有餘而治不足者如此也。是治之極也。既能治近。又務治遠。既能治明。又務見幽。既能當一。又務正百。當丁浪反 是過者也。過猶不及也。○王念孫曰元刻作過猶不及也語意較足羣書治要與元刻同先謙案謝本從盧校作猶不及也今依王說從元刻增過字 辟之是猶立直木而求其景之枉也。不能治近。又務治遠。不能察明。又務見幽。不能當一。又務正百。是悖者也。悖惑 辟之是猶立枉木而求其景之直也。故明主好要。而闇主好詳。任一相而委之是好要不委人而自治百事是好詳也 主好要則百事詳。主好詳則百事荒。力不及故荒也 君者。論一相。陳一法。明一指。以兼覆之。兼炤之。以觀其盛者也。論選擇也指指歸也一法一指皆謂紀綱也盛讀爲成觀其成功也 相者。論列百官之長。要百事之聽。列置於列位也聽治也要取百事之治考其得失也要一堯反 以飾朝廷臣下百吏之分。飾使各當分 度其功勞。論其慶賞。歲終奉其成功以效於君。效致也周禮大宰歲終則令百官府各正其治受其會聽其政事而詔王廢置也 當則可。不當則廢。故君人勞於索之。而休於使之。索求也休息也

用國者。○盧文弨曰用各本周宋本元刻竝作用 得百姓之力者富。得百姓之死者彊。得百姓之譽

者榮。三得者具。而天下歸之。三得者亡。而天下去之。天下歸之之謂王。天下去之之謂亡。湯武者。循其道。○先謙案虞王本循作修 行其義。與天下同利。除天下同害。天下歸之。故厚德音以先之。明禮義以道之。致忠信以愛之。賞賢使能以次之。賞當爲尙 爵服賞慶以申重之。時其事。輕其任。以調齊之。潢然兼覆之。養長之。如保赤子。潢與滉同大水貌也。○先謙案潢然解在富國篇 生民則致寬。生民生活民謂衣食也 使民則綦理。辯政令制度。所以接天下之人百姓。有非理者如豪末。則雖孤獨鰥寡必不加焉。○王念孫曰案天下之人百姓天字後人所加也下者對上而言上文云上之於下如保赤子政令制度所以接下之人百姓有不理者如豪末則雖孤獨鰥寡必不加焉文正與此同又王制篇云之所以接下之人百姓者則庸寬惠又云之所以接下之人百姓者則好取侵奪又云之所以接下之人百姓者則好用其死力矣而慢其功勞好用其籍斂矣而忘其本務議兵篇云其所以接下之人百姓者無禮義忠信彊國篇云今上不貴義不敬義如是則下之人百姓皆有棄義之志而有趨姦之心矣（人百姓猶言衆百姓王霸篇曰朝廷羣臣之俗若是則夫衆庶百姓亦從而成俗不隆禮義而好貪利矣語意略與此同彼言衆庶百姓猶此言人百姓也又見下）皆其證也又案下之人百姓者人衆也謂下之衆百姓也儒效篇云塗之人百姓積善而全盡謂之聖人亦謂塗之衆百姓也師彖傳曰師衆也爾雅曰師人也郭注曰謂人衆是人與衆同義春秋隱四年衞人立晉公羊傳曰其稱人何衆立之之辭也穀梁傳曰衞人者衆辭也泰誓曰人無讙鄭注曰人謂軍之士衆史記酈陽傳人無不按劍相眄者漢書人作衆皆其證也 是故百姓貴之如帝。親之如父母。爲之出死斷亡而不愉者。無它故焉。不愉不字剩耳。○郝懿行曰按富國篇作出死斷亡而愉此作不愉故楊云不字剩但攷古書水旁心旁易爲淆譌故地理志愼陽乃滇陽也準是而言不愉或不渝之形譌亦未可定渝者變也其義自通先謙案楊郝二說並非也愉讀爲偸說具富國篇羣書治要作偸 道德誠明。利澤誠厚也。亂世不然。汙漫突盜以先之。突陵觸盜竊也 權謀傾覆以示之。俳優侏儒婦女之請謁以悖之。俳優倡優侏儒短人可戲弄者悖亂也 使愚詔知。使不肖臨賢。生民則致貧隘。使民則綦勞苦。○先謙案羣書治要綦作甚 是故百姓賤之如尩。惡之如鬼。字書無尩字蓋當爲尫病人也禮記曰君欲櫐佂而奚若新序作賤之如虺豕。郝懿行曰按佂當作虺與鬼相韻注引新序（今本無）作賤之如虺豕豕字衍耳楊云佂當為佂似不如依新序作虺為長佂形近佂虺形略亦相近　曰欲司閒而相與投藉之。去逐之。司閒伺其閒隙投擿也藉踐也一作投錯之　卒有寇難之事。又望百姓之為已死。不可得也。說無以取之焉。論說之中無以此事為得也卒千忽反　孔子曰。審吾所以適人。適人之所以來我也。此之謂也。適人往與人也審慎其與人之道為其復來報我也。王念孫曰下適字涉上適字而衍據楊注云審慎其與人之道為其復來報我也則無下適字明矣羣書治要無下適字

傷國者何也。曰。以小人尚民而威。尚上也使小人在上位而作威也　以非所取於民而巧。若邱甲田賦之類也。俞樾曰按非所猶非時也文十三年公羊傳往黨衛侯會公于沓何休解詁曰黨所也所猶時也以非時取於民而巧言以非時取民而巧為之名也　是傷國之大災也。大國之主也。而好見小利。是傷國。其於聲色臺謝園囿也。愈厭而好新。是傷國。厭足也一占反　不好循正其所以有。啖啖常欲人之有。是傷國。啖啖并吞之貌。盧文弨曰案循正本卷前作脩正似脩字是郝懿行曰案啖者噍啖也啖啖欲食之貌上云不脩正其所以有然常欲人之有此作循正循脩古字通也王引之曰啖啖猶欲欲也說文欲欲得也讀若貪欲與啖聲近而字通故曰啖啖然常欲人之有楊云啖啖并吞之貌則誤讀為啖食之啖矣先謙案王氏雜志云今本脩誤作循據上文改政與正同啖啖然今本脫然字據上文補據此王所見本正作政荀書正政通用也（本作政）啖啖下應有然字王說是啖啖為欲食貌義自可通不必如王說讀啖為欲也　三邪者在匈中。而又好以權謀傾覆之人。斷事其外。事任也謂斷決任事於外　若是。則權輕名辱。社稷必危。是傷國者也。大國之主也。不隆本行。不敬舊法。而好詐故。故事變也。王念孫曰故亦詐也晉語多為之故以變易其志呂氏春秋論人篇釋智謀去巧故高注曰巧故僞詐也淮南主術篇上多故則下多詐高注曰故巧也是故與詐同義王制篇曰進退貴賤則舉幽險詐故大戴記文王官人篇曰以故取利管子心術篇曰恬愉無為去知與故淮南原道篇曰偶睦智故曲巧僞詐故皆謂詐也故曰不隆本行不敬舊法而好詐故楊分詐故為二義失之　若是。則夫朝廷羣臣。亦從而成俗於不隆禮義而好傾覆也。以不隆禮

義爲成俗。謝本盧校從無於字王念孫曰呂錢本成俗下皆有於字案呂錢本是也亦從而成俗於不隆禮義而好傾覆也十五字爲一句下文云則夫衆庶百姓亦從而成俗於不隆禮義而好貪利矣句法正與此同元刻以下脫於字則失其句矣先謙案王說是今依呂錢本增 朝廷羣臣之俗若是。則夫衆庶百姓。亦從而成俗於不隆禮義而好貪利矣。君臣上下之俗。莫不若是。則地雖廣。權必輕。人雖衆。兵必弱。刑罰雖繁。令不下通。夫是之謂危國。是傷國者也。儒者爲之不然。必將曲辨。辨理也委曲使歸於理也。郝懿行曰按辨古辯字先謙案虞王本作辯下同 朝廷。必將隆禮義而審貴賤。若是。則士大夫莫不敬節死制者矣。節忠義制職分。盧文弨曰敬節元刻作貴節王引之曰敬當作敄敄與務古字通（說文敄彊也爾雅務彊也敄與敬字相似而誤）務節謂以節操爲務也曲禮曰士死制務節與死制同義下文云士大夫務節死制是其證今本作敬節則於義疏矣元刻作貴節者以意改之耳 百官。則將齊其制度。重其官秩。若是。則百吏莫不畏法而遵繩矣。秩祿也其制取百官必將齊一其制度使有守也厚重其秩祿使不貪也 關市。幾而不征。質律。禁止而不偏。質律質劑也可以爲法故言質律也禁止而不偏謂禁止姦人不偏襲也周禮小宰聽賣買以質劑鄭司農云質劑平市價今之月平是也鄭康成云兩書一札同而別之長曰質短曰劑皆今之券書也左氏傳曰趙盾爲政董逋逃由質要或曰質正也 如是。則商賈莫不敦愨而無詐矣。百工。將時斬伐。佻其期日。而利其巧任。如是。則百工莫不忠信而不楛矣。時斬伐即周禮仲冬斬陽木仲夏斬陰木是也佻與傜同緩也謂不迫促也巧任巧者之任不迫促則百工自利矣楛謂器惡不牢固也晏子春秋曰景公之時晏子請發粟公不許當爲路寢之臺令吏重其績遠其涂佻其日而不趨三年臺成而民振故上悅乎君游民足乎食彼佻亦與此同也。盧文弨曰案所引晏子見雜上篇作故上悅乎游民足乎食微不同又云注當云佻與窕同案爾雅云窕肆也古書窕字皆訓寬肆不當作傜俞樾曰巧任與期日對文楊注非其義也莊子秋水篇曰任士之所勞釋文引李注曰任能也然則巧任猶巧能也言佻緩其期日而其巧能者則豐厚其氣稟以利之百工乃忠信而不楛矣 縣鄙。將輕田野之稅。省刀布之斂。罕舉力役。無奪農時。如是。則農夫莫不朴力而寡能矣。但質朴而力作不務它能也 士大夫務節死制。然而兵勁。然而當爲然後。王念孫曰案楊以下文作然後故云當爲然後不知此然而與他處言然而者不同然如是也（說見釋詞）言如是而兵勁也文王世子曰然而衆知父子之道矣義與此然而同百吏畏法循繩。然後國常不亂。商賈敦愨無詐。則商旅安貨通財而國求給矣。所求之物皆給足也。王念孫曰商旅安貨通財當作商旅安貨財通貨財通與商旅安對文今本作貨通財則義不可通王制篇使商旅安而貨財通是其證（今本貨誤作賓辯見王制篇）百工忠信而不楛。則器用巧便而財不匱矣。農夫朴力而寡能。則上不失天時。下不失地利。中得人和而百事不廢。是之謂政令行。風俗美。以守則固。以征則彊。居則有名。動則有功。此儒之所謂曲辨也。

荀子集解卷八。盧文弨曰此卷各本皆無注

君道篇第十二

有亂君。無亂國。有治人。無治法。○先謙案無治法者法無定也故貴有治人致士篇云有良法而亂者有之有君子而亂者自古及今未嘗聞也意與此同 羿之法非亡也。而羿不世中。禹之法猶存。而夏不世王。故法不能獨立。類不能自行。○先謙案類例也荀書多法類並舉說詳大略篇 得其人則存。失其人則亡。法者治之端也。君子者法之原也。故有君子。則法雖省。足以徧矣。無君子。則法雖具。失先後之施。不能應事之變。足以亂矣。不知法之義。而正法之數者。雖博臨事必亂。故明主急得其人。而闇主急得其埶。○先謙案埶位也說見儒效篇 急得其人。則身佚而國治。功大而名美。上可以王。下可以霸。不急得其人。而急得其埶。則身勞而國亂。功廢而名辱。社稷必危。故君人者。勞於索之。而休於使之。書曰。惟文王敬忌。一人以擇。此之謂也。

合符節別契券者。所以爲信也。上好權謀。則臣下百吏誕詐之人乘是而後欺。探籌投鉤者。所以爲公也。○郝懿行曰探籌剡竹爲書令人探取蓋如今之掣籤投鉤未知其審古有藏彄今有拈鬮疑皆非是愼子曰投鉤以分財投策以分馬 上好曲私。則臣下百吏乘是而後偏。衡石稱縣者。所以爲平也。上好傾覆。則臣下百吏乘是而後險。斗斛敦槩者。所以爲嘖也。○盧文弨曰斗元刻作勝案三輔黃圖御宿圖

出粟十五枚一勝大梨如五勝勝與升通用敦槩卽準槩嘖情也易繫辭傳見天下之賾京房作嘖太元礥初一測黃純于潛化在嘖也皆訓情此當作情實解郝懿行曰斗斛或作勝斛勝與升雖同音假借然作斗斛爲長槩卽杚也所以平斗斛者敦亦其類但形狀今未聞　上好貪利。則臣下百吏乘是而後豐取刻與。以無度取於民。謝本從盧校而後下有鄙字盧文弨曰宋本世德堂本皆無鄙字今從元刻王念孫曰案元刻有鄙字者後人以意加之也後人以上文云乘是而後欺乘是而後偏乘是而後險疑此處乘是而後下脫一字又以上句言貪利故加入鄙字耳今案上文欺與信相反偏與公相反險與平相反此下豐取刻與以無度取於民無度與嘖亦相反嘖者齊也（說文嫧齊也嫧與嘖通又說文齰齒相值也釋名曰幘賾也下齊眉賾然也又曰柵賾也以木作之上平賾然也又曰册賾也敕使整賾不犯法也竝聲近而義同）無度則不齊故與嘖相反若云乘是而後鄙則鄙與嘖義非相反與上三條不合且加一鄙字則下文豐取刻與云云竟成贅語矣盧據元刻加鄙字又訓嘖爲情皆失之呂錢本皆無鄙字先謙案王說是今從宋本刪鄙字　故械數者。治之流也。非治之原也。君子者。治之原也。官人守數。君子養原。原清則流清。原濁則流濁。故上好禮義。尙賢使能。無貪利之心。則下亦將綦辭讓。致忠信。而謹於臣子矣。如是。則雖在小民。不待合符節別契券而信。不待探籌投鉤而公。不待衡石稱縣而平。不待斗斛敦槩而嘖。故賞不用而民勸。罰不用而民服。有司不勞而事治。政令不煩而俗美。百姓莫敢不順上之法。象上之志。而勸上之事。而安樂之矣。盧文弨曰而勸上之事元刻作勤上之事　故藉斂忘費。事業忘勞。寇難忘死。城郭不待飾而固。兵刃不待陵而勁。先謙案陵謂厲兵刃也　敵國不待服而詘。四海之民不待令而一。夫是之謂至平。詩曰。王猶允塞。謝本從盧校猶作猷王念孫曰呂錢本猷作猶又見議兵篇先謙案呂錢本是今改正說詳議兵　徐方既來。此之謂也。

請問爲人君。曰。以禮分施。均徧而不偏。請問爲人臣。曰。以禮待君。忠順而不懈。○郝懿行曰侍字誤韓詩外傳四作事是也蓋事譌爲待又譌爲侍耳懈宜依韓詩外傳作解古書皆然轉寫者依今書作懈耳 請問爲人父。曰寬惠而有禮。請問爲人子。曰敬愛而致文。○郝懿行曰文韓詩外傳四作恭於義較長 請問爲人兄。曰慈愛而見友。請問爲人弟。曰敬詘而不苟。○盧文弨曰元刻作不悖 請問爲人夫。曰致功而不流。致臨而有辨。○郝懿行曰辨韓詩外傳四作別謂夫婦有別也致功而不流句未詳疑有譌字 請問爲人妻。曰夫有禮則柔從聽侍。夫無禮則恐懼而自竦也。此道也。偏立而亂。俱立而治。其足以稽矣。請問兼能之奈何。曰審之禮也。古者先王審禮以方皇周浹於天下。○郝懿行曰方讀爲旁古字通用旁薄唐皇皆大也周浹皆徧也荀書浹多作挾先謙案此浹字後人所改也依荀書皆作挾 動無不當也。故君子恭而不難。敬而不鞏。○盧文弨曰恭而不難所謂恭而安也說文鞏以韋束也此亦謂敬而不過於拘束也王引之曰難讀詩不戁不竦之戁鞏讀方言蛩烘戰栗也之蛩說見經義述聞大戴記曾子立事篇盧說皆失之 貧窮而不約。富貴而不驕。並遇變態而不窮。審之禮也。○謝本從盧校態作應盧文弨曰變應宋本作變態郝懿行曰變應韓詩外傳四作應變王念孫曰案元刻以下文有應變故故改變態爲變應而不知其謬也並遇變態而不窮者並猶普也徧也（說見周易述聞並受其福下）言徧遇萬事之變態而應之不窮也下文云其應變故也齊給便捷而不惑變故即此所謂變態也改變態爲變應則反與下文不合矣先謙案王說是今依宋本改 故君子之於禮。敬而安之。其於事也。徑而不失。其於人也。寡怨寬裕而無阿。其所爲身也。謹修飾而不危。○盧文弨曰修飾元刻作修勑案飾與飭勑古皆通用勑音賚然漢已來亦即作勅字用王念孫曰案危讀爲詭言君子脩飭其身而不詭於義也（淮南主術篇注詭違也）詭危古字通說見經義述聞緇衣 其應變故也。齊給便捷而不惑。其於天地萬物也。不務說其所以然。而致善用其材。其於百官之事技藝之人也。不與之爭能。而致善用其功。其待上也。忠順而不懈。○盧文弨曰待俗閒本作侍先謙案依上郝說待上亦當爲事上 其使下也。均徧而不偏。其交遊也。緣義而有類。（。盧文弨曰元刻作緣類而有義郝懿行曰韓詩外傳四作緣類而有義較長）其居鄉里也。容而不亂。是故窮則必有名。達則必有功。仁厚兼覆天下而不閔。明達用天地理萬變而不疑。（。盧文弨曰元刻作理萬物變而不凝王念孫曰用天地而不疑義不可通用當爲周字之誤也言其智足以周天地理萬變而不疑）血氣和平。志意廣大。行義塞於天地之閒。仁知之極也。夫是之謂聖人。審之禮也。

請問爲國。曰。聞修身。未嘗聞爲國也。君者儀也。儀正而景正。君者槃也。槃圓而水圓。君者盂也。盂方而水方。（。盧文弨曰案帝範注引君者儀也下有民者景也句又君者槃也下有民者水也句無君者盂也二句王念孫曰案廣韻君字注所引與帝範注同既言儀正而景正則當有民者景也句既言槃圓而水圓則當有民者水也句（呂錢本竝有民者水也句）既以槃喻君則不必更以盂喻二書所引有民者景也民者水也而無君者盂也二句於義爲長（藝文類聚雜器物部太平御覽器物部二竝引作君者盤也民者水也盤圓則水圓盤方則水方））君射則臣決。楚莊王好細腰。故朝有餓人。故曰。聞脩身。未嘗聞爲國也。

君者。民之原也。原清則流清。原濁則流濁。故有社稷者而不能愛民。不能利民。而求民之親愛己。不可得也。民不親不愛。而求其爲己用。爲己死。不可得也。（。謝本從盧校不親不愛上有之字王念孫曰元刻無之字案無之字者是也下文民不爲已用不爲已死而求兵之勁城之固不可得也民下無之字是其證韓詩外傳無之字先謙案文義不當有之字今依元刻刪）民不爲己用。不爲己死。而求兵之勁。城之固。不可得也。兵不勁。城不固。而求敵之不至。不可得也。敵至而求無危削。不滅亡。不可得也。（。王念孫曰元刻滅上無不字是也宋本有上不字者涉上下諸不字而衍無亦不也（說見釋詞）無危削滅亡即不危削滅亡也外傳作不危削滅亡是其證先謙案羣書治要有不字）危削滅亡之情。舉積此矣。而求安樂。是狂生者也。（。盧文弨曰元刻作是聞難狂生者也王念孫曰錢佃校本亦云是狂生者也諸本作是聞難狂生者也案此文本作危劌滅亡之情舉積此矣而求安樂是聞不亦難乎是狂生者也今本脫聞不亦難乎是六字（此因兩是字相亂而脫去六字）元刻亦僅存聞難二字外傳作夫危劌滅亡之情皆積於此而求安樂是聞不亦難乎是狂生者也狂蓋狂之誤（臣道篇亦云迷亂狂生）俞樾曰狂即㞷之叚字說文土部㞷草木妄生也從之在土上讀若皇狂說文作㞷本從㞷聲故義得通狂生蓋以草木爲比故下云不胥時而落落亦以草木言也臣道篇迷亂狂生義同楊彼注曰迷亂其君使生狂也未得其義韓詩外傳作枉生枉亦㞷之叚字　狂生者。不胥時而落。○盧文弨曰胥須也先謙案謝本從盧校樂作落宋台州本作樂是也釋詁毗劉暴樂也大雅桑柔捋采其劉傳劉爆爍而希也箋及已捋采之時則葉爆爍而疏樂爍同字荀書作樂與雅訓合宋龔呂本影鈔本作樂世德堂本改落由不知古義耳盧失校今正餘詳攷證　故人主欲彊固安樂。則莫若反之民。欲附下一民。則莫若反之政。欲修政美國。則莫若求其人。○王念孫曰案外傳作修政美俗是也上文曰政令不煩而俗美儒效篇曰在本朝則美政在下位則美俗王霸篇曰政令行風俗美皆以政與俗竝言之蓋二者恆相因也今本美俗作美國則泛而不切矣先謙案羣書治要作美國　彼或蓄積而得之者不世絕。彼其人者。生乎今之世而志乎古之道。以天下之王公莫好之也。然而于是獨好之。以天下之民莫欲之也。然而于是獨爲之。好之者貧。爲之者窮。然而于是獨猶將爲之也。○王念孫曰案三于是皆義不可通當依外傳作是子是子二字對上文王公與民而言下文曰非于是子莫足以舉之故舉是子而用之是其證今本作于是者是子譌爲是于後人因改爲于是耳莫欲之亦當依外傳作莫爲之莫好之與獨好之相應莫爲之亦與獨爲之相應今本作欲之則既與爲之不相應又與好之相複矣于是獨猶將爲之當作是子猶將爲之言雖好之者貧爲之者窮而是子猶將爲之也猶上不當有獨字蓋涉上文兩獨字而衍外傳無　不爲少頃輟焉。曉然獨明於先王之所以得之所以失之。知國之安危臧否。若別白黑。是其人者也。○王念孫曰案衍者字此句或爲結上之詞或爲起下之詞皆不當有者字外傳作則是其人也無者字　大用之則天下爲一。諸侯爲臣。小用之則威行鄰敵。縱不能用。使無去其疆域。則國終身無故。故君人者。愛民而安。好士而榮。兩者無一焉而亡。詩曰。介人維藩。大師維垣。此之謂也。○盧文弨曰介人詩攷與元刻同宋本作价道者何也？曰：君道也。王念孫曰：案此篇以君道爲題而又釋之曰道者何也曰君道也則義實韓詩外傳作道者何也曰君之所道也於義爲長君之所道謂君之所行也儒效篇曰道者人之所道也與此文同一例今本蓋脫之所二字 君者何也？曰：能羣也。能羣也者何也？曰：善生養人者也，善班治人者也，先謙案：班讀曰辨。儀禮士虞注古文班或爲辨。辨治同義，說詳不苟篇。 善顯設人者也，俞樾曰：設者大也。考工記桃氏曰中其莖設其後，鄭注曰從中以卻稍大之也，賈疏曰後鄭意訓設爲大，故易繫辭曰益長裕而不設，鄭注曰設大也，是設有大誼，顯設猶云顯大。先謙案：設，用也。顯設人，猶言顯用人。臣道篇云正義之臣設，言正義之臣用也。議兵篇云請問王者之兵設何道何行而可，言用何道何行而可也。說文：設，施陳也。廣雅釋詁：設，施也。是設與施同義。施訓用，故設亦通訓爲用矣（施義詳臣道篇）。 善藩飾人者也。善生養人者人親之，善班治人者人安之，善顯設人者人樂之，善藩飾人者人榮之。四統者俱而天下歸之，夫是之謂能羣。不能生養人者，人不親也；不能班治人者，人不安也；不能顯設人者，人不樂也；不能藩飾人者，人不榮也。四統者亡而天下去之，先謙案：統猶言總要也。 夫是之謂匹夫。故曰：道存則國存，道亡則國亡。省工賈，衆農夫，禁盜賊，除姦邪，是所以生養之也。天子三公，諸侯一相，大夫擅官，先謙案：說文：擅，專也。言得專其官事。 士保職，莫不法度而公，是所以班治之也。論德而定次，先謙案：論當爲譎，說見儒效篇。 量能而授官，皆使其人載其事而各得其所宜。王念孫曰：人載其事而各得其所宜，謂人人皆載其事而得其宜也。使下不當有其字，蓋涉下兩其字而衍。榮辱篇曰皆使人載其事而各得其宜，正論篇曰皆使民載其事而各得其宜，使下皆無其字。 上賢使之爲三公，次賢使之爲諸侯，下賢使之爲士大夫，是所以顯設之也。修冠弁衣裳，黼黻文章，琱琢刻鏤，皆有等差，是所以藩飾之也。故由天子至於庶人也，莫不騁其能，得其志，安樂其事，是所以同也。衣煖而食充，居安而游樂。事時制明而用足。是又所同也。若夫重色而成文章。重味而成珍備。○俞樾曰珍備二字無義此本作重味而備珍怪正論篇食飲則重大牢而備珍怪是其證也因涉上句重色而成文章誤衍成字遂倒備珍爲珍備而臆删怪字矣韓詩外傳作重色而成文累味而備珍上句無章字下句無怪字然成文備珍正本荀子可據以訂正 是所衍也。○盧文弨曰衍俗閒本作術先謙案賦篇暴人衍矣楊注衍饒也此言重色重味皆所饒爲之有餘之意也故云財衍以明辨異下文衍及百姓同 聖王財衍以明辨異。○盧文弨曰財衍元刻作則術 上以飾賢良而明貴賤。下以飾長幼而明親疏。上在王公之朝。下在百姓之家。天下曉然皆知其非以爲異也。將以明分達治而保萬世也。故天子諸侯無靡費之用。士大夫無流淫之行。百吏官人無怠慢之事。衆庶百姓無姦怪之俗。無盜賊之罪。其能以稱義徧矣。故曰。治則衍及百姓。亂則不足及王公。此之謂也。

至道大形。○先謙案言至道至於大形之時 隆禮至法則國有常。尚賢使能則民知方。○先謙案知方皆知所向 纂論公察則民不疑。○先謙案爾雅釋詁纂繼也纂論謂使人相繼論議之與公察對文皆所以使民不疑也成相篇云公察善思論不亂 賞克罰偷則民不怠。○王念孫曰克當爲免字之誤也免與勉同言勉者賞之偷者罰之也王制篇曰百吏免盡而衆庶不偷是其證也又樂論篇弟子免學漢書辥宣傳宣因移書勞免之（今本免作勉乃後人所改宋毛晃增修禮部韻略引此尚作免）谷永傳閔免遁樂並以免爲勉韓詩外傳正作賞勉罰偷 兼聽齊明則天下歸之。然後明分職。序事業。材技官能。○先謙案材以驗技官以程能上文云量能而授官王制篇云無能不官正論篇云能不稱官即官能之義 莫不治理。則公道達而私門塞矣。公義明而私事息矣。如是。則德厚者進而佞說者止。貪利者退而廉節者起。書曰。先時者殺無赦。不逮時者殺無赦。人習其事而固。○先謙案固者不移易之謂易繫下傳注固不傾移也禮論篇云禮之中焉能勿易謂之能固 人之百事。如耳目鼻口之不可以相借官也。

故職分而民不探。次定而序不亂。○王念孫曰：不探二字義不可通。外傳作不慢，是也。下文曰臣下百吏至於庶人莫不脩己而後敢安正（與政同）誠能而後敢受職，正所謂職分而民不慢也。隸書曼字或作㬅，與罙字略相似，故慢誤爲探。兼聽齊明而百事不留。如是，則臣下百吏至于庶人莫不修己而後敢安正。誠能而後敢受職。百姓易俗。小人變心。姦怪之屬。莫不反愨。夫是之謂政教之極。故天子不視而見。不聽而聰。不慮而知。不動而功。塊然獨坐而天下從之如一體。如四胑之從心。○盧文弨曰：四胑，宋本作四支。夫是之謂大形。詩曰。溫溫恭人。維德之基。此之謂也。

爲人主者。莫不欲彊而惡弱。欲安而惡危。欲榮而惡辱。是禹桀之所同也。要此三欲。辟此三惡。果何道而便。曰。在愼取相。道莫徑是矣。○先謙案：徑，猶疾也，便也。脩身篇云莫徑由禮，義與此同。故知而不仁不可。仁而不知不可。既知且仁。是人主之寶也。而王霸之佐也。不急得不知。得而不用不仁。無其人而幸有其功。愚莫大焉。今人主有六患。○俞樾曰：下文使賢者爲之，則與不肖者規之；使知者慮之，則與愚者論之；使脩士行之，則與汙邪之人疑之，止可云三患，不可云六患。六疑大字之誤。學者誤以下文一句爲一患，故臆改爲六，不知合二句方成一患。若止是使賢者爲之、知者慮之、脩士行之，非患也。使賢者爲之。則與不肖者規之。使知者慮之。則與愚者論之。使脩士行之。則與汙邪之人疑之。○先謙案：羣書治要汙作姧，下同。雖欲成功。得乎哉。譬之是猶立直木而恐其景之枉也。惑莫大焉。語曰。好女之色。惡者之孽也。○王念孫曰：孽猶害也。下文云衆人之痤、汙邪之賊，義竝與此同。議兵篇曰百姓莫不敦惡，莫不毒孽，言莫不毒害也。緇衣引大甲曰自作孽，言自作害也。小雅十月篇下民之孽，箋曰：孽，妖孽，謂相爲災害也。昭十年左傳蘊利生孽，杜注曰：孽，妖害也。公正之士。衆人之痤也。○先謙案：玉篇：痤，癤也。循乎道之人。汙邪之賊也。盧文弨曰元刻循作脩王念孫曰循道之人與好女之色公正之士對文則循下不當有乎字羣書治要無俞樾曰循字乃脩之誤元刻是也脩道與汙邪相反上文曰使脩士行之則與汙邪之人疑之亦以脩與汙邪對是其證今使汙邪之人論其怨賊而求其無偏。得乎哉。譬之是猶立枉木而求其景之直也。亂莫大焉。故古之人爲之不然。其取人有道。其用人有法。取人之道。參之以禮。用人之法。禁之以等。先謙案彊國篇云夫義者所以限禁人之爲惡與姦者也限禁連文是禁與限同義禁之以等猶言限之以階級耳行義動靜。度之以禮。知慮取舍。稽之以成。日月積久。校之以功。故卑不得以臨尊。輕不得以縣重。愚不得以謀知。是以萬舉不過也。故校之以禮。而觀其能安敬也。與之舉錯遷移。而觀其能應變也。與之安燕。而觀其能無流慆也。盧文弨曰流慆疑即流淫元刻作陷無流字接之以聲色權利忿怒患險。而觀其能無離守也。彼誠有之者。與誠無之者。若白黑然。可詘邪哉。先謙案廣雅釋詁詘屈也呂覽壅塞篇注詘枉也言白黑分明焉可枉屈乎哉故伯樂不可欺以馬。而君子不可欺以人。此明王之道也。人主欲得善射。射遠中微者。縣貴爵重賞以招致之。內不可以阿子弟。外不可以隱遠人。能中是者取之。是豈不必得之之道也哉。王念孫曰案不猶非也說見釋詞雖聖人不能易也。欲得善馭速致遠者。一日而千里。盧文弨曰善馭下俗閒本有及字王念孫曰欲得善馭速致遠者（宋呂錢本竝如是）元刻世德堂本速上有及字盧從宋本云俗閒本有及字案有及字者是也及速與致遠對文行速則難及道遠則難致故唯善馭者乃能及速致遠非謂其致遠之速也則不得以速致遠連讀善馭及速致遠與善射射遠中微對文若無及字則與上文不對一證也王霸篇云欲得善射射遠中微則莫若羿蠭門矣欲得善馭及速致遠則莫若王良造父矣與此文同一例二證也淮南主術篇云夫載重而馬羸雖造父不能以致遠車輕而馬良雖中工可使追速追速致遠卽及速致遠三證也羣書治要有及字四證也俞樾曰王謂有及字者是不知此與彼文不同彼無一日而千里五字故有及速二字此云一日而千里則及速不待言矣荀子原文不當無及字幷無𨒫字儒效篇曰輿固馬選矣而不能以致遠一日而千里則非造父也亦言一日千里而無及𨒫之文可證也俗本據王霸篇誤加及𨒫二字呂錢本無及字而有𨒫字則刪之未盡者耳　縣貴爵重賞以招致之。內不可以阿子弟。外不可以隱遠人。能致是者取之。是豈不必得之之道也哉。雖聖人不能易也。欲治國馭民。調壹上下。將內以固城。外以拒難。治則制人。人不能制也。亂則危辱滅亡可立而待也。然而求卿相輔佐。則獨不若是其公也。案唯便嬖親比己者之用也。豈不過甚矣哉。故有社稷者。莫不欲彊。俄則弱矣。莫不欲安。俄則危矣。莫不欲存。俄則亡矣。古有萬國。今有數十焉。○王念孫曰案富國篇數十作十數是也當荀子著書時國之存者已無數十矣　是無它故。莫不失之是也。○先謙案是謂用人不公　故明主有私人以金石珠玉。無私人以官職事業。是何也。曰本不利於所私也。○先謙案本字無義大之誤也富國篇云有分者天下之本利也楊注本當為大與此正同　彼不能而主使之。則是主闇也。臣不能而誣能。○先謙案誣能自以為能大略篇云不能而居之誣也　則是臣詐也。主闇於上。臣詐於下。滅亡無日。俱害之道也。夫文王非無貴戚也。非無子弟也。非無便嬖也。倜然乃舉太公於州人而用之。○郝懿行曰按倜超遠也韓詩外傳四倜作超州作舟此作州者或形譌或假借字耳俞樾曰按州人當從韓詩外傳作舟人太公身為漁父而釣於渭故言舟人也舟州古字通　豈私之也哉。以為親邪。則周姬姓也。而彼姜姓也。以為故邪。則未嘗相識也。以為好麗邪。則夫人行年七十有二。齫然而齒墮矣。○盧文弨曰齫當作齺與齳同韓詩外傳作齳郝懿行曰按齫當依韓詩外傳四作齳說文齳無齒也蓋篆文齳與齫形近而譌耳　然而用之者。夫文王欲立貴道。欲白貴名。以惠天下。而不可以獨也。非于是子莫足以舉之。故舉是子而用之。〇盧文弨曰兩是子宋本俱作子是　於是乎貴道果立，貴名果明。〇顧千里曰明疑當作白荀子屢言貴名白上文欲白貴名下文亦作白不作明又屢言白皆其證也（儒效篇一朝而白楊注白誤伯）此篇楊注亡宋本與今本同蓋皆誤韓詩外傳四有此句正作貴名果白亦其一證　兼制天下，立七十一國，姬姓獨居五十三人；周之子孫苟不狂惑者，莫不爲天下之顯諸侯。如是者，能愛人也。故舉天下之大道，立天下之大功，然後隱其所憐所愛。〇先謙案呂覽圜道篇高注隱私也　其下猶足以爲天下之顯諸侯。故曰：唯明主爲能愛其所愛，闇主則必危其所愛。此之謂也。

牆之外，目不見也；里之前，耳不聞也；而人主之守司，遠者天下，近者境內，不可不略知也。天下之變，境內之事，有弛易齵差者矣。〇先謙案易繫辭易者使傾注易慢易也弛易猶言弛慢齒不正曰齵齵差參差不齊　而人主無由知之，則是拘脅蔽塞之端也。耳目之明，如是其狹也；人主之守司，如是其廣也；其中不可以不知也，如是其危也。〇王念孫曰呂錢本其下有中字案呂錢本是也其中謂廣與狹之中也耳目之所及甚狹其所不及者甚廣其中之事或弛易齵差而人主不知則必有拘脅蔽塞之患故曰其中不可以不知若是其危也元刻始脫中字先謙案謝本從盧校脫中字今依王說從宋本增　然則人主將何以知之？曰：便嬖左右者，人主之所以窺遠收衆之門戶牖嚮也，不可不早具也。〇盧文弨曰嚮與向同　故人主必將有便嬖左右足信者然後可，其知惠足使規物，〇盧文弨曰惠宋本作慧古通用先謙案便嬖猶近習也荀書用便嬖不作邪佞解　其端誠足使定物，然後可。夫是之謂國具。人主不能不有遊觀安燕之時，則不得不有疾病物故之變焉。如是，國者，事物之至也如泉原，一物不應，亂之端也。故曰：人主不可以獨也。卿相輔佐。人主之基杖也。○俞樾曰基杖二字義不可通基當爲綦儀禮士喪禮組綦繫于踵鄭注曰綦屨係也所以拘止屨也漢書揚雄傳屨欃槍以爲綦外戚傳思君兮履綦綦也杖也皆人所以行者故以爲喻　不可不早具也。故人主必將有卿相輔佐足任者。然後可。其德音足以塡撫百姓。○盧文弨曰塡卽鎭字元刻作鎭　其知慮足以應待萬變。然後可。夫是之謂國具。四鄰諸侯之相與。不可以不相接也。然而不必相親也。○先謙案不皆和好之國故人主必將有足使喩志決疑於遠方者。然後可。其辯說足以解煩。其知慮足以決疑。其齊斷足以距難。不還秩。不反君。○王念孫曰秩當爲私字之誤也還讀爲營言不營私不叛君也營與還古同聲而通用管子山至數篇曰大夫自還而不盡忠謂自營其私也秦策曰公孫鞅盡公不還私謂不營私也（成相篇比周還主黨與施還主謂營惑其主也字或作環臣道篇朋黨比周以環主圖私爲務是也又齊風還篇子之還兮漢書地理志還作營亦以聲同而借用）還字或作環韓子五蠹篇曰古者蒼頡之作書也自環者謂之私（私本作厶見下）說文厶字解引作自營爲厶管子君臣篇曰兼上下以環其私韓子人主篇曰當塗之臣得勢擅事以環其私皆謂營其私也然而應薄扞患足以持社稷。○俞樾曰薄之言迫也僖二十三年左傳薄而觀之文十二年傳薄之河杜注竝曰薄迫也然則應薄猶應迫也言有偪迫者足以應之也臣道篇曰應卒遇變卒與薄義相近　然後可。夫是之謂國具。故人主無便嬖左右足信者。謂之闇。無卿相輔佐足任者。謂之獨。所使於四鄰諸侯者非其人。謂之孤。孤獨而晻。謂之危。國雖若存。古之人曰亡矣。詩曰。濟濟多士。文王以寧。此之謂也。

材人。○盧文弨曰謂王者因人之材而器使之之道也　愿愨拘錄。○盧文弨曰榮辱篇作軥錄注謂軥與拘同蓋據此文然吏材非僅取愿愨檢束而已必將取其勤勞拘事者則作軥錄義長計數纖嗇。而無敢遺喪。是官人使吏之材也。脩飭端正。○盧文弨曰元刻脩飭作脩飾　尊法敬分。而無傾側之心。守職循業。○盧文弨曰元刻循作脩不敢損益。可傳世也。而不可使侵奪是士大夫官師之材也。知隆禮義之爲尊君也。知好士之爲美名也。知愛民之爲安國也。知有常法之爲一俗也。知尙賢使能之爲長功也。知務本禁末之爲多材也。知無與下爭小利之爲便於事也。知明制度權物稱用之爲不泥也。先謙案：不泥者，明制度權物稱用，有似乎拘泥也。是卿相輔佐之材也。未及君道也。能論官此三材者，而無失其次，是謂人主之道也。若是，則身佚而國治，功大而名美。上可以王，下可以霸，是人主之要守也。人主不能論此三材者，不知道此道。先謙案：道此道，道由此道也。安値將卑埶出勞，併耳目之樂。先謙案：値與直同。併與屛同。彊國篇「併己之私欲」，楊注：「併讀曰屛。屛棄也。」與此同。而親自貫日而治詳，一內而曲辨之。先謙案：王霸篇作「一日而曲辨之」，內蓋日之誤。慮與臣下爭小察而綦偏能，自古及今，未有如此而不亂者也。是所謂視乎不可見，聽乎不可聞，爲乎不可成，此之謂也。盧文弨曰：不知道此下三十二字元刻無。

荀子集解卷九

臣道篇第十三

人臣之論。論人臣之善惡。○先謙案論者倫之借字說見儒效篇下同 有態臣者。有篡臣者。有功臣者。有聖臣者。內不足使一民。外不足使距難。百姓不親。諸侯不信。然而巧敏佞說。解並在下音悅或作倪 善取寵乎上。是態臣者也。以佞媚爲容態 上不忠乎君。下善取譽乎民。不卹公道通義。朋黨比周。以環主圖私爲務。是篡臣者也。環主環繞其主不使賢臣得用闇謀也篡臣者篡奪君政也。○王念孫曰環讀爲營營惑也謂營惑其主也（呂氏春秋尊師篇注曰營惑也大戴禮文王官人篇曰煩亂以事而志不營又曰臨之以貨色而不可營荀子宥坐篇曰言談足以飾邪營衆皆是也營訓爲惑故或謂之營惑漢書淮南王安傳營惑百姓是也）營與環古同聲而通用（春秋文十四年有星孛入于北斗穀梁傳曰其曰入北斗斗有環域也環域卽營域猶營繞之爲環繞營衞之爲環衞餘見前不還秩下）字或作還成相篇云比周還主黨與施是也（楊注還繞也誤與此注同還與營古亦通用說見前不還秩上） 內足使以一民。外足使以距難。民親之。士信之。上忠乎君。下愛百姓而不倦。是功臣者也。民親士信然後立功也。○盧文弨曰兩以字元刻無宋本有 上則能尊君。下則能愛民。政令教化。刑下如影。刑制也言施政令教化以制其下如影之隨形動而輒隨不使違越也。○盧文弨曰刑元刻作形注同今從宋本郝懿行曰刑與型同模範之屬作器之法也此言政令教化爲民所法刑猶形也民猶影也如影隨形不暫停也影當作景轉寫從俗王念孫曰古無訓刑爲制者刑如刑于寡妻之刑刑法也言下之法上如影之從形先謙案宋台州本影作景 應卒遇變。齊給如響。齊疾也給供給也應事而至謂之給夫卒變人所遲疑今聖臣應之疾速如響之應聲卒蒼忽反 推類接譽。以待無方。曲成制象。是聖臣者也。此明應卒遇變之意無方無常也推其比類接其聲譽言見其本而知其末也待之無常謂不滯於一隅也委曲皆成制度法象言物至而應無非由法不苟而行之也聖者無所不通之謂也。○兪樾曰楊注未得接譽之義接其聲譽豈遂足應無方乎譽當讀爲豫昭二年左傳宣子譽之孟子梁惠王篇引作豫梁惠王篇一游一豫昭二年注引譽作譽是古字譽與豫通也大略篇曰先事慮事謂之接先患慮患謂之豫即此文接譽之義先謙案楊俞說皆非譽即與字說見儒效篇故用聖臣者王。用功臣者彊。用篡臣者危。用態臣者亡。態臣用則必死。篡臣用則必危。此言態臣甚於篡臣者蓋當時多用佞媚變詐之人深欲戒之故極言之也功臣用則必榮。聖臣用則必尊。故齊之蘇秦。蘇秦初相趙後仕燕終死於齊故曰齊之蘇秦楚之州侯。楚襄王佞臣也戰國策莊辛諫襄王曰君王左州侯右夏侯輦從鄢陵君與壽陵君載方府之金與之馳騁乎雲夢之中不知穰侯方受令乎秦王塡黽塞之內而投己乎黽塞之外韓子曰州侯相荊貴而荊王疑之因問左右對曰無有如出一口也秦之張儀。可謂態臣者也。皆變態佞媚之臣儀或作祿韓之張去疾。蓋張良之祖漢書良其先韓人大父開地相韓昭侯宣惠王襄哀王父平相釐王悼惠王五世事韓戰國策韓有張翠納賂於宜太后。盧文弨曰韓昭侯至五世事俗本皆脫去宋本元刻竝有之唯少襄哀王三字今并攷良傳補正趙之奉陽。後語蘇秦說趙肅侯肅侯之弟奉陽君爲相不說蘇秦蘇秦乃去之又戰國策蘇秦說趙王曰天下之卿相人臣乃至布衣之士莫不高大王之行義皆願奉教陳忠於前之日久矣雖然奉陽君妬大王不得任事是以外賓客游談之士無敢盡忠於前盧藏用云奉陽君名成又案後語奉陽君卒蘇秦乃從燕而來說肅侯合從之事而公子成武靈王時猶不肯胡服即公子成非奉陽君也齊之孟嘗。可謂篡臣也。史記曰齊閔王既滅宋益驕欲盡滅孟嘗孟嘗君恐乃如魏魏昭王以爲相西合於秦趙與燕共伐破齊後齊襄王立孟嘗中立爲諸侯無所屬襄王新立畏孟嘗而與連和是篡臣也。盧文弨曰欲盡滅孟嘗史記作欲去孟嘗君齊之管仲。晉之咎犯。咎與舅同晉文公之舅狐偃犯其字也楚之孫叔敖。可謂功臣矣。殷之伊尹。周之太公。可謂聖臣矣。是人臣之論也。吉凶賢不肖之極也。國之吉凶人君賢不肖極於論臣也必謹志之而愼自爲擇取焉。足以稽矣。志記也言必謹記此四臣之安危而愼自擇取則足以稽考用臣也

從命而利君謂之順。從命而不利君謂之諂。逆命而利君謂之忠。逆命而不利君謂之篡。不卹君之榮辱。不卹國之臧否。偷合苟容以持祿養交而已耳。謂之國賊。養交謂養其與君交接之人不忤犯使怒也或曰養其外交若蘇秦張儀孟嘗君所至爲相也。王念孫曰後說是持祿養交見後議兵篇持養下君有過謀過事。將危國家殞社稷之懼也。大臣父兄有能進言於君。用則可。不用

則去。謂之諫。○盧文弨曰父兄宋本作父子兄弟今從元刻 有能進言於君。用則可。不用則死。謂之爭。有能比知同力。比合也知讀爲智 率羣臣百吏而相與彊君撟君。彊其亮切撟與矯同屈也○盧文弨曰撟宋本作橋卷內同先謙案羣書治要作矯 君雖不安。不能不聽。遂以解國之大患。除國之大害。成於尊君安國。謂之輔。事見平原君傳 有能抗君之命。竊君之重。反君之事。以安國之危。除君之辱。功伐足以成國之大利。謂之拂。抗拒也戰功曰伐左傳郤至驟稱其伐拂讀爲弼弼所以輔正弓弩者也或讀爲咈違君之意也謂若信陵君違魏王之命竊其兵符殺晉鄙反軍不救趙之事遂破秦而存趙夫輔車相依今趙存則魏安故曰安國之危除君之辱也○盧文弨曰注或讀爲咈舊本咈作佛訛案說文咈違也今改正 故諫爭輔拂之人。社稷之臣也。國君之寶也。明君所尊厚也。○先謙案羣書治要作明君之所尊所厚也宋台州本同治要 而闇主惑君以爲已賊也。○盧文弨曰主惑二字疑衍 故明君之所賞。闇君之所罰也。闇君之所賞。明君之所殺也。伊尹箕子。可謂諫矣。伊尹諫太甲箕子諫紂 比干子胥。可謂爭矣。平原君之於趙。可謂輔矣。信陵君之於魏。可謂拂矣。○盧文弨曰於趙於魏下俗本竝有也字宋本元刻皆無 傳曰。從道不從君。此之謂也。故正義之臣設。則朝廷不頗。設謂置於列位頗邪也○先謙案設猶用也說見君道篇 諫爭輔拂之人信。則君過不遠。信謂見信於君或曰信讀爲伸謂道行也○先謙案以上下文例之或說較長 爪牙之士施。則仇讎不作。爪牙之士勇力之臣也施謂展其材也○俞樾曰莊子秋水篇是謂謝施釋文引司馬注曰施用也淮南子原道篇施之無窮高誘注亦曰施用也爪牙之士施猶曰爪牙之士用楊訓施爲展而以展其材足成之迂矣 邊境之臣處。則疆垂不喪。垂與陲同○先謙案羣書治要作界垂 故明主好同。而闇主好獨。獨謂自任其智 明主尚賢使能而饗其盛。盛謂大業言饗其臣之功業也○先謙案盛成也說具榮辱篇楊注非 闇主妬賢畏能而滅其功。滅掩沒也 罰其忠。賞其賊。夫是之謂至闇。桀紂所以滅也。

事聖君者。有聽從。無諫爭。聖君無失事中君者。有諫爭。無諂諛。中君可上可下若齊桓公者也諂諛則遂成闇君也事暴君者。有補削。無撟拂。補謂彌縫其闕削謂除去其惡言不敢顯諫闇匡救之也撟謂屈其性也拂違也撟拂則身見害使君有殺賢之名故不爲也拂音佛。盧文弨曰拂讀爲弼前注是也此音佛誤王引之曰楊分補與削爲二義非也聽從諫爭諂諛補削撟拂皆兩字同義補削謂彌縫其闕也削者縫也韓子難篇曰管仲善制割賓胥無善削縫隰朋善純緣衣成君舉而服之制割削縫純緣亦兩字同義（舊注以削爲翦削誤與楊注同）呂氏春秋行論篇曰莊王方削袂燕策曰身自削甲札妻自組甲絣蓋古者謂縫爲削而後世小學書皆無此訓失其傳久矣迫脅於亂時。窮居於暴國。而無所避之。則崇其美。揚其善。違其惡。。王念孫曰違讀爲諱諱其惡與隱其敗同意曲禮注曰諱辟也（辟與避同）緇衣注曰違辟也諱違皆從韋聲而皆訓爲避故字亦相通（墨子非命篇禍不可請而禍不可諱諱與違同）隱其敗。言其所長。不稱其所短。以爲成俗。謂危行言遜以避害也以爲成俗言如此而不變若舊俗然也詩曰。國有大命。不可以告人。妨其躬身。。郝懿行曰有命不以告人明哲所以保身上云以爲成俗言彼習非勝是不可變移默足以容庶不有害於躬也躬身一耳爲足句兼取韻此之謂也。逸詩

恭敬而遜。聽從而敏。不敢有以私決擇也。敏謂承命而速行不敢更私自決斷選擇也。盧文弨曰不敢有下元刻無以字下句同不敢有以私取與也。以順上爲志。是事聖君之義也。但稟命而已忠信而不諛。諫爭而不諂。撟然剛折端志而無傾側之心。撟彊貌禮記曰和而不流彊哉撟剛折剛直面折也端志不邪曲也是案曰是。非案曰非。是事中君之義也。調而不流。柔而不屈。寬容而不亂。雖調和而不至流湎雖柔從而不屈曲雖寬容而不與爲亂也曉然以至道而無不調和也。曉然明喻之貌至道無爲不爭之道以至道則暴君不能加怒無不調和言皆不違拂也。俞樾曰然字衍文當作曉以至道而無不調和也言事暴君者當以至道曉之也楊注不詞而能化易時關內之。是事暴君之義也。關當爲開傳寫誤耳內與納同言既以沖和事之則能化易其暴戾之性時以善道開納之也或曰以道關通於君之心中也。郝懿行曰關閉也內入也化易者謂開導其善心關內者謂掩閉其邪志王念孫曰或說近之凡通言於上曰關周官條狼氏誓大夫曰敢不關鞭五百先鄭司農曰不關謂不關於君也史記梁孝王世家曰大臣及袁盎等有所關說於景帝佞幸傳曰公卿皆因關說索隱曰關通也謂公卿因之而通其詞說漢書注曰關說者言由之而納說

是闢與納義近書大傳雖禽獸之聲猶悉闢於律鄭注曰闢猶入也入亦納也（下文曰因其喜也而入其道）故曰時闢內之不當改闢爲開 若馭樸馬。樸馬未調習之馬不可遽牽制必縱緩之 事暴君之難故重明之也 若養赤子。赤子嬰兒也未有所知必在順適其性不驚懼也 若食餧人。使飢渴於至道如餧人之欲食或曰餧人併與之食則必死今以善道節量與之不使狂惑也莊子曰人惑則死。郝懿行曰樸馬未調也赤子難曉也餧人毋遽飽也三者正明化易闢內之事蓋必順從其意與之推移因而逆遏其邪施之機閑庶令回心易嚮日遷善而不自知也下四句仍申明此恉其妙全在於因憂懼喜怒其因之之事也改過辨故入道除怨其因之之權也 故因其懼也。而改其過。懼則思德故因使其改過 因其憂也。而辨其故。辨其致憂之端則遷善也。王念孫曰楊說辨字故字之義皆誤辨讀爲變變其故謂去故而就新也憂懼者改過遷善之機故曰因其懼也而改其過因其憂也而變其故變亦改也辨或作辯廣雅曰辯變也坤文言由辯之不早辯也辯荀本作變莊子逍遙遊篇乘天地之正而御陰陽之辯辯與變同 因其喜也。而入其道。欣喜之時多所聽納故因以道入之 因其怒也。而除其怨。怨惡之人因君怒除去之也 曲得所謂焉。雖憂懼喜怒之殊委曲皆得所謂所謂卽化易君性也 書曰。從命而不拂。微諫而不倦。爲上則明。爲下則遜。此之謂也。書伊訓也。盧文弨曰案此逸書也郝懿行曰此逸書楊以爲伊訓異文非是

事人而不順者。不疾者也。不順上意也疾速也不疾言怠慢也 疾而不順者。不敬者也。敬而不順者。不忠者也。忠而不順者。無功者也。有功而不順者。無德者也。故無德之爲道也。傷疾墮功滅苦。故君子不爲也。傷疾墮功滅苦未詳或恐錯誤耳爲或爲違。盧文弨曰故無德元刻作故德郝懿行曰疾者速也苦者勞也言事人之道苟無德以將之則雖有敏疾之美自傷敗之雖有功業自墮壞之雖有勤苦自滅沒之所以然者才不勝德功不補過有而不能自保其有也古來功勤忠敏之士或搆凶釁不能善處功名之際者無德故耳傷疾墮功義具上文敬忠皆得謂之勞苦故以滅苦包之楊氏未加省照疑其錯誤非也王念孫曰苦當爲善字之誤也（隸書苦字作苦與善相似）疾與功已見上文善卽上文之忠敬也傷疾墮功滅善皆承上文言之先謙案、郝王二說竝通

有大忠者。有次忠者。有下忠者。有國賊者。以德復君而化之。大忠也。復報也以德行之事報白於君使自化於善周禮宰夫掌諸臣之復萬民之逆也。俞樾曰韓詩外傳復作覆當從之以德覆君謂其德甚大君德在其覆冒之中故足以化之下文曰若周公之於成王也可謂大忠矣是大忠之名非周

公不足當也楊氏不知復與覆通而訓復爲報謂以德行之事報白於君然則如次忠之以德調君而補之者豈不以德行報白乎且但報白而已又何足以化之乎先謙案羣書治要正作覆

以德調君而補之。次忠也。謂匡救其惡也。郝懿行曰補之韓詩外傳作輔之亦於義爲長楊注非

以是諫非而怒之。下忠也。使君有害賢之名故爲下忠也

不卹君之榮辱。不卹國之臧否。偷合苟容。以之持祿養交而已耳。國賊也。若周公之於成王也。可謂大忠矣。若管仲之於桓公。可謂次忠矣。若子胥之於夫差。可謂下忠矣。若曹觸龍之於紂者。可謂國賊矣。說苑曰桀貴爲天子富有天下其左師觸龍者諂諛不正此云紂未知孰是。先謙案議兵篇微子開封於宋曹觸龍斷於軍皆殷紂時事則說苑誤也

仁者必敬人。凡人非賢。則案不肖也。人賢而不敬。則是禽獸也。禽獸不知敬賢。盧文弨曰正文不敬舊作不能謏今改正或疑是不能下脫敬字

人不肖而不敬。則是狎虎也。狎輕侮也言必見害

禽獸則亂。狎虎則危。災及其身矣。詩曰。不敢暴虎。不敢馮河。人知其一。莫知其它。戰戰兢兢。如臨深淵。如履薄冰。此之謂也。詩小雅小旻之篇暴虎徒搏馮河徒涉人知其一莫知其它言人皆知暴虎馮河立至於害而不知小人爲害有甚於此也。王引之曰荀子引詩至莫知其它而止戰戰兢兢三句則後人取詩詞增入也此承上文人不肖而不敬則是狎虎而言言人但知暴虎馮河之害而不知不敬小人之害與此同故曰不敢暴虎不敢馮河人知其一莫知其它此之謂也此之謂也四字正承人知其一莫知其它而言若加入戰戰兢兢三句則與此之謂也義不相屬矣據楊注但釋不敢暴虎四句而不釋戰戰兢兢三句則所見本無此三句甚明一證也又小閔傳曰它不敬小人之危殆也箋曰人皆知暴虎馮河立至之害而無知當畏愼小人能危亡也傳箋皆本於荀子二證也呂氏春秋安死篇詩曰不敢暴虎不敢馮河人知其一莫知其它此言不知鄰類也所引詩詞至莫知其它而止高注曰人皆知小人之爲非不知不敬小人之危殆故曰不知鄰類也淮南本經篇詩云不敢暴虎不敢馮河人知其一莫知其它此之謂也文與荀子正同高注曰人皆知暴虎馮河立至害也故曰知其一而不知當畏愼小人危亡也故曰莫知其它此不免於惑故曰此之謂也呂覽淮南高注皆本於荀子三證也

故仁者必敬人。敬人有道。賢者則貴而敬之。不肖者則畏而敬之。賢者則親而敬之。不肖者則疏而敬之。其敬一也。其情

一也。若夫忠信端愨而不害傷，則無接而不然，是仁人之質也。其敬雖異，至於忠信端愨不傷害，則凡所接物皆然。言嘉善而矜不能，不以人之不肖逆詐待之而欲傷害之也。質，體也。忠信以爲質，端愨以爲統，統，綱紀也。言以端愨自處而待物者也。○先謙案：注「以」，各本作「已」，據宋台州本改正。禮義以爲文，用爲文節。倫類以爲理。倫，人倫；類，物之種類。言推近以知遠，以此爲條理也。喘而言，臑而動，而一可以爲法則。臑與勸學篇蝡同。喘，微言也。臑，微動也。一，皆也。言一動一息之閒皆可以爲法則也。臑，人允反。○先謙案：蝡，集韻或作蠕。史記匈奴傳索隱引三蒼云「蠕蠕，動貌，音軟」。今正文及注作臑，是蠕之誤字。說文：「臑，臂羊矣。」據注引勸學篇及音義，知楊所見本尙作蠕，不作臑也。詩曰：「不僭不賊，鮮不爲則。」此之謂也。詩大雅抑之篇。言不僭差賊害，則少不爲人法則矣。

恭敬，禮也；調和，樂也；調和，不爭競也。謹愼，利也；鬭怒，害也。故君子安禮樂利，謹愼而無鬭怒。○王念孫曰：樂利當爲樂樂。樂樂與安禮對文。安禮樂樂，承上禮樂而言；謹愼而無鬭怒，承上謹愼鬭怒而言。今本作樂利者，涉上利也而誤。俞樾曰：樂利當爲和樂。和樂與安禮相對成文。安禮和樂，承上禮樂而言；謹愼而無鬭怒，承上謹愼鬭怒而言。因和字譌作利，又涉上文謹愼利也，疑利字屬謹愼言，途移置樂字之下，使安禮樂利、謹愼兩句相對，而文義俱違矣。先謙案：二說竝通。是以百舉不過也。小人反是。

通忠之順，忠有所雍塞，故通之，然而終歸於順也。權險之平，權危險之事，使至於平也。或曰：權，變也。旣不可扶持，則變其危險，使治平也。禍亂之從聲，君雖禍亂，應聲而從之也。三者非明主莫之能知也。闇君不知，所以殺害忠賢而身死國亡也。爭然後善，戾然後功，諫爭君然後能善，違戾君然後立功。出身死戰，出死無私，致忠而公，夫是之謂通忠之順，信陵君似之矣。不爲私事而歸於至忠至公。信陵君諫魏王請救趙，不從，途矯君命，破秦而魏國以安，故似之。奪然後義，殺然後仁，上下易位然後貞，奪者不義之名，殺者不仁之稱，上下易位則非貞也。而湯武惡桀紂之亂天下而奪之，是義也；不忍蒼生之塗炭而殺之，是仁也；雖上下易位，而使賢愚當分，歸於正道，是貞也。功參天地，澤被生民，夫是之謂權險之平，湯武是也。過而通情，○先謙案：君本過也，而曲通其情以爲順善。和而無經，經，常也。但和順上意而無常守不卹是非。不論曲直。偷合苟容。迷亂狂生。迷亂其君使生狂也。先謙案狂是㞷之借字說見君道篇夫是之謂禍亂之從聲。飛廉惡來是也。傳曰。斬而齊。枉而順。不同而壹。此言反經合道如信陵湯武者也所以斬之取其齊也所以枉曲之取其順也所以不同取其一也初雖似乖戾然終歸於理者也詩曰。受小球大球。爲下國綴旒。此之謂也。詩商頌長發之篇球玉也鄭玄云綴猶結也旒旌旗之垂者言湯既爲天所命則受小玉謂尺二寸圭也受大玉謂珽也長三尺執圭搢珽以與諸侯會同結定其心如旌旗之旒縿著焉引此以明湯武取天下權險之平爲救下國者也

致士篇第十四明致賢士之義

衡聽顯幽重明退姦進良之術。衡平也謂不偏聽也顯幽謂使幽人明顯不雍蔽也重明謂既明又使明也書曰德明惟明能顯幽則重明矣能退姦則良進矣。俞樾曰按楊注衡平也下文衡至注曰衡讀爲橫前後兩字異訓失之衡聽之衡亦當讀爲橫蓋彼以衡至故亦以衡聽也古橫衡同字詩衡門篇釋文曰衡古文橫字是其證也漢書王莽傳昔帝堯橫被四表魏志文帝紀引獻帝傳曰廣被四表是橫廣音近義通流言之屬一時而竝至故曰橫至猶曰大至矣先謙案重明猶書堯典之明明此言用人之術朋黨比周之譽。君子不聽。殘賊加累之譖。君子不用。殘賊謂賊害人加累以罪惡加累誣人也隱忌雍蔽之人。君子不近。隱亦蔽也忌謂妬賢雍讀曰擁。王念孫曰楊誤分隱忌爲二義且下文言雍蔽則隱忌非雍蔽也隱忌即意忌謂妬賢也史記平津侯傳云宏爲人意忌外寬內深酷吏傳云張湯文深意忌唯其意忌是以雍蔽秦誓曰人之有技冒疾以惡之所謂意忌也又曰人之彥聖而違之俾不通所謂雍蔽也意隱聲相近意忌之爲隱忌若左氏春秋經之季孫意如公羊作隱如矣（史記孝文紀故楚相蘇意漢紀作蘇隱凡之部之字或與諄部相轉上去聲亦然樂記天地訢合鄭注訢讀爲熹射義耄期稱道不亂者大雅行葦傳作耄勤左傳曾公子欣時公羊作喜時荀子性惡篇驊騮騹驥即騏驥皆其例也）貨財禽犢之請。君子不許。行賂請謁者也凡流言流說流事流謀流譽流愬。不官而衡至者。君子慎之。流者無根源之謂愬譖也不官謂無主首也衡讀爲橫橫至橫逆而至也聞聽而明譽之。君子聞聽流言流說則明白稱譽謂顯露其事不爲隱蔽如此則姦人不敢獻其謀也定其當而當。然後士其刑賞而還與之。士當爲事行也言定其當否既當之後乃行其刑賞反與之也謂其言當於善則事之以賞當於惡則事之以刑當丁浪反。

郝懿行曰士者事也古士仕事俱通用此士謂事其事也王引之曰士字義不可通士當爲出字之誤也（隸書出字或省作士故諸書中出字或誤作士說見大略篇敎出下）高注淮南說林篇曰當（丁狼反）猶實也言定其善惡之實而當然後出其刑賞而還與之也楊讀士爲事又訓事爲行展轉以求其通鑿矣先謙案王說是　如是則姦言姦說姦事姦謀姦譽姦愬莫之試也。忠言忠說忠事忠謀忠譽忠愬莫不明通方起以尙盡矣。明通謂明白通達其意方起竝起尙與上同上盡謂盡忠於上也。俞樾曰盡忠於上而曰上盡甚爲不詞盡當讀爲進列子天瑞篇終進乎不知也張湛注曰進當爲盡是其證也漢書高帝紀主進顏師古注曰進字本作賮又作贐音皆同耳古字叚借故轉而爲進然則以盡爲進猶以進爲贐矣爾雅釋詁蓋進也蓋從盡聲則盡亦進也尙盡猶言上進忠言忠說忠事忠謀忠譽忠愬皆願進於上故曰莫不明通方起以上進矣楊氏知尙之爲上而不知盡之爲進於古人叚借之義未盡得也　夫是之謂衡聽顯幽重明退姦進良之術。。盧文弨曰下似當別爲一條先謙案盧說是今從之

川淵深而魚鼈歸之。山林茂而禽獸歸之。刑政平而百姓歸之。禮義備而君子歸之。故禮及身而行脩。義及國而政明。能以禮挾而貴名白。天下願令行禁止。王者之事畢矣。挾讀爲浹能以禮浹洽者則貴名明白天下皆願從之也。盧文弨曰貴名白王制篇作名聲日聞此恐有訛王念孫曰儒效篇曰貴名白而天下治君道篇曰文王欲立貴道欲白貴名則貴名白三字不訛韓詩外傳作貴名自揚義亦同也王制篇作名聲日聞乃後人所改辯見王制顧千里曰禮下疑當有義字承上禮義備而君子歸之故禮及身而行脩義及國而政明言之楊注已無義字非也韓詩外傳五有此句作能以禮扶身疑扶身二字亦義挾二字之誤　詩曰。惠此中國。以綏四方。此之謂也。詩大雅民勞之篇中國京師也四方諸夏也引此以明自近及遠也　川淵者。龍魚之居也。山林者。鳥獸之居也。國家者。士民之居也。川淵枯則龍魚去之。山林險則鳥獸去之。。郝懿行曰險當爲儉儉與險古通用儉如山之童林木之濯濯皆是王念孫曰險乃儉借字（否象傳君子以儉德辟難虞注儉或作險大戴記文王官人篇多稽而儉貌逸周書儉作險襄二十九年左傳險而易行杜注險當爲儉）山林儉則鳥獸無所依而去之猶川淵枯而龍魚去之也此與上文山林茂正相反　國家失政則士民去之無土則人不安居。無人則土不守。無

道法則人不至。無君子則道不舉。故土之與人也。道之與法也者。國家之本作也。本作猶本務也。○王念孫曰楊未解作字之義國家之本作道法之總要相對爲文作者始也始亦本也總亦要也上文云無土則人不安居無人則土不守無道法則人不至故此四者爲國家之本始也魯頌駉篇傳曰作始也（廣雅同）皋陶謨烝民乃粒萬邦作乂作與乃相對爲文言烝民乃粒萬邦始乂也禹貢萊夷作牧言萊夷水退始放牧也沱潛既道雲夢土作乂作與既相對爲文言沱潛之水既道雲夢之土始乂也（竝見經義述聞） 君子也者。道法之摠要也。不可少頃曠也。得之則治。失之則亂。得之則安。失之則危。得之則存。失之則亡。故有良法而亂者有之矣。有君子而亂者。自古及今。未嘗聞也。傳曰。治生乎君子。亂生乎小人。此之謂也。○盧文弨曰前王制篇亦有此數語或是脫簡於彼

得衆動天。得衆則可以動天言人之所欲天必從之 美意延年。美意樂意也無憂患則延年也 誠信如神。誠信則如神明言物不能欺也 夸誕逐魂。逐魂逐去其精魂猶喪精也矜夸妄誕作僞心勞故喪其精魂此四者皆言善惡之應也。○郝懿行曰按此四句一韻文如箴銘而與上下頗不相蒙疑或它篇之誤脫魂者神也夸奢誕謾所謂逐物意移心動神疲者也先謙案郝說是今別爲一條

人主之患。不在乎不言用賢。而在乎誠必用賢。○盧文弨曰此句有誤當作而在乎不誠用賢王念孫曰案當作而在乎不誠必用賢言用賢之不誠不必也管子九守篇曰用賞者貴誠用刑者貴必呂氏春秋論威篇曰又況乎萬乘之國而有所誠必乎賈子道術篇曰伏義誠必謂之節淮南兵略篇曰將不誠必則卒不勇敢枚乘七發曰誠必不悔決絕以諾皆以誠必連文則必字不可刪先謙案羣書治要作不在乎不言而在乎不誠治要引書多節刪而不增字其引此文誠上有不字此脫不字之明證 夫言用賢者口也。却賢者行也。無善行則賢不至也 口行相反。而欲賢者之至。不肖者之退也。不亦難乎。夫燿蟬者。務在明其火。振其樹而已。○郝懿行曰燿俗燿字燿者照也燿蟬者火必明而後蟬投焉蟬以陽明爲趨也照蠏者火必闇而後蠏赴焉蠏以陰闇爲居也二者君子小人之分塗也故明主求賢如燿蟬闇主蒐慝如照蠏 火不明。雖振其樹無益也。南方人照蟬取而食之禮記有蜩范是也 今人

主有能明其德。則天下歸之，若蟬之歸明火也。臨事接民而以義，變應寬裕而多容，恭敬以先之，政之始也。多容廣納也然後中和察斷以輔之，政之隆也。政之崇高在輔以中和察斷斷丁亂反。王念孫曰政之隆謂政之中也孝經曰夫孝始於事親中於事君終於立身彼以中對始終此以隆對始終是隆卽中也楊以隆爲崇高失之又正論篇凡議必將立隆正然後可也無隆正則是非不分而辯訟不決隆正謂中正也（王霸篇曰君臣上下貴賤長幼至于庶人莫不以是爲隆正）下文天下之大隆亦謂大中也楊以隆爲崇高亦失之然後進退誅賞之，政之終也。故一年與之始，三年與之終。夫不教而殺謂之虐故爲政之始寬裕多容三年政成然後進退誅賞也用其終爲始，則政令不行而上下怨疾，亂所以自作也。先賞罰後德化則亂書曰：「義刑義殺，勿庸以卽，女惟曰未有順事。」言先教也。書康誥言雖義刑義殺亦勿用卽行之當先教後刑也雖先後不失尙謙曰我未有順事故使民犯法躬自厚而薄責於人也

程者，物之準也。程者度量之總名也禮者，節之準也。節謂君臣之差等也程以立數，禮以定倫。言有程則可以立一二之數有禮則可以定君臣父子之倫也德以敘位，能以授官。度其德以序上下之位考其能以授所任之官若夔典樂伯夷典禮之比也凡節奏欲陵，而生民欲寬。節奏謂禮節奏陵峻也侵陵亦嚴峻之義生民謂以德教生養民也言人君自守禮之節奏則欲嚴峻不弛慢養民則欲寬容不迫切之也。王念孫曰楊說陵字之義及下節奏陵而文注皆非是節奏欲陵而生民欲寬者陵謂嚴密也故與寬相反富國篇曰其於貨財取與計數也寬饒簡易其於禮義節奏也陵謹盡察陵謹與寬饒亦相反節奏陵謹卽此所云節奏欲陵也（楊訓陵爲侵陵謬與此注同節奏陵而文，生民寬而安。節奏雖峻亦有文飾不至於刻急。郝懿行曰陵者丘陵喩高峻也節奏以禮言欲其高峻防踰越也生民以田畜言欲其寬饒不陝隘也節奏陵而文敎禮讓也生民寬而安樂太平也王念孫曰而猶則也（孟子公孫丑篇可以仕則仕可以止則止可以久則久可以速則速萬章篇作可以速而速可以久而久可以處而處可以仕而仕）言節奏陵則文生民寬則安也節奏密則成文章樂記曰節奏合以成文是也陵字或作淩管子中匡篇曰有司寬而不淩上文下安，功名之極也，不可以加矣。

君者國之隆也。父者家之隆也。隆猶尊也隆一而治。二而亂。自古及今未有二隆爭重而能長久者。

師術有四。而博習不與焉。術法也言有四德則可以爲人師師法不在博習也與音豫尊嚴而憚。可以爲師。耆艾而信。可以爲師。五十日艾六十日耆誦說而不陵不犯。可以爲師。誦謂誦經說謂解說謂守其誦說不自陵突觸犯言行其所學。先謙案不陵不犯謂謹守師說者下知微而論如喪欲速貧死欲速朽有若以爲非夫子之言是也知微而論。可以爲師。知精微之理而能講論論盧困反。郝懿行曰論與倫古字通言知極精微而皆中倫理也注非故師術有四。而博習不與焉。水深而回。回流旋也水深不湍峻則多旋流也樹落則糞本。謂木葉落糞其根也。謝本從盧校作水深則回樹落糞本盧文弨曰宋本作水深而回樹落則糞本今從元刻郝懿行曰回旋流也糞壅根也二句喻弟子於師不忘水源木本之意俞樾曰樹落下當有則字此以上二句喻下一句若無則字句法不一律矣盧從元刻其實宋本是也古書每以而則互用孟子告子篇人有雞犬放則知求之有放心而不知求墨子明鬼篇非父則母非兄而姒史記欒布傳與楚則漢破與漢而楚破皆其證也宋本上句用而字下二句用則字必荀子之原文先謙案俞說是今從宋本弟子通利則思師。思其厚於己也詩曰。無言不讎。無德不報。此之謂也。此言爲善則物必報之也

賞不欲僭。刑不欲濫。賞僭則利及小人。刑濫則害及君子。若不幸而過。寧僭無濫。與其害善。不若利淫。盧文弨曰此數語全本左傳考荀卿以左氏春秋授張蒼蒼授賈誼荀子固傳左氏者之祖師也

荀子集解卷十

議兵篇第十五

臨武君與孫卿子議兵於趙孝成王前。臨武君蓋楚將未知姓名戰國策曰天下合從趙使魏加見楚春申君曰君有將乎春申君曰有矣僕欲將臨武君魏加曰臣少之時好射臣願以射譬可乎春申君曰可魏加曰異日者更羸與魏王處京臺之下更羸曰臣能爲王引弓虛發而下鳥有間鳴雁從東方來更羸以虛發而下之王曰射之精乃至於此乎更羸曰此孼也王曰先生何以知之對曰其飛徐者其故創痛也其鳴悲者久失羣也故創未息而驚心未去聞弦音烈而高飛故隕也今臨武君嘗爲秦孼不可以爲距秦之將趙孝成王晉大夫趙夙之後簡子十世孫或曰劉向敘云孫卿至趙與孫臏議兵趙孝成王前臨武君卽孫臏也今案史記年表齊宣王二年孫臏爲軍師則敗魏於馬陵至趙孝成王元年已七十餘年年代相遠疑臨武君非此孫臏也。盧文弨曰案楊氏改書名作荀卿子而此篇正文仍作孫卿子依漢以來相傳之舊也本篇內微子開封於宋注甚明注更羸楚策作更羸又其故創痛也策無其字此注脫故字今增又故創未息作故創痛未息今從策刪痛字 王曰。請問兵要。臨武君對曰。上得天時。若順太歲反孤虛之類也。先謙案反各本譌及據宋台州本改正 下得地利。若右背山陵前左水澤之比也 觀敵之變動。後之發。先之至。此用兵之要術也。孫卿子曰。不然。臣所聞古之道。凡用兵攻戰之本。在乎壹民。弓矢不調。則羿不能以中微。六馬不和。則造父不能以致遠。士民不親附。則湯武不能以必勝也。故善附民者。是乃善用兵者也。故兵要在乎善附民而已。○王念孫曰元刻無善字（宋龔本同）案無善字者是也下文臨武君曰豈必待附民哉正對此句而言則無善字明矣宋本有善字者涉上文善附民者而衍羣書治要亦無善字 臨武君曰。不然。兵之所貴者埶利也。乘埶爭利 所行者變詐也。奇計。○盧文弨曰所行新序三作所上 善用兵者。感忽悠闇。莫知其所從出。感忽悠闇皆謂倏忽之間也感忽恍忽也悠闇遠視不分辨之貌莫知所從出謂若九天之上九地之下使敵人不測魯連子曰弃感忽之恥立累世之功彼上文云去忿恚之心而成累世之功也。盧文弨曰案齊策載魯連與燕將書云除感忿之恥而立累世之功終身之名則下句不當又云感忿此引作感忽是也新序又作奄忽義亦同注立字舊脫今補郝懿行曰案感讀如撼撼撼古今字也感忽搖疾之意悠闇神祕之意兵貴神速如處女脫兔之喻也

孫吳用之。無敵於天下。豈必待附民哉。孫謂吳王闔閭將孫武吳謂魏武侯將吳起也

孫卿子曰。不然。臣之所道。仁人之兵。王者之志也。帝王之志意如此也 君之所貴。權謀埶利也。所行。攻奪變詐也。諸侯之事也。仁人之兵。不可詐也。彼可詐者。怠慢者也。路亶者也。路暴露也亶讀為袒露袒謂上下不相覆蓋新序作落單。郝懿行曰路亶新序作落單蓋離落單薄之意楊注非王念孫曰路單猶羸憊也上不恤民則民皆羸憊故下句云君臣上下之間滑然有離德也孟子滕文公篇是率天下而路也趙注云是率導天下之人以羸路也（今本羸路作羸困之路乃後人所改辯見管子五輔篇）管子五輔篇云匡貧窶振罷露資乏絕韓子亡徵篇云好罷露百姓呂氏春秋不屈篇云士民罷潞潞路露並通是路為羸憊也爾雅云癉病也大雅板篇下民卒癉毛傳云癉病也病亦謂羸憊也緇衣引詩下民卒擅釋文擅作亶癉擅亶並通秦策士民潞病於內高注云潞羸也潞病與路亶亦同義新序雜事篇作落單晏子外篇云路世之政單事之教或言路亶或言路單或言落單其義一而已矣楊說皆失之 君臣上下之閒。滑然有離德者也。滑亂也音骨言彼可欺詐者皆如此之國。王引之曰滑當為渙說卦曰渙者離也雜卦曰渙離也下文事大敵堅則渙然離耳是渙為離貌故曰渙然有離德俗書渙字作渙滑字作滑二形略相似故渙譌為滑新序雜事篇正作渙然有離德韓詩外傳作突然有離德突乃奐之譌渙奐古字通（文選琴賦注引蒼頡篇云奐散也） 故以桀詐桀。猶巧拙有幸焉。以桀詐堯。譬之若以卵投石。以指撓沸。撓攪也以指撓沸言必爛也新序作以指繞沸 若赴水火。入焉焦沒耳。王念孫曰案焉猶則也說見釋詞 故仁人上下。說仁人上下相愛之意 百將一心。三軍同力。臣之於君也。下之於上也。若子之事父。弟之事兄。若手臂之扞頭目而覆胷腹也。詐而襲之。與先驚而後擊之。一也。先擊頭目使知之而後擊之豈手臂有不救也。先謙案言此兩者俱無所用注義似隔 且仁人之用十里之國。則將有百里之聽。聽猶耳目也言遠人自為其耳目或曰謂閒諜者 用百里之國。則將有千里之聽。用千里之國。則將有四海之聽。必將聰明警戒。和傳而一。耳目明而警戒相傳以和二無有二心也一云傳或為博博眾也而一如一也言和眾如一也。先謙案傳為摶字之誤說見儒效篇

故仁人之兵。聚則成卒。散則成列。卒卒伍列行列言動皆有備也 延則若莫邪之長刃。嬰之者斷。兌則若莫邪之利鋒。當之者潰。兌猶聚也與隊同謂聚之使短潰壞散也新序作銳則若莫邪之利鋒也。盧文弨曰延新序作鋋韓詩外傳三作延居又兌作銳居案延讀延袤之延東西曰延嬰今攖字謂橫布則其鋒利遇之者斷也兌讀爲銳謂直擣則其鋒利遇之者潰也外傳兩居字與下文圜居一例可知注未是矣郝懿行曰延者長也兌與銳同荀書皆然古字通也延新序作鋋誤字或叚借耳延訓長故云若莫邪之長刃兌訓利故言若莫邪之利鋒楊注非韓詩外傳作延居銳居與下圜居爲儷其義甚明俞樾曰楊訓兌爲聚不如盧說之長惟依外傳延居銳居爲說則非也延則若莫邪之長刃兌則若莫邪之利鋒與上文聚則成卒散則成列句法一律不得有居字下文云圜居而方止此自以圜居方止相對成義外傳因圜居之文改作方居以對之遂於此文延下銳下各衍居字盧據以說荀子誤矣延之言長也故若長刃銳之言利也故若利鋒以文義論亦不當有居字 圜居而方止。則若盤石然。觸之者角摧。圜居方止謂不動時也則如大石之不可移動也。盧文弨曰方止各本作方正今從新序案外傳作方居郝懿行曰韓詩外傳作圜居則若丘山之不可移也方居則若盤石之不可拔也語尤明晰此方止卽方居變文以儷句耳先謙案郝說方止非也說詳上 案角鹿埵隴種東籠而退耳。其義未詳蓋皆摧敗披靡之貌或曰鹿埵垂下之貌如禾實垂下然埵丁果反隴種遺失貌如隴之種物然或曰卽龍鍾也東籠與凍瀧同沾溼貌如衣服之沾溼然新序作隴種而退無鹿埵字。盧文弨曰垂下之貌舊脫垂字今補案說文禾實垂下謂之穡丁果切楊意埵讀爲穡故音義皆與之同也又卽龍鍾也舊脫龍字龍鍾乃當時常語今補又案方言瀧涿謂之霑漬廣韻凍瀧霑漬也故楊云凍瀧沾溼貌舊誤作凍隴今改正沾亦霑之誤字也劉台拱曰鹿埵上角字涉上而誤衍案語詞郝懿行曰鹿埵隴種東籠蓋皆摧敗披靡之貌顧氏炎武（見日知錄廿七）引舊唐書竇軌傳我隴種車騎未足給公北史李穆傳籠凍軍士爾曹主何在爾獨住此蓋周隋時人尚有此語此等皆古方俗之言不必强解楊氏既云未詳又引或說鹿埵龍鍾凍瀧似皆失之新序止有隴種無鹿埵

且夫暴國之君。將誰與至哉。彼其所與至者。必其民也。而其民之親我。歡若父母。其好我芬若椒蘭。彼反顧其上。則若灼黥。如畏灼黥 若仇讎。人之情雖桀跖。豈又肯爲其所惡。賊其所好者哉。。盧文弨曰豈又新序作豈有 是猶使人之子孫自賊其父母也。彼必將來告之。夫又何可詐也。不可得詐襲也 故仁人用國日明。日益明察。俞樾曰楊注非也明之言盛也淮南子說林篇曰長而愈明高注曰明猶盛也禮記明堂位正義曰明堂盛貌然則明之訓盛蓋古誼也國日明猶言國日盛矣 諸侯先順者安。後順者危。

慮敵之者削，反之者亡。謀慮與之爲敵者，土地必見侵削；反謂不服從也。○先謙案：慮，大氐也。說見王制篇。詩曰：「武王載發，有虔秉鉞，如火烈烈，則莫我敢遏。」此之謂也。詩殷頌。武王，湯也。發讀爲旆。虔，敬。遏，止也。湯建旆與師，本由仁義，雖用武持鉞，而猶以敬爲先，故得如火之威，無能止之也。○郝懿行曰：發，揚，起也，猶書之言「我武惟揚」也。毛詩作「載旆」，傳云：「旆，旗也。」毛詩本出荀卿，不應有異。說文引詩又作「載坺」，然則坺、發蓋皆旆之同音叚借字耳。韓詩外傳引亦作旆。

孝成王、臨武君曰：「善！請問王者之兵設何道？何行而可？」設謂制置。道謂論說教令也。行，動用也。○王念孫曰：道，術也。楊以道爲論說教令，失之。先謙案：設猶用也。說見君道篇。

孫卿子曰：「凡在大王，將率末事也。臣請遂道王者諸侯彊弱存亡之效，安危之埶。率與帥同，所類反。道，說也。效，驗也。孝成王見荀卿論兵，謂王者以兵爲急，故遂問用兵之術。荀卿欲陳王道，因不答其問，故言凡在大王之所務，將帥乃其末事耳，所急，教化也。遂廣說湯、武、五霸及戰國諸侯之事。○先謙案：以下文「凡在於軍，將率末事也」證之，是謂凡在大王之將率者，皆末事也。楊注誤。君賢者其國治，君不能者其國亂；隆禮貴義者其國治，簡禮賤義者其國亂。治者強，亂者弱，是強弱之本也。上足卬則下可用也，上不卬則下不可用也。卬，古仰字。不仰，不足仰也。下託上曰仰，宜向反。能教且化長養之，是足仰。○謝本作「上不足卬」。盧文弨曰：以注觀之，正文當本是「上不卬」，衍足字。先謙案：盧說是，此後人妄加，今依注文刪足字，以復唐人注本之舊。下可用則強，下不可用則弱，是強弱之常也。隆禮效功，上也；重祿貴節，次也；上功賤節，下也：是強弱之凡也。效，驗也。功，戰功也。效功，謂不使賞僭也。重祿，重難其祿，不使素餐也。節，忠義也。君能隆禮驗功則強，上戰功輕忠義則弱，大凡如此也。好士者強，不好士者弱；士，賢士也。愛民者強，不愛民者弱；政令信者強，政令不信者弱；信謂使下可信。民齊者強，民不齊者弱；齊謂同力。○謝本從盧校作「不齊者弱」。王念孫曰：案元刻「不齊」上亦有民字，是也（宋龔本同）。上文之「政令」，下文之「賞」「刑」「械用兵革」，皆於上下句兩見，則民字亦當兩見。先謙案：王說是，今依元刻增民字。賞重者強，賞輕者弱；重難其賞，使必賞有功，則強；輕易其賞，則弱也。刑威者強，刑侮者弱；刑當罪，使民可畏，則強；不當罪，則人侮慢，故弱也。械用兵革攻完便利者強，攻當爲功。功，精好，加功者也。器械牢固便利於用，則強也。○盧文弨曰：攻與工、功古多通用。攻，治也。

即依本字不改亦可 械用兵革窳楛不便利者弱。窳器病也音庾楛濫惡謂不堅固也 重用兵者強，輕用兵者弱。重難用兵者強 權出一者強，權出二者弱。政多門則弱也 是強弱之常也。齊人隆技擊。技材力也齊人以勇力擊斬敵者號爲技擊孟康曰兵家之技巧技巧者習手足便器械積機關以立攻守之勝 其技也，得一首者則賜贖錙金，無本賞矣。八兩曰錙本賞謂有功同受賞也其技擊之術斬得一首則官賜錙金贖之斬首雖戰敗亦賞不斬首雖勝亦不賞是無本賞也。郭嵩燾曰此與秦首虜之法同以得首爲功賞不問其戰事之勝敗故曰無本賞漢世軍法抵罪得贖免當亦起於戰國之季言苟得首者有罪當贖僅納錙金以得首爲重取決一夫之勇也 是事小敵毳則偷可用也，可偷竊用之也毳讀爲脆史記聶政謂嚴仲子曰屠可以旦夕得甘脆以養親也。先謙案晉語其下偷以幸韋注偷苟且也偷可用謂苟且用之猶爲可也楊注非 事大敵堅則渙焉離耳。易說卦曰渙者離也 若飛鳥然，傾側反覆無日。若飛鳥言無憑依也無日言傾則反覆之速不得一日也。盧文弨曰注言無憑依也宋本作言無憑依而易也今從元刻 是亡國之兵也。兵莫弱是矣。是其去賃市傭而戰之幾矣。此與賃市中傭作之人而使之戰相去幾何也。盧文弨曰正文其去宋本作其出今從元刻 魏氏之武卒，以度取之。武卒選擇武勇之卒號爲武卒度取之謂取其長短材力中度者。汪中曰度程也下文所云是也注非 衣三屬之甲，如淳曰上身一髀褌一脛繳一凡三屬也依於氣反屬之欲反。盧文弨曰案考工記釋文屬之樹反 操十二石之弩，負服矢五十个，置戈其上，置戈於身之上謂荷戈也。盧文弨曰元刻作負矢五十个服矢即負矢負與服古同聲而通用（考工記車人牝服先鄭師農云服讀爲負）故漢書作負今本作負服矢者校書者依漢書旁記負字而寫者誤合之也元刻無服字則又後人依漢書刪之也俞樾曰服字實不可無服者箙之叚字說文竹部箙弩矢箙也經傳通以服爲之詩采薇篇象弭魚服國語齊語服無矢皆是也負服矢五十个者盛矢五十个於服而負之也若但云負矢則矢無服不可負若云負矢服則疑五十个以服計矣故曰負服矢五十个古人之辭所以簡而明也漢書奪服字元刻從之非是置戈其上承負服矢五十个而言所謂其上者矢服之上也蓋負矢服於背而荷戈於肩戈之上半適在矢服之上故曰置戈其上也楊注不解服字之義故於此句亦失其解而曰置戈於身之上不可通矣先謙案俞說是 冠軸帶劍，軸與胄同漢書作胄帶劍顏師古曰著兜鍪而又帶劍也 贏三日之糧，日中而趨百里。贏負擔也日中一日之中也。俞樾曰日中者自旦至於日中蓋半日而趨百里也楊注謂一日之中則但云日趨百里足矣 中試則復其戶，利其田宅。復其戶不傜役也利其田宅不征歛也顏師古曰利謂給其便利之處中丁仲反復方目反。

盧文弨曰注不征衆衆字譌疑作稅先謙案試之而中程則用爲武卒優之如此上所謂以度取之 是數年而衰。而未可奪也。改造。則不易周也。此中試者筋力數年而衰亦未可遽奪其優復使皆怨也改造更選擇也則又如前 是故地雖大。其稅必寡。是危國之兵也。優復旣多則稅寡資用貧乏故國危 秦人。其生民也陿阸。其使民也酷烈。生民所生之民陿阸謂秦地險固也酷烈嚴刑罰也地險固則寇不能害嚴刑罰則人皆致死也。盧文弨曰陿阸俗本作狹隘今從宋本郝懿行曰陿阸猶狹隘也謂民生計窮蹙王霸篇云生民則致貧隘語意正同注以陿阸謂秦地險固非也下云隱之以阸亦非地險王念孫曰楊注沿刑法志注而誤 劫之以埶。謂以威埶劫迫之使出戰 隱之以阸。謂隱蔽以險阸使敵不能害鄭氏曰秦地多阸藏隱其民於阸中也。郭嵩燾曰秦遠交近攻侵伐無虛日未嘗以險阸自隱也劫之以埶承上酷烈言隱之以阸承上狹隘言其民本無生計又甚迫蹙之使亟驚於戰以徼賞也下文阸而用之正申此義 忸之以慶賞。忸與狃同串習也戰勝則與之賞慶使習以爲常忸女九反 鰌之以刑罰。鰌藉也不勝則以刑罰陵藉之莊子風謂蛇曰鰌我亦勝我音秋或作蹭七六反。盧文弨曰鰌亦音蹴見彊國篇注元刻七六作七由非今從宋本 使天下之民。所以要利於上者。非鬬無由也。顧千里曰天字疑不當有此以下之民與要利於上相對爲文謂秦民非謂天下之民明甚宋本與今本同蓋皆誤 阸而用之。得而後功之。守險阸而用之旣得勝乃賞其功所以人言爲戰而立功者衆也。先謙案阸而用之彊國篇所云如牆厭雷擊下文除阸其下獲其功用義與此同楊謂守險阸非也 功賞相長也。五甲首而隸五家。有功而賞之使相長獲得五甲首則役隸鄉里之五家也 是最爲衆彊長久。多地以正。故四世有勝。非幸也。數也。爲之有根本不徼一時之利故能衆強長久也不復其戶利其田宅故多地也以正言比齊魏之苟且爲正言秦亦非天幸有術數然也四世孝公惠王武王昭王也 故齊之技擊。不可以遇魏氏之武卒。魏氏之武卒。不可以遇秦之銳士。秦之銳士。不可以當桓文之節制。桓文之節制。不可以敵湯武之仁義。有遇之者。若以焦熬投石焉。以魏遇秦猶以焦熬之物投石也熬五刀反。盧文弨曰有遇之者二句似專言天下無有能敵仁義者注惟云以魏遇秦殆以當時無湯武並無桓文故也然無妨據理爲說或云末二句當並從齊說下王念孫曰或說是俞樾曰楊注猶以焦熬之物投石也然以投石爲喻不必言焦熬之物注義未安上文云以桀詐堯譬之若以卵投石以指撓沸此文以焦熬投石疑有奪誤當云以指焦熬以卵投石焦讀爲撨廣雅釋詁曰撨拭也說文火部熬乾煎也然則以指撨熬其義猶以指撓沸也先謙案下文明言招近募選隆埶詐偷功利之兵勝不勝無常代翕代張云云則此有遇之者二句專謂湯武之仁義無敵楊注誤　兼是數國者。皆干賞蹈利之兵也。傭徒鬻賣之道也。未有貴上安制綦節之理也。干求也言秦魏雖足以相勝皆求賞蹈利之兵與傭徒之人鬻賣其力作無異未有愛貴其上爲之致死安於制度自不踰越極於忠義心不爲非之理者也　諸侯有能微妙之以節。則作而兼殆之耳。微妙精盡也節仁義也作起也殆危也諸侯有能精盡仁義則能起而兼危此數國謂擒滅之。盧文弨曰舊本注作則能起而無危也兼此數國誤今據正文刪正　故招近募選。隆埶詐。尚功利。是漸之也。近當爲延傳寫誤耳招延謂引致之也募選謂以財召之而選擇可者此論齊之技擊也隆埶詐謂以威埶變詐爲尚此論秦也尚功利謂有功則利其田宅論魏也漸進也言漸進而近於法未爲理也或曰漸浸漬也謂其賞罰纔可漸染於外中心未悅服漸子廉切。俞樾曰楊云近當爲延是也招延二字同義則募選二字亦必同義募乃纂字之誤纂選皆具也說詳王制篇楊注募選謂以財召之而選擇可者非是先謙案漸詐欺也說詳不苟篇　禮義教化。是齊之也。服其心是齊壹人之術也　故以詐遇詐。猶有巧拙焉。猶齊之技擊不可以當魏之武卒也　以詐遇齊。辟之猶以錐刀墮太山也。辟音譬墮毀也錐許唯反　非天下之愚人莫敢試。故王者之兵不試。一舉而定不必試也　湯武之誅桀紂也。拱挹指麾。而彊暴之國莫不趨使。誅其元惡其餘獷悍者皆化而來臣役也。王念孫曰拱挹指麾盧依富國篇改挹爲揖案揖與挹通不煩改字（宥坐篇挹而損之淮南道應篇挹作揖晏子諫篇晏子下車挹之挹即揖）諸本皆作挹呂本挹作揖盧因改爲揖誤先謙案謝本從盧校作拱揖今依王說改正　誅桀紂若誅獨夫。故泰誓曰。獨夫紂。此之謂也。故兵大齊則制天下。小齊則治鄰敵。以禮義教化大齊之謂湯武也小謂未能大備若五霸者也治鄰敵言鄰敵受其治化耳。盧文弨曰宋本故兵大齊提行起今案連上文是或中間有注脫去耳王念孫曰治讀爲殆殆危也謂危鄰敵也王制篇曰威彊未足以殆鄰敵王霸篇曰威動天下彊殆中國彊國篇曰威動海內彊殆中國殆治古字通（彊國篇彊殆中國楊注殆或爲治史記范睢傳夫以秦卒之勇車騎之衆以治諸侯譬若馳韓盧而搏蹇兎也治諸侯即殆諸侯）楊謂受其治化則非用兵之事矣　若夫招近募選。隆埶詐。尚功利之兵。則勝不勝無常。代翕代張。代存代亡。相爲雌雄耳矣。翕斂也代翕代張代存代亡若言代強代弱也。先謙案宋台州本注若作猶　夫是之謂盜兵。君子不由也。由用也以詐力相勝是盜賊之兵也　故齊之田單。楚之莊蹻，秦之衞鞅，燕之繆蟣，是皆世俗之所謂善用兵者也。 田單齊襄王臣安平君也史記莊蹻者楚莊王苗裔楚威王使爲將將兵循江而上略蜀黔中以西蹻至滇池方三百里地肥饒數千里以兵威定屬楚欲歸報會秦擊奪楚巴黔中郡道塞不通因還以其衆至滇變服從其俗焉衞鞅秦孝公臣封爲商君者也繆蟣未聞也 是其巧拙強弱，則未有以相君也，若其道一也。 雖術不同皆出於變詐故曰其道一也。盧文弨曰相君元刻作相若注首有相若相似也五字今從宋本先謙案相君猶言相長也廣雅釋詁長君也長訓君則君亦訓長元刻及注五字皆妄人增改 未及和齊也。 數子之術未能及於和齊人心也 掎契司詐，權謀傾覆，未免盜兵也。 契讀爲挈挈持也掎挈猶言掎摭也司讀爲伺伺詐欺詐也皆謂因其危弱卽掩襲之也 齊桓、晉文、楚莊、吳闔閭、越句踐，是皆和齊之兵也，可謂入其域矣。 入禮義教化之域孟康曰入王兵之域也 然而未有本統也。 本統謂前行素修若湯武也 故可以霸而不可以王，是強弱之效也。 湯武王而桓文霸齊魏則代存代亡是其效也

孝成王、臨武君曰：「善！請問爲將。」孫卿子曰：「知莫大乎棄疑， 不用疑謀是智之大。先謙案言用人不疑 行莫大乎無過，事莫大乎無悔。 先謙案當理而行故無過慮必先事故無悔 事至無悔而止矣，成不可必也。 不可必不得必謂成功忘其警備莊子曰聖人以必不必故多功衆人以不必必故無功也。盧文弨曰成不可必也五字乃起下之詞注不得必三字宋本元刻皆無俗間本有之下引莊子語舊本多訛今悉從元刻改正先謙案言成功不能期必於一出故下云有功知幸文義甚明楊盧說非 故制號政令，欲嚴以威；慶賞刑罰，欲必以信；處舍收臧，欲周以固； 處舍營壘也收藏財物也周密牢固則敵不能陵奪矣 徙舉進退，欲安以重，欲疾以速； 靜則安重而不爲輕舉動則疾速而不失機權 窺敵觀變，欲潛以深，欲伍以參； 謂使間諜觀敵欲潛隱深入之也伍參猶錯雜也使間諜或參之或伍之於敵之間而盡知其事韓子曰省同異之言以知朋黨之分偶參伍之驗以責陳言之實又曰參之以比物伍之以合參也 遇敵決戰，必道吾所明，無道吾所疑。 道言也行也。王念孫曰道當訓爲行 夫是之謂六術。 自制號政令已下有六也 無欲將而惡廢， 先謙案無以所欲而將之無以所惡而廢之唯視其能否無私好惡荀書多以欲惡代好惡 無急勝而忘敗，無威內而輕外，無見其利而不顧其害， 彊使人出

戰而輕敵 凡慮事欲孰。而用財欲泰。孰謂精審泰謂不吝賞也 夫是之謂五權。五者爲將之機權也 所以不受命於主有三。可殺而不可使處不完。可殺而不可使擊不勝。可殺而不可使欺百姓。夫是之謂三至。至謂一守而不變 凡受命於主而行三軍。三軍既定。百官得序。羣物皆正。百官軍之百吏得序各當其任 則主不能喜。敵不能怒。不苟徇上意故主不能喜不爲變詐故敵不能怒也 夫是之謂至臣。爲臣之至當也 慮必先事。而申之以敬。謀慮必在事先重之以敬常戒懼而有備也 愼終如始。終始如一。夫是之謂大吉。言必無覆敗之禍也 凡百事之成也。必在敬之。其敗也。必在慢之。故敬勝怠則吉。怠勝敬則滅。計勝欲則從。欲勝計則凶。戰如守。不務越逐也書曰不愆于五步六步乃止齊焉 行如戰。有功如幸。不務驕矜 敬謀無壙。無壙言不敢須臾不敬也壙與曠同 敬事無壙。敬吏無壙。敬衆無壙。敬敵無壙。夫是之謂五無壙。愼行此六術五權三至。而處之以恭敬無壙。夫是之謂天下之將。則通於神明矣。天下莫及之將 臨武君曰。善。請問王者之軍制。孫卿子曰。將死鼓。死謂不棄之而奔亡也左傳曰師之耳目在吾旗鼓 御死轡。百吏死職。士大夫死行列。聞鼓聲而進。聞金聲而退。順命爲上。有功次之。軍之所重在順命故有功次之 令不進而進。猶令不退而退也。其罪惟均。令敎令也言使之不進而進猶令不退而退其罪同也 不殺老弱。不獵禾稼。獵與躐同踐也 服者不禽。格者不舍。犇命者不獲。服謂不戰而退者不追禽之格謂相距捍者犇命謂奔走來歸其命者不獲之爲囚俘也犇與奔同 凡誅。非誅其百姓也。誅其亂百姓者也。百姓有扞其賊。則是亦賊也。扞其賊謂爲賊之扞蔽也 以故順刃者生。蘇刃者死。犇命者貢。順刃謂不戰偝之而走者蘇讀爲傃傃向也謂相向格鬭者貢謂取歸命者獻於上將也 微子開封於宋。紂之庶兄名啓歸周後封於宋此云開者蓋漢景帝諱劉向改之也曹觸龍斷於軍。說苑曰桀貴爲天子富有四海其臣有左師觸龍者諂諛不正此云紂臣當是說苑誤又戰國策趙有左師觸龍說太后請長安君質秦豈復與古人同官名乎。盧文弨曰史記趙世家左師觸龍言願見太后言字當屬下讀趙策誤作觸讋當以此注爲正殷之服民所以養生之者也。無異周人。先謙案服民當作民服此誤倒耳當封而封當殺而殺皆所以養生其民故殷民服之故近者歌謳而樂之。遠者竭蹷而趨之。竭蹷顛仆猶言匍匐也新序作竭走而趨之無幽閒辟陋之國。莫不趨使而安樂之。四海之內若一家。通達之屬莫不從服。夫是之謂人師。師長詩曰。自西自東自南自北。無思不服。此之謂也。詩大雅文王有聲之篇王者有誅而無戰。城守不攻。兵格不擊。德義未加所以敵人不服故不攻擊也且恐傷我之士卒也上下相喜則慶之。敵人上下相愛悅則慶賀之豈況侵伐乎不屠城。屠謂毀其城殺其民若屠者然不潛軍。先謙案潛襲敵之不備不留衆。不久留暴露於外也師不越時。古者行役不踰時也故亂者樂其政。不安其上。欲其至也。東征西怨之比臨武君曰。善。

陳囂問孫卿子曰。先生議兵。常以仁義爲本。陳囂荀卿弟子言先生之議常言兵以仁義爲本也仁者愛人。義者循理。然則又何以兵爲。愛人則懼其殺傷循理則不欲爭奪焉肯抗兵相加乎凡所爲有兵者。爲爭奪也。非謂愛人循理孫卿子曰。非女所知也。彼仁者愛人。愛人。故惡人之害之也。義者循理。循理。故惡人之亂之也。彼兵者。所以禁暴除害也。非爭奪也。故仁人之兵。所存者神。所過者化。所存止之處畏之如神所過往之國無不從化若時雨之降。莫不說喜。是以堯伐驩兜。伐亦誅也書曰放驩兜于崇山也舜伐有苗。命禹伐之書曰帝曰咨禹惟時有苗弗率汝徂征之禹伐共工。書曰流共工于幽州皆堯之事此云禹伐共工未詳也湯伐有夏。文王伐崇。武王伐紂。此四帝兩王。夏殷或稱王或稱帝曲禮曰措之廟立之主曰帝蓋亦論夏殷也至周自貶損全稱王故以文武爲兩王也　皆以仁義之兵行於天下也。故近者親其善。遠方慕其德。王念孫曰慕其德德本作義後人改義爲德以與服極爲韻而不知與下文德字相複也文選爲袁紹檄豫州文注石闕銘注太平御覽兵部五十三引此並作義　兵不血刃。遠邇來服。德盛於此。施及四極。詩曰。淑人君子。其儀不忒。此之謂也。詩曹風尸鳩之篇。○陳奐曰案玩上文語意其下尚有其儀不忒正是四國二句今脫之也儀即義也故尸鳩篇儀皆讀爲義王念孫曰此正承上文遠方慕義而言所引詩蓋本作其義不忒今本義作儀者後人據詩改之耳

李斯問孫卿子曰。李斯孫卿弟子後爲秦相秦四世有勝。兵強海內。威行諸侯。非以仁義爲之也。以便從事而已。便其所從之事而已謂若劫之以埶隱之以阸忸之以慶賞鰌之以刑罰之比　孫卿子曰。非女所知也。女所謂便者。不便之便也。汝以不便人爲便也吾所謂仁義者。大便之便也。吾以大便人爲便也彼仁義者。所以脩政者也。政脩則民親其上。樂其君。而輕爲之死。故曰。凡在於軍。將率末事也。荀卿前對趙孝成王有此言語弟子所知故引以荅之也。○謝本從盧校軍作君盧文弨曰舊本作凡在於軍今案當是君字先謙案凡在下作一句讀不改軍爲君說自可通盧不當臆改秦四世有勝。諰諰然常恐天下之一合而軋己也。漢書諰作鰓蘇林曰讀如愼而無禮則葸之葸鰓懼貌也先禮反張晏曰軋踐轢也此所謂末世之兵。未有本統也。本統前行素脩故湯之放桀也。非其逐之鳴條之時也。武王之誅紂也。非以甲子之朝而後勝之也。皆前行素脩也。此所謂仁義之兵也。前行素脩謂前已行之素已脩之行讀如字　今女不求之於本而索之於末。此世之所以亂也。本謂仁義末謂變詐世所以亂亦由不求於本而索於末如李斯之說也

禮者。治辨之極也。強國之本也。威行之道也。功名之總也。辨別也總要也強國謂強其國也。○先謙案強國史記作強固正義云固堅固也言國以禮義四方欽仰無有攻伐故爲強而且堅固之本也以禮義導天下天下服而歸之故爲威行之道也以禮義率天下天下咸遵之故爲功名之總總合也聚也　王公

由之所以得天下也。○盧文弨曰元刻得作一史記禮書韓詩外傳四皆同 不由所以隕社稷也。○先謙案史記隕作捐 故堅甲利兵。不足以爲勝。高城深池。不足以爲固。嚴令繁刑。不足以爲威。由其道則行。不由其道則廢。由用也道卽禮也用禮卽行不用禮雖堅甲嚴刑皆不足恃也 楚人鮫革犀兕以爲甲。鞈如金石。鞈堅貌以鮫魚皮及犀兕爲甲堅如金石之不可入史記作堅如金石鞈古洽反管子曰制重罪入以兵甲犀脅二戟輕罪入蘭盾鞈革二戟犀兕堅如金石之狀也。○王念孫曰楊本作鞈如金石與史記不同然鞈訓堅貌諸書未有明文說文鞈防扞也（今本扞譌作汗據玉篇廣韻改）尹注管子小匡篇曰鞈革重革當心著之可以禦矢皆不訓爲堅貌史記而外韓詩外傳亦作堅如金石文選三月三日曲水詩序注引荀子正作堅太平御覽兵部八十七同鈔本北堂書鈔武功部九引作牢如金石（陳禹謨本改爲堅）此是避隋文帝諱故改堅爲牢然則虞所見本正作堅與楊本異也俞樾曰史記禮書作堅如金石故楊注訓鞈爲堅貌卽引史記爲證然鞈之訓堅貌諸書皆無明文殆非也說文鞈有二其一見革部爲正篆其一見鼓部爲鼙篆之古文鼙鼓聲也故文選上林賦鏗鎗闛鞈李善注曰鏗鎗鏜聲也闛鞈鼓聲也此文鞈如金石當以聲言不當以貌言謂扣之而其聲鞈然如金石也必以鼓聲相況者鼓是革所爲上云鮫革犀兕以爲甲則亦革所爲也正見其屬辭之密史記作堅自與荀子異不得並爲一談也 宛鉅鐵釶。慘如蠭蠆。宛地名屬南陽徐廣曰大剛曰鉅釶與鍦同矛也方言云自關而西謂之矛吳揚之閒謂之鍦言宛地出此剛鐵爲矛慘如蠭蠆言其中人之慘毒也鍦音蛇。○盧文弨曰案今方言云矛吳揚江淮南楚五湖之閒謂之鍦無自關而西謂之矛七字先謙案史記作宛之鉅鐵施鑽如蠭蠆索隱云鑽謂矛刃及矢鏃也史釶爲施慘爲鑽故索隱以施屬下讀望文解之例以上下文鞈如金石卒如飄風則荀子本書文義較長 輕利僄遬。卒如飄風。言楚人之趫捷也僄亦輕也匹妙反或當爲嫖姚之嫖嫖驍勇也遬與速同 然而兵殆於垂沙。唐蔑死。殆謂危亡也垂沙地名未詳所在漢地理志沛郡有垂鄉豈垂沙乎史記楚懷王二十八年秦與齊韓魏共攻楚殺楚將唐昧取我重丘而去昧與蔑同。○盧文弨曰垂沙史記作垂涉王念孫曰案垂字古讀若陀（說見唐韻正）垂沙蓋地名之疊韻者韓詩外傳及淮南兵略篇並作兵殆於垂沙楚策云垂沙之事死者以千數則作垂沙者是 莊蹻起。楚分而爲三四。司馬貞史記索隱曰莊蹻楚將言其起爲亂後楚遂分爲四韓子曰楚王欲伐越莊子曰臣患目能見百步而不見其睫王之兵敗於齊晉莊蹻爲盜境內吏不能禁而欲伐越此智之如目也蹻初爲盜後爲楚將。○先謙案史記引三四作四參參與三同索隱誤以參字下屬 是豈無堅甲利兵也哉。其所以統之者非其道故也。汝潁以爲險。江漢以爲池。限之以鄧林。緣之以方城。鄧林北界鄧地之山林緣繞也方城楚北界山名也 然而秦師至而鄢郢舉。若振槁然。舉謂舉而取之鄢郢楚都振擊也槁枯葉也謂白起伐楚一戰舉鄢郢也是豈無固塞隘阻也哉。其所以統之者非其道故也。紂刳比干。囚箕子。爲炮烙刑。列女傳曰炮烙爲膏銅柱加之炭上令有罪者行焉輒墮火中紂與妲己大笑烙古賁反。盧文弨曰炮烙之刑古書亦作炮格之刑格讀如庋格之格古閣格一也史記索隱鄒誕生音閣此注云烙古賁反可證楊時本尙作格也王念孫曰此段氏若膺說也說見鍾山札記（昔嘗聞盧校荀子多用段說故盧本前列參訂名氏有金壇段若膺而書中所引段說則唯有禮論篇持虎一條余未見段氏校本無從採錄故但據所見之書略舉一二焉）殺戮無時。臣下懍然莫必其命。懍然悚栗之貌莫自謂必全其命也然而周師至而令不行乎下。不能用其民。是豈令不嚴刑不繁也哉。其所以統之者非其道故也。古之兵。戈矛弓矢而已矣。然而敵國不待試而詘。試用也詘服也城郭不辨。辨治也或音辦。郝懿行曰古無辦字荀書多以辨爲辦此注音義兩得之溝池不拑。拑古掘字史記作城郭不集溝池不掘文子曰無伐樹木無鉗墳墓鉗亦音掘或曰拑當作扣篆文扣字與拑字相近遂誤耳。盧文弨曰案甘聲之拑不當爲古掘字注前一說非後一說當作扣是也正論篇大古薄葬故不扣亂今厚葬飾棺故扣也又列子說符篇俄而扣其谷呂覽節喪篇葬淺則狐狸扣之皆作扣字知此拑字誤固塞不樹。機變不張。固塞謂使邊境險固若今之邊城也樹立也塞先代反機變謂器械變動攻敵也。先謙案說文固四塞也周禮掌固注固國所依阻者也國曰固野曰險此篇固塞與機變對文上與隘阻對文彊國篇固塞險形埶便固塞與形埶對文皆二字平列與富國篇云其塞固者不同楊注未了機變二字平列注云器械變動亦未安然而國晏然不畏外而明內者無它故焉。內當爲固史記作晏然不畏外而固也。王念孫曰此當依史記作不畏外而固今本而下有明字者涉下文明道而衍明道而分鈞之。。盧文弨曰史記外傳俱作均分之王念孫曰均與鈞通亦當依史記外傳乙轉時使而誠愛之。下之和上也如影嚮。和胡臥反有不由令者。然後誅之以刑。。王念孫曰誅之以刑本作俟之以刑此後人不解俟字之義而妄改之也韓詩外傳史記皆作俟之以刑正義訓俟爲待王制篇曰以不善至者待之以刑足與此互相證明矣宥坐篇亦曰躬行不從然後俟之以刑（今本躬行作邪民辯見宥坐）故刑一人而天下服。罪人不郵其上。知罪之在己也。是故刑罰省而威流。郵怨也流行也言遍流也。先謙案史記郵作尤威流作威行如流無它故焉。由其道故也。古者帝堯之治天下也。蓋殺一人刑二人而天下治。殺一人謂殛鯀于羽山刑二人謂流共工于幽州放驩兜于崇山。郝懿行曰刑殺皆未聞楊注謬鯀死於殛所非堯殺之殛古書本作極極非殺也上云堯伐驩兜舜伐有苗禹伐共工此等皆不必強解　傳曰。威厲而不試。刑錯而不用。此之謂也。厲謂抗舉使人畏之。王念孫曰諸書無訓厲爲抗舉者余謂厲猛也（定十二年左傳注厲猛也王制篇曰威嚴猛厲）錯置也置設也言威雖猛而不試刑雖設而不用也宥坐篇威厲而不試刑錯而不用義同（楊彼注云厲抗也但抗其威而不用也錯置也如置物於地不動也亦非錯訓設置之置與史記周本紀刑錯四十餘年之錯不同）

凡人之動也。爲賞慶爲之。則見害傷焉止矣。故賞慶刑罰埶詐。不足以盡人之力。致人之死。爲人主上者也。其所以接下之百姓者。無禮義忠信。焉慮率用賞慶刑罰埶詐。除阸其下。獲其功用而已矣。焉慮無慮猶言大凡也除謂驅逐阸謂迫蹙皆秦劫之以埶隱之以阸狃之以慶賞之類阸或爲險也。王念孫曰此當作其所以接下之人百姓者（人百姓衆百姓也今本無人字乃後人不曉古義而妄刪之說見前天下之人百姓下）無禮義忠信（句）焉慮率用賞慶刑罰埶詐除阸其下獲其功用而已矣焉語詞也（說見釋詞）慮大凡也（說見前慮以王命全其德下）除阸二字義不相屬楊以除爲驅逐非也除當爲險俗書之誤也（俗書險字作除形與除相似）險與阸同義馮衍顯志賦悲時俗之險阸是也或作險隘楚辭離騷路幽昧以險隘是也楊注阸或爲險當作除或爲險今作阸者因正文及注內三阸字而誤除與險俗書相近阸與險形聲皆相遠以是明之　大寇則至。使之持危城則必畔。遇敵處戰則必北。北敗走也北者乖背之名故以敗走爲北也。盧文弨曰大寇則至元刻則字在至字下屬下句王念孫曰大寇則至則者若也與下二則字異義又禮論篇今夫大鳥獸則失亡其羣匹云云則亦若也古或謂若爲則說見釋詞則字下　勞苦煩辱則必犇。犇與奔同　霍焉離耳。下反制其上。霍焉猶渙焉也離散之後則上下易位若秦項然○先謙案焉猶然也上文云滑然有離德又云渙焉離耳渙霍滑三字一聲之轉　故賞慶刑罰埶詐之爲道者。傭徒粥賣之道也。不足以合大衆美國家。故古之人羞而不道也。故厚德音以先之。明禮義以道之。致忠信以愛之。尚賢使能以次之。爵服慶賞以申之。時其事。輕其任。事作業任力役　以調齊之。長養之。如保赤子。政令以定風俗以一。有離俗不順其上則百姓莫不敦惡莫不毒孽。若祓不祥。敦厚也毒害也孼謂祆孼祓除之也。盧文弨曰方言諄憎所疾也宋魯凡相惡謂之諄憎此敦當與諄同王念孫曰楊說敦惡禮論篇同又云或曰敦讀爲頓頓困躓也皆非也說文憝怨也廣雅憝惡也康誥罔不憝傳曰人無不惡之者孟子萬章篇引書作譈法言重黎篇楚憞羣策而自屈其力李注憞惡也譈憞敦並與憝同本篇敦惡與毒孼對文禮論篇之敦惡與喜樂哀痛對文則敦不得訓爲厚亦不得讀爲困頓之頓也盧引方言諄憎所疾也（諄郭音之潤反）宋魯凡相惡謂之諄憎諄與敦亦聲之轉 然後刑於是起矣。是大刑之所加也。辱孰大焉。將以爲利邪。則大刑加焉。身苟不狂惑戇陋。誰睹是而不改也哉。然後百姓曉然皆知脩上之法。。王念孫曰脩當爲循字之誤也（隸書循脩二字傳寫往往譌溷說見管子形勢篇）循順也謂順上之法也（說文循順行也鄭注尙書中候曰循順）君道篇曰百姓莫敢不順上之法象上之志而勸上之事而安樂之矣文略與此同順與循古同聲而通用也（大射儀順左右隈今文順爲循莊子天下篇已之大順順或作循書大傳三正若循連環白虎通義引此循作順） 像上之志。而安樂之。於是有能化善脩身正行。積禮義。尊道德。於是像之中更有能自脩德者也 百姓莫不貴敬。莫不親譽。然後賞於是起矣。是高爵豐祿之所加也。榮孰大焉。將以爲害邪。則高爵豐祿以持養之。持此以生之也。王念孫曰持養二字平列持亦養也非持此以養之之謂臣道篇云偸合苟容以持祿養交而已耳管子明法篇云小臣持祿養交晏子春秋問篇云仕者持祿游者養交皆以持祿養交對文荀子正論篇又以持老養衰對文故呂氏春秋異用篇仁人之得飴以養疾持老也高注曰持亦養也（今本持譌作侍）又勸學篇云除其害者以持養之榮辱篇云以相羣居以相持養墨子天志篇云內有以食飢息勞持養其萬民非命篇云上以事天鬼下以持養百姓（今本持譌作侍）呂氏春秋長見篇云申侯伯善持養吾意亦皆以持養對文 生民之屬孰不願也。雕雕焉縣貴爵重賞於其前。雕雕章明之貌。盧文弨曰雕雕猶昭昭也 縣明刑大辱於其後。雖欲無化。能乎哉。故民歸之如流水。所存者神。所爲者化。存至也言所至之處畏之如神凡所施爲民皆從化也 而順。。盧文弨曰此上有脫文下云爲之化而愿爲之化而公知此句亦當是爲之化而順其上上脫六字或若干字不可知矣王念孫曰汪氏中云而順上疑脫九字此句與下三句一類句末當是爲之化而順因上有化字遂相承脫去耳（見丙申校本）盧用汪說而小變其文兪樾曰此句與下二句本一律多一順字則不詞矣而順當作順而順而猶從而也順而暴悍勇力之屬爲之化而愿旁辟曲私之屬爲之化而公矜糺收繚之屬爲之化而調皆承上文所存者神所爲者化而言性惡篇曰順是故爭奪生而辭讓亡焉順是故殘賊生而忠信亡焉順是故淫亂生而禮義文理亡焉諸順字並與此同猶言順是而暴悍勇力之屬皆爲之化焉因順而譌爲而順文義遂不可通或乃疑其有闕文矣先謙案化而二字衍此文本作所存者神所爲者順文義甚明後人因孟子所存者神所過者化二語妄於者下加化字傳寫者緣下文三化而句例復於化下加而字本文遂不可通矣暴悍勇力之屬爲之化而愿。順從也謂好從暴悍勇力之人皆化而愿愨也旁辟曲私之屬爲之化而公。旁偏頗也辟讀爲僻。先謙案旁辟猶便辟旁便雙聲字矜糺收繚之屬爲之化而調。矜謂夸汏糺謂好發摘人過者也收謂掠美者也繚謂繚繞言委曲也四者皆鄙陋之人今被化則調和也。郝懿行曰收者拘也繚者繞也此謂矜嚴糺察拘牽繳繞之屬皆化而調和也注說收繚非是王念孫曰案廣雅矜急也一切經音義卷二十三引廣雅曰糾急也齊語注曰糾收也（糾收並從丩聲而義亦相同說文糾繩三合也今人猶謂糾繩爲收繩）楚辭九章注曰糾戾也繚謂繚戾也鄉飲酒禮注曰繚猶紾也孟子告子篇注曰紾戾也矜糾收繚皆急戾之意故與調和相反（暴悍勇力與愿相反旁辟曲私與公相反矜糾收繚與調相反）楊說皆失之夫是之謂大化至一。大化者皆化也至一極一也詩曰：王猶允塞，徐方既來。此之謂也。。謝本從盧校作王猷允塞徐方其來盧文弨曰詩大雅常武之篇當本有注脫之耳宋本作王猶允塞徐方既來與今詩同今從先刻君道篇亦作猷字王念孫曰案謀猷字詩皆作猶說文有猶無猷作猷者隸變耳俗以猶爲猶若字猷爲謀猷字非也君道篇作猷者亦隸變耳（宋錢本作猶）徐方既來呂錢本並如是與今詩同且君道篇正作徐方既來不作其來也元刻不可從此處楊氏無注者注已見於君道篇也（今本君道篇注文全脫）盧云注脫亦非先謙案王說是今改從宋本

凡兼人者有三術：有以德兼人者，有以力兼人者，有以富兼人者。彼貴我名聲，美我德行，欲爲我民，故辟門除涂以迎吾入。辟與闢同開也除涂治其道涂也因其民，襲其處，而百姓皆安。因其民之愛悅襲取其處皆安言不驚擾也。先謙案襲亦因也楊云襲取其處非立法施令，莫不順比。比親附也施令則民親比之是故得地而權彌重，兼人而兵俞強，是以德兼人者也。俞讀爲愈下同非貴我名聲也，非美我德行也，彼畏我威，劫我埶。爲我埶所劫也故民雖有離心，不敢有畔慮，若是則戎甲俞衆，奉養必費。奉養戎甲必煩費也是故得地而權彌輕，兼人而兵

俞弱。是以力兼人者也。非貴我名聲也。非美我德行也。用貧求富。用飢求飽。虛腹張口。來歸我食。若是。則必發夫掌窌之粟以食之。[地臧曰窌掌窌主倉廩之官窌匹孝反。王引之曰掌當爲稟稟古廩字也榮辱篇有囷窌楊彼注云圓曰囷方曰廩彼言囷窌猶此言稟窌稟窌皆所以藏粟故云發稟窌之粟以食之若云發掌窌之粟則義不可通隸書掌或作掌與稟略相似故諸書稟字尤譌爲掌說見管子輕重甲篇一掌下] 委之財貨以富之。立良有司以接之。[立溫良之有司以慰接之懼其畔去也] 已朞三年。然後民可信也。[已過也過一朞之後至於三年然後新歸之民可信本非慕化故也。王引之曰朞者周也謂已周三年也楊注非俞樾曰楊注迂曲荀子書多用綦字作窮極之義此朞字蓋亦綦字之誤已綦三年猶云已極三年也宥坐篇綦三年而百姓往矣可證此文之譌正論篇期臭味注曰期當爲綦得之矣先謙案俞說是] 是故得地而權彌輕。兼人而國俞貧。是以富兼人者也。故曰。以德兼人者王。以力兼人者弱。以富兼人者貧。古今一也。

兼并易能也。唯堅凝之難焉。[凝定也堅固定有地爲難。盧文弨曰舊本不提行今案當分段] 齊能并宋而不能凝也。故魏奪之。燕能并齊而不能凝也。故田單奪之。韓之上地方數百里。完全富足而趨趙。趙不能凝也。故秦奪之。[上地上黨之地完全言城邑也富足言府庫也趨歸也七朱反史記秦攻上黨韓不能救其守馮亭以上黨降趙趙使馬服子將兵距秦秦使白起大破馬服於長平坑四十餘萬而奪其地殺戮蕩盡。盧文弨曰注蕩疑作殆] 故能并之而不能凝。則必奪。不能并之又不能凝其有。則必亡。能凝之。則必能并之矣。得之則凝。兼并無強。[得其地則能定之則無有強而不可兼并者也] 古者湯以薄。武王以滈。[薄與亳同滈與鎬同] 皆百里之地也。天下爲一。諸侯爲臣。無它故焉。能凝之也。故凝士以禮。凝民以政。禮脩而士服。政平而民安。士服民安。夫是之謂大凝。以守則固。以征則強。令行禁止。王者之事畢矣。

荀子集解卷十一

彊國篇第十六

刑范正。刑與形同范法也刑范鑄劍規模之器也。郝懿行曰刑與型同范與笵同皆鑄作器物之法也楊注非金錫美。工冶巧。火齊得。火齊得謂生孰齊和得宜考工記云金有六齊齊才細反剖刑而莫邪已。剖開也莫邪古之良劍然而不剝脫不砥厲則不可以斷繩。剝脫謂刮去其生澀砥厲謂磨淬也剝脫之砥厲之則劙盤盂刎牛馬忽然耳。劙割也音戾劙盤盂刎牛馬蓋古用試劍者也戰國策趙奢謂田單曰吳干將之劍肉試則斷牛馬金試則截盤盂盤盂皆銅器猶斛鍾無聲及斬牛馬者也忽然言易也。盧文弨曰劙宋本作劙元刻作劙皆訛今改正彼國者。亦彊國之剖刑已。如彊國之初開刑也然而不教誨不調一則入不可以守出不可以戰。教誨之調一之則兵勁城固。敵國不敢嬰也。彼國者亦有砥厲禮義節奏是也。節奏有法度也。先謙案節奏包法度在內不能訓節奏為有法度說見富國篇故人之命在天。國之命在禮。人君者隆禮尊賢而王。重法愛民而霸。好利多詐而危。權謀傾覆幽險而亡。幽深傾險使下難知則亡也。盧文弨曰正文及注亡字上元刻並有盡字宋本無

威有三有道德之威者。有暴察之威者。有狂妄之威者。暴察謂暴急嚴察也此三威者。不可不孰察也。禮樂則脩。分義則明。分謂上下有分義謂各得其宜舉錯則時。愛利則形。形見也愛利人之心見於外也。郝懿行曰形韓詩外傳六作刑刑者法也愛人利人皆有法不為私恩小惠注云形見非是如是百姓貴之如帝。高之如天。帝天神也親之如父母。畏之如神明。故賞不用而民勸。罰不用而威行。夫是之謂道

德之威。禮樂則不脩。分義則不明。舉錯則不時。愛利則不形。然而其禁暴也察。其誅不服也審。其刑罰重而信。其誅殺猛而必。申商之比黭然而雷擊之。如牆厭之。黭然卒至之貌。說文云黭黑色猶闇然黭烏感反厭讀爲壓。○郝懿行曰黭與奄同奄然猝乍之貌而與如古通用奄然如雷擊之如牆壓之皆言暴察之威所劫韓詩外傳六黭作闇而作如劉台拱曰韓詩外傳作如雷擊之此而字義亦作如王念孫曰古書多以而如互用而其義則皆爲如小雅都人士篇彼都人士垂帶而厲彼君子女卷髮如蠆大戴記衞將軍文子篇滿而不滿實如虛見善如不及孟子離婁篇文王視民如傷望道而未之見皆其證如是。百姓劫則致畏。見劫脅之時而畏也。○盧文弨曰正文致字據宋本補韓詩外傳六亦同羸則敖上。稍羸緩之則敖謾。羸音盈。○盧文弨曰俗本上字在下句首今從宋本移正外傳亦同郝懿行曰羸猶盈也此言百姓被威劫脅則氣怯而致畏放縱寬舒則氣盈而敖上羸與贏同贏有餘也有餘卽弛緩故注訓羸爲緩執拘則最。得間則散。最聚也間隙也公羊傳曰會猶最也何休曰最聚也。○郝懿行曰最依字書應作冣音才句切卽古聚之假借字也俗作最非韓詩外傳六作聚是矣王引之曰說文冣積也徐鍇云古以聚物之聚爲冣冣與最字相似世人多見最少見冣故書傳中冣字皆譌作最韓詩外傳作執拘則聚卽冣字也隱元年公羊傳及何注皆本作冣今譌作最（楊所見本已然）辯見經義述聞敵中則奪。敵人得中道則奪其國一曰中擊也丁仲反。○兪樾曰此以民情言不以敵國言楊注非是敵當讀爲適古字通用論語里仁篇無適也釋文曰鄭本作敵禮記玉藻篇敵者不在釋文曰敵本作適竝其證也上文言劫則致畏羸則敖上執拘則最得間則散竝就其一偏者而言之此云敵中謂適乎其中也既不用道德之威而用暴察之威適乎其中則反失其所以爲暴察矣故曰適中則奪下文曰非劫之以形埶非振之以誅殺則無以有其下正承此文而言足見楊注之非非劫之以形埶。非振之以誅殺。則無以有其下。振動夫是之謂暴察之威。無愛人之心。無利人之事。而日爲亂人之道。百姓讙敖。則從而執縛之。刑灼之。不和人心。讙喧譁也敖喧噪也亦讀爲嗷謂叫呼之聲嗷嗷然也五刀反如是。下比周賁潰以離上矣。賁讀爲憤憤然也民逃其上曰潰。○郝懿行曰賁與奔古字通賁潰謂奔走潰散而去也賁韓詩外傳六作憤此作賁二義俱通似不必依彼讀憤也傾覆滅亡可立而待也。夫是之謂狂妄之威。此三威者。不可不孰察也。道德之威成乎安彊。暴察之威成乎危弱。狂妄之威成乎滅亡也。

公孫子曰。子發將。西伐蔡。克蔡。獲蔡侯。 公孫子齊相也未知其名後語孟嘗君客有公孫成登後爲齊相乎或曰公孫名忌子發楚令尹未知其姓戰國策莊辛諫楚襄王曰蔡聖侯南遊乎高陂北陵乎巫山左枕幼妾右擁嬖女馳騁乎高蔡之閒而不以國家爲事不知夫子發方受命于宣王繫以朱絲而見之史記蔡侯齊爲楚惠王所滅莊辛云宣王與史記不同。盧文弨曰案楚策左枕作左抱蔡無聖侯吳師道謂當作靈侯或者古通稱歟鮑彪云昭十一年楚子誘蔡侯般殺之於申經傳不書子發蓋使子發召之楚子靈王若宣王蔡滅八十年矣淮南道應訓子發伐蔡踰之宣王郊迎人閒訓又言獲罪威王者皆失考也今案鮑吳之說以爲楚靈王然誘之與伐其事不同闕疑可也王念孫曰蔡在楚北非在楚西不得言西伐蔡將子匠反西當爲而言子發將兵而伐蔡也 歸致命曰。蔡侯奉其社稷而歸之楚。 歸致命于君言蔡侯自奉其社稷歸楚非已之功也 舍屬二三子而治其地。 舍子發名屬請也之欲反二三子楚之諸臣也理其地謂安輯其民也子發不欲獨擅其功故請諸臣理其地也。王念孫曰古無訓屬爲請者屬會也（見孟子梁惠王篇注左傳哀十三年注齊語晉語楚語注）言會諸臣以治之先謙案正文宋台州本謝本作治浙局本依注改理非注自避唐諱 既楚發其賞。 既謂論功之後發行也 子發辭曰。發誡布令而敵退。是主威也。徙舉相攻而敵退。是將威也。合戰用力而敵退。是衆威也。 誡敎也凡發誡布令而敵退則是畏其主徙舉相攻而敵退則是畏其將合戰用力而敵退則是畏其衆也 臣舍不宜以衆威受賞。 是時合戰用力而滅蔡故曰衆威此已上公孫子矣子發之辭也已下荀卿之辭也 譏之曰。子發之致命也恭。其辭賞也固。 固陋也其致命雖其辭賞則固陋非坦明之道也 夫尙賢使能。賞有功。罰有罪。非獨一人爲之也。 言古皆然 彼先王之道也。一人之本也。善善惡惡之應也。 彼彼賞罰也言彼賞罰者乃先王之道齊一人之本善善惡惡之報應也 治必由之。古今一也。 爲治必用賞罰 古者明王之舉大事立大功也。大事已博。大功已立。則君享其成。羣臣享其功。 享獻也謂受其獻也 士大夫益爵。官人益秩。庶人益祿。 爵謂若秦庶長不更之屬官人羣吏也庶人士卒也秩祿皆謂廩食也 是以爲善者勸。爲不善者沮。上下一心。三軍同力。是以百事成而功名大也。今子發獨不然。反先王之道。亂楚國之法。墮興功之臣。恥受賞之屬。 人皆受賞子發獨辭是使興功之臣蠲廢其志受賞之屬慚恥於心 無僇乎族黨而抑卑其後世。夫先祖有寵錫則子孫揚其功族黨遭刑戮則後世蒙其恥今子發自謂無功則子孫無以稱揚雖無刑戮之恥而後世亦卽損卑下無以光榮也。○盧文弨曰正文卑其宋本作卑乎 案獨以爲私廉豈不過甚矣哉。故曰子發之致命也恭其辭賞也固。荀卿子說齊相曰。○盧文弨曰此七字元刻無從宋本補顧千里曰宋錢佃本卷末云監本有七字宋呂夏卿本有疑楊注所見與監本不同或不止少七字亦王伯厚所說監本未必是之類也 處勝人之埶行勝人之道。天下莫忿。湯武是也。處勝人之埶。不以勝人之道。以用 厚於有天下之埶。索爲匹夫不可得也。桀紂是也。然則得勝人之埶者。其不如勝人之道遠矣。夫主相者。勝人以埶也。是爲是。非爲非。能爲能。不能爲不能。併已之私欲。必以道。夫公道通義之可以相兼容者。是勝人之道也。併讀曰屏屏棄也屏棄私欲遵達公義也 今相國上則得專主。下則得專國。相國之於勝人之埶。亶有之矣。亶讀爲擅本亦或作擅或曰亶誠也。○王念孫曰或說是也本或作擅者借字耳 然則胡不敺此勝人之埶。赴勝人之道。敺謂驅馭之也或作謳歌此勝人之埶誤也 求仁厚明通之君子而託王焉。求賢而託之以王使輔佐也 與之參國政。正是非。如是。則國孰敢不爲義矣。國內皆化之也 君臣上下。貴賤長少。至於庶人。莫不爲義。則天下孰不欲合義矣。天下皆來歸義也 賢士願相國之朝。能士願相國之官。好利之民莫不願以齊爲歸。是一天下也。相國舍是而不爲。案直爲是世俗之所以爲。不爲勝人之道但爲勝人之埶。○先謙案以字疑衍 則女主亂之宮。詐臣亂之朝。貪吏亂之官。衆庶百姓皆以貪利爭奪爲俗。曷若是而可以持國乎。今巨楚縣吾前。楚在齊南故曰前縣聯繫之也 大燕鰌吾後。燕在齊北故曰後鰌蹴也藉也如蹴踏於後莊子風謂蛇曰鰌我必勝我本亦作蹭吾後也勁魏鉤吾右。西壤之不絕若繩。魏在齊西故曰右鉤謂如鉤取物也西壤齊西界之地若繩言細也楚人則乃有襄賁開陽以臨吾左。襄賁開陽楚二邑在齊之東者也漢書地理志二縣皆屬東海郡賁音肥。俞樾曰乃疑又字之誤上已云巨楚縣吾前故此云楚人則又有襄賁開陽以臨吾左是一國作謀。則三國必起而乘我。一國謀齊則三國乘其敝。俞樾曰三國乃二國之誤上文止有楚燕魏三國若依此文則是四國矣故知其誤也先謙案言一國作謀則三國共起乘我三非二之誤如是。則齊必斷而爲四。三國分齊則斷爲四謂楚取其二魏燕各取其一也三國若假城然耳。言齊如三國之寄城耳不久當歸之也。俞樾曰楚雖當齊之二面要是一國不當分爲二楊注非也四字疑衍文當云齊必斷而爲三其下句則云國若假城耳言齊之國若假人之城不久當歸之也古四字作二二與三字混疑三譌二二後人校正作三傳寫者遂竝存四三兩字楊氏不能是正以四字屬上讀三字屬下讀而兩句俱不可通矣先謙案議兵篇云兵殆於垂沙唐蔑死莊蹻起楚分而爲三四史記禮書引作四參參三同也（勸學篇云君子博學而日參省乎已羣書治要作三省是參三同字之證）據此荀子本書必有作四三者三四四三總謂國之分裂不爲定數此文亦言齊必斷而爲四三與議兵篇楚分而爲四三同意國若假城然耳自爲一句楊注失其讀俞氏又欲減字以成其義皆非也必爲天下大笑。曷若天下必笑其無謀滅亡問以爲何如也。王念孫曰曷若二字與上下文義不相屬此涉上文曷若是而衍兩者二字指上文勝人之道與勝人之埶而言則不當有曷若二字明矣楊云問以爲何如也此望文生義而曲爲之說兩者孰足爲也。兩者勝人之道與勝人之埶一則天下歸一則天下笑問何者可爲也夫桀紂。聖王之後子孫也。有天下者之世也。世謂繼也埶籍之所存。天下之宗室也。埶謂圖籍之所在也。王念孫曰案楊注本作埶位圖籍之所在也（禮運在埶者去鄭注埶埶位也是埶與位同義儒效篇履天子之籍楊彼注曰籍謂天下之圖籍也故此注亦曰埶位圖籍之所在）今本位作謂圖作國則義不可通又案楊以籍爲圖籍非也籍亦位也儒效篇曰周公履天子之籍又曰反籍於成王是籍與位同義非謂圖籍也正論篇曰聖王之子也有天下之後也埶籍之所在也天下之宗室也文義竝與此同盧云埶籍謂埶力憑籍也亦非（見正論篇）先謙案王室爲天下所宗故云宗室土地之大。封內千里。人之衆數以億萬。其數億萬俄而天下倜然舉去桀紂而犇湯武。倜然高舉之貌舉皆也犇與奔同反然舉惡桀紂而貴湯武。反音翻翻然改變貌惡烏路反是何也。夫桀紂何失而湯武何得也。假設問答曰。是無它故焉。桀紂者善爲人所惡也。而湯武者善爲人所好也。人之所惡何也。曰。汙漫爭奪貪利是也。汙漫謂穢汙不脩潔也或曰漫謂欺誑也汙烏路反漫莫但反 人之所好者何也。曰。禮義辭讓忠信是也。今君人者。辟稱比方。則欲自竝乎湯武。辟讀爲譬稱尺證反 若其所以統之。則無以異於桀紂。而求有湯武之功名可乎。統制治也 故凡得勝者。必與人也。凡得人者。必與道也。道也者何也。曰。禮讓忠信是也。故自四五萬而往者。彊勝非衆之力也。隆在信矣。而往猶已上也言有兵四五萬已上者若能崇信則足以自致彊勝不必更待與國之衆也若不崇信雖有與國之衆猶無益故曰非衆之力也 自數百里而往者。安固非大之力也。隆在脩政矣。有數百里之地脩政則安固不必更在廣也荀卿嘗言湯武以百里之地王天下今言此者若言常人之理非論聖人也。王念孫曰政非政事之政脩政卽脩正也（古書通以政爲正）言必自修自正然後國家可得而安也富國篇曰必先脩正其在我者王霸篇曰內不脩正其所以有皆其證信卽上所謂忠信對下陶誕比周而言脩正卽上所謂禮義對下汙漫突盜而言荀子書多言脩正作政者借字耳非脩政事之謂也楊說脩政二字未了先謙案王說是儒效篇平正和民之善平正卽平政王霸篇立隆政本朝而當隆政卽隆正與此一例 今已有數萬之衆者也。陶誕比周以爭與。陶當爲檮杌之檮或曰當爲逃謂逃匿其情與謂黨與之國也。先謙案陶誕義具榮辱篇 已有數百里之國者也。汙漫突盜以爭地。突謂相陵犯也 然則是弃已之所安彊。而爭已之所以危弱也。損已之所不足。以重已之所有餘。損減也重多也不足謂信與政有餘謂衆與地也 若是其悖繆也。而求有湯武之功名可乎。辟之是猶伏而咶天。救經而引其足也。咶與舐同經縊也救縊而引其足縊愈急也。先謙案二語與仲尼篇同 說必不行矣。愈務而愈遠。爲人臣者。不恤已行之不行。上行下孟反下行如字 苟得利而已矣。是渠衝入穴而求利也。渠大也渠衝攻城之大車也詩曰臨衝閑閑韓子曰奏百鞮首射侯不當彊弩趨發平城距衝不若堙穴伏櫜或作距衝蓋言可以距石矣。盧文弨曰案所引韓子見八說篇云登降周旋不逮日中奏百貍首射侯不當強弩趨發平城距衝不若堙穴伏櫜所云日中奏百卽荀卿議兵篇所謂魏之武卒日中而趨百里是也奏百自屬上文不當連引內穴古多通用櫜櫜互異疑此櫜字是與韻協若不用韻則疑是櫜字與韝同吹火韋囊也管子揆度篇有此字 是仁人之所羞而不爲也。屈大就小務於苟得故羞而不爲也 故人莫貴乎生。莫樂乎安。所以養生安樂者。莫大乎禮義。。王念孫曰案安樂當爲樂安養生樂安與貴生樂安竝承上莫貴乎生莫樂乎安而言今本樂安二字倒轉則與上下文不合 人知貴生樂安而弃禮義。辟之是猶欲壽而歾頸也。歾當爲刎。王念孫曰案說文歾或作殁呂氏春秋高義篇石渚殁頭乎王庭殁頭即刎頭也歾刎皆從勿聲故歾又讀爲刎史記循吏傳石奢（即石渚）自歾而死索隱歾音亡粉反（宋毛晃增修禮部韻略及班馬字類皆如是今本則改歾爲刎而刪去其音矣）是歾字兼有殁刎二讀無煩改歾爲刎也 愚莫大焉。故君人者。愛民而安。好士而榮。兩者無一焉而亡。詩曰。价人維藩。大師維垣。此之謂也。詩大雅版之篇義已解上。盧文弨曰案今詩作板爾雅釋訓作版二字古通用也章懷注後漢書董卓傳論李善注劉孝標辨命論引詩皆作上帝版版先謙案虞王本作介人

力術止。義術行。曷謂也。曰。秦之謂也。力術彊兵之術義術仁義之術止謂不能進取霸王也言用力術則止用義術則行發此論以謂秦也新序李斯問孫卿曰當今之時爲秦奈何孫卿曰力術止義術行秦之謂也。盧文弨曰此所引新序今本脫郝懿行曰彊力之術雖進終止杖義之術無往不行依注引新序此答李斯之問爲秦發也 威彊乎湯武。廣大乎舜禹。然而憂患不可勝校也。校計 諰諰然諰思里反 常恐天下之一合而軋己也。此所謂力術止也。曷謂乎威彊乎湯武。。先謙案以下文例之此處當有曰字而今脫之 湯武也者。乃能使說己者使耳。說音悅。俞樾曰下使字當訓從爾雅釋詁使從也 今楚。父死焉。國舉焉。負三王之廟。而辟於陳蔡之閒。此楚頃襄王之時也父謂懷王爲秦所虜而死也至二十一年秦將白起遂拔我鄢郢燒先王墓於夷陵襄王兵散遂不復戰東北保陳城廟主也辟如字謂自屏遠也或曰讀爲避 視可司閒。案欲剡其脛而以蹈秦之腹。視可謂觀其可伐也剡亦斬也。盧文弨曰元刻伐也下有司音伺閒隙也六字宋本無王念孫曰斬脛以蹈秦之腹義不可通玉藻弁行剡剡起屨（正義弁急也）是剡剡爲起屨之貌然則剡其脛以蹈秦之腹亦謂起其脛以蹈秦之腹也漢書賈誼傳剡手以衝仇人之匈義與此同（顔注剡利也亦非） 然而秦使左案左。使右案右。是乃使讐人役也。秦能使讎人爲之徒役謂楚襄王七年迎婦於秦城十五年與

秦伐燕二十七年復與秦平而入太子質之類也。先謙案言秦之役楚使左則左使右則右此文二案字以代則字 此所謂威彊乎湯武也。曷謂廣大乎舜禹也。曰。古者百王之一天下臣諸侯也。未有過封內千里者也。封畿之內 今秦南乃有沙羨與俱。是乃江南也。漢書地理志沙羨縣屬江夏郡此地俱屬秦是有江南也。盧文弨曰羨音夷先謙案沙羨城在今武昌府江夏縣西南 北與胡貉爲鄰。西有巴戎。巴在西南戎在西皆隸屬秦 東在楚者。乃界於齊。謂東侵土地所得者乃與齊爲界也 在韓者。踰常山乃有臨慮。漢書地理志臨慮縣名屬河內今屬相州也。盧文弨曰慮音盧先謙案地理志作隆慮避後漢殤帝諱改林慮故城卽今彰德府林縣治林慮以山氏縣卽臨慮 在魏者。乃據圉津。卽去大梁百有二十里耳。圉當爲圍漢書曹參下修武度圍津顏師古曰在東郡豈古名圍津轉寫爲圉或作韋津今有韋城豈是邪史記朱忌謂魏安釐王曰秦固有懷茅邢丘城垝津以臨河內河內共汲必危垝圍聲相近疑同垝居委反 其在趙者。剡然有苓而據松柏之塞。剡然侵削之貌苓地名未詳所在或曰苓與靈同漢書地理志常山郡有靈壽縣今屬眞定或曰苓當爲卷案卷縣屬河南非趙地也松柏之塞蓋趙樹松柏與秦爲界今秦據有之 負西海而固常山。負背也常山本趙山秦今有之言秦背西海東向以常山爲固也 是地徧天下也。威動海內。彊殆中國。秦之彊能危殆中國殆或爲治。先謙案治是殆之誤字說見議兵篇 然而憂患不可勝校也。諰諰然常恐天下之一合而軋己也。。盧文弨曰宋本無然字元刻有與前同 此所謂廣大乎舜禹也。。盧文弨曰此句或疑當在彊殆中國句下王念孫曰案此汪氏中說也汪直移此句於上文彊殆中國下是也俞樾曰案上文威彊乎湯武廣大乎舜禹相對爲文是於湯武言威彊舜禹言廣大若威動海內彊殆中國下接此所謂廣大乎舜禹也則文義錯雜矣汪說非也此所謂句當移在是地偏天下也句下試以上文例之上文曰是乃使讎人役也此所謂威彊乎湯武也此文曰是地偏天下也此所謂廣大乎舜禹也文法正相準威動海內彊殆中國二句又承威彊乎湯武句以起下文言威彊不言廣大者舉一以包其一耳 然則柰何。曰。節威反文。節減威彊復用文理 案用夫端誠信全之君子治天下焉。全謂德全 因與之參國政。正是非。治曲直。聽咸陽。使聽咸陽之政 順者錯之。不順者而後誅之。錯置也謂捨而不伐 若是。則兵不復出於塞外。而令行於天下矣。若是。則雖爲之築明堂於塞外而朝諸侯，殆可矣。明堂天子布政之宮於塞外三字衍也以前有兵不復出於塞外故誤重寫此三字耳殆庶幾也秦若使賢人爲政雖築明堂朝諸侯庶幾可矣或曰塞外境外也明堂壇也謂巡狩至方岳之下會諸侯爲宮方三百步四門壇十有二尋深四尺加方明於其上左氏傳爲王宮於踐土亦其類也或曰築明堂於塞外謂使他國爲秦築帝宮也戰國築韓王謂張儀曰請比秦郡縣築帝宮祠春秋稱東藩是也。王念孫曰楊前說是也後說皆非 假今之世，益地不如益信之務也。

應侯問孫卿子曰：入秦何見。應侯秦相范雎封於應也杜元凱云應國在襄陽城父縣西南也。盧文弨曰案杜注無南字 孫卿子曰：其固塞險，形埶便，山林川谷美，謂多良材及鐵爟之利也 天材之利多，所出物產多也 是形勝也。形地形便而物產多所以爲勝故曰如高屋之上而建瓴水也 入境，觀其風俗，其百姓樸，其聲樂不流汙，流邪淫也汙濁也不流汙言清雅也 其服不挑，挑偸也不爲奇異之服詩序曰長民者衣服不貳從容有常以齊其民則民德歸壹也。盧文弨曰案周語郤至佻天說文引作挑天是挑與佻同 甚畏有司而順，古之民也。及都邑官府，及至也至縣邑之解署 其百吏肅然，莫不恭儉敦敬，忠信而不楛，古之吏也。楛音苦濫惡也或曰讀爲王事靡盬之盬盬不堅固也 入其國，觀其士大夫，出於其門，入於公門，出於公門，歸於其家，無有私事也；不比周，不朋黨，倜然莫不明通而公也，古之士大夫也。倜然高遠貌 觀其朝廷，其閒聽決百事不留，恬然如無治者，古之朝也。其閒朝退也古莧反恬然安閑貌如無治者如都無聽治處也 故四世有勝，非幸也，數也。是所見也。故曰：佚而治，約而詳，不煩而功，治之至也。秦類之矣。雖佚而治雖約而詳雖不煩而有功古之至治有如此者今秦似之 雖然，則有其諰矣。諰懼。盧文弨曰正文元刻作則甚有其諰也 兼是數具者而盡有之，然而縣之以王者之功名，則倜倜然其不及遠矣。縣音懸謂聯繫。先謙案楊訓縣爲聯繫非也縣猶衡也謂衡之以王者之功名則不及也荀書或言縣衡或單言縣單言衡其義並同王霸篇云禮之所以正國也譬猶衡之於輕重也君道篇云輕不得以縣重是縣猶衡也君道篇又云衡石稱縣者所以爲平也禮論篇云衡誠縣矣則不可欺以輕重正名篇云衡不正則重縣於仰而人以爲輕輕縣於俛而人以爲重解蔽篇云聖人兼陳萬物而中縣衡焉是以衆異不得相蔽皆縣衡連言王制篇云名聲未足以縣天下也王霸篇云以是縣天下一四海正論篇云聖人備道全美是縣天下之權稱也又云聖王沒有埶籍者罷不足以縣天下所謂縣天下者王者在上能爲天下持平如縣衡然荀書明言縣天下之權稱是縣天下卽謂縣衡天下楊訓縣爲繫亦非也漢書鄒陽傳臣聞秦倚曲臺之宮縣衡天下正用荀書縣天下義 是何也。則其殆無儒邪。故曰。粹而王。粹謂全用儒道 駁而霸。無一焉而亡。此亦秦之所短也。

積微。月不勝日。時不勝月。歲不勝時。積微細之事月不如日言常須日日留心於庶事不可怠忽也 凡人好敖慢小事。大事至然後興之務之。如是。則常不勝夫敦比於小事者矣。敦比精審躬親之謂。○郝懿行曰敦讀如堆敦比者敦迫比近叢集於前也注似未了先謙案敦比治也義具榮辱篇 是何也。則小事之至也數。其縣日也博。其爲積也大。數音朔博謂所縣繫時日多也大謂積小以成大若螘蛭然也 大事之至也希。其縣日也淺。其爲積也小。時日既淺則所積亦少也 故善日者王。善時者霸。補漏者危。大荒者亡。善謂愛惜不怠棄也補漏謂不能積功累業至於敝漏然後補之大荒謂都荒廢不治也 故王者敬日。敬謂不敢慢也故曰吉人爲善惟日不足 霸者敬時。動作皆不失時或日時變則懼治之不立也 僅存之國。危而後慼之。慼憂 亡國至亡而後知亡。至死而後知死。亡國之禍敗。不可勝悔也。所悔之事不可勝舉言多甚也 霸者之善。箸焉。可以時託也。霸者其善明箸以其所託不失時也。○俞樾曰託乃記字之譌言霸者之善所以明著者以其可以時記也下文云王者之功名不可勝日志也正王者敬日霸者敬時之意記志義同記譌作託則時託與日志不倫矣 王者之功名。不可勝日志也。日記識其政事故能功名不可勝數。○王念孫曰玩楊注則正文不可勝下當有數字俞樾曰日志也上亦當有可以二字與可以時記也一例 財物貨寶。以大爲重。政教功名反是。能積微者速成。詩曰。德輶如毛。民鮮克舉之。此之謂也。詩大雅烝民之篇輶輕也引之以明積微至箸之功

凡姦人之所以起者。以上之不貴義不敬義也。上行下效 夫義者。所以限禁人

之爲惡與姦者也。今上不貴義不敬義。如是。則下之人百姓皆有棄義之志。而有趨姦之心矣。此姦人之所以起也。且上者下之師也。夫下之和上。譬之猶響之應聲。影之像形也。故爲人上者。不可不順也。不可不順義或曰當爲愼夫義者。內節於人而外節於萬物者也。節卽謂限禁也。○俞樾曰節猶適也呂氏春秋重己篇故聖人必先適欲高注曰適猶節也然則節亦猶適矣管子禁藏篇故聖人之制事也能節宮室適車輿以實藏是節與適同義下文曰上安於主而下調於民者也訓節爲適則與調安相近楊注非是上安於主而下調於民者也。得其節則上安而下調也內外上下節者。義之情也。義之情皆在得其節然則凡爲天下之要。義爲本而信次之。古者禹湯本義務信而天下治。桀紂棄義倍信而天下亂。故爲人上者。必將愼禮義務忠信然後可。此君人者之大本也。愼或爲順

堂上不糞。則郊草不瞻曠芸曠空也空謂無草也芸謂有草可芸鋤也堂上猶未糞除則不暇瞻視郊野之草有無也言近者未理不暇及遠魯連子謂田巴曰堂上不糞者郊草不芸也。○郝懿行曰糞者坌之假借叅變作拚少儀曰埽席前曰拚經典俱通作糞王念孫曰此言事當先其所急後其所緩故堂上不糞除則不暇芸野草也芸上不當有瞻曠二字不知何處脫文闌入此句中也據楊注引魯連子堂上不糞者郊草不芸也無瞻曠二字卽其證楊注又曰堂上猶未糞除則不暇瞻視郊野之草有無也此則不得其解而曲爲之說白刃扞乎胷。則目不見流矢。扞蔽也扞蔽於胸謂見斬刺也懼白刃之甚不暇憂流矢也。○王念孫曰案扞蔽非斬刺之義楊說非也扞之言干也干犯也謂白刃犯胸則不暇顧流矢也史記游俠傳扞當世之文罔謂犯法也漢書董仲舒傳抵冒殊扞文穎曰扞突也突亦犯也拔戟加乎首。則十指不辭斷。言不惜十指而救首也拔或作校或作枝。○郝懿行曰拔讀如少儀毋拔來之拔鄭注拔疾也釋文拔王本作校然則此注拔或作校亦可注又云或作枝則非古無枝戟之名非不以此爲務也。疾養緩急之有相先者也。疾痛也養與癢同言非不以郊草流矢十指爲務痛癢緩急有所先救者也言此者明人君當先務禮義然後及它事也

天論篇第十七

天行有常。天自有常行之道也。俞樾曰爾雅釋宮行道也天行有常卽天道有常楊注天自有常行之道則道字反爲增出矣 不爲堯存。不爲桀亡。應之以治則吉。應之以亂則凶。吉凶由人非天愛堯而惡桀也 彊本而節用。則天不能貧。本謂農桑 養備而動時。則天不能病。養備謂使人衣食足動時謂勸人勤力不失時亦不使勞苦也養生既備動作以時則疾疹不作也 脩道而不貳。則天不能禍。貳卽倍也。王念孫曰案脩當爲循字之誤也（隸書循脩相似說見管子形勢篇）循順也貳當爲貣亦字之誤也（凡經傳中貣字多誤作貳說見管子勢篇）貣與忒同（管子正篇如四時之不貣史記宋世家二衍貣竝以貣爲忒字本作忒又作貸說見管子勢篇又作慝作匿說見後匿則大惑下）忒差也言所行皆順乎道而不差則天不能禍也下文曰倍道而妄行則天不能使之吉正與此相反今本循作脩貣作貳則非其旨矣楊不知貳爲貣之誤又見下文言倍道妄行遂釋之曰貳卽倍也此望下文生義而非本句之旨羣書治要作循道而不忒足正楊本之誤又禮論篇萬物變而不亂貳之則喪也貳亦當爲貣貣差也言禮能治萬變而不亂若於禮有所差忒則必失之也大戴記禮三本篇作貸之則喪是其證（貸見上注）楊云貳謂不一亦失之又解蔽篇心枝則無知傾則不精貳則疑惑貳亦當爲貣言差忒則生疑惑也貣則疑惑猶天論篇言匿則大惑也（匿與慝忒通說見匿則大惑下）彼以中從爲韻畸爲爲韻匿惑爲韻此以枝知爲韻傾精爲韻貣惑爲韻忒貣慝匿竝通故貣匿竝與惑爲韻貳則非韻矣（貣從弋聲於古音屬之部貳從式聲於古音屬脂部） 故水旱不能使之飢渴。寒暑不能使之疾。祆怪不能使之凶。畜積有素故水旱不能使之飢渴既無飢寒之患則疫癘所不能加之也。劉台拱曰渴字衍飢當作饑此承上文而言彊本節用故水旱不能使之饑養備動時故寒暑不能使之疾脩道不貳故祆怪不能使之凶王念孫曰案羣書治要無渴字下文水旱未至而飢亦無渴字注內渴字亦後人據已衍之正文加之 本荒而用侈。則天不能使之富。養略而動罕。則天不能使之全。略減少也罕希也養略謂使人衣食不足也動希言怠惰也衣食減少而又怠惰則天不能全也。俞樾曰上云養備而動時則天不能病備與略義正相對時與罕則不倫矣罕疑屰字之誤屰卽今逆字說文干部屰不順也辵部逆迎也是逆爲迎送之逆字其順逆字本作屰也養略而動屰正與養備而動時相對成義 倍道而妄行。則天不能使之吉。故水旱未至而飢。寒暑未薄而疾。薄迫也音博 祆怪未至而凶。王念孫曰未至二字與上文複羣書治要至作生是也下文祆是生於亂卽其證生至字相似又涉上文未至而誤 受時與治世同。而殃禍與治世異。不可以怨天。其道然也。非天降災人自使然 故明於天人之分。則可謂至人矣。知在人不在天斯爲至人 不爲而成。不求而得。夫是之謂天職。不爲而成不求而得四時行焉百物生焉天之職任如此豈愛憎於堯桀之閒乎 如是者。雖深其人不加慮焉。雖大不加能焉。雖精不加察焉。夫是之謂不與天爭職。其人至人也言天道雖深遠至人曾不措意測度焉以其無益於理若措其在人者慕其在天者是爭職也莊子曰六合之外聖人存而不論也 天有其時。地有其財。人有其治。夫是之謂能參。人能治天時地財而用之則是參於天地 舍其所以參而願其所參。則惑矣。舍人事而欲知天意斯惑矣 列星隨旋。日月遞炤。四時代御。陰陽大化。風雨博施。列星有列位者二十八宿也隨旋相隨回旋也炤與照同陰陽大化謂寒暑變化萬物也博施謂廣博施行無不被也 萬物各得其和以生。各得其養以成。不見其事而見其功。夫是之謂神。和謂和氣養謂風雨不見和養之事但見成功斯所以爲神若有眞宰然也 皆知其所以成。莫知其無形。夫是之謂天。言天道之難知或曰當爲夫是之謂天功脫功字耳。王念孫曰或說是也人功有形而天功無形故曰莫知其無形夫是之謂天功天功二字下文凡三見 唯聖人爲不求知天。旣天道難測故聖人但修人事不務役慮於知天也 天職既立。天功既成。形具而神生。好惡喜怒哀樂臧焉。夫是之謂天情。言人之身亦天職天功所成立也形謂百骸九竅神謂精魂天情所受於天之情也 耳目鼻口形能各有接而不相能也。夫是之謂天官。耳辨聲目辨色鼻辨臭口辨味形辨寒熱疾癢其所能皆可以接物而不能互相爲用官猶任也言天之所付任有如此也。王念孫曰楊以耳目鼻口形連讀而以能字屬下讀於義未安余謂形能當連讀能讀爲態楚辭招魂注曰態姿也形態卽形也言耳目鼻口形態各與物接而不能互相爲用也古字能與耐通（說詳唐韻正）故亦與態通楚辭九章固庸態也論衡累害篇態作能漢書司馬相如傳君子之態史記作能（徐廣本如是今本作態非）易林无妄之賁女工多能亂我政事能卽態字也（多態謂婬巧）故以形能連文正名篇以耳目口鼻與形體竝列彼言形體猶此言形態 心居中虛以治五官。夫是之謂天君。心居於中空虛之地以制耳目鼻口形之五官是天使爲形體之君也 財非其類以養其類。夫是之謂天養。財與裁同飲食衣服與人異類裁而用之可使養口腹形體故曰裁非其類以養其類是天使奉養之道如此也 順其類者謂之福。逆其類者謂之禍。夫是之謂天政。順其類謂能裁者也逆其類謂不能裁者也天政言如賞罰之政令自天職旣立已上並論天所置立之事已下論逆天順天之事在人所爲也暗其天君，昏亂其心亂其天官，聲色臭味過度棄其天養，不能務本節用逆其天政，不能養其類也背其天情，好惡喜怒哀樂無節以喪天功，喪其萬成之天功使不蓄滋也夫是之謂大凶。此皆言不修政違天之禍聖人清其天君，正其天官，備其天養，順其天政，養其天情，以全其天功。如是，則知其所爲，知其所不爲矣，知務尊達不攻異端則天地官而萬物役矣。言聖人自修政則可以任天地役萬物也其行曲治，其養曲適，其生不傷，夫是之謂知天。其所自修行之政曲盡其治其所養人之術曲盡其適其生長萬物無所傷害是謂知天也言明於人事則知天物其要則曲盡也故大巧在所不爲，大智在所不慮。此明不務知天是乃知天也亦猶大巧在所不爲如天地之成萬物也若偏有所爲則其巧小矣大智在所不慮如聖人無爲而治也若偏有所慮則其智窄矣所志於天者，已其見象之可以期者矣。志記識也聖人雖不務知天猶有記識以助治道所以記識於天者其見垂象之文可以知其節候者是也謂若堯命羲和欽若昊天歷象日月星辰敬授人時者也。俞樾曰禮記緇衣篇曰爲上可望而知也爲下可述而志也鄭注志猶知也所志於天者即所知於天者下文志於地志於四時志於陰陽並同此即承上文知其所爲知其所不爲而言楊訓志爲記識非所志於地者，已其見宜之可以息者矣。所以記識於地者其見土宜可以蕃息嘉穀者是也所志於四時者，已其見數之可以事者矣。數謂春作夏長秋斂冬藏必然之數事謂順時理其事也所記識於四時者取順時之數而令生長收藏者也所志於陰陽者，已其見知之可以治者矣。知謂知其生殺也所以記識陰陽者爲知其生殺殺之爲賞罰以治之也知或爲和。王念孫曰作和者是也上文云陰陽大化萬物各得其和以生是其證陰陽見其和而聖人法之以爲治故曰所志於陰陽者以其見和之可以治者矣和與知字相似而誤楊前注謂知其生殺而效之爲賞罰以治之此曲說也官人守天，而自爲守道也。官人任人欲任人守天在於自守道也皆明不務知天之義也

治亂天邪？曰：日月星辰瑞厤，是禹桀之所同也，或曰當時星辰書之名也。郝懿行曰堯典厤象日月星辰此瑞厤即厤象也象謂璿璣玉衡神其器故言瑞禹以治，桀以亂，治亂非天也。時邪？曰：繁啓蕃長於春夏，繁多也蕃茂也

畜積收臧於秋冬。是又禹桀之所同也。禹以治。桀以亂。治亂非時也。地邪。曰。得地則生。失地則死。是又禹桀之所同也。禹以治。桀以亂。治亂非地也。皆言在人不在天地與時也 詩曰。天作高山。大王荒之。彼作矣。文王康之。此之謂也。詩周頌天作之篇引此以明吉凶由人如天王之能尊大岐山也

天不爲人之惡寒也輟冬。地不爲人之惡遼遠也輟廣。君子不爲小人匈匈也輟行。匈匈讙譁之聲與訩同音凶又許用反行下孟反。○盧文弨曰三輟字上俗閒本皆有宋本無先謙案小人下羣書治要有之字以上文例之有之字是也文選答客難用此文亦有之字 天有常道矣。地有常數矣。君子有常體矣。君子道其常。而小人計其功。道言也君子常造次必守其道小人則計一時之功利因物而遷之也 詩曰。何恤人之言兮。此之謂也。逸詩也以言苟守道不違何畏人之言也。○兪樾曰何恤上本有禮義之不愆五字而今奪之文選答客難篇傳曰天不爲人之惡寒而輟其冬地不爲人之惡險而輟其廣君子不爲小人之匈匈而易其行天有常度地有常形君子有常行君子道其常小人計其功詩云禮義之不愆何恤人之言李善注曰皆孫卿子文是其證也正名篇引此詩曰禮義之不愆兮何恤人之言兮亦其證也

楚王後車千乘。非知也。君子啜菽飲水。非愚也。是節然也。節謂所遇之時命也。○劉台拱曰正名篇節遇謂之命兪樾曰節猶適也說詳彊國篇是節然也猶曰是其適然者也劉引正名篇節遇謂之命釋之節遇節之亦當訓適適與之遇所謂命也楊注並非又大略篇湯旱而禱曰政不節與節亦適也謂不調適 若夫心意脩。○王念孫曰心意當爲志意字之誤也荀子書皆言志意脩無言心意脩者脩身篇曰志意脩則驕富貴富國篇曰脩志意正身行皆其證又榮辱篇曰志意致脩德行致厚智慮致明正論篇曰志意脩德行厚知慮明皆與此文同一例尤其明證 德行厚。知慮明。生於今而志乎古。則是其在我者也。故君子敬其在己者。○兪樾曰敬當爲茍說文茍部茍自急敕也經典通作亟爾雅釋詁亟疾也釋文曰字又作茍是也君子茍其在己者猶云君子急其在己者正與小人錯其在己者相對成義學者罕見茍字因誤爲敬耳 而不慕其在天者。在天謂富貴也 小人錯其在己者。而慕其在天者。錯置君

子敬其在己者而不慕其在天者。是以日進也。求己而不苟故日進 小人錯其在己者而慕其在天者。是以日退也。望徼倖而不求己故日退也 故君子之所以日進。與小人之所以日退。一也。皆有慕有不慕 君子小人之所以相縣者。在此耳。

星隊木鳴。國人皆恐。○俞樾曰木不能鳴或因風而鳴人亦不恐而此云然者蓋古有社鳴之說文選運命論里社鳴而聖人出李善注引春秋潛潭巴曰里社明此里有聖人出其呴百姓歸天辟亡明與鳴古字通所謂社鳴者社必樹其土所宜木故古文社從木作䄵社鳴實即其木鳴也古人蓋甚畏之故荀子以星隊木鳴並言也 曰是何也。曰無何也。假設問答無何也言不足憂也 是天地之變。陰陽之化。物之罕至者也。星隊天地之變木鳴陰陽之化罕希也 怪之可也。而畏之非也。以其罕至謂之怪異則可因遂畏懼則非 夫日月之有蝕。風雨之不時。怪星之黨見。黨見頻見也言如朋黨之多見賢遍反。○郝懿行曰黨宜訓明出方言注不謂朋黨也韓詩外傳二黨作晝於義爲長注望文生訓耳王念孫曰楊說甚迂且訓黨爲頻於古無據惠氏定宇九經古義曰黨見猶所見也訓黨爲所雖據公羊注然怪星之所見殊爲不詞余謂黨古儻字儻者或然之詞怪星之黨見與日月之有蝕風雨之不時對文謂怪星之或見也莊子繕性篇物之儻來寄也釋文儻崔本作黨史記淮陰侯傳恐其黨不就漢書伍被傳黨可以徼幸黨並與儻同韓詩外傳作怪星之晝見晝字恐是後人所改羣書治要引此正作怪星之儻見 是無世而不常有之。●先謙案羣書治要常作嘗是也 上明而政平。則是雖並世起。無傷也。並世起謂一世之中並起也 上闇而政險。則是雖無一至者無益也。夫星之隊。木之鳴。是天地之變。陰陽之化。物之罕至者也。怪之可也。而畏之非也。物之已至者。人祅則可畏也。物之既至可畏謂在人之祅也 楛耕傷稼。耘耨失薉。政險失民。楛耕謂麤惡不精也失薉謂耘耨失時使穢也政險威虐也薉與穢同。○盧文弨曰耘耨失薉韓詩外傳二作枯耘傷歲枯與楛同疑是也此處句法不一律注強爲之說頗難通郝懿行曰耘耨失薉韓詩外傳二作枯耘傷歲與上句相儷是也此蓋轉寫之譌不成文義王念孫曰盧說是也楛耘失薉上對楛耕傷稼下對政險失民今本作耘耨失薉則文不成義歲之爲薉乃涉下文田稼薉惡而誤而楊所見本已然故強爲之說而不可通 田薉稼惡。糴貴民飢。道路有死人。夫是之謂人祅。政令不明。舉錯不時。本事不理。夫是之謂人祆。舉謂起兵動衆錯謂懷安失於事機也本事農桑之事也禮義不脩。內外無別。男女淫亂。則父子相疑。上下乖離。。王念孫曰案內外無別二句爲一類父子相疑二句爲一類父子上不當有則字羣書治要無則字韓詩外傳亦無寇難竝至。夫是之謂人祆。。先謙案羣書治要三謂人祆下竝有也字下無安國下有矣字棄而不治下有也字祆是生於亂。三者錯。無安國。三者三人祆也錯置也置此三祆於中國則無有安也。王念孫曰錯交錯也（說文作逪云䢔逪也）言此三祆交錯於國中則國必危也楊讀錯爲措置者措失之其說甚爾。其菑甚慘。爾近也三人祆之說比星隊木鳴爲淺近然其災害人則甚慘毒也勉力不時。則牛馬相生。六畜作祆。勉力力役也不時則人多怨曠其氣所感故生非其類也。盧文弨曰宋本此段在禮義不脩之上注首有此三句直承其菑甚慘之下十一字然後接以勉力力役也云云王念孫曰案呂本所載正文此三句本在上文禮義不脩之上勉力不時則牛馬相生六畜作祆此是祆由人與故曰祆是生於亂自錢本始依楊注移置於下文可怪也而不可畏也之上（楊注勉力不時三句云此三句直承其菑甚慘之下注可怪也二句云此二句承六畜作祆之下）且刪去楊注而各本及盧本從之謬矣今錄呂本原文於左星隊木鳴國人皆恐曰是何也曰無何也是天地之變陰陽之化物之罕至者也怪之可也而畏之非也夫日月之有蝕風雨之不時怪星之黨見是無世而不常有之上明而政平則是雖竝世起無傷也上闇而政險則是雖無一至者無益也夫星之隊木之鳴是天地之變陰陽之化物之罕至者也怪之可也而畏之非也物之已至者人祆則可畏也楛耕傷稼耘耨失薉政險失民田薉稼惡糴貴民飢道路有死人夫是之謂人祆政令不明舉錯不時本事不理夫是之謂人祆（案此句當在下文六畜作祆之下乃總上之詞今倒在勉力不時之上則文義不順政令不明舉錯不時本事不理勉力不時四句相連牛馬相生二句乃總承此四句而言非專承勉力不時而言）勉力不時則牛馬相生六畜作祆禮義不修內外無別男女淫亂則父子相疑上下乖離寇難竝至夫是之謂人祆祆是生於亂三者錯無安邦其說甚爾其菑甚慘可怪也而不可畏也（不可畏也常作亦可畏也蓋星隊木鳴乃天地之變陰陽之化非人事之所招故曰怪之可也而畏之非也若牛馬相生六畜作祆則政亂之所致所謂人祆也其說甚邇其菑甚慘可怪也而亦可畏矣上文云物之已至者人祆則可畏也正與此句相應若作不可畏則與上文相反矣楊不知不爲亦之誤故欲顛倒其文耳　外傳曰星隊木鳴國人皆恐何也曰是天地之變陰陽之化物之罕至者也怪之可也畏之非也夫日月之薄蝕怪星之晝見風雨之不時是無世而不嘗有也上明政平是雖竝至無傷也上闇政險是雖無一至無益也夫萬物之有災人斯最可畏也曰何謂人妖曰枯耕傷稼枯耘傷歲政險失民田穢稼惡糴貴民饑道有死人寇賊竝起上下乖離鄰人相暴對門相盜禮義不循牛馬相生六畜作妖臣下殺上父子相疑是謂人妖是生於亂案此文與荀子略同牛馬相生六畜作妖在是謂人妖之上是牛馬相生二句乃人妖也然則荀子原文本作政令不明舉錯不時本事不理勉力不時則牛馬相生六畜作妖夫是之謂人妖明矣）可怪也。而不可畏也。。盧文弨曰宋本有注云此二句承六畜作祆之下蓋錄之時錯亂迷誤失其次也共二十二字元刻已如其說移正故盡删去 傳曰。萬物之怪書不說。書謂六經也可以勸戒則明之不務廣說萬物之怪也 無用之辯。不急之察。棄而不治。若夫君臣之義。父子之親。夫婦之別。則日切瑳而不舍也。○郝懿行曰切瑳言務學也韓詩外傳二云夫子之門內切瑳以孝與此義合磋古作瑳今作磋

雩而雨何也。曰。無何也。猶不雩而雨也。雩求雨之禱也或者問歲旱雩則得雨此何理也對以與不雩而雨同明非求而得也周禮司巫國大旱則率巫而舞雩也 日月食而救之。天旱而雩。卜筮然後決大事。非以為得求也。以文之也。得求得所求也言為此以示急於災害順人之意以文飾政事而已 故君子以為文。而百姓以為神。以為文則吉。以為神則凶也。順人之情以為文飾則無害淫祀求福則凶也

在天者莫明於日月。在地者莫明於水火。在物者莫明於珠玉。在人者莫明於禮義。故日月不高。則光暉不赫。水火不積。則暉潤不博。珠玉不睹乎外。則王公不以為寶。○王念孫曰不睹乎外四字文義不明睹當為暏說文暏且明也從日者聲玉篇丁古切暏之言著也上言日月不高則光煇不赫水火不積則煇潤不博則此言珠玉暏乎外亦謂其光采之著乎外故上文云在物者莫明於珠玉也世人多見睹少見暏故暏誤為睹夏小正傳蓋陽氣且暏也今本且暏作且睹誤與此同 禮義不加於國家。則功名不白。故人之命在天。國之命在禮。君人者。隆禮尊賢而王。重法愛民而霸。好利多詐而危。權謀傾覆幽險而盡亡矣。幽險謂隱匿其情而凶虐難與也權謀多詐幽險三者盡亡之道也。○先謙案盡字無義衍文也彊國篇四語與此同無盡字 大天而思之。孰與物畜而制之。尊大天而思慕之欲其豐富孰與使物畜積而我裁制之也。○王念孫曰物畜而制之制當為裁思裁為韻頌用為韻待使為韻多化為韻思裁二字於古音竝屬之部制字於古音屬祭部不得與思為韻也又案楊注云使物畜積而我裁制之此釋正文物畜而裁之也正文作裁之而注言裁制之者加一制字以申明其義耳今正文作制之即因注內制之而誤 從天而頌之。孰與制天命而用之。頌者美盛德也從天而美其盛德豈如制

裁天之所命而我用之謂若曲者爲輪直者爲桷任材而用也望時而待之。孰與應時而使之。望時而待謂若農夫之望歲也孰與應春生夏長之候使不失時也因物而多之。孰與騁能而化之。因物之自多不如騁其智能而化之使多也若后稷之播種然也思物而物之。孰與理物而勿失之也。思得萬物以爲己物孰與理物皆得其宜不使有所失喪願於物之所以生。孰與有物之所以成。故錯人而思天。則失萬物之情。物之生雖在天成之則在人也此皆言理平豐富在人所爲不在天也若廢人而妄思天雖勞心苦思猶無益也

百王之無變。足以爲道貫。無變不易也百王不易者謂禮也言禮可以爲道之條貫也一廢一起。應之以貫。雖質文廢起時有不同然其要歸以禮爲條貫論語孔子曰殷因於夏禮所損益可知也周因於殷禮所損益可知也其或繼周者雖百代可知也理貫不亂。知禮則其條貫不亂也不知貫。不知應變。不知以禮爲條貫則不能應變言必差錯而亂也。郝懿行曰逸詩云九變復貫知言之選蓋荀此語所本上云百王之無變足以爲道貫道卽禮也貫之大體未嘗亡也。亂生其差。治盡其詳。差謬也所以亂者生於條貫差謬所以治者在於精詳也故道之所善。中則可從。畸則不可爲。匿則大惑。畸者不偶之名謂偏也道之所善得中則從偏側則不可爲匿謂隱匿其情禮者明示人者也若隱匿則大惑畸音羈。王念孫曰隱匿與大惑義不相屬楊曲爲之說非也匿與慝同（逸周書大戒篇克禁淫謀衆匿乃雍管子七法篇百匿傷上威並以匿爲慝又管子明法篇比周以相爲匿明法解匿作慝漢書五行志朔而月見東方謂之仄慝書大傳慝作匿）慝差也（洪範民用僭忒漢書王嘉傳引此忒作慝而釋之曰民用僭差仄壹董仲舒雨雹對曰無有差慝）言大惑生於差慝也上文曰亂生其差正謂此也道貴乎中畸則偏差則惑矣故曰中則可從畸則不可爲慝則大惑又樂論篇曰亂世之徵其聲樂險其文章匿而采匿亦讀爲慝慝邪也言文章邪慝而多采飾也（鄘風柏舟傳曰慝邪也漢書嚴安傳樂失而淫禮失而采如淳曰采飾也）

水行者表深。表不明則陷。表標準也陷溺也。俞樾曰水行當作行水行水者表深與下文治民者表道一律孟子離婁篇如智者若禹之行水也此行水二字之證治民者表道。表不明則亂。禮者表也。非禮。昏世也。昏世。大亂也。昏世謂使世昏闇也故道無不明。外內異表。隱顯有常。民陷乃去。道禮也外謂朝聘內謂冠昏所表識章示各異也隱顯卽內外也有常言有常法也如此民陷溺之患乃去也。郝懿行曰外內皆謂禮也禮有內心有外心竹箭有筠禮之外心也松柏有心禮之內心也注非

萬物爲道一偏。一物爲萬物一偏。愚者爲一物一偏。愚者不能盡一物也而自以爲知道。無知也。以偏爲知道豈有知哉愼子有見於後。無見於先。愼到本黃老之術明不尚賢不使能之道故莊子論愼到曰塊不失是以其無爭先之意故曰見後而不見先也漢書藝文志愼子著書四十二篇班固曰先申韓申韓稱之也老子有見於詘。無見於信。老子周之守藏史姓李字伯陽號稱老聃孔子之師也著五千言其意多以屈爲伸以柔勝剛故曰見詘而不見信也信讀爲伸墨子有見於齊。無見於畸。畸謂不齊也墨子著書有上同兼愛是見齊而不見畸也宋子有見於少。無見於多。宋子名鈃宋人也與孟子同時下篇云宋子以人之情爲欲寡而皆以已之情爲欲多爲過也據此說則是少而不見多也鈃音形又胡泠反漢書藝文志有宋子十八篇班固曰荀卿道宋子其言黃老意。盧文弨曰注引下篇元刻作宋子以人之情欲寡而皆以已之情欲多是過也與下篇合但引書不必定全依本文楊氏以情欲二字相連慮人不明故以兩爲字間之不可謂衍文今弃下一爲字皆從宋本有後而無先。則羣衆無門。夫羣衆在上之開導皆處後而不處先羣衆無門戶也有詘而無信。則貴賤不分。貴者伸而賤者詘則分別矣若皆貴柔弱卑下則無貴賤之別矣有齊而無畸。則政令不施。夫施政令所以治不齊者若上同則政令何施也有少而無多。則羣衆不化。夫欲多則可以勸誘爲善若皆欲少則何能化之書曰。無有作好。遵王之道。無有作惡。遵王之路。此之謂也。書洪範以喻偏好則非遵王道也

荀子集解卷十二

正論篇第十八

世俗之爲說者曰。主道利周。是不然。此一篇皆論世俗之乖謬荀卿以正論辨之周密也謂隱匿其情不使下知也世俗以爲主道利在如此也。先謙案楊注此一篇至辨之十七字應在正論篇第十八下傳鈔者誤入正文 主者。民之唱也。上者。下之儀也。謂下法上之表儀也。先謙案周語儀之於民韋注儀準也文選東京賦儀姬伯之渭陽薛注儀則也言上是下之準則 彼將聽唱而應。視儀而動。唱默則民無應也。儀隱則下無動也。不應不動。則上下無以相有也。上不導其下則下無以效上是不相須也。先謙案有當爲胥字之誤也據注云是不相須也則正文非相有明甚詩桑扈疏胥須古今字孟子萬章篇趙注胥須也是胥須字義竝同故正文云無以相胥注即以是不相須也釋之胥與有形近致誤 若是則與無上同也。不祥莫大焉。故上者。下之本也。上宣明。則下治辨矣。宣露辨別也下知所從則明別於事也。郝懿行曰辨與辦同非辨別之辨 上端誠。則下愿愨矣。上公正。則下易直矣。上公正則下不敢險曲也 治辨則易一。愿愨則易使。易直則易知。易一則彊。易使則功。易知則明。是治之所由生也。上周密。則下疑玄矣。玄謂幽深難知或讀爲眩惑也下同。郝懿行曰玄與眩同注後說是 上幽險。則下漸詐矣。幽隱也險難測也漸進也如字又曰漸浸也謂浸成其詐也子廉反。郝懿行曰漸讀爲潛潛與漸古音同字通潛者深也潛詐者謂幽深而險詐也先謙案漸亦詐也說見不苟篇 上偏曲。則下比周矣。疑玄則難一。疑或不知所從故難一也 漸詐則難使。比周則難知。人人懷私親比則上不可知其情禮記曰下難知則君長勞也 難一則不彊。難使則不功。難知則不明。是亂之所由作也。故主道利明。不利幽。利宣。不利周。故主道明則下安。主道幽則下危。下知所從則安不知所從則自危也 故下安則貴上，下危則賤上。貴猶愛也賤猶惡也故上易知則下親上矣，上難知則下畏上矣。下親上則上安，下畏上則上危。畏則謀上故主道莫惡乎難知，莫危乎使下畏己。傳曰：「惡之者衆則危。」書曰：「克明明德。」書多方曰成湯至於帝乙罔不明德愼罰詩曰：「明明在下。」詩大雅大明之篇言文王之德明明在下故赫赫然著見於天也故先王明之，豈特玄之耳哉。特猶直也

世俗之爲說者曰：「桀紂有天下，湯武篡而奪之。」是不然。以桀紂爲常有天下之籍則然，以常主天下之圖籍則然。盧文弨曰案常當爲嘗籍當爲憑藉之藉下文云埶籍爲埶力憑藉也有之而不能用故曰不能親有親有天下之籍則不然，躬親能有天下則不然以其不能治之也。先謙案兩天下之籍並當作天子之籍說見儒效篇常有謂世相及親有身爲天子也上盧說非則不然當作則然說見下天下謂在桀紂則不然。。王引之曰上則不然亦當作則然親有天下之籍則然天下謂在桀紂則不然者言桀紂雖親有天下之籍而天下之人心已去桀紂而歸湯武也今本則然作則不然涉下句而誤耳下文云有天下之後也埶籍之所在也則桀紂固親有天下之籍矣何得云不然乎楊曲爲之說非是古者天子千官，諸侯百官。。郝懿行曰明堂位云有虞氏官五十夏后氏官百殷二百周三百鄭注周之六卿其屬各六十則周三百六十官也以夏周推前後之差有虞氏官宜六十夏后氏宜百二十殷宜二百四十不得如此記也然則依鄭此說參以記文可知天子千官古未有矣以是千官也，令行於諸夏之國，謂之王。夏大也中原之大國以是百官也，令行於境內，國雖不安，不至於廢易遂亡，謂之君。僅存之君。先謙案遂讀爲墜說見王制篇聖王之子也，子孫也有天下之後也，埶籍之所在也，。先謙案埶籍猶埶位說見儒效篇天下之宗室也，然而不材不中，不中謂處事不當也中丁仲反。王念孫曰中讀中正之中孟子離婁篇中也養不中材也養不材是其證楊說非內則百姓疾之，外則諸侯叛之，近者境內不一，遙者諸侯不聽，令不行於境內，甚者諸侯侵削之，攻伐之，若是則雖未亡，吾謂之無天下矣。聖王沒，有埶籍者罷不足以縣天下，聖王禹湯也有

埶籍者謂其子孫也罷謂弱不任事也縣繫也音懸。先謙案注弱不任事各本任誤在據宋台州本正縣天下謂持天下之衡說詳彊國篇楊注非天下無君。桀紂不能治天下是無君諸侯有能德明威積。海內之民莫不願得以爲君師。師長然而暴國獨侈。安能誅之。暴國卽桀紂也侈謂奢汰放縱。先謙案以上下文義求之能字不當有此以安代則字用暴國獨侈安誅之者暴國獨侈則誅之也此能字緣上下文能字而衍必不傷害無罪之民。誅暴國之君若誅獨夫。天下皆去無助之者若一夫然若是則可謂能用天下矣。能用天下之謂王。湯武非取天下也。非奪桀紂之天下也脩其道。行其義。興天下之同利。除天下之同害。而天下歸之也。桀紂非去天下也。非天下自去也反禹湯之德。亂禮義之分。禽獸之行。積其凶。全其惡。而天下去之也。天下歸之之謂王。天下去之之謂亡。故桀紂無天下。而湯武不弒君。由此效之也。天下皆去桀紂是無天下也湯武誅獨夫耳豈爲弒君乎由用也效明也用此論明之。先謙案注豈各本誤其據宋台州本正湯武者民之父母也。桀紂者民之怨賊也。今世俗之爲說者。以桀紂爲君。而以湯武爲弒。然則是誅民之父母而師民之怨賊也。師長不祥莫大焉。以天下之合爲君。則天下未嘗合於桀紂也。然則以湯武爲弒。則天下未嘗有說也。直墮之耳。自古論說未嘗有此世俗之人墮損湯武耳。郝懿行曰墮者毀也言以湯武爲弒非有說也直爲妄言誣毀之耳王念孫曰天下未嘗有說天下二字涉上文而衍據楊注云自古論說未嘗有此則本無天下二字明矣先謙案天下王說是也此緣上文天下字而衍墮之郝說是也仲尼篇云則墮之者衆富國篇云非將墮之也議兵篇云辟之猶以錐刀墮太山也與此文皆當政爲毀注云墮損其義未諦故天子唯其人。天下者至重也。非至彊莫之能任。物之至彊者乃能勝重任至大也。非至辨莫之能分。至大則難辨故非小智所能分別也至衆也。非至明莫之能和。天下之人至衆非極知其情僞不能和輯也此三至者。非聖人莫之能盡。故非聖人莫之能王。重大如此三者非聖人安能王乎王于況反 聖人。備道全美者也。是縣天下之權稱也。縣天下如權稱之縣揔知輕重也稱尺證反 桀紂者。其知慮至險也。其至意至闇也。至意當爲志意。○先謙案荀書至志通借說見儒效篇 其行之爲至亂也。○王引之曰知慮志意行爲相對爲文則行下不當有之字（荀子書行爲字皆作僞今作爲者後人以其所知改其所不知耳） 親者疏之。賢者賤之。生民怨之。禹湯之後也。而不得一人之與。刳比干。囚箕子。身死國亡。爲天下之大僇。後世之言惡者必稽焉。言惡者必稽考桀紂以爲龜鏡也 是不容妻子之數也。不能容有其妻子是如此之人數也猶言不能保妻子之徒也列子梁王謂楊朱曰先生有一妻一妾不能治也。○王念孫曰楊未曉數字之意數猶道也（呂氏春秋壅塞篇寡不勝衆數也高注數道數也）言是不容妻子之道也凡道有吉有凶下文曰故至賢疇四海湯武是也至罷不容妻子桀紂是也然則如湯武者是疇四海之道也吉道也如桀紂者是不容妻子之道也凶道也 故至賢疇四海。湯武是也。至罷不容妻子。桀紂是也。疇四海謂以四海爲疇域或曰疇與籌同謂計度也。○盧文弨曰古以疇爲儔楊注未是郝懿行曰疇者匹也罷者病也言不能任事也齊語云罷士無伍罷女無家又云人與人相疇家與家相疇兪樾曰疇者保也國語楚語臣能自壽也韋注壽保也晏子雜篇賴君之賜得以壽三族壽三族即保三族也管子覇言篇國在危亡而能壽者明聖也能壽即能保也此文作疇者古字通耳說文土部壔保也凡作疇作壽皆壔之叚字 今世俗之爲說者。以桀紂爲有天下而臣湯武。豈不過甚矣哉。以桀紂爲君以湯武爲臣而殺之是過甚也 譬之是猶傴巫跛匡大自以爲有知也。匡讀爲尪廢疾之人王霸篇曰賤之如尪與此匡同禮記曰吾欲暴尪而奚若言世俗此說猶巫尪大自以爲神異也。○兪樾曰大乃而之譌而大篆文相似因而致誤注云猶巫尪大自以爲神異則曲爲之說矣 故可以有奪人國。不可以有奪人天下。○先謙案以下竊國竊天下例之兩人字當衍下文有擅國無擅天下句例亦同 可以有竊國。不可以有竊天下也。一國之人易服故可以有竊者天下之心難歸故不可也竊國田常六卿之屬是也 可以奪之者可以有國。而不可以有天下。○王念孫曰奪之上不當有可以二字此涉上下文而衍 竊可以得國。而不可以得天下。是何也。曰。國小具也。可以小人有也。可以小道得也。可以小力持也。天下者。大具也。

不可以小人有也。不可以小道得也。不可以小力持也。國者。小人可以有之。然而未必不亡也。小人既可以有之則易滅亡明取國與取天下殊也　天下者。至大也。非聖人莫之能有也。

世俗之爲說者曰。治古無肉刑而有象刑。治古古之治世也肉刑墨劓剕宮也象刑異章服恥辱其形象故謂之象刑也書曰皋陶方施象刑惟明孔安國云象法也案書之象刑亦非謂形象也　墨黥。世俗以爲古之重罪以墨涅其面而已更無劓刖之刑也或曰墨黥當爲墨幪但以墨巾幪其頭而已。盧文弨曰注幪俗本作幪今從說文玉篇改正下同　慅嬰。當爲澡嬰謂澡濯其布爲纓鄭云凶冠之飾令罪人服之禮記曰緦冠澡纓鄭云有事其布以爲纓也澡或讀爲草愼子作草纓也　共艾畢。共未詳或衍字耳艾蒼白色畢與韠同紱也所以蔽前君以朱大夫素士爵韋令罪人服之故以蒼白色爲韠也。盧文弨曰注紱當作韍　菲對屨。菲草屨也對當爲紃傳寫誤耳紃枲也愼子作紃言罪人或菲或枲爲屨故曰菲紃屨紃方孔反對或爲蒯禮有疏屨傳曰藨蒯之菲也　殺赭衣而不純。以赤土染衣故曰赭衣純緣也殺之所以異於常人之服也純音準殺所介反愼子曰有虞氏之誅以畫跪當黥以草纓當劓以履紃當刖以艾畢當宮此有虞之誅也又尙書大傳曰唐虞之象刑上刑赭衣不純中刑雜屨下刑墨幪幪巾也。劉台拱曰共當作宮菲當作剕殺當如字讀言犯墨黥之罪者以草纓代之宮罪以艾畢代之剕罪以紃屨代之殺罪以赭衣不純代之注引尙書大傳及愼子之言正可參證郝懿行曰此皆謂古有象刑也墨一名黥此墨黥謂以墨畫代黥不加刻涅愼子所謂畫跪當黥也（按今本作幪巾當墨）慅嬰愼子作草纓草與慅蓋音同假借字耳詩之勞人草草卽慅慅矣共艾畢者共當爲宮亦假借字愼子謂以艾畢當宮是也（今本畢作韠）艾讀當與刈同蓋斬艾其韠以代宮刑也對屨愼子作履紃（今作菲履蓋誤紃枲履也對當爲紃菲當爲剕）殺赭衣而不純純緣也殺殺罪也今愼子作布衣無領當大辟布衣卽赭衣無領卽不緣也去其衣領以代死刑愼子以爲有虞氏之誅尙書大傳以爲唐虞之象刑竝與此義合王念孫曰墨黥二字語意未完當有脫文以愼子言畫跪當黥書大傳言下刑墨幪知之慅嬰上蓋脫劓字以愼子言草纓當劓知之　治古如是。世俗說以治古如是　是不然。以爲治邪。則人固莫觸罪。非獨不用肉刑。亦不用象刑矣。以爲人或觸罪矣。而直輕其刑。然則是殺人者不死。傷人者不刑也。罪至重而刑至輕。庸人不知惡矣。亂莫大焉。惡烏路反　凡刑人之本。禁暴惡惡。且徵其未也。徵讀爲懲未謂將來　殺人者不死。而傷人者不刑。是謂惠暴而寬賊也。非惡惡也。故象刑殆非生於治古，并起於亂今也。今之亂世安爲此說治古不然。凡爵列官職賞慶刑罰，皆報也，以類相從者也。報謂報其善惡各以類相從謂善者得其善惡者得其惡也一物失稱，亂之端也。失稱謂失其所稱類不相從也稱尺證反。先謙案稱權稱也失稱謂失其平楊注非夫德不稱位，能不稱官，賞不當功，罰不當罪，不祥莫大焉。昔者武王伐有商，誅紂，斷其首，縣之赤旆。史記武王斬紂頭懸之大白旗此云赤旆所傳聞各異也禮記明堂位說旗曰殷之大白周之大赤卽史記之說非也。謝本從盧校作赤旂王念孫曰呂本作赤旂錢本旂作旆（注旂字同）元刻世德堂本同案解蔽篇云紂縣於赤旆則作旆者是先謙案王說是今依錢本改赤旆虞王本同夫征暴誅悍，治之盛也。殺人者死，傷人者刑，是百王之所同也，未有知其所由來者也。刑稱罪則治，不稱罪則亂。故治則刑重，亂則刑輕，治世刑必行則不敢犯故重亂世刑不行則人易犯故輕李奇注漢書曰世所以治乃刑重所以亂乃刑輕也犯治之罪固重，犯亂之罪固輕也。治世家給人足犯法者少有犯則衆惡之罪固當重也亂世人迫於飢寒犯法者多不可盡用重典當輕也。郝懿行曰治期無刑故重亂用哀矜故輕注兩說前義較長書曰：「刑罰世輕世重。」此之謂也。書甫刑以言世有治亂故法有輕重也

世俗之爲說者曰：「湯武不能禁令。」是何也？言不能施禁令故有所不至者曰：「楚越不受制。」是不然。湯武者，至天下之善禁令者也。先謙案至猶極湯居亳，武王居鄗，皆百里之地也，天下爲一，諸侯爲臣，通達之屬，莫不振動從服以化順之，振與震同恐也曷爲楚越獨不受制也！彼王者之制也，視形埶而制械用，卽禮記所謂廣谷大川異制民生其閒者異俗器械異制衣服異宜也稱遠邇而等貢獻，豈必齊哉！稱尺證反等差也故魯人以榶，衞人用柯，齊人用一革。未詳或曰方言云盌謂之榶盂謂之柯或曰方言榶張也郭云謂彀張也。盧文弨曰案方言盌謂之欂宋本荀子注正作欂但與正文似不合盂宋本作或字今方言作盂至榶張也之榶方言作搪從手此注恐有

傳會郝懿行曰注引方言盌謂之櫂盂謂之柯蓋楊所見古本如是今本櫂作欙宋本荀子注已作欙或唐以後人據方言改耳一華二字雖未能詳然攷史記貨殖傳適齊爲鴟夷子皮索隱引大顔云若盛酒者鴟夷也用之則多所容納不用則可卷而懷之據此知鴟夷以革爲之吳語盛以鴟鶇而投之於江韋注鴟鶇革囊參以揚雄酒賦則鴟夷乃酒器范蠡適齊而爲鴟夷子皮此正齊人所用與魯人以櫂衞人用柯文義正合先謙案以用同義承上貢獻言各以其土物也

土地刑制不同者。械用備飾不可不異也。故諸夏之國同服同儀。儀謂風俗也諸夏迫近京師易一以教化故同服同儀也。郝懿行曰儀與義同義古作誼謂行誼也此言同服同儀猶中庸言同軌同倫王念孫曰風俗不得謂之儀儀謂制度也下文蠻夷戎狄之國同服不同制正與此相反

蠻夷戎狄之國。同服不同制。夷狄遐遠又各在一方雖同爲要荒之服其制度不同也

封內甸服。王畿之內也禹貢五百里甸服孔安國曰爲天子服治田也。盧文弨曰案周語封俱作邦古封邦通用

封外侯服。畿外也禹貢五百里侯服孔云甸服之外五百里也侯候也斥候而服事王也韋昭云侯服侯圻也

侯衞賓服。韋昭注國語曰侯侯圻衞衞圻自侯圻至衞圻其閒五圻圻五百里五五二千五百里中國之界也謂之賓服常以服貢賓見於王五圻者侯圻之外甸圻甸圻之外男圻男圻之外采圻采圻之外衞圻康誥曰侯甸男采衞是也此據周官職方氏與禹貢異制也

蠻夷要服。職方氏云衞服之外五百里曰蠻服又其外五百里曰夷服孔安國云要謂要束以文教要一昭反

戎狄荒服。職方氏所謂鎭服蕃服也韋昭曰各相去五百里九州之外荒裔之地與戎狄同俗故謂之荒荒忽無常之言也

甸服者祭。侯服者祀。賓服者享。要服者貢。荒服者終王。韋昭曰日祭祭於祖考上食也近漢亦然月祀於曾祖也時享於二祧也歲貢於壇墠也終謂世終朝嗣王也。盧文弨曰曾祖今韋注作曾高顧千里曰終字疑不當有觀上文四句祭祀享貢不言日月時歲知此句王不言終明甚涉下終王之屬也及楊注而衍

日祭月祀時享歲貢。此下當有終王二字誤脫耳

夫是之謂視形埶而制械用。稱遠近而等貢獻。是王者之至也。至當爲志所以志識遠近也。王念孫曰至當爲制上文云彼王者之制也視形埶而制械用稱遠邇而等貢獻下文云則未足與及王者之制也皆其證楊說非

彼楚越者。且時享歲貢終王之屬也。必齊之日祭月祀之屬然後曰受制邪。是規磨之說也。規磨之說猶言差錯之說也規者正圓之器磨久則偏盡而不圓失於度程也文子曰水雖平必有波衡雖正必有差韓子曰規有磨而水有波我欲更之無奈之何此通於權者言也。郝懿行曰磨當作摩古今字也規摩蓋言規畫揣摩不必無失也

溝中之瘠也。謂行乞之人在溝壑中羸瘠者以喻智慮淺也

則未足與及王者之制也。。俞樾曰此文當在東海之樂下荀子原文蓋云語曰淺不足與測深愚不足以謀知坎

井之鼃不可與語東海之樂溝中之瘠未足與及王者之制此之謂也坎井之鼃二句所謂淺不足與測深也溝中之瘠二句所謂愚不足以謀知也傳寫誤倒在上又衍兩也字一則字

語曰。淺不足與測深。愚不足與謀知。坎井之鼃。不可與語東海之樂。此之謂也。言小不知大也司馬彪曰坎井壞井也鼃蝦蟇類也事出莊子坎井或作壇井鼃戶媧反。盧文弨曰正文淺不足宋本作淺不可

世俗之爲說者曰。堯舜擅讓。擅與禪同墠亦同義謂除地爲墠告天而傳位也後因謂之禪位世俗以爲堯舜德厚故禪讓聖賢後世德薄故父子相繼荀卿言堯舜相承但傳位於賢而已與傳子無異非謂求名而禪讓也案書序曰將遜于位讓于虞舜是亦有讓之說此云非禪讓蓋書序美堯之德雖是傳位與遜讓無異非是先自有讓意也孟子亦云萬章曰堯以天下與舜有諸孟子曰天子不能以天下與人曰孰與之曰天與之又曰天與賢則與賢天與子則與子也

是不然。天子者。埶位至尊。無敵於天下。夫有誰與讓矣。讓者埶位敵之名若上下相縣則無與讓矣有讀爲又也道德純備。智惠甚明。南面而聽天下。生民之屬。莫不振動從服以化順之。天下無隱士。無遺善。無隱藏不用之士也同焉者是也。異焉者非也。夫有惡擅天下矣。夫自知不堪其事則求賢而禪位今以堯舜之明聖事無不理又焉用禪位哉

曰。死而擅之。或者既以生無禪讓之事因謂堯舜預求聖賢至死後而禪之是又不然。聖王在上。圖德而定次。量能而授官。。盧文弨曰舊校云一本作次德而定次先謙案作次者是說見儒效篇皆使民載其事。而各得其宜。不能以義制利。不能以僞飾性。則兼以爲民。僞謂矯其本性也無能者則兼并之令盡爲民氓也。先謙案僞與爲同謂作爲也聖王已沒。天下無聖。則固莫足以擅天下矣。固無禪讓天下有聖而在後者。則天下不離。有聖繼其後者則天下有所歸不離叛也。俞樾曰後下當有子字下文云聖不在後子而在三公則天下如歸楊注曰後子嗣子謂丹朱商均三公宰相謂舜禹此說是也荀子之意謂傳賢與傳子同天下有聖而在後子則傳之子可也聖不在後子而在三公則傳之賢可也故兩言天下厭然與鄉無以異也以堯繼堯夫又何變之有矣正見傳賢傳子之不異也自此文奪子字而其義不顯楊氏遂疑後三句爲重出矣朝不易位。國不更制。天下厭然與鄉無以異也。厭然順服貌一涉反鄉音向。先謙案厭然謝本誤厭焉據宋台州本正以堯繼堯。夫又何變之有

矣。言繼位相承與一堯無異豈爲禪讓改變與他人乎聖不在後子而在三公，則天下如歸，猶復而振之矣。後子嗣子謂丹朱商均也三公宰相謂舜禹天下如歸言不歸後子而歸三公也復而振之謂猶如天下已去而衰息今使之來復而振起也天下厭然與鄉無以異也。以堯繼堯。夫又何變之有矣。疑此三句重也唯其徙朝改制爲難。謂殊徽號異制度也舜禹相繼與父子無異所難而不忍者在徙朝改制也後世見其改易遂以爲擅讓也故天子生則天下一隆。致順而治。論德而定次。天下一隆謂天下之人皆得其崇厚也致極也。先謙案一隆者天下之人有專尊也注非論當爲決說見儒效篇死。則能任天下者。必有之矣。夫禮義之分盡矣。擅讓惡用矣哉。夫讓者禮義之名今聖王但求其能任天下者傳之則是盡禮義之分矣豈復更求禪讓之名哉曰。老衰而擅。是又不然。血氣筋力則有衰。若夫智慮取舍則無衰。曰。老者不堪其勞而休也。是又畏事者之議也。或者自以畏憚勞苦以爲聖王亦然也天子者。埶至重而形至佚。心至愉而志無所詘。而形不爲勞。尊無上矣。衣被則服五采。雜閒色。衣被謂以衣被身服五采言備五色也閒色紅碧之屬禮記曰衣正色裳閒色也重文繡。加飾之以珠玉。食飲則重大牢而備珍怪。期臭味。重多也謂重多之以太牢也珍怪奇異之食也期當爲綦極也曼而饋。曼當爲萬饋進食也列萬舞而進食。郝懿行曰曼訓長也傳桑進膳列人持器以次遞傳故曰曼也論語詠而饋謂祭也（論衡明雩篇）此云曼而饋謂食也代睪而食。臯未詳蓋香草也或曰臯讀爲藁卽所謂蘭茝本也或曰當爲澤澤蘭也既夕禮茵著用荼實綏澤焉俗書澤字作水傍睪傳寫誤遺其水耳代睪而食謂焚香氣歇卽更以新者代之。盧文弨曰案正文睪本作臯故注一云臯未詳再云臯當爲藁卽所謂蘭茝藁本也三云當爲澤俗書澤字作水旁臯傳寫誤遺其水耳史記天官書其色大圜黃滜卽黃澤是其證今本及宋本皆脫誤若水旁作睪乃澤字正體不得云俗書也郝懿行曰睪卽臯字下云側載睪芷蓋皆謂香草也此云代睪蓋進食人更迭佩帶助其馨香洪頤煊曰淮南主術訓鼛鼓而食奏雍而徹與此上下文義同鼛臯古字通用劉台拱曰代睪當爲伐臯主術訓注引詩鼓鐘伐鼛考工記韗人作臯鼓王念孫曰周官大司樂王大食三侑皆令奏鐘鼓又案淮南亦本作伐鼛而食與奏雍而徹對文淮南卽本於荀子也高注引詩鼓鍾伐鼛正釋伐鼛二字之義今本正文作鼛鼓者涉注文而誤玉海一百九引淮南正作伐鼛而食雍而徹乎。雍詩周頌樂章名奏雍而徹饌論語曰三家者以雍徹言其僭也五祀。。劉台拱曰此當以雍而徹乎五祀爲句徹乎五祀謂徹於竈也周禮膳夫職云王卒食以樂徹于造淮南主術訓云奏雍而徹已飯而祭竈蓋徹饌而設之於竈若祭然天子之禮也造竈古字通用大祝六祈二曰造故書造作竈吳語係馬舌出火竈吳越春秋作出火於造（王念孫云史記秦本紀客卿竈秦策作造管子輕重已篇燂竈泄井禁藏篇作造）專言之則曰竈連言之則曰五祀若謂丞相爲三公左馮翊爲三輔也楊氏失其句讀乃爲是多方駢枝之說此言天子奉養之盛而以祭祀爲言何當乎

執薦者百人侍西房。周禮宗伯以血祭祭社稷五祀鄭云五祀四時迎五行之氣於四郊而祭五德之帝也或曰此五祀謂礿禘烝嘗及大祫也或曰國語展禽曰禘郊祖宗報此五者國之祀典也皆王者所親臨之祭非謂戶竈中霤門行之五祀也薦謂所薦陳之物籩豆之屬也侍侍立也西房西廂侍或爲待也。劉台拱曰天子羞用百有二十品執薦者百人舉成數

居則設張容負依而坐，諸侯趨走乎堂下。居安居也聽朝之時也容謂羽衞也居則設張其容儀負依而坐也戶牖之閒謂之依亦作扆扆依音同或曰爾雅云容謂之防郭璞云如今牀頭小曲屛風唱射者所以自防隱也言施此容於戶牖閒負之而坐也。盧文弨曰注所以自防隱也宋本作所以隱見也誤今攷正郝懿行曰張與帳同古以張爲帳也容則楊注引爾雅郭注是也張容二物與負依而爲三王念孫曰坐當爲立說見儒效篇

出戶而巫覡有事。出戶謂出內門也女曰巫男曰覡有事祓除不祥

出門而宗祀有事。出門謂車駕出國門宗者主祭祀之官祀當爲祝有事謂祭行神也國語曰使名姓之後能知四時之生犧牲之物玉帛之類采服之儀彝器之量次主之度屛攝之位壇場之所上下之神祇氏姓之所出而心帥舊典者爲之宗又曰使先聖之後能知山川之號宗廟之事昭穆之世齊敬之勤禮節之宜威儀之則容貌之崇忠信之質禋絜之服而敬恭明神者爲之祝韋昭曰宗大宗伯也掌祭祀之禮祝大祝掌祈福祥也。盧文弨曰注上下之神祇氏姓之所出今國語無祇字所字宋本有之與周禮大宗伯注合宗大宗伯也韋注無大字又祝大祝舊本誤作禮記曰大祝今皆攷正

乘大路趨越席以養安。大路祭天車禮記曰大路繁纓一就趨衍字耳越席結蒲爲席養安言恐其不安以此和養之按禮以大路越席爲質素此云養安以爲盛飾未詳其意或曰古人以質爲重也。先謙案史記禮書正義云蒲草爲席旣潔且柔潔可以祀神柔可以養體也

側載睪芷以養鼻。睪芷香草也已解上於車上傍側載之用以養鼻也。先謙案史記作側載臭茝索隱引劉氏云側持也臭香也茝香草也言天子行持得以香草自隨也其餘則否今以側爲邊側載者置也言天子之側常置芳香於左右

前有錯衡以養目。詩曰約軧錯衡毛云錯衡文衡

和鸞之聲，步中武象，騶中韶護以養耳。和鸞皆車上鈴也韓詩外傳云鸞在衡和在軾前升車則馬動馬動則鸞鳴鸞鳴則和應皆所以爲行節也許愼曰和取其敬鸞以象鳥之聲武象韶護皆樂名騶當爲趨步謂車緩行趨謂車速行周禮大馭云凡馭路行以肆夏趨以采齊以鸞和爲節鄭云行謂大寢至路門趨謂路門至應門也

三公奉軶持納。軶轅前也納與軜同軜謂驂馬內轡繫軾前者詩曰鋈以觼軜。盧文弨曰注內轡舊作內軜今據說文改正

諸侯持輪挾輿先馬。挾輿左車之左右也先馬導馬也或持輪者或挾輿者或先馬者

大

侯編後。大夫次之。大侯國稍大在五等之列者 小侯元士次之。小侯僻遠小國及附庸也元士上士也禮記曰庶大小侯入天子之國曰某人又曰天子之元士視附庸也 庶士介而夾道。庶士軍士也介而夾道被甲夾於道側以禦非常也。謝本從盧校作坐道注二夾字竝作坐王念孫曰宋呂本作庶士介而夾道錢本及元刻夾道竝誤作坐道而盧本從之案作坐道者非也上文云天子出則三公奉軶持納諸侯持輪挾輿先馬然則庶士豈得坐道乎當從呂本作夾道周官條狼氏王出入則八人夾道是也楊注本云介而夾道被甲夾於道側以禦非常也而今本注文兩夾字亦誤爲坐矣先謙案王說是今從呂本改 庶人隱竄莫敢視望。居如大神。動如天帝。言畏敬之甚也 持老養衰。猶有善於是者與。不老者。休也。休猶有安樂恬愉如是者乎。不老老也猶言不顯顯也或曰不字衍耳夫老者休息之名言豈更有休息安樂過此。郝懿行曰不老者不衰老也猶詩之言永錫難老矣故以天子無老申之楊注不老老也又曰不字衍二說皆非王念孫曰或說是俞樾曰案此當作猶有善於是者不與不讀爲否傳寫誤倒在與下楊注曰不老老也或曰衍不字竝非 故曰。諸侯有老。天子無老。諸侯供職貢朝聘故有筋力衰竭求致仕者與天子異也 有擅國。無擅天下。古今一也。讓者執位敵之名一國事輕則有請於天子而讓賢天下則不然也 夫曰堯舜擅讓。是虛言也。是淺者之傳。陋者之說也。不知逆順之理。小大至不至之變者也。小謂一國大謂天下至不至猶言當不當也 未可與及天下之大理者也。

世俗之爲說者曰。堯舜不能教化。是何也。曰。朱象不化。是不然也。堯舜。至天下之善教化者也。南面而聽。天下生民之屬。莫不振動從服以化順之。言天下無不化 然而朱象獨不化。是非堯舜之過。朱象之罪也。朱象乃罪人之當誅戮者豈堯舜之過哉論語曰上智與下愚不移是也 堯舜者。天下之英也。鄭康成注禮記云英謂俊選之尤者 朱象者。天下之嵬。一時之瑣也。言嵬瑣之人雖被堯舜之治猶不可化言教化所不及嵬瑣已解在非十二子之篇。先謙案嵬瑣猶委瑣說見前儒效篇云英傑化之嵬瑣逃之亦以英傑嵬瑣對文 今世俗之爲說者。不怪朱象而非堯舜。豈不過甚矣哉。夫是之謂嵬說。狂妄之說 羿蠭門者。天下之善射者也。不能以撥弓曲矢中。撥弓不正之弓中丁仲反。陳奐曰案中下脫微字撥弓曲矢不能中微與下文辟馬毀輿不能致遠句法相同儒效篇曰輿固馬選矣而不能以致遠一日而千里則非造父也弓調矢直矣而不能以射遠中微則非羿也王霸篇曰人主欲得善射射遠中微則莫若羿蠭門矣欲得善馭及速致遠則莫若王良造父矣君道篇曰人主欲得善射射遠中微者欲得善馭及速致遠者議兵篇曰弓矢不調則羿不能以中微六馬不和則造父不能以致遠皆中微與致遠作對文可證小雅毛傳曰殪壹發而死言能中微而制大也語本荀子　王梁造父者。天下之善馭者也。不能以辟馬毀輿致遠。辟與躄同必亦反　堯舜者。天下之善教化者也。不能使嵬瑣化。何世而無嵬。何時而無瑣。自太皞燧人莫不有也。太皞伏羲也燧人太皞前帝王始作火化者　故作者不祥。學者受其殃。非者有慶。作嵬瑣者不祥也有慶言必無刑戮也。俞樾曰此謂作世俗之說者不祥學者從而傳述之必受其殃能非而闢之則有慶也下文引詩曰下民之孼匪降自天噂沓背憎職競由人可見荀子之意深疾世俗之說故爲此言楊注未得其旨　詩曰。下民之孼。匪降自天。噂沓背憎。職競由人。此之謂也。詩小雅十月之交篇言下民相爲妖孼災害非從天降噂噂沓沓然相對談語背則相憎爲此者蓋由人耳

世俗之爲說者曰。太古薄葬。棺厚三寸。衣衾三領。葬田不妨田。故不掘也。此蓋言古之人君也三領三稱也禮記君陳衣於序東西領南上故以領言葬田不妨田言所葬之地不妨農耕也殷已前平葬無丘壠之識也　亂今厚葬飾棺。故扫也。是不及知治道。而不察於扫不扫者之所言也。扫穿也謂發冢也胡骨反　凡人之盗也。必以有爲。其意必有所云爲也　不以備不足。足則以重有餘也。○盧文弨曰下足字衍　而聖王之生民也。使皆當厚優猶不知足。而不得以有餘過度。當謂得中也丁浪反優猶寬泰也不知足不泰而知足也又禁有限不得以有餘過度也。○王念孫曰當厚二字不詞楊說非也當厚蓋富厚之誤（秦策勢位富厚）下優猶知足正承富厚言之字亦衍耳言聖王之養民輕賦薄斂皆使寬　故盗不竊。賊不刺。盗賊通名分而言之則私竊謂之盗劫殺謂之賊。○俞樾曰楊蓋以刺爲刺殺之刺實非然也漢書郊祀志刺六經中作王制師古注曰刺采取之也又丙吉傳至公車刺取注曰刺謂探候之也然則刺者探取之義盗不竊賊不刺變文以成

句耳非有異義也 狗豕吐菽粟。而農賈皆能以貨財讓。農賈庶人猶讓則其餘無不讓也。郝懿行曰吐者棄也（倉頡篇）此蓋極言菽粟之多耳非食而吐之也孟子言狗彘食人食揚雄蜀都賦云糧米肥豬非聖世之事也 風俗之美。男女自不取於涂。而百姓羞拾遺。郝懿行曰大略篇云國法禁拾遺蓋必申商之法有此禁令故荀擧以爲言 故孔子曰。天下有道。盜其先變乎。衣食足知榮辱 雖珠玉滿體。文繡充棺。黃金充椁。加之以丹矸。重之以曾青。丹矸丹砂也曾青銅之精形如珠者其色極青故謂之曾青加以丹矸重以曾青言以丹青采畫也 犀象以爲樹。樹之於壙中也 琅玕龍茲華覲以爲實。琅玕似珠崑崙山有琅玕樹龍茲未詳覲當爲瑾華謂有光華者也或曰龍茲卽今之龍鬚席公羊傳曰衛侯朔屬負茲爾雅曰蓐謂之茲史記曰衛叔封布茲徐廣曰茲者藉席之名列女傳無鹽女謂齊宣王曰漸臺五重黃金白玉琅玕龍疏翡翠珠璣莫落連飾萬民疲極此二殆也疑龍茲卽龍疏疏鬚音相近也曹大家亦不解實謂實於棺椁中或曰茲與髭同。郭慶藩曰上言以爲樹下言以爲實蓋謂植樹犀象而以珠玉爲之實也上言琅玕下言華覲則龍茲非席明矣列女傳之龍疏亦列於珠玉之閒不得爲席龍疏或卽龍茲當爲珠玉名猶左昭二十九年傳所稱龍輔爲玉名也楊訓實爲實於棺椁失之 人猶且莫之抇也。是何也。則求利之詭緩。而犯分之羞大也。詭詐也求利詭詐之心緩也。郝懿行曰詭者責也言抇人冢墓以求利國法必加罪責也詭訓責古義也漢書趙充國陳湯京房尹賞王莽傳及後漢孟嘗陳重傳注皆以詭爲責也兪樾曰詭疑說字之誤言古者民生富厚求利之說在所緩也詭說形似致誤楊注非先謙案郝說是以犯分爲羞非畏罪責也 夫亂今然後反是。上以無法使。下以無度行。知者不得慮。能者不得治。賢者不得使。不得在位使人 若是。則上失天性。下失地利。中失人和。故百事廢。財物詘。而禍亂起。王公則病不足於上。庶人則凍餧羸瘠於下。於是焉桀紂羣居。而盜賊擊奪以危上矣。言在上位者盡如桀紂也 安禽獸行。虎狼貪。故脯巨人而炙嬰兒矣。若是則有何尤抇人之墓。抉人之口。而求利矣哉。抉挑也抉人口取其珠也。先謙案有讀爲又 雖此倮而薶之。猶且必抇也。安得葬薶哉。不可得葬薶而不發 彼乃將食其肉而齕其骨也。夫曰太古薄葬。故不抇也。亂今厚葬，故扣也。是特姦人之誤於亂說，以欺愚者，而潮陷之以偷取利焉。夫是之謂大姦。言是乃特姦人自誤惑於亂說因以欺愚者猶於泥潮之中陷之謂使陷於不仁不孝也以偷取利謂借弃死者而苟取其利於生者也是時墨子之徒說薄葬以惑當世故以此譏之。盧文弨曰潮當作淖古潮字作淖故淖誤爲淖又誤爲潮 傳曰：危人而自安，害人而自利，此之謂也。危害死者以利生者與此義同

子宋子曰：明見侮之不辱，使人不鬭。宋子以解在天論篇宋子言若能明侵侮而不以爲辱之義則可使人不鬭也莊子說宋子曰見侮不辱救民之鬭尹文子曰見侮不辱見推不矜禁暴息兵救世之鬭此人君之德可以爲王矣宋子蓋尹文弟子何休注公羊曰以子冠氏上者著其師也言此者蓋以難宋子之徒也 人皆以見侮爲辱，故鬭也。知見侮之爲不辱，則不鬭矣。應之曰：然則亦以人之情爲不惡侮乎？曰：惡而不辱也。雖惡其侮而不以爲辱惡烏路反下同 曰：若是，則必不得所求焉。求不鬭必不得 凡人之鬭也，必以其惡之爲說，非以其辱之爲故也。凡鬭在於惡不在於辱也 今俳優、侏儒、狎徒詈侮而不鬭者，是豈鉅知見侮之爲不辱哉？狎戲也鉅與遽同言此倡優豈遽知宋子有見侮不辱之論哉。謝本從盧校注豈下無遽字王念孫曰豈鉅知者豈知也鉅亦豈也古人自有複語耳或言豈鉅或言豈遽或言庸鉅或言何遽其義一而已矣（說見漢書陸賈傳）楊讀鉅爲遽而云豈遽知失之盧刪注遽字各本皆有先謙案王說是今依各本增 然而不鬭者，不惡故也。今人或入其央瀆，竊其豬彘，央瀆中瀆也如今人家出水溝也 則援劍戟而逐之，不避死傷。是豈以喪豬爲辱也哉？然而不憚鬭者，惡之故也。雖以見侮爲辱也，不惡則不鬭。不知宋子之論者也 雖知見侮爲不辱，惡之則必鬭。知宋子之論也 然則鬭與不鬭邪，亡於辱之與不辱也，乃在於惡之與不惡也。夫今子宋子不能解人之惡侮，而務說人以勿辱也，豈不過甚矣哉？解達也不知人情惡侮而使見侮不辱是過甚

也解如字說讀爲稅 金舌弊口。猶將無益也。金舌以金爲舌金舌弊口以喻不言也雖子宋子見侵侮金舌弊口而不對欲以率先猶無益於不闘也揚子法言曰金口而木舌金或讀爲噤。盧文弨曰上云說人以勿辱此蓋言舌弊猶不見聽耳一說遒人木鐸金口木舌今即爲之金舌振之至於口弊亦何益哉俞樾曰金舌弊口謂說人非謂不言揚注非也此文當作金口弊舌金讀爲唫說文口部唫口急也弊讀爲敝言雖說之至於口唫舌敝猶無益也戰國策秦策舌敝耳聾此可證敝舌之義今作金舌弊口義不可通據楊注引法言金口而木舌又似本作金口者豈爲後人改竄故歟 不知其無益。則不知。不知此說無益是不知也 知其無益也。直以欺人。則不仁。不仁不知。辱莫大焉。發論而不仁不知辱無過此也 將以爲有益於人。則與無益於人也。與讀爲預本謂有益於人反預於無益人之論也。盧文弨曰注論宋本作謂王念孫曰楊說甚迂余謂與讀爲舉（舉古通作與說見經義述聞禮運）舉皆也（見左傳宣十七年注哀六年注）言其說皆無益於人也 則得大辱而退耳。說莫病是矣。本欲使人見侮不辱反自得大辱耳 子宋子曰。見侮不辱。應之曰。凡議必將立隆正然後可也。崇高正直然後可也。先謙案隆正猶中正下文大隆即大中也說見致士篇 無隆正。則是非不分。而辨訟不決。故所聞曰。天下之大隆。是非之封界。分職名象之所起。王制是也。名謂指名象謂法象王制謂王者之舊制 故凡言議期命。是非以聖王爲師。期物之所會也命名物也皆以聖王爲法也。王引之曰是非當作莫非正文云莫非以聖王爲師故楊注云皆以聖王爲師皆字正釋莫非二字（凡本書中言莫非莫不者注悉以皆字釋之）今本莫非作是非則義不可通蓋涉上文兩是非字而誤 而聖王之分。榮辱是也。聖王以榮辱爲人之大分豈如宋子以見侮爲不辱哉 是有兩端矣。榮辱各有二也 有義榮者。有埶榮者。有義辱者。有埶辱者。志意脩。德行厚。知慮明。是榮之由中出者也。夫是之謂義榮。爵列尊。貢祿厚。形埶勝。貢謂所受貢賦謂天子諸侯也祿謂受君之祿卿相士大夫也形埶謂埶位也 上爲天子諸侯。下爲卿相士大夫。是榮之從外至者也。夫是之謂埶榮。流淫汙僈。汙穢行也僈當爲漫已解在榮辱篇 犯分亂理。驕暴貪利。是辱之由中出者也。夫是之謂義辱。詈侮捽搏。捽持頭也搏手擊也 捶笞臏脚。捶笞皆杖擧也臏膝骨也腳古腳字臏腳謂刖其膝骨也鄒陽曰司馬喜臏腳於宋卒相中山斬斷枯磔。斷如字枯弃市暴屍也磔車裂也周禮以疈辜祭四方百物注謂披磔牲體也或者枯與疈辜義同歟韓子曰楚南之地麗水之中生金民多竊采之采金之禁得而輒辜磔甚衆而民竊金不止疑辜卽枯也又莊子有辜人謂犯罪應死之人也。王念孫曰後說是也周官掌戮殺王之親者辜之鄭注曰辜之言枯也謂磔之藉靡舌縪。藉見淩藉也才夜反靡纍縛也與縻義同卽謂胥靡也謂刑徒之人以鐵鎖相連纍也舌縪未詳或曰莊子云公孫龍口呿而不合舌舉而不下謂辭窮亦恥辱也是辱之由外至者也。夫是之謂埶辱。是榮辱之兩端也。故君子可以有埶辱。而不可以有義辱。小人可以有埶榮。而不可以有義榮。有埶辱無害爲堯。有埶榮無害爲桀。義榮埶榮。唯君子然後兼有之。義辱埶辱。唯小人然後兼有之。是榮辱之分也。聖王以爲法。士大夫以爲道。官人以爲守。百姓以爲成俗。萬世不能易也。言上下皆以榮辱爲治也士大夫主教化者官人守職事之官也。王念孫曰第四句本作百姓以成俗與上三句對文晉語注曰爲成也（廣雅同）以成俗卽以爲俗今本成上有爲字乃涉上三爲字而衍呂本無爲字禮論篇官人以爲守百姓以成俗成上亦無爲字今子宋子案不然。獨詘容爲己。慮一朝而改之。說必不行矣。言宋子不知聖人以榮辱爲大分獨欲屈容受辱爲己之道其謀慮乃欲一朝而改聖王之法說必不行矣譬之是猶以塼涂塞江海也。以焦僥而戴太山也。塼涂以涂壘塼也焦僥短人長三尺者。盧文弨曰塼俗字荀書當本作摶摶塗泥而塞江海必無用矣蹎跌碎折。不待頃矣。蹎與顚同躓也頃少頃也。郝懿行曰蹎者僵仆也經典俱假借作顚唯此是其本字注云蹎與顚同蓋不知顚乃假借耳二三子之善於子宋子者。殆不若止之。將恐得傷其體也。二三子慕宋子道者也止謂息其說也傷其體謂受大辱。盧文弨曰得未詳或云古與㝵通梵書以㝵爲礙亦有所本。俞樾曰得字無義疑復字之誤復者反也猶曰將恐反傷其體也言子宋子之說非徒無益於人或反以傷其體耳

子宋子曰。人之情欲寡。而皆以己之情爲欲多。是過也。宋子以凡人之情所欲在少不在多也莊子說宋子曰以禁攻寢兵爲外以情欲寡少爲內也。謝本從盧校作欲爲多王念孫曰人之情三字連讀欲寡二字連讀非以情欲連讀也而皆以己之情欲爲多呂本作而以己之情爲欲多是也（錢校亦云監本作情爲欲多

）已之情三字連讀欲多二字連讀謂人皆以已之情爲欲多不欲寡也自錢本始誤作以已之情欲爲多則似以情欲二字連讀矣（互見下條）天論篇注引此正作以已之情爲欲多先謙案王說是今從呂本改作爲欲多

故率其羣徒。辨其談說。明其譬稱。將使人知情欲之寡也。稱謂所宜也稱尺證反情欲之寡或爲情之欲寡也。王念孫曰案或本是也此謂宋子將使人知情之欲寡不欲多也下文云古之人以人之情爲欲多而不欲寡今子宋子以人之情爲欲寡而不欲多也（下人之情各本作是之情案人之情三字上文凡七見今據改）是其證楊本作情欲之寡非應之曰。然則亦以人之情爲欲。。盧文弨曰此欲字衍句當連下一說當作亦以人情爲不欲乎先謙案前說是目不欲綦色。耳不欲綦聲。口不欲綦味。鼻不欲綦臭。形不欲綦佚。此五綦者。亦以人之情爲不欲乎。曰。人之情欲是已。。先謙案欲是者欲上五綦曰。若是。則說必不行矣。以人之情爲欲此五綦者而不欲多。譬之是猶以人之情爲欲富貴而不欲貨也。好美而惡西施也。古之人爲之不然。以人之情爲欲多而不欲寡。故賞以富厚。而罰以殺損也。謂以富厚賞之以殺損罰之殺減也所介反是百王之所同也。故上賢祿天下。次賢祿一國。下賢祿田邑。愿慤之民完衣食。以人之情爲欲多故使德重者受厚祿下至愿慤之民猶得完衣食皆所以報其功今子宋子以是之情爲欲寡而不欲多也。然則先王以人之所不欲者賞。而以人之所欲者罰邪。亂莫大焉。如宋子之說乃大亂之道今子宋子嚴然而好說。嚴讀爲儼好說自喜其說也好呼報反聚人徒。立師學。成文曲。文曲文章也。王念孫曰成文曲義不可通曲當爲典字之誤也故楊注云文典文章也（今本注文亦誤作文曲）成文典謂作宋子十八篇也（見藝文志）非十二子篇云終日言成文典是其證然而說不免於以至治爲至亂也。豈不過甚矣哉。

荀子集解卷十三

禮論篇第十九舊目錄第二十三今升在論議之中於文爲比

禮起於何也。曰。人生而有欲。欲而不得。則不能無求。求而無度量分界。則不能不爭。量力舉反。○先謙案宋台州本無此四字有分扶問反四字 爭則亂。亂則窮。窮謂計無所出也 先王惡其亂也。故制禮義以分之。以養人之欲。給人之求。有分然後欲可養求可給 使欲必不窮乎物。物必不屈於欲。兩者相持而長。是禮之所起也。屈竭也先王爲之立中道故欲不盡於物物不竭於欲欲與物相扶持故能長久是禮所起之本意者也 故禮者養也。芻豢稻粱。五味調香。所以養口也。○王念孫曰香臭也非味也與五味調三字義不相屬下文云椒蘭芬苾所以養鼻是香以養鼻非以養口也香當爲盉說文盉調味也從皿禾聲今通作和昭廿年左傳曰和如羹焉水火醯醢鹽梅以亨魚肉宰夫和之齊之以味濟其不及以洩其過君子食之以平其心故曰五味調盉所以養口也盉與香字相似故盉誤爲香而楊注不釋盉字所見本已誤爲香矣說文又曰鬻(與羹同)五味盉羹也博古圖所載商周器皆有盉蓋因其可以盉羹而名之故其字從皿而以禾爲聲今經傳皆通用和字而盉字遂廢此盉字若不誤爲香則後人亦必改爲和矣 椒蘭芬苾。所以養鼻也。雕琢刻鏤。黼黻文章。所以養目也。鍾鼓管磬。琴瑟竽笙。所以養耳也。疏房檖䫉。越席。牀笫几筵。所以養體也。疏通也疏房通明之房也䫉古貌字檖䫉未詳或曰檖讀爲邃䫉廟也廟者宮室尊嚴之名或曰䫉讀爲邈言屋宇深邃緜邈也笫牀棧也越席蒲席也古人所重司馬貞曰疏窗也。○先謙案宋台州本注緜作緬 故禮者養也。君子既得其養。又好其別。曷謂別。曰。○先謙案史記禮書作又好其辨也所謂辨者 貴賤有等。長幼有差。貧富輕重皆有稱者也。稱謂各當其宜尺證反 故天子大路越席。所以養體也。側載睪芷。所以養鼻也。●盧文弨曰睪芷說在上篇史記禮書作臭茝臭亦臯之譌 前有錯衡。所以養目也。和鸞之聲。步中武象。趨中韶護。所以養耳也。竝解在正論篇 龍旗九斿。所以養信也。龍旗畫龍旗爾雅曰素陞龍于縿練斿九旗正幅爲縿斿所以屬之者也信謂使萬人見而信之相至尊也養猶奉也。○盧文弨曰注正幅爲縿宋本縿作緇元刻作絲皆誤今改正元刻練斿作練旒與今爾雅同郝懿行曰信與神同畫龍於旗取其神變此信蓋神之叚借古多借信爲伸此又借信爲神神與伸皆同聲之字故可相通楊氏不知叚借之義故云信謂使人見而信之其望文生訓不顧所安往往如此 寢兕。謂武士寢處於甲胄者也 持虎。謂以虎皮爲弓衣武士執持者也詩曰虎韔鏤膺劉氏云畫虎於鈴竿及楯也。○盧文弨曰持當爲特字之誤也寢兕特虎謂畫輪爲飾也劉昭注輿服志引古今注武帝天漢四年令諸侯王朱輪特虎居前左兕右麋小國朱輪畫特熊居前寢麋居左右白虎通亦曰朱輪特熊居前寢麋居左右此謂朱輪每輪畫一虎居前兕麋在兩旁卻後而相竝故虎稱特左右謂每輪兩旁也寢伏也大國畫特虎兕麋不寢小國則畫特熊二寢麋無兕天子乘輿蓋畫二寢兕居輪左右畫特虎居前歟此段若膺說 蛟韅。韅馬服之革蓋象蛟形徐廣曰以蛟魚皮爲之。○盧文弨曰史記蛟作鮫古字通用注馬服乃馬腹之誤徐說本說文楊云象蛟形與上下文虎兕龍一例勝徐說 絲末。末與幦同禮記曰君羔幦虎犆鄭云覆苓也絲幦蓋織絲爲幦亡狄反。○盧文弨曰絲末史記無 彌龍。所以養威也。彌如字又讀爲弭弭末也謂金飾衡軛之末爲龍首也徐廣曰乘輿車以金薄繆龍爲輿倚較文虎伏軾龍首銜軛。○盧文弨曰彌即說文之⿸麻耳廣韻引說文云⿸麻耳乘輿金耳也讀若濔水一讀若月令靡艸之靡金耳謂車耳即重較也徐廣說爲得之繆龍史記作璆龍索隱云璆然龍貌徐又云文虎伏軾龍首銜軛此引古類及之非正釋也衡軛當從史記注作衡軏爲是郝懿行曰金耳者金飾車耳也於倚較上刻爲交龍之形飾之以金以養威重龍取其威也王念孫曰盧注亦段說也今本說文作乘輿金飾馬耳也經段氏校正說見段氏說文注 故大路之馬必倍至教順然後乘之。所以養安也。倍至謂倍加精至也或以必倍爲句倍謂反之車在馬前令馬熟識車也至極教順然後乘之備驚奔也。○盧文弨曰史記倍至作信至先謙案倍當依史記作信倍信形近而譌據楊注則所見本已誤信至謂馬調良之極 孰知夫出死要節之所以養生也。孰甚也出死出身死寇難也要節自要約以節義謂立節也使其孰知出死要節盡忠於君是乃所以受祿養生也若不能然則亂而不保其生也要一遙反。○盧文弨曰此注舊本有譌有脫今訂正先謙案史記出死上多一士字 孰知夫出費用之所以養財也。費用財以成禮謂問遺之屬是乃所以求奉養其財不相侵奪也。○郭嵩燾曰用上疑奪文或作出費制用四句爲一例先謙案史記出作輕文義大異 孰知夫恭敬辭讓之所以養安也。無恭敬辭讓則亂而不安也 孰知夫禮義文理之所以養情也。無禮義文理則縱情性不知所歸也 故人苟生之爲見。若者必死。言苟唯以生爲所見不能出死要節若此者必死也 苟利之爲見。若者必害。苟唯以利爲所見不能用財以成禮若此者必遇害也苟怠惰偷懦之爲安。若者必危。懦讀爲儒言苟以怠惰爲安居不能恭敬辭讓若此者必危也。盧文弨曰偷儒非十二子篇作偷儒是也此與勸學篇作偷儒皆非先謙案宋台州本安下有居字據注似正文本有居字苟情說之爲樂。若者必滅。說讀爲悅言苟以情悅爲樂不知禮義文理忿其所欲若此者必滅亡也故人一之於禮義。則兩得之矣。一之於情性。則兩喪之矣。專一於禮義則禮義情性兩得專一於情性則禮義情性兩喪也故儒者將使人兩得之者也。墨者將使人兩喪之者也。是儒墨之分也。

禮有三本。天地者。生之本也。先祖者。類之本也。類種君師者。治之本也。無天地惡生。無先祖惡出。無君師惡治。三者偏亡焉無安人。偏亡謂闕一也故禮上事天。下事地。尊先祖而隆君師。是禮之三本也。所以奉其三本故王者天太祖。謂以配天也太祖若周之后稷諸侯不敢壞。謂不祧其廟若魯周公史記作不敢懷司馬貞云思也蓋誤耳大夫士有常宗。繼別子之後爲族人所常宗百世不遷之大宗也別子若魯三桓也所以別貴始。貴始得之本也。得當爲德言德之本在貴始穀梁傳有此語。盧文弨曰得大戴禮作德古二字通用先謙案此上是貴始之義史記作所以別貴賤貴賤治德之本也傳鈔致誤郊止乎天子。。先謙案史記作郊疇乎天子索隱疇類也天子類得郊天餘並不合祭而社止於諸侯。。先謙案史記作社至諸侯索隱言天子已下至諸侯得立社說文社地主也孝經緯社土地之主也土地闊不可盡敬故封土爲社以報功也案止字義不合當作至至止形近而誤楊所見荀子本亦作至於諸侯若作止於諸侯不訓爲自諸侯通及士大夫矣道及士大夫。道通也言社自諸侯通及士大夫也或曰道行神也祭法大夫適士皆得祭門及行史記道作蹈亦作啗司馬貞曰啗音含苞也言士大夫皆得苞立社僚謂當是道誤爲蹈傳寫又誤以蹈爲啗耳。盧文弨曰史記集解本道及作函及郝懿行曰案祭法云大夫以下成羣立社曰置社鄭注羣衆也大夫以下謂下至庶人也大夫不得特立社與民族居百家以上則共立一社今時里社是也此則社之禮下達庶人道謂通達也王念孫曰楊注皆出於小司馬其說道啗二字皆非也（楊以道爲行神亦非）道及者覃及也說見史記禮書先謙案史記作函及士大夫集解函音含索隱作啗云啗音含含謂包容鄒誕生音徒濫反大戴禮作導導亦通也今此爲啗者當以導與蹈同後其字足失止唯有口存故使解者穿鑿也錢氏大昕云函及者覃及也說文弓嘾也讀若含函從弓得聲亦與嘾同義古文導與禫同士喪禮中月而禫古文禫作導說文禫讀若三年導服之導亦謂禫服也導與禫通則亦與覃嘾通而啗又與嘾同音是文異而實不異小司馬疑啗爲蹈之譌由不知古音之變易也王氏念孫云錢謂導與覃通導及即覃及是也大雅蕩篇覃及鬼方爾雅覃延也言社自諸侯延及士大夫也臿當爲臽（今作陷）啗從臽得聲是臽與啗古同聲故鄒本作啗即臽之異文也啗與覃古亦同聲故鄒本之啗及即詩之覃及也錢以臿及爲覃及非也臿訓爲容非覃及之義臿與啗亦不同聲若本是臿字無緣通作啗也臽字本作臿形與臿相似因譌爲臿後人多見臿少見臽故經史中臽字多譌爲臿（說詳經義述聞若合而臿吾中下）

所以別尊者事尊。卑者事卑。宜大者巨。宜小者小也。。先謙案宋台州本有也字各本無以上下文例之當有今據補

故有天下者事十世。。當爲七穀梁傳作天子七廟先謙案大戴禮史記皆作七

有一國者事五世。有五乘之地者事三世。古者十里爲成成出革車一乘五乘之地謂大夫有菜地者得立三廟也。盧文弨曰注菜俗間本作采宋本元刻皆作菜案諸經正義中亦多作菜字白虎通京師篇凡三見皆作菜後漢馮魴傳食菜馮城是以匡謬正俗云古之經史采菜相通

有三乘之地者事二世。祭法所謂適士立二廟也

持手而食者。不得立宗廟。持其手而食謂農工食力也。先謙案持手大戴禮作待年史記作有特牲禮記曰庶人祭於寢

所以別積厚。積厚者流澤廣。積薄者流澤狹也。積與績同功業也穀梁傳僖公十五年震夷伯之廟夷伯魯大夫因此以見天子至於士皆有廟也天子七廟諸侯五大夫三士二故德厚者流光德薄者流卑是以貴始德之本也。盧文弨曰大戴及史記積厚二字不重王念孫曰不重者是也上文所以別尊者事尊卑者事卑與此文同一例則積厚二字不當重

大饗尚玄尊。俎生魚。先大羹。貴食飲之本也。大饗祫祭先王也尚上也玄酒水也大羹肉汁無鹽梅之味者也本謂造飲食之初禮記曰郊血大饗腥也

饗尚玄尊而用酒醴。先黍稷而飯稻粱。饗與享同四時享廟也用謂酌獻也以玄酒爲上而獻以酒醴先陳黍稷而後飯以稻粱也

祭齊大羹而飽庶羞。貴本而親用也。祭月祭也齊讀爲嚌至齒也謂尸舉大羹但至齒而已矣至庶羞而致飽也用謂可用食也。盧文弨曰大戴禮齊作嚌史記嚌下有先字兪樾曰揚注齊讀爲嚌此因大戴記而誤也齊當爲躋禮記樂記篇鄭注曰齊讀爲躋是也文二年左傳躋僖公杜注曰躋升也然則躋大羹者升大羹也正與上文尚玄尊先黍稷一律下文云豆之先大羹也是其義也大戴記禮三本篇作嚌疑即躋之壞字史記禮書嚌下有先字疑史公原文作先大羹後人因大戴之文妄增嚌字耳

貴本之謂文。親用之謂理。文謂脩飾理謂合宜

兩者合而成文。。郝懿行曰文理一耳貴本則溯追上古禮至備矣兼備之謂文親用則曲盡人情禮至察矣密察之謂理理統於文故兩者通謂之文也

以歸大一。夫是之謂大隆。貴本親用兩者相合然後備成文理大讀爲太太一謂太古時也禮記曰

夫禮必本於太一言雖備成文理然猶不忘本而歸於太一是謂大隆於禮司馬貞曰隆盛也得禮文理歸於太一是禮之盛也

故尊之尚玄酒也。俎之尚生魚也。俎之先大羹也。一也。一謂一於古也此以象太古時皆貴本之義故云一也。先謙案下俎字大戴禮史記作豆大羹盛於登俎豆蓋通言之

利爵之不醮也。成事之俎不嘗也。三臭之不食也。一也。醮盡也謂祭祀畢告利成利成之時其爵不卒奠於筵前也史記作不啐成事謂尸既飽禮成不嘗其俎儀禮尸又三飯士佐食受尸牢肺正脊加於肵是臭謂歆其氣謂食畢也許又反皆謂禮畢無文飾復歸於朴亦象太古時也史記作三侑之不食司馬貞曰禮祭必立侑以勸尸食至三飯而止每飯有侑一人故曰三侑既是勸尸故不自食也。俞樾曰楊注利爵不醮未盡其義利者謂佐食也利爵不醮蓋據大夫儐尸之禮有司徹篇利洗爵獻於尸尸酢獻祝祝受祭酒啐酒奠之是其事也利既獻尸尸卒爵酢利利又獻祝祝受奠之不啐示祭事畢也先謙案索隱云成事卒哭之祭故記曰卒哭曰成事既是卒哭始從吉祭故受爵而不嘗俎與楊注義異孔廣森云一也三者皆禮之終

大昏之未發齊也。大廟之未入尸也。始卒之未小斂也。一也。皆謂未有威儀節文象太古時也史記作大昏之未廢齊也司馬貞曰廢齊謂婚禮父親醮子而迎故曲禮云齊戒以告鬼神此三者皆禮之初始質而未備故云一也。盧文弨曰案古廢發音同通用俞樾曰齊當讀為醮發猶致也昏禮父親醮子而命之迎未發醮者未致醮也先謙案孔廣森云未入尸謂若饋食尸未入之前為陰厭也

大路之素未集也。郊之麻絻也。喪服之先散麻也。一也。大路殷祭天車王者所乘也未集不集丹漆也禮記云大路素而越席又曰丹漆雕幾之美素車之乘麻絻緝麻為冕所謂大裘而冕不用袞龍之屬也士喪禮始死主人散帶垂長三尺史記作大路之素幬司馬貞曰幬音稠謂車蓋素帷示質也。盧文弨曰注未舊本作亦質者也俞樾曰楊注未集不集丹漆也則但言素而其義已足矣不必言未集且未集二字義亦未足楊注非也未字當為末素末一事素集一事蓋一本作末一本作集傳寫誤合之而因改末為未以曲成其義非荀子原文也末者幦之叚字上文絲末楊注曰末與幦同禮記曰君羔幦虎犆鄭云覆笭也然則大路之素末亦即素幦耳大戴記禮三本篇作素幭幭與幦同荀子作末之本與大戴合集者幬之叚字集音轉而為就詩小旻篇是用不集韓詩作是用不就是也故得讀為幬爾雅釋訓幬謂之帳釋文曰幬本或作幗是幬字或從周聲山海經中山經暴山其獸多麋鹿麐就郭注曰就雕也然則以就為鵰猶以就為雕矣史記禮書正作素幬荀子作集之本與史記合先謙案大戴禮散麻作散帶孔廣森云帶要絰也喪禮小斂主人始絰散垂之既成服乃絞雜記曰大功以上散帶三者皆從質故云一也

三年之喪。哭之不文也。清廟之歌。一倡而三歎也。縣一鍾。尚拊之膈。朱絃而通越也。一也。不文謂無曲折也禮記曰斬衰之哭若往而不反清廟之歌謂工以樂歌清廟之篇也一人倡三人歎言和之者寡也縣一鍾比於編鍾為簡略也尚拊之膈未詳或曰尚謂上古也拊樂器名膈擊也即所謂戛擊鳴球搏拊琴瑟也尚古

樂所以示質也揚子雲長楊賦曰拮膈鳴球韋昭曰古文膈爲擊或曰膈當爲搏大戴禮作搏拊一名相禮記曰治亂以相拊所以輔樂相亦輔之義書曰搏拊琴瑟孔安國曰搏拊以韋爲之實之以糠所以節樂也周禮大祭祀登歌令奏擊拊司馬貞曰拊鬲謂縣鍾格也不擊其鍾而拊其格不取其聲示質也朱絃疏越鄭玄云朱絃練朱絃也練則聲濁越瑟底孔也所以發越其聲故謂之越疏通之使聲遲也史記作洞越或曰膈讀爲戛也。盧文弨曰不文大戴禮史記皆作不反觀注意此亦似本作不反文字疑誤郝懿行曰樂論篇以拊鞷與鞉柷椌楬相儷則皆樂器名也拊者以韋爲之實以糠膈彼作鞷其字從革竊疑亦拊之類不得依此注以膈爲擊也若長楊賦之拮膈鳴球則又借拮膈爲戛擊楊注爲誤引矣以此互相訂正則此當縣之一鍾句尚拊膈句文誤倒耳尚者上也鐘聲宏大言不貴彼而上此聲之近質者也先謙案不文當作不反盧說是也大戴禮鍾作鐘與磬同拊膈作拊搏無之字史記亦無明此之字衍尚書大傳曰古者帝王升歌清廟之樂大琴練絃達越大瑟朱絃達越

凡禮始乎梲。成乎文。終乎悅校。史記作始乎脫成乎文終乎稅言禮始於脫略成於文飾終於稅減禮記曰禮主其減校未詳大戴禮作終於隆隆盛也。盧文弨曰注隆字舊本不重案大戴作終於隆史記索隱所引同云隆謂盛也今據增郝懿行曰稅史記作脫疑此當作稅稅者斂也校當作恔恔者快也孟子於人心獨無恔乎趙注恔快是矣此言禮始乎收斂成乎文飾終乎悅快

故至備。情文俱盡。情文俱盡乃爲禮之至備情謂禮意喪主哀祭主敬之類文謂禮物威儀也 其次情文代勝。不能至備或文勝於情情勝於文是亦禮之次也 其下復情以歸大一也。雖無文飾但復情以歸質素是亦禮也若潢汙行潦之水可薦於鬼神也

天地以合。日月以明。四時以序。星辰以行。江河以流。萬物以昌。好惡以節。喜怒以當。言禮能上調天時下節人情若無禮以分別之則天時人事皆亂也昌謂各遂其生也 以爲下則順。以爲上則明。萬物變而不亂。貳之則喪也。禮豈不至矣哉。禮在下位則使人順在上位則治萬變而不亂貳謂不一在禮喪亡也。顧千里曰物字而字疑不當有大戴記禮三本篇無此二字可以爲證先謙案貳乃貣之誤字說見天論篇大戴禮作貣之則喪張參五經文字云貸相承或借爲貣呂覽管子史記皆以貣爲忒 立隆以爲極。而天下莫之能損益也。立隆盛之禮以極盡人情使天下不復更能損益也 本末相順。司馬貞曰禮之盛文理合以歸太一禮之殺復情以歸太一是本末相順也。俞樾曰順讀爲巡禮記祭義篇終始相巡此云本末相巡其義正同順巡竝從川聲故得叚用 終始相應。司馬貞曰禮始於脫略終於稅稅亦殺也殺亦脫略是終始相應也 至文以有別。至察以有說。言禮之至文以其有尊卑貴賤之別至察以其有是非分別之說司馬貞曰說音悅言禮之至察有以明隆殺委曲之情文足以悅人心也。王念孫曰以猶而也（說見釋詞）言至文而有別至察而有說也史記以有二字皆倒轉誤也楊前說誤解以字後用小司馬說讀說爲悅尤非 天下從之者治。不從者

亂。從之者安。不從者危。從之者存。不從者亡。小人不能測也。〔先謙案測史記誤則〕禮之理誠深矣。堅白同異之察。入焉而溺。其理誠大矣。擅作典制辟陋之說。入焉而喪。其理誠高矣。暴慢恣睢輕俗以爲高之屬。入焉而隊。〔隊古墜字墮也以其深故能使堅白者溺以其大故能使擅作者喪以其高故能使暴慢者墜司馬貞曰恣睢毁訾也。先謙案史記理並作貌喪作嗛〕故繩墨誠陳矣。則不可欺以曲直。衡誠縣矣。則不可欺以輕重。規矩誠設矣。則不可欺以方圓。君子審於禮。則不可欺以詐僞。故繩者直之至。衡者平之至。規矩者方圓之至。禮者人道之極也。然而不法禮不足禮。謂之無方之民。法禮足禮。謂之有方之士。〔足謂無溺失方猶道也。郝懿行曰方猶隅也廉隅謂有棱角士知砥厲故德有隅民無廉恥故喪其隅者也王念孫曰足禮謂重禮也不足禮謂輕禮也儒效篇云縱性情而不足問學則爲小人矣樂論篇云百姓不安其處不樂其鄉不足其上與此言不足禮同反是則足禮矣上文云禮者人道之極也正足禮之謂也楊注失之又曰足當爲是爾雅曰是則也則亦法也非十二子篇曰不法先王不是禮義（脩身篇曰不是師法而好自用）猶此言不法禮不是禮也是與足字相似而誤先謙案王前說是〕禮之中焉能思索。謂之能慮。禮之中焉能勿易。謂之能固。〔勿易不變也若不在禮之中雖能思索勿易猶無益〕能慮能固。加好者焉。〔。先謙案史記者作之此句當作加好之者焉史記引删者字荀書奪之字也無之字則語不圓足王制篇云爲之貫之積重之致好之者君子之始也致好下有之字是其例〕斯聖人矣。故天者高之極也。地者下之極也。無窮者廣之極也。〔東西南北無窮〕聖人者道之極也。故學者固學爲聖人也。非特學爲無方之民也。禮者以財物爲用。〔以貢獻問遺之類爲行禮之用也〕以貴賤爲文。〔以車服旗章爲貴賤文飾也〕以多少爲異。〔多少異制所以別上下也〕以隆殺爲要。〔隆豐厚殺減降也要當也禮或厚或薄唯其所當爲貴也〕文理繁。情用省。是禮之隆也。〔文理謂威儀情用謂忠誠若享獻之禮賓主百拜情唯主敬文過於情是禮之隆盛也。先謙案史記理作貌用作欲下同〕文理省。情用繁。是禮之殺也。若尊以尙玄酒本於質素情過於文雖減殺是亦禮也 文理情用，相爲內外表裏，竝行而雜，是禮之中流也。或豐或殺情文代勝竝行相雜是禮之中流中流言如水之淸濁相混也。王念孫曰雜讀爲集爾雅集會也言文理情用竝行而相會也集雜古字通（月令四方來集呂氏春秋仲秋紀集作雜論衡別通篇集糅非一即雜糅）楊未達假借之旨兪樾曰雜讀爲帀古雜與帀通呂氏春秋圜道篇圜周復雜注曰雜猶帀也淮南子詮言篇以數雜之壽憂天下之亂注曰雜帀也人生子從子至亥爲一帀然則竝行而雜言竝行而周帀也楊注非先謙案中流猶中道下有複句可互證楊注非 故君子上致其隆，下盡其殺，而中處其中。君子知禮者致極也言君子於大禮則極其隆厚小禮則盡其隆殺中用得其中皆不失禮也 步驟馳騁厲騖不外是矣，是君子之壇宇宮廷也。厲騖疾騖也史記作廣騖言雖馳騁不出於隆殺之間壇宇宮廷已解於上 人有是，士君子也；外是，民也。是猶此也民民氓無所知者。王念孫曰是謂禮也有讀爲域孟子公孫丑篇注曰域居也人域是人居是也故與外是對文商頌元鳥篇奄有九有韓詩作九域（見文選册魏公九錫文注）魯語共工氏之伯九有也韋注曰有域也漢書律厤志引祭典曰共工氏伯九域是域有古通用史記禮書正作人域是（索隱域居也） 於是其中焉，方皇周挾，曲得其次序，是聖人也。方皇讀爲仿偟猶徘徊也挾讀爲浹帀也言於是禮之中徘徊周帀委曲皆得其次序而不亂是聖人也 故厚者禮之積也，大者禮之廣也，高者禮之隆也，明者禮之盡也。聖人所以能厚重者由積禮也能弘大者由廣禮也崇高者由隆禮也明察者由盡禮也司馬貞曰言君子聖人有厚大之德則爲禮之所歸積益弘廣也 詩曰：「禮儀卒度，笑語卒獲。」此之謂也。引此明有禮動皆合宜也

禮者，謹於治生死者也。謹嚴 生，人之始也；死，人之終也。終始俱善，人道畢矣。故君子敬始而愼終，終始如一，是君子之道，禮義之文也。夫厚其生而薄其死，是敬其有知而慢其無知也，是姦人之道而倍叛之心也。君子以倍叛之心接臧穀，猶且羞之，而況以事其所隆親乎！臧已解在王霸篇莊子曰臧與穀相與牧羊音義云孺子曰穀或曰穀讀爲鬭穀於菟之穀穀乳也謂哺乳小兒也所隆親所厚之親也。王引之曰隆尊也（見經解注）隆親二字平列所隆謂君也所親謂父母也下文曰臣之所以致重其君子之所以致重其親是其證楊注非

故死之爲道也。一而不可得再復也。臣之所以致重其君。子之所以致重其親。於是盡矣。以其一死不可再復臣子於極重之道不可不盡也故事生不忠厚不敬文。謂之野。忠厚忠心篤厚敬文恭敬有文飾野野人不知禮者也送死不忠厚不敬文。謂之瘠。瘠薄君子賤野而羞瘠。故天子棺槨十重。諸侯五重。大夫三重。士再重。禮記曰天子之棺四重水兕革棺被之其厚三寸杝棺一梓棺二四者皆周棺束縮二衡三衽每束一柏槨以端長六尺又禮器曰天子七月而葬五重八翣鄭云五重謂抗木與茵也今十重蓋以棺槨與抗木合爲十重也諸侯以下與禮記多少不同未詳也。郝懿行曰十當作五古五作乂與十形近易譌上有天下者事十世十當爲七然天子七重於古無文作五或猶近之而檀弓云天子之棺四重鄭注諸公三重諸侯再重大夫一重士不重與此復不同若依鄭義推之此重數俱有加亦當言天子五重諸侯三重大夫二重士一重矣王引之曰十疑當作七（凡經傳中七十二字多互譌不可枚舉）禮自上以下降殺以兩天子七重故諸侯減而爲五大夫減而爲三也楊注非然後皆有衣衾多少厚薄之數。皆有翣菨文章之等以敬飾之。衣謂衣衾禮記所謂君陳衣於庭百稱之比者也衾謂君錦衾大夫縞衾士緇衾也食謂遣車所苞遣奠也翣菨當爲蔞翣鄭康成云蔞翣棺之牆飾也翣以木爲筐衣以白布畫爲雲氣如今之攝也周禮縫人衣翣柳之材鄭云必先纏衣其木乃以張飾也柳之言聚也諸飾所聚柳以象宮室也劉熙釋名云輿棺之車其蓋曰柳文章之等謂君龍帷三池振容黼荒火三列黻三列素錦褚加帷荒纁紐六齊五采五貝黼翣二黻翣二畫翣二皆戴圭魚躍拂池君纁戴六纁披六大夫以下各有差也。盧文弨曰正文衣衾案注當本作衣食元刻於注頗有刪節今悉依宋本王念孫曰盧說是也正文本作然後皆有衣食多少厚薄之數（衣字統衣衾而言）楊注本作衣謂衣衾（此釋正文衣字）衣禮記所謂君陳衣於庭百稱之比者也衾謂君錦衾大夫縞衾士緇衾也（此是楊氏自釋注內衣衾二字非釋正文也正文本無衾字）食謂遣車所苞遣奠也（此釋正文食字）宋本正文食字誤而爲衾注文禮記上又脫一衣字則義不可通而元刻遂妄加刪節矣使生死終始若一。一足以爲人願。是先王之道。忠臣孝子之極也。生死如一則人願皆足忠孝之極在此也天子之喪動四海。屬諸侯。諸侯之喪動通國。屬大夫。大夫之喪動一國。屬脩士。脩士之喪動一鄉。屬朋友。屬謂付託之使主喪也通國謂通好之國也一國謂同在朝之人也脩士士之進脩者謂上士也一鄉謂一鄉內之姻族也春秋傳曰天子七月而葬同軌畢至諸侯五月而葬同盟至大夫三月同位至士踰月外姻至。王念孫曰屬合也（四屬字義竝同）下文云庶人之喪合族黨動州里是也周官州長各屬其州之民而讀法鄭注曰屬猶合也聚也晉語三屬諸侯韋注屬會也楊注失之庶人之喪。合族黨。動州里。刑餘罪人之喪。不得合族黨。獨屬妻子。棺椁三寸。衣衾三領。不得飾棺。不得晝行。以昏殣。凡緣而往埋之。刑餘遭刑之餘死者墨子曰桐棺三寸葛以爲緘趙簡子亦云然則厚三寸刑人之棺也喪大記士陳衣於序東三十稱今云三領亦貶損之甚也殣道死人也詩曰行有死人尚或殣之今昏殣如掩道路之死人惡之甚也凡常也緣因也言其妻子如常日所服而埋之不更加絰杖也今猶謂無威飾爲緣身也。郝懿行曰按緣身今俗亦有此語反無哭泣之節。無衰麻之服。無親疏月數之等。各反其平。各復其始。。王引之曰平字文義不明平當爲本字之誤也本亦始也（呂氏春秋孝行篇注本始也晉語注始本根也）反其本卽復其始謂若無喪時也又曰平字不誤下文曰久而平楊注久則哀殺如平常也是其證前謂平當爲本失之已葬埋。若無喪者而止。夫是之謂至辱。此蓋論墨子薄葬是以至辱之道奉君父也禮者。謹於吉凶。不相厭者也。厭掩也烏甲反謂不使相侵掩也或曰不使相厭惡非也紸纊聽息之時。則夫忠臣孝子亦知其閔已。紸讀爲注注纊卽屬纊也言此時知其必至於憂閔也或曰紸當爲絓絓苦化反以爲罫字非也。兪樾曰楊注文義迂曲殊非也爾雅釋詁閔病也詩柏舟篇覯閔旣多鴟鴞篇鬻子之閔斯毛傳竝曰閔病也亦知其閔已猶言亦知其病已病謂疾甚也儀禮旣夕記注曰疾甚曰病然而殯斂之具未有求也。所謂不相厭也垂涕恐懼。然而幸生之心未已。持生之事未輟也。卒矣。然後作具之。作之具之故雖備家。必踰日然後能殯。三日而成服。備豐足也。郝懿行曰備具也皆也物皆饒多夙具故謂富家爲備家郭嵩燾曰備家不詞當卽下備物此時雖備物不敢遽也踰日而殯三日而成服而後所備之物畢作也然後告遠者出矣。備物者作矣。故殯久不過七十日。速不損五十日。此皆據士喪禮首尾三月者也損減也是何也。曰。遠者可以至矣。百求可以得矣。百事可以成矣。其忠至矣。其節大矣。其文備矣。忠誠也節人子之節也文器用儀制也子思曰喪三日而殯凡附於身者必誠必信勿之有悔焉耳三月而葬凡附於棺者必誠必信勿之有悔焉耳然後月朝卜日。月夕卜宅。然後葬也。月朝月初也月夕月末也先卜日知其期然後卜宅此大夫之禮也士則筮宅士喪禮先筮宅後卜日此云月朝卜日月夕卜宅未詳也。郝懿行曰夕與昔古字通昔者舊也舊已卜宅月朝乃卜日也王引之曰當作月朝卜宅月夕卜日今本宅日二字上下互誤耳斷無先卜日後卜宅之理當是時也。其義止。誰得行之。其義行。誰得止之。聖人爲之節制使聖者抑情不肖者企及故三月之葬。其須以生設飾死者也。殆非直留死者以安生也。須象也言其象以生之所設器用飾死者三月乃能備也是致隆思慕之義也。

喪禮之凡。凡謂常道。盧文弨曰喪禮宋本作卒禮下同變而飾。謂殯斂每加飾動而遠。禮記子游云飯於牖下小斂於戶內大斂於阼殯於客位祖於庭葬於墓所以即遠也久而平。久則哀殺如平常也故死之爲道也。不飾則惡。惡則不哀。尒則翫。尒與邇同翫戲狎也翫則厭。厭則忘。忘則不敬。一朝而喪其嚴親。。俞樾曰禮記大傳篇收族故宗廟嚴鄭注曰嚴猶尊也嚴親卽尊親嚴謂君親謂父母而所以送葬之者不哀不敬。則嫌於禽獸矣。君子恥之。故變而飾。所以滅惡也。動而遠。所以遂敬也。遂成也邇則懼敬不成也久而平。所以優生也。優養生者謂送死有已復生有節也禮者。皆謂使賢不肖得中也賢者則斷長續短。損有餘。益不足。達愛敬之文。而滋成行義之美者也。達愛敬之文而已不至於滅性不肖者用此成行義之美不至於禽獸也故文飾麤惡。聲樂哭泣。恬愉憂戚。是反也。是相反也然而禮兼而用之。時舉而代御。御進用也時吉則吉時凶則凶也。王念孫曰此時字非謂天時時者更（音庚）也謂文飾與麤惡聲樂與哭泣恬愉與憂戚皆更舉而代御也方言曰蒔（郭音侍）更也古無蒔字故借時爲之莊子徐無鬼篇云堇也桔梗也雞廱也豕零也是時爲帝者也（爾雅帝君也）淮南齊俗篇云見雨則裘不用升堂則蓑不御此代爲帝者也（帝今本誤作常）說林篇云旱歲之土龍疾疫之芻靈是時爲帝者也（今本脫時字據高注補）太平御覽器物部十引馮衍詒鄧禹牋云見雨則裘不用上堂則蓑不御此更爲適者也（適讀嫡子之嫡廣雅嫡君也）或言時爲或言代爲或言更爲是時代皆更也（方言更代也說文代更也）故曰時舉而代御楊說時字之義未了故文飾聲樂恬愉。所以持平奉吉也。麤衰哭泣憂戚。。王念孫曰麤衰本作麤惡此後人不曉文義而妄改之也麤惡對文飾哭泣對聲樂憂戚對恬愉皆見上文麤惡二字所包者廣不止麤衰一事不得改麤惡爲麤衰也下注云立麤衰以爲居喪之飾則楊所見本已誤所以持險奉凶也。持扶助也險謂不平之時故其立文飾也。不至於窕冶。窕讀爲姚姚冶妖美也。其立麤衰也。不至於瘠弃。立麤衰以爲居喪之飾，亦不使羸瘠自弃。其立聲樂恬愉也。不至於流淫惰慢。其立哭泣哀戚也。不至於隘懾傷生。是禮之中流也。隘，窮也。懾猶戚也，之怯反。中流，禮之中道也。故情貌之變。足以別吉凶明貴賤親疏之節期止矣。期當爲斯。外是姦也。雖難。君子賤之。故量食而食之。量要而帶之。相高以毀瘠。是姦人之道也。非禮義之文也。非孝子之情也。將以有爲者也。非禮義之節文孝子之眞情，將有作爲以邀名求利，若演門也。○盧文弨曰：注演門未詳。故說豫娩澤。憂戚萃惡。是吉凶憂愉之情發於顏色者也。說讀爲悅。豫，樂也。娩，媚也，音晚。澤，顏色潤澤也。萃與顇同。惡，顏色惡也。發，見也。○王念孫曰：娩讀若問。娩澤，顏色潤澤也。說豫與憂戚對文，娩澤與萃惡對文，故曰是憂愉之情發於顏色者也。內則免薨，鄭注：免，新生者；薨，乾也。釋文：免音問。娩、免古字通。內則以免對薨，猶此文之以娩澤對惡萃也。楊讀爲婉娩之娩，分娩澤爲二義，與萃惡不對矣。歌謠謸笑。哭泣諦號。是吉凶憂愉之情發於聲音者也。謸與傲同，戲謔也。說文云：謸，悲聲。與此義不同。諦讀爲啼。管子曰：豕人立而諦。古字通用。號，胡刀反。○盧文弨曰：案春秋繁露執贄篇：羊殺之不諦。淮南精神訓：病疵瘕者跂踦而諦。竝以諦爲啼。芻豢稻粱酒醴。餰鬻魚肉菽藿酒漿。是吉凶憂愉之情發於食飲者也。餰鬻菽藿，喪者之食。○郝懿行曰：藿，豆葉也。說苑十一：藿食者尙伺與焉。是菽藿皆卑賤之所食也。王念孫曰：酒漿當爲水漿。芻豢稻粱酒醴魚肉，吉事之飲食也；餰鬻菽藿水漿，凶事之飲食也。今本水漿作酒漿，則既與凶事不合，又與上文酒醴相複矣。此酒字卽涉上酒醴而誤。兪樾曰：王說是也。魚肉二字當在餰鬻二字之上。蓋芻豢稻粱酒醴魚肉屬吉，餰鬻菽藿水漿屬凶，方與上下文一律。今魚肉字誤倒在餰鬻下，則吉凶不倫矣。楊注：餰鬻菽藿，喪者之食。疑楊氏所見本尙未倒，故以餰鬻菽藿連文也。當據以訂正。卑絻黼黻文織。資麤衰絰菲繐菅屨。是吉凶憂愉之情發於衣服者也。卑絻與裨冕同。衣裨衣而服冕也。裨之言卑也。天子六服，大裘爲上，其餘爲卑，以事尊卑服之，諸侯以下皆服焉。文織，染絲織爲文章也。資與齋同，卽齊衰也。麤，麤布也。今麤布亦謂之資。菲，草衣，蓋如蓑然，或當時喪者有服此也。繐，繐衰也。鄭玄云：繐衰，小功之縷，四升半之衰也。凡布細而疏者謂之繐。今南陽有鄧繐布。菅，茅也。春秋傳曰：晏子杖菅屨也。○盧文弨曰：注鄧繐布，今儀禮無布字。王念孫曰：案富國篇曰：天子袾裷衣冕，諸侯元裷衣冕，大夫裨冕，士皮弁。大略篇曰：天子山冕，諸侯元冠，大夫裨冕，士韋弁。其制上下不同，此不當獨舉裨冕言之。楊以卑絻爲裨冕，未是也。卑絻疑當爲弁絻，弁卽今弁字。弁絻黼黻文織皆二字平列且弁絻二字兼上下而言此篇曰弁絻黼黻文織君道篇曰冠弁衣裳黼黻文章曾子問曰天子賜諸侯大夫冕弁服禮運曰冕弁兵革昭元年左傳曰吾與子弁冕端委九年傳曰猶衣服之有冠冕宣元年公羊傳曰已練可以弁冕僖八年穀梁傳曰弁冕雖舊必加於首或言弁冕或言冕弁或言冠冕或言冠弁皆二字平列且兼上下而言故知冔絻爲㝸絻之誤說文覍冕也籀文作㝸或作弁今經傳皆作弁而覍㝸弁三字遂廢此㝸字若不誤爲冔則後人亦必改爲弁矣

疏房檖䫉越席牀笫几筵，屬茨倚廬席薪枕塊，是吉凶憂愉之情發於居處者也。茨蓋屋草也屬茨令茨相連屬而已至疏漏也倚廬鄭云倚木爲廬謂一邊著地如倚物者旣葬柱楣塗廬也 兩情者，人生固有端焉。兩情謂吉與凶憂與愉言此兩情固自有端緒非出於禮也 若夫斷之繼之，博之淺之，益之損之，類之盡之，盛之美之，使本末終始莫不順比，足以爲萬世則，則是禮也。人雖自有憂愉之情必須禮以節制進退然後終始合宜類之謂觸類而長比附會也䟫至反 非順孰脩爲之君子莫之能知也。順從也孰精也脩治也爲作也 故曰：性者本始材朴也，偽者文理隆盛也。無性則偽之無所加，無偽則性不能自美。之往。郝懿行曰朴當爲樸樸者素也言性本質素禮乃加之文飾所謂素以爲絢也偽卽爲字之不訓往注非下云性偽合一斯乃聖人所以成名性惡篇云聖人化性而起偽偽起於性而生禮義卽此所謂性偽合矣 性偽合，然後聖人之名一，天下之功於是就也。一謂不分散言性偽合然後成聖人之名也 故曰：天地合而萬物生，陰陽接而變化起，性偽合而天下治。天能生物，不能辨物也，地能載人，不能治人也；宇中萬物生人之屬，待聖人然後分也。詩曰：「懷柔百神，及河喬嶽。」此之謂也。引此喻聖人能弁治之詩周頌時邁之篇

喪禮者，以生者飾死者也，大象其生以送其死也。故如死如生，如亡如存，終始一也。不以死異於生亡異於存。郝懿行曰案檀弓云之死而致生之不知而不可爲也故言如死者知之盡也又云之死而致死之不仁而不可爲也故言如生者仁之至也中庸曰事死如生事亡如存仁知備矣俞樾曰如死如生如亡如存義不可通當作事死如生事亡如存上兩如字誤也篇末云哀夫敬夫事死如事生事亡如事存可知此文之譌當據以訂正 始卒，沐浴、鬠體、飯唅，象生執也。儀禮鬠用組鄭

云用組組束髮也古文鬠皆爲括體謂爪揃之屬士喪禮主人左扱米實於右三實一貝左中亦如之凡實米唯盈鄭云于右尸口之右唯盈取滿而已是飯唅之禮也象生執謂象生時所執持之事執或爲持

不沐則濡櫛三律而止。不浴則濡巾三式而止。律理髮也今秦俗猶以枇髮爲栗癘經也式與拭同士喪禮尸無有不沐浴者此云不蓋末世多不備禮也。盧文弨曰注枇髮舊本枇作批謬案魏志管輅傳筮十三物一一名之惟以梳爲枇耳古枇作比漢書有比疎蓋梳疎而比密也說文櫛下云梳比之總名郝懿行曰枇當作比比者梳之密者也律猶類也今齊俗亦以比去蟣蝨爲律言一類而盡除之也律栗音同注內栗字依正文作律亦可不必別出栗字也

充耳而設瑱。士喪禮瑱用白纊鄭云瑱充耳纊新緜也

飯以生稻。唅以槁骨。反生術矣。生稻米也槁枯也槁骨貝也術法也前說象其生也此已下說反於生之法也

說褻衣。襲三稱。縉紳而無鉤帶矣。縉與搢同扱也紳大帶也搢紳謂扱於帶鉤之所用弛張也今不復解脫故不設鉤也褻衣親身之衣也士喪禮飯唅後乃襲三稱明衣不在算設韐帶搢笏禮記曰季康子之母死陳褻衣鄭玄云褻衣非上服陳之將以斂也。盧文弨曰正文說字疑當作設王念孫曰錢本說作設與盧說合先謙案宋本台州本作設

設掩面儇目。鬠而不冠笄矣。士喪禮掩用練帛廣終幅長五尺儇與還同繞也士喪禮幎目用緇方尺二寸䞓裏著組繫幎讀如縈縈與還義同鬠而不笄謂但鬠髮而已不加冠及笄也士喪禮笄用桑又云鬠用組乃笄此云不笄或後世略也

書其名置於其重。則名不見而柩獨明矣。書其名於旌也士喪禮爲銘各以其物亡則以緇長半幅䞓末長終幅廣三寸書銘於末曰某氏某之柩重以木爲之長三尺夏祝鬻餘飯用二鬲縣於重冪用葦席書其名置於重謂見所書置於重則名已無但知其柩也士喪禮祝取銘置於重案銘皆有名此云無蓋後世禮變今猶然

薦器則冠有鍪而毋縰。薦器謂陳明器也鍪冠捲如兜鍪也縰韜髮者也士冠禮緇纚廣終幅長六尺謂明器之冠也有如兜鍪加首之形而無韜髮之縰也鍪之言蒙也冒也所以冒首莫侯反或音冒

甕廡虛而不實。士喪禮甕三醯醢屑廡二醴酒皆有冪蓋喪禮陳鬼器人器鬼器虛人器實也禮記宋襄公葬其夫人醯醢百甕曾子曰既曰明器而又實之。盧文弨曰此與下所引士喪禮皆見既夕篇中鄭云古文甒皆作廡

有簟席而無牀笫。此言棺中不施牀笫大斂小斂則皆有也

木器不成斲。陶器不成物。薄器不成內。木不成於雕琢不加功也瓦不成於器物不可用也薄器竹葦之器不成內謂有其外形內不可用也內或爲用禮記曰竹不成用瓦不成味鄭云成善也竹不可善用謂邊無縢也味當作沬沬靧也。郝懿行曰內與納同古皆以內爲納內者入也入即納也非內外之內注誤注云內或爲用用字於義較長檀弓云竹不成用王念孫曰案作用者是內即用之譌注前說非

笙竽具而不和。琴瑟張而不均。鄭云無宮商之調也

輿藏而馬反。告不用也。輿謂輁軸也國君謂之輴藏謂埋之也馬謂駕輁軸之馬告示也言也士喪禮既啓遷于祖廟用軸禮記

君葬用䡅四綍二碑夫人葬用輴二綍二碑士葬用國車皆至葬時埋之也 具生器以適墓。象徙道也。生器用器也弓矢盤盂之屬徙遷改也徙道其生時之道器當在家今以適墓以象人行不從常行之道更徙它道也。郝懿行曰徙者迻也象徙道者禮如將迻居然耳亦不忍死其親之意注似未了 略而不盡。須而不功。趨輿而藏之。金革轡靷而不入。明不用也。略而不盡謂簡略而不盡備也須形也言但有形須不加功精好也趨輿而藏之謂以輿趨於墓而藏之趨者速藏之意金謂和鸞革車鞎也說文云靷所以引軸者也杜元凱云靷在馬胷或曰須讀如邈像也今謂畫物為須下須皆同義。盧文弨曰趨者下俗閒本有速也二字宋本元刻皆無車鞎舊誤作車軑今據爾雅改正王念孫曰金革卽小雅蓼蕭所謂鞗革也說文鞗作鋚云轡首銅也從金攸聲（石鼓文及寅簋文作鋚勒焦山鼎作攸勒伯姬鼎作攸勒寏辟父敦作攸革）爾雅曰轡首謂之革故曰金革轡靷楊以金為和鸞失之又曰革車鞅也宋本鞅譌作鋚今本譌作軑盧又改軑為鞎皆與金革無涉 象徙道又明不用也。以器適墓象其改易生時之器亦所以明不用 是皆所以重哀也。有異生時皆所以重孝子之哀也 故生器文而不功。明器須而不用。生器生時所用之器士喪禮曰用器弓矢耒耜兩敦兩杅盤匜之屬明器鬼器木不成斲竹不成用瓦不成沬之屬禮記曰周人兼用之以言不知死者有知無知故雜用生器與明器也 凡禮。事生。飾歡也。送死。飾哀也。祭祀。飾敬也。師旅。飾威也。是百王之所同。古今之所一也。未有知其所由來者也。故壙壠。其須象室屋也。壙墓中壠冢也禮記曰適墓不登壠須猶意也言其意以象生時也或音邈 棺椁。其須象版蓋斯象拂也。版謂車上障蔽者蓋車蓋也斯未詳象衍字拂卽茀也爾雅釋器云輿革前謂之鞎後謂之茀郭云以韋靶車軾及後戶也。郝懿行曰版蓋者棺椁所以象屋旁為版上為蓋非車之版蓋也斯疑縱之音譌（縱與纚同）象非衍字拂與茀同斯象拂者蓋如喪大記云飾棺君龍帷黼荒大夫畫帷畫荒士布帷布荒之類皆所以蒙茀棺上因以為飾也禮記問喪篇雞斯當為笄纚聲之誤此誤正同俞樾曰版者車轓也漢書景帝紀令長吏二千石車朱兩轓千石至六百石朱左轓應劭曰車耳反出所以為之藩屏翳塵泥也廣雅釋器曰轓謂之軓版與軓通楊注說版字未了又云斯未詳象衍字既為衍字則斯拂連文楊云拂卽茀也然則斯與拂必同類之物爾雅釋器云輿革前謂之鞎後謂之茀鞎字從艮聲與斤聲相近故垠從艮聲或體作圻從斤聲是其例也斯疑靳字之誤靳之本義為當膺而古或借為之鞎廣雅釋器彌鞼謂之靳王氏疏證亦未詳不知彌鞼之靳卽輿革前謂之鞎也惟其在前故繫於轅也此以版蓋靳拂並言版卽軓也在車旁蓋者車蓋也在車上靳在前拂在後其所說至為詳備矣靳字本當作鞎而借用靳亦猶齒本字當作斷而太元密次八琢齒依齗則借用齗齗者齧也非齒本也艮斤聲近故字得通耳乃靳又誤作斯則其義遂不可見矣 無帾絲歶縷翣。其須以象菲帷幬尉也。無讀爲幠幠覆也所以覆尸者也士喪禮幠用斂衾夷衾是也帾與褚同禮記曰素錦褚又曰褚幕丹質鄭云所以覆棺也絲歶未詳蓋亦喪車之飾也或曰絲讀爲緌禮記曰畫翣二皆戴緌鄭云以五采羽注於翣首也歶讀爲魚謂以銅魚縣於池下禮記曰魚躍拂池縷讀爲柳蔞字誤爲縷字耳菲謂編草爲蔽蓋古人所用障蔽門戶者今貧者猶然或曰菲當爲厞隱也謂隱奧之處也或曰菲讀爲扉戶扇也幬讀爲嶹尉讀爲罻罻網也帷幬如網也。王念孫曰幠者柳車上覆卽禮所謂荒也喪大記曰飾棺君龍帷黼荒素錦褚加僞荒鄭注曰荒蒙也（鄘風君子偕老傳曰蒙覆也）在旁曰帷在上曰荒皆所以衣柳也僞當爲帷大夫以上有褚以襯覆棺乃加帷荒於其上（以上鄭注）荒幠一聲之轉皆謂覆也故柳車上覆謂之荒亦謂之幠帾卽素錦褚之褚幠帾皆所以飾棺幠在上象幕帾在下象幄故曰其貌象菲帷幬尉也周官縫人掌縫棺飾鄭注曰若存時居於帷幕而加文繡是也若斂衾夷衾非所以飾棺不得言象菲帷幬尉矣詩公劉傳曰荒大也閟宮傳曰荒有也爾雅曰幠大也有也是幠與荒同義幠從無聲荒從巟聲巟從亡聲荒之轉爲幠猶亡之轉爲無故詩遂荒大東爾雅注引作遂幠大東禮記毋幠毋敖大戴作無荒無傲矣抗折。其須以象槾茨番閼也。士喪禮陳明器於乘車之西折橫覆之鄭云折如牀縮者三橫者五無簀窆事畢加之壙上以承抗席抗禦也所以禦止土者槾杅也茨蓋屋也槾茨猶壂茨也槾莫于反番讀爲藩藩籬也閼謂門戶壅閼風塵者抗所以禦土折所以承抗皆不使外物侵內有象於槾茨藩閼也。盧文弨曰舊本注引士喪禮多脫誤今補正

故喪禮者無它焉。明死生之義。送以哀敬。而終周藏也。故葬埋。敬藏其形也。葬也者藏也所以爲葬埋之禮敬藏其形體也祭祀。敬事其神也。其銘誄繫世。敬傳其名也。銘謂書其功於器物若孔悝之鼎銘者誄謂誄其行狀以爲謚也繫世謂書其傳襲若今之譜諜也皆所以敬傳其名於後世也。俞樾曰周官小史職曰奠世繫辨昭穆鄭司農云繫世謂帝繫世本之屬是也以帝繫解繫字世本解世字則繫也世也自是二事與銘誄相對楊注未得事生。飾始也。送死。飾終也。終始具而孝子之事畢。聖人之道備矣。刻死而附生謂之墨。刻生而附死謂之惑。刻損減附增益也墨墨子之法惑謂惑亂過禮也。王念孫曰墨與惑賊對文則墨非墨子之謂上文云事生不忠厚不敬文謂之野送死不忠厚不敬文謂之瘠（楊注瘠薄）此云刻死而附生謂之墨樂論云亂世之徵其養生無度其送死瘠墨又以瘠墨連文則墨非墨子明矣殺生而送死謂之賊。殉葬殺人與賊同也大象其生以送其死。使死生終始莫不稱宜而好善。是禮義之法式也。儒者是矣。

三年之喪何也。曰。稱情而立文。鄭康成曰稱人之情輕重而制其禮也因以飾羣別親疏貴賤之

節。而不可益損也。故曰：無適不易之術也。羣別謂羣而有別也。適，往也。無往不易，言所至皆不可易此術。或曰：適讀爲敵。○謝本從盧校作不是。郝懿行曰：依注，是當爲易，轉寫之譌。或曰適讀爲敵，亦通。先謙案：各本譌是，據宋台州本正作易。創巨者其日久，痛甚者其愈遲，三年之喪，稱情而立文，所以爲至痛極也。創，傷也。楚良反。日久愈遲，互言之也。皆言久乃能平，故重喪必待三年乃除，亦爲至痛之極，不可朞月而已。齊衰、苴杖、居廬、食粥、席薪、枕塊，所以爲至痛飾也。齊衰，禮記作斬衰。苴杖，謂以苴惡色竹爲之杖。鄭云：飾，謂章表也。三年之喪，二十五月而畢，哀痛未盡，思慕未忘，然而禮以是斷之者，豈不以送死有已，復生有節也哉。斷，決也。丁亂反。鄭云：復生，謂除喪反生者之事也。凡生乎天地之閒者，有血氣之屬必有知，有知之屬莫不愛其類。今夫大鳥獸則失亡其羣匹，○先謙案：則猶若也，說見議兵篇。越月踰時，則必反鉛；過故鄉，則必徘徊焉，鳴號焉，躑躅焉，踟躕焉，然後能去之也。鉛與沿同，循也。禮記作反巡。過故鄉徘徊，回旋飛翔之貌。躑躅，以足擊地也。踟躕，不能去之貌。小者是燕爵，猶有啁噍之頃焉，然後能去之。燕爵與鷰雀同。故有血氣之屬莫知於人，故人之於其親也，至死無窮。鳥獸猶知愛其羣匹，良久乃去，況人有生之最智，則於親喪悲哀之情至死不窮，已故以三年節之也。將由夫愚陋淫邪之人與，則彼朝死而夕忘之，然而縱之，則是曾鳥獸之不若也，彼安能相與羣居而無亂乎！將由夫脩飾之君子與，則三年之喪，二十五月而畢，若駟之過隙，然而遂之，則是無窮也。隙，壁孔也。鄭云：喻疾也。遂之，謂不時除也。故先王聖人安爲之立中制節，一使足以成文理，則舍之矣。禮記作焉爲之立中制節。鄭云：焉猶然。立中制節，謂服之年月也。舍，除也。王肅云：一，皆也。○郝懿行曰：此云安爲之，下云案以此象之，又云案使倍之，案使不及，此二案一安，禮記三年問俱作焉，皆語辭也。鄭注：焉猶然，亦語辭。然則何以分之？分，半也。半於三年矣。曰：至親以期斷。斷，決也。鄭云：言服之正，雖至親皆期而除也。是何也。鄭云問服斷於期之義也 曰。天地則已易矣。四時則已徧矣。其在宇中者。莫不更始矣。宇中者謂萬物 故先王案以此象之也。然則三年何也。鄭云法此變易可以期何乃三年爲 曰。加隆焉。案使倍之。故再期也。鄭云言於父母加厚其恩使倍期也 由九月以下何也。由從也從大功以下也 曰。案使不及也。鄭云言使其恩不若父母 故三年以爲隆。緦小功以爲殺。期九月以爲閒。隆厚也殺減也所介反閒廁其間也古莧反情在隆殺之間也 上取象於天。下取象於地。中取則於人。人所以羣居和一之理盡矣。鄭云取象於天地謂法其變易也自三年以至緦皆歲時之數言既象天地又足盡人聚居粹厚之恩也。盧文弨曰注恩字俗本在聚居上宋案上下皆有今案上恩字衍去之下恩字元刻作理即依本文似未是 故三年之喪。人道之至文者也。夫是之謂至隆。至文飾人道使成忠孝鄭云言三年之喪喪禮之最盛也 是百王之所同。古今之所一也。一謂不變 君之喪所以取三年何也。問君之喪何取於三年之制 曰。君者。治辨之主也。文理之原也。情貌之盡也。相率而致隆之。不亦可乎。治辨謂能治人使有辨別也文理法理條貫也原本也情忠誠也貌恭敬也致至也言人所施忠敬無盡於君者則臣下相率服喪而至於三年不亦可乎。郝懿行曰率者循也循人子爲父母喪三年推之爲君亦致隆三年也先謙案辨亦治也楊注非 詩曰。愷悌君子。民之父母。彼君子者。固有爲民父母之說焉。。俞樾曰子字衍文此本說君之喪所以三年之故故引詩而釋之曰彼君者固有爲民父母之說焉下文云父能生之不能養之母能食之不能敎誨之君者已能食之矣又善敎誨之者也下言君者則此文亦當作君者涉上愷悌君子之文而衍子字耳 父能生之。不能養之。養謂哺乳之也養或謂食。王念孫曰作食者是也下文兩食字竝承此食字而言 母能食之。不能敎誨之。食音飼也 君者。已能食之矣。又善敎誨之者也。食謂祿廩敎誨謂制命也 三年畢矣哉。君者兼父母之恩以三年報之猶未畢也 乳母飲食之者也。而三月。慈母衣被之者也。而九月。君曲備之者也。三年畢乎哉。曲備謂兼飲食衣服 得之則治。失之則亂。文之至也。文謂法度也治亂所繫是有法度之至也 得之則安。失之則危。情之至也。情謂忠厚使人去危就安是忠厚之至也兩至者俱積焉。以三年事之。猶未足也。直無由進之耳。直但也故社祭社也。稷祭稷也。社土神以句龍配之稷百穀之神以棄配之但各止祭一神而已郊者幷百王於上天而祭祀之也。百王百神也或神字誤爲王言社稷唯祭一神至郊天則兼祭百神以喻君兼父母者也。郝懿行曰上云祭社祭稷配止一人此言郊祭上天配以百王尊之至也百王百世之王皆前世之君也楊注欲改王爲神則謬矣郭嵩燾曰故社以下數語在此終爲不類疑當在下尊尊親親之義至矣下言社以報社稷以報稷郊者幷百神而盡報之皆志意思慕之積也三月之殯何也。此殯謂葬也。王引之曰死三日而殯三月而葬則殯非葬也三月之殯謂既殯之後未葬之前約有三月之久也上文曰殯久不過七十日速不損五十日楊彼注云此皆據士喪禮首尾三月者也是其義矣下文曰將舉錯之遷徙之離宮室而歸邱陵也乃言葬事耳曰。大之也。重之也。所致隆也。所致親也。將舉錯之遷徙之。離宮室而歸丘陵也。先王恐其不文也。是以繇其期足之日也。所至厚至親將徙而歸丘陵不可急遽無文飾故繇其期足之日然後葬也繇讀爲由從也。王引之曰繇讀爲遙（凡從䍃之字多竝見於蕭尤二韻故徭役之徭漢書多作繇歌謠之謠漢書李尋傳作繇首飾之步搖周官追師注作繇）遙其期謂遠其葬期也足之日謂足其日數也楊誤讀繇爲由且誤以期足之日連讀故天子七月。諸侯五月。大夫三月。皆使其須足以容事。事足以容成。成足以容文。文足以容備。曲容備物之謂道矣。須待也謂所待之期也事喪具也道者委曲容物備物者也。王引之曰須者遲也（論語樊須字遲）其期使足以容事也楊訓待失之迂祭者。志意思慕之情也。。王念孫曰情與志意義相近可言思慕之情不可言志意思慕之情情當爲積字之誤也（儒效篇師法者所得乎情楊注或曰情當爲積）志意思慕積於中而外見於祭故曰祭者志意思慕之積也下文唈僾注云氣不舒憤鬱之貌正所謂志意之積也又下文則其於志意之情者惆然不嗛情亦當爲積言志意之積於中者不慊也楊云忠臣孝子之情悵然不足則所見本已誤愅詭唈僾而不能無時至焉。愅變也詭異也皆謂變異感動之貌唈僾氣不舒憤鬱之貌爾雅云僾唈也郭云嗚唈短氣也言人感動或憤鬱不能無時而至言有待而至也愅音革唈音邑僾音愛。盧文弨曰唈宋本作唈案爾雅作唈陸德明釋文作悒烏合反今從元刻作唈。郝懿行曰愅與革恑與詭竝同恑變也革更也此言祭者思慕之情愅恑皆變動之貌唈僾氣不舒之貌四字俱以雙聲爲義故人之歡欣和合之時。則夫忠臣孝子亦愅詭而有所至矣。歡欣之時忠臣孝子則感動而思君親之不得同樂也彼其所至者甚大動也。言所至之情甚大感動也案屈然已。則其於志意之情者惆然不嗛。其於禮節者闕然不具。屈竭也屈然空然也惆然悵然也嗛足也言若無祭祀之禮空然而已則忠臣孝子之情悵然不足禮節又闕然不具也。先謙案志各本作至荀書至志同字然上下文皆作志今依宋台州本改正故先王案爲之立文。尊尊親親之義至矣。文謂祭祀節文故曰。祭者志意思慕之情也。忠信愛敬之至矣。禮節文貌之盛矣。苟非聖人莫之能知也。聖人明知之。士君子安行之。官人以爲守。百姓以成俗。其在君子。以爲人道也。其在百姓。以爲鬼事也。以爲人道則安而行之以爲鬼事則畏而奉之故鐘鼓管磬。琴瑟竽笙。韶夏護武。汋桓箾簡象。是君子之所以爲愅詭其所喜樂之文也。因說祭遂廣言喜樂哀痛敦惡之意本皆因於感動而爲之文飾也喜樂不可無文飾故制爲鐘鼓韶夏之屬箾音朔賈逵曰舞曲名武汋桓皆周頌篇名箾未詳象周武王伐紂之樂也。王念孫曰箾象即左傳之象箾也自鐘鼓管磬以下皆四字爲句則箾象之間不當有簡字疑即箾字之誤而衍者齊衰苴杖。居廬食粥。席薪枕塊。是君子之所以爲愅詭其所哀痛之文也。感動其所哀痛而不可無文飾故制爲齊衰苴杖之屬言本皆因於感動也師旅有制。刑法有等。莫不稱罪。是君子之所以爲愅詭其所敦惡之文也。師旅所以討有罪制謂人數也有等輕重異也敦厚也厚惡深惡也或曰敦讀爲頓頓困躓也本因感動敦惡故制師旅刑法以爲文飾。盧文弨曰案方言七諄憎所疾也宋魯凡相惡謂之諄憎敦與諄音義同卜筮視日。齋戒脩涂。几筵饋薦告祝。如或饗之。視日之吉凶史記周文爲項燕視日脩涂謂脩自宮至廟之道塗也凡筵謂祝筵凡於室中東面也饋獻牲體也薦進黍稷也告祝謂尸命祝以嘏於主人曰皇尸命工祝承致多福無疆於女孝孫來女孝孫使女受祿於天宜稼於田眉壽萬年勿替引之如或歆饗其祀然也。王念孫曰涂讀爲除周官典祀若以時祭祀則帥其屬而脩除鄭注曰脩除芟埽之脩除二字專指廟中而言作涂者借字耳非謂脩自宮至廟之道涂也物取而皆祭之。如或嘗之。物取每物皆取也謂祝命挼祭尸取菹擩於醢祭於豆間佐食取黍稷肺授尸啐祭之又取肝擩於鹽振祭嚌之是也如或嘗之謂以尸啐嚌之如神之親嘗然也毋利舉爵。當云無舉利爵即上文云利爵之不醮也。俞樾曰案特牲饋食禮主人主婦賓長三獻之後長兄弟衆賓長又行加爵之禮然後利洗散獻於尸鄭注謂以利待尸禮將終宜一進酒然則利之獻尸非祭之正，故以祭禮將終始行之也。此云毋利舉爵，蓋以主人爲重，猶言不使利代舉爵耳，故下云主人有尊如或觴之。楊注當云無舉利爵，則與下意不貫矣。主人有尊。如或觴之。謂主人設尊酌以獻尸，尸飲之如神飲其觴然。賓出。主人拜送。反易服即位而哭。如或去之。此雜說喪祭也。易服，易祭服，反喪服也。賓出，祭事畢，即位而哭，如神之去然也。哀夫敬夫。事死如事生。事亡如事存。狀乎無形影然而成文。狀，類也。言祭祀不見鬼神，有類乎無形影者，然而足以成人道之節文也。

荀子集解卷十四

○盧文弨曰此卷各本皆無注

樂論篇第二十

夫樂者樂也。人情之所必不免也。故人不能無樂。樂則必發於聲音。形於動靜。而人之道聲音動靜性術之變盡是矣。故人不能不樂。樂則不能無形。形而不爲道。則不能無亂。先王惡其亂也。故制雅頌之聲以道之。使其聲足以樂而不流。使其文足以辨而不諰。○盧文弨曰禮記樂記作論而不息史記樂書作綸而不息此作諰乃諰字之訛莊子人閒世篇氣息茀然向本作諰崔本亦同案詩南有喬木不可休息息亦是思字此二字形近易訛也　郝懿行曰諰乃別字古止作息樂記作論而不息是也荀書多以諰爲葸此又以諰爲息皆假借也　使其曲直繁省廉肉節奏足以感動人之善心。○盧文弨曰繁省史記同禮記作繁瘠　使夫邪汙之氣無由得接焉。是先王立樂之方也。而墨子非之奈何。○盧文弨曰墨子書有非樂篇　故樂在宗廟之中。君臣上下同聽之。則莫不和敬。閨門之內。父子兄弟同聽之。則莫不和親。鄉里族長之中。長少同聽之。則莫不和順。故樂者。審一以定和者也。比物以飾節者也。合奏以成文者也。○盧文弨曰禮記作節奏合以成文史記同郝懿行曰節以分析言之奏以合聚言之語甚明晰樂記作節奏合以成文則總統言之而此於義較長　足以率一道。足以治萬變。是先王立樂之術也。而墨子非之奈何。故聽其雅頌之聲。而志意得廣焉。執其干戚。習其俯仰屈伸。而容貌得莊焉。行其綴兆。要其節奏。而行列得正焉。進退得齊焉。故樂者。出所以征誅也。入所以揖讓也。征誅揖讓，其義一也。出所以征誅，則莫不聽從；入所以揖讓，則莫不從服。故樂者，天下之大齊也，中和之紀也，人情之所必不免也。是先王立樂之術也。而墨子非之，奈何！且樂者，先王之所以飾喜也；軍旅鈇鉞者，先王之所以飾怒也。先王喜怒皆得其齊焉。○盧文弨曰：禮記齊作儕。郝懿行曰：齊才細切，謂分齊也。樂記作儕，假借字耳。先謙案：史記樂書作齊。是故喜而天下和之，怒而暴亂畏之。先王之道，禮樂正其盛者也。而墨子非之。故曰：墨子之於道也，猶瞽之於白黑也，猶聾之於清濁也，猶欲之楚而北求之也。○先謙案：各本脫欲字，據宋台州本補正。夫聲樂之入人也深，其化人也速，故先王謹為之文。樂中平則民和而不流，樂肅莊則民齊而不亂。民和齊則兵勁城固，敵國不敢嬰也。如是，則百姓莫不安其處，樂其鄉，以至足其上矣。然後名聲於是白，光輝於是大，四海之民莫不願得以為師。○先謙案：師長也。說詳儒效篇。是王者之始也。樂姚冶以險，則民流僈鄙賤矣。流僈則亂，鄙賤則爭。亂爭則兵弱城犯，敵國危之。如是，則百姓不安其處，不樂其鄉，不足其上矣。故禮樂廢而邪音起者，危削侮辱之本也。故先王貴禮樂而賤邪音。其在序官也，曰：「脩憲命，審誅賞，禁淫聲，以時順脩，使夷俗邪音不敢亂雅，太師之事也。」○先謙案：序官以下語見王制篇。審誅賞當為審詩商之誤，說詳彼注。墨子曰：樂者，聖王之所非也，而儒者為之，過也。君子以為不然。樂者，聖人之所樂也，而可以善民心，其感人深，其移風易俗。〇先謙案史記作其風移俗易語皆未了此二語相儷當是其感人深其移風俗易與富國篇其道易其塞固其政令一其防表明句法一例上文聲樂之入人也深其化人也速即是此意讀者據下文妄改耳 故先王導之以禮樂。而民和睦。夫民有好惡之情。而無喜怒之應。則亂。先王惡其亂也。故脩其行。正其樂。而天下順焉。故齊衰之服。哭泣之聲。使人之心悲。帶甲嬰䩜。歌於行伍。使人之心傷。〇俞樾曰歌於行伍何以使人心傷義不可通傷當爲惕荀子書多用惕字脩身篇曰加惕悍而不順注引韓侍郎云惕與蕩同字作心邊易讀放蕩兇悍也又榮辱篇曰惕悍憍暴注亦云惕與蕩同歌於行伍則使人之心爲之動蕩故曰使人之心惕惕傷形似因致譌耳先謙案說文冑司馬法作䩜又見議兵篇 姚冶之容。鄭衞之音。使人之心淫。紳端章甫。舞韶歌武。使人之心莊。故君子耳不聽淫聲。目不視女色。口不出惡言。此三者君子慎之。凡姦聲感人而逆氣應之。逆氣成象而亂生焉。正聲感人而順氣應之。順氣成象而治生焉。唱和有應。善惡相象。故君子慎其所去就也。君子以鐘鼓道志。以琴瑟樂心。動以干戚。飾以羽旄。從以磬管。〇盧文弨曰元刻作簫管與禮記同 故其清明象天。其廣大象地。其俯仰周旋有似於四時。〇盧文弨曰元刻周旋作隨還 故樂行而志清。禮脩而行成。耳目聰明。血氣和平。移風易俗。天下皆寧。美善相樂。〇謝本從盧校作莫善於樂盧文弨曰宋本作美善相樂王念孫曰元刻以上文言移風易俗又以孝經言移風易俗莫善於樂故改爲莫善於樂也不知美善相樂正承上五句而言唯其樂行志清禮脩行成是以天下皆移風易俗而美善相樂此樂字讀喜樂之樂下文君子樂得其道小人樂得其欲云云皆承此樂字而言若改爲莫善於樂則仍讀禮樂之樂與上下文皆不相應矣樂記亦云故樂行而倫清耳目聰明血氣和平移風易俗天下皆寧此下若繼之曰莫善於樂尚成文理乎仍當依宋本作美善相樂爲是先謙案王說是今改從宋本 故曰樂者樂也。君子樂得其道。小人樂得其欲。以道制欲。則樂而不亂。以欲忘道。則惑而不樂。故樂者所以道樂也。金石絲竹。所以道德也。樂行而民鄉方矣。故樂者。治人之盛者也。而墨子非之。且樂也者。和之不可變者也。禮也者。理之不可易者也。樂合同。禮別異。禮樂之統。管乎人心矣。窮本極變。樂之情也。著誠去僞。禮之經也。墨子非之。幾遇刑也。明王已沒。莫之正也。愚者學之。危其身也。君子明樂。乃其德也。亂世惡善。不此聽也。○顧千里曰德字疑當作人與上下韻此篇楊注亡宋本與今本同蓋皆誤俞樾曰自窮本極變樂之情也至弟子勉學無所營也十八句皆有韻之文獨德字不入韻當必有誤荀子原文疑作乃斯聽也斯與此文異義同乃斯聽也與不此聽也反復相明古人用韻不避重複如采薇首章連用二玁狁之故句正月一章連用二自口字十月之交首章連用二而微字車舝三章連用二庶幾字文王有聲首章連用二有聲字召旻卒章連用二百里字竝其例也後人疑兩句不得疊用聽字因改上句爲乃其德也不特於韻不諧而亦失其義矣 於乎哀哉。不得成也。弟子勉學。無所營也。○盧文弨曰勉元刻作免古通用 聲樂之象。鼓大麗。○盧文弨曰宋本作天麗先謙案作大者是鼓之爲物大音亦大也麗者方言三郭注偶物爲麗說文周禮六鼓靁鼓八面靈鼓六面路鼓四面鼖鼓皋鼓晉鼓皆兩面 鐘統實。○先謙案統者鐘統衆樂爲君樂叶圖徵曰據鐘以知君鐘聲調則君道得實者成實也五經通義曰鐘秋分之音萬物至秋而成也 磬廉制。○先謙案廣雅釋詁廉棱也磬有隅棱曰廉禮記樂記疏制謂裁斷也磬以明貴賤親疏長幼之節是有制也詳白虎通禮樂篇下文莫不廉制亦謂舞之容節莫不廉棱而有裁斷也 竽笙簫和。○王引之曰簫當爲肅言竽笙之聲既肅且和也漢書劉向傳曰雜遝衆賢罔不肅和是也竽笙肅和筦籥發猛塤篪翁博三句相對爲文今本肅作簫者因竽笙二字相連而誤加竹耳又下文云鼓似天鐘似地磬似水竽笙筦籥似星辰日月今本竽笙下有簫和二字亦因上文而衍 筦籥發猛。○先謙案樂書集解引王肅曰猛起發揚是發猛同義 塤篪翁博。○俞樾曰翁當爲滃文選江賦曰氣滃渤以霧杳翁博猶滃渤也博與渤亦一聲之轉 瑟易良。○先謙案非十二子篇云其容良注良謂樂易也是易良同義 琴婦好。○郝懿行曰鼓天麗已下蓋古樂經之文而荀子述之故以終篇俞樾曰賦篇蠶賦曰此夫身女好而頭馬首者與注云女好柔婉也婦好當與女好同亦柔婉之意 歌清盡。○先謙案盡者反復以盡之 舞意天道兼。鼓其樂之君邪。故鼓似天。鐘似地。磬似水。竽笙簫和筦籥似星辰日月。鞉柷拊鞷椌楬似萬物。○郝懿行曰拊鞷禮論篇作拊膈其義當同又簫和與竽笙筦籥相儷亦皆樂器名所未聞先謙案簫和二字衍說見上 曷以知舞之意。曰。目不自見。耳不自聞也。然而治俯仰詘信。進退遲速。莫不廉制盡筋骨之力。以要鐘鼓俯會之節。而靡有悖逆者。衆積意謘謘乎。○盧文弨曰元刻無意字謘說文作諄云語諄謘也直离切元刻正同郝懿行曰此論舞意與衆音繁會而應節如人告語之孰謘謘然也

吾觀於鄉。而知王道之易易也。○盧文弨曰案禮記鄉飲酒義此爲孔子之言句首孔子曰三字似當有 主人親速賓及介。而衆賓皆從之。至于門外。主人拜賓及介。而衆賓皆入。貴賤之義別矣。三揖至于階。三讓以賓升。拜至獻酬辭讓之節繁。及介省矣。○盧文弨曰兩皆字元刻作自與禮記同 至于衆賓。升受坐祭。立飲不酢而降。隆殺之義辨矣。○謝本從盧校無降字盧文弨曰元刻而字下有降字與禮記同王念孫曰元刻是先謙案宋本奪降字今從元刻

工入升歌三終。主人獻之。笙入三終。主人獻之。閒歌三終。合樂三終。工告樂備。遂出。二人揚觶。乃立司正。焉知其能和樂而不流也。賓酬主人。主人酬介。介酬衆賓。少長以齒。終於沃洗者焉。○謝本從盧校無洗字盧文弨曰元刻沃下有洗字與禮記同王念孫曰元刻是焉字下屬爲句說見劉氏經傳小記先謙案宋本奪洗字今從元刻

知其能弟長而無遺也。降。說屨升坐。脩爵無數。飲酒之節。朝不廢朝。莫不廢夕。賓出。主人拜送。節文終遂。焉知其能安燕而不亂也。貴賤明。隆殺辨。和樂而不流。弟長而無遺。安燕而不亂。此五行者。是足以正身安國矣。○盧文弨曰元刻無是字與禮記同 彼國安而天下安。故曰。吾觀於鄉而知王道之易易也。

亂世之徵。○盧文弨曰舊本不提行今案當分段 其服組。○先謙案書禹貢馬注組文也服組謂華侈 其容婦。其俗淫。其志利。

其行雜。其聲樂險。先謙案：廣雅釋詁：險，衺也。其文章匿而采。先謙案：匿讀爲慝，邪也。說見天論篇。其養生無度。其送死瘠墨。郝懿行曰：禮論篇云：送死不忠厚、不敬文，謂之瘠。刻死而附生，謂之墨。墨者，墨子之教，以薄爲道也。瘠亦儉薄之意。賤禮義而貴勇力。貧則爲盜，富則爲賊。治世反是也。

荀子集解卷十五

解蔽篇第二十一

蔽者，言不能通明，滯於一隅，如有物壅蔽之也。

凡人之患，蔽於一曲，而闇於大理。一曲，一端之曲說。是時各蔽於異端曲說，故作此篇以解之。○先謙案：是時二句當在如有物壅蔽之也下。治則復經，兩疑則惑矣。言治世用禮義，則自復經常之正道。兩疑，謂不知一於正道，而疑蔽者爲是。一本作兩則疑惑矣。○俞樾曰：兩讀如兩政之兩。桓十八年左傳：並后、匹嫡、兩政、耦國。是兩與匹耦義同。疑讀如疑妻疑適之疑。管子君臣篇：內有疑妻之妾，此宮亂也；庶有疑適之子，此家亂也；朝有疑相之臣，此國亂也。字亦作擬。韓子說疑篇：孽有擬適之子，配有擬妻之妾，廷有擬相之臣，臣有擬主之寵，此四者國之所危也。意與管子同。天下之道一而已矣，有與之相敵者，是爲兩；有與之相亂者，是爲疑。兩焉疑焉，惑從此起，故曰兩疑則惑矣。如楊注，則疑即惑也，於義複矣。一本則不得其解而誤乙其文也。天下無二道，聖人無兩心。今諸侯異政，百家異說，則必或是或非，或治或亂。○盧文弨曰：宋本或皆作惑，元刻治作理。亂國之君，亂家之人，此其誠心莫不求正而以自爲也，妬繆於道，而人誘其所迨也。迨，近也。近，謂所好也。言亂君亂人本亦求理，以其嫉妒迷繆於道，故人因其所好而誘之。謂若好儉則墨氏誘之，好辯則惠氏誘之也。○郝懿行曰：迨者及也。注訓近，則借爲殆字。殆訓近也，其義較長。私其所積，唯恐聞其惡也。積，習。倚其所私以觀異術，唯恐聞其美也。倚，任也。或曰：偏倚也，猶傍觀也。言妬於異術也。○盧文弨曰：案傍觀，元刻作倚觀。是以與治雖走，而是已不輟也。走，並馳。治，謂正道也。既私其所習，妬繆於道，雖與治並馳，而自是不輟。雖或作離。○郝懿行曰：雖當依注作離。此乃形譌。與治離走，謂離去正道而走，而自以爲是，不輟止也。王念孫曰：作離是也。言與治離走，而自是不已也。作雖者，字之誤耳。（隸書離雖相似，說見淮南天文篇）前說非。豈不蔽於一曲而失正求也哉！心不使焉，則白黑在前而目不見，雷鼓在側而耳不聞，況於使者乎！雷鼓，大鼓，聲如雷者。使，役也。以論不役心於正道，則自無聞見矣，況乎役心於異術，豈復更聞正求哉。○俞樾曰：下使字乃蔽字之誤。白黑之形，雷鼓之聲，尚且不見不聞，況於蔽者乎。此承上文蔽於一曲而言。下文欲爲蔽、還爲蔽諸句，又承此而極言之，故篇名解蔽也。因涉心不使焉句而誤作使。既云心不使焉，又云況於使者乎文不可通楊曲爲之說非是德道之人。有賢德也。王念孫曰德道卽得道也（剝上九君子得輿釋文得京本作德論語泰伯篇民無得而稱焉季氏篇作德大戴記文王官人篇小施而好大得逸周書作德）楊說失之亂國之君非之上，亂家之人非之下，豈不哀哉。上下共非故可哀也

故爲蔽。數爲蔽之端也。謝本從盧校作數爲蔽盧文弨曰正文數宋本作故郝懿行曰案數當作故故語詞也此句爲下十蔽總冒作數於義爲短王念孫曰作故者是也呂錢本竝如是注言數爲蔽之端者數所主反下文言之人蔽有十故先以故爲蔽三字總冒下文然後一一數之於下注言數爲蔽之端亦是總冒下文之詞而正文自作故不作數也若云數爲蔽則不辭甚矣元刻作數卽涉注文而誤俞樾曰故猶胡也墨子尙賢中篇故不察尙賢爲政之本也下文作胡不察尙賢爲政之本也是故與胡同管子侈靡篇公將有行故不送公亦以故爲胡故爲蔽猶云胡爲蔽胡之言何也乃設爲問辭下文欲爲蔽云云乃歷數以應之也元刻涉注文而誤作數爲蔽盧氏從之非先謙案郝王說是今從宋本改正故訓爲胡俞說是也欲爲蔽。惡爲蔽。始爲蔽。終爲蔽。遠爲蔽。近爲蔽。博爲蔽。淺爲蔽。古爲蔽。今爲蔽。此其所知所好滯於一隅故皆爲蔽也凡萬物異則莫不相爲蔽。此心術之公患也。公共也所好異則相爲蔽昔人君之蔽者。夏桀殷紂是也。桀蔽於末喜斯觀。郝懿行曰斯觀無攷楚語云啟有五觀謂之姦子然則斯觀豈其苗裔而不知關龍逢。以惑其心而亂其行。末喜桀妃斯觀未聞韓侍郎云斯或當爲斟斟觀夏同姓國蓋其君當時爲桀佞臣也國語史蘇曰昔夏桀伐有施有施人以末喜女焉賈侍中云有施喜姓國也紂蔽於妲己飛廉。而不知微子啓。以惑其心而亂其行。妲己紂妃飛廉紂之佞臣惡來之父善走者秦之祖也微子紂之庶兄微國子爵啓其名也國語曰殷紂伐有蘇有蘇氏以妲己女焉賈侍中云有蘇己姓國也故羣臣去忠而事私。百姓怨非而不用。事任也不用不爲上用也非或爲誹賢良退處而隱逃。此其所以喪九牧之地。而虛宗廟之國也。九牧九州之牧虛讀爲墟桀死於亭山。亭山南巢之山或本作鬲山案漢書地理志廬江有灊縣當是誤以灊爲鬲傳寫又誤爲亭灊音潛。王念孫曰案作鬲山者是也鬲讀與歷同字或作歷太平御覽皇王部七引尸子曰桀放於歷山淮南脩務篇湯整兵鳴條困夏南巢譙以其過放之歷山高注曰歷山蓋歷陽之山（案漢歷陽故城爲今和州治其西有歷湖卽淮南俶眞篇所謂歷陽之都一夕反而爲湖者也）史記夏本紀正義引淮南子曰湯放桀於歷山與末喜同舟浮江奔南巢之山而死（此所引蓋許注）歷山卽鬲山也史記滑稽傳銅歷爲棺索隱曰歷卽釜鬲也是鬲歷古字通楊以鬲山爲灊山之誤非也（魯語桀奔南巢韋注曰南巢揚州地巢伯之國今廬江居巢縣是是南巢地在漢之居巢不在灊

縣也且盧江有灊縣而無灊山今以灊山爲灊山之誤則是以縣名爲山名矣尤非）紂縣於赤旆。史記武王斬紂頭縣於太白旗此云赤旆所傳聞異也身不先知。人又莫之諫。此蔽塞之禍也。成湯監於夏桀。故主其心而愼治之。主其心言不爲邪佞所惑也是以能長用伊尹而身不失道。此其所以代夏王而受九有也。文王監於殷紂。故主其心而愼治之。是以能長用呂望而身不失道。此其所以代殷王而受九牧也。九有九牧皆九州也撫有其地則謂之九有養其民則謂之九牧遠方莫不致其珍。故目視備色。耳聽備聲。口食備味。形居備宮。名受備號。生則天下歌。死則四海哭。。盧文弨曰案元刻作天下哭夫是之謂至盛。詩曰。鳳凰秋秋。其翼若干。其聲若簫。有鳳有凰。樂帝之心。此不蔽之福也。逸詩也爾雅䳄鳳其雌凰秋秋猶蹌蹌謂舞也干楯也此帝蓋謂堯也堯時鳳凰巢於阿閣言堯能用賢不蔽天下和平故有鳳凰來儀之福也。王念孫曰有鳳有凰本作有凰有鳳秋簫爲韻鳳心爲韻說文鳳從凡聲古音在侵部故與心爲韻鳳從凡聲而與心爲韻猶風從凡聲而與心爲韻也（鳳字古文作朋又作鵬而古音蒸侵相近則朋鵬二字亦可與心爲韻秦風小戎篇以膺弓縢與音爲韻大雅大明篇以林興心爲韻生民篇以登升歆今爲韻魯頌閟宮篇以乘縢弓綅增膺懲承爲韻皆其例也）後人不知古音而改爲有鳳有凰則失其韻矣王伯厚詩攷引此已誤藝文類聚祥瑞部太平御覽人事部羽族部引此竝作有皇有鳳（先言皇而後言鳳者變文協韻耳古書中若此者甚多後人不達每以妄改而失其韻衛風竹竿篇遠兄弟父母與右爲韻而今本作遠父母兄弟大雅皇矣篇同爾弟兄與王方爲韻而今本作同爾兄弟莊子秋水篇無西無東與通爲韻而今本作無東無西逸周書周祝篇惡姑柔剛與明陽長爲韻而今本作剛柔管子內業篇能無卜筮而知凶吉乎與一爲韻而今本作吉凶淮南原道篇與萬物終始與右爲韻而今本作始終文選鵩鳥賦或趨西東與同爲韻而今本作東西答客難外有廩倉與享爲韻而今本作倉廩皆其類也）昔人臣之蔽者。唐鞅奚齊是也。唐鞅宋康王之臣呂氏春秋曰宋康王染於唐鞅田不禮奚齊晉獻公驪姬之子論衡曰宋王問唐鞅曰吾殺戮甚衆而羣臣愈不畏何也對曰王之所罪盡不善者也罪不善者善者胡爲畏王欲羣臣之畏也不若無辨其善與不善一時罪之則羣臣畏矣宋王從之。盧文弨曰宋本此注多脫字從元刻補正呂氏淫辭篇亦載此事一時罪之作而時罪之唐鞅蔽於欲權而逐載子。載讀爲戴戴不勝使薛居州傅王者見孟子或曰戴子戴驩也韓子曰戴驩爲宋太宰夜使人曰吾聞數夜有乘輜車至李史門者謹爲我司之使者報曰不見輜車見有奉笥而與李史史受笥又戴驩謂齊王曰王大仁於辟公大不忍人據眞時代當是戴驩也蓋爲唐鞅所逐奔齊也。盧文弨曰案引韓子前一段見內儲說上宋本字有錯誤據本書訂正輼車本書作轀車後一段本書作成驩又內儲說下云戴驩皇喜二人爭事相害皇喜遂殺宋君而奪其政則非唐鞅所逐也或說似牽合

奚齊蔽於欲國而罪申生。申生晉獻公之太子奚齊之兄爲驪姬所譖獻公殺之春秋穀梁傳曰晉里克殺其君之子奚齊其君之子云者國人不子也不正其殺世子申生而立之也

唐鞅戮於宋。奚齊戮於晉。逐賢相而罪孝兄。身爲刑戮。然而不知。此蔽塞之禍也。故以貪鄙背叛爭權而不危辱滅亡者。自古及今未嘗有之也。鮑叔寗戚隰朋。仁知且不蔽。故能持管仲。而名利福祿與管仲齊。持扶翼也召公呂望。仁知且不蔽。故能持周公。而名利福祿與周公齊。傳曰。知賢之謂明。輔賢之謂能。

。盧文弨曰宋本彊作能案彊字與上下韻叶王念孫曰盧說非也知賢之謂明承上文仁知且不蔽而言輔賢之謂能承上文能持管仲能持周公而言勉之彊之其福必長承上文名利福祿與管仲齊與周公齊而言此四句本不用韻元刻能作彊乃涉下勉之彊之而誤呂錢本竝作能先謙案謝本從盧校作彊今依王說從宋本改能

勉之彊之。其福必長。此之謂也。此不蔽之福也。勉之彊之言必勉彊於知賢輔賢然後其福長也彊直亮反

昔賓孟之蔽者。亂家是也。賓孟周景王之佞臣欲立王子朝者亂家謂亂周之家專使庶孼爭位也。俞樾曰楊注誤下文歷數墨子諸人之蔽全與賓孟無涉此二語上無所承下無所應殊爲不倫據上文云昔人君之蔽者夏桀殷紂是也下乃極言桀紂之蔽而終以成湯文王之不蔽者明不蔽之福又云昔人臣之蔽者唐鞅奚齊是也下乃極言唐鞅奚齊之蔽而終以鮑叔寗戚諸人之不蔽者明不蔽之福此文云昔賓孟之蔽者亂家是也下乃歷舉墨子諸人之蔽而終以孔子之不蔽者明不蔽之福三段相對成文則賓孟之蔽句正與上文人君之蔽人臣之蔽相對所云賓孟殆非周之賓孟且非人名也孟當讀爲萌孟與萌古音相近故孟可爲萌猶孟豬之爲明都孟津之爲盟津也呂氏春秋高義篇載墨子之言曰若越王聽吾言用吾道翟度身而衣量腹而食比於賓萌未敢求仕高注曰賓客也萌民也所謂賓萌者蓋當時有此稱戰國時遊士往來諸侯之國謂之賓萌若下文墨子宋子慎子申子惠子莊子皆其人矣然則上言人君之蔽人臣之蔽此言賓萌之蔽文正相對人君之蔽止舉兩人故可曰夏桀殷紂是也唐鞅奚齊是也賓萌之蔽則所舉人多不可竝列故曰亂家是也亂家包下文諸子而言上文云亂國之君亂家之人又曰亂國之君非之上亂家之人非之下此亂家二字之證也賓萌之稱它書罕見而字又叚孟爲萌適與周賓孟之名同其義益晦矣

墨子蔽於用而不知文。欲使上下勤力股無胈脛無毛而不知貴賤等級之文飾也 宋子蔽於欲而不知得。宋子以人之情

欲寡而不欲多但任其所欲則自治也蔽於此說而不知得欲之道也。俞樾曰古得德字通用蔽於欲而不知德正與下句愼子蔽於法而不知賢一律注失之愼子蔽於法而不知賢。愼子本黃老歸刑名多明不尙賢不使能之道故其說曰多賢不可以多君無賢不可以無君其意但明得其法雖無賢亦可爲治而不知法待賢而後舉也申子蔽於埶而不知知。申子名不害河南京縣人韓昭侯相也其說但賢得權埶以刑法馭下而不知權埶待才智然後治亦與愼子意同下知音智惠子蔽於辭而不知實。惠子蔽於虛辭而不知實理虛辭謂若山出口丁子有尾之類也莊子蔽於天而不知人。天謂無爲自然之道莊子但推治亂於天而不知在人也故由用謂之道盡利矣。由從也若由於用則天下之道無復仁義皆盡於求利也。先謙案如注道字下屬謂之二字無著此言由用而謂之道則人盡於求利也下竝同數者道之一隅而墨宋諸人自以爲道所以爲蔽也楊失其讀由俗謂之道盡嗛矣。俗當爲欲嗛與慊同快也言若從人所欲不爲節限則天下之道盡於快意也嗛口簟反。盧文弨曰盡用矣盡嗛矣元刻兩矣字俱作也今從宋本由法謂之道盡數矣。由法而不由賢則天下之道盡於術數也由埶謂之道盡便矣。便便宜也從埶而去智則盡於逐便無復修立由辭謂之道盡論矣。論辨說也由天謂之道盡因矣。因任其自然無復治化也此數具者皆道之一隅也。夫道者。體常而盡變。一隅不足以舉之。言道者體常盡變猶天地常存能盡萬物之變化也曲知之人。觀於道之一隅。而未之能識也。曲知言不遍於大道也一隅猶昧況大道乎故以爲足而飾之。謂其持之有故其言之成理也。先謙案而或作五從宋台州本正內以自亂。外以惑人。上以蔽下。下以蔽上。此蔽塞之禍也。孔子仁知且不蔽。故學亂術足以爲先王者也。亂雜也言其多才藝足以及先王也。郝懿行曰亂者治也學治天下之術亂之一字包治亂二義注非一家得周道。舉而用之。不蔽於成積也。一家得謂作春秋也周道舉謂刪詩書定禮樂成積舊習也言其所用不滯於衆人舊習故能功業如此。郝懿行曰一家得周道句舉而用之句此言孔子志在春秋行在孝經又曰吾學周禮今用之吾從周蓋能攷論古今成一家言不蔽於諸子雜說也先謙案郝讀是也言孔子爲春秋一家之言而得周之治道可以舉而用之是匹夫而有天子之道由其不蔽於成積也儒效篇云并一而不二所以成積也并一而不二則通於神明參於天地絫之人百姓積善而全盡謂之聖人道由積而成故謂之成積不蔽於成積者猶言不蔽於道之全體也正對上道之一隅言之榮辱篇云安知廉恥隅積亦以隅積對文與此可互證楊以成積爲舊習誤甚故德與周公齊。名與三王竝。此不蔽之福也。聖人知心術之患。見蔽塞之禍。故無欲無惡。無始無終。無近無遠。無博無淺。無古無今。兼陳萬物。而中縣衡焉。不滯於一隅但當其中而縣衡揣其輕重也 是故衆異不得相蔽以亂其倫也。倫理 何謂衡。曰道。道謂禮義 故心不可以不知道。心不知道。則不可道而可非道。心不知道則不以道為可可謂合意也 人孰欲得恣而守其所不可以禁其所可。人心誰欲得縱恣而肯守其不合意之事以自禁其合意者 以其不可道之心取人。則必合於不道人而不知合於道人。各求其類。○俞樾曰知字衍下文云以其可道之心取人則合於道人而不合於不道人正與此文相對彼云不合而不云不知合則此文亦無知字明矣 以其不可道之心與不道人論道人。亂之本也。必有妬賢害善。○盧文弨曰宋本作與不可道之人論道人元刻作與不道人無可之論道人五字今案當作與不道人論道人兩本有衍有脫下一人字亦可去王念孫曰盧說非也與不道人論道人（道人見上）謂與小人論君子非謂與之論道也上文云得道之人亂國之君非之上亂家之人非之下豈不哀哉正所謂與不道人論道人也與不道人論道人則道人退而不道人進國之所以亂也故曰與不道人論道人亂之本也故楊云必有妬賢害善 夫何以知。問何道以知道人也。○俞樾曰夫何以知與下文何患不知相對蓋言心不知道則將與不道人論道人必至妬賢害善矣夫何以知心知道則與道人論非道必能懲姦去惡矣何患不知此兩知字與知道之知不同當讀為智夫何以知猶言夫何能智也楊注以為問辭失之甚矣 曰心知道然後可道。可非道。○俞樾曰曰字衍心知道然後可道與上文心不知道則不可道而可非道相對成文皆承故心不可以不知道而言因上句夫何以知楊注誤以為問辭後人遂以此數句為答辭妄加曰字 可道。然後能守道以禁非道。以其可道之心取人。則合於道人而不合於不道之人矣。以其可道之心與道人論非道。治之要也。必能懲姦去惡。○盧文弨曰正文非字疑衍注似曲為之說王念孫曰盧說亦非也與道人論非道謂與道人論非道之人非謂與之論道也與道人論非道則非道人退而道人進國之所以治也故曰與道人論非道治之要也楊云必能懲姦去惡正釋治之要三字非曲為之說也非道二字上文凡兩見 何患不知。心苟知道何患不知道人 故治之要在於知道。人何以知道。既知道人在於知道問知道之術如何也 曰心。在心無邪 心何以知。曰虛壹而靜。能然則可以知道也。○郝懿行曰壹者專壹也轉寫者亂之故此作壹下俱作一心未嘗不臧也。然而有所謂虛。臧讀爲藏古字通下同言心未嘗不苞藏然有所謂虛也心未嘗不滿也。然而有所謂一。滿當爲兩兩謂同時兼知心未嘗不動也。然而有所謂靜。雖動不使害靜也人生而有知。知而有志。志也者。臧也。在心爲志然而有所謂虛。不以所已臧害所將受謂之虛。見善則還不滯於積習也。謝本從盧校作已所臧盧文弨曰已所臧元刻作所已臧郝懿行曰臧古藏字將者迭也受者迎也言不以已心有所藏而妨害於所將迭迎受者則可謂中虛矣王念孫曰所已臧與所將受對文元刻是也楊注積習二字正釋所已臧三字錢本世德堂本竝作所已臧先謙案王說是今從元刻改心生而有知。知而有異。異也者。同時兼知之。同時兼知之。兩也。然而有所謂一。不以夫一害此一。謂之壹。旣不滯於一隅物雖輻湊而至盡可以一待之也。先謙案夫猶彼也知雖有兩不以彼一害此一荀書用夫字皆作彼字解此尤其明證楊注未晰心臥則夢。偷則自行。使之則謀。臥寢也自行放縱也使役也言人心有所思寢則必夢偷則必放縱役用則必謀慮。先謙案夢行謀皆心動之驗或以夢爲夢然無知非故心未嘗不動也。然而有所謂靜。不以夢劇亂知謂之靜。夢想象也劇囂煩也言處心有常不蔽於想象囂煩而介於胷中以亂其知斯爲靜也此皆明不蔽於一端虛受之義也未得道而求道者。謂之虛壹而靜。有求道之心不滯於偏見曲說則是虛壹而靜作之。則將須道者之虛則入。將事道者之壹則盡。盡將思道者靜則察。此義未詳或恐脫誤耳或曰此皆論虛壹而靜之功也作動也須待也將行也當爲須道者虛則將事道者壹則盡思道者靜則察其餘字皆衍也作之則行言人心有動作則自行也以虛心須道則萬事無不行以一心事道則萬物無不盡以靜心思道則萬變無不察此皆言執其本而末隨也。王引之曰楊訓將爲行而以作之則將絕句又增删下文而強爲之解皆非也此當以作之二字絕句下文當作則將須道者之虛虛則入將事道者之壹壹則盡將思道者之靜靜則察此承上文虛一而靜言之將語詞也道者卽上所謂道人也言心有動作則將須道者之虛虛則能入將事道者之壹（事如請事斯語之事）壹則能盡將思道者之靜靜則能察也虛則入者入納也猶言虛則能受也故上文云不以所已臧害所將受謂之虛也壹則盡者言壹心於道則道無不盡也靜則察者言靜則事無不察也今本入誤作人其餘又有脫文衍文耳知道察。知道行。體道者也。知道察謂思道者靜則察也知道行謂須道者虛則將也體謂不雜道也虛壹而靜。謂之大清明。言無有壅蔽者。盧文弨曰元刻無大字萬物莫形而不見。莫見而不論。莫論而失位。既虛壹而靜則通於萬物故有形者無不見見則無不能論說論說則無不得其宜。○郝懿行曰見讀爲現現者示也論讀爲倫倫者理也言萬物莫有形而不顯示於人莫顯示人而不有倫理理無不宜而分位不失 坐於室而見四海。處於今而論久遠。○盧文弨曰元刻論作聞 疏觀萬物而知其情。參稽治亂而通其度。疏通參驗稽考度制也 經緯天地而材官萬物。制割大理而宇宙裏矣。材謂當其分官謂不失其任裏當爲理材或爲裁也 恢恢廣廣。孰知其極。睪睪廣廣。孰知其德。涫涫紛紛。孰知其形。明參日月。大滿八極。夫是之謂大人。夫惡有蔽矣哉。此皆明虛壹而靜則通於神明人莫能測也又安能蔽哉睪讀爲皞皞皞廣大貌涫涫沸貌紛紛雜亂貌涫音官又音貫。○盧文弨曰正文上夫字宋本無顧千里曰廣廣疑當有誤與上文恢恢廣廣重出二字以楊注睪讀爲皞例之則此句廣讀爲曠也孰知其形形字不入韻疑當作則 心者。形之君也。而神明之主也。出令而無所受令。心出令以使百體不爲百體所使也 自禁也。自使也。自奪也。自取也。自行也。自止也。此六者皆由心使之然所以爲形之君也 故口可劫而使墨云。形可劫而使詘申。心不可劫而使易意。是之則受。非之則辭。劫迫也云言也百體可劫心不可劫所以尤宜愼擇所好懼蔽塞之患也。○郝懿行曰墨與默同云者言也或默或語皆可力劫而威使之申當作信而讀爲申荀書皆然陳奐曰案墨與默同楚辭九章孔靜幽默史記屈原傳作墨商君傳殷紂墨墨以亡 故曰。心容。其擇也無禁。必自見。其物也雜博。容受也言心能容受萬物若其選擇無所禁止則見雜博不精所以貴夫虛壹而靜也。○先謙案此承上文心者形之君也云云而引古言以明之心自禁使自奪取自行止是容其自擇也正名篇亦云離道而內自擇容訓如非十二子篇容辨異之容無所受令是無禁也神明之主出令是必自見也物雖雜博精至則不貳心容其擇也句無禁必自見句楊失其讀 其情之至也不貳。其情之至極在一而不貳若雜博則惑。○盧文弨曰元刻情作精注同先謙案元刻作精是也作情者精之借字脩身篇術順墨而精雜汙注精當爲情此荀書精情互通之證 詩云。采采卷耳。不盈頃筐。嗟我懷人。寘彼周行。詩周南卷耳之篇毛公云采采事采之也卷耳苓耳也頃筐畚屬易盈之器也思君子置於周之列位也。○盧文弨曰注卷耳苓耳也宋本元刻皆同俗本依廣雅改作枲耳不知毛傳自用爾雅爲訓耳 頃筐易滿也。卷耳易得也。然而不可以貳周行。采易得之物實易滿之器以懷人寘周行之心貳之則不能滿況乎難得之正道而可以它術貳之乎。郝懿行曰貳謂貳之也言所懷在於寘周行意不在於事釆故雖易盈之器而不盈也毛傳正用其師說故曰。心枝則無知。傾則不精。貳則疑惑。以贊稽之。萬物可兼知也。枝傍引如樹枝也贊助也稽考也以一而不貳之道助考之則可兼知萬物若博雜則愈不知也。郝懿行曰案枝與岐同古字通用岐者不一也此申上文貳之之意郭嵩燾曰荀意言心不貳而推類可以知萬物至以身盡道惟無貳而已類不可以兩求也楊注失之先謙案王氏念孫云貳是貣之誤字說見天論篇今案此貳字與上下文緊相承注不當作貣王說非也身盡其故則美。故事也盡不貳之事則身美矣類不可兩也。故知者擇一而壹焉。凡事類皆不可兩故知者精於一道而專一焉故異端不能蔽也農精於田。而不可以爲田師。賈精於市。而不可以爲賈師。工精於器。而不可以爲器師。皆蔽於一技故不可爲師長也。王念孫曰呂錢本賈師作市師是也上文以兩田字相承下文以兩器字相承則此文亦當以兩市字相承呂本作賈師者涉上賈精於市而誤有人也。不能此三技。而可使治三官。曰。精於道者也。精於一道故可以理萬事精於物者也。盧文弨曰案此句當在不可以爲器師之下誤脫在此王念孫曰此注說也見丙申校本俞樾曰精於物上疑當有非字言此人不能三技而可治三官者精於道非精於物也精於物若農精於田賈精於市工精於器是也精於道則君子是也下文云精於物者以物物精於道者兼物物故君子一於道而以贊稽物可證其義今本奪非字則精於道者也精於物者也兩語平列而其義違矣精於物者以物物。謂能各物其一物若農賈之屬也。盧文弨曰注各字舊本皆作名訛今改正下同精於道者兼物物。謂能兼治各物其一物者也故君子壹於道而以贊稽物。一於道所以助考物也助考謂兼治也壹於道則正。以贊稽物則察。以正志行察論。則萬物官矣。在心爲志發言爲論官謂各當其任無差錯也昔者舜之治天下也。不以事詔而萬物成。舜能一於道但委任衆賢而已未嘗躬親以事告人處一危之。其榮滿側。養一之微。榮矣而未知。一謂心一也危之當爲之危危謂不自安戒懼之謂也側謂逼側亦充滿之義微精妙也處心之危言能戒懼兢兢業業終使之安也養心之微謂養其未萌不使異端亂之也處心之危有形故其榮滿側可知也養心之微無形故雖榮而未知言舜之爲治養其未萌也。王念孫曰成相篇云思乃精志之榮好而壹之神以成賦篇云血氣之精也志意之榮也四榮字竝同義故道經曰。人心之危。道心之微。今虞書有此語而云道經蓋有道之經也孔安國曰危則難安微則難明故戒以精一信執其中引此以明舜之治在精一於道不蔽於一隅也。郝懿行曰道經蓋古言道之書今書大禹謨有此乃梅賾所采竄也唯允執其中一語爲堯授舜舜授禹之辭耳危微之幾。惟明君子而後能知之。幾萌兆也與機同。王念孫曰阮氏元曰此篇言知道者皆當專心壹志虛靜而淸明不爲欲蔽故曰昔者舜之治天下也云云案後人在尙書內解此者姑弗論今但就荀子言荀子其意則曰舜身行人事而處以專壹且時加以戒懼之心所謂危之也惟其危之所以滿側皆獲安榮此人所知也舜心見道而養以專壹在於幾微其心安榮則他人未知也如此解之則引道經及明君子二句與前後各節皆相通矣楊注謂危之當作之危非也危之者懼蔽於欲而慮危也之危者已蔽於欲而陷危也謂榮爲安榮者儒效篇曰爲君子則常安榮矣爲小人則常危辱矣凡人莫不欲安榮而惡危辱據此則荀子常以安榮與危辱相對爲言此篇言處一危之其榮滿側若不以本書證之則危榮二字難得其解矣故解道經當以荀子此說爲正非所論於古文尙書也案此說是也下文言闢耳目之欲遠蚊蝱之聲可謂危矣未可謂微也言人能如舜之危不能如舜之微也然則所謂危者非蔽於欲而陷於危之謂故人心譬如槃水。正錯而勿動。則湛濁在下而淸明在上。湛讀爲沈泥滓也下同則足以見鬚眉而察理矣。理肌膚之文理。郝懿行曰鬚古止作須今俗作鬚理上當脫膚字榮辱篇及性惡篇並云骨體膚理是矣微風過之。湛濁動乎下。淸明亂於上。則不可以得大形之正也。。先謙案大字無義上言槃水見鬚眉膚理非能見身之全形也大形疑當爲本形富國篇天下之本利也本當爲大明二字互譌心亦如是矣。故導之以理。養之以淸。物莫之傾。淸謂沖和之氣則足以定是非。決嫌疑矣。小物引之。則其正外易。其心內傾。則不足以決庶理矣。言此者以喻心不一於道爲異端所蔽則惑也。盧文弨曰庶理宋本作麤理今從元刻故好書者衆矣。而倉頡獨傳者。壹也。倉頡黃帝史官言古亦有好書者不如倉頡一於其道異術不能亂之故獨傳也。盧文弨曰案宋本此注之末有情箸古者倉頡之有天下守法授親神農亦然也十九字文義不順今删去之好稼者衆矣。而后稷獨傳者。壹也。好樂者衆矣。而夔獨傳者。壹也。好義者衆矣。而舜獨傳者。壹也。倕作弓。浮游作矢。而羿精於射。倕舜之共工世本云夷牟作矢宋衷注云黃帝臣也此云浮游未詳或者浮游夷牟之別名或聲相近而誤耳言倕游雖作弓矢未必能射而羿精之也弓矢舜已前有之此云倕作弓當是改制精巧故亦言作也奚仲作車。乘杜作乘馬。而造父精於御。自古及今。未嘗有兩而能精者也。奚仲夏禹時車正黃帝時已有車服故謂之軒轅此云奚仲者亦改制耳世本云相土作乘馬杜與土同乘馬四馬也四馬駕車起於相土故曰作乘馬以其作乘馬之法故謂之乘杜乘竝音剩相土契孫也呂氏春秋曰乘馬作一駕。盧文弨曰呂氏春秋勿躬篇作乘雅作駕一本乘雅作乘持疑持爲杜字之譌王念孫曰古無謂相土爲乘杜者乘杜蓋桑杜之譌相桑古同聲故借桑爲相（爾雅釋蟲諸慮奚相釋文相舍人本作桑）隸書桑或作桒乘或作椉（見漢安平相孫根碑）二形相似又因下文乘馬而誤爲乘耳（漢書王子侯表桑邱節侯將夜今本桑誤作乘（楊云以其作乘馬之法故謂之乘杜此則不得其解而曲爲之說 曾子曰。是其庭可以搏鼠。惡能與我歌矣。是蓋當爲視曾子言有人視庭中可以搏鼫鼠則安能與我成歌詠乎言外物誘之思不精故不能成歌詠也。盧文弨曰正文矣字元刻作乎郝懿行曰此言庭虛無人至靜矣恐有鼯修其中而傑思者我何可以歌詠亂之乎荀義當然注似失之 空石之中有人焉。其名曰觙。空石石穴也蓋古有善射之人處傑山空石之中名之曰觙觙字及事竝未詳所出或假設喻耳 其爲人也。善射以好思。好喜也精靜思其射之妙。俞樾曰案凡射者必心手相得方可求中非徒思之而已且其下文曰耳目之欲接則敗其思蚊䖟之聲聞則挫其精無一字及射然則楊注非也此射字乃射策射覆之射漢書藝文志蓍龜家有隨曲射匿五十卷射匿疑卽射覆覆而匿之人所不知以意縣揣而期其中此射之義也呂氏春秋重言篇載成公賈說荊莊王曰有鳥止於南方之阜三年不動不飛不鳴是何鳥也王射之曰有鳥止於南方之阜其三年不動將以定志意也其不飛將以長羽翼也其不鳴將以覽民則也然則古人設爲廋辭隱語而使人意度之皆謂之射此云善射以好思卽謂此也非眞援弓而射之也 耳目之欲接。則敗其思。蚊䖟之聲聞。則挫其精。是以闢耳目之欲。而遠蚊䖟之聲。閑居靜思則通。挫損也精精誠也闢屏除也言閑居靜思不接外物故能通射之妙 思仁若是。可謂微乎。言靜思仁如空石之人思射則可謂微乎假設問之辭也 孟子惡敗而出妻。可謂能自彊矣。此已下答之之辭孟子惡其敗德而出其妻可謂能自彊於脩身也 有子惡臥而焠掌。可謂能自忍矣。未及好也。有子蓋有若也焠灼也惡其寢臥而焠其掌若刺股然也未及好也當爲未及好思也誤分在下更作一句耳有子焠掌可謂能自忍其身則未及善射好思者也若思道之至人則自無寢焉用焠掌乎。郝懿行曰當依楊注作未及好思也先謙案楊郝說皆非當如郭說見下 闢耳目之欲。可謂能自彊矣。未及思也。蚊䖟之聲聞則挫其精。可謂危矣。未可謂微也。可謂能自彊矣未及思也十字竝衍耳可謂危矣言能闢耳目之欲則可謂能自危而戒懼未可謂微也微者精妙之謂也。郝懿行曰此文錯亂不可讀當作闢耳目之欲而遠蚊䖟之聲可謂能自危矣未可爲微也如此訂正方可讀餘皆涉上文而誤衍郭嵩燾曰下兩言何彊何忍何危則此七句正作三項言之疑此可謂能自彊矣六字衍未及思也句當在前可謂能自彊下忍堅於彊好甚於思出妻猶身外也焠掌則及身矣蚊䖟之聲卽係之耳目者二句究屬一義不應分言故知此段文句有誤倒亦有衍文先謙案郝說是也此承上觙之好思言之不分二事上言可謂微乎故此答以未可謂微也楊郝說竝非

夫微者至人也。惟精惟一如舜者 至人也。何彊何忍何危。既造於精妙之域則冥與理會不在作爲苟未臻極雖在空石之中猶未至也 故濁明外景。清明內景。景光色也濁謂混迹清謂虛白。○兪樾曰大戴記曾子天圓篇參嘗聞之夫子曰天道曰圓地道曰方方曰幽而圓曰明明者吐氣者也是故外景幽者含氣者也是故內景故火日外景而金水內景荀子濁明外景清明內景之說卽孔子之緒言也楊注所說未盡其旨 聖人縱其欲。兼其情。而制焉者理矣。夫何彊何忍何危。兼猶盡也聖人雖縱欲盡情而不過制者由於暗與理會故也何必如空石之徒乎。○先謙案縱當爲從聖人無縱欲之事從其欲猶言從心所欲 故仁者之行道也。無爲也。聖人之行道也。無彊也。無爲謂知違理則不作所謂造形而悟也無彊謂全無違理彊制之萌也 仁者之思也恭。聖人之思也樂。思慮也恭謂乾乾夕惕也樂謂性與天道無所不適。○郝懿行曰恭則虛壹而靜樂則何彊何忍何危結上之辭楊注樂謂性與天道無所不適道當爲通楊本不誤俗人依論語妄改故誤耳（性與天通語出晉書） 此治心之道也。

凡觀物有疑。中心不定。則外物不清。清明審也 吾慮不清。則未可定然否也。冥冥而行者。見寢石以爲伏虎也。見植林以爲後人也。○兪樾曰上文見寢石以爲伏虎也伏與寢義相應此云後人則與植林不相應矣植林豈必在後乎疑荀子原文本作立人立與植正相應下文曰俯見其影以爲伏鬼也卬視其髮以爲立魅也亦以伏立對文可證也今作後人者疑涉上文誤立爲伏又誤伏爲後耳 冥冥蔽其明也。冥冥暮夜也 醉者越百步之溝。以爲蹞步之澮也。蹞與跬同半步曰跬澮小溝也 俯而出城門。以爲小之閨也。酒亂其神也。閨小門也。○郭嵩燾曰說文閨特立之戶上圜下方似圭故以城門擬之釋宮宮中之門謂之闈其小者謂之閨閨爲宮門之小者不得徑謂之小門楊注未晰 厭目而視者。視一以爲兩。掩耳而聽者。聽漠漠而以爲哅哅。埶亂其官也。厭指按也一涉反漠漠無聲也哅哅喧聲也官司主也言埶亂耳目之所主守哅許用反 故從山上望牛者若羊。而求羊者不下牽也。遠蔽其大也。從山下望木者。十仞之木若箸。而求箸者不上折也。高蔽其長也。皆知爲高遠所蔽故不往求然則守道者亦宜知異術之蔽類此也水動而景搖。人不以定美惡。水埶玄也。玄幽深也或讀爲眩瞽者仰視而不見星。人不以定有無。用精惑也。精目之明也有人焉。以此時定物。則世之愚者也。彼愚者之定物。以疑決疑。決必不當。夫苟不當。安能無過乎。以疑決疑猶愼墨之屬也夏首之南有人焉。曰涓蜀梁。夏首夏水之首楚詞云過夏首而西浮顧龍門而不見王逸曰夏首夏水口也涓蜀梁未詳何代人姓涓名蜀梁列仙傳有涓子齊人隱於宕山餌朮能致風雨者也其爲人也。愚而善畏。善猶喜也好有所畏明月而宵行。俯見其影。以爲伏鬼也。卬視其髮。以爲立魅也。卬與仰同背而走。比至其家。失氣而死。豈不哀哉。背弃去也失氣謂困甚氣絶也。盧文弨曰正文比至其家下宋本有者字今從元刻去之凡人之有鬼也。必以其感忽之閒疑玄之時正之。感驚動也感忽猶恍惚也玄亦幽深難測也必以此時定其有鬼也。郝懿行曰感讀爲撼解已見議兵篇玄讀爲眩荀書皆然王念孫曰正當爲定聲之誤也（下文正事同）必以其感忽之閒疑玄之時定之者必以感忽之閒疑眩之時而定其有鬼也據楊注云必以此時定其有鬼則所見本是定字明矣定字上文凡六見此人之所以無有而有無之時也。無有謂以有爲無也有無謂以無爲有也此皆人所疑惑之時也而已以正事。故傷於溼而擊鼓鼓痺。則必有敝鼓喪豚之費矣。而未有俞疾之福也。已以正事謂人以此定事也痺冷疾也傷於溼則患痺反擊鼓烹豚以禱神何益於愈疾乎若以此定事則與俗不殊也俞讀爲愈。郝懿行曰傷於溼而病痺擊鼓鼓之無損於疾徒取費耳此言愚惑之蔽王念孫曰自鼓痺以上脫誤不可讀似當作故傷於溼而痺痺而擊鼓烹豚則必有弊鼓喪豚之費矣而未有俞疾之福也楊云傷於溼則患痺反擊鼓烹豚以禱神何益於愈疾乎是其證故雖不在夏首之南。則無以異矣。愼墨之蔽亦猶是也

凡以知人之性也。可以知物之理也。以知人之性推之則可知物理也以可以知人之性。求可以知物之理。而無所疑止之。則沒世窮年不能徧也。疑止謂有所不爲窮年盡其年壽疑或爲凝。郝懿行曰

疑止說已見王制篇荀書多作凝止皆俗人妄改之惟此未改楊注疑或爲凝蓋俗誤久矣俞樾曰詩桑柔篇靡所止疑傳曰疑定也疑訓定故與止同義此云疑止猶詩云止疑荀子傳詩故用詩義耳楊注疑或爲凝非是

其所以貫理焉。雖億萬已不足以浹萬物之變。與愚者若一。貫習也浹周也子叶反或當爲接。俞樾曰已猶終也言終不足以浹萬物之變也詩葛藟篇終遠兄弟傳曰已相遠矣箋云今已遠棄族親是傳箋竝訓終爲已僖二十四年左傳婦怨無終杜注曰終猶已也故已亦猶終也先謙案荀書以挾代浹此亦當爲挾作浹者後人所改

學。郭嵩燾曰學字當斷句學焉至老而不免於愚則執一之不足相通也老身長子而與愚者若一。猶不知錯。夫是之謂妄人。錯置也謂廢捨也身已老矣子已長矣猶不知廢捨無益之學夫是之謂愚妄人也

故學也者。固學止之也。惡乎止之。曰。止諸至足。曷謂至足。曰聖也。或曰聖下更當有王字誤脫耳言人所學當止於聖人之道及王道不學異術也聖王之道是謂至足也聖也者。盡倫者也。王也者。盡制者也。倫物理也制法度也兩盡者。足以爲天下極矣。所以爲至足也故學者以聖王爲師。案以聖王之制爲法。法其法。以求其統類。以務象效其人。統類法之大綱。謝本從盧校重一類字盧文弨曰法其法元刻作治其法王念孫曰元刻無下類字案元刻是也法其法以求其統類以務象效其人三句一氣貫注若多一類字則隔斷上下語脈矣宋本下類字卽涉上類字而衍先謙案王說是今依元刻刪嚮是而務。士也。類是而幾。君子也。幾近也類聖人而近之則爲君子士者脩飾之名君子有道德之稱也知之。聖人也。知聖王之道者故有知非以慮是。則謂之懼。自知其非以圖慮於是則謂之能戒懼也有勇非以持是。則謂之賊。勇於爲非以持制是也察孰非以分是。則謂之篡。孰甚也察甚其非以分爲是之心此篡奪之人也多能非以脩蕩是。則謂之知。脩飾也蕩動也多能知非脩飾蕩動而爲是則謂之知言智者能變非爲是也辯利非以言是。則謂之詍。辯說利口而飾非以言亂是則謂之詍詍多言也詩曰無然詍詍。王引之曰懼字義不可通懼當爲攫字之誤也攫謂攫取之也不苟篇小人知（與智同）則攫盜而漸（漸詐也說見尙書述聞民與胥漸下）故曰有知非以慮是則謂之攫脩讀爲滌（周官司尊彝凡酒脩酌鄭注脩讀爲滌濯之滌）謂滌蕩使潔清也此言智也勇也察也多能也辯利也皆必用之於是而後可（是字指聖王之制而言見上文）若有智而不以慮是則謂之攫有勇而不以持是則謂之賊熟於察而不以分是則謂之篡多能而不以滌蕩是則謂之智（智謂智故也淮南主術篇注曰故巧也管子心術篇曰恬愉無爲去知與故莊子胠篋篇曰知詐漸毒荀子非十二子篇曰知而險賊而

神爲詐而巧（淮南原道篇曰偶睉智故曲巧僞詐竝與此知字同義）辯利而不以言是則謂之讒也楊說皆失之 傳曰。天下有二。非察是。是察非。衆以爲是者而非之以爲非者而察之 謂合王制與不合王制也。所以非察是是察非觀其合王制與否也 天下有不以是爲隆正也。然而猶有能分是非治曲直者邪。有不以合王制與不合爲隆正者而能分是非治曲直乎言必不能也。先謙案隆正猶中正 若夫非分是非。非治曲直。非辨治亂。非治人道。雖能之無益於人。不能無損於人。案直將治怪說玩奇辭以相撓滑也。案彊鉗而利口。厚顏而忍詬。無正而恣睢。安辨而幾利。滑亂也音骨彊彊服人鉗鉗人口也詬詈也恣睢矜夸也幾近也安辨幾利謂安爲辨說所近者惟利也。王念孫曰方言鉗惡也（廣雅同）南楚凡人殘罵謂之鉗郭璞曰殘猶惡也然則彊鉗者既彊且惡也非鉗人口之謂詬恥也大戴禮曾子立事篇君子見利思辱見惡思詬定八年左傳公以晉詬語之杜盧注竝曰詬恥也字或作詢昭二十年左傳余不忍其詢杜注曰詢恥也又作㖃大戴禮武王踐阼篇口生㖃盧注曰㖃恥也又作垢宣十五年左傳國君含垢杜注曰忍垢恥（漢書路溫舒傳作國君含詬）詬訓爲恥故曰厚顏而忍詬非謂忍詈也楚辭離騷曰忍尤而攘詬（王注詬恥也）呂氏春秋離俗篇曰彊力忍詢（高注詢辱也）淮南氾論篇曰忍詢而輕辱史記伍子胥傳曰剛戾忍詢皆其證也非十二子篇無廉恥而忍謑詢卽此所謂厚顏而忍詬也說文謑恥也或作䚸詬謑詬恥也或作詢（廣雅作䚸詬）楊注以謑詢爲詈辱亦失之兪樾曰大元元瑩篇箝知休咎范望注曰箝求也鬼谷子有飛箝篇其文曰以飛箝之辭鉤其所好以箝求之此范望注所本鉗猶箝也彊鉗謂彊求也楊注以鉗人口釋之非是 不好辭讓。不敬禮節。而好相推擠。此亂世姦人之說也。則天下之治說者方多然矣。愼墨宋惠之屬 傳曰。析辭而爲察。言物而爲辨。君子賤之。博聞彊志。不合王制。君子賤之。此之謂也。所謂析言破律亂名改作者也 爲之無益於成也。求之無益於得也。憂戚之無益於幾也。言役心無益復憂戚亦不能近道也。兪樾曰幾者事之微也無益於幾卽無益於事憂戚之而仍於事無益則爲君子所不取矣楊注謂憂戚亦不能近道是訓幾爲近又增出道字非其旨也 則廣焉能弃之矣。不以自妨也。不少頃干之胸中。廣讀爲曠遠也不以自妨謂不以無益害有益也。王念孫曰按能讀爲而曠焉而弃之謂遠弃之也（楊注廣讀爲曠遠也）古多以能爲而說見釋詞 不慕往。不閔來。無邑憐之心。不慕往謂不悅慕無益之事而往從之也不閔來謂不憂閔無益之事而來正之也或曰往古昔也來將來也不慕往古不閔將來言惟義所在無所繫滯也邑憐未詳或曰邑與悒同悒怏也憐讀爲吝惜也言棄無益之事更無悒怏吝惜之心此皆明不爲異端所蔽也 當時則動。物至而應。事起而辨。治亂可否昭然明矣。

周而成。泄而敗。明君無之有也。以周密爲成以漏泄爲敗明君無此事也明君日月之照臨安用周密也 宣而成。隱而敗。闇君無之有也。以宣露爲成以隱蔽爲敗闇君亦無此事也闇君務在隱蔽而不知昭明之功也。先謙案注中四爲字皆當作而 故君人者。周則讒言至矣。直言反矣。小人邇而君子遠矣。詩云。墨以爲明。狐狸而蒼。此言上幽而下險也。逸詩墨謂蔽塞也狐狸而蒼言狐狸之色居然有異若以蔽塞爲明則臣下誑君言其色蒼然無別猶指鹿爲馬者也幽暗也險傾側也。盧文弨曰正文墨以爲明元刻明作朙狐狸而蒼宋本而作其王伯厚詩攷引作而今從之又注傾側也元刻作詐也郝懿行曰墨者幽闇之意詩言以闇爲明以黃爲蒼所謂元黃改色馬鹿易形也（二語見後漢文苑傳）趙高欲爲亂以青爲黑以黑爲黃民言從之（語見禮器注）此正上幽下險之事 君人者。宣則直言至矣。而讒言反矣。君子邇而小人遠矣。反還也讒言復歸而不敢出矣或曰反倍也言與讒人相倍反也。先謙案讒言上而字衍或說非 詩曰。明明在下。赫赫在上。此言上明而下化也。詩大雅大明之篇言文王之德明明在下故赫赫然著見於天也

荀子集解卷十六

正名篇第二十二

是時公孫龍惠施之徒亂名改作以是爲非故作正名篇尹文子曰形以定名名以定事事以驗名察其所以然則形名之與事物無所隱其理矣名有三科一曰命物之名方圓白黑是也二曰毁譽之名善惡貴賤是也三曰況謂之名賢愚愛憎是也。盧文弨曰事以驗名宋本書作檢名

後王之成名。後之王者有素定成就之名謂舊名可法效者也 刑名從商爵名從周文名從禮。商之刑法未聞康誥曰殷罰有倫是亦言殷刑之允當也爵名從周謂五等諸侯及三百六十官也文名謂節文威儀禮卽周之儀禮也。郝懿行曰文名謂節文威儀禮卽周之儀禮其說是也古無儀禮之名直謂之禮或謂之禮經 散名之加於萬物者則從諸夏之成俗曲期。成俗舊俗方言也期會也曲期謂委曲期會物之名者也。郝懿行曰曲期謂曲折期會之地猶言委巷也此與遠方異俗相儷楊注斷曲期上屬似未安先謙案郝云曲期二字下屬是也而解爲委巷非也下文云命不喻然後期期不喻然後說注期會也物之稍難名命之不喻者則以形狀大小會之若是事多會亦不喻者則說其所以然是曲期者乃委曲以會之萬物之散名從諸夏之成俗以委曲期會於遠方異俗之鄉而因之以爲通所謂名從中國是也 遠方異俗之鄉則因之而爲通。遠方異俗名之乖異者則因其所名遂以爲通而不改作也 散名之在人者。舉名之分散在人者 生之所以然者謂之性。人生善惡故有必然之理是所受於天之性也 性之和所生精合感應不事而自然謂之性。和陰陽沖和氣也事任使也言人之性和氣所生精合感應不使而自然言其天性如此也精合謂若耳目之精靈與見聞之物合也感應謂外物感心而來應也。先謙案性之和所生當作生之和所生此生字與上生之同亦謂人生也兩謂之性相儷生之所以然者謂之性生之不事而自然者謂之性文義甚明若云性之不事而自然者謂之性則不詞矣此傳寫者緣下文性之而誤注人之性性當爲生亦後人以意改之 性之好惡喜怒哀樂謂之情。人性感物之後分爲此六者謂之情 情然而心爲之擇謂之慮。情雖無極心擇可否而行謂之慮也 心慮而能爲之動謂之僞。僞矯也心有選擇能動而行之則爲矯拂其本性也。郝懿行曰荀書多以僞爲爲楊注訓僞爲矯不知古字通耳下云正利而爲謂之事正義而爲謂之行與此能爲之爲俱可作僞 慮積焉能習焉而後成謂之僞。心雖能動亦在積久習學然後能矯其本性也。盧文弨曰此僞字元刻作爲非也觀荀此篇及禮論等篇僞卽今爲字故曰桀紂性也堯舜

僞也謂堯舜不能無待於人爲耳後儒但知有眞僞字昧古六書之法而嘗之者衆矣下兩而爲承上文亦必本是而譌

正利而爲。謂之事。爲正道之事利則謂之事業謂商農工賈者也

正義而爲。謂之行。苟非正義則謂之姦邪行下孟反。兪樾曰廣韻正正當也正利而爲正義而爲猶文四年左傳曰當官而行也楊注以正道釋之非是

所以知之在人者。謂之知。知有所合。謂之智。知之在人者謂在人之心有所知者知有所合謂所知能合於物也。盧文弨曰謂之智亦當同上作謂之知而皆讀爲智耳下能字亦可不分兩音先謙案在人者明藏於心有合者遇物而形下兩謂之能同

智所以能之在人者。謂之能。智有所能在人之心者謂之能能才能也。盧文弨曰句首智字衍注當云在人有所能謂之能此似有舛誤

能有所合。謂之能。能當爲耐古字通也耐謂堪任其事耐乃來乃代二反。郝懿行曰案楊注能耐古通此語非是楊旣知爲古字通矣何必上爲能下爲耐強生分別卽如上文二知二智亦是強生分別古本必皆作知如僞爲之例也若依楊注則上文謂之性此兩性字不知當何分別戴記禮運樂記二篇竝用耐字鄭康成注耐古能字也此蓋楊注所本然鄭此說未見所出既云古字時有存者又云亦有今誤（禮運注）然則鄭意亦不以爲定論也且以荀書訂之仲尼篇云能耐任之又云能而不耐任楊注耐忍也此則一句之中耐能兼用其不以爲一字明矣又攷說文能熊屬也能獸堅中故稱賢能而彊壯儞能傑也又云耐或耏字不言爲古能字然則經典用能不用耐當依許故重書康成之說與許不同疑未可據先謙案二僞二知二能竝有虛實動靜之分知皆讀智能皆如字不分兩讀楊說非也

性傷謂之病。傷於天性不得其所

節遇謂之命。節時也當時所遇謂之命命者如天所命然。先謙案節猶適也說詳天論篇

是散名之在人者也。是後王之成名也。略舉此上事是散名之在人者而後王可因襲成就素定之名也而或者乃爲堅白之說以是爲非斯亂名之尤也

故王者之制名。名定而實辨。道行而志通。則愼率民而一焉。道謂制名之道志通言可曉也禮記曰黃帝正名百物以明民愼率民而一焉言不敢以異端改作也

故析辭擅作名以亂正名。使民疑惑。人多辨訟。則謂之大姦。其罪猶爲符節度量之罪也。新序曰子產決鄧析教民之難約大獄袍衣小獄襦袴民之獻袍衣襦袴者不可勝數以非爲是以是爲非鄭國大亂民日讙譁子產患之於是討鄧析而僇之民乃服是非乃定是其類也。盧文弨曰今本新序缺此文王念孫曰析辭擅作下本無名字有名字則成累句矣此名字涉下正名而衍下文離正道而擅作作下無名字卽其證先謙案爲與僞同

故其民莫敢託爲奇辭以亂正名。故其民慤。慤則易使。易使則公。。顧千里曰公疑當作功荀子屢言功可以爲證下文則其跡長矣跡長功成治之極也承此功言之不作公明甚宋本與今本同蓋皆誤

其民莫敢託爲奇辭以亂

正名。故壹於道法、而謹於循令矣。如是則其迹長矣。迹王者所立之迹也下不敢亂其名畏服於上故迹長也長丁丈反迹長功成。治之極也。是謹於守名約之功也。謹嚴也約要約今聖王沒，名守慢，奇辭起。名實亂，是非之形不明，則雖守法之吏，誦數之儒，亦皆亂也。奇辭亂實故法吏迷其所守偏儒疑其所習。先謙案誦數猶誦說說見勸學篇若有王者起，必將有循於舊名，有作於新名。名之善者循之不善者作之故孔子曰必也正名乎。先謙案舊名上所云成名也新名上所云託奇辭以亂正名也既循舊名必變新名以反其舊作者變也禮記哀公問鄭注作猶變也楊注未晰然則所爲有名，與所緣以同異，與制名之樞要，不可不察也。緣因也樞要大要總名也物無名則不可分辨故因而有名也名不可一貫故因耳目鼻口而制同異又不可常別雖萬物萬殊有時欲舉其大綱故制爲名之樞要謂若謂之禽知其二足而羽謂之獸知其四足而毛既爲治在正名則此三者不可不察而知其意也。謝本從盧校作有同異王念孫曰元刻有作以（宋龔本同）案作以者是也下文云然則何緣而以同異又云此所緣而以同異也三以字前後相應宋本作有者涉上句有名而誤先謙案王說是今改從元刻異形離心。萬物之形各異則分辨人之心言人心知其不同也此已下覆明有名之意交喻。異物名實玄紐。玄深隱也紐結也若不爲分別立名使物物而交相譬喻之則名實深隱紛結難知也。郝懿行曰玄即眩字紐系也結也言名實眩亂連系交結而難曉也王念孫曰名實互紐即上文所謂名實亂也今本互字上下皆誤加點揚所見本已然故誤讀爲胡涓切而所說皆非先謙案楊注之非由失其讀異形離心交喻句異物名實玄紐句離心交喻謂人心不同使之共喻下文所云名闇而實喻也異形者離心交喻異物者名實眩紐此所以有名也貴賤不明，同異不別。如是則志必有不喻之患，而事必有困廢之禍。故知者爲之分別制名以指實。無名則物雜亂故智者爲之分界制名所以指明實事也上以明貴賤，下以辨同異。貴賤明，同異別，如是則志無不喻之患，事無困廢之禍，此所爲有名也。有名之意在此然則何緣而以同異？設問覆明同異之意也曰：緣天官。天官耳目鼻口心體也謂之官言各有所司主也緣天官言天官謂之同則同謂之異則異也凡同類同情者，其天官之意物也同。故比方之疑似而通，是所以共其約名以相期也。同類同情謂君天下之馬雖白黑大小不同天官意想其同類所以共其省約之名以相期會而命之名也。盧文弨曰注末名也上宋本有各爲制三字衍王念孫曰約非省約之謂名猶言名約上文云是謹於守名約之功也楊彼注云約要約是也下文云名無固宜約之以命約定俗成謂之宜名無固實約之以命（今本命下有實字辯見下）約定俗成謂之實名又其一證也形體色理以目異。形體形狀也色五色也理文理也言萬物形體色理以目別異之而制名。王引之曰色理膚理也榮辱性惡二篇竝云骨體膚理彼言骨體膚理此言形體色理形體猶骨體也色理猶膚理也楊云色五色也失之聲音清濁調竽奇聲以耳異。清濁宮徵之屬調竽謂調和笙竽之聲也竽笙類所以導衆樂者也不言革木之屬而言竽者或曰竽八音之首故黃帝使泠倫取竹作管是竹爲聲音之始莊子天籟地籟亦其義也奇奇異也奇聲萬物衆聲之異者也。盧文弨曰調竽二字上下必有脫誤不必從爲之辭俞樾曰笙竽之聲而獨言竽義不可通楊又引或說謂竽八音之首斯曲說也調竽疑當爲調笑字之誤也孟子告子篇曰則已談笑而道之調笑與談笑文異而誼同玉篇廣韻竝曰談戲調也蓋談與調一聲之轉耳笑竽形似因而致誤先謙案調竽當爲調節竽節字皆從竹故節誤爲竽禮記仲尼燕居篇樂也者節也孔疏節制也檀弓篇品節斯斯節制斷也是節爲制也調者說文和也聲音之道調以和合之節以制斷之故曰調節與清濁同爲對文奇聲與下奇味奇臭對文楊俞說皆非甘苦鹹淡辛酸奇味以口異。奇味衆味之異者也香臭芬鬱腥臊洒酸奇臭以鼻異。芬花草之香氣也鬱腐臭也禮記曰鳥皫色而沙鳴鬱洒未詳酸暑浥之酸氣也奇臭衆臭之異者氣之應鼻者爲臭故香亦謂之臭禮記曰皆佩容臭或曰洒當爲漏篆文稍相似因誤耳禮記曰馬黑脊而般臂漏鄭音螻螻蛄臭者也。盧文弨曰洒從水西聲古音與辛相同洒酸猶辛酸辣氣之觸鼻者王念孫曰辛酸皆味也非臭也宋玉高唐賦孤子寡婦寒心酸鼻阮籍詠懷詩感慨懷辛酸怨毒常苦多皆非辣氣觸鼻之謂西古讀若先先字古在諄部辛字古在眞部不得言西辛古音相同盧說非也楊以洒爲漏之誤是也余謂酸乃廇字之誤廇從酉聲與酸字左畔相同又涉上文辛酸而誤也周官內饔及內則竝云牛夜鳴則廇先鄭司農云廇朽木臭也（說文廇久屋朽木周禮曰牛夜鳴則廇臭如朽木）內則注曰廇惡臭也春秋傳曰一薰一廇（僖四年今左傳作蕕杜注蕕臭草）鬱腥臊漏廇竝見周官禮記則洒酸必漏廇之誤也酸亦味也非臭也楊以爲暑浥之酸氣亦失之疾養滄熱滑鈹輕重以形體異。疾痛也養與癢同滄寒也滑與汩同鈹與披同皆壞亂之名或曰滑如字鈹當爲鈒傳寫誤耳與澀同輕重謂分銖與鈞石也此皆在人形體別異之而立名也滄初亮反又楚陵反說故喜怒哀樂愛惡欲以心異。說讀爲脫誤也脫故猶律文之故誤也。先謙案說者心誠悅之故者作而致其情也與性惡篇習僞故之故同義二字對文楊注非心有徵知。徵召也言心能召萬物而知之徵知則緣耳而知聲可也緣目而知形可也。緣因也以心能召萬物故可以因耳而知聲因目而知形爲之立名心雖有知不因耳目亦不可也然而徵知必將待天官之當簿其類然後可也。天官耳目也當主也丁浪反簿簿書也當簿謂如各主當其簿書不雜亂也類謂可聞之物耳之類可見之物目之類言心雖能召所知必將任使耳目令各主掌其類然後可也言心亦不能自主之也。俞樾曰楊注曰天官耳目也疑此文及注竝有奪誤上文云然則何緣而以同異曰緣天官注曰天官耳目鼻口心體也是天官本兼此六者而言此何以獨言耳目乎疑天官乃五官之誤上云心有徵知此當云然而徵知必將待五官之當簿其類注當云五官耳目鼻口體也所以不數心者徵知卽心也下文云五官簿之而不知心徵之而無說卽承此文而言可知天官爲五官之譌因五官譌爲天官而注又有闕文遂不可讀

五官簿之而不知。心徵之而無說。則人莫不然謂之不知。此所緣而以同異也。五官耳目鼻口心也五官能主之而不能知心能召而知之若又無說則人皆謂之不知也以其知此故聖人分別因立同異之名使人曉之也。王念孫曰莫不然謂之不知然字涉上下文而衍五官者耳目鼻口與形體也（見上文）言五官能簿之而不能知心能徵之而又無說則人皆謂之不智也楊注亦當作五官耳目鼻口體也今本體作心乃後人不知其義而妄改之上注云天官耳目鼻口心體也足正此注之誤（天論篇以耳目鼻口形能爲五官能卽態字此篇以耳目鼻口形體爲五官形體卽形態）郭嵩燾曰王說非也簿猶記錄也心徵於耳目而後有知所聞所見心徵而知之由耳目之記籍其名也與耳目相接而終不知其名心亦能徵之耳目而莫能言其名則終不知而已莫不然謂之不知然亦語詞不必爲衍文

然後隨而命之。既分同異之後然後隨所名而命之此已下覆明制名樞要之意也 同則同之。異則異之。同類則同名異類則異名 單足以喻則單。單不足以喻則兼。單物之單名也兼復名也喻曉也謂若止喻其物則謂之馬喻其毛色則謂之白馬黃馬之比也。盧文弨曰注復名宋本作複名案復亦與複通用 單與兼無所相避則共。雖共不爲害矣。謂單名復名有不可相避者則雖共同其名謂若單名謂之馬雖萬馬同名復名謂之白馬亦然雖共不害於分別也 知異實者之異名也。故使異實者莫不異名也。不可亂也。知謂人心知之異實者異名則不亂也謂若牛與馬爲異實也 猶使異實者莫不同名也。恐異實異名卒不可徧舉故猶使異實者有時而同一名也或曰異實當爲同實言使異實者異名其不可相亂猶如使同實者莫不同名也。王念孫曰或說是也上文同則同之異則異之是其證前說非 故萬物雖衆。有時而欲徧舉之。故謂之物。物也者。大共名也。推而共之。共則有共。至於無共然後止。推此共名之理則有共至於無共言自同至於異也起於總謂之物散爲萬名是異名者本生於別同名者也。王念孫曰共則有共之有讀爲又謂共而又共至於無共然後止也楊說失之 有時而欲徧舉之。故謂之鳥獸。鳥獸也者。大別名也。推而別之。別則有別。至於無別然後止。言自異至於同

也謂總其萬名復謂之物是同名者生於欲都舉異名也言此者所以別異名同名之意。王念孫曰案此偏字當作別與上條不同上條以同爲主故曰偏舉之此條以異爲主故曰別舉之（下文皆作別）鳥獸不同類而鳥獸之中又各不同類推而至於一類之中又有不同（若雉有五雉屖有九屖牛馬毛色不同其名亦異之類）故曰鳥獸也者大別名也推而別之別則有別（有讀爲又見上條）至於無別然後止也今本作偏舉則義不可通蓋涉上條偏舉而誤楊說皆失之俞樾曰此偏字乃偏字之誤上云偏舉之乃普偏之義故曰大共君也此云偏舉之乃一偏之義故曰大別名也偏與偏形似因而致誤先謙案俞說是

名無固宜。約之以命。約定俗成謂之宜。異於約則謂之不宜。名無固宜言名本無定也約之以命謂立其約而命之若約爲天則人皆謂之天也。先謙案注固宜各本誤故宜今正

名無固實。約之以命實。約定俗成謂之實名。實名謂以名實各使成言語文辭謂若天地日月之比也。王念孫曰約之以命實實字涉上下文而衍上文名無固宜約之以命楊注云約之以命謂立其約而命之則此言約之以命義亦與上同若命下有實字則義不可通且楊必當有注矣

名有固善。徑易而不拂。謂之善名。徑疾平易而不違拂謂易曉之名也卽謂呼其名遂曉其意不待訓解者拂音佛

物有同狀而異所者。謂若兩馬同狀各在一處之類也有異狀而同所者。謂若老幼異狀同是一身也蠶蛾之類亦是也可別也。狀同而爲異所者。雖可合。謂之二實。卽謂兩馬之類名雖可合同謂之馬其實二也狀變而實無別而爲異者。謂之化。有化而無別。謂之一實。狀雖變而實不別爲異所則謂之化化者改舊形之名若田鼠化爲鴽之類雖有化而無別異故謂之一實言其實一也此事之所以稽實定數也。稽考其實而定一二之數也此制名之樞要也。此皆明制名之大意是其樞要也後王之成名。不可不察也。此三者制名之實後王可因其成名而名之故不可不察也

見侮不辱。聖人不愛己。殺盜非殺人也。此惑於用名以亂名者也。見侮不辱宋子之言也聖人不愛己未聞其說似莊子之意殺盜非殺人亦見莊子宋子言見侮不辱則使人不鬭或言聖人不愛己而愛人莊子又云殺盜賊不爲殺人言此三者徒取其名不究其實是惑於用名以亂正名也驗之所以爲有名。而觀其孰行。則能禁之矣。驗其所爲有名本由不喻之患困廢之禍因觀見侮不辱之說精孰可行與否則能禁也言必不可行也。王引之曰驗之所下以字及下文驗之所緣下無字皆後人所增據注云驗其所爲有名驗其所緣同異則上無以字下無無字明甚上文云所爲有名（爲卽以也說見釋詞）與所緣以同異不可不察也故此

承上文而言之又案執者何也（說見釋詞）觀其執行者觀其何所行也觀其執調者觀其何所調也楊讀執爲熱而訓爲精熱則義不可通

山淵平。情欲寡。芻豢不加甘。大鍾不加樂。此惑於用實以亂名者也。山淵平卽莊子云山與澤平也情欲寡卽宋子云人之情欲寡也芻豢不加甘大鍾不加樂墨子之說也古人以山爲高以泉爲下原其實亦無定但在當時所命耳後世遂從而不改亂名之人旣以高下是古人之一言未必物之實也則我以山泉爲平奚爲不可哉古人言情欲多我以爲寡芻豢甘大鍾樂我盡以爲不然亦可也此惑於用實本無定以亂古人之舊名也

驗之所緣無以同異而觀其孰調。則能禁之矣。驗其所緣同異本由物一貫則不可分別故定其名而別之今山淵平之說以高爲下以下爲高若觀其精孰得調理與否則能禁惑於實而亂名者也。郭嵩燾曰此三惑仍承上言之用名以亂名則驗其所以爲名而觀其行用實以亂名則驗其所緣以爲同異而調使平用名以亂實則驗其制名之原而觀其所以爲辭受荀用此三者以明諸家立言之旨所以爲正名也此文驗之所緣無以同異與前文不合明無字衍文

非而謁楹。有牛馬非馬也。此惑於用名以亂實者也。非而謁楹有牛未詳所出馬非馬是公孫龍白馬之說也白馬論曰言白所以命色也馬所以命形也色非形形非色故曰白馬非馬也是惑於形色之名而亂白馬之實也

驗之名約。以其所受悖其所辭。則能禁之矣。名約卽名之樞要也以用也悖違也所受心之所是所辭心之所非驗其名之大要本以稽實定數今馬非馬之說則不然若用其心之所受者違其所辭者則能禁之也

凡邪說辟言之離正道而擅作者。無不類於三惑者矣。辟讀爲僻

故明君知其分而不與辨也。明君守聖人之名分不必亂名辨說是非也

夫民易一以道。而不可與共故。故事也言聖人謹守名器以道一民不與之共事共則民以它事亂之故老子曰國之利器不可以示人也。郝懿行曰故謂所以然也夫民愚而難曉故但可借之大道而不可與共明其所以然所謂民可使由之不可使知之

故明君臨之以埶。道之以道。道達之以正道

申之以命。章之以論。禁之以刑。故其民之化道也如神。辨埶惡用矣哉。申重也章明也論謂先聖格言但用此道馭之不必更用辨埶也辨埶謂說其所以然也。盧文弨曰以注未釋辨說觀之則正文辨埶乃辨說之訛注埶字亦當作說下文屢云辨說則此之爲誤顯然蓋因上有臨之以埶語而誤涉耳先謙案據盧說注皆作辨埶今繙謝本者竝作辨說誤据虞王本改正

今聖王沒。天下亂。姦言起。君子無埶以臨之。無刑以禁之。故辨說也。荀卿自述正名及辨說之意也

實不喻然後命。命不喻然後期。期不

喻然後說。說不喻然後辨。命謂以名命之也。期，會也。言物之稍難名命之不喻者，則以形狀大小會之，使人易曉也。謂若白馬，但言馬則未喻，故更以白會之。若是事多，會亦不喻者，則說其所以然；若說亦不喻者，則反覆辨明之也。故期命辨說也者。用之大文也。而王業之始也。無期命辨說則萬事不行，故為用之大文，飾王業之始在於正名，故曰王業之始也。名聞而實喻。名之用也。名之用本在於易知也。累而成文。名之麗也。累名而成文辭，所以為名之華麗，詩書之言皆是也。或曰：麗與儷同，配偶也。○盧文弨曰：注麗與儷同，舊本脫與儷二字，今補。用麗俱得。謂之知名。淺與深俱不失其所，則為知名。名也者。所以期累實也。名者期於累數其實以成言語。或曰：累實當為異實。言名者所以期於使實各異也。辭也者。兼異實之名以論一意也。辭者說事之言。辭兼異實之名，謂兼數異實之名以成言辭，猶若元年春王正月公即位，兼說亡實之名以論公即位之一意也。○王念孫曰：論當為諭字之誤也（淮南齊俗篇不足以諭之，今本諭誤作論）。諭，明也。言兼說異實之名以明之也。字或作喻，下文曰辯說也者，不異實名以喻動靜之道也，是其證。上下文言喻者甚多，此不應獨作論也。楊說以春秋云論公即位之一意，則所見本已誤。辨說也者。不異實名以喻動靜之道也。動靜，是非也。言辨說者不唯兼異常實之名，所以喻是非之理。辭者論一意，辨者明兩端也。期命也者。辨說之用也。期謂委曲為名以會物也。期與命所以為辨說之用。辨說也者。心之象道也。辨說所以為心想象之道，故心有所明則辨說也。心也者。道之工宰也。工能成物，宰能主物，心之於道亦然也。○陳奐曰：工宰者，工官也。官宰猶言主宰（廣雅：官，主，君也）。解蔽篇曰：心者形之君也，而神明之主也，出令而無所受令，是其義。舊注失之。道也者。治之經理也。經，常也。理，條貫也。言道為理國之常法條貫也。心合於道。說合於心。辭合於說。言經為說，成文為辭，謂心能知道，說能合心，辭能成言也。正名而期。質請而喻。辨異而不過。推類而不悖。聽則合文。辨則盡故。以正道而辨姦。猶引繩以持曲直。是故邪說不能亂。百家無所竄。正名而期，謂正其名以會物，使人不惑也。質，物之形質。質請而喻，謂若形質自請其名然，因而喻知其實也。辨異而不過，謂足以別異物則已，不過說也。推類而不悖，謂推同類之物，使共其名，不使乖悖也。聽則合文，辨則盡故，謂聽它人之說則取其合文理者，自辨說則盡其事實也。正道謂正名之道。持，制也。竄，匿也。百家無所隱竄，言皆知其姦詐也。○王念孫曰：楊說質請甚迂。質，本也（繫辭傳原始要終以為質也，曲禮禮之質也，鄭、虞注並曰質，本也）。請讀為情，情，實也。言本其實而曉喻之也。上文云名聞而實喻，是其證也。正名而期，質情而喻，情卽是實實與名正相對也。古者情請同聲而通用（成相篇明其請，楊注請當爲情禮論篇情文俱盡史記禮書情作請徐廣曰古情字或假借作請諸子中多有此比列子說符篇發於此而應於外者唯請張湛曰請當作情又墨子尙同明鬼非命諸篇皆以請爲情）有兼聽之明而無奮矜之容。有兼覆之厚。而無伐德之色。說行則天下正。說不行則白道而冥窮。是聖人之辨說也。是時百家曲說皆競自矜伐故述聖人辨說雖兼聽兼覆而無奮矜伐德之色也白道明道也冥幽隱也冥窮謂退而窮處也○俞樾曰楊說冥窮之義甚爲迂曲窮當讀爲躬白道而冥躬者明白其道而幽隱其身也古窮與躬通用論語鄉黨篇鞠躬如也聘禮鄭注作鞠窮是其證詩曰。顒顒卬卬。如珪如璋。令聞令望。豈弟君子。四方爲綱。此之謂也。詩大雅卷阿之篇顒顒體貌敬順也卬卬志氣高朗也

辭讓之節得矣。長少之理順矣。忌諱不稱。祅辭不出。以仁心說。以學心聽。以公心辨。以仁心說謂務於開導不騁辭辨也以學心聽謂悚敬而聽它人之說不爭辨也以公心辨謂以至公辨它人之說是非也不動乎衆人之非譽。不以衆人是非而爲之動但自正其辭說也不治觀者之耳目。其所辨說不求夸眩於衆人。○王念孫曰治字義不可通治當爲冶字之誤也不冶觀者之耳目謂不爲祅辭以惑衆人之耳目也（祅辭見上文）冶與蠱古字通集韻上聲三十五馬蠱以者切媚也文選南都賦侍者蠱媚五臣本蠱音冶劉良曰蠱媚美容儀也舞賦貌嫽妙以妖蠱五臣作妖冶後漢書張衡傳咸姣麗以蠱媚注曰蠱音野謂妖麗也是冶卽蠱惑之蠱也不冶觀者之耳目不賂貴者之權勢二句一意相承據楊注云其所辨說不求夸眩於衆人則所見本當是冶字若是治字則不得言夸眩於衆矣以是明之不賂貴者之權埶。不爲貨賂而移貴者之權埶也不利傳辟者之辭。利謂說愛之也辟讀爲僻故能處道而不貳。吐而不奪。利而不流。貴公正而賤鄙爭。是士君子之辨說也。吐而不奪謂吐論而人不能奪利或爲和。○俞樾曰楊說非也吐當爲咄形似而誤從土從出之字隸書每相亂若敖從出而今譌爲敖賣從出而今譌爲賣是也咄者詘之叚字從口從言之字古或相通若詠之爲咏諎之爲唶吟之爲訡嘖之爲謮是也詘而不奪利而不流二句相對言雖困詘而不可劫奪雖通利而不至流蕩也上文於聖人之辨說曰說行則天下正說不行則白道而冥躬此於士君子之辨說曰詘而不奪利而不流詘謂說不行利謂說行其文正相配也詩曰。長夜漫兮。永思騫兮。大古之不慢兮。禮義之不愆兮。何恤人之言兮。此之謂也。逸詩也漫謂漫漫長夜貌騫咎也引此以明辨說得其正何憂人之言也

君子之言。涉然而精。俛然而類。差差然而齊。彼正其名。當其辭。以務白其志義者也。涉然深入之貌俛然俯就貌俛然而類謂俯近於人皆有統類不虛誕也差差不齊貌謂論列是非似若不齊然終歸於齊一也當丁浪反 彼名辭也者。志義之使也。足以相通。則舍之矣。苟之。姦也。通謂得其理使所吏反 故名足以指實。辭足以見極。則舍之矣。極中也本也見賢遍反 外是者謂之訒。是君子之所棄。而愚者拾以爲己寶。訒難也過於志義相通之外則是務爲難說耳君子不用也 故愚者之言。芴然而粗。嘖然而不類。誻誻然而沸。芴與忽同忽然無根本貌粗疏略也嘖爭言也助革反或曰與賾同深也誻誻多言也謂愚者言淺則疏略深則無統類又誻誻然沸騰也 彼誘其名。眩其辭。而無深於其志義者也。誘誑也但欺誑其名而不正眩惑其辭而不實又不深明於志義相通之理也 故窮藉而無極。甚勞而無功。貪而無名。藉踐履也才夜反謂踐履於無極之地貪而無名謂貪於立名而實無名也 故知者之言也。知讀爲智 慮之易知也。行之易安也。持之易立也。成則必得其所好而不遇其所惡焉。而愚者反是。詩曰。爲鬼爲蜮。則不可得。有靦面目。視人罔極。作此好歌。以極反側。此之謂也。詩小雅何人斯之篇毛云蜮短狐也靦姡也鄭云使女爲鬼爲蜮也則女誠不可得見也姡然有面目女乃人也人相視無有極時終必與女相見作此歌求女之情女之情展轉極於是也

凡語治而待去欲者。無以道欲。而困於有欲者也。凡言治待使人盡去欲然後爲治則是無道欲之術而反爲有欲者所困也 凡語治而待寡欲者。無以節欲。而困於多欲者也。若待人之寡欲然後治之則是無節欲之術而反爲多欲者所困故能導欲則欲自去矣能節欲則欲自寡矣 有欲無欲。異類也。生死也。非治亂也。二者異類如生死之殊非治亂所繫在於導欲則治不導欲則亂也。王念孫曰生死也三字與上下文義不相屬楊曲爲之說非也生死也當作性之具也（生性字相近又因下文有生死字而誤）下文性之具也即此句之衍文有欲無欲是生而然者也故曰性之具也情之數也二句相對爲文下文雖爲守門欲不可去雖爲天子欲不可盡四句亦相對爲文若闌入性之具也一句則隔斷上下語氣楊曲爲之說亦非也 欲之多寡。異類也。情

之數也。非治亂也。情之數言人情必然之數也治亂所繫在節欲則治不節欲則亂不在欲之多寡也　欲不待可得而求者從所可。凡人之情欲雖未可得以有欲之意求之則從其所可得者也。盧文弨曰宋本注多贅字今刪正俞樾曰待字衍當作欲不可得而求者從所可楊注不釋待字故知爲衍文郭嵩燾曰待字不可少人生而有欲不待其可得而後欲之此根於性者也若無待字則文不成義俞說非下同　欲不待可得所受乎天也求者從所可受乎心也。天性有欲心爲之節制。俞樾曰待字亦衍文也受乎心也上當有所字所受乎心與所受乎天正相對下文亦以所受乎天所受乎心並言則此文有所字明矣當據補　所受乎天之一。欲制於所受乎心之多。固難類所受乎天也。此一節未詳或恐脱誤耳或曰當爲所受乎天之一欲制於所受乎心之計其餘皆衍字也一欲大凡人之情欲也言所受乎天之大欲皆制節於所受心之計度心之計度亦受於天故曰所受。俞樾曰或說甚晦義不可通此文當云所受乎天之一所受乎心之多固難類也所受乎天所受乎心卽承上文而言一與多正相對則受乎天之一言天之與人有定也所受乎心之多言人之心無窮也固難類也猶言固不可同耳郭嵩燾曰生之有欲一而已矣制於所受乎心之多者以有欲之性聽命於心而欲遂多紛馳而日失其故離其眞則與所受於天之一欲又不可以類求也文義顯然楊俞說皆非　人之所欲生甚矣。人之所惡死甚矣。然而人有從生成死者。非不欲生而欲死也。不可以生而可以死也。此明心制欲之義　故欲過之而動不及。心止之也。動謂作爲也言欲過多而所作爲不及其欲由心制止之也。先謙案此文卽以上生死明之所欲有過於生而動不及於求生者心之中理止之也故欲雖多不傷於治所欲不及於死而動過之自取死者如鬬很亡身之類心之失理使之也故欲雖寡無止於亂此在心不在欲也楊注似未全通　心之所可中理。則欲雖多。奚傷於治。所可謂心以爲可也言若心止之而中理欲雖多無害於治也　欲不及而動過之。心使之也。心之所可失理。則欲雖寡。奚止於亂。心使之失理則欲雖寡亦不能止亂　故治亂在於心之所可。亡於情之所欲。明在心不在欲　不求之其所在。而求之其所亡。雖曰我得之。失之矣。所在心也所亡欲也　性者。天之就也。情者。性之質也。欲者。情之應也。以所欲爲可得而求之。情之所必不免也。性者成於天之自然情者性之質體欲又情之所應所以人必不免於有欲也。謝本從盧校無所字盧文弨曰以欲爲可得宋本作以所欲以爲可得今從元刻王念孫曰宋錢呂本世德堂本並作以所欲以爲可得而求之盧從元刻删所字及下以字案所字不當删下文曰所欲雖不可盡求者猶近盡是其證先謙案王說是今依宋本存所字 以爲可而道之知所必出也。心以欲爲可得而道達之智慮必出於此也 故雖爲守門。欲不可去。夫人各有心故雖至賤亦不能去欲也 性之具也。雖爲天子。欲不可盡。具全也若全其性之所欲雖爲天子亦不能盡秦皇漢武之比也 欲雖不可盡可以近盡也。以用也近盡近於盡欲也 言天子雖不可盡欲若知道則用可近盡而止之不使故肆之也 欲雖不可去求可節也。雖至賤亦不可去欲若知道則求節欲之道而爲之也 所欲雖不可盡求者猶近盡。欲雖不可去所求不得。慮者欲節求也。爲賤者之謀慮皆在節其所求之欲也。盧文弨曰注賤者舊本作貴賤訛今改正 道者。進則近盡。退則節求。天下莫之若也。道謂中和之道儒者之所守也進退亦謂貴賤也道者貴則可以知近盡賤則可以知節求天下莫及之也 凡人莫不從其所可。而去其所不可。知道之莫之若也。而不從道者。無之有也。知節欲無過於道則皆從道也 假之有人而欲南無多。而惡北無寡。豈爲夫南者之不可盡也。離南行而北走也哉。有人欲往南而惡往北也欲南無多謂南雖至多猶欲之也惡北無寡謂北雖至寡猶惡之也言此人既欲南而惡北豈爲夫南之不可得盡因肯捨南而走北乎 今人所欲無多。所惡無寡。豈爲夫所欲之不可盡也。離得欲之道而取所惡也哉。今夫人情欲雖至多猶欲之惡雖至寡猶惡之豈爲欲之不可得盡因肯取所惡哉 聖人以道節欲則各安其分矣而宋墨之徒不喻斯理而彊令去欲寡欲此何異使之離南而北走捨欲而取惡必不可得也 故可道而從之。奚以損之而亂。可道合道也損減也言若合道則從之奚以損亂而過此也 不可道而離之。奚以益之而治。不合道則離之奚以益治而過此此明上合道雖爲有欲之說亦可從之不合道雖爲去欲之說亦可離之也 故知者論道而已矣。小家珍說之所願皆衰矣。知治亂者論合道與不合道而已矣不在於有欲無欲也能知此者則宋墨之家自珍貴其說願人之去欲寡欲者皆衰矣 凡人之取也。所欲未嘗粹而來也。其去也。所惡未嘗粹而往也。故人無動而不可以不與權俱。粹全也凡人意有所取其欲未嘗全來意有所去其惡未嘗全去皆所不適意也權者稱之權所以知輕重者也能權變適時故以喻道也言人之欲惡常難適意故其所舉動而不可不與道俱不與道俱則惑於欲惡矣故違道者不慼慼於貧賤不汲汲於富貴故能遺夫得喪欲惡不以介懷而欲自節矣。王念孫曰上不字衍此言人之舉動不可不與權俱（權謂道也）不與權俱則必爲欲惡所惑故曰人無動而可以不與權俱今本可上有不字者涉注文不可不與道俱而衍

衡不正。則重縣於仰。而人以爲輕。輕縣於俛。而人以爲重。此人所以惑於輕重也。衡稱之衡也不正謂偏舉也衡若均舉之則輕重等而平矣若偏舉之則重縣於仰輕縣於俛而猶未平也遂以此定輕重是惑也

權不正。則禍託於欲。而人以爲福。福託於惡。而人以爲禍。此亦人所以惑於禍福也。權不正謂不知道而偏見如稱之權不正者也禍託於欲謂無德而祿因以爲福不知禍不旋踵也福託於惡謂若有才未偶因以爲禍不知先號後笑也言不知道則惑於倚伏之理也

道者。古今之正權也。離道而內自擇。則不知禍福之所託。道能知禍福之正如權之知輕重之正離權則不知輕重離道則不知禍福也

易者以一易一。人曰無得亦無喪也。易謂以物相易以一易兩。人曰無喪而有得也。以兩易一。人曰無得而有喪也。計者取所多。謀者從所可。以兩易一。人莫之爲。明其數也。從道而出。猶以一易兩也。奚喪。從道則無所喪儒術是也離道而內自擇。是猶以兩易一也。奚得。離道則無所得宋墨是也其累百年之欲。易一時之嫌。然且爲之。不明其數也。累積也嫌惡也此謂不以道求富貴終遇禍也

有嘗試深觀其隱而難其察者。有讀爲又雖隱而難察以下四事觀之則可知也。王念孫曰隱而難其察其字涉上文而衍據楊注云隱而難察則無其字明矣志輕理而不重物者。無之有也。理爲道之精微。顧千里曰案不下疑當有外字下文外重物而不內憂者無之有也行離理而不外危者無之有也外危而不內恐者無之有也一氣承接外重物與外危二句爲同例也外重物而不內憂者。無之有也。行離理而不外危者。無之有也。外危而不內恐者。無之有也。心憂恐。則口銜芻豢而不知其味。耳聽鐘鼓而不知其聲。目視黼黻而不知其狀。輕煖平簟而體不知其安。故嚮

萬物之美而不能嗛也。嗛讀爲享獻也謂受其獻也嗛足也快也史記樂毅曰先王以爲嗛於志嗛口簟反。俞樾曰平乃席名故與簟並言說文艸部蒻蒲子可以爲平席釋名釋牀帳曰蒲平以蒲作之其體平也並可爲證假而得問而嗛之，則不能離也。假或有人問之蹔以爲足其意終亦不能離於不足也。王念孫曰得問二字義不可通楊曲爲之說非也得問當爲得閒（古莧反）字之誤也言憂恐在心則雖享萬物之美而心不慊卽使蹔時得閒而慊之而其不慊者仍在也故嚮萬物之美而盛憂，兼萬物之利而盛害。如此者，其求物也，養生也？粥壽也？也皆當爲邪問之辭故欲養其欲而縱其情，縱其情則欲終不可養也欲養其性而危其形，欲養其樂而攻其心，欲養其名而亂其行。皆外重物之所致也如此者，雖封侯稱君，其與夫盜無以異；乘軒戴絻，其與無足無以異。絻與冕同。盧文弨曰夫盜元刻無夫字乘軒上有雖字無足當謂貧人之本不足者俞樾曰無足謂刖者也乘軒戴絻而行樂之至矣然實與無足者之跉卓而行無以異也無足與乘軒相應盧未得其義夫是之謂以己爲物役矣。己爲物之役使心平愉，則色不及傭而可以養目，所視之物不及傭作之人亦可養目聲不及傭而可以養耳，蔬食菜羹而可以養口，麤布之衣，麤紃之履而可以養體。麤紃之履麤麻屨也。盧文弨曰蔬食當作疏食屋室廬庾葭稾蓐尚机筵而可以養形。廬草屋也庾屋如廩庾者葭蘆也以廬庾爲屋室葭稾爲席蓐皆貧賤人之居也尚机筵未詳或曰尚言尚古猶若稱尚書之尚也尚机筵質樸之机筵也。王念孫曰以廬庾爲屋室而云屋室廬庾則文義不明且與葭稾蓐文非一律初學記器物部引作局室蘆簾稾蓐於義爲長說文局促也局室謂促狹之室蘆簾稾蓐謂以蘆爲簾以稾爲蓐也屋室蓋局室之誤廬庾蓋蘆簾之誤（簾廉古字通）稾蓐與蘆簾對文則藁上不當有葭字且葭卽蘆也又與蘆相複故無萬物之美而可以養樂，無埶列之位而可以養名。埶列班列也名美名也如是而加天下焉，其爲天下多，其和樂少矣。以是無貪利之心加以天下之權則爲天下必多爲己之私和樂少矣。王念孫曰和當爲私字之誤也（管子法禁篇脩上下之交以私親於民今本私誤作和）言以是不貪之心治天下則其爲天下必多而爲己之私樂必少也私樂對天下之樂而言若云和樂少則義不可通楊云爲己之私和樂少則未知和卽私之誤也先謙案王說是注中和字乃後人因正文誤私爲和而羼入之楊所見本蓋不誤夫是之謂重己役物。知道則心平愉心平愉則欲惡

有節不能動故能重己而役物自有嘗試已下皆論知道不知道也

無稽之言。不見之行。不聞之謀。君子愼之。無稽之言言無考驗者也不見之行不聞之謀謂在幽隱人所不聞見者君子尤當戒愼不可忽也中庸曰戒愼乎其所不覩恐懼乎其所不聞莫見乎隱莫顯乎微故君子愼其獨也說苑作無類之說不戒之行不贊之辭君子愼之此三句不似此篇之意恐誤在此耳。盧文弨曰案此篇由孔子必也正名之指推演之極言人不能無欲必貴乎導欲以合乎道而不貴乎絕欲此荀子之闢小家珍說而與孔孟所言治己治人之指相合後儒專言遏制辟盡者幾何不以癰而潰矣

荀子集解卷十七

性惡篇第二十三 當戰國時競爲貪亂不脩仁義而荀卿明於治道知其可化無埶位以臨之故激憤而著此論書曰惟天生民有欲無主乃亂惟聰明時乂亦與此義同也舊第二十六今以是荀卿論議之語故亦升在上。盧文弨曰書作惟天生聰明時乂此無天生二字似誤脫

人之性惡。其善者僞也。僞爲也矯也矯其本性也凡非天性而人作爲之者皆謂之僞故爲字人傍爲亦會意字也。郝懿行曰性自然也僞作爲也僞與爲古字通楊氏不了而訓爲矯全書皆然是其蔽也先謙案郝說是荀書僞皆讀爲爲下文器生於工人之僞尤其明證 今人之性。生而有好利焉。順是。故爭奪生而辭讓亡焉。天生性也順是謂順其性也 生而有疾惡焉。順是。故殘賊生而忠信亡焉。疾與嫉同惡烏路反 生而有耳目之欲。有好聲色焉。○先謙案下有字疑衍 順是。故淫亂生而禮義文理亡焉。文理謂節文條理也 然則從人之性。○先謙案論語八佾篇集解從讀曰縱下同 順人之情。必出於爭奪。合於犯分亂理。而歸於暴。○俞樾曰犯分當作犯文此本以文理相對上文曰順是故淫亂生而禮義文理亡焉下文曰合於文理而歸於治並其證也合於犯文亂理與合於文理正相對成義今作犯分則與下文不合矣當由後人習聞犯分罕聞犯文而誤改之耳 故必將有師法之化。禮義之道。道與導同 然後出於辭讓。合於文理。而歸於治。用此觀之。然則人之性惡明矣。其善者僞也。

故枸木必將待檃栝烝矯然後直。枸讀爲鉤曲也下皆同檃栝正曲木之木也烝謂烝之使柔矯謂矯之使直也 鈍金必將待礱厲然後利。礱厲皆磨也厲與礪同。盧文弨曰注礪舊作勵誤 今人之性惡。必將待師法然後正。得禮義然後治。今人無師法。則偏險而不正。○王念孫曰廣雅險衺也成相篇曰險陂傾側大戴記衞將軍文子篇曰如商也其可謂不險矣 無禮義。則悖亂而不治。古者聖王以人之性惡。以爲偏險而不正。悖亂而不

治。是以爲之起禮義。制法度。以矯飾人之情性而正之。以擾化人之情性而導之也。始皆出於治合於道者也。矯彊抑也擾馴也　今之人化師法。積文學。道禮義者爲君子。縱性情。安恣睢。而違禮義者爲小人。用此觀之，然則人之性惡明矣。其善者僞也。孟子曰。人之學者其性善。孟子言人之有學適所以成其天性之善非矯也與告子所論者是也　曰。是不然。是不及知人之性。而不察乎人之性僞之分者也。不及知謂智慮淺近不能及於知猶言不到也書曰予沖人不及知也　凡性者。天之就也。不可學。不可事。禮義者。聖人之所生也。人之所學而能。所事而成者也。聖人之所生明非天性也事爲也任也周禮太宰職六曰事典以富邦國以任百官鄭云任事也。盧文弨曰鄭注本云任猶傳也玩楊意卻只作事　不可學不可事而在人者。謂之性。可學而能可事而成之在人者。謂之僞。是性僞之分也。不可學不可事謂不學而能不事而成也。顧千里曰而在人者而疑當作之人疑當作天與可學而能可事而成之在人者謂之僞爲對文也上文凡性者天之就也不可學不可事亦其明證　今人之性。目可以見。耳可以聽。夫可以見之明不離目。可以聽之聰不離耳。可見之明常不離於目可聽之聰常不離於耳也　目明而耳聰。不可學明矣。如目明耳聰之不假於學是乃天性也　孟子曰。今人之性善。將皆失喪其性故也。孟子言失喪本性故惡也　曰。若是則過矣。今人之性。生而離其朴。離其資。必失而喪之。朴質也資材也言人若生而任其性則離其質朴而偷薄離其資材而愚惡其失喪必也。郝懿行曰朴當爲樸樸者素也言人性生而已離其質樸與其資材其失喪必矣非本善而後惡　用此觀之。然則人之性惡明矣。。王念孫曰此下亦當有其善者僞也句人之性惡其善者僞也二句前後凡九見則此亦當然　所謂性善者。不離其朴而美之。不離其資而利之也。不離質朴資材自得美利不假飾而善此則爲天性　使夫資朴之於美。心意之於善。若夫可以見之明不離目。可以聽之聽不離耳。[使質朴資材自善如聞見之聰明常不離於耳目此乃天性也]故曰目明而耳聰也。[故曰如目明耳聰此乃是其性不然則是矯僞使之也]今人之性。飢而欲飽。寒而欲煖。勞而欲休。此人之情性也。今人飢見長而不敢先食者。將有所讓也。[。俞樾曰注不釋長字蓋以爲尊長也然下文云勞而不敢求息者將有所代也無爲尊長任勞之文則此句長字亦非謂尊長也長讀爲粻爾雅釋言粻糧也詩崧高篇以峙其粻鄭箋曰粻糧也見粻而不敢先食與下文勞而不敢求息意正相配若作見長則轉與下意不倫矣]勞而不敢求息者。將有所代也。[所以代尊長也]夫子之讓乎父。弟之讓乎兄。子之代乎父。弟之代乎兄。此二行者。皆反於性而悖於情也。[悖違]然而孝子之道。禮義之文理也。故順情性則不辭讓矣。辭讓。則悖於情性矣。用此觀之。然則人之性惡明矣。其善者僞也。

問者曰。人之性惡。則禮義惡生。[禮義從何而生惡音烏]應之曰。凡禮義者。是生於聖人之僞。非故生於人之性也。[故猶本也言禮義生於聖人矯僞抑制非本生於人性也]故陶人埏埴而爲器。[陶人瓦工也埏擊也埴黏土也擊黏土而成器埏音羶]然則器生於工人之僞。非故生於人之性也。[言陶器自是生於工人學而爲之非本生於人性自能爲之也或曰工人當爲陶人故猶本也。王念孫曰楊後說以此工人爲陶人之誤是也此文本作故陶人埏埴而爲器然則器生於陶人之僞非故生於陶人之性也故工人斲木而成器然則器生於工人之僞非故生於工人之性也今本陶人之性工人之性皆作人之性此涉上下文人之性而誤下文云瓦埴豈陶人之性器木豈工人之性是其明證矣]故工人斲木而成器。然則器生於工人之僞。非故生於人之性也。聖人積思慮。習僞故。以生禮義而起法度。然則禮義法度者。是生於聖人之僞。非故生於人之性也。[自是聖人矯人性而爲之如陶人工人然也]若夫目好色。耳好聲。口好味。心好利。骨體膚理好愉佚。是皆生於人之情性者也。[膚理皮膚文理也佚與逸同人勞苦則皮膚枯槁也]感而自然。不待事而後生之者也。[受性自爾不待學而知也]

夫感而不能然。必且待事而後然者。謂之生於僞。○王引之曰僞音爲謂之僞三字中不當有生於二字此涉上生於而衍也上文曰可學而能可事而成之在人者謂之僞正名篇曰慮積焉能習焉而後成謂之僞皆其證 是性僞之所生。其不同之徵也。徵驗 故聖人化性而起僞。言聖人能變化本性而興起矯僞也 僞起而生禮義。老子曰智惠出有大僞莊子亦云仁相僞也義相僞也皆言非其本性也。○謝本從盧校作僞起於性王念孫曰宋錢佃校本云僞起於性而生禮義諸本作僞起而生禮義無於性二字案諸本是也上文云凡禮義者是生於聖人之僞非故生於人之性也則不得言僞起於性而生禮義明矣宋本有於性二字者不曉荀子之意而妄加之也禮義生於聖人之僞故曰僞起而生禮義下文云能化性能起僞僞起而生禮義是其明證矣先謙案王說是今從諸本删於性二字 禮義生而制法度。然則禮義法度者。是聖人之所生也。故聖人之所以同於衆其不異於衆者性也。○俞樾曰同於衆即不異於衆也於文複矣據下文云所以異而過衆者僞也疑此文亦當作所以同於衆而不過於衆者性也而譌作其過譌作異而詞意俱不可通矣 所以異而過衆者僞也。聖人過衆在能起僞 夫好利而欲得者。此人之情性也。假之人有弟兄資財而分者。且順情性。好利而欲得。若是則兄弟相拂奪矣。拂違戾也或曰拂字從木旁弗擊也方言云自關而西謂之拂今之農器連枷也且發辭也。○盧文弨曰拂奪宋本作怫奪注同俞樾曰楊注違戾之訓既得之矣讀拂爲怫義轉迂曲說文拂過擊也拂自可訓擊何必改爲怫乎怫者農器也施之於此非所安矣又案說文色部艴艴色也此拂字疑艴之叚音言兄弟必艴然爭奪也先謙案據下文言讓乎國人則非兄弟分財之謂明弟兄二字衍文也有資財而分順情性則兄弟相奪化禮義則讓乎國人文義正相對待若兄弟分財而讓及國人非情理所有矣弟兄二字乃後人緣下文兄弟相拂奪妄加之 且化禮義之文理。若是則讓乎國人矣。故順情性則弟兄爭矣。化禮義則讓乎國人矣。凡人之欲爲善者。爲性惡也。爲其性惡所以欲爲善也 夫薄願厚。惡願美。狹願廣。貧願富。賤願貴。苟無之中者。必求於外。故富而不願財。貴而不願埶。苟有之中者。必不及於外。既有富貴於中故不及財埶於外也 用此觀之。人之欲爲善者。爲性惡也。無於中故求於外亦猶貧願富之也 今人之性固無禮義。故彊學而求有之也。

性不知禮義。故思慮而求知之也。然則生而已。則人無禮義不知禮義。生而已謂不矯僞者。盧文弨曰生而已元刻作性而已下同 人無禮義則亂。不知禮義則悖。然則生而已。則悖亂在已。用此觀之。人之性惡明矣。其善者僞也。不矯而爲之則悖亂在已以此知其性惡也

孟子曰。人之性善。曰。是不然。凡古今天下之所謂善者。正理平治也。所謂惡者。偏險悖亂也。是善惡之分也已。善惡之分在此二者分扶問反 今誠以人之性固正理平治邪。則有惡用聖王。惡用禮義矣哉。有讀爲又惡音烏 雖有聖王禮義。將曷加於正理平治也哉。今不然。人之性惡。今以性善爲不然者謂人之性惡也 故古者聖人以人之性惡。以爲偏險而不正。悖亂而不治。故爲之立君上之埶以臨之。明禮義以化之。起法正以治之。重刑罰以禁之。使天下皆出於治。合於善也。是聖王之治。而禮義之化也。今當試去君上之埶。。先謙案當是嘗之借字當試猶嘗試說見君子篇 無禮義之化。去法正之治。無刑罰之禁。倚而觀天下民人之相與也。倚任也或曰倚偏倚猶傍觀也。王念孫曰楊說非也倚者立也言立而觀之說卦傳參天兩地而倚數虞翻曰倚立也（廣雅同）楚辭九辯澹容與而獨倚兮謂獨立也招隱士白鹿麏麚兮或騰或倚謂或騰或立也列子黃帝篇曰有七尺之骸手足之異戴髮含齒倚而趣者謂之人謂立而趣也淮南氾論篇曰立之於本朝之上倚之於三公之位 若是。則夫彊者害弱而奪之。衆者暴寡而譁之。衆者陵暴於寡而讙譁之不使得發言也。俞樾曰如楊注譁與奪義不倫禮記曲禮篇爲國君華之鄭注曰華中裂之此文譁字當讀爲華而從中裂之訓陵暴於寡而分裂之與害弱而奪之者無異也 天下之悖亂而相亡。不待頃矣。頃少頃也本或爲須須臾也 用此觀之。然則人之性惡明矣。其善者僞也。故善言古者。必有節於今。善言天者。必有徵於人。節準徵驗。郝懿行曰節者信也言論古必以今事爲符信四

語董子書僻之王引之曰諸書無訓節爲準者節亦驗也禮器注云節猶驗也下文曰凡論者貴其有辨合有符驗符驗卽符驗節（哀六年公羊傳注節信也齊策注驗信也或言符節或言符驗或言符信一也）漢書董仲舒傳作善言古者必有驗於今是節卽驗也凡論者貴其有辨合。有符驗。辨別也周禮小宰聽稱責以傳別鄭司農云別之爲兩兩家各執其一符以竹爲之亦相合之物言論議如別之合如符之驗然可施行也故坐而言之。起而可設張而可施行。今孟子曰。人之性善。無辨合符驗。坐而言之。起而不可設張而不可施行。豈不過甚矣哉。故性善則去聖王息禮義矣。性善則不假聖王禮義也性惡則與聖王貴禮義矣。謝本從盧校與作與王念孫曰呂錢本與皆作與案齊語桓公知天下諸侯多與已也韋注曰與從也與聖王從聖王也與與去正相反則作與者是從元刻作與非先謙案王說是今改正故檃栝之生。爲枸木也。繩墨之起。爲不直也。立君上。明禮義。爲性惡也。用此觀之。然則人之性惡明矣。其善者僞也。直木不待檃栝而直者。其性直也。枸木必將待檃栝烝矯然後直者。以其性不直也。今人之性惡。必將待聖王之治。禮義之化。然後皆出於治。合於善也。用此觀之。然則人之性惡明矣。其善者僞也。

問者曰。禮義積僞者。是人之性。故聖人能生之也。言禮義雖是積僞所爲亦皆人之天性自有聖人能生之衆人但不能生耳。先謙案禮義積僞者積作爲而起禮義也楊注非應之曰。是不然。夫陶人埏埴而生瓦。然則瓦埴豈陶人之性也哉。豈陶人亦性而能瓦埴哉亦積僞然後成也工人斲木而生器。然則器木豈工人之性也哉。夫聖人之於禮義也。辟則陶埏而生之也。辟讀爲譬然則禮義積僞者。豈人之本性也哉。凡人之性者。堯舜之與桀跖。其性一也。君子之與小人。其性一也。言皆惡也今將以禮義積僞爲人之性邪。然則有曷貴堯禹。曷貴君子矣哉。

所以貴堯禹者以其能化性異於衆也有讀爲又

凡所貴堯禹君子者。能化性能起僞。僞起而生禮義。然則聖人之於禮義積僞也。亦猶陶埏而生之也。聖人化性於禮義猶陶人埏埴而生瓦。王念孫曰呂錢本亦下皆有猶字案上文云夫聖人之於禮義也辟亦陶埏而生之也則此句內當有猶字故楊注亦云聖人化性於禮義猶陶人埏埴而生瓦先謙案謝本從盧校無猶字今依王說從呂錢本增 用此觀之。然則禮義積僞者。豈人之性也哉。既類陶埏而生明非本性也 所賤於桀跖小人者。從其性。順其情。安恣睢以出乎貪利爭奪。故人之性惡明矣。其善者僞也。桀跖小人是人之本性也 天非私曾騫孝已而外衆人也。曾騫曾參閔子騫也孝已殷高宗之太子皆有至孝之行也 然而曾騫孝已獨厚於孝之實。而全於孝之名者。何也。以綦於禮義故也。三人能矯其性極爲禮義故也 天非私齊魯之民而外秦人也。然而於父子之義夫婦之別。不如齊魯之孝具敬父者。何也。孝具能具孝道敬父當爲敬文傳寫誤耳敬而有文謂夫婦有別也。王念孫曰敬文見勸學禮論二篇於父子之義夫婦之別上當有秦人二字而今本脫之孝具二字不詞且與敬文不對具當爲共字之誤也孝共即孝恭（令德孝恭見周語）正與敬文對楊云孝具能具孝道此望文生義而非其本旨 以秦人之從情性。安恣睢。慢於禮義故也。豈其性異矣哉。綦禮義則爲曾閔慢禮義則爲秦人明性同於惡唯在所化耳若以爲性善則曾閔不當與衆人殊齊魯不當與秦人異也

塗之人可以爲禹。曷謂也。塗道路也舊有此語今引以自難言若性惡何故塗之人皆可以爲禹也 曰。凡禹之所以爲禹者。以其爲仁義法正也。然則仁義法正。有可知可能之理。人皆有之 然而塗之人也。皆有可以知仁義法正之質。皆有可以能仁義法正之具。然則其可以爲禹明矣。今以仁義法正爲固無可知可能之理邪。然則唯禹不知仁義法正。不能仁義法正也。唯讀爲雖 將使塗之人固無可以知仁義法正之質。而固

無可以能仁義法正之具邪。然則塗之人也。且內不可以知父子之義。外不可以知君臣之正。不然。以塗之人無可知可能之論爲不然也。俞樾曰不然二字當在今字之下今不然三字爲句上文云今不然人之性惡是其例也今塗之人者。皆內可以知父子之義。外可以知君臣之正。然則其可以知之質可以能之具。其在塗之人明矣。今使塗之人者。以其可以知之質可以能之具。本夫仁義之可知之理可能之具。然則其可以爲禹明矣。今使塗之人伏術爲學。專心一志。思索孰察。加日縣久。積善而不息。則通於神明。參於天地矣。伏術伏膺於術孰察精孰而察加日累日也縣久縣繫以久長。郝懿行曰伏與服古字通服者事也古書服事亦作伏事服膺亦作伏膺王念孫曰術者道也（見大傳注樂記注魯語晉語注）服術猶言事道故聖人者。人之所積而致矣。雖性惡若積習則可爲聖人書曰惟狂克念作聖曰。聖可積而致。然而皆不可積。何也。曰。可以而不可使也。可以爲而不可使爲以其性惡故小人可以爲君子。而不肯爲君子。君子可以爲小人。而不肯爲小人。小人君子者。未嘗不可以相爲也。然而不相爲者。可以而不可使也。故塗之人可以爲禹則然。塗之人能爲禹未必然也。盧文弨曰故塗之人可以爲禹下元刻有未必然也塗之人可以以爲禹十一字宋本無雖不能爲禹。無害可以爲禹。足可以徧行天下。然而未嘗有能徧行天下者也。夫工匠農賈。未嘗不可以相爲事也。事業然而未嘗能相爲事也。用此觀之。然則可以爲未必能也。雖不能。無害可以爲。然則能不能之與可不可。其不同遠矣。其不可以相爲明矣。工賈可以相爲而不能相爲是可與能不同也可與能既不同則終不可以相爲也此明禹亦性惡以能積僞爲聖人非禹性本善也聖人異於衆者在化性也堯問於舜曰。人情何如。舜對曰。人情甚不美。又何問焉。妻子具而孝衰於親。嗜欲得而信衰於友。爵祿盈而忠衰於君。人之情乎。人之情乎。甚不美。又何問焉。唯賢者爲不然。引此亦以明性之惡韓侍郎作性原曰性也者與生俱生也情也者接於物而生也性之品有三而其所以爲性五情之品有三而其所以爲情七曰何也曰性之品有上中下三上焉者善焉而已矣中焉者可導而上下也下焉者惡焉而已矣其所以爲性者五曰仁曰禮曰信曰義曰智上焉者之於五也主於一而行於四中焉者之於五也一不少有焉則少反焉其於四也混下焉者之於五也反於一而悖於四性之於情視其品情之品有上中下三其所以爲情者七曰喜曰怒曰哀曰懼曰愛曰惡曰欲上焉者之於七也動而處其中中焉者之於七也有所甚有所亡然而求合其中者也下焉者之於七也亡與甚直情而行者也情之於性視其品孟子之言性曰人之性善荀子之言性曰人之性惡揚子之言性曰人之性善惡混夫始善而進惡與始惡而進善與始也混而今也善惡皆舉其中而遺其上下者也得其一而失其二者也叔魚之生也其母視之知其必以賄死楊食我之生也叔向之母聞其號也知必滅其宗越椒之生也子文以爲大慼知若敖氏之鬼不食也人之性果善乎后稷之生也其母無災其始匍匐也則岐岐然嶷嶷然文王之在母也母不憂既生也傅不勤既學也師不煩人之性果惡乎堯之朱舜之均文王之管蔡習非不善也而卒爲姦瞽叟之舜鯀之禹習非不惡也而卒爲聖人之性善惡果混乎故曰三子之言性也舉其中而遺其上下者也得其一而失其二者也曰然則性之上下者其終不可移乎曰上之性就學而愈明下之性畏威而寡罪是故上者可學而下者可制也其品則孔子謂不移也曰今之言性者異於此何也曰今之言者雜老佛而言也雜老佛而言之也者奚言而不異有聖人之知者。有士君子之知者。有小人之知者。有役夫之知者。多言則文而類。終日議其所以。言之千舉萬變。其統類一也。是聖人之知也。文謂言不鄙陋也類謂其統類不乖謬也雖終日議其所以然其言千舉萬變終始條貫如一是聖人之知也少言則徑而省。論而法。若佚之以繩。是士君子之知也。徑易也省謂辭寡論而法謂論議皆有法不放縱也論或爲倫佚猶引也佚以繩言其直也聖人經營事廣故曰多言君子止恭其所守故曰少言也。郝懿行曰徑者直也論猶倫也古論倫字亦通佚者隱也言若闇合於繩墨不邪曲也楊注非俞樾曰楊注佚猶引也然佚無引義恐不可從佚當讀爲秩秩之言次也序也僖三十一年公羊傳天子秩而祭之何休注曰秩者隨其大小尊卑高下所宜故字亦通作程尚書堯典平秩東作平秩南訛平秩西成史記五帝本紀秩皆作程段玉裁以說文𢧵鐵字皆讀若詩秩秩大猷爲證是程與秩聲義俱相近秩之以繩猶程之以繩也致仕篇曰程者物之準也是其義也其言也諂。其行也悖。其舉事多悔。是小人之知也。言諂行悖謂言行相違也。盧文弨曰宋本謟作謟悔作侮今從元刻俞樾曰多侮義不可通盧從元刻作悔是也詩生民篇庶無罪悔鄭箋曰無有罪過是過謂之悔也襄二十九年公羊傳向速有悔於子身何休解詁曰悔咎是咎謂之悔也多悔猶云多過多咎耳其本字當作痗悔乃叚借字詩十月之交篇亦孔之痗釋文曰痗本作悔

齊給便敏而無類。雜能旁魄而無用。齊疾也給謂應之速如供給者也便謂輕巧敏速也無類首尾乖戾雜能多異術也旁魄廣博也無用不應於用便匹延反魄音薄。盧文弨曰無用宋本元刻俱作毋用注同郝懿行曰類者善也旁魄卽旁薄皆謂大也

析速粹孰而不急。析謂析辭若堅白之論者也速謂發辭捷速粹孰所著論甚精孰也不急言不急於用也。謝本從盧校析作折注同郝懿行曰折速者言轉折疾速也粹與萃同聚也萃孰言論薈萃而練孰也此皆以言語爭勝故下遂云不恤是非不論曲直以期勝人爲意是役夫之知也王念孫曰呂錢本皆作析速案楊注云析謂析辭（今本注文亦譌作折案析辭見解蔽正名二篇）若堅白之論者也則本作析明矣盧從元刻作折非先謙案王說是今從呂錢本幷注文改正郝說非

不恤是非。不論曲直。以期勝人爲意。是役夫之知也。期於必勝人惠施之論也徒自勞苦爭勝而不知禮義故曰役夫之知也

有上勇者。有中勇者。有下勇者。天下有中。敢直其身。中謂中道敢果決也直其身謂中立而不倚無回邪也

先王有道。敢行其意。言不疑也

上不循於亂世之君。下不俗於亂世之民。循順從也俗謂從其俗也。俞樾曰楊注以從其俗爲俗義不可通俗乃鉛字之誤荀子書屢用鉛字榮辱篇曰鉛之重之又曰反鉛察之而俞可好也禮論篇曰則必反鉛過故鄉注並曰鉛與沿同循也是鉛循同誼上不循於亂世之君下不鉛於亂世之民兩句一律鉛俗字形相似傳寫者因而致誤耳先謙案王念孫云不俗不習也說見榮辱篇王不改字義較長俞說亦通

仁之所在無貧窮。仁之所亡無富貴。唯仁所在謂富貴禮記曰不祈多積多文以爲富也。盧文弨曰案此言仁之所在雖貧窮甘之仁之所亡雖富貴去之注非王念孫曰此汪中說也見丙申校本

天下知之。則欲與天下同苦樂之。得權位則與天下之人同休戚苦或爲共也。王念孫曰作共者是也此本作欲與天下共樂之上言仁之所在無貧窮仁之所亡無富貴則此言與天下共樂之者謂共樂此仁也樂上不當有苦字今本作同苦樂之者共樂誤爲苦樂後人又於苦樂上加同字耳楊云與天下同休戚此望文生義而爲之說耳太平御覽人事部七十六引作欲與天下共樂之無同字則宋初本尚有不誤者

天下不知之。則傀然獨立天地之閒而不畏。是上勇也。傀傀偉大貌也公回反或曰傀與塊同獨居之貌也。王念孫曰後說是也君道篇云塊然獨坐

禮恭而意儉。大齊信焉而輕貨財。大重也齊信謂整齊於信也。王念孫曰爾雅齊中也言大中信而輕貨財也顧命底至齊信傳以齊信爲中信是其證齊信與貨財對文非十二子篇大儉約而優差等與此文同一例則齊信非整齊於信之謂

賢

者敢推而尙之。不肖者敢援而廢之。是中勇也。尙上也援牽引也 輕身而重貨。恬禍而廣解。恬安也謂安於禍難也而廣自解說言以辭勝人也解佳買反 苟免。不恤是非然不然之情。以期勝人爲意。是下勇也。。盧文弨曰苟免上當脫三字以上二句例之自明王念孫曰此亦汪氏中說也汪又云苟免或是注文混入先謙案不然然字衍說見儒效篇 繁弱鉅黍。古之良弓也。繁弱封父之弓左傳曰封父之繁弱鉅與拒同黍當爲來史記蘇秦說韓王曰谿子少府時力距來司馬貞云言弓弩埶勁足以拒於來敵也。郝懿行曰性惡篇末自繁弱鉅黍以下皆言身有美質亦須師友漸靡而成然則性質本惡必資師友切劘而善其意自明矣然亦可知性善性惡皆執一偏而言若就渾全而論自當善惡並存所以孔子語性惟言相近可知善惡存焉爾又言相遠可知善惡分焉爾故曰羣言淆亂衷諸聖也王念孫曰案作鉅黍者是說見史記蘇秦傳 然而不得排檠。則不能自正。排檠輔正弓弩之器檠巨京反 桓公之蔥。大公之闕。文王之錄。莊君之曶。闔閭之干將莫邪鉅闕辟閭。此皆古之良劍也。蔥闕錄曶齊桓公齊太公周文王楚莊王之劍名皆未詳所出蔥青色也錄與綠同二劍以色爲名曹植七啟說劍云雕以翠綠亦其類也曶劍光采怳忽難視以形爲名也闕未詳或曰闕缺也劍至利則喜缺因以爲名鉅闕亦是也干將莫邪巨闕皆吳王闔閭劍名辟閭未詳新序閭丘卬謂齊宣王曰辟閭巨闕天下之良劍也或曰辟閭卽湛盧也閭盧聲相近盧黑色也湛盧言湛然如水而黑也又張景陽七發說劍曰舒辟不常李善云辟卷也言神劍柔可卷而懷之舒則可用辟閭或此義歟。盧文弨曰曶舊本作昒譌今改正注同 然而不加砥厲。則不能利。不得人力。則不能斷。驊騮騹驥纖離綠耳。此皆古之良馬也。皆周穆王八駿名騹讀爲騏謂青驪文如博棊列子作赤驥與此不同纖離卽列子盜驪也。王念孫曰騏驥之爲騹驥猶耄期之爲耄勤也（凡之部之字或與諄部相轉說見致士篇隱忌下）楊云騹讀爲騏是也而云謂青驪文如博棊則非 然而前必有銜轡之制。後有鞭策之威。。王念孫曰前必有本作必前有前有後有皆承必字而言若作前必有則與下句不貫矣羣書治要及初學記人部中太平御覽人事部四十五並引作必前有 加之以造父之馭。然後一日而致千里也。夫人雖有性質美而心辯知。必將求賢師而事之。擇良友而友之。得賢師而事之。則所聞者堯舜禹湯之道也。得良友而友之。則所見者忠信敬讓之行也。身日進於仁義而不自知也者。靡使然也。（靡謂相順從也或曰靡磨切也）今與不善人處。則所聞者欺誣詐僞也。所見者汙漫淫邪貪利之行也。（汙穢行也漫誕謾欺誑也莊子北人無擇曰舜以其辱行漫我也）身且加於刑戮而不自知者。靡使然也。傳曰。不知其子。視其友。不知其君。視其左右。靡而已矣。靡而已矣。

君子篇第二十四

（凡篇名多用初發之語名之此篇皆論人君之事卽君子當爲天子恐傳寫誤也舊第三十一今升在上）

天子無妻。告人無匹也。（告言也妻者齊也天子尊無與二故無匹也）四海之內無客禮。告無適也。（適讀爲敵禮記曰天子無客禮莫敢爲主焉君適其臣升自阼階不敢有其室也）足能行。待相者然後進。口能言。待官人然後詔。（官人掌喉舌之官也）不視而見。不聽而聰。不言而信。不慮而知。不動而功。告至備也。（盡委於羣下故能至備也）天子也者。埶至重。形至佚。心至愈。（愈讀爲愉）志無所詘。形無所勞。尊無上矣。詩曰。普天之下。莫非王土。率土之濱。莫非王臣。此之謂也。（詩小雅北山之篇率循也濱涯也）

聖王在上。分義行乎下。則士大夫無流淫之行。（。先謙案羣書治要流作沈二字通用說見勸學篇）百吏官人無怠慢之事。衆庶百姓無姦怪之俗。無盜賊之罪。莫敢犯大上之禁。（大讀爲太太上至尊之號。俞樾曰楊說非也此當作莫敢犯上之大禁傳寫倒之耳下文云皆知夫犯上之禁不可以爲安也不言犯太上之禁可知此文之誤矣先謙案羣書治要正作莫敢犯上之禁無大字）天下曉然皆知夫盜竊之人不可以爲富也。皆知夫賊害之人不可以爲壽也。（。王念孫曰盜竊之賊害之下皆本無人字後人加兩人字而以盜竊之人賊害之人與犯上之禁對文謬矣盜竊不可以爲富賊害不可以爲壽皆指其事而言非指其人而言不得加入兩人字也羣書治要無人字先謙案壽謂年命短長人自賊害者非其壽命本如此也）皆知夫犯上之禁不可以爲安也。由其道則人得其所好焉。

不由其道則必遇其所惡焉。道謂政令是故刑罰綦省。而威行如流。世曉然皆知夫爲姦則雖隱竄逃亡之由不足以免也。故莫不服罪而請。自請刑戮。謝本從盧校世上有治字盧文弨曰治世元刻無治字由猶繇故莫不宋本無故字王念孫曰無治字者是也世曉然猶上文言天下曉然則世上不當有治字自聖王在上以下至此皆治世之事則無庸更言治世治字卽上流字之譌而衍者宋錢佃校本亦云諸本無治字俞樾曰請當讀爲情成相篇明其請注曰請當爲情禮論篇情文俱盡史記禮書情作請徐廣曰古情字或叚借作請是其證也情實也莫不服罪而情猶莫不服罪而實也言服罪而不敢虛誕也論語所謂則民莫敢不用情也楊注以本字釋之誤矣成相篇曰下不欺上皆以情言明若日卽此情字之義先謙案王說無治字是也今從諸本删正書曰。凡人自得罪。此之謂也。言人人自得其罪不敢隱也與今康誥義不同或斷章取義與故刑當罪則威。不當罪則侮。爵當賢則貴。不當賢則賤。不當則爲下所侮賤古者刑不過罪。爵不踰德。故殺其父而臣其子。殺其兄而臣其弟。言當罪而用賢歸於至公也謂若殛鯀與禹殺管叔封康叔之比也刑罰不怒罪。爵賞不踰德。。郝懿行曰怒蓋盈溢之意與踰義近楊氏無注或以恚怒爲說則非王念孫曰怒踰皆過也（淮南主術篇注踰猶過也）方言曰凡人語而過東齊謂之弩又曰弩猶怒也是怒卽過也上言刑不過罪此言刑罰不怒罪其義一而已矣分然各以其誠通。善惡分然其忠誠皆得通達無屈滯。先謙案分然又說見儒效篇是以爲善者勸。爲不善者沮。刑罰綦省。而威行如流。政令致明。而化易如神。。俞樾曰易當讀爲施詩皇矣篇施于孫子鄭箋曰施猶易也故施易二字古通用何人斯篇我心易也釋文曰易韓詩作施是其證也化易如神者化施如神也正與上句威行如流一律傳曰。一人有慶。兆民賴之。此之謂也。尙書甫刑之辭亂世則不然。刑罰怒罪。爵賞踰德。以族論罪。以世舉賢。泰誓所謂罪人以族官人以世公羊亦云尹氏卒易爲貶譏世卿也故一人有罪。而三族皆夷。德雖如舜。不免刑均。是以族論罪也。三族父母妻族也夷滅也均同也謂同被其刑也。盧文弨曰案士昏禮記惟是三族之不虞鄭注三族謂父昆弟己昆弟子昆弟也又注周禮小宗伯禮記仲尼燕居皆云三族父子孫先祖當賢。後子孫必顯。行雖如桀紂。列從必尊。此以世舉賢也。當賢謂身當賢人之號也列從謂行列相從當或爲嘗也。王念孫曰元刻無後字羣書治要同案先祖當賢卽先祖當賢作當者借字耳正名篇曰當試深觀其隱而難察者性惡篇曰當試去君上之勢當試卽嘗試也楊謂身當賢人之號失之古多以當爲嘗說見墨子天志下篇注　以族論罪。以世舉賢。雖欲無亂。得乎哉。詩曰。百川沸騰。山冢崒崩。高岸爲谷。深谷爲陵。哀今之人。胡憯莫懲。此之謂也。詩小雅十月之交之篇毛云沸出也騰乘也山頂曰冢崒者崔嵬高岸爲谷深谷爲陵言易位也鄭云憯曾也懲止也變異如此禍亂方至哀哉今在位之人何曾無以道德止之

論法聖王。則知所貴矣。論議法效聖王　以義制事。則知所利矣。以義制事則利博　論知所貴。則知所養矣。事知所利。則動知所出矣。養謂自奉養所出謂所從也。陳奐曰案養取也知所養知所取法也周頌毛傳云養取也是養有取義注養謂自奉養失之兪樾曰四句相對成文下句不應多動字注亦不及動字之誼則動字衍文也　二者是非之本。得失之原也。故成王之於周公也。無所往而不聽。知所貴也。桓公之於管仲也。國事無所往而不用。知所利也。吳有伍子胥而不能用。國至於亡。倍道失賢也。故尊聖者王。貴賢者霸。敬賢者存。慢賢者亡。古今一也。故尙賢使能。等貴賤。分親疏。序長幼。此先王之道也。故尙賢使能。則主尊下安。貴賤有等。則令行而不流。流邪移也各知其分故無違令。王念孫曰流讀爲留各安其分則上令而下從故令行而不留也君道篇曰兼聽齊明而百事不留是也羣書治要正作令行而不留作流者借字耳（繫辭傳旁行而不流釋文流京作留荀子王制篇無有滯留韓詩外傳作無有流滯）楊以流爲邪移失之　親疏有分。則施行而不悖。施謂恩惠親疏有分則恩惠各親其親故不乖悖施式豉反分扶問反　長幼有序。則事業捷成而有所休。捷速也長幼各任其力故事業速成而亦有所休息之時也。郝懿行曰捷者接也夫少長有禮晉人知其可用洙泗無斷魯俗覘其尤美故知長幼循其序而後事業有所歸捷與接同言相接續而成故人得休息也捷不訓速楊注恐非　故仁者。仁此者也。仁謂愛說也此謂尙賢使能等貴賤分親疏序長幼五者也愛說此五者則爲仁也　義者。分此者也。分別此五者使合宜則爲義也　節者。死生此者也。能爲此五者死生則爲名節也　忠者。惇愼此者也。愼讀如順人臣能厚順此五者則爲忠也。郝懿行曰愼者誠也言能惇厚誠信於此五者謂之忠也（說見不苟篇）兪樾曰厚與順誼不倫楊

說非是敦愼當作敦慕儒效篇曰敦慕焉君子也王氏引之云敦慕皆勉也爾雅曰敦勉也又曰慔慔勉也釋文慔亦作慕是敦慕並爲勉此文疑本作忠者敦慔此者也敦慔與敦慕文異而義同言人臣能勉此則爲忠也說文心部慔勉也是慔其本字慕其叚字此用本字作慔因譌爲愼矣先謙案羣書治要惇愼下有於字

兼此而能之，備矣。兼此仁義忠節而能之則爲德備也 備而不矜，一自善也，謂之聖。一皆也德備而不矜伐於人皆所以自善則謂之聖人夫衆人之心有一善則揚揚如也聖人包容萬物與天地同功何所矜伐爲也。郝懿行曰上言兼此仁義忠節而能之備矣德備而不矜伐於人一一自然盡善非聖人不能也先謙案楊注未順郝說增文成義既言備又言一一盡善於文爲複矣自猶己也德備而不以己之一善自矜非聖人不能也 不矜矣，夫故天下不與爭能，而致善用其功。不矜而推衆力故天下不敢爭能而極善用於衆功矜則有敵故不尊也 有而不有也，夫故爲天下貴矣。有能而不自有 詩曰：「淑人君子，其儀不忒。其儀不忒，正是四國。」此之謂也。詩曹風尸鳩之篇言善人君子其儀不忒故能正四方之國以喻正身待物則四國皆化恃才矜能則所得者小也

荀子集解卷十八

成相篇第二十五

以初發語名篇雜論君臣治亂之事以自見其意故下云託於成相以喻意漢書藝文志謂之成相雜辭蓋亦賦之流也或曰成功在相故作成相三章舊第八今以是荀卿雜語故降在下。盧文弨曰成相之義非謂成功在相也篇內但以國君之愚闇爲戒耳禮記治亂以相相乃樂器所謂舂牘又古者瞽必有相審此篇音節卽後世彈詞之祖篇首卽稱如瞽無相何倀倀義已明矣首句請成相言請奏此曲也漢藝文志成相雜辭十一篇惜不傳大約託於瞽矇諷誦之詞亦古詩之流也逸周書周祝解亦此體王引之曰楊盧二說皆非也楊謂漢書藝文志謂之成相雜辭案志所載成相雜辭在漢人雜賦之末非謂荀子之成相篇也楊又云成功在相稍爲近之然亦非荀子所謂成相也盧以相爲樂器之舂牘斯爲謬矣以相爲樂器則成相二字義不可通且樂器多矣何獨舉舂牘言之乎若篇首稱如瞽無相乃指相瞽之人而言非樂器亦非樂曲也竊謂相者治也（昭九年左傳楚所相也二十五年傳相其室杜注竝曰相治也小爾雅同）成相者成此治也請成相者請言成治之方也自世之殃以下乃先言今之不治然後言成治之方也（下文請布基請牧基皆言成治之方也與請成相同義）下文云凡成相辨法方又云請成相道聖王又云請成相言治方是成相卽成治也（又云治之經禮與刑治之志後勢富治之道美不老）後言託於成相以喻意者成相爲此篇之總名謂託此一篇之詞以喻意非謂託於矇瞽諷誦之詞也俞樾曰盧說是也惟引治亂以相及瞽必有相以釋相字則皆失之樂器多矣何獨舉舂牘爲言既以爲樂器又以爲瞽必有相義又兩歧矣此相字卽舂不相之相禮記曲禮篇鄰有喪舂不相鄭注曰相謂送杵聲蓋古人於勞役之事必爲歌謳以相勸勉亦舉大木者呼邪許之比其樂曲卽謂之相請成相者請成此曲也漢志有成相雜辭足徵古有此體王氏必以盧說爲謬何也先謙案俞說近是王以成相爲成治於漢書之成相雜辭及本篇云託於成相以喻意義未洽郝氏讀相爲平聲尤非

請成相。請言成相之辭世之殃。愚闇愚闇墮賢良。世之殃由於愚闇此愚闇以重墮賢良也墮許規反。盧文弨曰案愚闇重言之者卽下文愚以重愚闇以重闇之意注似有脫誤又墮字卽隓字之俗說文於陊下作許規切下有隤注爲篆文又載隓字注今俗作墮徒果切則此字當從徒果切廣韻亦然且繹倫書元首叢脞之韻可見王念孫曰大戴記曾子制言篇是以惑闇惑闇終其世而已矣亦重言惑闇人主無賢。如瞽無相。何倀倀。倀倀無所往貌相息亮反倀丑羊反請布基。愼聖人。愼讀爲順請說陳布基業在乎順聖人也。郝懿行曰基者設也愼者誠也言請布陳設施必在誠用聖人也詩云考愼其相愼訓誠相訓質也誠與成古字通是卽成相名篇篇中相字俱讀平聲釋言云基設也篇內皆同注

云基業失之顧千里曰人字疑當有誤不入韻本篇人字下文兩見一卒傾人天韻一精熒成人韻此上韻基下韻治災互爲岐異非原文耳俞樾曰人字不入韻疑當作愼聽之聖與聽音近而譌尙書無逸篇此厥不聽漢石經作不聖秦泰山碑皇帝躬聽史記作躬聖竝其證也聽譌作聖則聖之二字不成義後人因改爲聖人矣請布基愼聽之欲人愼聽其言下文云請牧基賢者思欲賢者思其義正同也愼聽之三字本禮記仲尼燕居篇

愚而自專事不治。主忌苟勝。羣臣莫諫必逢災。主旣猜忌又苟欲勝人也 論臣過。反其施。言論人臣之過在乎不行施惠施式豉反。先謙案言論人臣之過當反其所施行卽下所云拒諫飾非愚而上同也楊以施爲施惠非 尊主安國尙賢義。郝懿行曰施古讀如莎義古讀如俄此皆古韻餘可類推俞樾曰義讀爲儀儀亦賢也尙書大誥篇民獻有十夫枚傳訓獻爲賢大傳作民儀有十夫廣雅釋言曰儀賢也尙賢儀言崇尙賢者也作義者古字通用 拒諫飾非。愚而上同國必禍。所以尊主安國在崇尙賢義若拒諫飾非以愚闇之性苟合於上則必禍也 曷謂罷。國多私。假設問荅以明其義罷讀曰疲謂弱不任事者也所以弱者由於多私國語曰罷士無伍韋昭曰罷病也無行曰病 比周還主黨與施。還繞。王念孫曰還讀爲營比周以營惑其主也施張也楊訓還爲繞失之說見君道篇不還秩下 遠賢近讒。忠臣蔽塞主埶移。曷謂賢。明君臣。明君臣之道則爲賢 上能尊主愛下民。。王念孫曰愛下民當作下愛民與上能尊主對文不苟臣道二篇竝云上則能尊君下則能愛民是其證 主誠聽之。天下爲一海內賓。主之孼。讒人達。賢能遁逃國乃蹷。孼災也蹷顚覆也 愚以重愚。闇以重闇成爲桀。久而愚闇愈甚遂至於桀也 世之災。妬賢能。飛廉知政任惡來。惡來飛廉之子秦之先也史記曰惡來有力飛廉善走父子俱以材力事紂也 卑其志意。大其園囿高其臺。卑其志意言無遠慮不慕往古。盧文弨曰臺下宋本有榭字元刻無以韻讀之元刻是也今從之郝懿行曰能讀如泥來讀如黎臺讀如題皆古韻 武王怒。師牧野。紂卒易鄉啓乃下。易鄉回面也謂前徒倒戈攻于後啓微子名下降也鄉讀爲向 武王善之。封之於宋立其祖。立其祖使祭祀不絕也左傳曰宋祖帝乙。俞樾曰楊注未得祖字之義說文示部祖始廟也蓋祖之本義爲廟故尙書甘誓曰用命賞于祖弗用命戮于社考工記匠人曰左祖右社竝以祖社對文猶言廟社也鄭康成注考工記曰祖宗廟得其義矣封之於宋而立其宗廟也今人但知有爾雅祖王父也之訓而說文祖始廟也之訓遂爲所奪古誼之湮久矣 世之衰。讒人歸。比干見刳箕子累。累讀爲縲書曰釋箕子之囚 武王誅之。呂尙招麾殷民懷。招麾指揮也 世之禍。惡賢士。子胥見殺百里徙。子胥吳大夫伍員字也爲夫差所殺百里奚虞公之臣徙遷也謀不見用虞滅係虜遷徙於秦穆公任之，強配五伯六卿施。穆公秦穆公任好也伯讀曰霸六卿天子之制春秋時大國亦僭置六卿六卿施言施六卿也世之愚，惡大儒，逆斥不通孔子拘。逆拒斥逐大儒不使通也拘謂畏匡厄陳也展禽三絀，春申道綴基畢輸。展禽魯大夫無駭之後名獲字子禽謚曰惠居於柳下三絀爲士師三見絀也春申楚相黃歇封爲春申君綴止也與輟同畢盡也輸傾委也言春申爲李園所殺其儒術政治道德基業盡傾覆委地也。盧文弨曰此春申句有誤必非指黃歇注非郝懿行曰此荀卿自道荀本受知春申爲蘭陵令蓋將借以行道迨春申亡而道亦連綴俱亡基亦輸矣輸者墮也言已布陳設施畢墮壞也王念孫曰楊說輸字之義甚迂輸者墮也言基業盡墮壞也公羊春秋隱六年鄭人來輸平傳曰輸平者何輸平猶墮成也何言乎墮成敗其成也穀梁傳亦曰輸者墮也小雅正月篇載輸爾載鄭箋曰輸墮也盧說本汪氏見丙申校本先謙案注三絀下宋台州本有謂字請牧基，賢者思。牧治堯在萬世如見之。讒人罔極，險陂傾側此之疑。陂與詖同言當疑此讒人傾險也。王念孫曰疑恐也畏也（既濟象傳終日戒有所疑也雜記五十不致毁六十不毁七十飲酒食肉皆爲疑死鄭注疑猶恐也宥坐篇其赴百仞之谷不懼大戴記勸學篇懼作疑）此之疑此是畏也言此險陂傾側之讒人甚可畏也皋陶謨曰何畏乎巧言令色孔壬是也楊未喻疑字之義俞樾曰爾雅釋言疑戾也郭注曰戾止也疑者亦止也儀禮鄉射禮賓升西階上疑立鄭注曰疑止也是疑有止義其字蓋𠤕之叚借說文七部𠤕定也定故爲止今說文譌作未定而疑之訓止遂不可曉矣讒人罔極險陂傾側此之疑承上文堯在萬世如見之而言此之疑者此之止也言堯明見萬世雖險陂傾側之徒莫不由此而止也楊注言當疑此讒人陂險則與上意不貫矣基必施，辨賢罷。罷讀曰疲。王念孫曰施張也言必欲張大其基業當先辨賢罷也下文曰道古賢聖基必張上文曰請布基在與張亦同義文武之道同伏戲。文武周文王武王伏戲古三皇太昊氏始畫八卦造書契者戲與羲同由之者治，不由者亂，何疑爲。郝懿行曰爲古讀如譌與施罷戲皆韻凡成相，辨法方，至治之極復後王。後王當時之王言欲爲至治在歸復後王謂隨時設教不必拘於古法。先謙案浙局本注法爲大字依各本改復慎、墨、季、惠，百家之說誠不詳。愼到墨翟惠施或曰季即莊子曰季眞之莫爲者也又曰季子聞而笑之據此則是梁惠王犀首惠施同時人也韓侍郎云或曰季梁也列子曰季梁楊朱之友言四子及百家好爲異說故不用心詳明之詳或爲祥。王念孫曰祥詳古字通不祥不善也楊說失之治復一，脩之吉，君子執之心如結。言堅固不解也衆人貳之，讒夫弃之形是詰。衆人則不能復一讒夫則棄弃之但詰問治之形狀言侮慢也或曰形當爲刑無德化唯刑戮是詰言苛暴也。郝懿行曰形與刑古字通詰者治也書云度作刑以詰四方水至平，端不傾。心術如此象聖人。聖人心平如水而有埶直而用抴必參天。而有埶之上疑脫一字言既得權埶則度已以繩接人用抴功業必參天也。郝懿行曰而有埶句之上疑脫人字蓋與聖人人字相涉而誤脫也此以平傾人天相韻古讀平如偏也世無王。窮賢良。無王者與賢良窮困暴人芻豢。仁人糟糠。。郝懿行曰二句當爲七字一句王引之曰下人字涉上人字而衍上已言暴人則下人字可蒙上而省此篇之例兩三字句下皆用七字句以是明之禮樂滅息。聖人隱伏墨術行。治之經。禮與刑。君子以脩百姓寧。明德愼罰。國家既治四海平。治之志。後埶富。爲治之意後權埶與富者則公道行而貨賂息也君子誠之好以待。君子必誠此意好以待用處之敦固。有深藏之能遠思。敦厚也有讀爲又既處之厚固又能深藏遠慮思乃精。志之榮。好而壹之神以成。好而不二則通於神明也精神相反。一而不貳爲聖人。相反謂反覆不離散也。王引之曰反當爲及字之誤也精神相及故一而不貳楊說失之治之道。美不老。老休息也莊子曰佚我以老爲治當日新爲美無休息也君子由之佼以好。佼亦好也音絞下以教誨子弟。上以事祖考。接下以仁事親以孝也成相竭。辭不蹷。竭盡也論成相之事雖終篇無顛蹷之辭蹷音蹶君子道之順以達。道言說也辭既不蹷君子言之必弘順而通達。王念孫曰道行也言君子能行此言則順以達也楊說失之宗其賢良。辨其殃孽。君子尋成相之辭必能宗其賢良以致治辨其殃孽之爲害也。顧千里曰此句以前後例之應十一字今存八字疑尙少三字無可補也（下文道古賢聖基必張亦應十二字今存七字尙少四字）又下文託於成相以喻意案此句例之應十一字亦疑尙少四字本篇之例兩三字句一七字句一十一字句爲一章每章凡四句每句有韻其十一字句或上八下三或上四下七各見本篇上八下三者如愚以重愚闇以重闇成爲桀之屬是也上四下七者如主誠聽之天下爲一海內賓之屬是也唯下以教誨子弟上以事祖考又執（楊注執或爲郭）公長父之難厲王流于彘兩處則上六下五雖變例正可推知其十一字句矣盧校語定上四下七爲兩句言五句爲一章以前後例之不合

請成相。道聖王。道亦言說前章意未盡故再論之也。王念孫曰道聖王從聖王也（古謂從爲道說見史記淮南衡山傳）下文道古賢聖基必張義與此同楊說失之又案道古賢聖基必張上當有一四字句而今本脫之（此篇之例兩三字句一七字句一四字句又一七字句共五句爲一章今少一四字句）此指當時之君而言與上成湯異事故知有脫文堯舜尙賢身辭讓。許由善卷。重義輕利行顯明。莊子曰堯讓天下於許由許由不受又讓於子州支父子州支父曰予適有幽憂之病方且治之未暇治天下也遂不受

舜讓天下於善卷善卷不受遂入深山不知其處也 堯讓賢。以爲民。爲萬民求明君所以不私其子 氾利兼愛德施均。辨治上下。貴賤有等明君臣。堯授能。舜遇時。尚賢推德天下治。雖有賢聖。適不遇世孰知之。蓋以自歎 堯不德。舜不辭。皆歸至公 妻以二女任以事。大人哉舜。南面而立萬物備。委任羣下無爲而理 舜授禹。以天下。舜所以授禹亦以天下之故也。王念孫曰此不言舜以天下授禹而言舜授禹以天下者倒文以合韻耳（禹下爲韻）非有深意也楊反以過求而失之 尚得推賢不失序。得當爲德 外不避仇。內不阿親賢者予。謂皋繇與禹又不私其子予讀爲與。郝懿行曰予者相推予也予與古今字 禹勞心力堯有德。干戈不用三苗服。。王引之曰力上本無心字後人以左傳言君子勞心小人勞力故以意加心字耳不知禹抑洪水本是勞力於民故淮南氾論篇論衡祭意篇竝言禹勞力天下非小人勞力之謂也且此篇之例凡首二句皆三字加一心字則與全篇之例不符矣 舉舜甽畝。任之天下身休息。甽與畎同 得后稷。五穀殖。夔爲樂正鳥獸服。謂擊石拊石百獸率舞笙鏞以閒鳥獸蹌蹌也 契爲司徒。民知孝弟尊有德。禹有功。抑下鴻。抑遏也下謂治水使歸下也鴻即洪水也書曰禹降水警予也 辟除民害逐共工。今尚書舜流共工于幽州此云禹未詳 北決九河。通十二渚疏三江。案禹貢道弱黑漾沇淮渭洛七水又有濰淄其道伊洛瀍澗既入于河數則不止於十二此云十二者未詳其說也。郝懿行曰共工蓋主水土之官禹抑鴻水故假言逐去之非實事也通十二渚即闢十二州也小州曰渚故假渚言之注皆未了 禹傅土。平天下。傅讀爲敷孔安國云洪水汎溢禹分布治九州之土也 躬親爲民行勞苦。行讀如字謂所行之事也 得益皋陶橫革直成爲輔。橫革直成未聞韓侍郎云此論益皋陶之功橫而不順理者革之直者成之也。盧文弨曰困學紀聞曰呂氏春秋得陶化益眞窺橫革之交五人佐禹故功績銘乎金石著於盤盂陶即皋陶也化益即伯益也眞窺即直成也倂橫革之交二人皆禹輔佐之名案竀與成音同與窺形似呂氏春秋蓋本作竀傳寫誤爲窺耳直與眞亦形似呂氏語見求人篇王念孫曰盧說是也橫革直成爲輔此句例當用七字今本脫一字或在爲上或在爲下俱未可知 契玄王。生昭明。詩曰天命玄鳥降而生商又曰玄王桓撥皆謂契也史記曰契爲堯司徒封於商賜姓子氏契卒子昭明立也 居于砥石遷于商。砥石地名未詳所在或曰即砥柱也左氏傳曰閼伯居商丘相土因之相土昭明子也言契初居砥石至孫相土乃遷商丘也 十有四世。乃有天乙是成湯。史記曰契卒子昭明立昭明卒子相土立相土卒子昌若立昌若卒子曹圉立曹圉卒子冥立爲夏司空勤其官死於水殷人郊之冥卒子振立振卒子微立微卒子報丁立報丁卒子報乙立報乙卒子報丙立報丙卒子主壬立主壬卒子主癸立主癸卒子乙立是十四世也天乙湯。論舉當。身讓卞隨舉牟光。莊子曰湯讓天下於卞隨務光二人不受皆投水死牟與務同也。俞樾曰舉當讀爲與古舉與字通周官師氏職曰王舉則從鄭注曰故書舉爲與史記呂后紀蒼天舉直徐廣曰舉一作與是其證也此文本云身讓卞隨與牟光作舉者叚字耳道古賢聖基必張。道說古之賢聖基業必張大也

願陳辭。世亂惡善不此治。不知治此世亂惡善之弊。王引之曰願陳辭下脫一三字句隱諱疾賢。良由姦詐鮮無災。隱諱過惡疾害賢良長用姦詐少無災也。郝懿行曰諱疾二字誤倒當作隱疾賢良諱由姦詐鮮無災亦四字七字句王念孫曰良當爲長楊注長用姦詐是其證今本長作良者涉注文疾害賢良而誤（注言疾害賢良者加一良字以申明其義耳若正文則以隱諱疾賢爲長句由姦詐鮮無災爲句無良字）先謙案王說是宋台州本謝本竝作由浙局本作用蓋臆改但依注作用爲是蓋由用形相似而誤患難哉。阪爲先。聖阪與反同反先聖之所爲。盧文弨曰患難哉阪爲先二句句三字聖知不用愚者謀七字句與辭治災哉時韻阪爲先三字未詳楊注不得其句蓋此篇通例兩三字句一七字句一四字句又一七字句如此五句爲一章也郝懿行曰盧斷聖知二字屬下爲句是也阪爲先者阪猶反也所行反側頗僻爲先先古音西亦與下韻王念孫曰阪爲先先疑當作之此言爲治者當進聖知而退愚今不用聖知而用愚是反爲之也楊謂阪與反同是也但誤以先聖連讀耳之字本作㞢說文㞢字從儿㞢（儿與人同）此文之字蓋本從古作㞢寫者誤加儿耳㞢字正與辭治災哉謀時爲韻知不用愚者謀。前車已覆。後未知更何覺時。前車已覆猶不知戒更何有覺悟之時也。盧文弨曰前車已覆四字句更改也不覺悟。不知苦。迷惑失指易上下。中不上達。蒙揜耳目塞門戶。不能闚四門也。盧文弨曰中元刻作忠古通用俞樾曰中讀爲忠言忠誠之士不能上達也漢張遷碑中謇於朝魏橫海將軍呂君碑君以中勇竝叚中爲忠國語周語曰考中度衷爲忠蓋以中衷忠三字義竝通耳門戶塞。大迷惑。悖亂昬莫不終極。莫冥寞言闇也不終極無已時也是非反易。比周欺上惡正直。惡烏路反下同正直惡。心無度。邪枉辟回失道途。辟讀爲僻已無郵人。我獨自美豈獨無故。故事也不可尤責於人自美其身已豈無事已亦有事而不知其過也或曰下無獨字。盧文弨曰無獨字則與全篇句法合不知戒。後必有恨。恨悔。盧文弨曰後必有三字爲句有讀曰又所謂貳過也古音戒又悔態爲韻王念孫曰盧說是矣而未盡

也佷後遂過四字義不相屬佷與很同（爾雅閱佷也孫炎本作很）後當爲復字之誤也（復後形相近又因上文後必有而誤）復與愎同（韓子十過篇夫知伯之爲人也好利而驁愎趙策愎作復亦通作覆管子五輔篇下愈覆鷙而不聽從是也又通作蝮史記酷吏傳贊京兆無忌馮翊殷周蝮鷙是也）言很愎不從諫以遂其過也莊子漁父篇曰見過不更聞諫愈甚謂之很逸周書謚法篇曰愎很遂過曰刺

後遂過不肯悔。不肯悔前之非

讒夫多進，反覆言語生詐態。王念孫曰態讀爲姦慝之慝（下人之態同）。言言語反覆則詐慝從此生也（襄四年左傳閻之詐慝以取其國家）以態爲慝者古聲不分去入也秦策曰科條既備民多僞態又曰上長大后之嚴下惑姦臣之態淮南齊俗篇曰禮義飾則生僞態之本漢書李尋傳曰賀良等反道惑衆姦態當窮竟皆借態爲慝非姿態之態也

人之態，不如備。如當爲知言人爲詐態上不知爲備

爭寵嫉賢利惡忌。利在惡忌賢者。王念孫曰利惡忌三字義不相屬楊曲爲之說非也利當爲相字之誤也相惡忌正承爭寵嫉賢言之

妒功毀賢，下斂黨與上蔽匿。斂聚也下聚黨與則上蔽慝也

上壅蔽，失輔埶。失輔弱之臣則埶不在上

任用讒夫不能制。孰公長父之難，孰公長父皆厲王之嬖臣未詳其姓名墨子曰厲王染於嬭公長父榮夷終嬭公與孰公不同未知孰是或曰孰公長父即詩所云皇父也孰或爲郭。盧文弨曰案古郭號字通郭公長父即呂氏春秋當染篇之號公長父也作郭字爲是之難二字當屬下爲七字句注嬭公宋本從立元刻從糸字書皆無攷墨子所染篇作厲公王念孫曰之者是也言難厲王者是此人也楚語云秦徵衞實難桓景實難即是難俞樾曰之難厲王流于彘七字爲句義終未安此篇之例雖以兩三字句一七字句一四字句一七字句爲一節然古人之文變動不居如云治之道美不老君子由之佼以好下以教誨子弟上以事祖考此節詞意明白無奪文譌字其弟四句六字其弟七句五字豈能以予弟二字屬下爲七字句乎然則此文以郭公長父之難六字爲句厲王流于彘五字爲句於義較安不必拘泥字數轉致不通也先謙案俞說是

厲王流于彘。彘地名在河東左傳晉大夫有彘子言孰公長父姦邪遂使難作厲王流竄于彘

周幽厲，所以敗，不聽規諫忠是害。嗟我何人，獨不遇時當亂世。言自古忠良多有遇害何獨我哉自慰勉之辭也

欲衷對，言不從。衷誠也欲誠意以對時君恐言不從而遇禍也。郝懿行曰對字失韻疑封字之形譌衷封者言中衣內懷藏封事也王念孫曰此篇之例凡首句必入韻唯此處對字與下文之從凶江不協衷對當爲剖衷言欲剖衷以諫而無如言之不見聽也（史記蔡澤傳披腹心示情素即剖衷之謂）欲剖衷言不從卽上文所謂中不上達也中與衷古字同耳衷字正與從凶江爲韻今本作欲衷對者剖誤爲對又誤在衷字之下耳楊說失之俞樾曰王氏改欲衷對爲欲剖衷此臆說也對字實不誤但當在衷字上對讀爲遂爾雅釋言對遂也詩皇矣篇以對于天下江漢篇對揚王休蕩篇流言以對毛傳竝曰對遂也又禮記祭義篇對揚以辟之鄭注亦曰對遂也蓋對遂音近以聲相訓耳欲對衷者欲遂衷也言欲遂其衷忱而無如言之不從也今本作欲衷對者因淺人不知對之爲遂而疑對衷二字無義因倒其文楊氏卽據以爲說曰欲誠意以對失之

矣。先謙案：俞說是。恐為子胥身離凶。進諫不聽，剄而獨鹿棄之江。獨鹿與屬鏤同，本亦或作屬鏤。吳王夫差賜子胥之劍名屬，之欲反。鏤，力朱反。國語里革曰：「鳥獸成，水蟲孕，水虞於是禁罝罜麗。」此當是自剄之後盛以罜麗弃之江也。賈逵云：「罜麗，小罟也。」○盧文弨曰：案楊云本或作屬鏤，則訓劍不可易，國語以下必後人采它說附益之。罝，韋昭云當為罜，此衍罝字而又訛罜作罣，宋本亦同，又無水虞二字。郝懿行曰：黃縣蓬萊閒人皆以獨鹿為酒器名，此言獨鹿蓋為革囊盛尸，所謂鴟夷者也。獨鹿與魯語之罜麗音義相近，而與屬鏤義遠，若作剄而屬鏤，語復不詞。王念孫曰：後人讀獨鹿為罜麗者，蓋未解而字之義故也。其意謂獨鹿果為劍名，則不當言剄而獨鹿，故讀為罜麗，謂是既剄之後盛以罜麗而棄之江也。今案而猶以也，謂剄以獨鹿也。古者而與以同義，顧命曰「眇眇予末小子其能而亂四方」，言其能以治四方也（某氏傳「能如父祖治四方」，非是）。墨子尚賢篇曰「使天下之為善者可而勸也，為暴者可而沮也」，言可以勸、可以沮也。呂氏春秋去私篇曰「晉平公問於祁黃羊曰：南陽無令，其誰可而為之」，言誰可以為之也（高注「而，能也」，非是，辯見呂氏春秋）。而與以同義，故二字可以互用。同人彖傳曰「文明以健，中正而應」，繫辭傳曰「蓍之德圓而神，卦之德方以知」，宣十五年左傳曰「易子而食，析骸以爨」，皆以二字互用。而與以同義，故又可以通用。繫辭傳「上古結繩而治」，論衡齊世篇引此而作以。昭元年左傳「秦甲以見子南」，考工記匠人鄭司農注引此以作而。觀往事，以自戒，治亂是非亦可識。託於成相以喻意。識，如字，亦讀為志也。○顧千里曰：案此句例之，應十一字，亦疑尚少四字。

請成相，言治方。言為治之方術。君論有五約以明。君謹守之，下皆平正國乃昌。論為君之道有五，甚簡約明白。謂臣下職一也，君法明二也，刑稱陳三也，言有節四也，上通利至莫敢恣五也。

臣下職，莫游食。游食，謂不勤於事，素飡游手也。務本節用財無極。事業聽上，莫得相使一民力。所與事業，皆聽於上，羣下不得擅相役使，則民力一也。禮記曰：「用民之力，歲不過三日」也。守其職，足衣食。民不失職，則衣食足矣。厚薄有等明爵服。貴賤有別。利往卬上，莫得擅與孰私得。利之所往皆卬於上，莫得擅為賜與，則誰敢私得於人乎？擅相賜與，若齊田氏然。卬與仰同，宜亮反。○王引之曰：往字文義不順，楊說非也。往當為隹，隹，古唯字也（唯或作惟維，古鐘鼎文唯字作隹，石鼓文亦然）。言臣民之利唯仰於上，莫得擅有所與也。凡隸書從彳從亻之字多相亂，故往字或作住，與隹相似而誤。

君法明，論有常。君法所以明，在言論有常，不二三也。表儀既設民知方。進退有律，莫得貴賤孰私王。進人退人，皆以法律，貴賤各以其才，孰有私佞於王乎？君法儀，禁不為。為君之法儀，在自禁止，不為惡。○俞樾曰：禁不為惡而止曰禁不為，則辭不達，注義非也。君法儀之儀，當讀為俄。說文人部：「俄，行頃也。」詩賓之初筵篇「側弁之俄」，鄭箋曰：「俄，傾貌。」廣雅釋詁曰：「俄，衺也。」是俄有傾邪之義。管子書或叚義為之，明法解曰：「雖有大義，主無從知之」，故明法曰佼衆嚚多外内朋黨雖有大姦其蔽主多矣以大姦爲大義是其證也義儀古通用義可爲儀故儀亦可爲儀君法儀與上文君法明相對上云君法明論有常此云君法儀禁不爲言君法明威則其論有常君法傾邪則當禁之使不爲也蓋此皆蒙上文臣下職而言所陳皆臣道也楊注因上文君論有五約以明之句妄舉五節以當之而以君法明爲其一所舉又不相連屬更有它文以閒之殆不足據也

莫不說教名不移。既能正己則民皆悅上之教而名器不移也說讀爲悅　脩之者榮。離之者辱孰它師。孰敢以它爲師言皆歸王道不敢離貳也。郝懿行曰它師二字誤倒當作師它則與儀爲移皆韻矣

刑稱陳。守其銀。稱謂當罪當罪之法施陳則各守其分限稱尺證反銀與垠同。王念孫曰楊說稱陳二字未安余謂陳者道也文登畢氏恬谿說尚書曰李斐注漢書哀帝紀曰陳道也是古謂道爲陳微子云我祖底遂陳于上謂致成道於上也君奭云率惟茲有陳謂有道也念孫案大戴記衞將軍文子篇君陳則進不陳則行而退亦謂道與不道也言刑之輕重皆稱乎道而各守其限也

下不得用輕私門。下不得專用刑法則私門自輕　罪禍有律。莫得輕重威不分。禍亦罪也

請牧祺。明有基。祺祥也請牧治言祥之事在明其所有之基業也。俞樾曰上文云請牧基賢者思此文亦當作請牧基明有祺傳寫者誤倒基祺兩字耳據楊注所見本已倒

主好論議必善謀。五聽脩領。莫不理續主執持。五聽折獄之五聽也脩領謂脩之使得綱領莫不有文理相續主自執持此道不使權歸於下。盧文弨曰脩領宋本作循領今從元刻注同王念孫曰領猶治也理也樂記領父子君臣之節鄭注領猶理治也仲尼燕居領惡而全好注領猶治也淮南本經篇神明弗能領也高注領理也言五聽皆脩理也續當爲續主執持當爲執主持莫不理續執主持者爾雅曰續事也言百官莫不各理其事夫孰得而主持之也上文曰莫得輕重威不分正所謂孰主持也又曰莫得擅與孰私得又曰莫得貴賤孰私王竝與此文同一例今本續譌作續執譌作執執字又誤在主字下則義不可通楊說皆失之顧千里曰五聽疑卽上文君論有五約以明也第一章臣下職云云第二章守其職云云第三章君法明云云第四章君法儀云云第五章刑稱陳云云下文接以五聽脩領謂五章爲五聽明甚下文又接以聽之經謂聽爲五聽亦明甚本屬一氣相承而楊注別以折獄之五聽解之非也又於後注耳目既顯吏敬法令莫敢恣始云此已上論君有五之事也亦非也

聽之經。明其請。請當爲情聽獄之經在明其情。盧文弨曰案請古與情通用列子說符篇楊朱曰發于此而應于彼者唯請釋文引徐廣曰古情字或假借作請又墨子書多以請爲情先謙案經道也說詳勸學篇下文兼賞刑言則聽非聽獄之謂謂聽政也王制篇聽政之大分以善至者待之以禮以不善至者待之以刑卽參伍明謹施賞刑也賢不肖不雜是非不亂信誕分也無遺善無隱謀隱遠至也明其請者彼云凡聽威嚴猛厲則下不親和解調通則當試鋒起故非明其情不可

參伍明謹施賞刑。參伍猶錯雜也謂或往參之或往伍之皆使明謹施其賞刑言精研不使僭濫也　顯者必得。隱者復顯民反誠。幽隱皆通則民不詐僞也　言有節。稽其實。節謂法度欲使民言有法及不欺誑在稽考行實也　信誕以分賞

罰必。下不欺上。皆以情言明若日。上通利。隱遠至。上通利不壅蔽則幽隱遼遠者皆至也觀法不法見不視。所觀之法非法則雖見不視也。郝懿行曰此言觀法於法不及之地見視於視不到之鄉所以謂之隱遠至耳目顯也注似未了耳目既顯。吏敬法令莫敢恣。此已上論君有五之事也君教出。行有律。五論之教既出則民所行有法言知方也吏謹將之無鈹滑。將持也詩曰無將大車鈹與披同滑與汨同言不使紛披汨亂也。郝懿行曰正名篇有滑鈹此言鈹滑其義同皆謂骫骳滑亂之意漢書淮南厲王傳骫天下正法顏注骫古委字謂曲也枚乘傳其文骫骳骳與鈹同謂曲戾也滑蓋與猾同謂攪亂也下不私請。各以宜舍巧拙。請謁舍止也羣下不私謁各以所宜不苟求也如此則以道事君巧拙之事亦皆止。盧文弨曰各以宜舍巧拙句中脫一字或當作各以所宜舍巧拙臣謹脩。君制變。臣職在謹脩君職在制變。王念孫曰脩當爲循字之誤也（隸書循脩相亂說見管子形勢篇）此言臣當謹循舊法而不變其制變則在君也循與變亂貫爲韻（此以諄元二部通用凡諄元二部之字古聲皆不分平上去）此篇之例首句無不入韻者今本循作脩則既失其義而又失其韻矣公察善思論不亂。先謙案倫論古字通謂君臣之倫不亂也說見儒效篇以治天下。後世法之成律貫。律貫法之爲條貫也。盧文弨曰案全篇與詩三百篇中韻同

賦篇第二十六

所賦之事皆生人所切而時多不知故特明之或曰荀卿所賦甚多今存者唯此言也舊第二十二今亦降在下

爰有大物。爰於也言於此有大物夫人之大者莫過於禮故謂之大物也非絲非帛。文理成章。絲帛能成黼黻文章禮亦然也非日非月。爲天下明。生者以壽。死者以葬。城郭以固。三軍以強。粹而王。駁而伯。無一焉而亡。臣愚不識。敢請之王。言禮之功用甚大時人莫知故荀卿假爲隱語問於先王云臣但見其功亦不識其名唯先王能知敢請解之先王因重演其義而告之王曰。此夫文而不采者與。先王爲解說曰此乃有文飾而不至華采者與簡然易知而致有理者與。君子所敬而小人所不者與。性不得則若禽獸。性得之則甚雅似者與。雅正也似謂似續古人詩曰維其有之是以似之匹夫隆之則爲聖人。諸侯隆之則一四海者與。致明而約。甚順而體。請歸之禮。極明而簡約言易知也甚順而有體言易行也先王言唯歸於禮乃合此義也禮。盧文弨曰此目上事也如禮記文王世子子貢問樂之比下放此

皇天隆物。以示下民。隆猶備也物萬物也。王念孫曰隆與降同、古字或以隆爲降說見墨子尙賢中篇）示本作施俗音之誤也廣雅曰施予也 或厚或薄。帝不齊均。言人雖同見方所知或多厚或寡薄天帝或不能齊均也。王念孫曰帝本作常字之誤也物字卽指智而言言皇天降智以予下民厚薄常不齊均故有桀紂湯武之異也今本施作示常作帝則義不可通藝文類聚人部五引此正作皇天隆物以施下民或厚或薄常不齊均楊說皆失之 桀紂以亂。湯武以賢。涽涽淑淑。皇皇穆穆。涽涽思慮昏亂也淑淑未詳或曰美也皇皇穆穆言緒之美也言或愚或智也。俞樾曰淑淑訓美則與涽涽不倫矣淑當讀爲踧文選長笛賦踧踖攢仄注曰踧踖迫蹙皃海賦葩華踧沑注曰踧沑蹙聚也踧踧之誼亦猶是耳 周流四海。曾不崇日。崇充也言智慮周流四海曾不充滿一日而徧也 君子以脩。跖以穿室。跖柳下惠之弟太山之盜也君子用智以脩身跖用智以穿室皆帝不齊均之意也 大參乎天。精微而無形。言智慮大則參天小則精微無形也 行義以正。事業以成。皆在智也行下孟反 可以禁暴足窮。百姓待之而後寧泰。足窮謂使窮者足也百姓待君上之智而後安寧泰當爲泰寧也 臣愚不識。願問其名。曰。此夫安寬平而危險隘者邪。言智常欲見利遠害 脩潔之爲親而雜汙之爲狄者邪。智脩潔則可相親若雜亂穢汙則與夷狄無異言險詐難近也。王念孫曰親近也狄讀爲逖逖遠也大雅瞻卬篇舍爾介狄毛傳曰狄遠也是狄與逖同此言智之爲德近於脩潔而遠於穢汙也楊說皆失之 甚深藏而外勝敵者邪。法禹舜而能弇迹者邪。弇襲 行爲動靜待之而後適者邪。血氣之精也。志意之榮也。精靈榮華 百姓待之而後寧也。天下待之而後平也。明達純粹而無疵也。夫是之謂君子之知。此論君子之智明小人之智不然也。王引之曰疵知爲韻疵下也字涉上文而衍藝文類聚無 知。

有物於此。居則周靜致下。動則綦高以鉅。居謂雲物發在地時周密也鉅大也 圓者中規。方者中矩。言滿天地之圓方也 大參天地。德厚堯禹。參謂天地相似雲所以致雨生成萬物其德厚於堯禹者矣。盧文弨曰藝文類聚大參作大齊注天地相似上似脫一與字 精微乎毫毛。而大盈乎大寓。寓與宇同言細微之時則知毫毛其廣大時則盈於大宇之內宇覆也謂天所覆三蒼云四方上下爲宇上大參天地此又云大盈大宇言說雲之變化或大或小故重言之也。王念孫曰宋錢佃校本云諸本作充盈乎大寓非案作充盈者是也下文充盈大宇而不窕卽其證充盈與精微對監本作大盈則旣與下大字複又與精微不對矣楊云其廣大時則盈於大宇之內則所見本已作大盈藝文類聚天部上引作充盈乎天宇又曰呂錢本作盈大乎寓宙蓋本作充盈乎大寓後脫充字乎大又譌作大乎後人又因注內兩言宇宙而增宙字案盈大文不成義寓與上文下矩矩竭爲韻寓下不得有宙字楊注釋宇字而不釋宙字則本無宙字明甚

忽兮其極之遠也。攭兮其相逐而反也。攭與劙同攭兮分判貌言雲或慌忽之極而遠舉或分散相逐而還於山也攭音戾。王念孫曰忽遠貌楚辭九歌曰平原忽兮路超遠九章曰道遠忽兮是忽爲遠貌極至也言忽兮其所至之遠也攭者雲氣旋轉之貌（考工記鳧氏鐘縣謂之旋程氏易疇通藝錄曰旋所以縣鐘者設於甬上孟子謂之追蠡言追出於甬上者乃蠡也蠡與螺通文子所謂聖人法蠡蚌而閉戶是也螺小者謂之蜁蝸郭璞江賦所謂鸚螺蜁蝸是也曰旋曰蠡其義不殊蓋爲金柄於甬上以貫於縣之者之鑿中形如螺然如此則宛轉流動不爲聲病矣水經睢水注云睢陽城內有高臺謂之蠡臺續述征記曰回道如蠡故謂之蠡臺是凡言蠡者皆取旋轉之義）反亦旋也故曰攭兮其相逐而反也楊說皆失之

卬卬兮天下之咸蹇也。卬卬高貌雲高而不用則天下皆蹇難也。俞樾曰楊注非是蹇當讀爲攓方言攓取也雲行雨施澤被天下天下皆有取也故曰卬卬兮天下之咸攓也下文德厚而不捐卽承此而言若如楊注則與下意不貫矣

德厚而不捐。五采備而成文。捐弃也萬物或美或惡覆被之皆無捐弃也

往來惛憊。通于大神。惛憊猶晦瞑也通于大神言變化不測也憊困也人困目亦昏暗故惛憊爲晦瞑也

出入甚極。莫知其門。極讀爲亟急也門謂所出者也

天下失之則滅。得之則存。雲所以成用也

弟子不敏。此之願陳。君子設辭。請測意之。弟子荀卿自謂言弟子不敏願陳此事不知何名欲君子設辭請測其意亦言雲之功德唯君子乃明知之也。王引之曰楊以意爲志意之意非也意者度也言請測度之也禮運曰聖人耐以天下爲一家以中國爲一人者非意之也管子小問篇東郭郵曰君子善謀而小人善意臣意之也是意爲度也（意之言億也韓子解老篇先物行先理動之謂前識前識者無緣而忘意度也忘與妄同莊子胠篋篇云妄意室中之藏是也王褒四子講德論今子執分寸而罔億度罔億度卽妄意度鄭注少儀曰測意度也意本又作億論語先進篇億則屢中漢書貨殖傳億作意）

曰。此夫大而不塞者與。雲氣無實故曰不塞

充盈大宇而不窕。入郄穴而不偪者與。窕讀爲窱窱貌也言充盈則滿大宇幽窱則入郄穴而曾無偪側不容也窱它弔反。王念孫曰楊訓窕爲窱貌又以窕字連下句解之皆非也充盈大宇而不窕爲句窕者間隙之稱言充盈大宇而無間隙也偪不容也偪與窕義正相反廣雅曰窕寬也昭二十一年左傳鐘小者不窕大者不槬窕則不咸槬則不容杜注曰窕細不滿也槬橫大不入也不咸不充滿人心也不容心不堪容也大戴禮王言篇曰布諸天下而不窕內諸尋常之室而不塞管子宙合篇曰其處大也不窕其入小也不塞墨子尚賢篇曰大用之天下則不窕小用之則不困呂

氏春秋適音篇曰音大鉅則志蕩以蕩聽鉅則耳不容不容則橫塞橫塞則振大小則志嫌以嫌聽小則耳不充不充則不詹不詹則窕高注曰窕不滿密也義並與此同

行遠疾速而不可託訊者與。訊書問也行遠疾速宜於託訊今雲者虛無故不可本或作託訓或曰與似續同也言雲行遠疾速不可依託繼續也。盧文弨曰訊不與前後韻協疑是訊託誤倒耳注或作託訓亦似誤王念孫曰訊下者與二字蓋因上下文而衍訊字不入韻上文充盈大宇而不窕窕字亦不入韻也盧云訊不與前後韻協疑是訊託誤倒非是（託字於古音屬鐸部塞偪等字於古音屬職部改託訊爲訊託仍不合韻）

往來惛憊而不可爲固塞者與。雖往來晦暝掩蔽萬物若使牢固蔽塞則不可

暴至殺傷而不億忌者與。億謂以意度之論語曰億則屢中或曰與抑同謂雷霆震怒殺傷萬物會不億度疑忌言果決不測也。王念孫曰億讀爲意（意億古字通說見前測意之下）意疑也言暴至殺傷而會無所疑忌也廣雅曰意疑也漢書文三王傳於是天子意梁顏師古注與廣雅同韓子說疑篇上無意下無怪無意無疑也史記陳丞相世家項王爲人意忌信讒平津侯傳宏爲人意忌外寬內深酷吏傳湯雖文深意忌皆謂疑忌也楊以億爲億度則分億與忌爲二義失之矣

功被天下而不私置者與。天下同被其功會無所私置又言無偏頗。王念孫曰置讀爲德言功被天下而無私德也繫辭傳有功而不德德鄭陸蜀才並作置鄭云置當爲德逸周書官人篇有施而弗德大戴禮文王官人篇作有施而不置荀子哀公篇言忠信而心不德大戴禮哀公問五義篇作躬行忠信而心不置是置爲德之借字也此段以塞偪塞忌置爲韻忌讀如極（左傳費無極史作記費無忌）置與德同

託地而游宇友風而子雨。風與雲並行故曰友雨因雲而生故曰子冬日作寒夏日作暑。在冬而凝寒在夏而蒸暑也

廣大精神請歸之雲。至精至神通於變化唯雲乃可當此說也

雲。雲所以潤萬物人莫之知故於此具明也

有物於此儳儳兮其狀屢化如神。儳讀如其蟲倮之倮儳儳無毛羽之貌變化卽謂三俯三起成蛾蛹之類也

功被天下。為萬世文。文飾

禮樂以成貴賤以分養老長幼待之而後存。名號不美與暴爲鄰。侵暴者亦取名於蠶食故曰與暴爲鄰也。王引之曰如楊說則蠶下必加食字而其義始明竊謂方言慘殺也說文慘毒也字或作憯莊子庚桑楚篇曰兵莫憯于志鏌鋣爲下慘蠶憯聲相近故曰與暴爲鄰

功立而身廢事成而家敗。蠶成而見殺是身廢絲窮而蠶盡是家敗

弃其耆老收其後世。耆老蛾也後世種也

人屬所利飛鳥所害。人屬則保而用之飛鳥則害而食之

臣愚而不識請占之五泰。占驗也五泰五帝也五帝少昊顓頊高辛唐虞理皆務本深知蠶之功大故請驗之也。盧文弨曰此與下文五泰宋本皆作五帝無五泰五帝也五字注今從元刻與困學紀聞所引合古音帝字不與敗世害韻五支六脂之別也王念孫曰敗世害泰古音竝屬祭部非惟不與五支

之去聲通竝不與六脂之去聲通此盧用段說而誤也說見戴先生聲韵攷

五泰占之曰。此夫身女好而頭馬首者與。女好柔婉也其頭又類馬首周禮馬質禁原蠶者鄭玄云天文辰爲馬故蠶書曰蠶爲龍精月值大火則浴其種是蠶與馬同氣也 屢化而不壽者與。善壯而拙老者與。壯得其養老而見殺 有父母而無牝牡者與。爲蠶之時未有牝牡也 冬伏而夏游。食桑而吐絲。游謂化而出也。俞樾曰食桑而吐絲前亂而後治此文游字獨不入韻疑滋字之誤呂氏春秋明理篇曰草木庳小不滋注曰滋亦長也冬伏而夏滋言冬伏而夏長也楊以化而出釋游字誼亦迂曲非獨於韻不協也 前亂而後治。繭亂而絲治也 夏生而惡暑。生長於夏先暑而化 喜溼而惡雨。溼謂浴其種既生之後則惡雨也。王念孫曰蠶性惡溼不得言喜溼太平御覽資產部五引作疾溼而惡雨是也惡雨與疾溼同意楊云溼謂浴其種乃曲爲之說耳俞樾曰楊說甚得荀子之意蓋此句與上文夏生而惡暑相對生於夏宜不惡暑矣而蠶則惡暑其種必浴有似喜溼者宜不惡雨矣而蠶則惡雨此兩而字正明其性之異也太平御覽資產部引作疾溼而惡雨蓋人疑蠶性惡溼不得言喜溼故妄改之言疾溼又言惡雨辭複而意淺非荀子原文也王氏反據御覽以訂正荀子誤矣 蛹以爲母。蛾以爲父。互言之也 三俯三起。事乃大已。俯謂臥而不食事乃大已言三起之後事乃畢也謂化而成繭也 夫是之謂蠶理。五帝言此乃蠶之義理也。郝懿行曰理者條理也夫含生賦形各有條理條者似智理者似禮蠶鍼爲物條理尤深莫精於蠶莫密於鍼所以二賦語已皆言其理者也 蠶。蠶之功至大時人鮮知其本詩曰婦無公事休其蠶織戰國時此俗尤甚故荀卿感而賦之

有物於此。生於山阜。處於室堂。山阜鐵所生也 無知無巧。善治衣裳。知讀爲智 不盜不竊。穿窬而行。日夜合離。以成文章。合離謂使離者相合文章亦待其連綴而成也 以能合從。又善連衡。從豎也子容反衡橫也言箴亦能如戰國合從連橫之人南北爲從東西爲衡也 下覆百姓。上飾帝王。功業甚博。不見賢良。見猶顯也不自顯其功伐見賢遍反 時用則存。不用則亡。順時行藏 臣愚不識。敢請之王。王曰。此夫始生鉅其成功小者邪。爲鐵則巨爲箴則小 長其尾而銳其剽者邪。長其尾謂綫也剽末也謂箴之鋒也莊子曰有實而無乎處者宇也有長而無本剽者宙也剽杪末之意匹小反 頭銛達而尾趙繚者邪。重說長其尾而銳其剽趙讀爲掉掉繚長貌言箴尾掉而繚也掉徒弔反。郝懿行曰趙之爲言超也穆天子傳天子北征趙行郭注趙

猶超騰是也趙繚搖掉疊韻之字今時俗語猶以搖掉爲趙繚也

一往一來。結尾以爲事。結其尾線然後行箴

無羽無翼。反覆甚極。極讀爲亟急也

尾生而事起。尾邅而事已。尾邅迴盤結則箴功畢也

簪以爲父。管以爲母。簪形似箴而大故曰爲父言此者欲狀其形也管所以盛箴故曰爲母禮記曰箴管線纊也。盧文弨曰簪當爲鑽子貫反謂所以琢箴之線孔者也箴賴以成形故曰爲父郝懿行曰古之簪形若大箴耳箴背簪故父之管韜箴故母之俞樾曰簪當爲鐕禮記喪大記用雜金鐕正義曰鐕釘也釘與箴形質皆同磨之琢之而後成箴方其未成箴之時則箴亦一鐕而已矣故曰鐕以爲父作簪者叚字耳若是首笄之簪則與箴全不相涉楊注謂言此者欲狀其形失之迂矣盧氏謂簪當爲鑽所以琢箴之線孔者也箴賴以成形故曰爲父此尤曲說箴所賴以成形者豈特一鑽之功乎王氏載之讀書雜志誤矣

既以縫表。又以連裏。夫是之謂箴理。理義理也

箴。古者貴賤皆有事故王后親織玄紞公侯夫人加之以紘綖大夫妻成祭服士妻衣其夫末世皆不脩婦功故託辭於箴明其爲物微而用至重以譏當世也

天下不治。請陳佹詩。荀卿請陳佹異激切之詩言天下不治之意也

天地易位。四時易鄉。皆言賢愚易位也鄉猶方也春夏秋冬皆不當其方言錯亂也鄉如字

列星殞墜。旦暮晦盲。列星二十八宿有行列者殞墜以喻百官弛廢旦暮晦盲言無蹔明時也或曰當時星辰殞墜旦暮昏霧也

幽晦登昭。日月下藏。言幽闇之人登昭明之位君子明如日月反下藏也昭或爲照。王念孫曰幽晦元刻作幽闇（宋龔本同）是也楊注幽闇之人是其證宋本闇作晦者涉上文旦暮晦盲而誤藝文類聚人部八引作幽暗登照暗與闇同

公正無私。反見從橫。言公正無私之人反見謂從橫反覆之志也。郝懿行曰藏古作臧荀書皆然橫古作衡上言連衡亦然此皆俗人所改王念孫曰反見從橫四字文不成義此本作見謂從橫言公正無私之人反以從橫見謂於世也楊注內見謂二字即其證凡見譽於人曰見謂若王霸篇曰齊桓公閨門之內縣樂奢泰游抏之脩於天下不見謂脩賈子脩政語篇曰故言之者見謂智學之者見謂賢守之者見謂信樂之者見謂仁行之者見謂聖皆是也見毀於人亦曰見謂若莊子達生篇曰居鄉不見謂不脩臨難不見謂不勇漢書兒寬傳曰張湯爲廷尉盡用文史法律之吏而寬以儒生在其閒見謂不習事邶風谷風箋曰涇水以有渭故見謂濁（今本謂譌作渭據正義改）及此言見謂縱橫皆是也後人不曉見謂二字之義又以楊注云反見謂從橫遂改正文見謂爲反見不知楊注特加反字以申明其義非正文所有也藝文類聚人部八引此正作見謂從橫

志愛公利。重樓疏堂。欲在上位行至公以利百姓非謂重樓疏堂之榮貴也

無私罪人。憼革貳兵。憼與儆同備也貳副也謂無私罪人言果於去惡也言去邪嫉惡乃以儆備增益兵革之道言彊盛也。王念孫曰貳兵二字文義不明貳當爲戒字之誤也（隸書戒字作戒與貳相似）戒兵與憼革同義楊云貳副也未安

道德純備。讒口將將。將去也言以讒言相退送或曰將將讀爲鏘鏘進貌。郝懿行曰將者大也逸詩云如霜雪之將將此言

道德純備之人讒口方張不能用也王念孫曰楊後說讀將將爲鏘鏘是也而云進貌則古無此訓余謂將將集聚之貌也周頌執競篇磬筦將將毛傳曰將將集也然則讒口將將亦謂讒言之交集也小雅十月篇讒口囂囂箋云囂囂衆多貌義亦與將將同 仁人絀約。敖暴擅彊。絀退窮約 天下幽險。恐失世英。天下幽暗凶險如此必恐時賢不見用也 螭龍爲蝘蜓。鴟梟爲鳳皇。說文云螭如龍而黃北方謂之地螻蝘蜓守宮言世俗不知善惡螭龍之聖反謂之蝘蜓鴟梟之惡反以爲鳳皇也 比干見刳。孔子拘匡。昭昭乎其知之明也。郁郁乎其遇時之不祥也。拂乎其欲禮義之大行也。闇乎天下之晦盲也。郁郁有文章貌拂違也此蓋誤耳當爲拂乎其遇時之不祥也郁郁乎其欲禮義之大行晦盲言人莫之識也 皓天不復。憂無疆也。千歲必反。古之常也。皓與昊同昊天元氣昊大也呼昊天而訴之云世亂不復憂不可竟也復自解釋云亂久必反於治亦古之常道千或爲卒 弟子勉學。天不忘也。言天道福善故曰不忘恐弟子疑爲善無益而解惰故以此勉之也 聖人共手。時幾將矣。共讀爲拱聖人拱手言不得用也幾辭也將送也去也言戰國之時世事已去不可復治也。俞樾曰如楊注與上意不貫上文曰千歲必反古之常也弟子勉學天不忘也是荀子之意謂亂極必反非謂世事已去不可復治也此二句乃望之之辭言聖人於此亦拱手而待之耳所謂千歲必反者此時殆將然矣楊注非 與愚以疑。願聞反辭。反辭反覆敘說之辭猶楚詞亂曰弟子言當時政事既與愚反疑惑之人故更願以亂辭敘之也 其小歌曰。此下一章即其反辭故謂之小歌總論前意也。盧文弨曰曰各本多作也有一本作曰今從之 念彼遠方。何其塞矣。遠方猶大道也。俞樾曰楊注以遠方爲大道其義未安此章蓋亦遺春申君者下文仁人絀約暴人衍矣諸句其意實譏楚也不敢斥言楚國故姑託遠方言之若謂彼遠方之國有如此耳此荀卿之危行言孫也 仁人絀約。暴人衍矣。衍饒也。盧文弨曰衍不與塞服爲韻服字本有作般者則塞或蹇字之誤 忠臣危殆。讒人服矣。服用也本或作讒人般矣般樂也音盤

璇玉瑤珠。不知佩也。說文云璇赤玉瑤美玉也孔安國曰瑤美石言不知以此四寶爲佩說文云璇音瓊。盧文弨曰瑤說文本訓美石楊所據乃誤本也如孔安國曰美石而今本禹貢注亦皆誤爲美玉又曰此章在遺春申君書後此書但載其賦而不載其書今以楚策之文具錄於此以備考焉客說春申君曰湯以亳武王以鄗（吳師道曰鎬通）皆不過百里以有天下今孫子天下賢人也君藉之以百里之勢臣竊以爲不便於君何如春申君曰善於是使人謝孫子孫子去之趙（鮑彪曰史言孫子春申君死而貧困家蘭陵不言之趙然卿書有與趙孝成王論兵而史不言失之）趙以爲上卿（後語作上客

）客又說春申君曰昔伊尹去夏入殷殷王而夏亡管仲去魯入齊魯弱而齊強夫賢者之所在其君未嘗不尊國未嘗不榮也今孫子天下賢人也君何辭之春申君又曰善於是使人請孫子於趙孫子爲書謝曰癘人憐王（韓詩外傳四作鄙語曰癘人憐王）此不恭之語也雖然（吳師道曰一本此下有古無虛諺四字）不可不審察也此爲劫殺死亡之主言也夫人主年少而矜材無法術以知姦則大臣主斷國私以禁誅於已也故弒賢長而立幼弱廢正適而立不義春秋戒之曰（外傳作春秋之志曰）楚王子圍聘於鄭未出竟聞王病反問疾遂以冠纓絞王殺之因自立也齊崔杼之妻美莊公通之崔杼帥其君黨而攻莊公莊公請與分國崔杼不許欲自刃於廟崔杼不許莊公走出踰於外牆射中其股遂殺之而立其弟景公近代所見李兌用趙餓主父於沙丘百日而殺之淖齒用齊擢閔王之筋縣於其廟梁宿夕而死夫癘雖癰腫胞疾上比前世未至絞纓射股下比近代未至擢筋而餓死也夫劫弒死亡之主也心之憂勞形之困苦必甚於癘矣由此觀之癘雖憐王可也因爲賦曰寶珍隋珠不知佩兮禕衣與絲不知異兮閭娵子奢莫知媒兮嫫母求之又甚喜之兮以瞽爲明以聾爲聰以是爲非以吉爲凶嗚呼上天曷惟其同詩曰上天甚神神無自瘵也（外傳所載賦與荀書略同嘉字依兩書皆作喜外傳未引詩作上帝甚慆無自瘵焉）郝懿行曰琁即瓊字韓詩外傳四作琁非

雜布與錦。不知異也。

雜布，麤布。○王念孫曰此謂布與錦雜陳於前而不知別異（說文布枲織也）言美惡不分也楊以雜布二字連讀而訓爲麤布失之

閭娵子奢。莫之媒也。

閭娵古之美女後語作明陬楚詞七諫謂閭娵爲醜惡蓋一名明陬漢書音義韋昭曰閭陬梁王魏嬰之美女子奢當爲子都鄭之美人詩曰不見子都蓋都字誤爲奢耳後語作子都莫之媒言無人爲之媒也娵子于反。○盧文弨曰明是閭字之譌楊未省照耳注中日都奢古本一音不必改字

嫫母力父。是之喜也。

嫫母醜女黃帝時人力父未詳喜悅也。○盧文弨曰力父俗本作刁父今從元刻與韓詩外傳四同

以盲爲明。以聾爲聰。以危爲安。以吉爲凶。

○郝懿行曰以危爲安韓詩外傳四作以是爲非

嗚呼上天。曷維其同。

言或亂如此故歎而告上天曷維其同言何可與之同也後語作曷其與同此章卽遺春申君之賦也

荀子集解卷十九

大略篇第二十七

此篇蓋弟子雜錄荀卿之語皆略舉其要不可以一事名篇故總謂之大略也舊第二十七。盧文弨曰此卷舊不分段今案其意義之不相聯屬者閒一格以識別之

大略。舉爲標首所以起下文也君人者。隆禮尊賢而王。重法愛民而霸。好利多詐而危。

欲近四旁。莫如中央。故王者必居天下之中。禮也。此明都邑居土中之意不近偏旁居中央取其朝貢道里均禮也言其禮制如此

天子外屏。諸侯內屏。禮也。外屏。不欲見外也。內屏。不欲見內也。屏猶蔽也屏謂之樹鄭康成云若今浮思也何休注公羊云禮天子諸侯臺門天子外闕兩觀諸侯內闕一觀禮天子外屏諸侯內屏大夫以簾士以帷僚謂不欲見內外不察泉中魚之義也。郝懿行曰釋宮但云屏謂之樹不言內外郭璞注謂小牆當門中此說是也蓋屏之制如今之照壁釋名云屏自障屏也蒼頡篇云屏牆也爾雅舍人注云以垣當門蔽爲樹然則屏取屏蔽之義但令門必有屏天子諸侯似不必瑣瑣分別外內也荀書每援禮文此云外屏內屏而云禮也必是禮家舊說何休公羊注亦稱之淮南主術篇云天子外屏所以自障高誘注謂屏樹垣也引爾雅曰門內之垣謂之樹據高所引非卽爾雅本文蓋已不主外屏之說矣近浙人金鶚氏箸論傑是高說以爲天子外屏此言出於禮緯鄭注禮記引其說未可信也太微垣有屏四星在端門內此天子內屏之象也又云凡門皆有屏惟皋門無之應門內有屏故宁在門屏之閒門卽應門也其言甚辨見所箸求古錄今採其說存之

諸侯召其臣。臣不俟駕。顚倒衣裳而走。禮也。詩曰。顚之倒之。自公召之。

天子召諸侯。諸侯輦輿就馬。禮也。輦謂人輓車言不暇待馬至故輦輿就馬也詩曰。我出我輿。于彼牧矣。自天子所。謂我來矣。詩小雅出車之篇毛云出車就馬於牧地鄭云有人自天子所謂我來矣謂以王命召已也此明諸侯奉上之禮也

天子山冕。諸侯玄冠。大夫裨冕。士韋弁。禮也。山冕謂畫山於衣而服冕卽袞冕也蓋取其龍則謂之袞冕取其山則謂之山冕鄭注周禮司服云古冕服十二章衣五章初一曰龍次二曰山次三曰華蟲次四曰火次五曰宗彝皆畫裳四章次六曰藻次七曰粉米次八曰黼次九曰黻皆絺鄭注覲禮云裨之言卑也天子六服大裘爲上其餘爲裨以事尊卑服之諸侯亦服焉上公

袞無升龍侯伯鷩子男毳孤絺卿大夫玄鄭云大夫裨冕蓋亦言裨冕止於大夫士己下不得服也韋弁謂以爵韋爲韠而載弁也玉藻曰韠君朱大夫素士爵韋也

天子御珽。諸侯御荼。大夫服笏。禮也。御服皆器用之名尊者謂之御卑者謂之服御者言臣下所進御也珽大珪長三尺杼上終葵首謂剡上至其首而方也荼古舒字玉之上圓下方者也鄭康成云珽挺然無所屈也荼讀如舒遲之舒舒儒者所畏在前也

天子彫弓。諸侯彤弓。大夫黑弓。禮也。彫謂彫畫爲文飾彤弓朱弓此明貴賤服御之禮也

諸侯相見。卿爲介。相見謂於鄰地爲會介副也聘義卿爲上擯大夫爲承擯君親禮賓言主君見聘使則以卿爲上擯出會則以卿爲上介也以其教出畢行。教謂戒令畢行謂羣臣盡行從君也。王念孫曰教出當爲教士謂常所教習之士也大戴禮虞戴德篇云諸侯相見卿爲介以其教士畢行文與此同也下文君子聽律習容而後士士當爲出言必聽律習容而後出也（楊云聽律謂聽佩聲使中音律也）玉藻云習容觀玉聲乃出（鄭注曰玉佩也）是其證也隸書士出二字相似傳寫往往譌溷（隸書出字或省作土若數省作敖賣省作賣款省作款皆是也故諸書中士出二字傳寫多譌僖二十五年左傳諜出曰原將降矣呂氏春秋爲欲篇諜出譌作謀士管子大匡篇士欲通吏不通今本士譌作出史記呂后本紀齊內史士徐廣曰一作出夏本紀稱以出大戴禮五帝德篇作稱以上士皆其證也）楊說皆失之

使仁居守。使仁厚者主後事春秋傳一子守二子從此明諸侯出彊之禮又穀梁傳曰智者慮義者行仁者守然後可以會矣

聘人以珪。問士以璧。召人以瑗。絕人以玦。反絕以環。聘人以珪謂使人聘他國以珪璋也問謂訪其國事因遺之也衞侯使工尹襄問子貢以弓是其類也說文云瑗者大孔璧也爾雅好倍肉謂之瑗肉倍好謂之璧禮記曰君召臣以三節周禮珍圭以徵守鄭云以徵召守國之諸侯若今徵郡守以竹使符也然則天子以珍圭召諸侯諸侯召臣以瑗歟玦如環而缺肉好若一謂之環古者臣有罪待放於境三年不敢去與之環則還與之玦則絕皆所以見意也反絕謂反其將絕者此明諸侯以玉接人臣之禮也。郝懿行曰士卽事也古字通用楊注不誤而語未明晰問士者謂問人以事則以璧爲摯如魯哀公執摯於周豐也

人主仁心設焉。知其役也。禮其盡也。故王者先仁而後禮。天施然也。人主根本所施設在仁其役用則在智盡善則在禮天施天道之所施設也此明爲國以仁爲先也

聘禮志曰。幣厚則傷德。財侈則殄禮。禮云禮云。玉帛云乎哉。志記也言玉帛禮之末也禮記曰不以美沒禮也。盧文弨曰案聘禮記曰多貨則傷于德幣美則沒禮

詩曰。物其指矣。唯其偕矣。不時宜。不敬交。不驩欣。雖指。非禮也。詩小雅魚麗之篇指與旨同美也偕齊等也時謂得時宜謂合宜此明聘好輕財重禮之義也。俞樾曰案上句不時宜注時宜二字平列下句不驩欣亦二字平列則此文不敬交疑不敬文之誤勸學篇曰禮之敬文也注曰禮有周旋揖讓之敬車服等級之文也禮論篇曰事生不忠厚

不敬文謂之野迭死不忠厚不敬文謂之瘠注曰敬文恭敬有文飾是荀子書屢言敬文性惡篇曰不如齊魯之孝具敬父者何也注曰敬父當爲敬文此敬文誤爲敬交猶彼敬文誤爲敬父楊氏於此無注其所據本必未誤敬文二字本書屢見故不說也水行者表深。使人無陷。治民者表亂。使人無失。禮者。其表也。先王以禮表天下之亂。今廢禮者。是去表也。故民迷惑而陷禍患。此刑罰之所以繁也。表標志也此明爲國當以禮示人也。郝懿行曰天論篇云水行者表深表不明則陷治民者表道表不明則亂此云表亂謂表明其爲亂而後人不犯也舜曰。維予從欲而治。虞書舜美臯陶之辭言臯陶明五刑故舜得從欲而治引之以喻禮能成聖亦猶舜賴臯陶也。郝懿行曰此語今書以入大禹謨維字作俾荀所稱則未知出何書也又解蔽篇稱道經曰人心之危道心之微今亦在大禹謨二之字作惟矣此引舜曰彼援道經皆不稱書俞樾曰此即所謂不思而得不勉而中從容中道聖人也孔子七十而從心所欲不踰矩可釋此文從欲之義故下文曰禮之生爲賢人以下至庶民也非爲成聖也楊氏誤據古文尚書爲說乃曰引之以喻禮能成聖亦猶舜賴臯陶也失之矣故禮之生。爲賢人以下至庶民也。非爲成聖也。然而亦所以成聖也。不學不成。禮本爲中人設然聖人不學亦不成也堯學於君疇。舜學於務成昭。禹學於西王國。君疇漢書古今人表作尹壽又漢藝文志小說家有務成子十一篇昭其名也尸子曰務成昭之教舜曰避天下之逆從天下之順天下不足取也避天下之順從天下之逆天下不足失也西王國未詳所說或曰大禹生於西羌西王國西羌之賢人也新序子夏對哀公曰黃帝學于太塡顓頊學于錄圖帝嚳學于赤松子堯學于尹壽舜學于務成跗禹學于西王國湯學于成子伯文王學于時子思武王學於郭叔此明聖人亦資於教也。盧文弨曰案新序五太塡作大塡古今人表作大塡錄圖作綠圖表同尹壽元刻作君壽宋本新序同吳祕注法言引新序作君疇成子伯新序作威子伯時子思作鈠時子思五十不成喪。七十唯衰存。不成喪不備哭踊之節衰存但服縗麻而已其禮皆可略也禮記曰七十唯衰麻在身也。郭嵩燾曰五十不成喪卽檀弓五十不致毀也親迎之禮。父南鄉而立。子北面而跪。醮而命之。往迎爾相。成我宗事。鄭云相助也宗事宗廟之事也隆率以敬先妣之嗣。若則有常。儀禮作勗率鄭云勗勉也若汝也勉率婦道以敬其爲先妣之嗣也汝之行則當有常深戒之詩云大姒嗣徽音子曰。諾。唯恐不能。敢忘命矣。子言唯恐不能勉率以嗣先妣不敢忘父命也夫行也者。行禮之謂也。所以稱行者在禮也禮也者。貴者敬焉。老者孝焉。長者弟焉。幼者慈焉。賤者惠焉。惠亦賜也言行禮如此五者則可爲人之行也　賜予其宮室。猶用慶賞於國家也。忿怒其臣妾。猶用刑罰於萬民也。宮室妻子也此明能治家則以治國也。郭嵩燾曰宮室與國家對文臣妾與萬民對文宮室者門捆之內庭戶之閒盡一家之人言之楊注誤　君子之於子。愛之而勿面。使之而勿貌。導之以道而勿彊。面貌謂以顏色慰悅之不欲施小惠也故易家人曰有嚴君焉勿彊不欲使其愧也此語出曾子。郝懿行曰此出曾子立事篇荀稱之也勿面謂不形見於面勿貌謂不優以辭色勿彊謂匪怒伊教使自得之注謂不欲使其愧非　禮以順人心爲本。故亡於禮經而順人心者。皆禮也。禮記曰禮也者義之實也協諸義而協則禮雖先王未之有可以義起也。盧文弨曰皆禮也各本作背禮者誤也

禮之大凡。事生。飾驩也。送死。飾哀也。軍旅。飾威也。不可太質故爲之飾　親親故故庸庸勞勞。仁之殺也。庸功也庸庸勞勞謂稱其功勞以報有功勞者殺差等也皆仁恩之差也殺所介反　貴貴尊尊賢賢老老長長。義之倫也。倫理也此五者非仁恩皆出於義之理也　行之得其節。禮之序也。行仁義得其節則是禮有次序　仁愛也。故親。義理也。故行。禮節也。故成。非仁不親非義不行雖有仁義無禮以節之亦不成　仁有里。義有門。里與門皆謂禮也里所以安居門所以出入也　仁非其里而虛之。非禮也。義非其門而由之。非義也。虛讀爲居聲之誤也仁非其里義非其門皆謂有仁義而無禮也。盧文弨曰非義也亦當爲非禮也郝懿行曰虛讀爲墟墟里人所居因借爲居字非居聲之誤也王念孫曰虛當爲處字之誤也下文云君子處仁以義是其證（陳說同又引論語里仁爲美擇不處仁）又案楊云仁非其里義非其門皆謂有仁義而無禮也盧云非義也亦當爲非禮也楊盧之說皆非也非禮也當作非仁也（劉說同）非義也義字不誤此文云仁非其里而處之非仁也義非其門而由之非義也下文云君子處仁以義然後仁也行義以禮然後義也前後正相呼應以是明之　推恩而不理。不成仁。仁雖在推恩而不得其理則不成仁謂若有父子之恩而無嚴敬之義　遂理而不敢。不成義。雖得其理而不敢行則不成義義在果斷故曰非知之艱行之惟艱　審節而不知。不成禮。雖能明審節制而不知其意也知或爲和。王念孫曰作和者是也禮以和爲貴故審節而不和則不成禮下文和而不發正承此和字言之今本和作知字之誤耳（隸書和字或作和與知相似見漢白石神君碑）既能審於禮節則不得謂之不知楊於不知下加其意二字失之　和而不發。不成樂。雖和順積中而英華不發於外無以播於八音則不成樂　故曰。仁義禮樂。其致一也。言四者雖殊同歸於得中

故曰其致一也君子處仁以義。然後仁也。仁而能斷行義以禮。然後義也。雖能斷而不違禮然後爲義也制禮反本成末。然後禮也。反復也本謂仁義末謂禮節謂以仁義爲本終成於禮節也三者皆通。然後道也。通明三者然後爲道貨財曰賻。輿馬曰賵。衣服曰襚。玩好曰贈。玉貝曰唅。此與公羊穀梁之說同玩好謂明器琴瑟笙竽之屬何休曰此皆春秋之制也賻猶覆也賵猶助也皆助生送死之禮襚猶遺也遺是助死者之禮也知生則賵賻知死則襚唅。○盧文弨曰今公羊注作知死者贈襚賻賵所以佐生也。贈襚所以送死也。送死不及柩尸。弔生不及悲哀。非禮也。皆謂葬時故吉行五十。犇喪百里。賵贈及事。禮之大也。既說弔贈及事因明奔喪亦宜行遠也禮記奔喪曰日行百里不以夜行禮者。政之輓也。如輓車然爲政不以禮。政不行矣。天子即位。上卿進曰。如之何憂之長也。能除患則爲福。不能除患則爲賊。授天子一策。上卿於周若冢宰也皆謂書於策讀之而授天子深戒之也言天下安危所繫其憂甚遠長問何以治之能爲天下除患則百福歸之不能則反爲賊害策編竹爲之後易之以玉焉中卿進曰。配天而有下土者。先事慮事。先患慮患。先事慮事謂之接。接讀爲捷速也中卿若宗伯也接則事優成。先患慮患謂之豫。豫則禍不生。事至而後慮者謂之後。後則事不舉。患至而後慮者謂之困。困則禍不可禦。授天子二策。禦禁二策第二策也下卿進曰。敬戒無怠。慶者在堂。弔者在閭。下卿若司寇也慶者雖在堂弔者已在門言相襲之速閭門也禍與福鄰。莫知其門。言同一門出入也賈誼曰憂喜聚門豫哉豫哉。萬民望之。授天子三策。豫哉言可戒備也三策第三策。○先謙案羣書治要作務哉務哉

禹見耕者耦立而式。過十室之邑必下。兩人共耕曰耦論語曰長沮桀溺耦而耕十室之邑必有忠信故下之也殺大蚤。朝大晚。非禮也。殺謂田獵禽獸也禮記曰天子殺則下大綏諸侯殺則下小綏大夫殺則止佐車蚤謂下先上也又曰朝辨色始入殺太蚤爲陵犯也朝太晚爲懈弛也或曰禮記曰獺祭魚然後虞人入澤梁豺祭獸然後田獵先於此爲蚤也又曰田不以禮是暴天物也。○王念孫曰或說是也前說非治民

不以禮。動斯陷矣。平衡曰拜。下衡曰稽首。至地曰稽顙。平衡謂磬折頭與腰如衡之平禮記平衡與此義殊。郝懿行曰拜者必跪拜手頭至手也不至地故曰平衡稽首亦頭至手而手至地故曰下衡稽顙則頭觸地故直曰至地矣　大夫之臣。拜不稽首。非尊家臣也。所以辟君也。辟讀為避　一命齒於鄉。再命齒於族。三命。族人雖七十不敢先。一命公侯之士再命大夫三命卿也鄭注禮記曰此皆鄉飲酒時齒謂以年次坐若立也禮記曰三命不齒族人雖七十者不敢先言不唯不與少者齒老者亦不敢先也　上大夫中大夫下大夫。此覆一命再命三命也一命雖公侯之士子男之大夫也故曰下大夫也　吉事尚尊。喪事尚親。吉事朝廷列位也喪事以親者為主禮記曰以服之精麤為序也　君臣不得不尊。父子不得不親。兄弟不得不順。夫婦不得不驩。少者以長。老者以養。不得謂不得聖人之禮法驩與歡同　故天地生之。聖人成之。。汪中曰君臣以下四十一字錯簡當在後國家無禮不寧之下此因上尚尊尚親之文而誤　聘。問也。享。獻也。私覿。私見也。使大夫出以圭璋聘所以相問也聘享奉束帛加璧享所以有獻也享畢賓奉束錦以請覿所以私見也聘享以賓禮見私覿以臣禮見故曰私見鄭注儀禮云享獻也既聘又獻所以厚恩意也　言語之美。穆穆皇皇。爾雅曰穆穆敬也皇皇正也郭璞云皇皇自脩正貌穆穆容儀謹敬也皆由言語之美所以威儀脩飾或曰穆穆美也皇皇有光儀也詩曰皇皇者華　朝廷之美。濟濟鎗鎗。鎗與蹌同濟濟多士貌蹌蹌有行列貌　為人臣下者。有諫而無訕。有亡而無疾。有怨而無怒。謗上曰訕亡去也疾與嫉同惡也怨謂若公弟叔肸衛侯之弟鱄怒謂若慶鄭也　君於大夫。三問其疾。三臨其喪。於士。一問一臨。諸侯非問疾弔喪。不之臣之家。之往也禮記曰諸侯非問疾弔喪而入諸臣之家是謂君臣為謔也　既葬。君若父之友食之。則食矣。不辟粱肉。有酒醴則辭。鄭云尊者之前可以食美變於顏色亦不可也　寢不踰廟。設衣不踰祭服。禮也。謂制度精麤設宴也。王念孫曰設當為讌字之誤也故楊注云讌晏也（今注文讌字亦誤作設）讌對廟而言讌衣對祭服而言王制燕衣不踰祭服寢不踰廟是其證　易之咸。見夫婦。易咸卦艮下兌上艮為少男兌為少女故曰見夫婦　夫婦之道。不可不正也。君臣父子之本也。易說卦曰有天地然後有男女有男女然後有夫婦有夫婦然後有父子有父子然後有君臣故以夫婦爲本咸，感也，以高下下，以男下女，柔上而剛下。陽唱陰和然後相成也聘士之義，親迎之道，重始也。聘士謂若安車束帛重其禮也迎魚敬反禮者，人之所履也，失所履，必顛蹷陷溺。所失微而其爲亂大者，禮也。禮之於正國家也，如權衡之於輕重也，如繩墨之於曲直也。故人無禮不生，事無禮不成，國家無禮不寧。和樂之聲，此言珩珮之聲和樂人心步中武象，趨中韶護。佩玉之聲緩則中武象疾則中韶護禮記曰古之君子必珮玉右徵角左宮羽趨以采薺行以肆夏是其類也或曰此和樂謂在車和鸞之聲步驟之節也。○顧千里曰案疑或說是也正論篇禮論篇樂皆作鸞可以爲證君子聽律習容而後士。君子在位者之通稱禮記曰既服習容觀玉聲聽律謂聽珮聲使中音律也言威儀如此乃可爲士士者修立之名也。○先謙案士當爲出說見上霜降逆女，冰泮殺内，十日一御。此蓋誤耳當爲冰泮逆女霜降殺内故詩曰士如歸妻迨冰未泮殺減也内謂妾御也十日一御即殺内之義冰泮逆女謂發生之時合男女也霜降殺内謂閉藏之時禁嗜欲也月令在十一月此云霜降荀卿與呂氏所傳聞異也鄭云歸妻謂請期也冰未泮正月中以前二月可以成婚矣故云冰泮逆女殺所介反。○盧文弨曰詩陳風東門之楊毛傳云言男女失時不待秋冬正義引荀卿語竝云毛公親事荀卿故亦以秋冬爲婚期家語所說亦同匏有苦葉所云迨冰未泮周官媒氏仲春會男女皆是要其終言不過是耳楊注非十日一御君子之謹游於房也不必連冰泮言郝懿行曰東門之楊傳男女失時不逮秋冬正義引荀卿書云霜降逆女冰泮殺止霜降九月也冰泮二月也荀卿之意自九月至於正月於禮皆可爲昏荀在焚書之前必當有所憑據毛公親事荀卿故亦以爲秋冬家語云羣生閉藏爲陰而爲化育之始故聖人以合男女窮天數也霜降而婦功成嫁娶者行焉冰泮而農桑起昏禮殺於此又引董仲舒云聖人以男女陰陽其道同類觀天道嚮秋冬而陰氣來嚮春夏而陰氣去故古人霜降始逆女冰泮而殺止與陰俱近而陽遠也孔疏發明毛義與荀卿之說合楊注偶未省照乃云此誤而改其文謬矣十日一御節於内也今禮言五日御此言十者或古文五如側十之形因轉寫致誤歟（五古文作㐅）王引之曰此文本作霜降逆女冰泮殺止謂霜降始逆女至冰泮而殺止也召南摽有梅及陳風東門之楊正義所引此文皆作冰泮殺止周官媒氏疏載王肅論引此文及韓詩傳亦皆作冰泮殺止又春秋繁露循天之道篇亦云古之人霜降而逆女冰泮而殺止（東門之楊正義所引如是今本作殺内乃後人依誤本荀子改之）自楊所見本殺下始脫止字而楊遂以殺内二字連讀誤矣冰泮殺止指嫁娶而言内字下屬爲句内十日一御別是一事非承冰泮而言坐視膝，立視足，應對言語視面。儀禮士相見云子視父則游目無上於面無下於帶若不言立則視足坐則視膝鄭云不言則伺其行起而已立視前六尺而大之，六六三十六。

三丈六尺。蓋臣於君前視也近視六尺自此而廣之雖遠視不過三丈六尺曲禮曰立視五巂彼在車上故與此不同也。王引之曰大之當爲六之言以六尺而六之則爲三丈六尺也楊以廣釋大則所見本已誤　文貌情用。相爲內外表裏。文謂禮物貌謂威儀情謂中誠用謂語言質文相成不可偏用也。王念孫曰文貌在外情用在內故曰相爲內外表裏禮論篇曰文理繁情用省是禮之隆也文理省情用繁是禮之殺也文理情用相爲內外表裏並行而雜是禮之中流也彼言文理猶此言文貌楊彼注云文理謂威儀情理謂忠誠是也此注失之先謙案王謂文貌猶文理是也禮論篇文理史記並引作文貌是其證禮之中焉能思索。謂之能慮。　禮者。本末相順。終始相應。

禮者。以財物爲用。以貴賤爲文。以多少爲異。並解於禮論篇　下臣事君以貨。中臣事君以身。上臣事君以人。貨謂聚斂及珍異獻君身謂死衞社稷人謂舉賢也　易曰。復自道。何其咎。易小畜卦初九之辭復返也自從也本雖有失返而從道何其咎過也　春秋賢穆公。以爲能變也。公羊傳曰秦伯使遂來聘遂者何秦大夫也秦無大夫此何以書賢穆公也何賢乎穆公以爲能變也謂前不用蹇叔百里之言敗於殽函而自變悔作秦誓詢茲黃髮是也　士有妒友。則賢交不親。君有妒臣。則賢人不至。蔽公者謂之昧。隱良者謂之妒。掩蔽公道謂之暗昧　奉妒昧者謂之交譎。交遍於譎詐之人相成爲惡也。俞樾曰交讀爲狡禮記樂記篇血氣狡憤釋文曰狡本作交是交狡古通用狡與譎同義下文曰交譎之人妒昧之臣是交譎與妒昧皆兩字平列楊注曰交遍於譎詐之人失之矣　交譎之人。妒昧之臣。國之薉孽也。薉與穢同孽妖孽言終爲國之災害也　口能言之。身能行之。國寶也。口不能言。身能行之。國器也。如器物雖不言而有行也　口能言之。身不能行。國用也。國賴其言而用也　口言善。身行惡。國妖也。治國者敬其寶。愛其器。任其用。除其妖。　不富無以養民情。衣食足知榮辱　不教無以理民性。人性惡故須教　故家五畝宅。百畝田。務其業而勿奪其時。所以富之也。宅居處也百畝一夫田也務謂勸勉之孟子曰五畝之宅樹之以桑五十者可以衣帛矣百畝之田無失其時八口之家可以無飢矣　立大學。設庠序。脩六禮。明十教。所以道之也。詩曰。飲之食之。教之誨之。王事具矣。禮記曰六禮冠昏喪祭鄉相見十教卽十義也禮記曰父慈子孝兄良弟悌夫義婦聽長惠幼順君仁臣忠十者謂之人義道謂教道之也十或爲七也。王念孫曰王制曰司徒脩六禮以節民性明七教以興民德六禮冠昏喪祭鄉相見七教父子兄弟夫婦君臣長幼朋友賓客則作七教者是也凡經傳中七十二字互誤者多矣楊前注以禮運之十義爲十教失之

武王始入殷。表商容之閭。釋箕子之囚。哭比干之墓。天下鄉善矣。表築旌之言武王好善天下鄉之孔安國曰商容殷之賢人紂所貶退也

天下國有俊士。世有賢人。天下之國皆有俊士每世皆有賢人迷者不問路。溺者不問遂。亡人好獨。以喻雖有賢俊不能用也所以迷由於不問路溺由於不問遂亡由於好獨遂謂徑隧水中可涉之徑也獨謂自用其計。洪頤煊曰遂當作墬晏子春秋內篇雜上作溺者不問墬郝懿行曰墬當作隊隊墬古今字先謙案詩載馳篇大夫跋涉釋文引韓詩曰不由蹊遂而涉曰跋涉淮南脩務訓高注不從蹊遂曰跋涉二遂字與此義同晏子作墬乃誤文洪據以爲說非

詩曰。我言維服。勿用爲笑。先民有言。詢于芻蕘。言博問也。詩大雅板之篇毛云芻蕘薪者也鄭云服事也我之所言乃今之急事汝無笑也

有法者。以法行。無法者。以類舉。皆類於法而舉之也。郝懿行曰類猶此也古謂之決事比今之所謂例也下云慶賞刑罰類亦通然楊注未明晰盧分段竝非二句又見王制篇俞樾曰古所謂類卽今所謂例史記屈原賈生傳吾將以爲類正義曰類例也以其本知其末。以其左知其右。凡百事異理而相守也。其事雖異其守則一謂若爲善不同同歸於理之類也

慶賞刑罰通類而後應。通明於類然後百姓應之謂賞必賞功罰必罰罪不失其類

政教習俗相順而後行。順人心然後可行也

八十者一子不事。九十者舉家不事。廢疾非人不養者。一人不事。父母之喪三年不事。齊衰大功三月不事。從諸侯不不當爲來謂從他國來或君之人入采地與新有昏朞不事。古者有喪昏皆不事所以重其哀戚與嗣續也事謂力役

子謂子家駒續然大夫。不如晏子。子孔子謂言也子家駒魯公子慶之孫公孫歸父之後名羈駒其字也續言補續君之過不能與功用故不如晏子也。盧文弨曰續然大夫四字未詳郝懿行曰續古作賡賡之爲言庚也庚然剛強不屈之貌言不阿諛也晏子。功用之臣也。不如子產。雖有功用不如子產之恩惠也子產。惠人也。不如管仲。雖有恩惠不如管仲之才略也管仲之爲人。力功不力義。力知不力仁。雖九合諸侯一匡天下而不全用仁義也野人也。不可以爲天子

大夫。言四子皆類郊野之人未浸漬於仁義故不可爲王者佐。郝懿行曰此謂管仲徇功力而不脩仁義不可爲王者之佐注以四子言恐非是

孟子三見宣王不言事。門人曰曷爲三遇齊王而不言事。孟子曰我先攻其邪心。以正色攻去邪心乃可與言也

公行子之之燕。孟子曰公行子有子之喪右師往弔趙岐云齊大夫也子之蓋其先也 遇曾元於塗。曰燕君何如。曾元曰志卑。言不求遠大也曾元曾參之子 志卑者輕物。物事 輕物者不求助。不求賢以自輔 苟不求助何能舉。既無輔助必不勝任矣 氐羌之虜也。謂見俘掠 不憂其係壘也而憂其不焚也。壘讀爲纍氐羌之俗死則焚其屍今不憂纍獲而憂不焚是愚也呂氏春秋曰憂其死而不焚 利夫秋豪害靡國家然且爲之幾爲知計哉。靡披靡也利夫秋豪之細其害遂披靡而來及國家於言不卹其大而憂其小與氐羌之虜何異幾辭也或曰幾讀爲豈。陳奐曰案靡累也言所利在秋豪而其害累及國家也詩周頌傳曰靡累也是其義王念孫曰靡者滅也言利不過秋豪而害乃至於滅國家也方言靡滅也郭璞曰或作摩滅字音糜漢書賈山傳萬鈞之所壓無不糜滅者司馬遷傳富貴而名摩滅摩與糜靡古同聲而通用（說見唐韻正）

今夫亡箴者終日求之而不得其得之非目益明也眸而見之也。心之於慮亦然。眸謂以眸子審視之也言心於思慮亦當反覆盡其精妙如眸子之求箴也。俞樾曰楊說未安以眸子審視豈可但謂之眸乎眸當讀爲瞐說文目部瞐低目視也從目冒聲與牟聲相近釋名釋首飾曰牟冒也眸之與瞐猶牟之與冒矣說文又有瞀篆曰低目謹視也從目敄聲亦與牟聲相近荀子成相篇身讓卞隨舉牟光即莊子大宗師篇之務光也是其例矣

義與利者人之所兩有也。雖堯舜不能去民之欲利。然而能使其欲利不克其好義也。克亦勝也 雖桀紂亦不能去民之好義。然而能使其好義不勝其欲利也。故義勝利者爲治世。利克義者爲亂世。上重義則義克利。上重利則利克義。故天子不言多少。諸侯不言利害。大夫不言得喪。皆謂言貨財也 士不通貨財。士賤雖得言之亦不得貿遷如商賈也 有國之君不息牛羊。息蕃育也 錯質之臣不息雞豚。錯置也質讀爲贄孟子曰出疆必載質蓋古字通耳置贄謂執贄而置於君士相見禮曰士大夫奠贄於君再拜稽首禮記曰畜乘馬者不察於雞豚或

日置質猶言委質也言凡委質爲人臣則不得與下爭利家卿不脩幣。大夫不爲場園。家卿上卿不脩幣謂不脩財幣販息之也治稼穡曰場樹菜蔬曰園謂若公儀子不奪園夫工女之利也。王念孫曰場園當爲場圃字之誤也韓詩外傳作不爲場圃玩楊注亦是圃字論語子路篇馬注及射義鄭注竝云樹菜蔬曰圃卽楊注所本俞樾曰上云士不通財貨楊注不得貿遷如商賈也此云家卿不脩幣注謂不脩財幣販息之也然則與士之不通貨財何以異乎據韓詩外傳作家卿不脩幣施疑此文奪施字幣乃徼字之誤施當爲弛古同聲叚借字也弛卽今籬字一切經音義十四云籬弛同力支反引通俗文云柴垣曰弛木垣曰柵說文木部弛落也家卿不脩徼弛謂籬落徼壞不脩葺之也與下文大夫不爲場園正同一意皆不與民爭利之義從士以上皆羞利而不與民爭業。樂分施而恥積臧。然故民不困財。。王念孫曰羣書治要財作則則以民不困爲句則字下屬爲句然故猶是故也堯問篇然故士至同說見釋詞然字下先謙案羣書治要作然後民不困財上方注云後作故則作財是校者以作則者爲非當從今本貧窶者有所竄其手。竄容也謂容集其手而力作也。先謙案有所竄其手猶言有所措手也楊注失之泥羣書治要作有所竄其中矣疑以意改之文王誅四。武王誅二。周公卒業。至成康。則案無誅已。竝解在仲尼篇言周公総王業猶不得無誅伐至成康然後刑措也重引此者明不與民爭利則刑罰省也多積財而羞無有。羞貧重民任而誅不能。使民不能勝任而復誅之。先謙案重民任謂使虐之此邪行之所以起。刑罰之所以多也。

上好羞則民闇飾矣。好羞貧而事奢侈則民闇自脩飾也。王念孫曰楊說迂曲而不可通羞當爲義羞字上半與義同又涉上文兩羞字而誤也上好義則民闇飾者言上好義則民雖處隱闇之中亦自脩飾不敢放於利而行也（呂氏春秋具備篇載宓子賤治亶父使民闇行若有嚴刑於旁卽所謂民闇飾也賈子大政篇曰聖明則士闇飾矣）上好義與上好富對文故下文又云欲富乎與義分背矣上好義則民闇飾上好富則民死利卽上文所云上重義則義克利上重利則利克義也（鹽鐵論錯幣篇上好禮則民闇飾上好貨則下死利卽用荀子而小變其文）上好富則民死利矣。二者亂之衢也。衢道。劉台拱曰二者二字承上兩句而言則亂上當有治字民語曰。欲富乎。忍恥矣。傾絕矣。絕故舊矣。與義分背矣。忍恥不顧廉恥傾絕謂傾身絕命而求也分背如人分背而行上好富則人民之行如此。安得不亂。

湯旱而禱曰。政不節與。。先謙案節猶適也謂不調適說見天論篇使民疾與。何以不雨至斯極也。疾苦宮室榮與。婦謁盛與。何以不雨至斯極也。榮盛謁請也婦謁盛謂婦言是用也苞苴行與。讒夫興與。何以不雨至斯極也。貨賂必以物苞裹，故總謂之苞苴。與，起也。鄭注禮記云：苞苴裹魚肉者，或以葦，或以茅也。

天之生民，非為君也。天之立君，以為民也。故古者列地建國，非以貴諸侯而已；列官職，差爵祿，非以尊大夫而已。差謂制等級也。

主道知人，臣道知事。人謂賢良，事謂職守。

故舜之治天下，不以事詔而萬物成。不以事詔告，但委任而已。謂若使禹治水，不告治水之方略。

農精於田而不可以為田師，工賈亦然。

以賢易不肖，不待卜而後知吉。以治伐亂，不待戰而後知克。無人禦敵，故知必克。

齊人欲伐魯，忌卞莊子，不敢過卞。卞，魯邑。莊子，卞邑大夫有勇者。晉人欲伐衞，畏子路，不敢過蒲。蒲，衞邑。子路，蒲宰。杜元凱云：蒲邑在長垣縣西南。

不知而問堯舜，好問則無不知，故可比聖人也。無有而求天府。知無而求之，是有天府之富。○俞樾曰：案楊讀不知而問、無有而求絕句，故其解如此，實非荀子意也。不知而問之堯舜，無有而求之天府，語意本連屬。下文先王之道則堯舜已，六貳之博則天府已，乃自解堯舜天府之義也。使謂不知而問即是堯舜，無有而求即是天府，下文贅矣。故知楊注非也。六貳當從盧說為六藝之謬。何謂堯舜？先王之道是也。問者問此而已，非必真起堯舜而問之也。何謂天府？六藝之博是也。求者求此而已，非必真入天府而求之也。曰：先王之道，則堯舜已；問先王之道，則可為堯舜。六貳之博，則天府已。求財於六貳之博，得之不窮，故曰天府。天府，天之府藏。言六貳之博可以得貨財，先王之道可以為堯舜，故以喻焉。六貳之博即六博也。王逸注楚辭云：投六箸，行六棊，故曰六博。今之博局亦二六相對也。○盧文弨曰：貳當作藝，聲之謬也。即六經也。

君子之學如蛻，幡然遷之。如蟬蛻也。幡與翻同。故其行效，其立效，其坐效，其置顏色、出辭氣效。效，放也。置，措也。言造次皆學而不捨也。無留善，有善即行，無留滯。無宿問。當時即問，不俟經宿。

善學者盡其理，善行者究其難。非知之艱，行之惟艱，故善行之者是究其難。

君子立志如窮，似不能通變。雖天子三公問，正以是非對。至尊至貴，對之唯一，故曰如窮也。○先謙案：君子不以窮達易心，故立志常如窮時，雖君相問，必以正對。楊說非。

君子隘窮而不失，不失道而隕穫。○盧文弨曰：隘窮即阨窮。勞倦而不苟，不苟免也。臨患難而不忘細席之言。尸子：子夏曰：君子漸於飢寒而志不僻，侉於五兵而辭不攝臨大事不忘昔席之言昔席蓋昔所踐履之言此細亦當讀爲昔或曰細席講論之席臨難不忘素所講習忠義之言漢書王吉諫昌邑王曰廣廈之下細旃之上。盧文弨曰案廣韻侉痛呼也安賀切宋本作鎊字書無考今從元刻郝懿行曰細席恐茵席之形譌蓋茵假借爲絪絪又譌爲細耳王念孫曰郝說是也漢書霍光傳加畫繡絪馮如淳曰絪亦茵是其證茵席之言謂昔日之言卽論語所謂平生之言也故尸子云臨大事不忘昔席之言俞樾曰郝王之說塙矣楊注引尸子臨大事不忘昔席之言昔亦茵之譌荀子作細席者其原文是細席也尸子作昔席者其原文是茵席也兩文雖異而實同

歲不寒無以知松柏。事不難無以知君子。無日不在是。無有一日不懷道所謂造次必於是也

雨小漢故潛。未詳或曰爾雅云漢爲潛李巡曰漢水溢流爲潛今云雨小漢故潛言潛者本因雨小水濫觴而成至其盛也乃溢爲潛矣言自小至大者也。郝懿行曰此語譌誤不可讀楊氏曲爲之解似違蓋闕之義俞樾曰漢字疑衍文雨小故潛者爾雅釋言曰潛深也言雨小故入地深也下文云夫盡小者大積微者箸是其義矣

夫盡小者大。積微者箸。德至者色澤洽。行盡而聲問遠。色澤洽謂德潤身行下孟反。先謙案而蓋者之誤四句一例

小人不誠於內而求之於外。

言而不稱師。謂之畔。畔者倍之半也教而不稱師。謂之倍。教人不稱師其罪重故謂之倍倍者反逆之名也。郝懿行曰倍者反也畔與叛同叛者反之半也不稱師同而罪異者言謂自言教謂傳授夫民生於三事之如一師儒得民九兩攸繫而乃居然坐大背棄師門名教罪人故以反叛坐之檀弓記曾子怒子夏曰使西河之民疑女於夫子爾罪一也鄭注言其不稱師也然則荀子斯言蓋有因於古矣倍畔之人。明君不內。朝士大夫遇諸塗不與言。

不足於行者。說過。言說大過故行不能副也不足於信者。誠言。數欲誠實其言故信不能副君子所以貴行不貴言也。郝懿行曰說過者大言不怍誠言者貌言若誠故春秋善胥命。春秋魯桓公三年齊侯衞侯胥命于蒲公羊傳曰相命也何言乎相命近正也古者不盟結言而退又詩曰君子屢盟亂是用長言其一心而相信則不在盟誓也而詩非屢盟。其心一也。

善爲詩者不說。善爲易者不占。善爲禮者不相。其心同也。皆言與理冥會者至於無言說者也相謂爲人贊相也

曾子曰。孝子言爲可聞。行爲可見。發言使人可聞不詐妄也立行使人可見不苟爲斯爲孝子也言爲可聞。所以說遠也。行爲可見。所以說近也。近者說則親。遠者說則附。親近而附遠。孝子之道也。說皆讀爲悅近親遠附則毀辱無由及親也

曾子行。晏子從於郊。曰。嬰聞之。君子

贈人以言。庶人贈人以財。嬰貧無財。請假於君子。贈吾子以言。假於君子謙辭也晏子先於孔子曾子之父猶爲孔子弟子此云送曾子豈好事者爲之歟　乘輿之輪。太山之木也。示諸檃栝。三月五月。爲幬菜。此皆言車之材也示讀爲寘檃栝矯煣木之器也言寘諸檃栝或三月或五月也幬菜未詳或曰菜讀爲菑謂轂與輻也言矯煣直木爲牙至於轂輻皆敝而規曲不反其初敝而不反其常。所謂三材不失職也周禮考工記曰望其轂欲其眼也進而眡之欲其幬之廉也鄭云幬冒轂之革也革急則木廉隅見考工記又曰察其菑蚤不齵則輪雖敝不匡鄭云菑謂輻入轂中者蚤讀爲爪謂輻入牙中者也匡刺也晏子春秋曰今夫車輪山之直木良匠煣之其員中規雖有槁暴不復嬴矣　君子之檃栝不可不謹也。愼之。爲移其性故不可慢　蘭茝稾本。漸於蜜醴。一佩易之。雖皆香草然以浸於甘醴一玉佩方可易買之言所漸者美而加貴也佩或爲倍謂其一倍也漸浸也子廉反此語與晏子春秋不同也。盧文弨曰晏子作今夫蘭本三年而成湛之苦酒則君子不近庶人不佩湛之縻醢而賈匹馬矣說苑家語略同縻醢作鹿醢案漸於蜜醴與漸於酒漸之滫中皆謂其不可久故一佩即易之各書俱一意注非　正君漸於香酒。可讒而得也。雖正直之君其所漸染如香之於酒則讒邪可得而入言甘醴變香草之性甘言變正君之性或爲美或爲惡皆在其所漸染也。郝懿行曰正君者好是正直之君讒言甘而易入如飲醇醪令人自醉故以漸於香酒譬況之　君子之所漸。不可不愼也。

人之於文學也。猶玉之於琢磨也。詩曰。如切如磋。如琢如磨。謂學問也。和之璧。井里之厥也。玉人琢之。爲天子寶。和之璧楚人卞和所得之璧也井里里名厥也未詳或曰厥石也晏子春秋作井里之困也。盧文弨曰案厥同橜說文橜門梱也梱門橜也荀子以厥爲橜晏子以困爲梱皆謂門限意林不解乃改爲璞矣郝懿行曰晏子春秋雜上篇作井里之困據盧說則厥與困一物皆謂得石如門限木耳王念孫曰盧本段說見鍾山札記文選劉琨答盧諶詩序天下之寶當與天下共之注引此和下有氏字（晏子春秋雜篇同）爲天子寶作爲天下寶（又引史記藺相如傳和氏璧天下所共傳寶也）於義爲長下文亦云子贛季路爲天下列士　子贛季路。故鄙人也。被文學。服禮義。爲天下列士。

學問不厭。好士不倦。是天府也。言所得多

君子疑則不言。未問則不立。道遠日益矣。未嘗學問不敢立爲論議所謂不知爲不知也爲道久遠自日有所益不必道聽塗說也此語出曾子。王念孫曰立字義不可通立亦當爲言（下文未問則不立同）疑則不言未問則不言皆謂君子之不易（以豉反）其言也大戴記曾子立事篇君子疑則不言未問則不言此篇之文多與曾子同也隸書言字或作音（若詹作

倍譮作譆之類皆是）因脫其半而爲立（秦策秦王愛公孫衍與之間有所言今本言譌作立）楊曲爲之說非

多知而無親。博學而無方。好多而無定者。君子不與。無親不親師也方法也此皆謂雖廣博而無師法也 少不諷。壯不論議。雖可。未成也。諷謂就學諷詩書也言不學雖有善質未爲成人也。王念孫曰少不諷當從大戴記作少不諷誦諷誦與論議對文少一誦字則文不足意矣楊云諷謂就學諷詩書則所見本已脫誦字 君子壹教。弟子壹學。亟成。壹專壹也亟急也已力反 君子進則能益上之譽而損下之憂。進仕損減 不能而居之。誣也。無益而厚受之。竊也。誣君竊位 學者非必爲仕。而仕者必如學。如往。郝懿行曰如負似也此言仕必不負所學注云如往非也

子貢問於孔子曰。賜倦於學矣。願息事君。息休息 孔子曰。詩云。溫恭朝夕。執事有恪。事君難。事君焉可息哉。詩商頌那之篇 然則賜願息事親。孔子曰。詩云。孝子不匱。永錫爾類。事親難。事親焉可息哉。詩大雅既醉之篇毛云匱竭也類善也言孝子之養無有匱竭之時故天長賜以善也 然則賜願息於妻子。孔子曰。詩云。刑于寡妻。至于兄弟。以御于家邦。妻子難。妻子焉可息哉。詩大雅思齊之篇刑法也寡有之妻言賢也御治也言文王先立禮法於其妻以至于兄弟然後治于家邦言自家刑國也 然則賜願息於朋友。孔子曰。詩云。朋友攸攝。攝以威儀。朋友難。朋友焉可息哉。亦既醉之篇毛云言相攝佐者以威儀也 然則賜願息耕。孔子曰。詩云。晝爾于茅。宵爾索綯。亟其乘屋。其始播百穀。耕難。耕焉可息哉。詩豳風七月之篇于茅往取茅也綯絞也亟急也乘屋升屋治其敝漏也 然則賜無息者乎。孔子曰。望其壙。皋如也。嵮如也。鬲如也。此則知所息矣。壙丘壠皋當爲宰宰家也宰如高貌嵮與塡同謂土塡塞也鬲謂隔絕於上列子作宰如墳如張湛注云見其墳壤鬲異則知息之有所也。盧文弨曰公羊僖卅三年傳宰上之木拱矣是宰訓冢也冢大也如大山也嵮讀爲顚山頂也鬲如形如實五穀之器也山有似鬳者矣列子嵮如作墳如如大防也郝懿行曰皋猶高也言皋韜在上也嵮即顚字顚俗作巔因又作嵮耳鬲鼎屬也圜而身上此皆言丘壠之形狀故以如字寫貌之皋如蓋若覆夏屋者嵮如蓋若防者露標顚也列子天瑞篇

作壙如壙大防也鬲如蓋若覆釜之形上小下大今所見亦多有之注竝非劉台拱曰今列子作睪如也宰如也睪卽皋豈楊氏所見本異邪睪如宰如二句疊出則不得破皋爲宰矣王念孫曰家語困誓篇亦作睪如也王肅曰睪高貌子貢曰。大哉死乎。君子息焉。小人休焉。郝懿行曰休息一耳此別之者亦猶檀弓記言君子曰終小人曰死之意子貢始言願得休息孔子四言焉可息哉必須死而後已於是子貢悚然警悟始知大塊勞我以生逸我以死作而歎曰大哉死乎君子息焉小人休焉言人不可苟生亦不可徒死也

國風之好色也。傳曰。盈其欲而不愆其止。好色謂關雎樂得淑女也盈其欲謂好仇寤寐思服也止禮也欲雖盈滿而不敢過禮求之此言好色人所不免美其不過禮也故詩序云關雎樂得淑女以配君子憂在進賢不淫其色哀窈窕思賢才而無傷善之心焉是關雎之義也其誠可比於金石。其聲可內於宗廟。其誠以禮自防之誠也比於金石言不變也其聲可內於宗廟謂以其樂章播八音奏於宗廟鄉飲酒禮合樂周南關雎葛覃詩序云關雎后妃之德風之始也所以風化天下故用之鄉人焉用之邦國焉旣云用之邦國是其聲可內於宗廟者也小雅不以於汙上。自引而居下。以用也汙上驕君也言作小雅之人不爲驕君所用自引而疏遠也疾今之政以思往者。其言有文焉。其聲有哀焉。小雅多刺幽厲而思文武言有文謂不鄙陋聲有哀謂哀以思也

國將興。必貴師而重傳。貴師而重傳。則法度存。。俞樾曰下文云賤師而輕傳則人有快人有快則法度壞據此則貴師而重傳下疑有闕文國將衰。必賤師而輕傳。賤師而輕傳。則人有快。人有肆意人有快則法度壞。

古者匹夫五十而士。禮四十而士五十而後爵此云五十而士恐誤或曰爲卿士。郝懿行曰士者事也五十曰艾服官政然後可以任事也俞樾曰二說皆非也下文云天子諸侯子十九而冠注曰先於臣下一年也然則四十而士猶二十而冠皆是論其常五十而士猶十九而冠皆是言其異也禮所謂四十始仕五十命爲大夫者蓋指卿大夫元士之適子而言此明言匹夫則殆謂卿之俊士選士矣禮記王制篇正義曰鄉人旣卑節級升之故爲選士俊士至於造士若王子與公卿之子本位旣尊不須積漸學業旣成卽爲造士以是言之古人於世族子弟及民間秀士自有區別故其始仕有十年之差也荀子不直曰古者五十而士必加匹夫二字明與下文天子諸侯子相對知十九而冠爲天子諸侯子之制則知五十而士爲匹夫之制不必疑其與禮經不合矣天子諸侯子。十九而冠。冠而聽治。其教至也。十九而冠先於臣下一年也雖人君之子猶年長而冠冠而後聽其政治以明教至然後治事不敢輕易。郝懿行曰天子諸侯子十九而冠者異於常人由其生質本異其教又至故能爾也傳謂國君十五生子冠而生子禮也於時魯侯年才十二則太早矣荀子所言當是古法

君子也者而好之。其人。有君子之質而所好得其人謂得賢師也其人也

而不教不祥。祥善。王念孫曰其人也而不教也字當在上句其人下（注說同）下文非君子而好之非其人也非其人而教之齎盜糧借賊兵也上非其人下有也字下非其人下無也字是其證先謙案人有好善之誠我不以善告之是不祥也非君子而好之。非其人也。既無君子之質又所好非其人也非其人而教之。齎盜糧借賊兵也。若使不善人教非君子是猶資借盜賊之兵糧爲害滋甚不如不教也齎與資同兵五兵也。盧文弨曰此條言所好者君子是爲得其人非君子而好之則所好非其人也人可與言而不教是爲不祥不可與言而教之則又資盜糧借賊兵也楊注不了王念孫曰此言能好君子則爲可教之人可教而不教之是爲不祥若所好非君子則爲不可教之人不可教而教之則是齎盜糧借賊兵也盧說亦未了

不自嗛其行者言濫過。嗛足也謂行不足也所以不足其行者由於言辭汎濫過度也。郝懿行曰嗛不足也言人不知自歉其行者其言易於濫過而難副楊注失之嗛與歉古字通荀書多以嗛爲歉楊氏不了此注支離妄說亦由訓嗛爲足遂不顧文義之難通耳

古之賢人。賤爲布衣。貧爲匹夫。食則饘粥不足。衣則豎褐不完。然而非禮不進。非義不受。安取此。豎褐僮豎之褐亦短褐也言賢人雖貧窮義不苟進安取此言過而行不副之事乎

子夏貧。衣若縣鶉。人曰。子何不仕。曰。諸侯之驕我者吾不爲臣。大夫之驕我者吾不復見。柳下惠與後門者同衣而不見疑。非一日之聞也。柳下惠魯賢人公子展之後名獲字禽居於柳下諡惠季其伯仲也後門者君之守後門至賤者子夏言昔柳下惠衣之弊惡與後門者同時人尚無疑怪者言安於貧賤渾迹而人不知也非一日之聞言聞之久矣。盧文弨曰案柳下惠一條不當蒙上文與後門同衣而不見疑蓋即毛詩巷伯篇故訓傳所云嫗不逮門之女而國人不稱其亂也非一日之聞言素行爲人所信王念孫曰案鍾山札記又引呂氏春秋長利篇云戎夷違齊如魯天大寒而後門高誘注後門日夕門已閉也韓非子外儲說左下云暮而後門爭利如蚤甲而喪其掌。蚤與爪同言仕亂世驕君纔得小利終喪其身。盧文弨曰蚤者叉字之叚借叉甲同義爪訓覆手不與蚤同此亦當別爲一條郝懿行曰此章言子夏貧無衣而不仕者以時君大夫皆驕慢故衣雖縣鶉而自甘又引柳下惠與後門同衣意可見矣又言得利如叉甲而喪其手掌言仕之利小而害大也楊注甚明盧氏欲分段似失之

君人者不可以不慎取臣。匹夫不可以不慎取友。。謝本從盧校作匹夫者王念孫曰匹夫下不當有者字此涉上君人者而衍呂錢本匹夫下皆無者字先謙案王說是今從呂錢本刪友者。所以相有也。友與有同義相有謂不使喪亡。郝懿行曰有者相保有也詩云亦莫我有友有聲義同古亦通用如云有朋自遠方來有即友矣道不同。何以相有也。均薪施火。火就燥。

平地注水。水流溼。夫類之相從也如此之著也。以友觀人焉所疑。察其友則可以知人之善惡不疑也 取友善人。不可不慎。是德之基也。取友求善人不可不慎是德之基本言所以成德也。盧文弨曰俗本正文亦作取友求善人宋本元刻皆無求字若有注可不費辭矣先謙案善人使人善也楊注非 詩曰。無將大車。維塵冥冥。言無與小人處也。詩小雅無將大車之篇將猶扶進也將車賤者之事塵冥冥蔽人目明令無所見與小人處亦然也 藍苴路作。似知而非。未詳其義或曰苴讀爲姐慢也趙蕤注長短經知人篇曰姐者類智而非智或讀爲狙伺也姐子野反 偄弱易奪。似仁而非。仁者不爭而與物故偄弱易奪者似之易奪無執守之謂也。盧文弨曰偄與懦同從宋本 悍戇好鬬。似勇而非。悍兇戾也戇愚也丁絳反

仁義禮善之於人也。辟之若貨財粟米之於家也。多有之者富。少有之者貧。至無有者窮。故大者不能。小者不爲。是棄國捐身之道也。。盧文弨曰捐宋本作損今從元刻 凡物有乘而來。乘其出者是其反者也。反復也出去也凡乘埶而來乘埶而去者皆是物之還反也言善惡皆所自取也。王念孫曰下乘字疑涉上乘字而衍凡物有乘而來者乘因也（文選謝朓始出尚書省詩注引如淳漢書注）言凡物必有所因而來反乎我者即出乎我者也故曰其出者是其反者也今本來下又有乘字則義反晦矣楊說失之 流言滅之。貨色遠之。禍之所由生也。生自纖纖也。是故君子蚤絕之。流言謂流轉之言不定者也滅亦絕也凡禍之所由生自纖纖微細故君子早絕其萌此語亦出曾子。盧文弨曰元刻作禍之所由生自纖纖也與大戴曾子立事篇同王念孫曰宋龔本同元刻汪從之 言之信者。在乎區蓋之閒。區藏物處蓋所以覆物者凡言之可信者如物在器皿之閒言有分限不流溢也器名區者與丘同義漢書儒林傳唐生褚生應博士弟子選試誦說有法疑者丘蓋不言丘與區同也 疑則不言。未問則不立。重引此兩句以明之。郝懿行曰此二句已見上疑立皆當爲言形近之譌楊注說立非也區蓋者古讀區若丘注引漢儒林傳疑者丘蓋不言此說是也論語記孔子言蓋皆疑而未定之詞如云君子於其所不知蓋闕如也蓋有不知而作之者我無是也蓋有之矣我未之見也蓋皆疑詞故謂疑者曰丘蓋以音同借爲區蓋耳楊注非是漢書注蘇林曰丘蓋不言不知之意也如淳曰齊俗以不知爲丘二說皆得其意但語未明晰耳顏師古注以蓋爲發語之辭亦非 知者明於事。達於數。不可以不誠事也。誠忠誠言不可以虛妄事智者。盧文弨曰事智者元刻作了知也 故曰。君子難說。說之不以道。

不說也。說竝音悅

語曰。流丸止於甌臾。流言止於知者。甌臾皆瓦器也揚子雲方言云陳魏楚宋之閒謂甇爲臾甌臾謂地之坳坎如甌臾者也或曰甌臾窊下之地史記曰甌窶滿篝汙邪滿車裴駰云甌窶傾側之地汙邪下地也邪與臾聲相近蓋同也窶力侯反汙烏瓜反 此家言邪學之所以惡儒者也。家言謂偏見自成一家之言若宋墨者 是非疑則度之以遠事。驗之以近物。參之以平心。流言止焉。惡言死焉。參驗之至則流言息死猶盡也鄭康成曰死之言澌澌猶消盡也

曾子食魚有餘。曰泔之。門人曰。泔之傷人。不若奧之。泔與奧皆烹和之名未詳其說。盧文弨曰案非烹和也曾子以魚多欲藏之耳泔米汁也泔之謂以米汁浸漬之門人以易致腐爛食之不宜於人或致有腹疾之患故以爲傷人說文奧宛也宛奧也奧與宛皆與蘙音義同今人藏魚之法醉魚則用酒醃魚則用鹽置之甕中以鬱之可以經久且味美奧如鬱非鬱麴之鬱（鬱韮見說文韮字下鬱麴見釋名）皆謂治之藏於幽隱之處今魚經鹽酒者於老者病者極相宜正與傷人相反（此條見龍城札記）王念孫曰米泔不可以漬魚盧謂以米汁浸漬之非也泔當爲洎周官士師洎鑊水鄭注曰洎謂增其沃汁襄二十八年左傳去其肉而以其洎饋正義曰添水以爲肉汁遂名肉汁爲洎然則添水以爲魚汁亦得謂之洎洎之謂添水以漬之也呂氏春秋應言篇多洎之則淡而不可食少洎之則焦而不熟高注曰肉汁爲洎彼言多洎之少洎之即此所謂洎之矣以洎漬魚則恐致腐爛而不宜於食故曰洎之傷人也隸書甘字或作目與自字極相似故洎誤爲泔耳（漢西嶽華山亭碑甘樹茀布甘字作目見漢隸字原）奧亦非烹和之名盧訓奧爲鬱是也釋名曰䐿奧也藏物於奧內稍出用之也彼所謂䐿即此所謂奧之矣然盧謂奧與宛鬱同音則非也奧與宛鬱同義而不同音故諸書中鬱字有通作宛者而宛鬱二字無通作奧者以宛鬱釋奧則可讀奧爲宛鬱則不可 曾子泣涕曰。有異心乎哉。傷其聞之晚也。曾子自傷不知以食餘之傷人故泣涕自引過謝門人曰吾豈有異心故欲傷人哉乃所不知也言此者以譏時人飾非自是恥言不知與曾子異也。先謙案曾子養親至孝當時或進此魚而未知其傷人親沒後始聞此語故觸念自傷楊注未得其義

無用吾之所短。遇人之所長。遇當也言己才藝有所短宜自審其分不可彊欲當人所長而辨爭也 故塞而避所短。移而從所仕。疏知而不法。察辨而操辟。勇果而亡禮。君子之所憎惡也。塞掩也移就也仕與事同事所能也言掩其不善務其所能也疏通也察辨而操辟謂聽察其辨所操之事邪僻也操七刀反。俞樾曰仕疑任字之誤莊子秋水篇任士之所勞釋文引李注曰任能也然則移而從所任者移而從所能也於義較捷矣 多言而類。聖人也。應萬變故多類謂皆當其類而無乖越此聖人也 少言而法。君子也。多言無法而流喆然。雖辯。小人也。喆當爲湎非十二子

篇有此語此當同或曰當爲楷也。先謙案而當訓爲如疑用字 國法禁拾遺。惡民之串以無分得也。串習也工患反 有夫分義。則容天下而治。。先謙案容受也 無分義。則一妻一妾而亂。 天下之人唯各特意哉。然而有所共予也。特意謂人人殊意予讀爲與。盧文弨曰唯元刻作雖王念孫曰唯即雖字說見經義述聞桓十四年穀梁傳 言味者予易牙。言音者予師曠。言治者予三王。易牙齊桓公宰夫知味者師曠晉平公樂師知音者 三王既已定法度制禮樂而傳之。有不用而改自作。何以異於變易牙之和。更師曠之律。無三王之法。天下不待亡。國不待死。言不暇有所待而死亡速之甚也更工衡反。謝本從盧校作無三王之治王念孫曰呂錢本治皆作法是也此承上三王既已定法度而言先謙案王說是今從呂錢本改 飲而不食者蟬也。不飲不食者浮蝣也。浮蝣渠略朝生夕死蟲也言此者以喻人既飲且食必須求先王法略爲治不得苟且如浮蝣輩也。郝懿行曰二句義似未足文無所蒙容有缺脫汪中曰此二語別是一義與上文不相蒙注非 虞舜孝已孝而親不愛。比干子胥忠而君不用。仲尼顏淵知而窮於世。劫迫於暴國而無所辟之。辟讀爲避聖賢者不遇時危行言遜 則崇其善。揚其美。言其所長而不稱其所短也。惟惟而亡者誹也。惟讀爲唯以癸反唯唯聽從貌常聽從人而不免亡者由於退後即誹謗也 博而窮者訾也。清之而俞濁者口也。已解於榮辱篇 君子能爲可貴。不能使人必貴已。能爲可用。不能使人必用已。脩德在已所遇在命 誥誓不及五帝。誥誓以言辭相誡約也禮記曰約信曰誓又曰殷人作誓而民始畔 盟詛不及三王。殺牲曰盟謂殺牲歃血告神以盟約也 交質子不及五伯。此言後世德義不足雖要約轉深猶不能固也伯讀曰霸穀梁傳亦有此語

荀子集解卷二十

宥坐篇第二十八 此以下皆荀卿及弟子所引記傳雜事，故總推之於末

孔子觀於魯桓公之廟。有欹器焉。春秋哀公三年，桓宮僖宮災，公羊傳曰：此皆毁廟也，其言災何？復立也。或曰三桓之祖廟。欹器，傾欹易覆之器。孔子問於守廟者曰。此爲何器。守廟者曰。此蓋爲宥坐之器。宥與右同。言人君可置於坐右以爲戒也。說苑作右坐。或曰宥與侑同，勸也。文子曰三王五帝有勸戒之器，名侑卮，注云欹器也。○盧文弨曰：今說苑作右坐，見敬愼篇。孔子曰。吾聞宥坐之器者。虛則欹。中則正。滿則覆。孔子顧謂弟子曰。注水焉。弟子挹水而注之。挹，酌。中而正。滿而覆。虛而欹。孔子喟然而歎曰。吁。惡有滿而不覆者哉。子路曰。敢問持滿有道乎。孔子曰。聰明聖知。守之以愚。功被天下。守之以讓。勇力撫世。守之以怯。撫，掩也，猶言蓋世矣。○盧文弨曰：據注則撫乃憮字之誤，家語三恕篇作振世。富有四海。守之以謙。此所謂挹而損之之道也。挹亦退也。挹而損之，猶言損之又損。

孔子爲魯攝相。朝七日而誅少正卯。爲司寇而攝相也。朝，謂聽朝也。門人進問曰。夫少正卯。魯之聞人也。夫子爲政而始誅之。得無失乎。聞人，謂有名爲人所聞知者也。始誅，先誅之也。孔子曰。居。吾語女其故。人有惡者五。而盜竊不與焉。一曰心達而險。二曰行辟而堅。三曰言僞而辯。四曰記醜而博。五曰順非而澤。心達而險，謂心通達於事而凶險也。辟讀曰僻。醜謂怪異之事。澤有潤澤也。此五者。有一於人。則不得免於君子之誅。而少正卯兼有之。故居處足以聚

徒成羣。言談足以飾邪營衆。強足以反是獨立。此小人之桀雄也。不可不誅也。營讀爲熒熒衆惑衆也強剛愎也反是以非爲是也獨立人不能傾之也 是以湯誅尹諧。文王誅潘止。周公誅管叔。太公誅華仕。管仲誅付里乙。子產誅鄧析史付。韓子曰太公封於齊東海上有居士狂矞華仕昆弟二人立議曰吾不臣天子不友諸侯耕而食之掘而飲之吾無求於人無上之名無君之祿不仕而事力太公使執而殺之以爲首誅周公從魯聞急傳而問之曰二子賢者也今日饗國殺之何也太公曰是昆弟立議曰不臣天子是望不得而臣也不友諸侯是望不得而使也耕而食之掘而飲之無求於人是望不得以賞罰勸禁也且先王之所以使其臣民者非爵祿則刑罰也今四者不足以使之則望誰爲君乎是以誅之尹諧潘止付里乙史付事迹竝未聞也。盧文弨曰家語作管仲誅付乙子產誅史何注先王宋本作夫王無下民字今據韓子外儲說右上增正 此七子者。皆異世同心。不可不誅也。詩曰。憂心悄悄。慍于羣小。小人成羣。斯足憂矣。詩邶風柏舟之篇悄悄憂貌慍怒也

孔子爲魯司寇。有父子訟者。孔子拘之。三月不別。別猶決也謂不辨別其子之罪 其父請止。孔子舍之。季孫聞之不說。曰。是老也欺予。老大夫之尊稱春秋傳曰使國將不得爲寡君老也 語予曰。爲國家必以孝。今殺一人以戮不孝。又舍之。冉子以告。孔子慨然歎曰。嗚呼。上失之。下殺之。其可乎。不教其民而聽其獄。殺不辜也。三軍大敗。不可斬也。獄犴不治。不可刑也。罪不在民故也。獄犴不治謂法令不當也犴亦獄也詩曰宜犴宜獄獄字從二犬象所以守者犴胡地野犬亦善守故獄謂之犴 嫚令謹誅。賊也。嫚與慢同謹嚴也賊賊害人也 今生也有時。斂也無時。暴也。言生物有時而賦斂無時是陵暴也。盧文弨曰生也二字各本皆脫今案注增王念孫曰今字當在嫚令謹誅上總下三事言之文義方順家語始誅篇作夫嫚令謹誅夫字亦總下之詞 不教而責成功。虐也。已此三者。然後刑可即也。已止即就 書曰。義刑義殺。勿庸以即。予維曰未有順事。言先教也。書康誥言周公命康叔使以義刑義殺勿用以就汝之心不使任其喜怒也維刑殺皆以義猶自謂未有使人可順守之事故有抵犯者自責其教之不至也 故先王既陳之以

道。上先服之。服行也謂先自行之然後教之若不可。尚賢以綦之。若不可。廢不能以單之。綦極也謂優寵也單盡也盡謂黜削單或爲殫。盧文弨曰家語始誅篇作尚賢以勸之又不可而後以威憚之此注單或爲殫元刻作或爲憚與家語同綦三年而百姓往矣。百姓從化極不過三年也。盧文弨曰往乃從之誤下注同王念孫曰案從下當有風字今本無風字者從誤爲往則往風二字義不可通後人因刪風字耳據楊注云百姓從化化字正釋風字太平御覽治道部五引此正作百姓從風韓詩外傳及說苑政理篇竝同邪民不從。然後俟之以刑。則民知罪矣。百姓既往然後誅其姦邪也。王念孫曰案邪民本作躬行上文云上先服之三年而百姓從風服者行也即此所謂躬行也故云躬行不從然後俟之以刑隸書躬與邪相似故躬誤爲邪（見隸辨案躬行作邪行邪字誤而行字不誤外傳亦誤作邪行唯說苑不誤今本荀子邪行作邪民乃後人所改辯見下）家語始誅篇作其有邪民不從化者然後待之以刑案荀子之躬行不從誤作邪行不從則義不可通王肅不知邪爲躬之誤故改邪行不從爲邪民不從化以曲通其義而今本荀子亦作邪民則又後人以家語改之也楊注云百姓既從然後誅其姦邪則所見本已同今本說苑正作躬行不從而后俟之以刑詩曰。尹氏大師。維周之氐。秉國之均。四方是維。天子是庳。卑民不迷。詩小雅節南山之篇氐本也庳讀爲毗輔也卑讀爲俾是以威厲而不試。刑錯而不用。此之謂也。厲抗也試亦用也但抗其威而不用也錯置也如置物於地不動也今之世則不然。亂其教。繁其刑。其民迷惑而墮焉。則從而制之。是以刑彌繁而邪不勝。三尺之岸。而虛車不能登也。百仞之山。任負車登焉。何則。陵遲故也。岸崖也負重也任負車任重之車也遲慢也陵遲言丘陵之勢漸慢也王肅云陵遲陂池也。盧文弨曰案淮南子泰族篇山以陵遲故能高陵遲猶迤邐陂陀之謂此注與匡謬正俗俱訓陵爲丘陵似泥王念孫曰古無訓負爲重者負亦任也魯語注曰任負荷也楚辭九章注曰任負也連言任負者古人自有複語耳倒言之則曰負任齊語負任擔荷是也陵遲盧說是也說文夌夌徲也其字本作夌則非謂丘陵明矣詳見漢書雜志末卷數仞之牆。而民不踰也。百仞之山。而豎子馮而游焉。陵遲故也。。王念孫曰馮者登也周官馮相氏注曰馮乘也相視也世登高臺以視天文之次序廣雅曰馮登也故外傳作童子登而遊焉（說苑作童子升而游焉升亦登也）今夫世之陵遲亦久矣。而能使民勿踰乎。詩曰。周道如砥。其直如矢。君子所履。小人所視。眷焉顧之。潸焉出涕。豈不哀哉。詩小雅大東之篇言失其

弧矢之道所以陵遲哀其法度墮壞

詩曰，瞻彼日月，悠悠我思，道之云遠，曷云能來。詩邶風雄雉之篇。盧文弨曰舊本連上文今案當分段子曰，伊稽首不其有來乎。稽首恭敬之至有所不來者爲上失其道而人散也若施德化使下人稽首歸向雖道遠能無來乎。俞樾曰如楊注義則伊稽首三字甚爲不詞殆非也首當讀爲道周書芮良夫篇予小臣良夫稽道羣書治要作稽首是首道古通用彼文稽道當爲稽首此文稽首當爲稽道皆古文叚借字也尚書堯典曰若稽古正義引鄭注曰稽同也禮記儒行篇古人與稽鄭注曰稽猶合也合亦同也稽道猶同道也伊者語詞猶維也詩言道之云遠曷云能來孔子言道苟同則雖遠而亦來故曰伊稽道不其有來乎蓋借詩言而反之若唐棣之詩矣

孔子觀於東流之水。子貢問於孔子曰。君子之所以見大水必觀焉者是何。孔子曰，夫水。大徧與諸生，而無爲也。似德。徧與諸生謂水能徧生萬物爲其不有其功似上德不德者說苑作徧予而無私。王念孫曰案徧與上不當有大字蓋涉上文大水而衍據楊注云徧與諸生謂水能徧生萬物則無大字明矣初學記地部中引此無大字大戴記勸學篇說苑雜言篇家語三恕篇竝同其流也，埤下裾拘，必循其理。似義。埤讀爲卑裾與倨同方也拘讀爲鉤曲也其流必就卑下或方或曲必循卑下之理似義者無不循理也說苑作其流卑下句倨皆循其理似義。盧文弨曰案宋本引說苑作其流也卑下句倨之也情義分然者也文義舛譌今案本書雜言篇訂正其洸洸乎不淈盡。似道。洸讀爲滉滉水至之貌淈讀爲屈竭也似道之無窮也家語作浩浩無屈盡之期似道也。王念孫曰楊讀洸爲滉滉滉水至之貌古無此訓洸洸當從家語作浩浩字之誤也（俗書浩字作洸與洸略相似）王制曰有餘日浩故曰浩浩浩乎不屈盡初學記引荀子正作浩浩則所見本尚未誤太平御覽地部二十三同先謙案說文洸水涌光也作洸洸義通似不必改作浩浩若有決行之。其應佚若聲響。其赴百仞之谷不懼。似勇。決行決之使行也佚與逸同奔逸也若聲響言若響之應聲也似勇者果於赴難也。王念孫曰奔逸與聲響義不相屬楊說非也佚讀爲呹（音逸）呹疾貌也言其相應之疾若響之應聲也漢書揚雄傳甘泉賦薌呹肸以掍根兮聲駍隱而歷鍾師古曰言風之動樹聲響振起衆根合同駍隱而盛歷入殿上之鍾也薌讀與響同呹音丑乙反文選李善注曰呹疾貌也余日切正與佚字同音古無呹字故借佚爲之耳主量必平。似法。主讀爲注量謂阬受水之處也言所經阬坎注必平之然後過似有法度者均平也盈不求概。似正。概平斗斛之木也考工記曰概而不稅言水盈滿則不待概而自平如正者不假於刑法之禁也淖約微達。似察。淖當爲綽約弱也綽約柔弱也雖至柔弱而侵淫通達於物似察之見細微也說苑作綽

弱微達以出以入。以就鮮絜。似善化。言萬物出入於水則必鮮絜似善化者之使人去惡就美也說苑作不淸以入鮮絜以出也其萬折也必東。似志。折縈曲也雖東西南北千萬縈折不常然而必歸於東似有志不可奪者說苑作其折必東也是故君子見大水必觀焉。

孔子曰。吾有恥也。吾有鄙也。吾有殆也。幼不能彊學。老無以教之。吾恥之。無才藝以教人也去其故鄉。事君而達。卒遇故人。曾無舊言。吾鄙之。舊言平生之言卒倉忽反與小人處者。吾殆之也。

孔子曰。如垤而進。吾與之。如丘而止。吾已矣。今學曾未如肬贅。則具然欲為人師。肬贅結肉莊子曰以生為負贅縣肬肬音尤具然自滿足之貌也。○盧文弨曰此條舊不提行今案當分段下兩條同

孔子南適楚。戹於陳蔡之閒。七日不火食。藜羹不糂。糂與糝同蘇覽反弟子皆有飢色。子路進問之曰。由聞之。為善者天報之以福。為不善者天報之以禍。今夫子累德積義懷美。行之日久矣。奚居之隱也。隱謂窮約孔子曰。由不識。○盧文弨曰家語在厄篇由未之識也吾語女。女以知者為必用邪。王子比干不見剖心乎。女以忠者為必用邪。關龍逢不見刑乎。○盧文弨曰逢字從元刻與家語同宋本作逄誤女以諫者為必用邪。吳子胥不磔姑蘇東門外乎。磔車裂也姑蘇吳都名也。○俞樾曰案子胥不被車裂之刑楊注非是漢書景帝紀改磔曰棄市師古注曰磔謂張其尸也當從此訓夫遇不遇者時也。賢不肖者材也。君子博學深謀不遇時者多矣。由是觀之。不遇世者眾矣。○俞樾曰由是觀之四字當在君子博學深謀句上何獨丘也哉。且夫芷蘭生於深林。非以無人而不芳。君子之學。非為通也。不為求通為窮而不困。憂而意不衰也。知禍福終始

而心不惑也。皆爲樂天知命夫賢不肖者材也。爲不爲者人也。爲善不爲善在人也遇不遇者時也。死生者命也。今有其人不遇其時。雖賢其能行乎。苟遇其時。何難之有。故君子博學深謀。脩身端行。以俟其時。孔子曰。由。居。吾語女。昔晉公子重耳霸心生於曹。重耳晉文公名亡過曹曹共公聞其駢脅使其裸浴薄而觀之公因此激怒而霸心生也越王句踐霸心生於會稽。謂以甲盾五千棲於會稽也齊桓公小白霸心生於莒。小白齊桓公名齊亂奔莒蓋亦爲所不禮故居不隱者思不遠。身不佚者志不廣。佚與逸同謂奔竄也家語作常逸者女庸安知吾不得之桑落之下。桑落九月時也夫子當時蓋暴露居此樹之下。盧文弨曰正文桑落之下下宋本有乎哉二字今案可省郝懿行曰桑落索郎反語也索言蕭索郎言郎當皆謂困窮之貌時孔子當阨子路慍恚故作慍隱語發其志意楊注說固可通而與上言曹莒會稽等義差遠

子貢觀於魯廟之北堂。。盧文弨曰舊本不提行今案當分段郝懿行曰詩云焉得諼草言樹之背背北堂也北堂人所居廟有北堂亦所以居主出而問於孔子曰。鄉者賜觀於太廟之北堂。吾亦未輟。還復瞻被九蓋皆繼。被有說邪。匠過絕邪。北堂神主所在也輟止也九當爲北傳寫誤耳被皆當爲彼蓋音盍戶扇也皆繼謂其材木斷絕相接繼也子貢問北盍皆繼續彼有說邪匠過誤而遂絕之邪家語作北蓋皆斷王肅云觀北面之蓋皆斷絕也。王念孫曰繼與輟說絕韻不相協繼當爲𢇍字之誤也說文𢇍古文絕正與輟說絕爲韻𢇍爲古文絕而此文以𢇍絕竝用者古人之文不嫌於複凡經傳中同一字而上下異形者不可枚舉即用韻之文亦有之皋陶謨曰天聰明自我民聰明天明畏自我民明威釋文畏馬本作威周官鄉大夫注引作天明威自我民明威是畏即威也小雅正月篇云燎之方揚寧或滅之赫赫宗周褒姒威之釋文威本或作滅昭元年左傳引作褒姒滅之是威即滅也越語云死生因天地之刑天地形之聖人因而成之管子勢篇作死死生生因天地之形是刑即形也皆與此文之𢇍絕竝用同例今本𢇍作繼則既失其韻而又失其義矣楊云皆繼謂材木斷絕相接繼非也接繼與斷絕正相反下文云匠過絕邪則此文之不作繼甚明家語作北蓋皆斷斷亦絕也孔子曰。太廟之堂亦嘗有說。言舊會說今則無也。王念孫曰嘗讀爲當（當嘗古字通孟子萬章篇是時孔子當阨說苑至公篇言當作嘗）太廟之堂所以北蓋皆斷絕者亦當有說也下文蓋曰貴文也正申明亦當有說之意楊訓嘗爲會失之官致良工。因麗節文。致極也官致良工謂初造太廟之時官極其良工工則因隨其不之美麗節文而裁制之所以斷絕家語作官致良工之匠匠致良材盡其功巧蓋貴文也。王念孫曰麗非

非無良材也。蓋曰美麗之謂麗者施也（見廣雅及多方顧命呂刑傳士喪禮注）言因良材而施之以飾文也（良材見下文）家語作匠致良材盡其功巧正謂施之以飾文也貴文也。非無良材大木不斷絕者蓋所以貴文飾也此蓋明夫子之博識也

子道篇第二十九

入孝出弟。人之小行也。弟與悌同謂自卑如弟也上順下篤。人之中行也。上順從於君父下篤愛於卑幼從道不從君。從義不從父。人之大行也。若夫志以禮安。言以類使。則儒道畢矣。志安於禮不妄動也言發以類不悖說也如此則儒者之道畢矣。盧文弨曰言以類使元刻作言以類接雖舜不能加毫末於是矣。孝子所以不從命有三。從命則親危。不從命則親安。孝子不從命。乃衷。衷善也謂善發於衷心矣。郝懿行曰衷者善也從義不從命乃爲善也俞樾曰衷與忠通言孝子之不從命乃其忠也下文乃義乃敬忠與義敬正一律作衷者叚字耳國語楚語又能齊肅衷正周禮春官序官鄭注引作中正孝經中心藏之釋文中本亦作忠蓋衷中忠三字同聲而通用楊注未得叚借之旨從命則親辱。不從命則親榮。孝子不從命。乃義。從命則禽獸。不從命則脩飾。孝子不從命。乃敬。從命則陷身於禽獸之行不從命則使親爲脩飾君子不從命是乃敬親。先謙案乃衷乃義乃敬下羣書治要皆有也字故可以從而不從。是不子也。未可以從而從。是不衷也。明於從不從之義。而能致恭敬忠信端愨以慎行之。則可謂大孝矣。傳曰。從道不從君。從義不從父。此之謂也。故勞苦彫萃而能無失其敬。彫傷也萃與顇同雖勞苦彫萃不敢解惰失敬也災禍患難而能無失其義。則不幸不順見惡而能無失其愛。不幸以不順於親而見惡也。王念孫曰則與即同說見釋詞非仁人莫能行。詩曰。孝子不匱。此之謂也。

魯哀公問於孔子曰。子從父命。孝乎。臣從君命。貞乎。三問。孔子不對。不敢違哀

公之意，故不對。盧文弨曰：舊本皆連上，今案當分段，篇內竝同。

孔子趨出，以語子貢曰：「鄉者君問丘也，曰：『子從父命，孝乎？臣從君命，貞乎？』三問而丘不對，賜以爲何如？」子貢曰：「子從父命，孝矣。臣從君命，貞矣。夫子有奚對焉？」盧文弨曰：有讀爲又。孔子曰：「小人哉！賜不識也。昔萬乘之國，有爭臣四人，則封疆不削；千乘之國，有爭臣三人，則社稷不危；百乘之家，有爭臣二人，則宗廟不毀。父有爭子，不行無禮；士有爭友，不爲不義。故子從父，奚子孝？臣從君，奚臣貞？審其所以從之之謂孝、之謂貞也。」審其可從則從，不可從則不從也。盧文弨曰：家語三恕篇「四人」作「七人」，「三人」作「五人」，「二人」作「三人」，末句作「夫能審其所從之謂孝之謂貞也」。

子路問於孔子曰：「有人於此，夙興夜寐，耕耘樹藝，手足胼胝，以養其親，然而無孝之名，何也？」樹，栽植；藝，播種。胼謂手足勞駢併也。胝，皮厚也。丁皮反。孔子曰：「意者身不敬與？辭不遜與？色不順與？古之人有言曰：『衣與繆與不女聊。』繆，紕繆也。與讀爲歟。聊，賴也。言雖與之衣而紕繆不精，則不聊賴於汝也。或曰：繆，綢繆也。言雖衣服我，綢繆我，而不敬不順，則不賴汝也。韓詩外傳作「衣予教予」，家語云「人與已不順歟也」。王肅云：「人與已事實相違，不相歟也。」皆與此不同。盧文弨曰：案今外傳九作「衣歟食歟，曾不爾即」，即疑聊之譌，此云「教予」疑是「飲予」之譌。今家語困誓篇作「人與已與不汝欺歟」，與此所引亦不同。今夙興夜寐，耕耘樹藝，手足胼胝，以養其親，無此三者，則何以爲而無孝之名也？」王念孫曰：以字衍，韓詩外傳無以字，下文何爲而無孝之名也亦無以字。又案外傳此句下有「意者所友非仁人邪」一句，玩本書亦似當有此句，下文「雖有國士之力」四句正承此句而言。又下文「入而行不脩，身之罪也」，承上「身不敬」三句而言；「出而名不章，友之過也」，則承此句而言。若無此句，則與下文不相應矣。孔子曰：「由志之，吾語女。雖有國士之力，國士，一國勇力之士。不能自舉其身，非無力也，勢不可也。故入而行不脩，身之罪也；出而名不章，友之過也。故君子入則篤行，出則友賢。何爲而無孝之名也。

子路問於孔子曰。魯大夫練而牀。禮邪。孔子曰。吾不知也。練小祥也禮記曰期而小祥居堊室寢有席又期而大祥居復寢中月而禫禫而牀也 子路出。謂子貢曰。吾以夫子爲無所不知。夫子徒有所不知。○先謙案華嚴經音義下引劉熙云徒猶獨也 子貢曰。女何問哉。子路曰。由問魯大夫練而牀禮邪。夫子曰。吾不知也。子貢曰。吾將爲女問之。子貢問曰。練而牀禮邪。孔子曰。非禮也。子貢出。謂子路曰。女謂夫子爲有所不知乎。夫子徒無所不知。女問非也。禮居是邑不非其大夫。懼於訕上

子路盛服見孔子。孔子曰。由是裾裾何也。裾裾衣服盛貌說苑作襜襜也。○盧文弨曰見說苑雜言篇又案韓詩外傳三作疏疏家語三恕篇作倨倨郝懿行曰裾裾說苑雜言篇作襜襜裾與襜皆衣服之名因其盛服即以其名呼之韓詩外傳三作疏疏家語又作倨倨則其義別 昔者江出於岷山。其始出也。其源可以濫觴。及其至江之津也。不放舟。不避風。則不可涉也。放讀爲方國語曰方舟設泭韋昭曰方竝也編木爲泭說苑作方舟方泭也詩曰方之舟之。○盧文弨曰注設泭舊本作投泭今據齊語改正 非維下流水多邪。維與唯同言豈不以下流水多故人畏之邪言盛服色厲亦然也說苑作非下衆水之多乎○盧文弨曰今說苑作非唯下流衆川之多乎 今女衣服既盛。顏色充盈。天下且孰肯諫女矣。充盈猛厲 由。告之畢又呼其名丁寧之也。○俞樾曰楊注非是下文孔子曰志之吾語女此由字當在孔子曰之下由志之三字連文上文孔子曰由志之吾語女雖有國士之力不能自舉其身亦以由志之三字連文可證孔子曰下必當有由字也韓詩外傳正作孔子曰由志之吾語汝 子路趨而出。改服而入。蓋猶若也。猶若舒和之貌禮記曰君子蓋猶猶爾也。○郝懿行曰猶若說見哀公篇猶然下 孔子曰。志之。吾語女。奮於言者華。奮於行者伐。色知而有能者。小人也。奮振矜也色知謂所知見於顏色有能自有其能皆矜伐之意。○俞樾曰韓詩外傳作愼於言者不譁愼於行者不伐當從之華即譁之省文兩奮字皆眘字之誤乃古

文愼字也容誤爲奮則奮於言行不能謂之不華不伐矣於是又删去兩不字耳楊氏據誤本作注非也故君子知之曰知之。不知曰不知。言之要也。能之曰能之。不能曰不能。行之至也。皆在不隱其情言要則知。行至則仁。既知且仁。夫惡有不足矣哉。

子路入。子曰。由。知者若何。仁者若何。子路對曰。知者使人知己。仁者使人愛己。子曰。可謂士矣。士者脩立之稱子貢入。子曰。賜。知者若何。仁者若何。子貢對曰。知者知人。仁者愛人。子曰。可謂士君子矣。顏淵入。子曰。回。知者若何。仁者若何。知者皆讀爲智顏淵對曰。知者自知。仁者自愛。子曰。可謂明君子矣。

子路問於孔子曰。君子亦有憂乎。孔子曰。君子其未得也。則樂其意。樂其爲治之意。先謙案得謂得位也樂其意自有所樂也楊注非既已得之。又樂其治。。先謙案治謂所事皆治是以有終身之樂。無一日之憂。小人者。其未得也。則憂不得。既已得之。又恐失之。是以有終身之憂。無一日之樂也。

法行篇第三十禮義謂之法所以行之謂之行行下孟反。盧文弨曰此篇舊本皆不提行今各案其文義分之

公輸不能加於繩。聖人莫能加於禮。公輸魯巧人名班雖至巧繩墨之外亦不能加也。顧千里曰案正文繩字下據注疑亦當有墨字宋本同今本蓋皆誤禮者。衆人法而不知。聖人法而知之。衆人皆知禮可以爲法而不知其義者也

曾子曰。無內人之疏而外人之親。無禁辭也內人之疏外人之親謂以疏爲內以親爲外家語曰不比於親而比於疏者不亦遠乎韓詩外傳作無內疏而無外親也。盧文弨曰今家語賢君篇作不比於數而比於疏不亦遠乎說苑亦作數字無身不善而怨人。無刑已至而呼天。內

人之疏而外人之親。不亦遠乎。謂失之遠矣身不善而怨人。不亦反乎。反謂乖悖。王念孫曰遠當爲反反當爲遠內人親而外人疏今疏內而親外是反也故曰不亦反乎身不善而怨人是舍近而求遠也故曰不亦遠乎下文曰失之己而反諸人豈不亦迂哉迂即遠也是其證今本反與遠互譌則非其旨矣韓詩外傳正作內疏而外親不亦反乎身不善而怨他人不亦遠乎楊說皆失之刑已至而呼天。不亦晚乎。詩曰。涓涓源水。不雝不塞。轂已破碎。乃大其輻。事已敗矣。乃重大息。其云益乎。源水。水之泉源也。雝讀爲壅大其輻謂壯大其輻也重大息嗟歎之甚也三者皆言不愼其初追悔無及也。盧文弨曰此所引詩逸詩也先謙案云益有益也說見儒效篇

曾子病。曾元持足。曾子曰。元志之。吾語汝。曾元曾子之子也。盧文弨曰大戴禮作曾元抑首曾華抱足夫魚鼈黿鼉。猶以淵爲淺而堀其中。堀與窟同。俞樾曰堀下當有穴字堀穴其中增巢其上相對爲文晏子春秋諫篇古者嘗有處櫓巢窟穴亦以窟穴對櫓巢是其證也大戴記曾子疾病篇作黿鼉以淵爲淺而蹷穴其中蹷穴即堀穴也春秋文十年左于厥貉公羊作屈貉然則以蹷爲堀猶以厥爲屈也荀子此文本於曾子彼作蹷穴此作堀穴乃古書以聲音叚借之常例若無穴字則文爲不備矣鷹鳶猶以山爲卑而增巢其上。及其得也必以餌。故君子苟能無以利害義。則恥辱亦無由至矣。

子貢問於孔子曰。君子之所以貴玉而賤珉者何也。珉石之似玉者爲夫玉之少而珉之多邪。孔子曰。惡賜。是何言也。惡音烏猶言烏謂此義也夫君子豈多而賤之少而貴之哉。夫玉者。君子比德焉。溫潤而澤。仁也。鄭康成云色柔溫潤似仁栗而理。知也。鄭云栗堅貌也理有文理也似智者處事堅固又有文理。○謝本從盧校栗上有縝字王引之曰呂本作栗而理知也錢本及元刻依聘義於栗上增縝字而盧本從之誤也楊注但釋栗理二字而不釋縝字則正文之無縝字甚明說苑雜言篇說玉曰望之溫潤近之栗理望之溫潤者君子比德焉近之栗理者君子比智焉亦言栗理而不言縝栗者秋然有條理之謂故有似於智楊依聘義注訓栗爲堅貌亦非說詳經義述聞聘義先謙案王說是今從呂本刪堅剛而不屈。義也。似義者剛直不同也廉而不劌。行也。劌傷也雖有廉棱而不傷物似有德行者不傷害人折而不橈。勇也。雖摧折而不橈

屈似勇者

瑕適並見，情也。瑕玉之病也適玉之美澤調適之處也瑕適並見似不匿其情者也禮記曰瑕不掩瑜瑜不掩瑕忠也。郝懿行曰瑕者玉之病也適者善也凡物調適謂之適得意便安亦謂之適皆善之意故廣韻云適善也管子水地篇說玉九德大意與此略同此句作瑕適皆見精也精亦情耳古精情二字多通用王念孫曰適讀爲讁（經傳通以適爲讁）讁亦瑕也老子曰善言無瑕讁是也管子水地篇瑕適皆見精也（精與情同說見管子）尹知章曰瑕適玉病也（呂氏春秋舉難篇寸之玉必有瑕適）說苑曰玉有瑕必見之於外故君子比情焉此言瑕適而說苑但言瑕是適即瑕也情之言誠也玉不自掩其瑕適故曰情春秋繁露仁義法篇云自稱其惡謂之情義與此同楊讀適爲調適之適失之

扣之，其聲清揚而遠聞，其止輟然，辭也。扣與叩同似有辭辨言發言則人樂聽之言畢更無繁辭也禮記作叩之其聲清越以長其終詘然樂也

故雖有珉之雕雕，不若玉之章章。雕雕謂雕飾文采也章章素質明著也。郝懿行曰雕雕章章皆文采宣著之貌語意猶云星之昭昭不如月之明明也

詩曰：「言念君子，溫其如玉。」此之謂也。詩秦風小戎之篇引之喻君子比德

曾子曰：同游而不見愛者，吾必不仁也。仁者必能使人愛 交而不見敬者，吾必不長也。不長厚故爲所人輕。郝懿行曰長謂敬長非謂不長厚也楊注失之俞樾曰不長者無所長也子道篇色知而有能者小人也韓詩外傳能作長是不長猶不能也吾無所能宜其不見敬矣 臨財而不見信者，吾必不信也。廉潔不聞於人。郝懿行曰臨財之信如鮑叔之與管仲 三者在身，曷怨人。當反諸巳 怨人者窮，怨天者無識。無識不知天命也 失之己而反諸人，豈不亦迂哉。

南郭惠子問於子貢曰：夫子之門，何其雜也。南郭惠子未詳其姓名蓋居南郭因以爲號莊子有南郭子綦夫子孔子也雜謂賢不肖相雜而至。盧文弨曰尚書大傳略說作東郭子思說苑雜言篇作東郭子惠 子貢曰：君子正身以俟，欲來者不距，欲去者不止。且夫良醫之門多病人，檃栝之側多枉木，是以雜也。○郝懿行曰尚書大傳略說及說苑雜言篇並有砥厲之旁多頑鈍句

孔子曰：君子有三恕。○顧千里曰盧文弨刻本無孔子曰三字與世德堂刻本合與宋本不合疑非也先謙案謝本從盧校無孔子曰三字今依顧說從宋本增 有

君不能事。有臣而求其使。非恕也。有親不能報。有子而求其孝。非恕也。報孝養也詩曰欲報之德 有兄不能敬。有弟而求其聽令。非恕也。士明於此三恕。則可以端身矣。

孔子曰。君子有三思。而不可不思也。少而不學。長無能也。老而不教。死無思也。無門人思其德 有而不施。窮無與也。窮乏之時無所往託 是故君子少思長則學。老思死則教。有思窮則施也。

哀公篇第三十一

魯哀公問於孔子曰。吾欲論吾國之士。與之治國。敢問何如取之邪。盧文弨曰舊本脫取字今據大戴禮哀公問五義家語五儀解增 孔子對曰。生今之世。志古之道。居今之俗。服古之服。志記識也服古之服猶若夫子服逢掖之衣章甫之冠也 舍此而為非者。不亦鮮乎。舍去此謂古也 哀公曰。然則夫章甫絇屨。紳而搢笏者。此賢乎。章甫殷冠王肅云絇謂屨頭有拘飾也鄭康成云絇之言拘也以為行戒狀如刀衣鼻在屨頭紳大帶也搢笏於紳者也。王念孫曰大戴記哀公問五義篇家語五儀篇紳下有帶字賢上有皆字竝於義為長俞樾曰此當作比說文白部皆俱詞也從比從白徐鍇繫傳曰比皆也是比有皆義比賢乎猶言皆賢乎大戴禮保傅篇於是比選天下端士賈書賈誼傳比作皆是其證矣此文亦見大戴記哀公問五義篇作此皆賢乎蓋比誤為此後人又增皆字耳 孔子對曰。不必然。夫端衣玄裳。絻而乘路者。志不在於食葷。端衣玄裳即朝玄端也絻與冕同鄭云端者取其正也士之衣袂皆二尺二寸而廣幅是廣袤等也其袪尺二寸大夫以上侈之侈之者蓋半而益一焉則袂三尺三寸袪尺八寸路王者之車亦車之通名舍人注爾雅云輅車之大者葷蔥薤之屬也。先謙案端衣玄裳絻而乘路所以祭也故志不在於食葷此下文黼衣黻裳者不茹葷資衰苴杖者不聽樂二喻正同 斬衰菅屨。杖而啜粥者。志不在於酒肉。儀禮喪服曰斬者何不緝也衰長六尺博四寸三升布為之鄭注喪服云上曰衰下曰裳當心前有衰後有負板左右有辟領孝子哀戚無不在也菅菲也此言服被於外亦所以制其心也 生今之世。志古之道。居今之俗。服古之服。舍此而爲非者。雖有。不亦鮮乎。哀公曰。善。

孔子曰。人有五儀。言人之賢愚觀其儀法有五也。郝懿行曰儀者匹也匹者猶儔類也大戴記哀公問五義即五儀也古儀字正作義楊注儀法非是先謙案儀猶等也說見王制篇 有庸人。有士。有君子。有賢人。有大聖。哀公曰。敢問何如斯可謂庸人矣。孔子對曰。所謂庸人者。口不能道善言。心不知色色。色色謂以己色觀彼之色知其好惡也論語曰色斯舉矣。盧文弨曰大戴禮作志不邑邑郝懿行曰色當爲邑字形之誤大戴記作志不邑邑楊注甚謬邑邑與悒悒同悒悒憂逆短氣貌也曾子立事篇云終身守此悒悒 不知選賢人善士託其身焉以爲己憂。不知託賢但自憂而已。俞樾曰此十五字爲一句廣雅釋詁爲瘉也爲有瘉義故左傳有疾不可爲之文爲己憂者瘉己憂也得賢人善士以託其身則可瘉己之憂而庸人不知也故曰不知選賢人善士託其身焉以爲己憂楊注失其義 勤行不知所務。止交不知所定。交謂接待於物皆言不能辨是非悵悵失據也。盧文弨曰止交大戴禮韓詩外傳四皆作止立郝懿行曰大戴記勤作動交作立韓詩外傳四同動行與止立對疑此皆形誤王引之曰作止立者是止交二字文不成義楊注非也勤行亦當依大戴作動行皆字之誤也外傳作動作 日選擇於物。不知所貴。不知可貴重也 從物如流。不知所歸。爲外物所誘蕩而不返也。郝懿行曰如大戴記韓詩外傳俱作而而如古通用 五鑿爲正。心從而壞。如此。則可謂庸人矣。鑿竅也五鑿謂耳目鼻口及心之竅也言五鑿雖似於正而其心已從外物所誘而壞矣是庸愚之人也一曰五鑿五情也莊子曰六鑿相攘司馬彪曰六情相攘奪韓詩外傳作五藏爲正也。盧文弨曰大戴禮作五鑿爲政此正字義當與政同古通用注似非郝懿行曰楊注五鑿五情是也莊子六鑿相攘謂六情可證王念孫曰楊後說以五鑿爲五情頗勝前說 哀公曰。善。敢問何如斯可謂士矣。孔子對曰。所謂士者。雖不能盡道術。必有率也。雖不能徧美善。必有處也。率循也雖不能盡徧必循處其一隅言有所執守也。郝懿行曰美善義同而有淺深大戴記作雖不能盡善盡美韓詩外傳一作雖不能盡乎美著家語五儀解作徧百善之美三書皆本此而各異韓詩外傳此下多有缺略 是故知不務多。務審其所知。論語曰子路有聞未之能行唯恐有聞 言不務多。務審其所謂。止於辨明事而已矣。郝懿行曰謂猶言也審其所當言則言不謬妄注非行不務多。務審其所由。由從也。謂不從不正之道。郝懿行曰由道也道行也謂務審其所常由行不差忒也注亦非故知既已知之矣。言既已謂之矣。行既已由之矣。則若性命肌膚之不可易也。言固守所見如愛其性命肌膚之不可以他物移易者也故富貴不足以益也。卑賤不足以損也。皆謂志不可奪如此。則可謂士矣。士者修立之稱一日士事也言其善於任事可以入官也哀公曰。善。敢問何如斯可謂之君子矣。孔子對曰。所謂君子者。言忠信而心不德。不自以爲有德仁義在身而色不伐。思慮明通而辭不爭。故猶然如將可及者。君子也。猶然舒遲之貌所謂瞻之在前忽然在後家語作油然王肅曰不進貌也。郝懿行曰猶然即油然家語作油是也孟子油油然與之偕言無以異於凡人也注失之哀公曰。善。敢問何如斯可謂賢人矣。孔子對曰。所謂賢人者。行中規繩而不傷於本。言足法於天下而不傷於身。本亦身也言雖廣大而不傷其身也所謂言滿天下無口過行滿天下無怨惡。郝懿行曰楊注非是本猶質也謂性之本質如木之有根荄此言行中規矩準繩然皆闇與理會不假斲削而喪失其本眞所謂動近自然也富有天下而無怨財。富有天下謂王者之佐也怨讀爲蘊言雖富有天下而無蘊畜私財也家語作無宛禮記曰事大積焉而不苑古蘊苑通此因誤爲怨字耳布施天下而不病貧。言廣施德澤子惠困窮使家給人足而上不憂貧乏所謂百姓與足君孰不足。盧文弨曰注末二句與富國篇同宋本乃從今論語本當出後人所改郝懿行曰楊注得之而義猶未盡怨宛皆從夗聲此同聲假借也音轉而爲苑又轉而爲蘊此雙聲假借也不知假借之義故謂爲字誤耳考工記云眡其鑽空欲其惌也（音於阮反）鄭司農注惌讀爲宛彼北林之宛（音鬱）此即怨宛相借之例也韓詩外傳二子路與巫馬期薪於韞丘之下韞丘即宛丘此即苑蘊相借之例也蘊與韞音義同大戴記作躬爲匹夫而願富（句）貴爲諸侯而無財義與此別如此。則可謂賢人矣。賢者亞聖之名說文云賢多才哀公曰。善。敢問何如斯可謂大聖矣。孔子對曰。所謂大聖者。知通乎大道。應變而不窮。辨乎萬物之情性者也。辨別萬物之情性也大道者。所以變化遂成萬物也。情性者。所以理然不取舍也。辨情性乃能理是非之取舍而不惑。先謙案然不猶然否與取舍對文注中之字衍是故其事大辨乎天地。

其事謂聖人所理化之事言辨別萬事如天地之別萬物各使區分。郝懿行曰辨與辯同辯者治也辯與平古字通荀書多假辨爲辯耳此上言辨乎萬物之情性義亦同似不宜訓辨別王念孫曰辨讀爲徧言其事大則徧乎天地明則察乎日月也與上辨乎萬物之情性不同楊以辨爲辨別則與大字義不相屬矣徧辨古字通說見日知錄俞樾曰大字絕句是故其事大與上文大道者相應下明字衍文辨乎天地察乎日月二語相對說詳羣經平議大戴記 明察乎日月。聖人之明察如日月 總要萬物於風雨。總要猶統領也風以動之雨以潤之言統領萬物如風雨之生成也 繆繆肫肫。其事不可循。繆當爲膠相加之貌莊子云膠膠擾擾肫與訰同雜亂之貌爾雅云訰訰亂也言聖人治萬物錯雜膠膠訰訰然而衆人不能循其事訰之旬反。郝懿行曰大戴記作穆穆純純其莫之能循穆穆和而美也純純精而密也穆繆古字通純肫聲相借耳注竝失之 若天之嗣。其事不可識。嗣繼也言聖人如天之繼嗣衆人不能識其意。郝懿行曰嗣者續也言如天之純穆氣化縣縣相續而不可測識也大戴記作若天之司莫之能識司與嗣職與識蓋亦聲借字耳其義則司職皆訓主也王念孫曰嗣讀爲司鄭風羔裘傳曰司主也言若天之主司萬化其事不可得而知也司嗣古字通大戴記正作若天之司（高宗彤日王司敬民史記殷本紀司作嗣）楊注失之 百姓淺然不識其鄰。鄰近也百姓淺見不能識其所近況能識其深乎所謂日用而不知者也。盧文弨曰淺然大戴作淡然郝懿行曰淺然當依大戴記作淡然此言百姓不識不知謂帝力於我何有耳 若此。則可謂大聖矣。哀公曰。善。

魯哀公問舜冠於孔子。孔子不對。哀公不問舜德徒問其冠故不對也 三問。不對。哀公曰。寡人問舜冠於子。何以不言也。孔子對曰。古之王者。有務而拘領者矣。其政好生而惡殺焉。務讀爲冒拘與句同曲領也言雖冠衣拙朴而行仁政也尚書大傳曰古之人衣上有冒而句領者鄭康成注云言在德不在服也古之人三皇時也冒覆項也句領繞頸也禮正服方領也。郝懿行曰尚書大傳作冒而句領古讀冒務音同拘讀若句（音鉤）故其字通鄭注冒覆項也句領繞頸也按句者曲也韓詩外傳三云舜麋衣而盭領盭之訓爲曲即此句領矣 是以鳳在列樹。麟在郊野。烏鵲之巢可俯而窺也。君不此問而問舜冠。所以不對也。

魯哀公問於孔子曰。寡人生於深宮之中。長於婦人之手。寡人未嘗知哀也。未嘗知憂也。未嘗知勞也。未嘗知懼也。未嘗知危也。孔子曰。君之所聞。聖君之問也。丘。小人也。何足以知之。美大其問故謙不敢對也曰。非吾子無所聞之也。孔子曰。君入廟門而右。登自胙階。仰視榱棟。俛見几筵。其器存。其人亡。君以此思哀。則哀將焉而不至矣。謂祭祀時也胙與阼同榱亦椽也哀將焉不至言必至也。盧文弨曰正文將焉下元刻有而字下四句竝同而當訓爲能若以爲衍不應五句皆誤楊注王霸篇云而爲皆語助也又齊策管燕謂其左右曰子孰而與我赴諸侯乎鮑彪注而辭也以而字作語辭亦可然訓能語更順高誘注呂氏春秋去私篇南陽無令其誰可而爲之又注士容篇柔而堅虛而實皆訓而爲能其注淮南也亦然易屯彖宜建侯而不寧釋文而辭也鄭讀而爲能然則此焉而正當讀爲焉能不可易矣王念孫曰盧說是也文選王文憲集序注引此有而字其引此無而字者皆後人不知古訓而刪之也古書多以而爲能詳見淮南人間篇君昧爽而櫛冠。昧闇爽明也謂初曉尚暗之時平明而聽朝。一物不應。亂之端也。君以此思憂。則憂將焉而不至矣。君平明而聽朝。日昃而退。諸侯之子孫必有在君之末庭者。君以此思勞。則勞將焉而不至矣。諸侯之子孫謂奔亡至魯而仕者自平明至日昃在末庭而脩臣禮君若思其勞則勞可知也以喻哀公亦諸侯之子孫不戒慎脩德亦將有此奔亡之勞也君出魯之四門。以望魯四郊。亡國之虛。則必有數蓋焉。虛讀爲墟有數蓋焉猶言蓋有數焉倒言之耳新序作亡國之虛列必有數矣。盧文弨曰數蓋猶言數區也魯有少皞氏之虛大庭氏之庫也郝懿行曰虛墟古今字新序四作虛列此虛則即虛列之譌蓋者苫也言故虛羅列其閒必有聚廬而居者焉觀此易與亡國之盛君以此思懼。則懼將焉而不至矣。且丘聞之。君者舟也。庶人者水也。水則載舟。水則覆舟。君以此思危。則危將焉而不至矣。

魯哀公問於孔子曰。紳委章甫。有益於仁乎。紳大帶也委委貌周之冠也章甫殷冠也鄭注儀禮云委安也所以安正容貌章表明也殷質言所以表明丈夫也孔子蹴然曰。君號然也。莊子音義崔譔云蹴然變色貌號讀爲胡聲相近字遂誤耳家語作君胡然也資衰苴杖者不聽樂。非耳不能聞也。服使然也。資與齊同苴杖竹也苴謂蒼白色自死之竹也黼衣黻裳者不茹葷。

非口不能味也。服使然也。黼衣黻裳祭服也白與黑爲黼黑與青爲黻禮祭致齊不茹葷非不能味謂非不能知味也鄭注周禮司服云玄冕者衣無文裳刺黻而已

且丘聞之。好肆不守折。長者不爲市。竊其有益與其無益。君其知之矣。好喜也言喜於市肆之人不使所守貨財折耗而長者亦不能爲此市井盜竊之事長者不爲市而販者不爲非家語王肅注云言市肆弗能爲廉好肆則不折也人爲市估之行則不守折人爲長者之行則亦不爲市買之事竊宜爲察察其有益與其無益以竊字屬下句

魯哀公問於孔子曰。請問取人。問取人之術也孔子對曰。無取健。健羨之人無取詌。未詳家語作無取鉗王肅云謂妄對不謹誠者或曰捷給鉗人之口者○盧文弨曰案家語五儀解作無取鉗鉗下作無取啍啍無取口啍。啍與諄同方言云齊魯凡相疾惡謂之諄憎諄之閏反王肅云啍啍多言或曰詩云誨爾諄諄口諄謂口教誨心無誠實者諄之倫反○盧文弨曰注末舊作諄諄倫也訛今訂正郝懿行曰詌蓋鉗字說苑尊賢篇作拑是也拑訓脅持家語五儀解作鉗亦假借字耳口諄家語作啍啍王肅注多言也韓詩外傳四詌作佞口啍作口讒恐亦譌字當作口鑱鑱者銳也今說苑正作銳是矣楊注引作口畝畝銳蓋以音近故譌耳其引說苑無取拑下脫去數字遂不可讀健。貪也。詌。亂也。口啍。誕也。健羨之人多貪欲詌忌之人多悖亂讒疾之人多妄誕說苑曰哀公問於孔子曰人何若爲可取也孔子曰無取拑捷者必兼人不可爲法也口畝者多誕而寡信後恐不驗也韓詩外傳云無取健無取佞無取口讒健驕也佞諂也口讒誕也皆大同小異也○盧文弨曰口畝今說苑尊賢篇作口銳郝懿行曰健無貪義不知何字之譌楊注甚謬韓詩外傳作健驕也說苑健者必欲兼人不可以爲法以此參證可知作貪必譌字矣拑者利口捷給變亂是非故云亂也誕者誇大故說苑云口銳者多誕而寡信後恐不驗也故弓調而後求勁焉。馬服而後求良焉。士信慤而後求知能焉。士不信慤而有多知能。譬之其豺狼也。不可以身介也。有讀爲又介與邇同語曰。桓公用其賊。文公用其盜。謂管仲寺人勃鞮也盜亦賊也以喻士信慤則仇讎可用不信慤則親戚可疏故明主任計不信怒。闇主信怒不任計。信亦任也○郝懿行曰此蒙桓公用賊文公用盜而言賊謂管仲盜謂里鳧須故云任計不信怒也信古以爲伸字不讀本音新序雜事五信作任計勝怒則彊。怒勝計則亡。定公問於顏淵曰。東野子之善馭乎。東野氏也馭與御同○盧文弨曰案家語顏回篇作子亦聞東野畢之善御乎此脫子亦聞三字又子之當作之子王念孫曰東野子亦當作東野畢下文皆作東野畢是其證韓詩外傳作善哉東野畢之御也新序

雜事篇同。先謙案：善馭當爲馭善，倒文。注氏各本誤民，從盧、王本改正也。

定公不悅。入謂左右曰。君子固讒人乎。三日而校來謁。曰。東野畢之馬失。校人掌養馬之官也。兩驂列。兩服入廄。兩服馬在中，兩驂兩服之外馬。列與裂同，謂外馬擘裂中馬，牽引而入廄。○俞樾曰：楊注以七字作一句，非也。兩驂裂者，兩驂斷鞅而去也。兩驂在外，故得自絕而去，於是止存兩服馬還入廄中矣。故曰兩驂列（句）兩服入廄。定公越席而起曰。趨駕召顏淵。顏淵至。趨讀爲促速也。

定公曰。前日寡人問吾子。吾子曰。東野畢之馭。善則善矣。雖然。其馬將失。不識吾子何以知之。顏淵對曰。臣以政知之。昔舜巧於使民。而造父巧於使馬。舜不窮其民。造父不窮其馬。是舜無失民。造父無失馬也。○盧文弨曰：新序、家語是下皆有以字。王念孫曰：案太平御覽工藝部三引此亦有以字，韓詩外傳同，當據補。今東野畢之馭。上車執轡。銜體正矣。步驟馳騁。朝禮畢矣。銜體，銜與馬體也。步驟馳騁，朝禮畢矣，謂調習其馬，或步驟馳騁，盡朝廷之禮也。○郝懿行曰：楊注非。此讀宜斷，體正、禮畢相屬。上句言馭之習，下句言馬之習也。朝與調古字通，毛詩言調飢即朝飢，此言馬之馳驟皆調習也。歷險致遠。馬力盡矣。然猶求馬不已。是以知之也。定公曰。善。可得少進乎。定公更請少進其說。顏淵對曰。臣聞之。鳥窮則啄。獸窮則攫。人窮則詐。自古及今。未有窮其下而能無危者也。

堯問篇第三十二。

○盧文弨曰：舊本唯末一段提行，今各案其文義分之。

堯問於舜曰。我欲致天下。爲之奈何。恐天下未歸，故欲致而取之也。對曰。執一無失。行微無怠。忠信無勌。而天下自來。執一，專意也。行微，行細微之事也。言精專不怠而天下自歸，不必致也。○郝懿行曰：微者隱也。勸學篇云：「行無隱而不形。」隱微人所不見，而行之無怠心。下云「行微如日月」，蓋日月之行人之所不見也。執一如天地。如天地無變易時也。行微如日月。日月之行，人所不見，似於細微，安徐然而無怠止之時也。○盧文踶曰元刻作徐徐而出無然字 忠誠盛於內。賁於外。形於四海。賁飾也形見也禮記曰富潤屋德潤身心廣體胖故君子必誠其意也。郝懿行曰賁當音符分切義與墳同墳者大也盛於內則大於外而形箸於四海矣 天下其在一隅邪。夫有何足致也。夫物在一隅者則可舉而致之今有道天下盡歸不在於一隅焉用致也有讀爲又

魏武侯謀事而當。羣臣莫能逮。退朝而有喜色。武侯晉大夫畢萬之後文侯之子也 吳起進曰。亦嘗有以楚莊王之語聞於左右者乎。武侯曰。楚莊王之語何如。吳起對曰。楚莊王謀事而當。羣臣莫逮。退朝而有憂色。申公巫臣進問曰。王朝而有憂色何也。巫臣楚申邑大夫也 莊王曰。不穀謀事而當。羣臣莫能逮。是以憂也。其在中蘬之言也。中蘬與仲虺同湯左相也。郝懿行曰蘬音丘追切此讀詡鬼切即仲虺也如魌字從鬼聲而音爲濱韓非說林下篇蟲有魌者顏氏家訓勉學篇據古今字詁謂魌亦古之虺字即其例也 曰。諸侯自爲得師者王。得友者霸。得疑者存。自爲謀而莫己若者亡。疑謂博聞達識可決疑惑者。郝懿行曰韓詩外傳六作能自取師者王能自取友者霸而與居不若其身者亡新序一作足己而羣臣莫之若者亡取師取友皆作擇而俱無得疑者存一句疑即師保疑丞之疑疑謂可以決疑者也今書仲虺之誥亦缺此句可知梅氏無識不知此句不可缺也 今以不穀之不肖。而羣臣莫吾逮。吾國幾於亡乎。是以憂也。楚莊王以憂而君以憙。武侯逡巡再拜曰。天使夫子振寡人之過也。振舉。王念孫曰振救也（說文振舉救也月令哀公問注昭十四年左傳注周語魯語吳語注呂氏春秋季春篇注淮南時則篇注竝云振救也）史記蒙恬傳曰過可振而諫可覺故曰振寡人之過楊注於義未該

伯禽將歸於魯。伯禽周公子成王封爲魯侯將歸謂初之國也 周公謂伯禽之傅曰。汝將行。盍志而子美德乎。將行何不志記汝所傳之子美德以言我 對曰。其爲人寬好自用以愼。寬寬弘也自用好自務其用也愼謹密也。先謙案好自用者蓋謂

事以身先人，故其傳以爲美德。而周公以爲爭，楊云好自務其用，語未晰。此三者其美德已。周公曰：嗚呼！以人惡爲美德乎！君子好以道德，故其民歸道。君子好以道德教人，故其民歸道者衆，非謂寬弘也。彼其寬也，出無辨矣，女又美之。彼伯禽既無道德，但務寬容，此乃出於善惡無別，汝何以爲美也？孔子曰：寬則得衆，亦謂人愛悅歸之也。彼其好自用也，是所以窶小也。窶，無禮也。彼伯禽好自用而不諮詢，是乃無禮驕人而器局小也。書曰：自用則小。尚書大傳曰：是其好自用也，以斂之也。○郝懿行曰：窶者貧也。窶之爲言局也。釋名云：窶數猶局縮，皆小意也。楊惲傳謂窶數不容鼠穴，其爲局小可知。滑稽傳云：甌窶滿篝。甌窶亦狹小之言耳。王念孫曰：楊分窶小爲二義，非也。窶亦小也。言其好自用也，是其器局之所以窶小也。韓子詭使篇：惇慤純信用心一者，則謂之窶。言世人皆尚詐僞，故見惇慤純信用心專一者，則謂之窶小也。釋名曰：窶數猶局縮，皆小意也。（漢書東方朔傳：洒覆樹上寄生，令朔射之。朔曰：是窶數也。師古曰：窶數，戴器也。以盆盛物戴於頭者，則以窶數薦之。寄生者，芝菌之類，淋潦之日，著樹而生，形有周圓象窶數者，故朔云著樹爲寄生，盆下爲窶數。案物在盆下謂之窶數，亦局縮之意也。）蔡邕短人賦：劣厥僂窶。亦是短小之意。詩傳以窶爲無禮，謂貧者不能備禮，非謂無禮驕人也。君子力如牛，不與牛爭力；走如馬，不與馬爭走；知如士，不與士爭知。士謂臣下掌事者，不爭言委任。彼爭者，均者之氣也，女又美之。好自用則必不委任而與之爭事，爭事乃均敵者尚氣之事，非大君之量也。彼其愼也，是其所以淺也。彼伯禽之愼密不廣接士，適所以自使知識淺近也。聞之曰：無越踰不見士。周公聞之古也。越踰，謂過一日也。○盧文弨曰：曰，宋本作日。注過一日，語疑有誤。觀下所云，則士皆有等，勿因下士與己踰等而不見也。周公於下士厚爲之貌，故人人皆以爲越踰，則越踰者過士所應得之分云耳。俞樾曰：楊注：周公聞之古也，越踰謂過一日也。然則荀子原文當作聞之無越日不見士。楊注原文當作越日謂過一日也。今衍踰字者，涉下文楊注有越踰字而誤衍也。既衍踰字，則越踰日之文甚爲不辭，乃以日字爲曰字之誤，而移置聞之二字之下，遂成今本之誤。盧校云宋本曰作日，此則其舊迹之猶未盡泯者也。見士問曰：無乃不察乎？懼其壅蔽，故問無乃有不察之事乎。不聞即物少至，少至則淺。物，事也。不見士則無所聞，無所聞則所知之事亦少，少則意自淺矣。聞或爲問也。○王念孫曰：聞即問字也（說見經義述聞旅象傳及王風）。言不問則所知之事少也。問字正承上文見士問曰而言。彼淺者，賤人之道也，女又美之。吾語女：我，文王之爲子，爲文王之子也。武王之爲弟，成王之爲叔父。周公先成王薨，未宜知成王之謚，此云成王，乃後人所加耳。吾於天下不賤矣，然而吾所執贄而見者十人，周公自執贄而見者十人。

禮見其所尊敬者雖君亦執贄故哀公執贄請見周豐鄭注尚書大傳云十人公卿之中也三十人羣大夫之中也百人羣士之中也。盧文弨曰羣大夫羣士舊本互易譌今大傳本亦譌 還贄而相見者三十人。禮臣見君則不還贄敵者不敢當則還之禮尚往來也士相見禮曰主人復見之以其贄曰曏者吾子辱使某見請還贄於將命者鄭康成云贄者所執以至也君子見於所尊敬必執贄以將其厚意也 貌執之士者百有餘人。執猶待也以禮貌接待之士百餘人也。先謙案文義不當有者字此緣上下文者字而誤衍 欲言而請畢事者千有餘人。謂卑賤之士恐其言之不盡周公先請其畢辭也說苑曰周公踐天子之位七年布衣之士所執贄而師見者十人所見者十二人窮巷白屋所先見者四十九人時進善者百人教士千人朝者萬人也。盧文弨曰注衍十人所見者五字說苑敬愼篇無 於是吾僅得三士焉以正吾身以定天下。於是千百人之中僅乃得三士正身治國 吾所以得三士者亡於十人與三十人中。乃在百人與千人之中。十人與三十人雖尊敬猶未得賢至百人千人然後乃得三人以明接士不廣無由得賢也 故上士吾薄爲之貌。下士吾厚爲之貌。上士中誠重之故可薄爲之貌下士既無執贄之禮懼失賢士之心故厚爲之貌尤加謹敬也 人人皆以我爲越踰好士。然故士至。人不知則以爲越踰然士亦以禮貌之故而至也。俞樾曰踰字亦衍文也人人皆以我爲越好士者越之言過也人人皆以我爲過於好士也然故士至者然故即是故也說見王氏經傳釋詞大略篇曰然故民不困財亦以然故連文是其證也楊不達然故之義故爲抑揚其辭至越踰連文則以踰字釋越字注家往往有此例非以正文有踰字也而正文踰字之衍即因此矣 士至而後見物。物事也 見物然後知其是非之所在。戒之哉。女以魯國驕人幾矣。幾危也周公言我以天下之貴猶不敢驕士汝今以魯國之小而遂驕人危矣 夫仰祿之士猶可驕也。仰魚亮反 正身之士不可驕也。彼正身之士。舍貴而爲賤。舍富而爲貧。舍佚而爲勞。顏色黎黑而不失其所。黎讀爲棃謂面如凍棃之色也 是以天下之紀不息。文章不廢也。賴守道之士不苟徇人故得綱紀文章常存也。盧文弨曰尚書大傳作是以文不滅而章不敗也

語曰。繒丘之封人。繒與鄫同鄫丘故國封人掌疆界者漢書地理志繒縣屬東海也。郝懿行曰繒即鄫國姒姓在東海漢志繒縣屬東海郡是也繒丘封人列子說符篇作狐丘文人韓詩外傳七及淮南道應訓並與說符同孫叔敖曰吾爵益高吾志益下吾官益大吾心益小吾祿益厚吾施益博以是免於三怨可乎與此大意雖同而文字異此當別有依據（發首偁語曰知必述成文）

見楚相孫叔敖曰。吾聞之也。處官久者士妒之。祿厚者民怨之。位尊者君恨之。今相國有此三者而不得罪楚之士民何也。孫叔敖曰。吾三相楚而心瘉卑。每益祿而施瘉博。位滋尊而禮瘉恭。○盧文弨曰瘉與愈同元刻即作愈 是以不得罪於楚之士民也

子貢問於孔子曰。賜爲人下而未知也。下謙下也子貢問欲爲人下未知其益也 孔子曰。爲人下者乎。其猶土也。深扫之而得甘泉焉。扫掘也故沒反 樹之而五穀蕃焉。草木殖焉。禽獸育焉。生則立焉。死則入焉。多其功而不息。○劉台拱曰不息韓詩外傳春秋繁露山川頌說苑臣術篇並作不言王引之曰言與息形聲皆不相近若本是言字無緣誤爲息息當爲悳悳古德字繫辭傳曰有功而不德是也韓詩外傳春秋繁露說苑作不言意與不德同俗書悳字作悳形與息相似而誤大戴禮公冠篇靡不蒙悳今本誤作靡不息是其證也家語困誓篇作多其功而不意王肅曰功雖多而無所意也兩意字亦悳字之誤家語本於荀子則荀子之本作悳明矣太平御覽地部二正引作多其功而不德 爲人下者其猶土也。

昔虞不用宮之奇而晉幷之。萊不用子馬而齊幷之。宮之奇虞賢臣諫不從以其族行子馬未詳其姓名左氏傳曰襄二年齊侯伐萊萊人使正輿子賂夙沙衛以索馬牛皆百匹又六年齊侯伐萊萊人使王湫帥師及正輿子軍齊師齊師大敗之遂滅萊或曰正輿子字子馬其不用未聞說苑諸御已諫楚莊王曰曹不用僖負羈而宋幷之萊不用子猛而齊幷之據年代齊滅萊在楚莊王後未詳諸御已之諫也。盧文弨曰諸御已舊本譌作諸御已今據說苑正諫篇改正郝懿行曰說苑正諫篇子馬作子猛猛馬雙聲疑即一人而據說苑此人年代在前楊注云云是也或說以左傳閔子馬據世族譜閔子馬即閔馬父係魯雜人豈萊不用而去之魯邪然此子馬見昭十八年傳上距襄六年齊人滅萊之歲四十餘年矣世代在後差遠又非萊人無庸牽合 紂刳王子比干而武王得之。不親賢用知。故身死國亡也。

爲說者曰。孫卿不及孔子。是不然。孫卿迫於亂世。鰌於嚴刑。上無賢主。

下遇暴秦。禮義不行。教化不成。仁者絀約。天下冥冥。行全刺之。諸侯大傾。當是時也。知者不得慮。能者不得治。賢者不得使。故君上蔽而無覩。賢人距而不受。然則孫卿懷將聖之心。盧文弨曰懷將聖宋本作將懷聖誤今訂正蒙佯狂之色。視天下以愚。詩曰。既明且哲。以保其身。此之謂也。是其所以名聲不白。徒與不衆。光輝不博也。今之學者。得孫卿之遺言餘教。足以爲天下法式表儀。所存者神。所過者化。盧文弨曰所過宋本作所遇誤古音存神一韻過化一韻此句中之韻也觀其善行。孔子弗過。世不詳察。云非聖人。奈何。天下不治。孫卿不遇時也。德若堯禹。世少知之。方術不用。爲人所疑。其知至明。循道正行。足以爲紀綱。盧文弨曰紀綱舊本誤倒與上下韻不協嗚呼賢哉。宜爲帝王。天地不知。善桀紂。殺賢良。比干剖心。孔子拘匡。接輿避世。箕子佯狂。田常爲亂。闔閭擅強。爲惡得福。善者有殃。今爲說者。又不察其實。乃信其名。時世不同。譽何由生。不得爲政。功安能成。志修德厚。孰謂不賢乎。自爲說者已下荀卿弟子之辭

荀卿新書三十二篇。盧文弨曰案宋本新書下有十二卷三字或疑是二十卷皆非也但作三十二篇爲是今本漢書藝文志作三十三篇誤也

仲尼篇第七　成相篇第八
儒效篇第九　王制篇第十
富國篇第十一　王霸篇第十二
君道篇第十三　臣道篇第十四
致仕篇第十五　議兵篇第十六
彊國篇第十七　天論篇第十八
正論篇第十九　樂論篇第二十
解蔽篇第二十一　正名篇第二十二
禮論篇第二十三　宥坐篇第二十四
子道篇第二十五　性惡篇第二十六
法行篇第二十七　哀公篇第二十八
大略篇第二十九　堯問篇第三十
君子篇第三十一　賦篇第三十二

護左都水使者光祿大夫臣向言。所校讎中孫卿書。凡三百二十二篇。以相校除復重二百九十篇。定著三十二篇。皆以定殺青。簡書可繕寫。孫卿。趙人。名況。方齊宣王威王之時。○盧文弨曰：案史記威王在宣王之前，風俗通窮通篇作齊威宣王之時，是也。聚天下賢士於稷下。尊寵之。若鄒衍田駢湻于髡之屬甚衆。號曰列大夫。皆世所稱。咸作書刺世。是時孫卿有秀才。年五十始來游學。。盧文弨曰：案史記亦作年五十，誤。當從風俗通作年十五。鼂公武讀書志所引亦同。諸子之事。皆以爲非先王之法也。孫卿善爲詩禮易春秋。至齊襄王時。孫卿最爲老師。齊尚脩列大夫之缺。而孫卿三爲祭酒焉。齊人或讒孫卿。孫卿。。盧文弨曰：宋本不重，今據史記補。乃適楚。楚相春申君以爲蘭陵令。人或謂春申君曰。湯以七十里。文王以百里。孫卿賢者也。今與之百里地。楚其危乎。春申君謝之。孫卿去之趙。後客或謂春申君曰。伊尹去夏入殷。殷王而夏亡。管仲去魯入齊。魯弱而齊強。故賢者所在。君尊國安。今孫卿。天下賢人。所去之國。其不安乎。春申君使人聘孫卿。。盧文弨曰：案楚策四、韓詩外傳四聘俱作請。孫卿遺春申君書。刺楚國。因爲歌賦以遺春申君。春申君恨。復固謝孫卿。孫卿乃行。復爲蘭陵令。春申君死而孫卿廢。因家蘭陵。李斯嘗爲弟子。已而相秦。。盧文弨曰：宋本脫已字，今據史記補。及韓非號韓子。又浮丘伯。皆受業爲名儒。孫卿之應聘於諸侯。見秦昭王。昭王方喜戰伐。而孫卿以三王之法說之。及秦相應侯。皆不能用也。至趙。與孫臏議兵趙孝成王前。孫臏爲變詐之兵。孫卿以王兵難之。不能對也。卒不能用。孫卿道守禮義。行應繩墨。安貧賤。孟子者。亦大儒。以人之性善。孫卿後孟子百餘年。孫卿以爲人性惡。故作性惡一篇以非孟子。蘇秦張儀。以邪道說諸侯以大貴顯。孫卿退而笑之曰。夫不以其道進者。必不以其道亡。至漢興。江都相董仲舒亦大儒。作書美孫卿。○盧文弨曰至漢興以下十七字似不當在此應在下文蓋以法孫卿也句下孫卿卒不用於世。老於蘭陵。疾濁世之政。亡國亂君相屬。不遂大道而營乎巫祝。信禨祥。鄙儒小拘。如莊周等。又滑稽亂俗。○盧文弨曰宋本無亂俗二字從史記增於是推儒墨道德之行事興壞。序列著數萬言而卒。葬蘭陵。而趙亦有公孫龍爲堅白同異之辭。處子之言。○盧文弨曰案史記作劇子之言徐廣曰應劭氏姓注直云處子魏有李悝。盡地力之敎。楚有尸子長盧子芋子皆著書。○盧文弨曰案宋本盧作廬古可通用今從史記取易曉耳史記芋子作吁子索隱曰吁音芋別錄作芋子今吁亦如字也又案漢書藝文志有芋子十八篇云名嬰齊人師古云芋音弭與此又不同然非先王之法也。皆不循孔氏之術。惟孟軻孫卿爲能尊仲尼。蘭陵多善爲學。蓋以孫卿也。長老至今稱之曰。蘭陵人喜字爲卿。蓋以法孫卿也。孟子孫卿董先生皆小五伯。以爲仲尼之門。五尺童子皆羞稱五伯。如人君能用孫卿。庶幾於王。然世終莫能用。而六國之君殘滅。秦國大亂。卒以亡。觀孫卿之書。其陳王道甚易行。疾世莫能用。其言悽愴。甚可痛也。嗚呼。使斯人卒終於閭巷。而功業不得見於世。哀哉。可爲霣涕。其書比於記傳。可以爲法。謹第錄。臣向昧死上言。